MEMORIAS

(1921-1936)

SALVADOR DE MADARIAGA

MEMORIAS

(1921-1936)

AMANECER SIN MEDIODÍA

TERCERA EDICIÓN

ESPASA-CALPE, S. A.

MADRID, 1974

Primera edición: mayo, 1974
Segunda edición: junio, 1974
Tercera edición: diciembre, 1974

Depósito legal: M. 37.518—1974
ISBN 84—239—4922—2

Talleres tipográficos de la Editorial Espasa-Calpe, S. A.
Carretera de Irún, km. 12,200. Madrid-34

A
Eduardo García de Enterría

PRÓLOGO

No es este libro de los que habría escogido yo para escribir. Debe su existencia a la presión de amigos y parientes. No en vano lo empecé ya bien pasados los ochenta. La renuencia se explica por mi forma interior. Cada uno tiene su modo de ser por dentro. A mí no se me ocurre casi nunca mirar atrás, siempre adelante. Si dejo pasar el presente, seguro es que lo que me ha distraído es el porvenir, no el pasado. Esto es lo que solemos llamar *predisposición*.

Recuerdo haber leído que Freud condenaba como mentiras todas las autobiografías. Si es verdad que lo dijo, puede contarse como otro caso de exageración de los muchos que ha cometido el mago de Viena. No es forzoso que las autobiografías sean mentirosas. Lo que suelen ser es inexactas. Pero para que una exactitud llegue a mentira es menester que sea deliberada; mientras que las más de las inexactitudes que presenta la vida de un hombre escrita por el que la ha vivido proceden de otras causas que la intención de engañar al lector. Dos de ellas me parecen más importantes que las demás.

La primera es el mero hecho de que el que narra los hechos es su protagonista, observador de primera, desde luego, pero inevitablemente parcial. Esta causa de inexactitud es muy difícil de estimar, y su efecto sobre el relato puede variar de mil maneras, según los dones y las fallas del protagonista hecho testigo. El mero efecto de la distancia y perspectiva puede inducir al narrador-actor a recalcar su propia parte en los acontecimientos que narra. Sé de un niño a quien su madre enseñaba una espléndida luna llena para que la admirase y que, con casi frialdad, observó: «Sí. Ya lo sé. Soy yo el que la puso allí.» Es mi esperanza que las páginas que siguen no den lugar al lector para evocar a aquel niño.

De modo algo más sutil el autor de su propia «Vida y Milagros» puede dejarse llevar a justificar cada uno de sus actos de modo que haga resaltar su propio intelecto, moralidad, y sabiduría. Cabe conseguirlo sin por ello caer al nivel del embustero. Basta a veces con no escribir una palabra que iba a venir a los puntos de la pluma. Y aun puede ser que el truco entre en juego a niveles que no alcanza la mirada consciente del autor. Confieso que éste es el peligro más insidioso a que se expone un autor de memorias en su romería hacia la verdad. A fin de precaverme contra sus consecuencias me he aplicado a hacer constar todas las ocasiones en las que considero haberme equivocado.

Pero queda otra causa de inexactitud mucho más difícil de observar. Suele pintarse la memoria humana como un archivo de hechos pasados, error que ha venido a reforzar el ordenador. Pero el aspecto fundamental de la memoria es que está viva (lo que, desde luego, refuta de antemano toda equiparación del ordenador electrónico a la memoria humana). La vida que anima en ella impide a la memoria humana permanecer fija y fósil en el ser. Se mueve, fermenta, crece y decae todo a la vez; cambia y se adapta a los acontecimientos que va a almacenar. De modo que si de pronto se le presenta un documento auténtico de la época recordada, puede acusarse una divergencia no pequeña entre el hecho que fue y el que es ahora tal y como ha crecido y disminuido en la memoria. Esto es exactamente lo que me ha ocurrido con el primer capítulo de este libro, que tuve que rehacer al descubrir una carta mía a mi mujer que rectificaba lo que mi memoria había hecho con los acontecimientos de Barcelona.

*

Pero no todo es negativo en el arte de escribir la vida propia. Creo que no tiene nada de imposible el refrenar y aun dominar la tendencia a presentarse mejor de lo que uno es. He aquí una regla que me atrevería a recomendar, entre otras, para conseguirlo. *Si no se dan circunstancias claras e irrefutables en contra, hay que tomar por lo menos como probable que por lo menos la mitad de la culpa de cualquier suceso adverso es del que lo padece.*

Creo que esta regla evitará al autor de memorias no pocos errores de juicio. También la creo razonable en sí. Tantos seres humanos girando juntos en un inmenso caldero, tienen que contrachocarse muchas veces; y sería pueril imaginar que en *todos* los choques sea *siempre* la culpa *sólo* del otro. Si se acepta esta proposición, queda constancia de la responsabilidad de ambas partes, y esto sentado, lo más equitativo es repartirla a medias.

Otra regla empírica he ido forjándome en la vida que también puede ser útil al autor de memorias: las cosas que pasan en la vida de un hombre son tan asombrosamente complejas que

nadie puede estar seguro de hacerles frente en pie de igualdad.
A lo más que podemos aspirar es a revelarnos menos incapaces
de lo que pudimos haber sido. La idea de que he sido tan listo,
sabio, prudente, osado, sutil e inflexible que salí triunfante en
el conflicto *esto contra aquello* no se tiene en pie. Salí bien porque el otro salió mal. ¿Por qué? Porque yo lo hice mal y él peor.
Concluyo, pues, que *en la vida no hay victorias; sólo hay derro-
tas del adversario.*

O, dicho de otro modo: *pon tu esperanza en que el adversario
sea todavía menos capaz que tú.* Esto no es menospreciar la capacidad de nadie; sino justipreciar los enigmas de la vida. Nuestro orgullo de *homo sapiens* viene de las victorias de la ciencia
sobre la naturaleza, pero aun los más recalcitrantes de los problemas científicos son juegos infantiles al lado de los que plantea
la dirección y administración de una tienda de ultramarinos. De
modo que la agudeza, la astucia, la paciencia, la objetividad, el
tesón, la franqueza, la reserva, las agallas que hacen falta para
salir adelante en la vida rebasan lo que cabe encontrar en un
solo hombre.

No creo, pues, que jamás general ganó batalla alguna. La
perdió su contrario. Ésta es la regla de oro. Una vez sabida y
asimilada, la vanidad misma se revela vana.

*

Un poco más y estamos al cabo de la calle. Léase cualquier
página de cualquier historia de cualquier período. Quítense el
atuendo y los bártulos de la época, y lo que queda es siempre
lo mismo: seres humanos a brazo partido con sus problemas.
Miles de años han pasado, y los problemas siguen en pie. Parece
que nos sobreviven a todos. ¿Será que no somos capaces de resolverlos? ¿O que no es nuestra misión resolverlos?

Las formas de los problemas humanos cambian, pero su
meollo es siempre el mismo. Cómo ajustar las acciones de seres
interdependientes y, sin embargo, independientes unos de otros.
Tengo para mí que los problemas están en el mundo no para
que nosotros los resolvamos, sino para que ellos nos resuelvan
a nosotros, y no tengo empacho en declarar que he escrito este
libro para ver de resolverme a mí mismo.

PARTE PRIMERA

FUNCIONARIO INTERNACIONAL

Capítulo I

A Ginebra por Barcelona

Era una mañana soleada de agosto. Ginebra lucía como nunca. Todavía era una ciudad, no como ahora, un garaje; y la luz del cielo azul realzaba el color y la lozanía de la escena, que parecía como si acabara de salir de las manos del Creador. Luego, ¡el lago! ¡Qué encanto! Al cabo de tantas dudas, luchas, desengaños, sombras, callejones sin salida, llegar a un Paraíso como aquél, con dos cielos, uno arriba y otro abajo, aire y luz, seguridad y una tarea inteligente y creadora, ¿qué más podía desear un hombre de buena salud a los treinta y cinco años?

Un lugar en el que para ir a la oficina se tomaba una lancha motora por unos céntimos, y hasta los céntimos eran o parecían de plata; en el que la oficina misma estaba bañada en luz y animada por el ir y venir de hombres inteligentes y mujeres jóvenes, todos, ellas y ellos movidos (según se me alcanzaba) por un espíritu y una esperanza noveles. No más guerras. Había que organizar las cosas de modo que todos los conflictos se resolvieran en torno a una mesa. ¿Cómo dudar de que lo lograríamos cuando el lago reflejaba aquel cielo inmaculado, y no se veía ni rastro de sombra?

Aquel lago era parte integrante de nuestro entusiasmo y de nuestra fe; porque aun físicamente, *era el cielo en la tierra*. Día tras día, pintaba de azul terso y suave nuestros ámbitos interiores; de modo que al deslizarnos rápidos sobre sus aguas quietas y límpidas, de nuestro espacio privado a nuestro espacio oficial, sentíamos, sin tener que pensarlo, que de entonces en adelante, todo iría tan tranquilamente como aquel motor bien concebido que ni ruido hacía, de modo que todos los obstáculos cederían ante nuestra proa como el agua azul a la de nuestra *mouette*, así que la pesadilla de la guerra se había desvanecido.

Andando los años —y fueron en verdad muy pocos— hube de despedirme de mis días ginebrinos al menos como funcionario internacional, haciendo el elogio del agua en nuestro paisaje, porque, como dije a mis amigos en mi discurso de gracias en la cena de despedida, «entre los altos y bajos de la tierra dura y quebrada, el agua conserva su nivel quieto y seguro, y entre los colores abigarrados de la tierra natural y de las excrecencias artificiales que los humanos le imponemos, el agua trae del cielo la azul serenidad de lo perenne». Ya mis palabras no identificaban la tierra y el cielo, como en los primeros días; porque, entretanto, había cosechado siete años de agridulce experiencia.

Aquella noche estaba invitado a cenar en casa de Pierre Comert, mi jefe, como director que era, de la Sección de Información. Desde mi punto de mira actual, creo que fue Comert el que abrió la brecha para mi ingreso en la Secretaría General, inventando un puesto en la Sección de Prensa para una persona con dotes literarias y preparación científica. Como en la S. D. N. las actividades «técnicas» frente a las «políticas» se suponían estar más especialmente situadas bajo la dirección de Jean Monnet, secretario general adjunto, los franceses, para quienes era uno de ellos a causa de mis once años de estudiante en París, me abrieron la puerta, para lo cual me transfiguraron en una especie de híbrido: el periodista técnico.

Todo había empezado en Barcelona. Terminada la guerra, me encontré en paro forzoso. No era fácil colocarme en instituciones ya hechas, porque mis competencias y mis diplomas no armonizaban. Era un hombre de letras, con un dominio excepcional del español, del francés y del inglés, pero de profesión era ingeniero de minas, aunque carente del menor apego a una profesión tan honorable como lucrativa. Estaba a la sazón en Madrid, ganándome la vida con traducciones, ya de novelas ya de obras científicas, para sostener a mi familia, todavía en Londres; y buscando una manera de hacer algo útil de modo permanente. Recuerdo que bajaba un día la calle de Alcalá con Américo Castro, y le expuse mi situación, proponiendo como conclusión práctica que se creara en la Universidad Central una cátedra de lengua y literatura inglesa o francesa o de ambas, que yo me sentía capaz de servir bien. Era un plan quimérico a fuerza de ser racional; pero a Américo le bastó para anularlo con observar que como yo no era doctor, no podría ser profesor de la Universidad de Madrid. ¡Qué ajeno estaba yo entonces de imaginar que un día la Universidad de Oxford me rogaría que aceptara una cátedra de Lengua y Literatura española de nueva creación, y que al instalarme me nombraría por decreto maestro de artes! Mientras en Madrid se supeditaba la competencia al diploma, en Oxford se supeditaba el diploma a la competencia.

Entretanto, yo, que cinco años antes había tirado mi carrera por la ventana, no tenía ni oficio ni beneficio. Un día leí en los periódicos que se iba a celebrar en Barcelona una conferencia internacional del tránsito, organizada por la Sociedad de Naciones. Éste era precisamente el tipo de actividad que me interesaba. Rogelio, hermano de mi padre, era diputado. Fue a ver al subsecretario de Fomento y le instó a que me dieran un cargo en la delegación. El subsecretario era ingeniero de minas, de la Escuela de Madrid. Claro es que para él se trataba de complacer a un diputado de la mayoría, y no de reforzar la competencia de nuestra delegación; y precisamente por eso, le estorbaba no poco que el candidato perteneciera a la tribu de los ingenieros de minas de París que era distinta, luego enemiga, de su tribu. Así que accedió, pero de mala gana, y me mandó una credencial de auxiliar de Secretaría.

Yo me fui a ver a Rogelio y le dije que no aceptaba. A los pocos días me convocó el subsecretario y con la mayor sequedad me entregó una credencial de consejero técnico o cosa por el estilo, que acepté. El subsecretario intentó explicarme que no había habido por su parte la menor intención de menoscabar mis méritos. No recuerdo lo que le contesté. Sería poco inteligible porque, verdaderamente, en estos casos suelo defenderme muy mal. Y así serví por la primera vez al Estado de mi país, tomando parte, como delegación española, en la Conferencia del Tránsito celebrada en Barcelona en la primavera de 1921.

Pues sí. Como delegación española. Porque lo que en aquella delegación sobrada eran nombres, funciones, sueldos y dietas, pero delegado visible y audible, no había más que uno, que era yo. Todo lo más, dos; pero mi único compañero, José Gallostra, joven secretario diplomático, sólo se ocupaba del aspecto jerez-y-tapas de las cosas y no pisaba la sala de sesiones. Alto, elegante, ojos grandes y negros, bigote marcial, buen muchacho y mujeriego, andaba siempre ocupado en los aledaños de aquella conferencia en cuya secretaría abundaba el mujerío. Con peculiar gracejo, me explicaba un día que él era un verdadero *menú* porque se llamaba José (pepino) Gallo Ostra y Coello (conejo) de Portugal. A mí me ha divertido siempre sobremanera el jugar con las palabras, que Unamuno decía detestar (siendo así que incurre en él con tanta frecuencia, y que a veces su pensamiento va saltando como jinete de circo de retruécano a retruécano). De modo que me encontraba muy bien con Gallostra, a quien llegué a tutear, cosa que, en general, no me cae muy bien.

Entre mis papeles me encontré con una carta a C. H. M. A. (sigla que a la vez cela y revela a mi mujer), escrita a las 8,30 de la noche, que traduzco del inglés: «¡Vaya día! Las sesiones co-

mienzan a las 11. Me han nombrado secretario de la delegación
española. De 11 a 1 estuve en mi escaño, escuchando y tomando
notas para mi telegrama al *Times*. A la 1,30, almuerzo con
Ortuño, jefe de la delegación. A las 2,30, traducción al castellano del discurso de Ortuño (que él había escrito en francés).
A las 4, otra sesión y preparación de otro telegrama al *Times*.
Sigo la sesión hasta las 7,30 —cruzo la acera para dictar el
telegrama a toda velocidad, en coche al telégrafo— y aquí estoy
con justo un minuto para escribirte.

»Pero vale la pena, aunque eso de oír en una tarde once discursos con sus once traducciones sea de veras inaguantable.
Entre los hombres que figuran en el espectáculo los hay interesantes, y creo que seremos amigos.

»Tendremos sesiones diarias. ¡Y yo que me había traído labor
para hacer aquí! Claro que cuando empiece la obra técnica re-
sultará la jornada quizá menos dura, y habrá menos que tele-
grafiar. Sigue el *Times* con atención y toma nota de lo que pu-
blican de mis telegramas de Barcelona, porque ésa será la base
de mi cuenta para este mes.»

Testigo fiel fue esta carta cuando la descubrí ya redactado
este capítulo con el único apoyo de la memoria. Con el recuerdo
vivido de aquellos días, me trajo la revelación de lo incorrecto
que era todavía el inglés que brotaba de mi pluma a poco que
me descuidase; y me vino a informar —digo informar y no recordar— que actué entonces de corresponsal del *Times* para la
Conferencia, cosa que aun ahora, con la prueba a la vista, no
recuerdo. Pero lo para mí más interesante fue la revelación que
Ortuño había estado presente a la ceremonia inaugural y que
había traído de Madrid su discurso ya escrito en francés. Desde
luego, se ha debido marchar en seguida porque no tomó parte
en ninguna sesión de trabajo. Sólo que este cuento trae cola,
o la traerá dentro de poco.

En cuanto a mí, me encontraba en mi elemento en aquel ambiente europeo, despierto y sobre todo objetivo. No tardé en darme cuenta de que el impulso, la iniciativa, el intelecto, el sentido
común, la brillantez y, sin embargo, la prudencia, la modestia,
la labor oculta en el claroscuro de los despachos que sabe rehuir
la incandescencia, todas estas virtudes se encarnaban en la Secretaría; y en Barcelona más concretamente, en el secretario
general de la Conferencia, Robert Haas. Era un judío francés,
nada favorecido por la naturaleza en cuanto al físico, fofo y ge-
latinoso en su aspecto y movimientos, pero, misterio hondo si
los hay, este hombre feo recelaba uno de los cerebros más agudos y uno de los corazones más nobles que he conocido. Franco
pero astuto, generoso pero cauto, comprensivo pero disciplina-

rio, penetrante, abierto, noble, era uno de esos seres que dejan en el ánimo la satisfacción de haber vivido con ellos. Llevaba la Conferencia aquella con una competencia perfecta y una maestría y un buen humor que quizá debieran algo de su agilidad y buen talante a que estaba enamorado perdido de Diana Cohen, mi ex secretaria de Londres, que entonces realzaba la Secretaría con su amable y agraciada persona. Diana sentía por él admiración profesional y afecto, sin por ello perder la bien montada cabeza.

Mucho me enseñó aquella Conferencia sobre la Sociedad de Naciones y su funcionamiento. Sin darnos cuenta, todos aprendíamos. Los delegados traían sus instrucciones; cada cual tenía que tirar de la manta para su país y arrimar el ascua a la sardina nacional tal y como la entendía S. E. el Tintero Mayor del ministerio competente del Reino, de la República o de lo que fuese el país que le pagaba el hotel, y además, tenía que explicárselo a la Conferencia de modo tal que todos los demás delegados admirasen a su propia patria por su generosidad y altruismo.

El maestro incomparable de esta técnica en aquella ocasión era el jefe de la delegación británica, Sir Herbert Llewellyn Smith. Era la vera efigie del *civil servant* británico, uno de los tipos humanos más notables que ha producido Europa, serio, activo, abnegado, concreto, siempre al grano, enemigo de malgastar tiempo o palabras, y tan hábil para presentar su causa que el sueco o el brasileño que le oía se quedaba convencido de que Suecia o Brasil se había salvado de la ruina gracias a la generosidad de la Gran Bretaña en insistir en que jamás ratificaría el Convenio si no se aprobaba aquella enmienda que, a primera vista, sólo parecía favorecer los intereses británicos.

En cierta ocasión nos tuvo debatiendo toda la tarde porque se empeñó en que se exceptuase a la India (entonces mera colonia inglesa) de una obligación internacional (cuyo detalle no recuerdo) impuesta por el Convenio a todas las demás partes contratantes; pero, Dios sabe por qué, Llewellyn Smith no quería reconocer que se trataba de la India; de modo que se pasó la tarde presentando enmienda tras enmienda en las que se hablaba de «naciones que» y «naciones cuyo» así en plural, pero definidas de modo que la cláusula de excepción sólo se aplicase a la India. Harto del juego, propuse que la enmienda se redactara así: «Este artículo no se aplicará a ningún país cuyo nombre empiece con IN y termine con DIA.» No aceptó mi proposición.

Estas extravagancias eran parte del juego; pero el juego en sí valía la pena; gracias, sobre todo, a Robert Haas y la maestría con la que llevaba la Conferencia. Por lo pronto, se aprobaron dos convenios que quedaron incorporados como parte integrante de la constitución *de facto* de Europa: el de la libertad de tránsito y el de las vías fluviales. Claro que ambos perecieron en el terremoto político de 1939-44; pero el mérito de la Conferencia de Barcelona subsiste y su obra quedará como base para futuros acuerdos sobre estas materias.

Ya mediada la Conferencia, se materializó el espíritu, hasta entonces ausente, de Guillermo Brockman. Con todo aquel aparato onomástico tan teutónico, Brockman era un andaluz más seco y enjuto que un bacalao, con nariz de pez espada y boca de pez desarmado. Era el segundo jefe de la delegación, ingeniero jefe de Caminos, Canales y Puertos. En cuanto hubo asistido a un par de sesiones, se encontró con que la Conferencia estaba acostumbrada a que yo pidiera la palabra en cuanto, a mi ver, se hallaban en juego los intereses de mi país. Pero él prefería el silencio, que iba mejor a su aspecto píscico; pues no concedía la menor utilidad a lo que allí se hacía; así que, desde su llegada, la delegación española enmudeció por completo. Era hombre de unos sesenta años, y pronto me di cuenta de que llevaba siempre la boca semiabierta por falta de piel para encuadernarle las mejillas; pero distaba mucho de ser corto de ingenio y aun diría que lo tenía muy bueno, aunque decidido a no usarlo mientras no fuera indispensable. Bondadoso y afable, se le veía mucho pero no se le oía nunca. «Ya verás —me dijo un día Gallostra—, ya verás. Hoy hará lo menos media docena de discursos. Habrá unas botellas de Tío Pepe antes del almuerzo.»

Y así fue. Aquel día, nuestra delegación ofrecía un almuerzo al aire libre en el Tibidabo a las delegaciones hispánicas. Ya en la fase del aperitivo, copa de jerez en mano, Brockman se reveló orador si no elocuente, locuaz; y bebió cordialmente por nuestros hermanos de Ultramar, siempre afable y aun afectuoso; así que, cuando el delegado del Brasil se sentó al final de un discurso que había preparado con el mayor cuidado en un castellano ultracorrecto, Brockman, jerez en mano se levantó para asegurarle que había entendido del principio al fin, lo que probaba la afinidad de las dos lenguas peninsulares.

Entretanto mis intervenciones en los debates como delegado de España me habían conquistado la simpatía y aun la confianza del presidente Gabriel Hanotaux, veterano de la alta política francesa, que en sus cuarenta y tantos había regido el Ministerio de Asuntos Exteriores y ahora era ya octogenario. Solíamos charlar de todo un poco, porque era un espíritu abierto, buen

historiador y, desde mucho tiempo, académico de la muy ilustre
Académie Française. Hacia el final de la Conferencia, todos to-
mamos el tren para Madrid a fin de asistir a una recepción en
Palacio.

Fue cosa de ver, noble y digna, y memorable sobre todo porque la reina Victoria Eugenia, en traje de tela de oro, y collar
de diamantes, desempeñó su regio papel con una belleza tal como
no la he visto nunca antes ni después ni en la vida ni en la
escena, pantalla o tabla. También recuerdo aquella noche, por
haber yo cometido en ella la coladura más ostentosa y menos
observada de toda mi vida diplomática. Tanto la S. D. N. como
el protocolo español me habían confiado la colocación de las delegaciones en larga serpiente que la familia real iría saludando
de cabeza a cola. La regla era que formarían por orden alfabético del nombre de sus naciones en francés, pero colocando en
cabeza las de los países pertenecientes al Consejo. Así se hizo,
pero me olvidé de un detalle: España formaba parte del Consejo
y, por lo tanto, debía haber figurado en la cabeza de la serpiente.
Nadie se dio cuenta.

En funciones improvisadas de jefe de protocolo, tuve que
acompañar al grupo real, rey, reina, reina madre y ministro de
Estado, que era el duque de Lerma, muy decorativo de uniforme
con veneras, a quien iba yo soplando el nombre, cargo y nacionalidad de los delegados. Al llegar ante la delegación yugoslava,
la reina María Cristina echó al almirante que la dirigía una severa rociada en alemán, que no logré oír con claridad bastante
para trasladar aquí a la letra, aunque la música bien clara estaba. Corrió el rumor de que la reina había dado rienda suelta
a sus pasiones austriacas, reprochando al almirante haber «hecho
traición a su patria».

Terminada la fastidiosa presentación, ya disuelta la serpiente diplomática, se hizo general la conversación; y así me encontré departiendo sobre la Conferencia con el imponente duque
y ministro, quien tuvo la gentileza de felicitarme por mi «brillante actuación como delegado español en Barcelona». Ni tiempo me dio para admirar la eficiencia de su información, porque
el bondadoso duque añadió en seguida: «Todo me lo ha contado
monsieur Hanotaux con mucho entusiasmo.» Feliz nación —pensaba yo— cuyo ministro de Estado puede permitirse el lujo de
que le informe de sus cosas el presidente francés de la Conferencia en que se debaten.

De vuelta todos en Barcelona, apenas si quedaba otra cosa
que hacer que dar término a una Conferencia ya lograda. Entonces hizo su segunda aparición don Emilio Ortuño, primer de-

legado de España, que se presentaba a recoger la palma sin
haber respirado el polvo. Era un ex ministro de Correos, senador, ingeniero creo de caminos. Venía al banquete final; y, aunque no lo recuerdo, parece que quedamos en que le haría yo el
discurso que pronunciaría como tal primer delegado, al ofrecer
el banquete en el Ritz. Apenas llegado, se lo entregué.

Lo leyó y adoptó como suyo, pero se empeñó en añadir unas
palabras. A la frase en que yo hacía el elogio de Hanotaux como
presidente de un congreso erizado de problemas, riesgos y dificultades, añadió: «y todo ello en el extranjero». En vano argüí
que, para la S. D. N. no había «extranjero», extranjero tuvo que
ser; así pues, acepté el pegote como una especie de derecho de
aduana que pagué de buen grado porque el contrabando lo valía.

En una posdata de otra carta a C. H. M. A. encuentro este
detalle:

> «Ayer noche, gran cena en el Ritz. Anfitrión, el minis-
> tro de Obras Públicas de Italia. Después de la cena, Ha-
> notaux estuvo charlando conmigo sobre los discursos que
> él y Ortuño pronunciarán el día final. "Voy a citar a Cer-
> vantes en mi discurso", me dijo Hanotaux. "Cuánto me ale-
> gro —le contesté—, porque yo voy a citar a Anatole France
> en el de Ortuño." Me sonrió en silencio. Hombre de
> mundo.»

Fue, en efecto, aquel discurso la primer jugarreta que me
permití en el mundo, para mí nuevo, que comenzaba entonces
a pisar con pie a la vez cauteloso y sin cautela. Ya entonces me
era familiar el modo de ser y pensar de Hanotaux, y en particular, la satisfacción que sentía de pertenecer a la *Académie
Française*, cuyo estilo hablaba y aun vivía. Como sabía que tendría que escribir yo el discurso de Ortuño, me había puesto a
ello con tiempo; y así, casi sin querer, había ido redactándolo
en la forma, el estilo, la fraseología y hasta los modales verbales
de un discurso de recepción a la Academia Francesa. Resultó
casi una parodia. Pero ni uno solo de los trescientos comensales
que en la admirable Lonja de Barcelona lo iban a oír se daría
cuenta, salvo Hanotaux y dos o tres de los franceses de la Secretaría.

Llegó, pues, el gran día con su gran noche y su gran momento, y yo, sentado entre la gente menuda al final de una de
las larguísimas mesas, oía llegar hasta mí a lo largo de metros
y más metros de platos, botellas y copas mis palabras lanzadas
desde la mesa presidencial; no mal pronunciadas, pero fuera de
ritmo, romas las puntas, cojos los períodos. A pesar de la distancia, divisaba la sonrisa en la boca desdentada de Hanotaux

y en sus ojos agudos tras el *lorgnon* desnivelado. Callaron los discursos, subió el murmullo general, rechinaron y tamborilearon las sillas y todos salimos en rebaño. Alguien me agarró el codo. Era Hanotaux, que al oído me murmuró: «¡Le han echado a usted a perder su discurso!»

Cuando nos dispersamos en Barcelona, había quedado resuelto con Comert y Haas que ingresaría en la Secretaría General en agosto del mismo año.

CAPÍTULO II

Me incorporo a la Secretaría General

«Hombres solos. Chaqueta negra.» Así me había dicho Comert. Quiso la casualidad que aquella misma noche diera a luz su mujer, una rubia norteamericana tan simpática como su marido. Pero este evento íntimo no traslució para nada allende el gineceo, y en el comedor y la sala los invitados pudimos dedicarnos con entera libertad a los placeres culinarios e intelectuales, campos ambos donde es el francés maestro de todos los demás pueblos menos el chino. Comert había reunido para que nos conociéramos, ellos a mí y yo a ellos, hasta una docena de secretarios de secciones de la casa, todos de l'École Normale Supérieure y franceses con la única excepción de Montenach, diplomático suizo oriundo de Friburgo, elegante, agudo, ingenioso, empapado en cultura francesa. Al fin y al cabo, ¿no lo estaba yo también? Ello diría. Y no tardaría mucho.

¿Cómo empezó? No lo sé. Pero, de pronto, me di cuenta de que nos habíamos enzarzado en una discusión, un partido, un maratón: Shakespeare contra Racine; y, peor aún, que me encontraba solo en el partido de Shakespeare contra doce *racinistas* convencidos y saturados de los versos maravillosos del gran poeta francés. «¿Cómo puede nadie ni soñar con compararlos? La esencia de toda tragedia y aun de toda comedia es la relación hombre-mujer, y Shakespeare ni amaba ni conocía a las mujeres.» Éste era el argumento más fuerte que me oponían, aunque no lo era para mí. En vano argüía yo que la Dama Oscura de los sonetos y aquellos de la serie que el poeta le dirige bastan para probar que Shakespeare sabía habérselas con las mujeres; o que, a pesar de sus gustos ambiguos, había creado todo un plantel de mujeres inolvidables —mis amigos franceses traían a cuento las figuras femeninas de la galería raciniana y preguntaban con voz de triunfo: «¿Dónde hay en Shakespeare una ANDROMAQUE?»

Ya empezaba yo a sentir un leve hastío del juego que, además, no permitía solución a gusto de todos, y hasta me ocupaba en el secreto de mi ánimo de cómo darle punto final a aquel debate, cuando el azar vino a mi encuentro. Quise ensanchar el campo de la discusión, dando de lado a las mujeres que uno y otro bando enfrentaban, y de pronto disparé: «Bueno, amigos, una palabra: Si Shakespeare no hubiese creado más que a Mercutio, ya con eso valdría diez Racines.» Mi éxito fue total e inmediato. Nadie sabía quién era Mercutio. Silencio general. Y una voz preguntó: «¿A qué hora se reúne mañana la comisión?»

*

Aquella velada literaria, encima de la experiencia técnicopolítica de Barcelona, colmó mi convicción de que la Secretaría de la Sociedad de Naciones tenía que constituir un grupo humano de excelente calidad. Así era, en efecto, y se lo debía casi todo a dos hombres: Sir Eric Drummond y Jean Monnet. Difícil habría sido dar con dos seres más diferentes, ni —lo que explicaba el hecho— más conformes respectivamente, al tipo británico y al tipo francés.

Los dones y rasgos de Drummond eran menos personales y propios (pues, como individuo, era del montón) que los de un «inglés» de clase alta, tanto que hasta era escocés; pero un escocés que adrede había embotado los filos de su ánimo para pasar mejor como inglés. Tan resuelto estaba en ello que hasta lograba parecer tonto de modo muy convincente, como sólo suelen conseguirlo los verdaderos ingleses, por muy listos que sean; y aun quisiera decir aquí de pasada, para que se enteren los no anglosajones, que en esto se oculta uno de los secretos de esta variedad tan mal tratada y peor conocida de *homo sapiens;* ya que revela cómo el inglés sabe sacrificar su vanidad a la obra que trae entre manos hasta el punto de no importarle parecer tonto cuando en realidad es tan listo que es capaz de plegar su listeza para que el extraño sólo vea el revés mate y burdo. Caso notable aunque no único en que el inglés eleva los valores éticos y utilitarios por encima de los estéticos e individuales.

Drummond era maestro en este juego; pero yo no me dejé engañar; tanto que precisamente por haber observado bien su listeza forrada de astucia llegué a concebir mi clasificación de los protagonistas del mundo aquel de Ginebra en cuatro grupos: los tontos que parecen tontos; los listos que parecen listos; los tontos que parecen listos y los listos que parecen tontos. Claro que este último grupo era el más peligroso; como lo ilustra la primorosa anécdota de Talleyrand, aquel listísimo diplomático que llevaba el rostro todo iluminado por su listeza, exclamando en el Congreso de Viena ante un colega tonto de fondo y fachada: «Ah, monsieur, ce que je ferais avec une tête comme la vôtre»*.

Drummond no tenía que preocuparse a este respecto, porque sabía organizarse repentinos eclipses de inteligencia, en los cuales miraba a su interlocutor con la boca abierta y los ojos dormidos de modo que uno se apiadaba de aquel santo varón y buscaba en el propio caletre de qué darle una limosna de ingenio, aunque siempre sospechando que a lo mejor ¿quién sabe? Esta ventaja que debía a la naturaleza parece haberle predispuesto a la desconfianza, ya que sólo sobre esa base cabe considerar que una máscara de tonto pueda servir de adarga en un duelo de ingenio. En lo demás, Drummond poseía en grado eminente todas las sólidas virtudes del servicio civil británico, el espíritu público, el sentido del deber, la seriedad y sinceridad más recta en buscar y servir los fines efectivos del bien común (no sin cierta astucia táctica) y esa virtud admirable entre todas las británicas, la objetividad, si bien limitada a las fronteras de su nación y pueblo.

Aunque en este punto pudiera ser que le hiciera menos favor del que merecía, no creo que Drummond tuviera cultura intelectual alguna aparte de su cultura social y política, que era, claro es, considerable. Nunca le oí iniciar ni menos sostener un tema de conversación no-utilitario, ni científico ni filosófico ni literario ni artístico; y sus amigos preferidos solían ser yanquis sin otro interés que una buena vuelta de golf. En cambio, en su trabajo corriente y positivo, era excelente, certero de juicio, ecuánime de temple, inagotable de paciencia, impecable de cortesía. Su habilidad como redactor de textos era de primer orden —y tanto, que, como se verá, iba a revelarse como la raíz de mis desventuras.

Drummond es uno de los cuatro hombres a quienes debe el mundo el primer ensayo de un servicio civil mundial. Simientes ya las había, en ciertas organizaciones internacionales como la Unión Postal de Berna; pero las dos creaciones del Tratado de Versalles, la Sociedad de Naciones y la Oficina Internacional del Trabajo, dieron un impulso nuevo y una amplitud sin precedentes a estos primeros intentos hasta llegar a concebir un verdadero servicio público mundial.

---

* Esto fue precisamente lo que me espetó un día en que juntos deambulábamos calle de Alcalá abajo aquel dramaturgo famoso y malogrado que fue Jacinto Grau. Yo le resistí el elogio citándole el cuento de Talleyrand.

El segundo de estos cuatro hombres fue Harold Butler, que estuvo a poco de ser el primer director de la Oficina Internacional del Trabajo, y fue durante años el segundo. Era Butler un universitario inglés típico, economista competente, perfecto caballero, admirable prototipo del servicio civil británico, al que tanto debe el servicio civil mundial. Por la misma causa y quizá de modo inevitable era más bien un tipo-clase que un individuo en persona —algo de lo que le pasaba a Drummond—. Sus cualidades no eran tanto las nacidas con él, sino las educadas y modeladas en su evolución y formación social. Con todo, hombre con quien había que contar, y cuyo aporte a las nuevas instituciones fue de suma valía.

Los otros dos de los cuatro creadores del servicio civil internacional fueron Albert Thomas y Jean Monnet. Esta vez sí que se trataba de dos individuos, aunque ambos bien engarzados en su clase respectiva. Bajo de estatura, ancho de espaldas, casi cuadrado, fornido, rubicundo, todo en Albert Thomas expresaba vigor; los ojos, grandes y luminosos, asomados a las ventanas de sus enormes gafas de concha; la vasta frente animada por mechas rebeldes de pelo oscuro; la mandíbula potente; la boca grande y generosa, capaz de sonreír sin debilidad y de corregir sin ofensa; el tórax de boxeador —todo aquel poder concentrado hubiera parecido mera fuerza natural, inocente y libre de actuar en cualquier sentido o dirección, obrando por medio y por encima de los seres humanos, si no hubiera estado, como lo estaba, dirigida y dominada por un intelecto tan agudo y penetrante como el que más de los que saben formar las escuelas superiores de Francia—. Sus dones naturales predestinaban a Albert Thomas al papel de primera fila que iba a desempeñar en la Historia.

Hijo del pueblo, jamás desmintió su origen, lo que además hubiera sido imposible y aun ridículo en él, pues su físico era tan plebeyo que cualquier tentativa suya para hacer de *bourgeois gentilhomme,* y no hablemos de aristócrata, hubiera resultado cómica. La mera idea le habría hecho brotar del amplio pecho una risa estentórea. La clase se le quedaba muy lejos de la naturaleza, de modo que no le caía bien hablar de ello como no fuera necesario a propósito de algún problema concreto social.

Por eso quizá no se avinagró nunca su socialismo con amargura o resentimiento alguno. Mientras en no pocos socialistas se oculta una envidia inconfesada de la burguesía que aspiran a la vez a destruir y a imitar, bastaba una mirada al rostro franco y abierto de Albert Thomas para darse cuenta de que ni el resentimiento ni otra alguna actitud negativa podría nublar jamás los cielos claros de aquellos ojos. Era «pueblo» puro, sin orgullo ni vergüenza de serlo, sin rastro de ningún sentimiento derivado, de esos que a veces tuercen y complican nuestra propia contemplación.

La esencia misma de aquella naturaleza tan recta era la espontaneidad. Era recto no como el acero, fundido ya en su forma rígida, sino como el tallo que se yergue hacia el cielo y va creciendo fiel a sí mismo en cada segundo, en cada anillo de su crecimiento; no por método, táctica, sino por incapacidad de ser de otro modo, pero con toda la ligereza, invención, novedad siempre sorprendente de un don esencial que sigue siendo el mismo en todas sus formas.

Poco tiempo le bastó para lograr el ápice del poder en Francia, donde la primera guerra mundial lo reveló como el hombre indispensable para el Ministerio de Municiones, puesto en el que pronto se ganó la admiración de aquel otro genio para las municiones que fue David Lloyd George. Pero Albert Thomas fue también uno de los pocos hombres de nuestro tiempo que hizo saltar los marcos que le imponía su país natal, para lograr la talla natural a la que estaba predestinado cuando llegó a ser director general de la Oficina Internacional del Trabajo; porque entonces fue y no antes cuando se encargó de una labor a escala mundial.

Los que lo vimos a la obra sabemos que jamás se resignó a un papel de secretario más o menos general, invitado a tomar asiento a la mesa del Consejo por un gesto amistoso del presidente; sino que, tomando muy en serio su título de director general, rigió la nueva Institución con mano tan firme como segura. Gracias a él, la Oficina Internacional del Trabajo logró pronto una autoridad moral casi tan fuerte como la de la Sociedad de Naciones. Pese a la lógica que a todas luces exigía una administración más modesta que la del organismo político, su personal llegó pronto a ser casi igual que el de Drummond; y como yo le arguyese un día que este mero hecho se solía manejar contra él, me replicó: «La O. I. T. no es demasiado grande. Lo que pasa es que la S. D. N. es demasiado chica.»

Cuando Drummond, luego elevado a par del Reino como Lord Perth, dimitió para tomar la Embajada británica en Roma, su sucesor debió haber sido Albert Thomas; pero contra él se habrían alzado todos los que se oponían a que la S. D. N. creciera a mayor estatura que la modesta aceptada por Drummond: la de un club de naciones, una cooperativa de soberanías, en la que la suma de las potencias nacionales era igual a la impotencia del conjunto. De todos modos, Thomas había muerto súbitamente el año anterior (1932). Así pues, se eligió a un funcionario francés, Joseph Avenol, inspector de Hacienda; ejecutor de decisiones de otros, cuando Albert Thomas era un creador.

Claro que se habría negado a funcionar como Sello Mayor o Tintero Supremo, que es a lo que las potencias le habrían intentado reducir: porque él tenía sobre el cargo de secretario general ideas atrevidas y fértiles. En opinión de Albert Thomas, el secretario general, debía ser lo que, de haber sido elegido, habría encarnado él: un verdadero canciller de la República Mundial. Con su generosidad característica, sabiendo lo mucho y hondo que abundaba en su modo de pensar, me dijo un día: «¡Qué de cosas habríamos hecho juntos!» Él, desde luego, si le hubieran dejado; pero yo sólo hubiera podido apoyarle, lo que habría hecho con toda mi alma.

*

Al lado de Drummond, el creador de la S. D. N. fue Jean Monnet. Sí, ya lo sé. El Pacto, y sus Padres de la Iglesia de la Paz, Wilson, Smuts, Cecil, Bourgeois. Pero aquellos textos y aquellas grandes figuras no hicieron más que labor de diseño, de tablero de arquitecto. El impulso vino de Eric Drummond y de Jean Monnet; de éste, más conscientemente. Todo en Monnet sugería la precisión y el orden de un instrumento bien a punto. Pequeño de cuerpo, pero de perfectas proporciones, Monnet parece guardar en todo momento ese equilibrio físico-moral que los ingleses expresan con un vocablo admirable: *poise;* especie de dominio sobre sí y sobre los demás, envuelto en cierta reserva y, sin embargo, abierto a todo lo que es, está y sucede. Sus ojos, muy grandes, único rasgo desproporcionado en tan armónico conjunto, ventanas abiertas sobre la realidad, se velan a veces de una como niebla de ensueño; porque en Jean Monnet vive esa sustancia poética sin la que el hombre público se queda en mero político, sin lograr la talla del estadista. Así es, pues, realizador, pero también creador.

Albert Thomas era un hombre del pueblo. Jean Monnet es un burgués, y quedará en la Historia de Francia como un modelo de lo que la burguesía de Francia ha dado al mundo: inteligencia positiva, acción desinteresada, integridad, sentido del servicio público y responsabilidad. Más cosmopolita que Albert Thomas, abierto y cordial para con el mundo anglosajón, Jean Monnet era en Ginebra tan internacional como Albert Thomas, menos fogoso, pero quizá más consciente de los obstáculos que habría que vencer, tan tenaz como su compatriota, pero quizá más hábil. Entre estos dos hombres mediaba la distancia que va de la risa homérica a la sonrisa volteriana, de la elocuencia a la conversación, de las rapsodias que levantan a las multitudes a las melodías que acarician el oído de los iniciados. Albert Thomas era capaz de pintar en cuatro pinceladas magistrales una evolución en ritmo de siglos; Monnet es maestro en el arte de dibujar lúcidamente los perfiles claros de un presente complejo y huidizo. En cierto modo, diferían como el fuego de la luz, agitado, ardiente, siempre activo el uno, sereno el otro, tranquilo y luminoso; pero en ambos vibraba esa pasión intelectual que es quizá el rasgo más acusado de la nación francesa.

Estos cuatro hombres fueron los creadores de las dos Secretarías, y la Historia les debe un servicio considerable; porque, cada uno a su modo individual y nacional, demostró en ello una imaginación creadora sin la cual ni la Sociedad de Naciones ni la Oficina Internacional del Trabajo, ambas simientes de la inmensa burocracia internacional de hoy, hubieran llegado a florecer y granar. A mi ver, Drummond y Monnet, Albert Thomas y Harold Butler, fueron los que hicieron real y efectivo lo que en Woodrow Wilson no pasó de ser una frase afortunada al presentar el Pacto al mundo: «Ha nacido una cosa viva.»

*

Mi impresión es que, por aquel entonces, los franceses les llevaban la delantera a los ingleses en todo esto, movidos por el impulso de su mente abstracta, y menos frenados por ese nacionalismo insular que aún hoy actúa en los ingleses, por muy internacionales que se crean. Pero también pudiera ser que lo que retenía a los ingleses era su cautela de siempre, ya que el Pacto los ligaba con vínculos y los limitaba con barreras que a lo mejor les hubiera sido imposible respetar. El mundo latino, además, se deja exaltar con ideas y aun palabras más que el anglosajón. Francia, en particular, heredera de ese amor a la belleza formal que animó en los griegos, es aficionada a proponer, redactar y votar convenios admirables que luego sus Cámaras no ratifican.

Drummond se había fortificado contra toda invasión extranjera instalando a Frank Walters en uno de sus accesos y a miss Howard en el otro. Walters era una cabeza de primera clase y, como persona, lo que llaman en Inglaterra *a decent chap*, como si dijéramos un buen muchacho; pero, desde luego, no era el tipo de inglés que se llevaba bien con los no-ingleses. Bien que después de toda una vida de relaciones constantes con ellos, todavía me pregunto si tal inglés existe. En cuanto a Miss Howard, su primer cuidado (en jerarquía y en tiempo) era hacer constar que pertenecía a los de sangre azul; lo que pronto me llevó a descubrir un modo discreto de sacarla de sus casillas, que era, cuando invitado a cenar a casa de Drummond, llamarla al teléfono y preguntar: «¿Corbata blanca o negra?», para poder divertirme con su casi ofendido: «¡Claro que blanca!» Era en toda la Secretaría la persona de sangre más azul. Su inglés hablado era correcto.

El intelecto inglés * más agudo en toda la Secretaría (hasta la llegada de Salter) era G. H. Mair, que ya conocía de mi labor durante la primera guerra, como jefe del despacho donde yo trabajaba. Era escocés, y en Edimburgo, en cuya Universidad hizo estudios de letras, estaba considerado como un niño prodigio, fama que luego conservó y aun aumentó en Oxford y en Whitehall —como se suele llamar allí el mundo de la alta burocracia—. A los veintiocho años Mair gozaba de acceso directo al primer ministro. Hacer las locuras de la juventud se dice en Inglaterra: «Sembrar su avena loca»; y un profesor de Edimburgo, al mandar al estudiante Mair a su colega de Oxford, escribía agudamente: «Ha debido sembrar su avena loca en la cuna.» Pero Mair seguía dedicándose a tan ameno deporte cuando entró como segundo jefe en la sección de Prensa que dirigió Pierre Comert. Triste final el suyo, pues con todo el genio indudable que le distinguía, no iba a tardar en perecer aún joven empapado en alcohol. En mi tiempo de Ginebra era todavía alegre, agudo, ingenioso, enterado de todo, y escéptico de todo. Después de leer un día un mamotreto no muy agudo sobre Dantzig, escrito por un colega danés no muy dotado, Mair escribió al margen el famoso verso de Keats: «A thing of beauty is a joy for ever», y sin más, lo mandó a Drummond.

Para completar y sellar el cerco de su reclusión, Drummond había encontrado el más inglés de los ingleses que jamás se pudo soñar. Anthony Buxton era la vera encarnación del inglés legendario al que se atribuye aquel famoso dicho: «Cuanto más ando entre hombres, más me gustan los perros.» En su casa o «campaña» (como dicen los ginebrinos) mantenía una jauría de perros de caza, *beagles* que, desde luego, los franceses nacionalizaban como *bigueules*, con los cuales se dedicaba a correr supongo que liebres, porque no creo que se dieran mayores fieras en los bosques ya no vírgenes de las cercanías de Ginebra. Era Buxton también lo que llaman en su país «observador de pájaros», y conocía las costumbres, voz, vuelo y canto de todas las especies de aves del país. Alto, seco, huesudo, rubicundo, sonriente, jamás apremiado o tenso, estaba a cargo del programa de acción inmediata que se desprendía de suyo de cada reunión ofi-

---

* Llamar inglés a un escocés es blasfemia no menos detestable que llamar castellano a un catalán; pero de uso corriente entre nosotros.

cial de los organismos de la Sociedad. No creo posible que se
hubiera podido hallar en el mundo un inglés menos «convertible».
Valga aquí un paréntesis sobre este caso notable. No se daban
ni se dan cuenta los ingleses de que un tipo humano como éste,
aunque simpático, sociable y honrado, mal lingüista, tan insular
de costumbres y reacciones, tan poco universal, sólo pudo haber
entrado en la Secretaría General porque era inglés. Un suizo,
búlgaro, finlandés, español o chileno de análogo diseño, se habría quedado fuera. Sólo, si acaso, los franceses habrían podido
colocar en Ginebra a un francés todo franchute como era anglejo
aquel inglés.

Nada de esto va en contra de la persona de Anthony Buxton,
que, como ser humano, era de lo más simpático que cabe imaginar. Uno de sus rasgos más ingleses era su capacidad para
conservar vivo en lo hondo de su ser el muchacho de sus primeros años —facultad que hay que recordar para comprender tanto
un partido inglés de bolapié como una sesión de la Cámara de
los Comunes—. Recuerdo una noche en que, en torno a un buen
fuego y leña, Anthony sintió las reminiscencias de su juventud
quebrar la superficie del silencio y se puso a contarnos cómo él
y un grupo de amigos les habían hecho una jugarreta a las autoridades navales de Weymouth, a las que, mediante un telegrama
audaz y dos llamadas telefónicas mendaces, habían hecho creer
que era inminente una visita a la base nada menos que del emperador de Etiopía con todo su séquito. Llegó el falso emperador,
(Buxton en persona seguido de Virginia Woolf, como príncipe
abisinio), fue recibido por los almirantes, la banda naval, la
alfombra carmesí, la visita al acorazado, el almuerzo de honor
y los discursos. Y todo se descubrió justo a tiempo para evitar
que trascendiese a la prensa. Aquí terminaba el cuento de Tony
Buxton, tal y como él lo contaba.

Pero no el cuento mismo, cuyo epílogo me iba a revelar un
puro azar. Pasaron los años y una noche, de aquellas que pasamos en la negrura completa de un Londres amenazado a diario
por las bombas de Hitler, me hallaba cenando en Hans Square,
en casa de un oficial inglés de marina de alta graduación, ya
retirado. Eramos pocos los invitados, de modo que cuando, según
la costumbre del país, las damas se retiraron y nos dejaron ante
las copas de oporto, sólo quedamos cuatro en la mesa con el
anfitrión, Sir Walford Selby, que había sido embajador en Viena,
Sir Dudley Pound, *First Sea Lord,* o sea Primer Señor del Mar,
lo que significaba entonces jefe administrativo-político de toda la
fuerza naval inglesa, y yo que no era nadie. Pero antes de relatar
el epílogo del cuento de Buxton, tengo que apuntar aquí una
observación del almirante Pound, porque constituye uno de los

toros irlandeses más espléndidos que jamás he oído, no sin observar primero que el toro irlandés hay que verlo nacer. Hablamos, claro está, de la guerra, y yo sugerí que, cuando Hitler mordiera el polvo, quedaría todavía Stalin, peligro aún mayor; lo que Pound con voz pensativa y semblante adusto confirmó diciendo: «De acuerdo. Tanto que no veo cómo ganar esta guerra sin hacer otra.»

La conversación del almirante no solía nunca alejarse ni una milla de la marina que tenía a su cargo; así que no me sorprendió nada que, al azar de las palabras, fuese a dar a un relato en el que no tardé en reconocer el de Buxton, aunque visto desde otro ángulo; porque resultó que el entonces almirante, siendo todavía capitán de navío, había tomado parte, y no pequeña, en aquella comedia, aunque del lado de los burlados. La contó como ya la conocía yo, aunque nada dije, y luego añadió: «Todo eso estaba muy bien, pero quedaba la marina. Y nosotros no íbamos a dejarnos burlar así; de modo que a los autores les dimos a cada uno su buena tanda de azotes. Menos dos: uno porque era tuberculoso y otra por ser mujer. Nos presentamos en sus domicilios respectivos —todos vivían en el campo—, les mandamos que se bajaran los pantalones, y a ellos.» Recuerdo muy bien que el castigo de Tony Buxton tuvo lugar en una sala adornada de vitrinas llenas de cosas tan valiosas como bellas.

Ésta fue para mí la revelación más interesante sobre el carácter de Buxton. Había seguido conservando su niñez intacta hasta en su aceptación táctica de que le dieran unos buenos azotes. ¿Quién, me preguntaba yo, sino un inglés se dejaría azotar sin pensar en una venganza de sangre? Pero queda otra pregunta: ¿Habría aguantado Inglaterra treinta años sin Parlamento?

*

Claro que Buxton no era de los ingleses que más se mezclaban con aquella turba de extranjeros que era la Secretaría General. Otro de ellos, Cummings, lo intentaba con sincera cordialidad. Era uno de los periodistas que componían la sección de Comert, por la que había entrado yo en la Casa. Cummings era inteligente, simpático y dotado de ese humorismo sin el cual era punto menos que imposible sobrevivir en Ginebra. Por motivos que ignoro, solía reunirse con Henri Bonnet, uno de los franceses más capaces de aquel equipo; quizá porque ambos veían en ello un provecho mutuo, ya que el francés de Cummings era casi tan malo como el que uno se encuentra en los artículos del *Times* de Londres; y el inglés de Bonnet distaba entonces pero que muchas leguas del que mucho más tarde le permitió desempeñar a maravilla la Embajada francesa en Washington.

Sucedió un día que, al ver a mis dos amigos enzarzados en una conversación muy animada, me acerqué con el propósito de gozar de ella; y no tardé en darme cuenta de que, mientras Cummings estaba hablando de Landru —aquel asesino que había despachado al otro mundo más mujeres que Enrique VIII—, Bonnet se refería al *Home-Rule* y la sangre que había hecho correr en Irlanda, temas ambos que por su sonoridad y fondo sangriento se prestaban a una mala inteligencia muy ginebrina.

Años adelante vine a conocer el famoso cuento de Goldberg, que simboliza tan maravillosamente la tendencia a no entenderse que es endémica en el mundo internacional. Dice el cuento que un yanqui, llamado Goldberg, en su primer viaje a Europa, se sentó a cenar a una mesa de dos en un barco francés. Su compañero de mesa lo saludó con un cordial «Bon appétit», a lo que Goldberg, esbozando un levantarse de su asiento, contestó: «Goldberg.» Al almuerzo del día siguiente, se repitió la ceremonia, no sin que el yanqui alzara las cejas, sorprendido. Pero cuando volvió a repetirse en la cena, Goldberg se fue al sobrecargo y pidió explicaciones. Diéronselas, y ya en posesión del misterio, Goldberg procuró llegar primero al almuerzo, vio llegar al francés y sin apenas dejar que se sentase, le espetó un «Bon appétit»; al cual, el francés, sonriente, contestó: «Goldberg.»

Lo cual me recuerda que a mí mismo me ocurrió algo por el estilo, aunque con más enjundia, cuando de regreso de mi primer viaje a los Estados Unidos, me senté a cenar a una mesa para dos en el comedor del barco. Con la primera cucharada de sopa todavía entre el plato y los labios, me espetó mi comensal: «¿Por qué están tan atrasados los europeos?» A lo que contesté con otra pregunta: «¿Qué entiende usted por "atrasados"?» Dominando la sorpresa que el contraataque le había causado, explicó: «Yo soy fabricante de artículos de cuero, y tengo dos fábricas, una cerca de Chicago y otra cerca de París. Mis obreros franceses se contentan con un jornal diario que mis obreros de Chicago no aceptarían por hora.»

«Bueno —le argüí—. Vamos a escoger diez yanquis al azar en diez ciudades de su país, también escogidas al azar. Ya tenemos cien yanquis. Hagamos lo mismo en Francia. Ya tenemos cien franceses. Le apuesto a usted mi sombrero que los cien franceses se dan mucho mejor vida que sus cien compatriotas. Comen mejor, beben mejor.» Se echó a reír y exclamó: «Ha ganado usted.» Era en los años de prohibición.

Claro que mi respuesta se salía del tiesto tanto como su pregunta; pero seguí avanzando, y con otra pregunta: «¿Adónde va usted?» —«A Sevilla, a pasar unas vacaciones.» —«Ah sí, ¿eh? Pues le contaré a usted alguna cosa sobre Sevilla. Una vez Diaguilef...» No tenía ni idea de quién era. Lo expliqué a grandes rasgos, y seguí contando: «... había ido a Sevilla a ver bailar. Lo llevaron a una casa particular para que viera el baile andaluz de verdad, y sin hacerse rogar, las dos chicas de la familia bailaron mientras el hermano guitarreaba. Tan encantado se quedó el gran ruso que, sacando del bolsillo unos papeles, dijo a su amigo español: "Diga usted a estas muchachas que les pagaré el sueldo que pidan. Aquí están los contratos en blanco." Ellas se rieron y claro que no aceptaron. "Pero ¿de qué viven?", preguntó Diaguilef asombrado; y le contestaron que eran vendedoras en una tienda de modas.»

Mi comensal se quedó atónito. «Pero ¿qué ganarían?» —«Pues no lo sé. Todo lo más un dólar diario. Pero es que, ya ve usted. Ahora se va usted a Sevilla a pasar las vacaciones, ¡pero ellas ya estaban en Sevilla!»

*

Al lado de los contingentes francés e inglés de la Secretaría General, los de otros países no importaban tanto. Desde luego, la Casa perdió todo su personal yanqui al producirse aquel vergonzoso episodio que fue la retirada —o no accesión— de los Estados Unidos a la Sociedad de Naciones, después de una de las campañas más desvergonzadas y mendaces que había conocido la historia de aquel gran país. Su mismo progreso tecnológico y mecánico expone a los Estados Unidos a todos los peligros que acarrea una opinión pública prefabricada. La inepcia y el cinismo de los dirigentes del partido republicano que arrastraron a los Estados Unidos a repudiar a Woodrow Wilson y a negarse a ratificar el Pacto me impresionaron profundamente, y años más tarde, ya cerrando el ciclo de mi vida pública oficial, con más de dos años de emigración a la espalda, publiqué en inglés un poema compuesto de dieciocho sonetos, con el título El hogar del hombre, en uno de los cuales fustigaba como se lo merecieron aquel grupo de politicastros: Cabot Lodge, Mellon, Hearst, Frick, Harvey y Harding, el presidente inepto e indigno de tan alta magistratura, que habían hecho elegir con vistas a su funesto propósito.

Escritos en el barco en que regresaba a Europa de una gira de conferencias por los Estados Unidos (1937-38), estos dieciocho sonetos ingleses daban testimonio de la hondura de mis convicciones en cuanto a la organización de la paz: vistos desde mi perspectiva de hoy, me parecen deber más a una actitud

intuitiva para con el problema de las relaciones humanas que a
mi experiencia adquirida en los quince años que pasé en Ginebra
ocupado en varias actividades; pero esta experiencia vino a confirmar lo que la intuición había visto desde el principio. Habíamos puesto el pie en un camino que iba a ser muy largo; pero
teníamos que perseverar.

Éste era el espíritu que me animaba todavía al escribir para
la revista *Virginia Quarterly*, en el otoño de 1956, el retrato que
sigue, con motivo del centenario de Woodrow Wilson:

El sombrero de copa, la levita, la mandíbula larga, la frente
alta, rasgos todos verticales, acuñaron para el mundo entero la
imagen de un intelectual rígido, inflexible, rebarbativo, idealista.
Pero todo esto iba a manifestarse más tarde. La multitud hervía
de entusiasmo. Enronquecían aclamándolo las muchedumbres
que se hacinaban en París, Londres, Roma, para verlo pasar.
¡Qué retorno tan dramático! Ni Franklin ni Lafayette ni Pershing habían logrado la talla requerida para equilibrar la de Cristóbal Colón y encarnar tamaño reflejo del Descubrimiento. América descubierta. América adulta protectora de su Continente
progenitor. Resonaban en nuestra memoria las famosas palabras
de Canning: «Viene el Nuevo Mundo a restaurar el equilibrio
del Viejo» —¡pero con qué profundidad tan nueva!—. Nada de
esos miserables equilibrios de poder entre naciones vigilándose
unas a otras por si la una se abalanzaba sobre el gaznate —o el
bolsillo— de la otra, sino un equilibrio de la mente, una cordura
al fin lograda y pronta a erguirse por encima de la maleza de
las soberanías hacia una mancomunidad de mancomunidades.
Lo que hacía exultar aquellas multitudes europeas era la esperanza de ver realizarse la bella divisa: «la guerra para terminar
las guerras»; la ilusión de que de aquel torbellino y de aquella
carnicería surgiera al menos una era nueva libre del temor de
toda agresión exterior.

Las multitudes anhelaban aquella paz desde el fondo del
abismo del sufrimiento en que las había sumido aquella guerra.
Habían pasado ya para no volver los días de «gloria» militar.
Hasta la misma palabra sonaba hueca y retórica, y aún peor,
falsa e hipócrita; algo así como esa ronda de ron o de aguardiente
que se distribuye a la tropa antes de hacerla saltar de la trinchera al campo de las balas. Sobre las muchedumbres aún ayer
ebrias de guerra abría las alas un ensueño de razón. Algún modo
habrá de hacer que los seres humanos puedan vivir en paz.

Wilson, noble, recto, inflexible, vertical, encarnaba el anhelo
universal que se erguía hacia el cielo íntimo de cada hombre. El
mundo de los europeos ensangrentados lo había elegido por su
profeta porque era un americano por encima de las querellas

intestinas intraeuropeas; porque lejos de seguir la corriente hacia la guerra, se había opuesto a ella aferrándose a la neutralidad con una terquedad viril; porque, después de haber declarado que era «demasiado orgulloso para luchar», al ver hundirse el *Lusitania* con cien de sus compatriotas a bordo, aceptó la guerra y luchó cuando los alemanes hundieron el *Sussex* en el canal de la Mancha. Lo habían elegido porque en su discurso del 8 de enero de 1918 ante las dos Cámaras reunidas, había formulado los Catorce Puntos que iban a servir de base, si no para el Tratado, al menos para el ambiente internacional; y también porque el último y más importante de los catorce rezaba: «Se creará una asociación general de naciones fundada en pactos específicos con el fin de dar garantías mutuas de independencia política y de integridad territorial a los Estados tanto grandes como pequeños.»

Esta idea de una asociación de naciones señoreó la imaginación de los pueblos de Europa. En Woodrow Wilson vieron el prohombre que iba a libertarlos de tamaña esclavitud. Sabían que sus gobiernos habían tejido la guerra y la defensa contra ella con urdimbre de amenazas ocultas y trama de tratados secretos; por lo cual les gustaba aquel primero de los Catorce Puntos que decía: «Pactos públicos en público negociados, después de los cuales no existirán acuerdos internacionales privados de ninguna clase, sino que la diplomacia se hará con franqueza y a vista del público.» Éste era el lenguaje que había que hablar en una Europa herida por su propia vesania que soñaba en una vida de cordura.

Cuando los ojos de aquel hombre bebían las multitudes clamorosas, la divina clemencia que esfuma nuestro porvenir le ocultaba tras un telón de gloria y fama la derrota que le aguardaba en el Congreso de su país; su incapacidad de paralítico, que su mujer ambiciosa y sus médicos asustados esconderían al Gobierno y al Congreso; el triunfo como sucesor suyo del presidente más nacionalista y más inepto que la nación tuvo jamás; la negativa de su propio país a ingresar en la Sociedad de Naciones, y como consecuencia de esta negativa, la impotencia para cerrar el paso al Japón en Manchuria y a Mussolini en Abisinia, de donde surgieron Hitler y la segunda guerra mundial. Se le ha solido acusar de haber causado su propia derrota con su carácter inflexible; pero el testimonio de los que lo conocieron bien no parece apoyar tal cargo. Wilson fue lo que todo estadista debe ser: inflexible en cuanto a los principios, accesible a la transacción y al consejo en cuanto a los detalles. De otro modo habrá, pues, que explicar su fracaso.

En primer lugar, no fue el fracaso suyo, sino de su época. La lectura de sus Catorce Puntos, así como la de los «Cuatro Fines» de su discurso del 4 de julio de 1918, llama la atención por la audacia, pero también por la índole nada realista de sus ideas. Wilson fue la voz que clamó por la razón en una época de locura. Su plan fue a la vez demasiado perfecto y demasiado abstracto.

En cuanto a perfección, bastará citar alguna de las medidas que proponía. El punto 3, por ejemplo, preconiza: «La eliminación, en lo posible, de todas las barreras económicas y el establecimiento de una igualdad de condiciones comerciales entre todas las naciones que consientan a la paz y se asocian para mantenerla.» Esta idea era tan perfecta que no era realizable en aquel tiempo. Sirvan, como otro ejemplo, los puntos 2 y 3 de su discurso del 27 de setiembre de 1918: «El interés especial y separado de una nación o de un grupo de naciones no puede erigirse en base de parte alguna de ningún acuerdo que no sea compatible con el interés general»; «No podrán existir ligas o alianzas o pactos o entendimientos especiales dentro de la familia general y común de la Sociedad de Naciones.» ¡Esto lo decía el presidente de los Estados Unidos, país promotor de la Doctrina de Monroe!

Lo decía, además, el hombre que había enviado su Infantería de Marina a Santo Domingo y al general Pershing a Veracruz, expediciones ambas fuera de toda equidad internacional; el hombre que sabía perfectamente que en los Estados Unidos actuaban fuerzas que ni aun él había podido contener cuando una presa indefensa, como Méjico, se ofrecía a sus concupiscencias; un hombre que en la misma obra maestra de su gran política universal, en el Pacto de Ginebra, se había visto obligado a estampar la manifestación más estrecha del nacionalismo de su país al excluir a Méjico de toda eligibilidad para entrar en la Sociedad de Naciones.

En cuanto a la abstracción, la misma constitución de la Sociedad de Naciones prueba sin lugar a duda que el mundo de 1918 no había logrado aún la madurez necesaria para organizar la paz. El Pacto aspiraba a erigir de un golpe una especie de gobierno universal. Los «realistas» trataron de evitar este error aguando los poderes de la institución ginebrina para reducirla a un mero centro de naciones soberanas, una Liga y no una Sociedad; pero la solución razonable hubiera sido organizarla de abajo arriba, en peldaños sucesivos de federaciones. Este modo de construirla habría presentado dos ventajas inestimables: las instituciones internacionales habrían conservado un contacto más constante y estrecho con las realidades locales, a su escala, tamaño y poderes; y se habría reservado en la cúspide para las decisiones de más peso un ejecutivo menos numeroso, un Consejo de Continentes de poco número y mucha autoridad.

No toca en esto a Woodrow Wilson culpa alguna. Era no sólo un hombre de su tiempo, sino el hombre de su tiempo hecho carne. Aspiró a enganchar la anarquía internacional al carro de la paz, y la anarquía lo mató a coces. Triste es recordar que cuando, desanimado por el violento contrachoque de los nacionalismos europeos, se volvió a su tierra en busca de apoyo moral, fueron sus compatriotas (aunque sus adversarios políticos) los que le dieron el golpe de gracia. ¡Y por qué medios! Falsedades, mentiras, fingimiento de apoyar la Sociedad de Naciones que querían destruir a fin de no perder el voto de los internacionalistas a quienes traicionaban —no hubo arma, por villana que fuera, que no pusieran al servicio de su infamia para perder a su gran compatriota—. Aquellos hombres que ganaron las elecciones de Harding quedarán en la Historia como los verdaderos causantes de los desastres de hoy. El día en que la nación yanqui abandonó a Wilson comenzó para la humanidad una larga noche de tormento.

La desaforada conducta de los republicanos yanquis para con Woodrow Wilson fue un golpe siniestro para la Sociedad de Naciones. Una de sus primeras consecuencias fue que perdimos a Raymond Fosdick, que ya había comenzado a servir como uno de los subsecretarios generales. A mí me disgustó mucho no sólo que dimitiera, como que le aceptasen la dimisión. Me parecía que el principio mismo de ambas era disparatado. O Raymond Fosdick era el hombre para el cargo o no lo era; por lo tanto, o no debiera haber dimitido o no lo debieran haber nombrado. Era, pues, evidente que toda aquella macrocefalia de la Secretaría General se debía al nacionalismo. Dimitido Fosdick, quedó como norteamericano de más galones Arthur Sweetser, uno de los dos «vices» de Pierre Comert, periodista encantador, simpático, inteligente y agudo. Vivía en una amena *campagne*, casa cómoda y grande, situada en un jardín bastante extenso para merecer el nombre de parque; pero dormía mal y de madrugada solía levantarse y salir con el revólver a matar ruiseñores porque le quitaban el sueño. Yo no me dejaba enternecer por estos asesinatos de los poetas alados, porque les tengo ojeriza a estas aves canoras desde que leí que se habían avenido a servir de coro a los suspiros de Heine.

*

El contingente italiano tenía por dirigente uno muy poco típico, desde luego con el rango de subsecretario general. Attólico carecía de la *finesse* refinada y aguda que suelen expresar los rostros italianos. Era un hombrón muy alto, fornido, de aspecto campesino, cuya cabeza parecía huir hacia atrás siguiendo la línea de una frente con rampa, mientras el resto del cuerpo se concentraba y tendía hacia el interlocutor como si fuera un adversario. Persona dinámica, de ojos siempre radiando irónico asombro tras los cristales de sus gafas, y de boca fuerte y sensual que tan pronto sonreía a lo inevitable como maldecía lo infame de las cosas humanas. Mucho más tarde, iba a ser embajador de Mussolini cerca de Hitler, y morir de pena (ya embajador cerca del Vaticano), porque era un liberal honrado. De sus compatriotas en la Secretaría, el más capaz era un economista muy americanizado que se llamaba Stopani.

En la sección política había desde luego un italiano que tampoco respondía mucho al tipo de su país. Era rubio, rubicundo, bastante inteligente aunque no muy intelectual y carente de esa punta agudísima de intención que caracteriza el genio de Italia, y halla su expresión en la omnipresencia de la letra I en el lenguaje. Era buenísimo y tenía fama de gran amigo de mujeres viejas; lo cual, combinado con cierto modo de andar como si tuviera siempre un caballo entre las piernas, dio lugar a un mote quizá injusto: *l'hypertrophie de rien.*

Pero aquel caballo no dejaba de tomar cuerpo a veces; y, una de éstas, le fue adversa, pues durante un trote matinal, el amigo Villari se cayó y se arrasó la cara, que casi se le quedó desollada. Más que de aquel desuello sufría el pobre de las preguntas que todo el mundo le hacía, así que dictó un relato de su aventura, lo hizo poligrafiar, y en silencio lo entregaba al amigo en cuyos ojos veía perfilarse la pregunta tan temida. Otro rasgo de su carácter, y esta vez muy italiano, era su soberbio escepticismo para con su labor en Ginebra, ese escepticismo al que sus compatriotas deben la paz al menos aparente de que tanto disfrutan.

*

Cuando vuelvo a mirar aquellos tiempos con los ojos de la mente, lo que me llama la atención es la importancia del contingente judío. Los directores de las secciones de Prensa, Política, Tránsito y Salud Pública eran judíos: Comert, Mantoux, Haas y Rajmann; los tres primeros, franceses, simpáticos, listísimos y eficientes; Rajmann, judío polaco, lo menos tan listo y tan eficiente como los otros tres, pero nada simpático. Tenía uno de esos rostros en navaja de afeitar, en el que ojos, nariz, labios parecían todos afilados a piedra, de modo que bastaba una mirada para ver en él un intelecto agudísimo y una voluntad terca, pero nada más. Más de una vez me ocurrió pensar que quizá no fuese mera coincidencia la simpatía en los judíos franceses y la antipatía en el judío polaco, y comenzaba ya a sospechar si no se debería al antisemitismo endémico en Polonia..., cuando recordé que entre los judíos franceses de la Secretaría..., en fin, que el argumento se caía por su misma base.

El contraste entre todos aquellos judíos franceses y el único judío inglés de la Casa era notable. Gerald Furtado Abraham encarnaba una imitación tan perfecta del *gentleman* inglés como Pierre Comert y los suyos lo eran de intelectuales franceses. *Gerald* como un inglés de buena familia, *Furtado* por sefardita, *Abraham* por tradición hebrea, era culto e inteligente, suave y tranquilo, de buen natural y buen amigo, pero resuelto a ser siempre más sensato que brillante. Para colmo de inglesismo, ya pasados los cuarenta, soltero, vivía con su madre y bajo el imperio de ella.

Que nadie le fuera a Gerald Abraham con nociones de super-Estado, autoridad mundial o cualquier otro concepto sobrenacional, menos aún con actitudes universales que ya comenzábamos a explorar algunos. Para él, la *League,* como la llamaban los suyos, era una Liga, no una Sociedad; y esta diferencia entre el nombre inglés y el francés de la «Cosa Viva» de Wilson no era ni con mucho meramente verbal, sino que pintaba fielmente la diferencia radical de actitud entre la manera inglesa y la francesa de ver la calidad y destino de la Institución. A veces he pensado si no se podría descubrir la raíz de la diferencia en la que ya separaba a Aristóteles de Platón, porque nosotros los mediterráneos seguimos siendo y hemos sido siempre amantes de las figuras geométricas perfectas, mientras que los nórdicos se dan mejor cuenta del hecho triste pero nutritivo de que en la naturaleza las esferas se quedan en meras patatas.

*

Un día me llamó Comert a su despacho. Parecía muy serio y preocupado. Cosa muy importante y confidencial. Tendrá usted que ser muy discreto. Va a reunirse en Ginebra un comité de la Cruz Roja, cosa de la mayor importancia para la Sociedad de Naciones; y Jean Monnet cree indispensable que haya un observador nuestro allí que sea competente y muy asiduo. No lo podemos confiar a ninguno del montón. Tiene que ser lo mejor que tenemos, y eso quiere decir... usted.

«¿Y cuándo es eso?», pregunté. La pregunta pareció contrariarle. «Pues ahí está. Es lo que nos molesta más. Precisamente, la semana que viene. Sí. Ya lo sé. Precisamente cuando iba usted a ir a Varsovia, para la reunión del Comité de Rajmann. Pero ¿qué le vamos a hacer? Mandaremos a otro, cualquiera. Aquello no tiene importancia. Bastará que vaya Hoden.» Era la primera vez que Comert me hablaba de Hoden, su segundo, de modo tan poco halagüeño. «Lo de Varsovia me parece más importante —argüí—, y me acuerdo que usted mismo me dijo que lo era, y mucho.» Comert confesó que así era en efecto: «... pero ya ve usted, Monnet opina de otro modo.» Tuve que quedarme en Ginebra y seguir atento las sesiones de un comité anodino de la Cruz Roja sin ningún interés aun para sus propios vocales, y escribir informes que nadie leía, a fin de que Hoden se diera un verde por Polonia. Meses me costó apearme de aquel camello; pero el episodio me fue de gran enseñanza sobre el ser humano cuando uno lo contempla desde lo alto de un animal tan inverosímil.

CAPÍTULO III

Altibajos de un funcionario internacional

Para irme haciéndome la mano en mi nuevo oficio seguía
los debates de la Segunda Comisión. El ritmo de la Asamblea
había logrado cierta estabilidad. Después de un debate general
para dar libre curso a todos los sentimientos acumulados en once
meses, la Asamblea se distribuía en comisiones, especializadas
en sendos aspectos de su labor; y cuando estas comisiones, en
las que estaban representadas todas las delegaciones, habían
adoptado sus conclusiones, pasaban éstas al pleno, que las votaba, enmendaba o rechazaba. Comert me encargó de la Segunda
Comisión, donde se debatían los temas llamados técnicos.

No duró mucho este encargo; sólo la Asamblea del año 21;
por lo cual mis recuerdos no son muchos, aunque sí muy vivos.
Uno de ellos es el de un delegado que se me acercó cuando me
hallaba ocupando un asiento al extremo de la mesa presidencial,
para murmurarme al oído si le podía señalar quién era el delegado de la India. Le murmuré a mi vez: «¿Ve usted al final de
esa mesa larga de la derecha aquel hombre alto, elegante, del-
gado, pelo gris acero, afeitado? Pues ése.» (Era, en efecto, Lord
Hardinge, que había sido hacía poco virrey de la India.) Y el
delegado: «¡Qué blanco es para indio!» —«Bueno, sí, pero recuerde usted que estos indios, al fin y al cabo, son la raíz de la
raza aria.» El delegado se alejó, no muy convencido.

Presidía la Comisión el senador Doherty, canadiense, que por
razones oscuras abrigaba la ilusión de saber hablar francés. Para
ganar tiempo, la Comisión había decidido que se traduciría el
inglés al francés pero no viceversa, porque en aquellos tiempos
se hablaba en Europa más francés que inglés. Esta regla puso
a los intérpretes en grave aprieto siempre que hablaba el presidente, puesto que él creía que hablaba francés en contra de
la opinión general. Pero a la regla tenían que atenerse, y lo hicieron hasta que monsieur Gabriel Hanotaux, que representaba

a Francia en la Comisión y estaba sentado muy lejos de la presidencia, después de escuchar sin entender jota una larga intervención presidencial en aquella lengua canadiense, al ver que los intérpretes se callaban, exclamó malhumorado: «Traduction, s'il vous plaît!» El senador Doherty tomó nota.

*

Robert Haas, con el sobrante de la energía que despejaba en la jefatura de la Sección del Tránsito, se había puesto a organizar una especie de sindicato de los funcionarios de la Secretaría. Ya se habían celebrado varias reuniones, a las que asistí aun cuando no pertenecía todavía a la Casa de modo definitivo y permanente. Cuando le apunté a Comert esta irregularidad, se echó a reír y me declaró que Jean Monnet lo tenía ya decidido en firme y que me darían el contrato permanente en el mismo momento en que expirase el provisional (de un año) que ya tenía. No dejó de llamarme la atención su seguridad, basada en una decisión de Monnet, con lo que aumentó mi impresión de haber entrado en la Casa no quizá contra la voluntad de Drummond, pero desde luego sin su aquiescencia.

Instigado por mi curiosidad de ver salir a luz un sindicato burgués, asistí a título de mero observador a las reuniones preparatorias inspiradas por Robert Haas —aunque, a decir verdad, dominado por un robusto escepticismo; pero tampoco me daba cuenta de que, con su sutileza de siempre, la naturaleza iba preparando la materia prima para mi primer fracaso con Drummond—. Sólo había visto al Jefe Máximo una vez, cuando fui a presentarme al entrar a servir mi primer año provisional. La entrevista había sido agradable, pues Drummond era hombre de modales finos, pero no hicimos más que cambiar primeras impresiones e iniciar el largo proceso del conocimiento mutuo. Poco después recibí una tarjeta de invitación en la que Monnet, el segundo jefe de la Casa, me rogaba cenara con él en el Hôtel des Bergues, corbata negra. Indagué cerca de Comert, quien me dijo: «Es una cena para Drummond y la plana mayor de subsecretarios y directores. Será usted el único soldado raso.»

Halagüeño, desde luego, pero aun así, ¿por qué? Ya iba yo a la cena ocupado por ambos sentimientos —vanidad, misterio—, cuando nada más ver la disposición de la mesa, ambos subieron de punto. Era redonda, Monnet presidía y Drummond le hacía frente, y mi sitio estaba a la izquierda del de Drummond. «Está visto —pensé—. Voy a pasar un examen. Habrá que ir con pies de plomo.»

Pero ¿cuándo he sabido yo hacer eso? Decidir hacerlo, sí, muchas veces. Pero en el momento mismo de ir a la acción, en ese filo del presente que corta el porvenir dándole vida y muerte a la vez, ¿pies de plomo? No recuerdo haberlo conseguido jamás, porque el surtidor de la espontaneidad es en mí muy fuerte; una espontaneidad que surge de tal o cual lado o color de mi naturaleza, y muchas veces, quizá demasiadas, de ese sentido irrepresible del aspecto cómico de la vida que con tanta frecuencia me vence.

Al principio nuestra conversación no iba mal, y así de cosa en cosa fuimos a dar a la actividad sindicalista de Haas, sobre la que di a Drummond un informe verbal medio escéptico medio humorístico, y un breve resumen del debate sobre la fecha de la próxima reunión. Pausa. «Yo propuse el 30 de febrero.» Me miró en silencio, quizá en espera de una explicación, que no di, y al fin se rindió: «Y ¿por qué el 30 de febrero?» —«Porque esa fecha no existe.» Sonrió con alguna confusión: «Ah, claro. Perdone. Estoy tan cansado...»

«Suspenso seguro», dije para mis adentros.

*

Pues, no me suspendieron. O quizá sí. Los hechos lo dirán. Pero el lenguaje de los hechos es, a veces, ambiguo. Al año justo de haber comenzado mi servicio como redactor técnico de la Oficina de Prensa, ascendí a jefe de la Sección del Desarme. Así se revestía de dignidad profética aquella invitación a una cena de jefes. Otra vez, los franceses. Después de haberme abierto la puerta, lograron convencer a Drummond, sobre la base de mis dotes literario-lingüísticas y de mi preparación técnica, que me confiara el cargo más delicado de la Secretaría.

Las cosas técnicas, en aquellos tiempos, no merecían la atención de un *gentleman,* de modo que, rehecho de mi sorpresa, pues no supe nada hasta que me lo reveló Drummond, me confirmé en mi idea de que el grupo de intelectuales franceses que rodeaba a Monnet le había convencido de la conveniencia de nombrarme. No se me ocurrió entonces sospechar que Drummond pudo haber interpretado el evento como la maniobra lograda de un joven ambicioso, cosa que luego llegué a figurarme como posible.

El éxito era de buena cepa, pero no completo. Se me confiaron los poderes y responsabilidades inherentes a un director, pero no se me concedió ni el título ni el sueldo, sino que, para el caso, se creó una categoría nueva de *jefe de Servicio* con menos galones y sueldo; y por si no bastase, se dio el mismo día igual categoría al compañero de golf de Drummond, un yanqui muy buen chico, que se llamaba Huston y que se ocupaba de lo que llamaban Establecimiento, es decir, locales, mesas, sillas y porteros. No iba yo a mirar tan de cerca la dentadura del caballo que me regalaban; pero no faltaban amigos que lo hicieran.

*

Comert me hizo observar que mi nombramiento dejaba la Sección de Prensa sin un solo español. El caso es que cuando ingresé en la Secretaría por vía de aquella sección, ya tenía uno que regentaba las relaciones con la opinión española, uno que era nada menos que Luis Bolín, el mismo que catorce años después iba a organizar el vuelo clandestino de Franco de Canarias a Tetuán, abriendo así la guerra civil. No podía darse persona menos apta para presentar la Sociedad de Naciones a los españoles, porque Bolín no creía en nada. Al ingresar yo, estaba él de gira oficial en Sudamérica. A su regreso, dimitió. Tuve yo que ocuparme de España. Ahora, lo que me pedía Comert era que le buscase un periodista.

A mí se me ocurrió traer a Plá, mi amigo de Londres, hombre muy maduro y prudente, buen espíritu internacional, que hablaba y escribía bien el inglés y el francés y cuya primera profesión, oficial de Infantería de Marina, sería útil para las cosas del desarme. Pero no iba a ser fácil. Plá había ido a Londres hacía muchos años en una comisión naval, creo que para compra de barcos. Le gustó aquello, pidió la excedencia y se quedó en Inglaterra sin sueldo, ganándose la vida con lecciones de español. Pronto entró en el servicio oficial de enseñanza de la Ciudad de Londres, y así llegó a lector de la Universidad. Pero vino la guerra de Marruecos, y sus compañeros de Infantería de Marina le hicieron saber que, en tiempo de guerra, una excedencia en Londres no era del gusto del Cuerpo. Abandonó su carrera académica inglesa y se fue a matar moros como en los tiempos del Cid.

Tuve que ponerme en campaña yo también contra la burocracia militar, que a pesar del tiempo de servicio, nada corto, que Plá había hecho en el frente, se negaba a soltar su presa; pero yo hice valer cerca del Ministerio de Estado que Plá no prestaría menos sino más servicio a su país en Ginebra que en Marruecos. Durante los breves días que pasó en mi casa antes de instalarse, me habló más de una vez de la dificultad con la que tropezaba para adaptarse a una vida sin *pacos* ni las frecuentes alarmas e inquietudes de la guerra. «Y luego, esta Ginebra, chico, con su tremenda limpieza, vamos es que ya me marea, de modo que ahora llevo siempre papeles en el bolsillo que voy tirando por las aceras, para no caerme.»

Pasaron muchos años y un día, junto a la verja del jardín del antiguo edificio, se lo conté a Comert. «Sí —me contestó—, eso de la limpieza de las ciudades suizas irrita a muchos meridionales. Yo pregunté un día a un marsellés si le gustaba Ginebra, y me contestó: "Oui, pas mal, mais ça manque de M…"»

En teoría, mi cargo estaba subordinado al subsecretario general italiano, que era Attólico, con el fin de justificar de algún modo, por superficial que fuese, la *capitis diminutio* que se me había infligido al negarme el directorado. Pero había otra razón, no menos inconfesable: las secciones políticas se suponían supeditadas a Drummond; las técnicas a Monnet; y el desarme era un campo de disensión entre Inglaterra y Francia. Así pues, para sustraerlo al inglés y al francés, se lo «daban» al italiano. El ser yo español con tanto arraigo en Francia como en Inglaterra me había favorecido por la misma causa.

Todo esto me molestaba lo indecible. Yo soñaba con un gobierno mundial con perspectiva mundial, y me encontraba con una organización inter-nacional, más nacional que inter. Y no me habían faltado los avisos. Un día tuve que escuchar un sermón de Comert, todavía mi jefe, sobre Quiñones de León, nuestro embajador en París y delegado permanente en el Consejo ginebrino; para ponerme en guardia contra toda veleidad de acción alguna que estorbara la alta política del embajador, «porque le quebraría a usted como vidrio». Y cuando me puse a mirar más de cerca mi nuevo dominio, no logré ver más que nacionalismo.

Mi personal se componía de un militar —francés—, un marino —inglés—, un piloto —italiano— y un jurista —venezolano—. Los tres primeros eran además los secretarios de sendas subcomisiones de la Comisión de Armamentos, compuesta de los expertos de las tres armas de las naciones representadas en el Consejo. Esta Comisión había logrado cerrar el paso a todo intento de reducción de armamentos, y su única función útil (más o menos) consistía en examinar los armamentos de las naciones que solicitaban su ingreso en la Sociedad, e informar al Consejo sobre si se justificaban o no.

En virtud de mi nuevo cargo, tuve que asistir a unas cuantas de estas indagaciones, sesiones en las que el representante del país candidato tenía que contestar a las preguntas que los vocales le dirigían. Pronto me di cuenta de que lo que con tal procedimiento se perseguía era el dar a tal o cual gran potencia la ocasión de eliminar un obstáculo o de lograr una ventaja en sus relaciones con el país candidato, de modo que si no se daba tal

obstáculo o ventaja, la cosa iba rodada. Ello no obstante, si el
caso que mejor recuerdo se ha conservado tan vivaz en la memoria, no se debe a tales claroscuros de la política de poder, sino
al colorido y vigor pintoresco del protagonista, el hoy emperador de Etiopía, entonces heredero del trono con el nombre de
Ras Tafari. Su capa azul y sus pantalones blancos venían a realzar una escena por demás ordinaria en cuanto al atavío de los
que le representaban. Lo más impresionante resultó la maravillosa concisión de la lengua etíope, porque cuando el presidente,
coronel Lowe, hacía al Ras Tafari una pregunta técnica sobre
las divisiones o las baterías, el príncipe, con una mirada que
atravesaba al inglés como si fuera una mera ventana o pared,
ladraba un monosílabo que sonaba Jairraaa, y al instante el
intérprete desarrollaba el tema en inglés durante lo menos un
cuarto de hora.

*

Pronto se hizo patente hasta el más lerdo que aquella Comisión de coroneles y contraalmirantes no era ni sería jamás instrumento adecuado para avanzar por el camino hacia el desarme; de modo que la Asamblea exigió se organizase otra Comisión
que ya no sería la de los Armamentos, sino la del Desarme. La
primera, cuyos títulos de existencia y atribuciones estaban incrustados en la piedra del Pacto, aceptó la idea muy a regaña-
dientes, y sólo a condición de que la nueva llevaría el epíteto de
Provisional mientras ella era la Comisión Permanente. La nueva,
además, se llamaría *Mixta*, por estar compuesta de militares
y paisanos, éstos en mayoría. Su presidente sería René Viviani,
político francés nacido en Argel de padre italiano y madre española.

Aghnides, griego, que hasta mi nombramiento, llevaba como
miembro de sección los asuntos del desarme, le tenía a Viviani
un miedo cerval. «Ándese usted con cuidado —me avisó—. Cuando se vuelve hacia mí, me siento como una rata bajo un tranvía.» Era muy alto, corpulento, potente, la vera efigie del tribuno
tan escuchado como poco dispuesto a escuchar; pero pronto me
di cuenta de que era gobernable, como debe serlo siempre un
presidente sensato para el secretario de la Comisión, y aun diré
que fue precisamente entonces, mientras colaborábamos, cuando
se me ocurrió aquel aforismo que, entre muchos que se me han
atribuido, es de veras mío: «Una comisión bien constituida se
compone de un buen presidente y un buen secretario; y cuando
digo un buen presidente exagero algo.»

Mi nombramiento como jefe del Desarme se debía precisamente a la necesidad de un hombre nuevo que tomase a su cargo

la Secretaría de la Comisión Provisional Mixta. Claro es que la Comisión Permanente me recibió sin cordialidad, y trató de seguir funcionando con sus tres secretarios militares. Resolví el problema haciendo como si no existiera; y si bien dejé a cada uno de mis tres subordinados que siguiera actuando como secretario de la subcomisión correspondiente, tierra, aire o mar, me senté a la izquierda del presidente siempre que el pleno se reunía. Poco a poco, fui ganando no sólo la confianza sino la simpatía de todos aquellos militares, aunque no siempre su aquiescencia, como en su hora relataré; pero no tardamos en lograr un nivel bastante amistoso para que pudiera permitirme tomarles el pelo en una ocasión memorable.

El jefe de la delegación inglesa era el almirante Aubrey-Smith, hombre encantador y sonriente; el cual, un día que tenía aún menos que hacer que de costumbre, salió a dar un paseo a caballo, y fue a dar al hospital con la cara cubierta de parches. Durante la misma semana, el general que mandaba la delegación japonesa, volviendo hacia Ginebra de una excursión en coche, maniobró con tan poco acierto que cayó al lago, salvando la vida por milagro, gracias a que las ventanas del coche iban abiertas. En la primera sesión que celebramos después de estos accidentes, tomé la palabra para amonestar a los señores vocales de la Comisión y recomendarles que no invadiesen unos las prerrogativas de los otros, de modo que ni los almirantes se dedicasen a la caballería ni los generales a la navegación.

Pero no quisiera despedirme de este general japonés sin recordar otra ocasión en que ilustró a maravilla la cortesía proverbal de su país. Estaba un domingo en mi casa, terminando nuestra cena frugal, cuando sonó el teléfono. Mi colaborador militar, el capitán Mathenet, me pregunta: «¿Qué, no viene usted?» Se me había olvidado que estaba invitado a cenar con los japoneses. Me cambié, salí disparado y llegué con una hora de retraso. El general japonés sonrió a mis excusas y... prolongó una buena media hora su fase aperitiva como si nada hubiera ocurrido. Cortesía en verdad perfecta.

*

No era Mathenet el primer oficial francés que en mi sección se ocupaba de los armamentos de tierra. Había venido a sustituir al capitán Monroe, que había sido mi compañero de estudios en la Escuela de Minas de París de donde, al salir, había ingresado en la Artillería. Monroe tuvo que salir de Ginebra en circunstancias que merecen relatarse. Parece que había donjuaneado con una ginebrina casada, cuyo marido no estaba dispuesto a hacerse el distraído, de modo que el secretario general decidió devolvérselo al Gobierno francés. Pero lo único que Drummond logró con este paso fue hacer patente que estos tres funcionarios de una institución internacional, pagados por todos los países pertenecientes, seguían siendo en realidad funcionarios de los gobiernos de sus respectivos países. El coronel Requin se personó en Ginebra. Era el delegado francés en la Comisión Permanente, hombre de poca estatura pero robusto y ancho de hombros, de gran carácter e intelecto. Tomó muy a mal que se hubiera despedido por un mero episodio de alcoba a todo un capitán de Artillería del ejército francés, se presentó en casa del marido y le metió el resuello en el cuerpo, y obligó al secretario general a tragarse otra vez a Monroe. Por lo visto, esta última imposición había sido más de forma que de fondo, porque poco después mi donjuanesco ex compañero y subordinado volvía a su Artillería nacional.

Salimos ganando, porque Mathenet, que le sucedió, resultó ser el más capaz de mis colaboradores. Con el tiempo, llegó a general de división, cosa que en Francia no se logra por mera antigüedad, sino a fuerza de distinción probada en el Servicio. Su final fue trágico. Al retirarse se había instalado en Marraquex, y al declarar Marruecos su independencia, Mathenet se trasladó a Marsella, adonde se trajo como criado a un ex ordenanza marroquí. Este hombre, de pocos alcances, cediendo a la presión de unos compatriotas extremistas, lo cosió a puñaladas mientras dormía la siesta.

Mathenet era demasiado inteligente para dejar de ver la necesidad de un gobierno mundial por incipiente que fuera, aunque demasiado sensato para sentirse muy optimista en cuanto a su pronta realización. Leone, el piloto italiano, abrigaba opiniones muy semejantes. A Arocha, el diplomático venezolano, la cuestión, como tantas otras, le tenía sin cuidado. Los dos oficiales de la Marina británica que tuve sucesivamente a cargo de los asuntos navales ni se asomaron al problema. Para ellos, la Marina de su país bastaba. La primera vez que uno de ellos, el pagador Hodge, me mandó una nota oficial de servicio interior, la firmó: W. Hodge, R. N., las dos mayúsculas que lo situaban en la *Royal Navy*. Se la devolví con ruego de que borrase aquellas iniciales que nada tenían que ver ni con su cargo ni con su sueldo; y lo tomó muy bien, de buen grado, cortesía y humor, puesto que, al fin y al cabo, todo, él, yo, la Sociedad de Naciones, sus «R. N.», mi nota quitándoselas, todo, en fin, descansaba sobre la Marina británica.

*

Este mundo que hasta entonces venía floreciendo al sol y sombra de la *Pax Britannica* reconocía como clase dirigente a una minoría selecta burguesa —aristocrática—, a la que pertenecían la mayoría de los delegados que a Ginebra acudían. El más pintoresco de ellos era sin duda Arthur Balfour. Su mera estatura le hacía descollar como torre de pueblo sobre la multitud europea, de modo que, para él, mirar de arriba abajo a la gente era inevitable como hecho físico, y ni se daba cuenta de ello por serle tan natural, como aristócrata escocés que era, vivir en el desdén del vulgo. Era escrupulosamente cortés de palabra y modales y muy celoso cumplidor de sus deberes. El rostro de un rojo subido, el pelo blanco, los ojos penetrantes tras los cristales de su *pince-nez*, la boca escéptica, el porte firme, incólume, todo contribuía a hacer de él un como rasgo tan dominante de aquel paisaje humano como la torre de la catedral en una ciudad.

Era de un ingenio tan mordaz en público como en la intimidad. En la mesa del Consejo, a Tittoni que pedía una distribución más equitativa de la riqueza natural, apoyada en la agria observación que Italia estaba entonces pagando el carbón al precio de la carne, contestó Balfour con la mayor seriedad pidiendo una distribución más equitativa de los días de sol. entre Italia y la Gran Bretaña. Cenando una noche, su vecino de mesa, el doctor Van Hamel, jurista holandés, director de la sección Jurídica de la S. D. N., con más valor que prudencia se puso a elogiar la poesía de Kipling. Pasaba eso antes que T. S. Eliot expidiera a Kipling su pasaporte de poeta para el Parnaso inglés; y Balfour, con la mirada fija en el osado jurista, exclamó: «¡Y yo que ni siquiera sabía que Kipling había escrito poesía!» A lo cual el intrépido holandés contestó: «Claro que sí. Lea usted su hermoso poema IF.» Balfour se volvió a su otro vecino.

Léon Bourgeois, su homólogo francés, no parece haber conservado en el recuerdo o en la Historia ni el prestigio ni la autoridad de que gozaba entonces, y que debía a su fama de teórico e ideólogo del partido radical francés, que procuró dotar de una doctrina o filosofía laica, fundada en la solidaridad humana y la razón. La fundación de la Sociedad de las Naciones, a la que contribuyó no poco, lo encontró ya en plena decadencia física, aunque sólo contaba setenta años, de modo que corporalmente era ya muy viejo; y de prestancia más venerable quizá que noble, sus finas facciones encuadradas en la plata de barba y cabello; sólo podía andar muy despacio y apoyado en el brazo de su fiel secretaria, solterona, que ostentaba el rico nombre de mademoiselle Million.

Pálido reflejo apenas me queda en la memoria de aquel Tittoni que entonces representaba a Italia en el Consejo y en la

Asamblea. Conocí mejor a sus sucesores, Salandra y luego Scialoja. Pero conocí muy bien al aristócrata que solía representar a España en el Consejo y, cuando lo creía útil, cosa rara, en la Asamblea. Actitud típica en él, y no ciertamente porque fuera contrario a la democracia o al sistema parlamentario, sino sencillamente porque creía que las cosas se arreglaban pronto y mejor entre un habano y una copa de jerez, a media voz y entre el mínimo posible de personas.

Quizá fuera Quiñones de León el más aristocrático de todos, si ello se mide por antigüedad y cuarteles de blasón, porque era vástago de una linajuda familia leonesa del tiempo de los moros, de los que debieron de haber muerto muchos de sus antepasados a juzgar por esos *quiñones* que fundaron su bienestar. Era todavía joven cuando se instaló en París, por juzgarlo lugar a maravilla donde gastarse una buena fortuna. Hablaba un francés perfecto y como natural, más distinguido que culto, y era tan aficionado a los goces sensuales como indiferente a los espirituales en cuanto a su persona concernía, porque, en lo social, su barniz de cultura adquirido y conservado por su familiaridad con lo mejor de París, le servía de buen gusto, de modo que su «inspiración» hizo de la nueva Embajada de París una obra maestra a cuyo esplendor contribuyó no poco aquel gran artista que fue Sert. La cita favorita del sonriente *bon vivant* que fue Quiñones era: «*un peu de joie, un peu d'amour et puis, bonjour*». Toda una filosofía. Pero fue un habilísimo navegante de las aguas someras pero traicioneras y un gran patinador de los estanques helados de la diplomacia, y no había tarea a la que no lograra dar cima si contaba con codos libres y tiempo. Su rostro redondo, casi apoplético, su boca muda y ojos perspicaces, provocaban simpática acogida por doquier.

Su personalidad a la vez ingenua y penetrante se expresa en un caso que la memoria ofrece. Estaba tocando a su fin una larga sesión matutina del Consejo, y ya cada cual en torno a la augusta mesa había padecido alucinaciones de caviar y *foie-gras*, cuando, al ir el presidente a tocar la campanilla de la clausura, pidió la palabra Quiñones. Se alzaron todas las cejas. Quiñones no hablaba jamás en sesión pública. Solía tejer su labor en salones de hotel o cuartos particulares. No dejó de darse cuenta de la sorpresa que había causado y de su origen, porque era tan aficionado a un buen almuerzo como el delegado más pintado; de modo que creyó necesario calmar la inquietud de sus colegas con palabras que merecen una ramilla de inmortalidad: «Señor presidente, es un asunto sin importancia alguna. Cosa de puro principio.»

Pero aquí viene lo mejor. Nadie se rió ni aun sonrió; nadie se sintió ofuscado. Todos oyeron sus palabras como quien respira. Y la razón está clara: era él, Quiñones, quien había hablado. En sus labios, era la observación natural y exacta. Creo que fue esta virtud, porque lo era, de decir cosas naturales, virtud más prístina y original que la misma sinceridad, lo que le conquistó tan universal simpatía. Donde todos llevaban antifaz, él iba a rostro abierto.

Era tal su fama como diplomático perfecto que esa metáfora de las máscaras puede parecer extraña. Todo el mundo sabía que Quiñones no creía en nada que no fuera el poder y el interés nacional. Y sin embargo, aquel perfecto diplomático no lo era profesionalmente, y se había infiltrado en la diplomacia por mera maña suya y de amigos. Después de algunos años de secretario de embajada, más o menos honorario, en la de París, lo hizo nombrar embajador el propio Alfonso XIII. De su período de hombre joven y rico en el mundo de París fin de siglo se le había quedado la memoria llena de anécdotas. Vivía en Versalles, de donde se hacía conducir a la Embajada en un landó que tiraban dos soberbios alazanes. Él mismo me contó, lamiéndose los labios de gusto, de un su presucesor en París, que una vez que había llegado a la oficina con una hora de retraso, intentó excusarse cerca del Grande de España que entonces era su jefe atribuyendo su retraso a una aventura galante en la noche anterior, lo que Su Excelencia refutó arguyendo: «Nada. Nada. Yo que soy mucho más viejo que usted, sirvo a la embajadora todas las noches y aquí estoy por la mañana a las nueve.»

*

Aquellos aristócratas de la primera etapa de la Sociedad de Naciones tomaban por consabido su derecho a gobernar. Para ellos, el Consejo era como el Gabinete del mundo, y la Asamblea un estorbo; así que se quedaron estupefactos cuando la Asamblea rechazó el plan de trabajo que ellos habían preparado, consistente en dividirla en comisiones para que trabajara mucho y hablara poco. La Asamblea, dispuesta a lo uno pero no a lo otro, insistió en que habría primero un debate general antes de ir a las comisiones. Después de algún tira y afloja, se llegó a un equilibrio razonable y eficaz, desenlace debido quizá tanto a la resistencia de los aristócratas como a la potencia de los demócratas, sin contar la habilidad maniobrera de Drummond.

Vale la pena recordar que mientras prevaleció en el Consejo el elemento aristocrático, las sesiones transcurrían en un ambiente tan sencillo como digno. La Sala B del Palacio de Naciones (antiguo Hotel Nacional), decorada en azul con elegante sobriedad, solía ser el salón de sesiones: a un extremo, la mesa larga para los consejeros y el secretario general; detrás de ellos, algunas sillas para sus secretarios y funcionarios de la Casa, y apenas a metro y medio o dos, filas de sillas para el público y la prensa. Todo ello sin empaque alguno daba la impresión de una reunión particular. De pronto, toda Europa se corrió a la izquierda y en Ginebra ya no se veían más que delegados socialistas: Lord Parmoor, Benes, Vandervelde, Paul-Boncour; y poco después se separó el areópago del público con un cordón de seda azul y se elevó la mesa medio metro por encima del nivel del pueblo, y comenzó a fluir la elocuencia.

Capítulo IV

Jefe del desarme

No recuerdo haberme ocupado jamás del problema del desarme hasta que me pidieron que me dedicase a él y aun que me hiciera responsable de él, ya que no se le podía confiar a ninguna delegación por hallarse todas descalificadas a causa de sus prejuicios nacionales, y si bien nosotros, los de la Casa, no estábamos exentos de ellos, al menos sentíamos pesar sobre nosotros fuerte presión que nos inducía a vencerlos.

Esta presión moral solía ser más o menos eficaz según los países y las personas. Espinosa tarea sería la de intentar dar notas de mérito o demérito desde este punto de vista a los países que componían la Sociedad, pero es natural suponer que los más resistentes a la objetividad eran los nacionales de las grandes potencias, aunque también solían ser duros y recalcitrantes los de otras naciones menores si tenían una «causa» que defender.

No es posible pasar por alto aquí el ejemplo espléndido de disciplina que dio Suecia a todas las naciones, grandes y chicas, con ocasión del conflicto de las islas Aland; porque, si bien, desde luego, se daban razones de peso para decidir, como lo hizo el Consejo, que se adjudicaran a Finlandia, nadie puso en discusión que sus habitantes eran suecos y deseaban pertenecer a Suecia, de modo que si Suecia hubiera adoptado una actitud recalcitrante, no le habría faltado ni las simpatías ni aun razones genuinas y objetivas. La abnegación de Suecia en aquella ocasión contribuyó no poco a consolidar la nueva Institución.

A trueque de caer en el nacionalismo que venía criticando, me atrevería a afirmar que los españoles de la Casa éramos quizá los mejor preparados para la era nueva de relaciones mundiales, debido a una combinación favorable de cualidades y defectos, así como a las duras lecciones que la Historia nos había enseñado. Al fin y al cabo, como solía decírselo a mis auditorios yanquis, España es un constructor de imperios retirado de los

negocios, y conoce no pocas mañas de tan magno oficio, así como
los desengaños que aguardan al imperialismo más pintado. Más
de un yanqui con apenas dos décadas de experiencia de las Filipinas me han expresado su admiración ante el mero hecho de
haber vivido aquellas islas en paz relativa durante dos siglos;
y los tres siglos españoles de Hispanoamérica se parangonan
con ventaja, tanto en paz como en prosperidad, con el tiempo
que llevan de independencia teórica y dependencia práctica de
los Estados Unidos.

El español posee una cualidad-defecto que lo hace apto para
la ciudadanía mundial: un anhelo individualista que tiende a
situarle frente a la presión colectiva en actitud antagonista que
casi toca a la pre-rebeldía. Este rasgo se combina con su tendencia a dejar en barbecho la zona mediana de la vida entre los
extremos del Yo y del Universo. Valga un caso concreto en
apoyo de esta opinión. Dos veces en este siglo se ha visto el sector liberal de la opinión española en trance de tener que decidirse cuando las naciones europeas se encresparon unas contra
otras en duelo mortal; y tanto en 1914-18 como en 1939-44 la
parte más evolucionada de España se pronunció por los anglosajones. Ahora bien, tanto Inglaterra como los Estados Unidos
han sido en la Historia los enemigos más pertinaces de España;
y sin embargo, los españoles más ilustrados se pusieron de su
parte porque procuraron ver el caso con objetividad, y llegaron
así a pensar que, todo considerado, la victoria del Occidente era
el menor mal. Éste es uno de los ejemplos más claros de abnegación por la verdad y, sin embargo, apenas se menciona, y menos que en ningún otro ambiente, en las dos naciones anglosajonas que lo aprovecharon.

*

El desarme se me antojaba objeto harto raro de atención,
precaución superflua, como si fuera uno a molestarse para que
dos enamorados llevaran a cabo las funciones que prescribe
Cupido. Que se disipe el temor de la guerra y ya se desarmarán
las naciones sin que nadie las empuje. A nadie se le ocurre ir
y venir con un revólver en el bolsillo en las calles de Ginebra,
pero sí en las de Xangay o Chicago. O sea que el desarme me
parecía ser un fenómeno natural que se daría de sí mismo en
cuanto prevaleciesen las circunstancias que pide por naturaleza.
Pero estas circunstancias no tenían nada que ver con las armas.

Eran —y son—, en efecto, circunstancias políticas, no técnicas; y la más breve ojeada a la Ginebra de entonces bastaba
para confirmarlo. En general, la presión en pro del desarme
procedía de Inglaterra, y la resistencia, de Francia. Situación

paradójica, porque no se daba razón alguna para que ambas potencias no vieran el desarme con ojos iguales. Pero aquí de lo que me contó un día Austin Chamberlain siendo secretario de Estado de su país; que tenía sobre la mesa un ejemplar del libro que sobre el Desarme * publiqué al dejar mi cargo, abierto por una página que solía dar a leer a sus interlocutores: «No es del todo imposible traer franceses e ingleses a ver las cosas ojo a ojo, pero tienen ojos tan distintos...»

El elemento más fuerte de esta diferencia es la Historia, amén del carácter nacional. Desde el momento en que España abdicó como potencia predominante, Inglaterra y Francia han venido dirigiendo los destinos de Europa y aun del mundo hasta la era yanqui-rusa. En el curso de este condominio, cooperativo en las cosas del espíritu, antagonista en las de la política, Francia e Inglaterra han ido adquiriendo ciertos hábitos, y entre ellos quizá los más notorios, el francés de aspirar a agrupar las naciones de Europa como una cintura de arrabales en torno a París, y el inglés de apoyar la segunda potencia continental de Europa contra la primera.

Después de haber luchado en la primer guerra mundial al lado de Francia contra Alemania (en virtud de su regla inveterada), la misma regla ahora imponía a Inglaterra apoyar a Alemania contra Francia. Ésta era la causa del interés de Inglaterra en el «desarme» de Francia; y también explica que los ingleses no comprendieran por qué había que extender el desarme a las flotas. Lo demás no era más que discutir.

*

Pero si de discutir se trataba, allí estaba Viviani, uno de los abogados más ilustres de Francia. Al encargarse de la presidencia de la Comisión Temporal Mixta, que, como luego explicaré, iba a dirigir la gran operación del desarme, Viviani pronunció un discurso vigoroso en el cual pintó a grandes pinceladas un mundo donde no había nación que no estuviera en continuo acecho sobre la frontera por temer a otra guerra. Al terminar, dándose cuenta, sin duda, de que Cecil no dejaría pasar tal aserto sin rebatirlo, me rogó al oído que le fuera traduciendo en voz baja lo que el inglés iba diciendo, sin aguardar a la traducción oficial. Así lo hice, y al murmurarle: «Yo no veo que tantas naciones abriguen tanto temor, y se pasen la vida acechando la frontera. No España. No Inglaterra.» Viviani se volvió hacia mí y preguntó: «¿Ha dicho eso? ¿Ha dicho "Inglaterra"?» Al

---

* *Disarmament*, Oxford University Press, pág. 20.

confirmárselo yo, agarró un papel sobre la mesa, escribió rápidamente: «Entonces, ¿por qué no nos dejan ustedes hacer el túnel de la Mancha?» y se lo pasó a Cecil.

Buena réplica, sin duda; con la cual, Viviani daba en el blanco del tema, ya que la terca negativa de Inglaterra a dejar hacer el túnel del canal viene a ser, y en parte es todavía, el símbolo y meollo del duelo secular que en Ginebra enfrentaba a las dos naciones sobre el desarme; pero que, desde luego, no versaba sobre el desarme sino sobre el poder. Al final de aquella sesión, ya casi vacía la sala, quedamos sólo un grupo de pie en torno a Viviani, todos franceses menos yo; pero mis once años de estudiante en París hacían a veces olvidar a los franceses que yo no era uno de ellos y quizá por esa causa, o por la que fuese, Viviani se abandonó sin recelo alguno a la sinceridad: «Hemos ganado esta guerra, ¿no? Pues entonces tenemos pleno derecho a hacer lo que nos dé la gana.»

Menos inhibido en cuanto a la forma, no difería tanto en cuanto al fondo de..., iba a escribir «Cecil», pero Cecil no era un inglés normal y, si bien de haber insertado su nombre arriba la frase no habría resultado inexacta, habría tenido que acolchonarla con explicaciones, en el sentido que se desprende del capítulo especial que más adelante dedico a Cecil y a Gilbert Murray. Aquí me limitaré a dejar sentado que lo que dividía —y divide— a Francia de Inglaterra era y es una rivalidad de poder.

*

Era un duelo al que prestaban color y movimiento actitudes subjetivas anteriores al problema del desarme e independientes de él, y por lo tanto, prontas a manifestarse a propósito de cualquier otro tema. Así que todo pasaba como si Francia e Inglaterra hubiesen escogido la Sociedad de Naciones como dos chicos un solar para apedrearse.

Para nosotros que lo veíamos desde la barrera, parecía como si en el Foreign Office y en el Quai d'Orsay se ocultasen colmenas enteras de abejas industriosas buscando día y noche cuestiones en litigio real o posible para molestar al otro, y claro está que el otro no valía la pena, de no ser Francia para Inglaterra e Inglaterra para Francia. Uno de los aspectos más pintorescos de este juego fue el duelo doble que enfrentó a ambos países años enteros sobre el tráfico de opio y la trata de blancas.

Ambos asuntos caían bajo la jurisdicción de Dama Rachel Crowdy, solterona inglesa capaz y muy simpática, a quien servía con fidelidad entrañable una irlandesa musculosa y fuerte, y aun con ciertos ribetes de masculinidad, que se llamaba Miss

Figgis y parecía dueña de una excelente ganadería de toros irlandeses. Esto de los toros irlandeses habrá que explicarlo. En confirmación de mi tesis favorita, que los irlandeses son unos ibéricos que se equivocaron de tranvía y fueron a dar al norte de Europa, el mejor toro irlandés que conozco es de Sancho Panza: «Cada uno es como Dios lo hizo y a veces peor.» Pero puedo dar todavía dos definiciones, ambas atribuidas a un arzobispo irlandés. «Si veis cuatro vacas sentadas en un prado, la que está de pie es el toro irlandés.» Mejor aún: «La diferencia entre el toro irlandés y otro cualquiera es que el toro irlandés está siempre preñado.»

De éstos los soltaba bravos la no menos brava Miss Figgis. Recuerdo que un día en que su amiga y jefa Dama Raquel elogiaba las dotes de Miss Figgis al volante del coche de ambas, y como Dama Raquel dijera que ya su amiga la había hecho rodar miles de kilómetros, la irlandesa con gran altanería interrumpió: «¿Kilómetros? ¡Yo no he rodado ni un kilómetro en mi vida!» Para ella sólo había millas. Otros de sus toros irlandeses irrumpirán sin duda en estas páginas.

Pero el opio sólo en teoría podía atribuirse a la autoridad de Dama Raquel, que de hecho temblaba bajo la férula de Alfredo Ernesto Blanco. El cual era un español de verdad, aunque maldito si lo parecía; siempre frotándose las manos (que tenía carnosas y muy blancas) como enjabonándoselas con gesto untuoso y episcopal. Había nacido en Burdeos de padres españoles, y hablaba con igual soltura y perfección el francés y el inglés, bastante bien el castellano y, según me afirmaron, excelente chino que debía a veintisiete años de servicio en las aduanas del Imperio del Medio. Todo lo que de pelo le quedaba era rubio; los ojos azules, la tez rubicunda y tersa, lo que le daba el aspecto de un bebé sonrosado pero corpulento y aun gigantesco, más todavía por disfrutar de una de esas bocas recogidas en un gesto como para besar o chupar que llaman en francés *en cul-de-poule*.

Sobre China, el saber de Alfredo Ernesto Blanco era inagotable, y aun sospecho que si en algo le fallaba la memoria, la suplía con la imaginación, lo que a su vez no puede hacerse sin buenas reservas de conocimiento al menos como hilo para bordar. En China, por incapacidad de los naturales para pronunciar la combinación BL y aun la misma B, le llamaban Pulanco. Una mañana me llamó al teléfono para decirme que al enterarse de que a las 11 iba a recibir en mi despacho nada menos que al general Jsu, creyó necesario que viniera él primero a verme. Vino y me contó que el general Jsu era un especialista de la compra de armas que enviaba a Europa Chiang Cai Xec bien provisto de fondos; y que la República contra la cual luchaba Chiang Cai Xec había aprovechado la ocasión para rogarle (a Jsu) que también comprase armas para ellos, idea que Jsu consideró de lo más razonable y conforme con los principios de Confucio.

También me contó Alfredo Ernesto Blanco que siendo jefe militar, y por ende, señor absoluto de una provincia de China, donde, sin embargo, le daba bastantes disgustos otro general rival y aspirante a su puesto, Jsu invitó a almorzar a este rival, que aceptó. La comida fue exquisita y refinada, salpicada de epigramas improvisados en cuartetas, arte en el que, por lo visto, son maestros los chinos aunque sean generales, de modo que huésped y anfitrión rivalizaban esta vez en poesía epigramática en vez de hacerlo en gramática parda y poder militar. Terminada que fue la fiesta culinaria y poética, Jsu expuso a su invitado que lo menos que podía hacer para agradecérsela era permitirle que la guardia armada que en el patio le esperaba le cortase la cabeza por ser aquella cabeza el único objeto que creaba desorden y discordia en la provincia —propuesta que el huésped también consideró como razonable y conforme con los principios de Confucio—. «Muy bien —concluyó Jsu—. Tenga la bondad de bajar al patio y mis guardias harán lo demás.»

Alfredo Ernesto Blanco se fue dejándome bien preparado para la entrevista con Jsu; y Jsu vino y se fue sin que ni él ni yo perdiéramos la cabeza. Pasaron meses; y Alfredo Ernesto Blanco volvió un día a mi despacho para contarme que, a su regreso a China, Jsu había sido recibido con entusiasmo por el hijo mayor de su víctima en una estación ferroviaria donde aquel joven tenía vara alta; y aun que el entusiasmo se había manifestado en un suntuoso banquete a cuyos postres rodó sobre los platos la cabeza de Jsu, todo ello, por supuesto, del modo más razonable y conforme con los principios de Confucio.

Reconozcamos que las rivalidades anglo-francesas no suelen alcanzar tan altos niveles de refinamiento; aunque no por eso dejaban entonces de lograr la sutileza y la agudeza de las disputas chinas; y como, por entonces, no había salido todavía de su cueva el oso rojo, esta rivalidad entre Francia e Inglaterra proveía a la Sociedad de Naciones con el mínimo de dramatismo político indispensable para que la prensa mundial le hiciera caso. El opio y la trata de blancas vinieron así a servir de armas políticas: de los franceses contra los ingleses, el opio; de los ingleses contra los franceses, la trata. Los franceses necesitaban los lupanares para distraer el ocio de sus tropas dispersas por el mundo; los ingleses se encontraban en postura incómoda cuando de reprimir el abuso del opio se trataba, porque de aquel tráfico nefando sacaban pingües beneficios algunas de sus posesiones asiáticas. También los sacaban algunas posesiones francesas; pero los franceses no preconizaban la represión del tráfico del opio como una medida buena en sí y por sí, sino tan sólo como una maniobra defensiva contra la represión de la trata de blancas que preconizaban los ingleses.

*

La ola de idealismo que había atraído la opinión norteamericana hacia la Sociedad de Naciones era a la vez fuerte y sincera; de modo que, cuando la infame conspiración republicana de los Cabot Lodge y los Mellon y los Frick logró privar al país de su ensueño internacional, millones de yanquis se quedaron como el novio a quien, ya vestido, se le va la novia para no volver; y cientos si no miles de ellos andaban deambulando como almas en pena por las salas y los pasillos de la Sociedad de Naciones.

Dada la predisposición natural a la acción de la gente anglosajona, pocos eran los que se limitaban a una peregrinación sentimental; los más se iban revelando como aficionados tan capaces, sensatos y aplicados a nuestros problemas, y, lo que vale aún más, tan desinteresados y objetivos, que pronto adquirieron autoridad y confianza como técnicos y consejeros seguros en el tema o problema a que se consagraban, aleccionados por estudios serios hechos en su país por sociedades particulares pero de interés objetivo y público como la League of Nations Union y la Foreign Policy Association.

Esta Asociación debía no poco de su éxito al apoyo moral y material de Thomas Lamont, a quien conocí en Ginebra. Así se inició una relación que iba a florecer en amistad fundada en cuanto a mí en admiración para con aquel hombre sobrio, profundo y sabio no sólo de saber, sino de sabiduría. Era Lamont el espíritu rector del Banco Morgan; y para poblar y regir la Asociación había reunido un excelente plantel en torno a Raymond Fosdick, que, como ya referí, había sido designado como uno de los subsecretarios generales de la S. D. N. Como especialista de opio, contaba con Helen Moorhead, mujer que había logrado combinar un cerebro masculino con un encanto femenino. Su compañero constante en esta labor, en su caso totalmente voluntaria y abnegada, pues no era funcionario de nada ni de nadie, sino hombre rico con una conciencia exigente, era Herbert Smith, judío neoyorquino, uno de los seres más justos y generosos que he conocido.

Puesto que aquí los tengo juntos en esta página, relataré cómo un día, años más tarde, al encontrarme yo sin otro oficio ni beneficio que el de escritor, Helen Moorhead vino a contarme, no sin algún misterio, que un amigo suyo, millonario, se sentía dominado por el deseo de justificar su riqueza consagrando parte de ella a alguna obra de interés general; a lo que ella, Helen, aprobándolo, le propuso dar a algún intelectual liberal los medios materiales necesarios para que se consagrara por entero a su obra sin tener que preocuparse de ganarse el pan. Así llegaron a convenir en que ella me sondearía sobre si yo estaría dispuesto a aceptar un capital cuya cuantía dejaba a mi decisión, para dedicarme, libre y sin trabas, a mi labor internacional.

Pedí un par de días para pensarlo bien y contesté a Helen Moorhead que no podía aceptar porque, a mi parecer, la tan generosa oferta daría de sí en el autor-escritor una situación sicológica poco favorable para la ideación y creación. A pesar de mi negativa, Helen Moorhead no se creyó capacitada para revelarme el nombre del candidato a Mecenas; pero, muchos años después, me confesó que había sido Herbert Smith. En nuestros numerosos encuentros jamás aludimos a este episodio ni él ni yo. Conste aquí este caso, como constará otro más adelante, en pro de un país que con frecuencia tildan de materialista otros muchos menos capaces de elevarse a su generosidad.

Pero aunque los norteamericanos solían ser los más numerosos, la multitud que invadía salas y pasillos de la S. D. N. y que había que hender para ir del despacho a la Asamblea, de la Comisión al Consejo, era desde luego cosmopolita y apenas si había pueblo o país que no se hallase representado, aunque ninguno con tan alto contingente como el de los Estados Unidos. Claro es que los funcionarios de la Casa eran presa ansiada y preferida para los visitantes, y por mucha prisa que llevaran o fingiesen, rara vez lograban escabullirse sin que se les pegara algún representante de minoría oprimida o periodista a caza de original.

Tal creí que me sucedía una mañana cuando al atravesar el gran zaguán hacia mi Comisión sentí que me tiraban de la manga; y una voz femenina, pero algo ronca y viriloide, me murmuraba en el oído: «Romanos, II, 3. Eso es lo que tiene usted que leer. Romanos, II, 3.» En seguida reconocí la voz, el tono, la preocupación religiosa de Nancy Astor, la virginiana famosa, primera mujer que había logrado entrar en el Parlamento inglés, lo que, a pesar de ser ella norteamericana y multimillonaria, se consideró como un triunfo de las mujeres inglesas y de la democracia. Yo, ante aquella rociada bíblica, intenté una obscuración a la Drummond, y puse cara de no haberme enterado. «Lo dicho. Romanos, II, 3. ¿No lee usted nunca la Biblia?» Vino entonces (como suele) a inspirarme el mismo diablo: «Yo no leo nunca libros obscenos», y antes de que ella se repusiera del choque, corté las amarras y me alejé, dejándola como una rosa carmesí, con todas las espinas erizadas.

Claro es que en la multitud que rodeaba la labor de la S. D. N. en aquellos tiempos, entraba un elemento de caos debido a la misma riqueza y densidad de tendencias, empujes, «causas», cruzadas, opiniones, actitudes, zigzagueando y cruzándose en todos los ángulos y orientándose en todos los sentidos de la rosa de las pasiones humanas. Pero este mismo hervor y a veces hervidero de opiniones y abnegaciones atestiguaba el vigor de las esperanzas universales que el mero nacer de la S. D. N. había hecho fermentar en el mundo entero. Todavía insospechado para los más, aun de nosotros, lo que estábamos viendo entonces era el primer balbuceo de una opinión pública universal, el alba de una solidaridad humana que iba a transfigurar las relaciones entre naciones en sólo una generación.

Esto era en profundidad lo que Nancy Astor quería decir con su consejo, al parecer arbitrario: «Romanos, II, 3» (y, en verdad, por lo que me acuerdo u olvido, lo mismo pudo haber dicho «Corintios, V, 27», si, en efecto, creo que dijo Corintios, o quizá Efesios); pero el caso es que no me recordaba la Magna Carta ni el discurso de Gettysburg, textos sagrados de los dos países anglosajones a los que pertenecía, sino un texto cristiano, es decir, humano y casi universal, que recomendaba a su amigo español como tal funcionario de la S. D. N. Ella, típica mujer anglosajona, originaria del sur de los Estados Unidos, re-encarnada en una aristócrata inglesa, transcendía en aquel momento nación, clase y pueblo en un noble esfuerzo para ponerse a nivel, influir si no dirigir la evolución de los seres humanos hacia una nueva Jerusalén, no ya «el fardo del blanco» ni el «Imperio británico», sino la Mancomunidad humana.

Capítulo V

Los monjes cívicos

El cielo azul reflejado en el agua límpida del lago —¡qué mejor símbolo de la misión que traía a Ginebra a tantos hombres desde tantas tierras en aquel primer verano después de la primer guerra mundial para ver de reflejar la paz del cielo sobre la tierra turbulenta y atribulada!—. Los alegres colores de tantas banderas ondeando al viento con ese aire apacible y hasta inocente que los símbolos nacionales suelen revestir en tiempo de paz; las ágiles *mouettes* yendo y viniendo de una orilla a otra dejando a popa estela de ligera espuma; el Salève Grande y el Pequeño diseñando al sol las formaciones geológicas de su estructura, inclinadas y cortadas sobre sus flancos, como dos sargentos con permiso, el bajo obligado del surtidor colosal que se erguía sobre el lago en vigorosa columna líquida asaltando el cielo para recaer en gráciles cascadas al predominar las fuerzas de la tierra —todas y cada una de las facciones naturales del escenario de Ginebra parecían manar o irradiar optimismo—. La humanidad había vivido y sufrido su primera guerra general y apenas si comenzaba a despertarse de su pesadilla. Otras peores iba a soportar; pero aquellos hombres que se reunían en Ginebra para iniciar una era nueva de paz, vivían en bendita ignorancia del porvenir que a ellos y a sus hijos les deparaba el destino y su propio carácter. Habían acudido a la ciudad de Calvino al llamamiento de Woodrow Wilson, calvinista eminente, recto, austero: y al oír aquella voz, aun en la ausencia a que trágicamente obligó a él la enfermedad y a su país la intriga, se proponían intentar la inauguración de una era de cooperación y de paz.

Aunque el principal arquitecto oficial de la nueva Sociedad de Naciones había sido Wilson, la idea y la fuerza que la impulsaban había nacido simultáneamente en varios países, entre ellos Inglaterra. Para los ingleses, tomaba fácilmente la forma de una extensión o prolongación al mundo entero del concepto, tradicional entre ellos, de «la paz del Rey», donde Rey, en el fondo, quiere decir «Ley». Era natural que el deseo de ensanchar el ámbito de la paz del Rey a los asuntos mundiales interesara hondamente a una clase de ciudadanos de aquel país que llevaba ya varios reinados administrando y guiando la nación; clase que, a trueque de contrariar el prejuicio igualitario de nuestra época, habrá que llamar *aristocracia* o, en otras palabras, sus hombres dotados de espíritu público y de desinterés.

Ya desde 1917 existían en Inglaterra dos asociaciones para propagar la idea de un organismo internacional; la primera, *The League of Nations Society*, organizada por dos intelectuales, Sir Willoughby Dickinson y Mr. Aneurin Williams; la segunda, *The League of Free Nations Association*, fundada y sostenida por David Davies, millonario del País de Gales, secretario político de Lloyd George. Eran dos porque no les animaba precisamente el mismo espíritu; los intelectuales de la primera, más inclinados al pacifismo, hacían hincapié en las fuerzas morales; mientras que David Davies, positivo y militar, soñaba con un ejército internacional, en los que me permitía diferir de él por creer prematura la medida (como todavía lo es) y hasta le tomaba el pelo titulándolo capellán del ejército universal.

Pero, en contra de lo que sucede en otras latitudes, las dos asociaciones pronto se dieron cuenta de las ventajas de la unión y pronto la constituyeron con el nombre de *League of Nations Union*, con Lord Grey (ministro de Negocios Extranjeros al comenzar la guerra) como presidente y Gilbert Murray como director. Al morir Grey, tomó la presidencia Lord Robert Cecil. Murray, de origen australiano, era el profesor de griego de la Universidad de Oxford. Gran figura liberal, aunque no se mezclaba en la política activa, y casado con una mujer de alta aristocracia, gozaba en Inglaterra de una posición social muy fuerte. Era muy amigo de Bernard Shaw, quien había tomado a ambos por modelo de sendos personajes para su obra *Major Barbara*. Cecil era hijo del marqués de Salisbury, que había sido presidente del Consejo de Ministros de Eduardo VII a fines del XIX.

Así comenzó la colaboración de Cecil y Murray a la obra del siglo XX. Aunque nacidos a muy distintos niveles, pertenecían a la misma minoría selecta, hablaban el mismo idioma, sentían parejos sentimientos y adoptaban parejas actitudes. Su correspondencia gana con ello en brevedad y precisión, pues no habían menester explicarse el uno al otro ni fondos ni cuadros de referencia, ni normas de pensamiento o de conducta. Ambos eran arquetipos de una clase, funcional más que social, clase que a fuerza de disciplina y abnegación había logrado conservar intacta y aun acrecer en los siglos XIX y XX la grandeza de Inglaterra que otras generaciones mucho menos abnegadas y disciplinadas habían elevado a tanta eminencia en los tres siglos anteriores.

Poco a poco estos dos hombres irán dilatando su atención y preocupación, honrada y seria, desde la mera política extranjera de su país hacia una visión global de las relaciones internacionales equivalente a la política interior de la mancomunidad humana. Ni ellos dos ni el grupo, cada vez mayor, que los rodea se contentan con atenerse a las categorías de otrora: poder y patriotismo, soberanía y supremacía, superioridad naval. *Monjes de una religión cívica,* difieren del montón de sus congéneres en su deseo de ensanchar y elevar el ámbito y el concepto de la deidad que sirven. Su deidad había ido creciendo de siglo en siglo, de Inglaterra a Gran Bretaña, de Gran Bretaña al Imperio británico; pero ahora, estos monjes cívicos, quizá heréticos, anhelaban dilatarla hacia algo mucho más vasto y distinto, aunque quizá no todavía muy claro en su imaginación.

«Me agradaría discutir con usted la cuestión de la Liga de Naciones cuando a usted le parezca», escribía Robert Cecil a Gilbert Murray el 27-VI-18; y el 4-I-19, volvía a escribirle invitándole a formar parte del Comité Phillimore (del nombre de un juez que lo presidía), que el propio Cecil como ministro del Gobierno estaba entonces organizando en vísperas de su salida para la Conferencia de la Paz, a fin de que aquel Comité discutiera los proyectos que se preparasen en París y enviara a su vez a París sus reflexiones y posibles enmiendas.

Éste fue el fundamento positivo de su colaboración. Bastante parecidos para trabajar en concordia perfecta, Cecil y Murray diferían bastante para que su colaboración no cayera en el aburrimiento de un yugo de dos bueyes idénticos. Alto, cóncavo, Cecil parecía siempre atraído hacia adelante por una fuerza invisible que hacía más aguda la aquilina nariz y centelleaba en su ojo (que en Cecil sólo uno importaba y el otro se perdía en las nubes). La crucecita de bronce que colgaba del bolsillo del chaleco daba fe de sus sentimientos religiosos, base de sus opiniones políticas, pero la lengua mordaz, la barbilla firme, la mano enorme, el aire de un hombre hecho a mandar y ser obedecido, soberbio ante los hombres si humilde ante Dios, todo indicaba que en aquella figura alta y altiva que hendía a zancadas las multitudes que llenaban los pasillos de la S. D. N., el nivel de la caridad cristiana quedaba muy por encima del páramo de los tontos.

En contraste con aquel poder de acción, aquel movimiento hacia adelante, aquel vigoroso impulso de Cecil, Gilbert Murray daba la impresión de una fuerza oculta, quieta, sonriente aunque seria. Rara vez se divisaba su cenceña esfinge circulando entre grupos o de puerta en puerta en el tejer diario de la actividad; y si se movía, sería siempre con paso acompasado y aire de casi resignación, como aceptando hacer lo que había que hacer, puesto que hacerlo había. Cecil parecía ser el motor y Murray el freno. Pero se daban también otras diferencias, sutiles y complejas. Cecil era cristiano, Murray incrédulo. «El patriotismo o cualquier otra forma del instinto gregario me parece a mí una base insuficiente para la virtud», escribía Cecil a Murray (25-X-48). «El cristianismo es desde ese punto de vista una explicación y un apoyo para un ingrediente esencial en la naturaleza humana —el mejor, aunque necesariamente imperfecto.»

En el curso de una discusión por correspondencia (1943) escribe Cecil a Murray: «Me pareció que creía usted que la fe religiosa acarreaba el observar ritos y reglas en vez de la ley moral. Así puede haber sido en el caso de ciertos fariseos o cristianos, pero no cuadra con el cristianismo en cuyo seno me eduqué. Para este cristianismo la ley de Dios y la ley moral son y tienen que ser idénticos. Por lo tanto, si se demostrara que el pacifismo es conforme a la ley de Dios, me vería obligado a sostener que *toda* guerra está prohibida por el cristianismo. Pero si se puede probar (y así lo pienso) que no hay tal prohibición en la ley cristiana, no puedo aceptar que la ley moral me prohíba apoyar a mi país en una guerra justa.»

Esta base cristiana para una civilización pacífica no parece haber sido de todo ajena al pensamiento de un europeo como Murray; pero, aun así, se echa de ver cierta resistencia a aceptar creencias y actitud cristianas como base para pacificar una sociedad mundial donde viven tantos no cristianos; al fin y al cabo, aun en su misma carta, el mismo Cecil se declara implícitamente en desacuerdo con «algunos cristianos». Y si el punto de vista confesional se le pone delante con algún exceso de pretensiones, Murray es capaz de la repulsa más enérgica, como lo prueba este comentario a Toynbee (su yerno) y a Lionel Curtis: «Hay un punto en el que quizá discrepe de usted, y desde luego, violentamente, de Toynbee. Considera Toynbee que los principios liberales de justicia, cooperación, fraternidad humana, etc., carecen de valor si no van combinados con la creencia en la divinidad de Jesús, la virginidad de María, y Dios sabe qué más creencias tan raras como especulativas. Esto me parece un disparate pernicioso que nos llevaría derechos a revivir las guerras de religión y la persecución de los herejes» (10-II-39). Palabras severas dirigidas a un amigo suyo muy admirado, que había escrito además un disparate todavía mayor: «La mancomunidad británica es el Sermón de la Montaña reducido a términos políticos»*.

Pero aparte de su actitud para con la base, ¿hasta qué punto religiosa?, de la sociedad civilizada, Murray expresa con claridad su idea de la justicia en una correspondencia con el hermano de Cecil, Lord Hugh **. Empezaba declarando la base empírica de su fe política: «El fin de la acción política debe ser algo utilitario: la felicidad y bienestar de los seres humanos... Es con frecuencia muy difícil definir la justicia; y casi imposible descubrir la línea justa para la acción. Aun así, es de enorme importancia para la gente sentir que se les trata con o sin equidad. Claro que no sería posible dar a cada nación, o quizá a ninguna, lo que considera sus justos derechos, pero creo que la gente se calma, aunque no se contente, por lo que consideran como un intento de justicia, o sea que si no se les permite exponer su punto de vista, rabian de indignación; si se les deja exponerlo ante un tribunal aceptablemente imparcial y lo pierden, refunfuñarán pero no arderán en deseos mortíferos de venganza.»

Sensata opinión, al menos si se concede la premisa de un gobierno aristocrático. En Murray, la sensatez es de rigor. Todavía en 1942 y 43 escribía a Cecil: «Me causa verdadera alarma oír a la gente hablar del paraíso terrenal que vamos a realizar cuando termine la guerra. Hasta las mismas Cuatro Libertades de Roosevelt, que están bien como objetivos a los que apuntar, se hacen peligrosas si las consideramos como promesas» (23-V-42); y el año siguiente, en forma aún más explícita: «... todo eso de "libertad de penuria", etc. ***, es no sólo irrealista sino peligroso. Estamos diciendo a las multitudes que, al fin de la guerra, van a ser ricas y felices. Cuando se vean pobres y tristes, contra alguien se volverán» (12-II-43). Murray no parece haber olvidado nunca este sentido común, práctico, empírico; en lo que se distingue de Cecil, que era muy capaz de dejarse desviar del camino real por ideas a veces no muy meditadas, como aquella Campaña Internacional por la Paz, de inspiración hipócrita y comunista por la que se dejó engatusar. Ello no obstante, no es seguro que, de los dos, fuera Cecil el más fiel a los

---

* *The Round Table*, 27, XII, 1930.
** Como hijos no primogénitos de un título del Reino, ambos usaban el «título de cortesía» de Lord, que, para distinguir del que llevan los pares del Reino, se usa siempre seguido del nombre y nunca del apellido. Eran, pues, Lord Robert y Lord Hugh Cecil. Más tarde, cuando en premio a sus servicios públicos se otorgó a Lord Robert Cecil el título de vizconde, se firmó Lord Cecil.
*** Roosevelt distinguía libertad de hacer y libertad de sufrir, poco claro en las lenguas latinas, claro en inglés, donde *de: of* tiene el sentido que en español, pero *de: from* significa distancia, liberación, separación.

principios. «Ya sabe usted que detesto los principios», escribía a Murray el 13-V-44: y aunque haya que tomar *cum grano salis* esta bocanada de mal humor en boca de hombre tan íntegro, no deja de ajustarse a una verdadera diferencia entre ellos; ya que Cecil era más político y Murray más intelectual.

Pero tanto el uno como el otro tomaban por base la ley moral. En carta a Lyttelton sobre la política de Neville Chamberlain, escribe (14-IV-38):

«Me tiene escandalizado el modo que tiene de prescindir absolutamente del elemento moral en política. Alemania e Italia violan sus tratados y anuncian su intención de ir a la guerra cuando se les antoje y Chamberlain trata todo esto como una mera diferencia de táctica política, moralmente indiferente, y sostiene que debemos ser tan amigos de los que respetan la ley y los que la quebrantan; y cuando apuntamos que las naciones que desean observar sus pactos debieran unirse y apoyarse mutuamente, contesta que estamos dividiendo a Europa en dos campos.»

*

Cabe dudar de que hayan ido a Ginebra dos hombres públicos con intenciones más limpias que Cecil y Murray. Pero Ginebra iba a ser para ambos fuente constante de experiencia, a veces desconcertante, siempre instructiva aunque no edificante; y vino a revelarles no pocas verdades que ni por asomo sospechaban, no sólo sobre el mundo, sino sobre ellos mismos y su país. La *Liga* de Naciones, como en Inglaterra la llamaban, pronto se les reveló como una *Sociedad* de Naciones, como los franceses, con más propiedad, preferían llamarla; y esta Sociedad, por su mera existencia, les fue descubriendo los defectos inherentes a su propia postura que tan fuerte e irreprochable habían imaginado ser, sus prejuicios insulares, sus nociones tan vagas sobre lo que una paz permanente implicaba.

Estos buenos aristócratas ingleses sólo habían pensado la idea, no habían vivido la experiencia, de una sociedad de naciones. Al llegar a Ginebra, se encontraron con una sorpresa desconcertante: el mundo estaba lleno de extranjeros. Tanto Murray como Cecil dejaron constancia del choque que la revelación les causó; y también aquel otro monje cívico, recto, honrado a carta cabal, inglés de una pieza, H. A. L. Fisher, que había sido ministro con Lloyd George y dirigía un colegio de Oxford. Al primer pronto, Fisher le escribe a Murray encantado (30-XI-20): «No hay, o al menos no observo, intriga alguna; pocos síntomas de cabildeos, aunque algo hay, y tono y espíritu excelentes en la Asamblea plenaria..., y a pesar de que eran muy pocos los delegados que conocían a sus colegas cuando nos reunimos hace quince días, somos ya buenos amigos y hemos aprendido a trabajar juntos en los comités en cordialidad y armonía.» Pero, aun así, añade: «Claro es que en las sesiones plenarias de la Asamblea se dan, como era de suponer, bastantes discursos de pura retórica vacía. Las razas latinas adoran los lugares comunes grandilocuentes.»

Nada irrita al inglés tanto como lo que llama «generalizaciones a escobazos», sobre todo si se refieren a los decires y haceres de los seres humanos; y sin embargo, nada viene más espontáneamente al cerebro, lengua o pluma del inglés de viaje que generalizaciones de escoba sobre gentes que le desagradan o le hacen retraerse. La aquí transcrita de Fisher es típica. Otras vendrán. Al año siguiente, Murray, que con harto sentimiento suyo se vio excluido de la delegación británica, logró ir a Ginebra gracias a Smuts, que lo incluyó en la sudafricana. Su carta a Smuts (8-X-21) refleja sus primeras impresiones con una encantadora ingenuidad, que no oculta, antes bien, revela su retraimiento, casi retracción provincial de nórdico a la mera vista de tipos foráneos: «Entonces se daba uno cuenta de ciertas fallas en la Asamblea: intrigas, locuacidad, proporción excesiva de naciones latinas pequeñas y morenuchas, etc.» Reveladores epítetos: «pequeñas, morenuchas»... que Cecil subrayará con su impulsividad característica: «Querido Gilbert, qué chiflados son los extranjeros.»

Todo ello, hasta cierto punto, muy natural. Los monjes cívicos, hechos a la sociedad de su país, que al abrigo del foso marino había ido realizando su evolución durante siglos de tranquilidad exterior, por fuerza extrañarían y aun menospreciarían los modos de ser, las lenguas, las maneras y modales de los otros socios de la nueva sociedad incipiente. Muchos hallaron difícil y los más no lograron nunca darse cuenta de lo que en su extrañeza y menosprecio había de objetivo y universal y de insular y provincial. Sucedía, y no pocas veces, que al toparse con actitudes de suspicacia, protesta, cólera ante actos o posturas inglesas, se indignaban frente a lo que veían como una injuria para con el palmario desinterés de Inglaterra y de los ingleses en Ginebra. ¿No eran ellos mismos el desinterés en persona? ¿No era Inglaterra transparente en su desinterés, y un espíritu recto natural de los asuntos mundiales, tan natural como lo eran ellos de los asuntos de su país?

Releamos las opiniones de Murray arriba citadas: «El fin de la acción política debe ser algo utilitario: la felicidad y bienestar de los seres humanos.» ¿No suena a división (consciente o no) del mundo entre los que reciben y los que dan la felicidad, y aun entre aquellos cuya felicidad hay que definir y dosificar y aquellos otros que se la definen y dosifican ellos mismos? Quizá peque de hereje sobre esto, como sobre algún otro artículo de fe liberal, pero creo que el verdadero fin de la actividad política no puede ser un fuego fatuo tan evasivo, escurridizo, personal y vago como la felicidad, que es además un concepto apolítico, sino la libertad, concepto político y claro. De modo que los hombres públicos deben poner su esfuerzo en llegar a que cada cual sea libre de escoger su camino, ya pasando por la felicidad, ya volviéndole la espalda, según sea ella su bien supremo o le atraiga más otra cosa.

El mero hecho de escoger la felicidad como el fin de la actividad política me parece revelar cierto aroma de gobierno aristocrático, o sea de gobierno de monjes cívicos. Pero los monjes cívicos, sobre todo los ingleses, son admirables, y en cuanto a mí concierne, es posible que me aviniese a pensar que un gobierno regido por hombres como Cecil y Murray, de ser posible, sería ideal para Inglaterra —y aun (suponiendo, y ya es suponer, que lograsen sacudirse sus prejuicios insulares) para el mundo entero—. Pero el mundo no lo toleraría —ni Inglaterra tampoco.

Análogas conclusiones provocan las palabras, también citadas, que escribe Murray a Lord Hugh Cecil: «No sería posible dar a cada nación, o quizá a ninguna, lo que considera sus justos derechos, pero creo que la gente se calma, aunque no se contente, por lo que consideran como un intento de justicia.» Todo muy sensato y de una imparcialidad perfecta. Pero en el fondo domina el paisaje un tribunal de naciones grandes y poderosas (entre ellas, desde luego, Inglaterra) a quien incumbe estudiar y decidir qué se da y qué no se da a las naciones pequeñas y morenuchas.

Se daba, pues, cierto paralelismo entre la clase gobernante y la gobernada de Inglaterra y los países pequeños y morenuchos que gracias a ella ingresarían en la Sociedad. La base consabida, la actitud subconsciente era que Inglaterra regiría las olas de las asambleas internacionales como regía las olas del mar; y que era la que sabía mejor lo que les hacía falta a las demás naciones para su felicidad. El caso es que, hasta cierto punto, *era así*. Inglaterra disponía de monjes cívicos de más experiencia, desinterés y sabiduría que cualquier otra nación de las congregadas en Ginebra. Lo peor era que las demás naciones entendían, cada una a su modo, lo que más les convenía y aun las más llevaban su obstinación hasta preferir la libertad a la felicidad; y como si no bastaran estas diferencias solían manifestarse en forma de desconfianza para con los motivos y designios de Inglaterra, desconfianza que quizá no fuese siempre injusta para con la gran nación sospechada.

Éstas eran las nubes que encapotaban el cielo, las zarzas que erizaban el camino de los ingleses que, en los primeros años de la *Liga,* intentaban extender al mundo entero el concepto insular de «la paz del Rey».

*

La carrera y vocación académica de Murray y su carencia de toda práctica parlamentaria y diplomática hizo fácil a los políticos de su país recluirlo en el campo de los asuntos humanitarios. A él se aplicó con su habitual seriedad, como se echa de ver en sus cartas. El 8-X-21 escribe a Smuts: «Me hicieron ponente de dos temas: la Organización Internacional del Trabajo Intelectual, y el Tráfico de Mujeres y Niños, que es como ahora llaman a la trata de blancas. Creí que todo iba a ser coser y cantar, pero resultó todo lo contrario. Los franceses, desde el primer día, hicieron una obstrucción tenaz. Hennessy, dueño del coñac y de muchos caballos de carrera, hacía obstrucción en el Comité, y después vino a apoyarle Hanotaux. Luego vino Mr. Balfour en mi apoyo [...] Nuestra actitud era clara. Se había celebrado una conferencia —muy grande y buena con treinta y cuatro naciones representadas— que había aprobado ciertas recomendaciones; las cuales se habían incorporado en un proyecto de Convenio presentado por el Gobierno británico; deseábamos que la Asamblea adoptase un "voto" que afirmara su deseo de que se firmara allí mismo por todos los delegados que para ello tuvieran poderes de sus gobiernos respectivos. Los franceses no querían hacer nada hasta que se hubiera celebrado otra conferencia y se le hiciese redactar otro Convenio y estudiar, cláusula a cláusula, la existente para ver si no necesitaba enmiendas o no sobrepasaban las recomendaciones. Alegaban que los textos inglés y francés no concordaban, que mi proposición no estaba en regla, etc. A todo lo cual contesté haciendo que dos jueces del Tribunal Internacional formaran parte de un Comité de Redacción para asegurar la concordancia de los textos y que el Convenio no sobrepasaba las recomendaciones de la Conferencia. Entonces los franceses se pusieron a proponer "transacciones" que consistían en aplazarlo todo hasta que se dispersara la Asamblea y aguardar a que dos tercios de los Estados escribieran proponiendo otra conferencia y cosas por el estilo. Todo lo rechazamos, pues Mr. Balfour no cedía un punto, de modo que llevaron el asunto al pleno de la Asamblea, donde quedaron derrotados. El voto más alto que alcanzaron fue 8 de 48. Para nosotros, era un misterio que se expusieran a tal rechazo; pero

Hennessy me confesó que temían que el Convenio fuera obstáculo para sus *maisons tolérées* para sus tropas negras. Sin embargo, yo no creo que ni los mismos delegados supieran lo que obstruían. No hacían más que obedecer órdenes de París. El pobre Hanotaux estaba muy incomodado y disgustado; y Bourgeois no decía nada y evitaba el tema.

»También tuve que trabajar en la cuestión del opio, pero creí preferible hacerlo entre bastidores porque ya me estaba haciendo *persona ingrata* para los franceses. Los datos procedentes de India, China y Persia sobre la cuestión del opio eran curiosos, contradictorios e interesantes.»

Ahora bien, los hechos eran que los franceses, inquietos a causa de la campaña, según ellos, poco realista que hacían los ingleses contra la prostitución, pronto adoptaron como táctica defensiva un contraataque sobre el tráfico del opio que creían, con razón o sin ella, ser un punto flaco en la armadura británica, a causa de sus vastas posesiones del Extremo Oriente. Estas maniobras han debido actuar como una escuela reveladora sobre nuestro puro monje cívico; de modo que cabe sospechar en él una vislumbre de algo siniestro en su propio campo bajo su observación de que «los datos procedentes de India, China y Persia sobre el opio son curiosos, contradictorios e interesantes».

*

Pero la actividad principal de Gilbert Murray en la Sociedad de Naciones iba a desarrollarse sobre todo en el campo de la Cooperación Intelectual. De sus cartas se desprende que abordó este campo tan vasto con un criterio estrecho, provincial, insularmente británico, que pronto aprendió a distinguirlo y comprenderlo de sus propios colegas no británicos y de la riqueza implícita en el tema mismo, de modo que terminó como uno de los abogados más convencidos y convincentes de este tema esencial para la organización inteligente del mundo de los hombres.

En su carta arriba citada al general Smuts figuran estas palabras: «La Organización Internacional del Trabajo Intelectual, asunto algo nebuloso y oscuro, sobre el que sólo algunos pocos chiflados parecen abrigar opiniones claras...» (8-X-21). Éstas eran las opiniones no muy prometedoras con las que Murray inició su larga carrera a la cabeza de la Cooperación Intelectual. Un mes antes había escrito a su mujer Lady Mary Murray una observación que por vía de consecuencia y sin él darse cuenta venía a situarlo entre los «chiflados». «Veo que me van a meter en eso de la Organización del Trabajo Intelectual, asunto que me aburre a morir, pero parece que soy uno de los pocos que saben algo

sobre el tema» (8-IX-21). Con repugnancia tan fuerte como constante, siguió consagrándose a este asunto. Así, por ejemplo, escribe a su mujer: «La tarde, de tres a siete, se gastó en una discusión devastadora e insensata sobre el Trabajo Intelectual. Un
serbio habló veinte veces, cada vez peor que la anterior. Un
griego estaba loco y Hennessy, el francés, habló unas quince
veces...» (16-X-21). «Ahora tengo que volver a la Asamblea a
informar sobre el Trabajo Intelectual. Es un tema que ya es
cómico. Detesto tener que informar sobre tal cosa a una Asamblea indiferente» (21-IX-21). Pero ya en estas palabras se en-
trevé un como albor de cambio en él. Al día siguiente escribe:
«Tuve que hacer un discurso algo largo ante una Asamblea can-
sada y poco atenta... Ya me está empezando a interesar el desdichado asunto a fuerza de explicarlo y defenderlo.»

Al año siguiente, ya está constituido el Comité de Cooperación
Intelectual. Bergson es presidente y Murray vicepresidente. ¿Por
qué no presidente? Porque los franceses han logrado hacer aceptar por todos una especie de derecho natural a ocupar en la
S. D. N. una situación preeminente en materia de cultura e intelecto. Y alguien dirá: «Bueno, pero Bergson era judío»; y
aquí habrá que echar mano de las reminiscencias. Ya entonces,
la Secretaría General había logrado (sin proponérselo) bastante
iniciativa. Ello se debía a dos virtudes: competencia y discreción. Hacerlo todo pero sin alharacas, tal era el lema. Los nombres se dieron por la Secretaría. Y cuando ya dado el de Bergson
como francés y el de Einstein como alemán, alguien propuso a
Volterra como italiano, uno de nuestros colegas se sonrió y dijo:
«¡Hombre, tercer judío!» Lo más gracioso es que este agudo crítico era judío también.

Era, desde luego, un excelente Comité, que contribuyó no
poco a terminar la conversión de Gilbert Murray. Pronto escribía a Lady Mary que le «había causado gran impresión madame Curie» (sucesora de Bergson que había dimitido); y el otrora escéptico inglés se engolfaba con la mayor seriedad en los
arduos y múltiples trabajos de la organización intelectual. Claro
es que sin por eso renunciar a un humorismo que iba a crecer
y florecer entre tantos ingenios europeos. Este aspecto de su
carácter chispea en sus cartas a Isobel Henderson, la hija del
entonces rector del Lincoln College de Oxford, escritas, cuando
ya es presidente del Comité, en julio de 1931. Y no cabe imaginar mejor ventana para ver y oír cómo trabajaba aquel
Comité:

«Siempre has querido nuevas de los más altos movimientos
del intelecto europeo. El subcomité de Peritos de la Educación de
la Juventud Mundial en los Principios de la Liga, después de

dos días pacíficos, perdió la calma completamente sobre si ciertas cosas eran "institutos" o "instituciones". Se habían presentado como "instituciones" en inglés, de modo que Gallavresi las designó así en francés. Pero entonces Rosset [...] se echó las manos a la cabeza y gritó: "¡Institutos! ¡Institutos!" Por último, tuve que echar mano de la campanilla y di como regla que, cuando citásemos sus documentos, serían *instituciones,* si tal era el vocablo que usaban, pero cuando hablábamos nosotros, serían *institutos.*»

«Ayer... discusión verdaderamente interesante y apasionante en el Comité de Artes y Letras. Paul Valéry, Focillon y Strzygovski fueron los más originales. El veterano Destrée creyó necesario pronunciar un elocuente discurso. Con cara de cocodrilo apoplético, con los ojos entornados, peroró sobre... *"el espectáculo de la juventud moderna entregada a los goces materiales"* —a punto que mi secretaria, Margaret Wilson, muy limpita y *cuáquera* de aspecto, entraba en la sala. La secretaria de Destrée le había estado explicando con admiración, lo juerguista que era Destrée y cómo "le gustan las cosas buenas, los vinos, las mujeres, la música, las artes, la buena comida..." Parecía una pieza de Shaw. Convencí a Masefield de que dijera algo...»

«Como sé cuanta afición tienes al intelecto puro, tengo que informarte de lo siguiente: 1.º—Painlevé sólo dio un brinco gritando para probar que el plan del Comité de Estudios no era un plan; 2.º—Reynold, el jefe de los católicos suizos, está poseído por el diablo. Así: Madame Curie, sin el menor motivo y absolutamente fuera del orden del día, afirmó que Paderevski debiera ser vocal del Comité de Artes y Letras. Yo lo declaré fuera del orden del día. Painlevé dijo: "Pero estamos descarrilando absolutamente." Pero Reynold, que había estado leyendo una traducción nueva del *Kalevala* [poema clásico finlandés], dijo a madame Curie que el señor Kalevala estaba mucho más indicado que el señor Paderevski. Ella, buena mujer, dijo que no conocía al señor Kalevala; y al momento Reynold le inventó un maravilloso *cursum vitae.* Es de esperar que la pobre mujer no llegue a enterarse. Fue una jugada tremenda... P. Valéry, Strzygovski, Thomas Mann, Focillon y Jan Masefield se divirtieron de lo lindo. Helène Vacaresco pidió a Jan que se fuese a sentar junto a ella, para hacer una especie de Rincón de los Poetas, pero el presidente [que era el propio Murray] al instante levantó la sesión y Jan salió por la ventana» (19-VII-31).

Hay dos cartas, del 14 y del 20 de diciembre de 1936, cuyo cotejo no puede ser más instructivo. «Mañana, a las 8,15, salgo para mis repulsivos viajes: dos días y medio al Consejo de la Unión pro S. D. N. en Londres y luego ocho de Coopera-

ción Intelectual en París; por todo lo cual... pienso en aquel
Mr. Roberts, clérigo alto y majestuoso, pero afásico, que para
bendecir una comida dijo: "Contra todo lo cual, Señor, protestamos con vehemencia."» Esto escribe el 14 desde Yatscombe.
Pero el 20, desde París: «Estoy pasando aquí cinco días de mis
diez y me sorprende ver que mis colegas son de verdad muy capaces a su manera. De Reynold proponía que nos separásemos
de la S. D. N. y nos hiciéramos autónomos, Julien Cain discutía
hasta qué punto diferíamos de la ignorancia o de los caprichos
de la Asamblea: "Dejo a M. de Reynold la elección del vocablo."
De R.: "Los acepto los dos."»

Desde entonces su correspondencia revelará el interés creciente que le inspira el Comité. Empieza a quejarse de la cica-
tería de algunas naciones, sobre todo las anglosajonas, para con
la Cooperación Intelectual; el 8-XII-38, escribe a Smuts un elogio
de la obra del Comité. Tan convertido está ya que a Isobel Henderson le dice en una carta: «Cualquier maldición que se te
ocurra imaginar y echarle a Lord Halifax [ministro inglés de
Negocios Extranjeros] hallará eco caluroso en mi pecho. Ha
vuelto a negarse a contribuir con un solo penique a la Cooperación Intelectual. Están dando £ 150.000 al Consejo Británico
para la propaganda nacional» (22-XII-38).

Así pues, este hombre que había ido a Ginebra esperando que
todo iría bien mientras «los extranjeros» se avinieran a que los
aconsejasen y aun guiasen los monjes cívicos británicos, se topaba ahora con la tendencia inveterada del Gobierno de su país
a negar dinero a toda institución internacional de tipo intelectual, trago amargo para una persona tan seria y sincera.

Con esta perspectiva le iban a resultar quizá aún más amargas las discusiones sobre el desarme. En aquellos tiempos, para
los ingleses más desarmistas, la bestia negra era Francia. Que
Francia quisiera asegurarse contra otra guerra por sus medios
propios (cosa entonces quizá todavía posible) no había logrado
entrarles en la cabeza a los desarmistas de Inglaterra. El tamaño
y la fuerza del ejército francés eran para ellos causa constante
de crítica y preocupación. Pero ¿por qué? ¿Quién sabe? Y, todavía más recóndito en aquella atmósfera ginebrina, ¿por qué
les era a los ingleses tan imposible ver la superioridad de la Marina inglesa en los mares con los mismos ojos con que veían la
superioridad del ejército francés en tierra? Cuando, durante la
Conferencia del Desarme de 1932, en una discusión sobre los
carros de asalto, dijo Simon, el delegado inglés, que no sería
capaz de definir un elefante, pero que sí lo era de decir «ahí va
uno» si lo viera, le pregunté yo si también podría declarar así
una ballena. Éste era uno de los puntos que creaban desconfian-

za en los ingleses, porque los europeos continentales no se paraban en barras y veían hipocresía y designios siniestros, cuando a lo mejor no pasaba de tratarse de la incoherencia del empirismo inglés.

Murray era demasiado inteligente y sincero para dejarse embarrancar por tales incongruencias. A Wegerer le escribe el 25-IV-32 que quizá se dé en la actitud inglesa cierto elemento de «hipocresía subconsciente». Pronto tendría que pasar por las dificultades con las que siempre tropezaban los ingleses en Ginebra por esta complejidad de su actitud, sobre todo en las cosas del desarme.

Lo que echa a perder y confunde el problema del desarme es que se estudia al revés y además empezando por el final. Al revés: Las naciones no se arman por gusto. A veces lo que más desean es desarmar. Así lo hizo Inglaterra en tiempos de Baldwin, con desastrosas consecuencias para ella y toda Europa. Las naciones se arman porque desconfían unas de otras. Uno de los que se negaban a ver esta evidencia era Cecil. Las naciones no desconfían unas de otras por estar armadas; están armadas porque desconfían unas de otras. Por lo tanto, querer desarmar mientras no se haya logrado un mínimo de acuerdo es tan absurdo como querer que la gente vaya, en invierno, desnuda como en la playa en verano.

Pero, además, se solía (y todavía se suele) comenzar la labor por el final. Una guerra es el último argumento en un conflicto. Un conflicto es una disputa, consecuencia de un problema avinagrado. Un problema es una cuestión que se ha descuidado. Los desarmistas quieren evitar las guerras desarmando; con lo cual corren a la última punta de esta línea en vez de ir a la primera. En lugar de querer evitar guerras, mejor sería que se dedicasen a resolver cuestiones para que no creen problemas que degeneren en conflictos que se enconarán en guerras. Por lo tanto, el único (y no sólo el mejor) medio de desarmar consiste en ir, día a día, administrando lo mejor que se pueda las cosas del *comundo*. El problema del *desarme* no existe como tal. El verdadero problema es el de cómo gobernar el mundo de las naciones en forma cooperativa.

Pero esto era precisamente lo que los ingleses se negaban a hacer en Ginebra. Aquello tenía que ser una *Liga,* no una Sociedad. Se ocuparía de la guerra y de la paz, no de las relaciones corrientes y molientes entre las naciones. Con el pasar de los años, Murray terminó por darse cuenta de que esta actitud era insostenible, y en los documentos posteriores que escribió y firmó, se expresa cada vez mejor su atención para con los as-

pectos ni militares ni políticos de la *Liga* que su país se negaba
a apoyar.

Eran además cambios de actitud que engendraban otros
cambios para aquellos monjes cívicos que se habían adentrado
en el bosque de los asuntos internacionales en plena inocencia
de lo complejo que lo iban a encontrar; ya que el sendero no es
fácil, que lleva de renunciar a los frutos de guerras futuras
a renunciar a los frutos de guerras pasadas, que sólo cabe guardar por la fuerza o la amenaza. (Testigo: Gibraltar.) A este
proceso de autoeducación contribuyeron en Murray tres tragedias internacionales: Manchuria, Abisinia, Hitler. No siempre
fue de los primeros en ver la luz roja. Su mayor acierto fue el
del caso Mussolini; su peor ceguera, el caso Hitler. Murray
parece haber sufrido tortura entre su horror a la tiranía nazi
y su odio a la tiranía comunista. Por lo visto, el mundo de las
naciones no era una mera sociedad dada a la turbulencia, que
podría entrar en caja con varios años de paz bajo la égida
de unos cuantos monjes cívicos; sino más bien una confluencia
de potentes ríos de pasión precipitándose los unos contra los
otros desde altos valles oscuros y fragosos donde los tótemes
tribales todavía exigen sacrificios humanos. No había, pues, ni
que pensar en una minoría dirigente, respetada por su competencia e integridad, sino engolfarse en un ágora de naciones
con pretensiones indiscutibles a una igualdad, sin embargo,
inexistente. ¿Y para esto habrían bregado años y años los
monjes cívicos de Inglaterra? ¿Era el mundo de los hombres
una sociedad universal en curso de formación, o un fenómeno
natural como una inundación geológica o una retracción marina? Por esta vía, el pensamiento de Gilbert Murray parece
haber vuelto a la postura conservadora de sus primeros tiempos, que le lleva a preconizar paciencia, tolerancia de situaciones aunque no fuesen todo lo buenas que debieran, desigualdad
entre hombres y naciones. Por el desengaño el monje cívico arriba a la sabiduría.

CAPÍTULO VI

Variaciones sobre el desarme

Al saltar de la dirección del Desarme en Ginebra a la cátedra de Literatura Española en Oxford, fiel a la rara excentricidad de toda mi carrera, mi primera obra como profesor de Oxford fue un tratado sobre el desarme *. Al referirme a los obstáculos con que esta labor tropezaba, escribía lo que sigue:

«Imaginemos una cuestión teóricamente soluble: fortaleza abierta. Todavía quedaría por atravesar el espino artificial de las diferencias sicológicas. Téngase en cuenta, en efecto, el modo como está constituida una comisión cualquiera de la S. D. N. Las discusiones que tienen lugar en docenas de variedades de francés e inglés se nutren de corrientes intelectuales procedentes de todos los climas y países —blancos, amarillos, morenos, católicos, protestantes, ortodoxos, musulmanes, budistas, ateos, la tradición secular y el progreso nuevo, lo abstracto, lo empírico, lo impaciente, lo tradicional, lo escéptico, lo entusiasta, lo obvio y lo enigmático; el solista que dispone de las trompetas de la elocuencia francesa, el virtuoso que triunfa en el violín de la dialéctica italiana, el maestro que dirige los pífanos y tambores de la personalidad inglesa y el perfecto artista que maneja impecablemente los sutiles registros del silencio japonés.»

Pero este cuadro fallaba por su misma fijeza en el espacio, ya que la realidad se complicaba inextricablemente por la acción del tiempo. El gran Bruno Walter solía contar el caso de un flautista a quien tuvo que corregir una frase musical y al hacerlo terminó diciéndole: «Aprovecho la ocasión para agradecerle a Vd. su asiduidad, pues es Vd. el único músico de toda la orquesta que ha venido a todos los ensayos sin hacerse nunca reemplazar por un sustituto», a lo que el flautista contestó:

---

* No se publicó más que en inglés, en Oxford (Oxford University Press) y en Nueva York (Coward and McCann), 1929.

«Señor director, lo siento mucho, pero no podré venir mañana al concierto público.»

Ésta es la situación con la que nos topábamos constantemente en Ginebra. Cuando al cabo de semanas o meses, tal o cual gobierno recalcitrante se avenía al fin a tocar sin desafinar con el resto, una crisis nacional lo echaba del poder. La orquesta era la misma, pero los músicos cambiaban y pedían estilo distinto y aun partituras diferentes. Así sucedía sobre todo con el desarme. Los tres pasos que dimos —el Tratado de Garantía, el Protocolo de Ginebra, Locarno— fracasaron los tres porque cambió el Gobierno británico y así tuvimos que bailar aquel rigodón infructuoso a causa de la inestabilidad de la opinión de Inglaterra.

Mi primera labor al encargarme del Desarme había sido reunir y presentar al Consejo y a la Asamblea las respuestas recibidas de los gobiernos de los países miembros sobre la más ingenua de las preguntas: ¿Por qué está armado ese país? Todas se resolvían en una sola: «Que más quisiera yo que no tener que armarme, pero con estos vecinos que uno tiene...» Claro que la suma de todas ellas daba cero. El inspirador de aquella gestión tan inútil había sido Lord Robert Cecil, pero durante este primer período hasta 1924 Lord Robert no representaba en realidad a nadie más que a sí mismo, y aun cuando venía de delegado de su país (y no de algún dominio complaciente), le daban la traba más larga que a otros, en parte porque su nombre no dejaba de reflejar algún prestigio sobre su país, pero también porque su Gobierno se reservaba —y a veces, ejercía— el derecho de desautorizarlo.

Su primer intento no carecía de algún sentido político empírico, aunque cojeaba algo. En el Tratado de Versalles, Francia se había avenido a renunciar al Rin como frontera a cambio de una garantía de los Estados Unidos y de Inglaterra contra todo ataque alemán. Cuando el Senado yanqui se negó a ratificar esta disposición del Tratado, Francia no consideró el Pacto como una garantía suficiente. La proposición de Lord Robert Cecil consistía en hacer explícita y concreta esta garantía a cambio de un desarme convenido con Francia. Éste fue el plan que presentó a la Tercera Comisión de la Asamblea (cuya secretaría ejercía yo) en la reunión en 1922; plan que dio lugar a la famosa Resolución XIV. Todo el invierno trabajamos en el Tratado que se estipulaba en aquella Resolución, Lord Robert Cecil, Henri de Jouvenel, Attólico y yo. Nuestra tarea consistía en redactar un documento jurídico-diplomático que expresara las ideas de desarme y seguridad en estrecha relación. Cecil, terco como él solo cuando creía tener razón —lo que era frecuente y muchas veces fundado—, era sin embargo flexible y ágil en la búsqueda de fórmulas de acuerdo. Henri de Jouvenel era ante todo un excelente periodista de altura, cortés, buen amigo, fácil componedor; no, quizá, profundo, ni dado a agotar ningún tema, pero agudo, sagaz y original, así como ducho (como buen francés) en el manejo de su lengua natal. Attólico, subsecretario general italiano de la Sociedad, padecía ya la opresión y el desasosiego que, en hombre tan honrado, iba causando la brutalidad fascista, de modo que solía seguir la discusión con el rabillo del ojo siempre puesto en Roma. Yo comenzaba a darme cuenta de que para lo que más servía en aquella Casa sería quizá para verter en forma verbal exacta y clara, en francés como en inglés, los pensamientos e intenciones de otros, en virtud de un don compuesto de una vocación literaria natural y de cierta neutralidad o desinterés sobre lo que se debatía, actitud a veces espontánea, otras veces conseguida por estrangulación de mis preferencias propias.

No era mera intuición verbal. Ya se iba formando en mi imaginación el paralelo entre los ingleses, los franceses y los españoles que iba a publicar en 1929. ¿Qué laboratorio más pintiparado para mi libro en cierne pude jamás desear que aquellas largas sesiones observando al inglés y al francés trabados en enrevesada disputa, tratando de elevar entre sus empeños opuestos un puente de ágiles vínculos verbales? Sus diferencias no surgían en forma abstracta, sino que venían a quebrar el llano liso de nuestra conversación con duelos de poder y de diplomacia que había que salvar; y con tanto salvarlos a fuerza de destreza verbal, juegos intelectuales, maestría semántica, fue poco a poco madurando en mi ánimo cierto sano escepticismo sobre la labor misma a la que estaba dedicando tantas horas de mi vida.

Porque la labor se prolongaba de semanas a meses, gracias, sobre todo, a la persistencia de Lord Robert Cecil; y al fin llegamos a poner en pie el Tratado de Asistencia Mutua que la Cuarta Asamblea (1923) examinó, enmendó y aprobó. Pero cuando el texto, tan laboriosamente cincelado, llegó a Londres, aquí lo del flautista: había cambiado el Gobierno. El nuevo presidente, Ramsay Macdonald, pacifista notorio, rechazó el Tratado, y lo que es todavía más asombroso, lo rechazó valiéndose de argumentos que conocíamos perfectamente, porque eran los que nos habían opuesto en Ginebra los técnicos militares franceses. El misterio se explica sin gran dificultad. La negativa de Macdonald le salió de los redaños del alma sin necesidad de argumento alguno. Dio, pues, orden de que se preparase una carta a Ginebra diciendo que no. Como se trataba de decir que no al desarme, los diplomáticos de Londres le pasaron el asunto a los militares; los cuales recurrieron a la argumentación de los militares franceses, más duchos en cavar trincheras para que no pasara el sí.

En mi experiencia los técnicos militares, navales y aéreos de Inglaterra gozaban durante aquel período laborista de un poder jamás igualado. Aguardando un día en la sala del Consejo a que comenzara la sesión (donde se iba a decidir si la Comisión Permanente de los Armamentos iba o no a tratar un tema que los franceses querían y los ingleses no querían discutir), se me acercó uno de mis amigos navales ingleses y me espetó: «Le advierto que, decida lo que quiera el Consejo, nosotros no lo trataremos porque no tenemos instrucciones.» Con el dedo, le apunté al delegado en jefe, Lord Parmoor: «Pídaselas a él.» Pero el marino me contestó: «No vale. Nuestras instrucciones vienen del Almirantazgo.» Del Almirantazgo y del Ministerio de la Guerra venían las instrucciones que recibió Macdonald cuando firmó aquella carta extraordinaria del 5 de julio de 1923 en la que la primera pregunta que hacía, refiriéndose al Tratado, era: «¿Da el Tratado garantías suficientes para justificar que un Estado reduzca sus armamentos?» ¿Qué más querían los militares de Francia que leer su propio lenguaje firmado por un primer ministro inglés y pacifista? La conclusión a la que los suyos llevaron a Macdonald fue que el Tratado no era bastante eficaz desde el punto de vista militar, pero como si esto no bastara, añade: «El Gobierno de S. M. está convencido de que si las obligaciones creadas por el Tratado se cumplen escrupulosamente, acarrearán un aumento y no una reducción de armamentos», lo cual, dicho sea de paso, era absurdo; tanto que, mientras el pacifista-laborista Macdonald rechazaba el Tratado como ineficaz en lo militar, o sea el criterio francés, Herriot, nuevo presidente del Consejo francés, lo aceptaba sin chistar.

Al *desarme*, principio inglés, y bajo presión francesa, Cecil había aceptado añadir la *seguridad*, principio francés. A este binomio, Macdonald insistió en que se añadiera el *arbitraje*. Todo trinomio tiende a hacerse trilogía y aun a darse aires de trinidad; con lo cual lleva ya mucho ganado para convencer a un gobernante de país latino, por ateo que sea, pues al fin y al cabo no en balde es la Trinidad un misterio. A Herriot le sonaba muy bien aquello de *desarme-seguridad-arbitraje* y como buen liberal apoyaba sobre todo en el Espíritu Santo —digo arbitraje—. Así que la Asamblea de 1924 se reunía bajo los mejores auspicios. Además, el espinoso problema de las reparaciones alemanas acababa de resolverse en Londres —o al menos, tal parecía—; de modo que fueron numerosos los presidentes y ministros de Asuntos Exteriores que se congregaron aquel año en Ginebra.

A Macdonald, como destructor del Tratado de Garantía Mutua, incumbía presentar la nueva creación, y en efecto, trajo en la maleta el famoso Protocolo. Aquel día, la tribuna pública, asaltada por entusiastas pacifistas, se hizo peligrosa para los comunes mortales que aspiraban a oír el discurso del primer ministro inglés. No fue bueno. La insularidad de los ingleses se expresaba demasiado bien en su inhabilidad y hasta incapacidad para comunicar con los no ingleses en Ginebra. Balfour ni siquiera lo intentó. Para él, los «extranjeros» eran un mal necesario. Su distancia para con ellos no era sólo horizontal, sino también vertical. Miraba de arriba abajo a todos aquellos europeos, y en cuanto a los demás, ni los veía. Cecil no era altanero, pero sí distante, indiferente e irónico; para con ciertas naciones y pueblos para él fuera de los contornos de la ciudad humana, apenas si era capaz de ocultar su repulsión, sobre todo cuando intentaba envolverla en el papel de seda de su cortesía.

Pero Ramsay Macdonald fue un desastre. Imaginándose quizá que había que *bajar* al nivel de toda aquella gente que le escuchaba, ni vislumbró siquiera que su auditorio se componía de diplomáticos, altos burócratas, hombres públicos y juristas ya muy maduros y hechos a ideas y argumentos, de suyo dispuestos a despreciar la elocuencia barata, como tal y también por darse cuenta de que no era sincera, sino tan sólo manejada para darles gusto. Así que el desdichado se puso a vociferar «arbitraje» y «la ley contra la fuerza», mientras el auditorio se preguntaba por qué se había negado su país a firmar la cláusula facultativa de La Haya aceptando la jurisdicción sin límites del Tribunal Internacional.

Tuvo además la mala suerte de que le siguiera en la tribuna Eduardo Herriot, hombre obeso y pesado de físico, pero de espíritu fino y elegante como pocos. Parece que una vez confesó a un amigo que su ambición secreta había sido ser orador. «Pues ¿qué más queréis? —preguntó el amigo—. El orador más escuchado de Francia.» A lo que Herriot repuso: «Pero yo habría deseado tocar el violín, y ¡tengo que tocar el bombo!» Éste era el hombre, crítico de sí mismo y exigente para consigo mismo, y aún quizá para con su mismo aspecto, pues aquel profesor de Historia y fino artista de la palabra iba por el mundo con un rostro y cuerpo de tabernero. Jamás habría caído en el error de Macdonald. Dándose cuenta perfecta de la gente que tenía delante, hizo un discurso cálido, elocuente, pero bien construido y razonado, aceptando cordialmente la trilogía que se le ofrecía.

Y los dos protagonistas, con la colaboración de Benes y Politis, pronto consiguieron redactar el documento que se llamó Protocolo de Ginebra.

Nada más típico de la evolución que la mera creación de la S. D. N. había puesto en marcha, que el contraste entre los grupos: Macdonald-Herriot y Benes-Politis. Había nacido el Protocolo de los dos discursos disparados a la Asamblea por los dos estadistas con tanta artillería retórica; pero lo presentaron a la Asamblea dos hombres de espíritu didáctico, resueltos a explicarlo con claridad y con fuerza persuasiva. En todo lo demás Benes era tan distinto de Politis como Macdonald de Herriot. Universitario de profesión, Benes era ante todo un político. Como tal era empírico, flexible, siempre dispuesto a doblar la cerviz ante el poder o la tormenta. Execrable lingüista, hablaba varias lenguas y todas, menos la propia, muy mal; su pensar era siempre claro, aunque a veces lo empañara su modo de expresarlo. Como nacional de un país pequeño, de dudosa estabilidad interna y sometido a tremendas presiones externas, era uno de los más fieles convencidos de la S. D. N. Ni su modo de ser ni su estilo le daban vuelos bastantes para lograr la elocuencia, la belleza de la forma, la iridiscencia de ideas o ensueños..., gracias a que le permitieran cumplir con el nivel de claridad sistemática que la cátedra exige. Benes vivía en el mundo de lo que pasaba a diario, y así, hasta las facciones de su rostro parecían como lavadas y usadas por la corriente de los sucesos, a la que como que se resistía y sometía a la vez con aquella su postura echada hacia adelante.

En contraste con Benes, Politis daba la impresión de un hombre siempre erguido y hasta «echado para atrás» como si deseara tener a raya a los díscolos hechos; y sus facciones, talladas con cincel exacto y duro, sugerían la arquitectura firme y clara de su pensamiento. En un discurso lleno de sabiduría política, Benes, desde la tribuna, describió el sistema de fuerzas, la situación política, el cuadro general de inseguridad que el Protocolo aspiraba a corregir. Politis se consagró a una anatomía jurídica magistral del nuevo instrumento que se ofrecía a la Asamblea, refiriéndose siempre al texto de cada artículo, que citaba sin consultar una nota —verdadera obra maestra de dominio intelectual, que no concedió a la elocuencia o a la retórica más que una frase que condensaba nuestra alternativa: *o el arbitraje o la arbitrariedad*.

Atraía el Protocolo a la Asamblea porque establecía, por decirlo así, un sistema automático para evitar la guerra, y si (a pesar de todo) camenzaban las hostilidades, para designar el agresor. Era, pues, un modelo de tratado ginebrino, salvo que, como la yegua de Roldán, estaba muerto. Ni los Estados Unidos ni la Unión Soviética estaban todavía maduros para tanta disciplina; y en cuanto a Inglaterra, pese a su pacifismo estentóreo de principios de mes, Ramsay Macdonald no permitió que sus delegados, Henderson y Parmoor, lo firmaran aun después de que ya lo hicieran los franceses. Los conservadores, con dudosa buena fe, aseguraban a la opinión inglesa que el Protocolo ponía a la Marina británica a la discreción de «los extranjeros» —en paralelo con lo que hacían los laboristas en 1971 con el Tratado de Roma—; y finalmente cayó el Gobierno de Londres y el nuevo ministro de Asuntos Exteriores, Austen Chamberlain, anunció que no le gustaba aquella música y que iba a cambiar el instrumento y la partitura.

Una mañana, al pasar del edificio viejo (del antiguo Hotel Nacional) a la sala nueva que se había construido para las grandes sesiones, me encontré de pronto frente a Sir Austin. Estaba solo, de pie, apoyado, medio sentado, sobre una mesa de caoba y bronce, fumándose un pitillo, con el monóculo puesto, cuyos reflejos hacían refulgir una mirada activa pero fría: la vera efigie del hombre de clase alta, que se sabe nacido para gobernar. Ni un asomo de duda de que Inglaterra regía al mundo, Birmingham a Inglaterra y los Chamberlain a Birmingham. Sus modales, de una cortesía perfecta, no lograban otorgar la menor ductilidad a aquel cuerpo rígido. Sin la menor indicación por mi parte, tuvo la generosidad de explicar sus planes a aquel joven funcionario internacional, y terminó por darme a entender que por entonces se encargaría él de todo y a nosotros no nos necesitaban.

Yo estaba muy de acuerdo, aparte de que si no lo hubiera estado, la situación no habría cambiado en lo más mínimo; pero aquella conversación vino a confirmarme en mi sentir de que lo que se solía llamar «desarme» era en el fondo un problema de relaciones entre grandes potencias, y que si se iba a adelantar en él —cosa que ponía en duda cada vez más—, sólo sería por vía de mejora en las tales relaciones.

El sistema de Locarno, creado por iniciativa de Austin Chamberlain y así llamado por la ciudad suiza en que se negoció, venía a ser una especie de Protocolo de Ginebra limitado a unas cuantas naciones. Había tratados de no agresión y de auxilio en caso de ataque entre Alemania, Bélgica, Francia, Inglaterra e Italia; convenios bilaterales de arbitraje de Alemania con Bélgica, Francia, Polonia y Checoslovaquia. Algunos de estos tratados implicaban cierto adelanto, porque creaban obligaciones no ya entre países amigos, sino entre países potencialmente adversarios. Pero el sistema era defectuoso porque Alemania declaraba inviolables sus fronteras a Occidente, y a su vez Inglaterra e Italia garantizaban esta inviolabilidad; pero nada se decía de las fronteras orientales de Alemania; decisión más miope que prudente, sobre la que escribía yo en 1928: «Se trata de fe, uno de los imponderables más delicados de la política y la actitud inglesa en este caso, tan inmediato a su negativa a ratificar el Protocolo de Ginebra, tenía que llevar a efectos morales desastrosos. El primero fue una dilución vaga y general de las garantías incorporadas en el Pacto; el segundo, un estímulo a los que opinan que la situación establecida al Este en Europa es demasiado precaria. Estos dos efectos, combinados con la solidaridad fatal que une a todos los asuntos europeos, constituyen para Inglaterra un riesgo de guerra mucho mayor que el que habría incurrido con una promesa de ir a la guerra en caso de agresión al Este, peligro que a su vez habría eliminado la misma promesa.» Esta conclusión de 1928 la vinieron a confirmar los hechos, de modo que once años después, escribía: «Porque Chamberlain I no quiso dar a Polonia una garantía sensata en 1925, Chamberlain II tuvo que darle una garantía insensata en 1939.»

Capítulo VII

Apartes literarios

El ritmo de trabajo de un funcionario de la S. D. N. no era nada monótono. Cuando estaba en sesión el Consejo, la Asamblea o alguna comisión o conferencia de su especialidad, no había límite a su labor, día y noche, domingos y fiestas, comer y dormir, todo se subsumía y ahogaba en la labor. Cuando no, el funcionario de la S. D. N. despachaba los asuntos corrientes en unas seis horas de trabajo al día, y a veces menos. No tengo el menor empacho a declarar que a cambio de la esclavitud que pasaba en los períodos de actividad, he dedicado a veces a mi vocación literaria el tiempo oficial que me sobraba en las temporadas muertas.

Para lo uno y para lo otro, contaba con la buena voluntad y hasta la afición y el interés de mis taquimecas, una de las cuales, francesa de nación, tomaba y escribía con igual perfección el francés, el inglés y el español. Más de una vez ocurrió que, mientras le estaba dictando en inglés, me llamaran al teléfono en español y, terminada la conversación, siguiera dictando en francés, hasta que mademoiselle Nonin me decía: «Estábamos en inglés.» Esta tendencia a recaer en el francés como lengua normal todavía surge a veces, aunque el castellano es, como lengua materna, la más fuerte en mi sotasí. Sabido es que hay dos cosas que la lengua materna no se deja nunca arrebatar: las cuentas y las palabras fuertes.

Me ocupaba entonces un libro que venía ensoñando hacía años y que no logré escribir hasta 1925, y eso gracias a un accidente de automóvil. Íbamos gozando de la ribera del lago de Annecy una mañana clara, soleada y fría, 1.º de enero de aquel año, cuando un enorme camión cuyo conductor no había logrado evaporar todavía los alcoholes del *réveillon,* se pegó contra nuestro coche. Mi mujer y mi hermana, que iban detrás, salieron con topetazos molestos pero no graves; yo aguanté el golpe del volante en pleno esternón. El gendarme, al ver que me hallaba apenas capaz de darme cuenta de las cosas, me puso a la firma un relato escrito por él, para exonerar a su compatriota; pero el pobre hombre había fundado todo sobre unas medidas de las huellas de ambos vehículos, en que se equivocó tanto en el croquis como en la aritmética.

Convaleciente todavía, pero ya en mi casa, vino a verme Plá, y apenas entrado, me preguntó si había venido por mi casa el cónsul de Italia. Le contesté que nunca había estado a verme, hasta hacía un par de semanas, cuando había venido a ver a mi hermana a la que deseaba consultar sobre el atuendo para una representación de *La Casa de la Troya* que, en traducción francesa suya, iban a hacer en Ginebra. Vi que Plá se impacientaba con los detalles. «Bueno. Bueno. El caso es que ha estado aquí. Todo se explica.» Y me miró significativamente, antes de enunciar su teorema: «No hay casa que el cónsul general de Italia haya visitado que no haya sufrido poco después un accidente de automóvil. La colonia ha pedido a Roma que se lo lleven de aquí.» Y en efecto, lo trasladaron a Dresden. Pero este episodio no fue el único ventanillo que aquel accidente de Annecy iba a entreabrirme sobre el misterio, como más adelante se verá.

Los médicos aconsejaron una temporada en la Costa Azul, y así me fue posible redactar mi libro *Ingleses, franceses, españoles,* una de las obras que escribí yo mismo en las tres lenguas, como lo habría hecho con todas ellas de habérmelo permitido el tiempo; pero, en este caso y por razones puramente prácticas, escribí la primera parte en inglés, los dos primeros capítulos de la segunda parte en castellano y el resto en francés, haciendo después todas las traducciones necesarias para las tres ediciones.

Muchas veces me preguntan en qué lengua escribo primero. Ello lo determina casi siempre o el nudo de circunstancias tópicas o utilitarias en que me encuentro, o la índole del tema. Tres de mis libros salieron tan arraigados en la lengua en que los escribí, que jamás se me ocurrió traducirlos ni creo que lograría hacerlo: uno está en inglés, lleva por título *Sir Bob,* y es una fantasía sobrerrealista en prosa y verso, en la que, por cierto, «invento» el avión de reacción en 1930, sólo que muy perfeccionado, pues el gas, al salir, actúa como el aire en un órgano, y según la melodía que se toque en el teclado del piloto, lleva el avión al sitio deseado, al Palacio Real si tocan el himno nacional o al Almirantazgo si tocan *Rule Britannia;* otro está en francés, se llama *Le mystère de la Mappemonde et du Papemonde* y es un poema dramático en tres actos y en verso que se dio varias veces en la Radio francesa; y el tercero está en español y es *Seis don Juanes y una dama* o *La Donjuanía,* y no se ha dado ni en la Televisión española ni en ningún teatro de España o de Ultramar. No es éste el lugar para explicar por qué.

En general, prefiero escribir mis libros históricos primero en inglés. La lengua en que se escribe define algo el público a quien el escritor se dirige. Al hacer historia, es bueno que el español se sienta condicionado por un público anglosajón, que, como el enemigo tradicional de España desde la dinastía Tudor, exigirá mayor disciplina y objetividad en el autor. Los libros puramente literarios prefiero hacerlos en español. La poesía nace ya en su propio lenguaje sin que el autor pueda ni escogerlo.

Seguro estoy de que en mi sotasí las tres lenguas viven con igual actividad. No puedo dar fe segura de mis sueños porque casi nunca los recuerdo ni recuerdo siquiera que haya soñado; pero he guardado en el misterioso registro de la memoria dos casos de interés. Uno ocurrió en un pequeño lugar encima de Vevey, donde dormía profundamente cuando me despertó un gato con un maullido largo y modulado que me dejó en un estado entreverado, ni sueño ni vigilia, durante el cual «escribí» mentalmente toda una comedia con un diálogo que era toda una esgrima vivaz y cómica a pedir de boca —todo en castellano.

El otro caso ocurrió en el lago de Mohonk, en un hotel campestre del estado de Nueva York. Me hallaba en Boston, agotado por una campaña en pro de la *Fundación Mundial* que intentaba entonces lanzar, cuando llamé a aquel hotel y expliqué el caso: necesidad absoluta de rehacerme. Con esa verdadera caridad humana que uno se encuentra a veces en los Estados Unidos cuando menos lo piensa, me contestaron que el hotel estaba cerrado, pero que viniera y se ocuparían de mí. Ocho horas de taxi me llevaron a aquel paraíso. Llegué, cené y me acosté, rogando que nadie me llamara hasta que yo me despertase. Dormí aquella noche, todo el día y toda la noche siguiente, y a las 8 del día segundo, pedí el desayuno. Pero en un momento, no sé cuándo, ni en qué parte de aquella noche de treinta y seis horas, me bullía tan fuerte en la imaginación un poema, que tuve que encender la luz, echar mano de papel y pluma y escribirlo, para volver a dormir. Estaba en francés.

*

Ginebra, aun ahora, es de tamaño todavía ideal para una ciudad civilizada, y lo era entonces más. Nuestras conurbaciones modernas son uno de los rasgos de nuestra época que la hará condenar por bárbara en épocas futuras. Por su tamaño, Ginebra pudo haberse quedado en población provinciana; pero ya entonces era, aun prescindiendo de la S. D. N., un centro estimulante y vivaz de cultura y civilización, que sostenía varios teatros, una excelente orquesta que animaba con su rostro de rey asirio el famoso Ernest Ansermet, una revista literaria, *La Revue de Genève,* cuyo director, Robert de Traz, era un crítico y hombre de letras muy leído en Francia. Su periódico más importante, *Le Journal de Genève,* dirigido entonces por William Martin, gozaba de gran autoridad en toda Europa.

Este William merece una digresión. Los dirigentes de la opinión y del negocio en la Suiza alemana o francesa de aquellos días, hombres nacidos en el último cuarto del siglo XIX, solían llevar nombres de pila ingleses. Así, Martin (apellido) era *William;* y también Rappard, uno de los mejores elementos de la Secretaría General, que era suizo-francés; y todavía se leen en las calles nombres como James Fazy. A veces, esta anglomanía tomaba formas más íntimas y familiares, como Willy Bretscher, nombre del periodista que con tanta distinción dirigió la *Neue Zürcher Zeitung* durante más de treinta años, o Charly Clerc, que fue profesor de Literatura en el Polytechnicum de Zurich.

Esta moda viene a recordar el inmenso prestigio que logró a fines del XIX la nación fundadora del Imperio británico. La Gran Bretaña llegó entonces a la cúspide a que venía elevándola la ola de poder y de la prosperidad surgida de la revolución industrial, y en la cúspide siguió después de la derrota de Francia en 1870 como la base insular inexpugnable de un imperio servido por la flota más poderosa del mundo y por la red de oro de un sistema financiero mundial. En Suiza, el omnipresente turista británico era huésped dilecto y valiosa materia prima para la mayor industria nacional: la hotelería.

La admiración de los suizos para Inglaterra era sincera, inteligente y fundada en un conocimiento suficiente de la literatura inglesa, sobre todo de los poetas ingleses que habían visitado su país, como Shelley y Byron; y aún más quizá en la labor iniciadora de la revolución técnica del siglo, que Inglaterra había llevado a cabo, cuyo mayor monumento era y sigue siendo el ferrocarril federal suizo, construido por ingleses y, por consiguiente, con movimiento a la izquierda, como en Inglaterra (y en nuestro antiguo «Mediodía», también obra de ingleses). Pero la causa mayor de la admiración que los suizos han profesado siempre a Inglaterra es y ha sido el sentido que los suizos tienen del carácter. Los suizos habitan en las fuentes del Rin, río que como hilo de collar hilvana varios pueblos europeos ni latinos ni germánicos, sino entreverados; y de este grupo el que hasta entonces había logrado mayor éxito era el inglés, que a él pertenece porque Inglaterra, sin gran esfuerzo de imaginación, puede considerarse como una isla en el estuario del Rin.

*

Robert de Traz era vástago eminente de una familia patricia de Ginebra, y vivía en la calle aristocrática de la ciudad alta o vieja: la *rue des Granges*. Era un guapo mozo de ojos negros y nariz aguda. También yo era entonces hombre de nariz aguda, pues Macbeth (no el tremendo escocés de Shakespeare, sino el «otorrino» de Oxford) no me había hecho trizas todavía el cartílago nasal con una ferocidad digna de su tocayo shakespeariano, aunque con mejor arte e intención; con lo cual mi nariz pasó de aguda a poco menos que roma. Así se plantea un problema delicado si la nariz aguda es, como suele creerse, indicio de agudeza mental, ¿pasa de agudo a romo el que se hace operar el cartílago?

Y no viene a humo de pajas esta disquisición nasal; sino inspirada por la fotografía de la época en la que por lo visto procuro hacer penetrar alguna idea importante en el cerebro de mi amigo De Traz, reforzando con la agudeza del dedo la de la nariz. De cuando en cuando, colaboraba en su Revista, pero de aquellas incursiones en el terreno de la literatura sólo recuerdo una serie de juicios críticos comprimidos en epigramas, que publiqué en *La Revue de Genève* con el título de *Pointes sèches*. Para muestras bastarán dos o tres botones:

Pirandello: Giorgio Bernardo Shavio.

Blasco Ibáñez: Le chef d'escadron de l'Apocalypse.

H. G. Wells: Has made literature safe for democracy.

Así por el estilo eran todos. Nada caritativos, pero tampoco feroces.

En casa de De Taz conocí a André Gide, cuyo tío carnal, Charles, el economista famoso, había conocido por Constanza mucho antes. Constanza había traducido al inglés uno de sus libros más leídos, y con no poca colaboración mía en la elección del vocablo que más y mejor correspondía; y como yo entonces conocía bien el francés y mal el inglés, estaba siempre mucho más seguro del vocablo inglés que yo proponía que del que proponía Constanza, lo que provocaba entre nosotros cuatro o cinco batallas campales preconyugales por hora, de modo que fue notable triunfo que, terminado el libro, subsistieran nuestras relaciones hasta permitir que nos casáramos.

Poco después de nuestra boda, fuimos a ver al editor londinense que publicaba la traducción, recuerdo que en Portugal Street; y cuando abrió la puerta una señorita más dotada de belleza que de dotes lingüísticas, decidí al instante no torturarla con un nombre vasco, que a lo mejor la haría desmayarse, y así anuncié: *Miss Archibald y su marido*.

Gide el viejo era hombre simpático, pero, por decirlo así, contra su voluntad. En lo que de él dependía, procuraba hacerse tan rebarbativo como un zarzal. Una vez, a uno que le quería ayudar a ponerse el abrigo, le rechazó la caridad, observando: «No, gracias. Ya es bastante difícil ponérselo sin usted.» Pero aun así, Charles Gide daba fuerte impresión de simpatía.

No así (al menos para mí) su ilustre, aún más ilustre sobrino. Cuando fui a almorzar a casa de De Traz, todavía no conocía a aquel príncipe de las letras francesas, de modo que acepté con gusto la invitación, y más aún al saber que estaríamos los tres solos. Acudí, pues, con más curiosidad que entusiasmo porque no compartía la admiración general que inspiraban sus obras, y cuanto más leía, más me aferraba a mi opinión herética de que se trataba de un escritor a la vez somero y presuntuoso.

Nada ocurrió durante el almuerzo para incitarme a cambiar de opinión; y aun añadiré que cuando me marché sentía mi desvío para con Gide agudizado por aquel encuentro. Era feo, pero hay fealdades que atraen y hasta fascinan. No la suya. Lo que aquel rostro emanaba era ordinariez, engreimiento y avaricia. Me pareció horro de caridad. No sabía —ni sé— nada sobre su vida personal, pero apostaría a que era un hombre consumido por la avaricia.

*

Por entonces conocí también en Ginebra a una novelista inglesa famosa entonces: Rose Macaulay. No era ninguna Venus; más bien entraba en ese tipo de mujer enjuta y sin formas que parecen producir Inglaterra y Alemania, aunque suelen ser las inglesas algo menos resecas y rígidas que ciertas alemanas. Rose Macaulay era vivaz y muy sensible al lado humorístico de la vida; y aun creo que alguien me dijo que venía a Ginebra precisamente a ver si le daba pie para alguna novela donde hubiera algo y aun mucho que reír. En todo caso, hubo libro y aun dicen que yo era un *presonaje* en él, aunque tan sólo en medio renglón o cosa así, lo que no puedo confirmar ni rebatir porque su novela figura en la bibliografía de lo que no he leído, que es de una riqueza pasmosa.

Cummings, el compañero que se ocupaba de los ingleses en la Sección de Prensa, le dio un almuerzo al que me invitó. De los presentes, sólo recuerdo a Koni Zilliacus, inglés de pasaporte, finlandés por parte de padre, yanqui por parte de madre, lleno de agudeza y de buen humor hasta que años más tarde llegó a diputado laborista muy comunistoide, y como el comunismo es incompatible con el buen humor, se le apagó al pobre el mucho y bueno que otrora le había animado. En aquel almuerzo nos reímos mucho y, aunque sin yo quererlo, me tocó hacer de aguafiestas.

Ocurrió que uno de los comensales contó un chascarrillo o anécdota, terminada la cual, me vi obligado a decir que lo sentía mucho pero que el cuento no era así: y lo conté como era. Tanta razón me asistía que, con dar el relato exacto, hasta el narrador malogrado tuvo que darse por vencido. Bien. Pero lo terrible fue que este episodio volvió a ocurrir una segunda vez y una tercera, y siempre con idéntica demostración por mi parte, que consistía meramente en contar el cuento como era de verdad. La risa iba desde luego en *crescendo* estrepitoso; pero al final de la tercera ola de reír, ya nadie se atrevía ni a hablar, hasta que el mismo silencio provocó el retorno del buen humor.

No recuerdo ninguno de los tres cuentos; pero como ilustración de todos ellos, y aunque sólo sea por restablecer el equilibrio, contaré un caso igual en el que el corregido y mejorado fui yo. Pasó este caso durante mi primera larga estancia en Inglaterra, que fue de 1916 a 1921. Una mañana, fui a ver a mi amigo James Bone, que dirigía la redacción londinense del gran diario, provincial de nombre pero nacional de prestigio y circulación, que se llamaba entonces *The Manchester Guardian*. Bone me preguntó si le traía algún cuento nuevo. Esto exige explicaciones. Todos los días el *Guardian* publicaba una «Carta de Londres» que Bone organizaba y dirigía, pero que se componía de párrafos cortos sobre temas del día, que escribían varias personas escogidas por él. Como yo era una de ellas, su pregunta se refería a la «Carta».

Yo fingí no entenderle y le contesté: «Sí. Claro. ¿No ha oído usted eso del periodista que fue a ver el frente?» Me miró sin entusiasmo; y yo me lancé a la aventura. «Pues lo recibió un capitán que se lo llevó a las trincheras, y con voz muy bajita le susurraba: "Por aquí, los obuses. Ese pasillo va a la cantina. Eso es el hospital de sangre." El periodista, aún más débil de voz, preguntó: "¿A qué distancia el enemigo?" Y el capitán, muy bajito: "A cuarenta millas." Entonces, el periodista, estentóreo: "¿Pues por qué diablo habla usted así?"; y el capitán, con los dedos en la nuez: "Laringitis."»

Bone me miraba sin entusiasmo, ni risa, pero con cierta conmiseración. «¡Usted también!... ¡Vaya por Dios!... Pues no es así. Nada que ver con el frente. Eso pasó en Glasgow. Un obrero había convenido con otro en que el domingo por la mañana irían a dar un paseo juntos. Llegó a casa de su compañero y llamó al timbre. Salió la mujer. Él, que tenía la garganta mala, preguntó en un susurro: "¿Está tu marido?"; y ella, muy bajito y con un dedo acogedor: "No. Entra."»

*

La situación en España se iba deteriorando, a medida que Primo de Rivera iba aprendiendo a gobernar en cabeza ajena, la de los españoles. Todavía no había llegado al desencanto, pero comenzaba a sentir el desconcierto y la indigestión de tanto amargo pan de experiencia como había comido el pobre en el poder. Su reacción fue típica de la especie sociológica a la que pertenecía: amordazar a la prensa. Bien que aquello no pasara de preludio para las tragedias futuras, pero por algo se empieza. Bueno es recordar ahora que sabemos más cosas, que el vicedictador de Primo era un almirante. Conste, no obstante, que Magaz era hombre inteligente y fino. Era hasta marqués, pero la finura y la buena educación le venían por natura y cultura. Yo lo había conocido en Ginebra, donde venía a veces en la delegación para cosas del desarme, en las que, como es sabido, los almirantes no les ceden en pericia más que a los generales.

Entretanto, había yo llegado a un acuerdo con *El Sol* entonces, en su apogeo, uno de los mejores diarios de Europa, para mandarle artículos sobre problemas mundiales; pero, como mi cargo ginebrino vedaba todo comentario libre sobre nada que tuviera actualidad, firmaba *Sancho Quijano*, seudónimo en sí harto informativo; y como observara que se iba deteriorando la libertad de la prensa en nuestro país, decidí escribir a Magaz. Estaba entonces el vicedictador ejerciendo de jefe supremo, pues Primo, con gesto muy suyo, se había nombrado a sí mismo general en jefe en Marruecos para ver de liquidar aquello con un éxito militar al que descontaba él que seguiría un éxito civil.

Escribí, pues, al almirante Magaz una carta en la que le decía que era demasiado hombre de mi tiempo para asustarme ante los experimentos que pudieran hacerse con las instituciones políticas; pero que si la prensa perdía su libertad, se hundiría el régimen en la confusión, amén de la corrupción. Magaz me contestó que esta actitud era natural en quien, como yo, escribía en los periódicos, pero que, en la realidad, el problema de la libertad de la prensa sólo interesaba a una ínfima minoría del país. Mi réplica fue que si se agarra a un hombre sano y se le sumerge la cabeza en el agua dejando el cuerpo fuera, lo que de él se moja es una ínfima minoría de su cuerpo, y aun así se muere todo él. Pero como la vihuela era de Magaz o de su jefe...

Tocaba, pues, poniendo el dedo donde quería. Pero sólo podía hacerlo en España. En Ginebra, tuve ocasión de verle muchas veces tratando de volver por la razón y el buen sentido en un subcomité del desarme donde tenía que habérselas con H. A. L. Fisher. Este Fisher había sido ministro de Educación con Lloyd George, y era guardián (o rector) del Colegio Nuevo, que es, desde luego, uno de los más antiguos de Oxford. Era capaz de discutir horas y horas sin ceder una pulgada (despreciaba los milímetros por ser una unidad continental) y con su nariz afilada y ojos gris metálico, parecía un cuchillo que ha disociado el color y la forma. A los argumentos razonables y bien articulados de Magaz, se limitaba a decir «No» y a mover el cuchillo, digo, la cabeza para cortar por lo sano. Magaz hervía en indignación sofrenada por su cortesía; y yo procuraba consolarle con un mal retruécano: «Usted le hace silogismos y él le contesta con nologismos.»

*

Aquella colaboración en *El Sol* me valió un encuentro, casi un encontronazo, con Ortega. Pocos hombres ha tenido España de más encanto y magnetismo personal; ninguno quizá que lo haya malgastado y estropeado como él por ese defecto que el diablo viene a echar sobre la cuna del recién nacido cuando las hadas han terminado de colmarlo de favores. A Ortega las hadas le prodigaron sus dones: un intelecto de los más agudos y activos que España ha dado de sí; una rectitud excelsa; un sentido estético tan magistral que Ortega hubiera podido ser, y de hecho es, quizá el mejor crítico que nuestro país ha dado; un estilo diáfano y ágil; una elegancia moral literaria y física en que la naturaleza vence al arte; un don magnético de conquistar al que lo escucha —y llega el diablo y le insufla la soberbia hasta en su forma más deleznable: la vanidad.

No me lo ha contado nadie. Lo he vivido. Este hombre tan inteligente, tan harto de saber que los dones personales no son méritos sobre que fundar la soberbia, puesto que el don por serlo, no es nuestro, no toleraba la contradicción, aun la más respetuosa y cortés, ni la corrección aun cuando hecha de buena fe y para salvarle del error. Sé de una persona que renunció a corregirle el acento tónico cuando hablaba alemán, porque lejos de agradecerlo, Ortega al oírla, miraba por la ventana sin hacer caso. Así, Ortega, que conocía a fondo el alemán, lo hablaba deplorablemente.

Yo sentí por él gran admiración desde el principio. Este principio fue un banquete que le dimos los del Ateneo a Miguel de Unamuno cuando Bergamín el viejo, padre de varios Bergamines, que todavía colean, lo echó del rectorado de Salamanca. Otro día contaré aquello, de donde salió la liga de Educación Política. Pasaron luego muchas cosas, y a través de todas ellas, yo seguí siempre con fascinación y casi siempre con admiración la vida y obra de Ortega. Ignoraba, no obstante, la irascibilidad de un hombre que creía sereno, y la subjetividad de un hombre que creía objetivo.

Sucedió, pues, que Azorín hizo un discurso en el cual, refiriéndose a la generación del 98, decía: «Nosotros los poetas y los pensadores dimos a la nación un vigor nuevo, una poderosa vitalidad y hoy se alza una nación pujante frente a un Estado caduco y corrompido.» Leí este párrafo en *El Sol*, claro que en Ginebra, y mandé un artículo cuyo título bastaba para definir mi posición: *¿Dónde está la nación pujante?* Pero allí fue Troya. Porque no me limité a rebatir lo que consideraba, y considero, un error de Azorín, sino que lo ponía en paralelo con otro error que consideraba, y considero, como de Ortega. He aquí mi texto:

«"Una nación pujante frente a un Estado caduco y corrompido." En forma quizá algo diferente, vuelve, pues, a la circulación aquella teoría de la España oficial frente a la España real que lanzó José Ortega y Gasset en su famoso discurso de la Comedia. O mucho me equivoco, o José Ortega y Gasset ha abandonado de entonces acá su propia doctrina. Modesto soldado de filas en aquella cruzada y creyente entonces en el dogma que la inspiraba, sé en demasía el dolor, no por gradual y lento menos agudo, que ha debido costar a su definidor el ver desmentido por los hechos crueles un mito tan halagüeño y henchido de esperanzas.»

Mi artículo se publicó el sábado 24-III-1923. Recuerdo perfectamente el estado de ánimo en que lo escribí, y que se transparenta en mis palabras: admiración para con Ortega y simpatía —es decir, sentir compartido con él— por el fracaso, que yo creía común, de una fe que yo sabía común. Pero ahora, con la experiencia que me han dado otros casos, veo mi error. Yo creía que, por ser sincero yo, todo el mundo se daría cuenta de mi sinceridad. No imaginaba que el «otro», hoy Ortega, mañana Azaña o Dios sabe quién, interpretaría mis palabras como indicios de una siniestra y oscura conspiración, de que yo soy tan incapaz como de escribir una gramática china.

Aquellas palabras, que a lo sumo pudieron haber provocado una rectificación: «Pues no, sigo pensando igual por estas razones y siento que usted haya cambiado de opinión», inspiraron un artículo ofendido e intemperante en que con furia olímpica se me expulsaba del Parnaso por haber insultado a Apolo. En mi deseo de continuar el diálogo sin drama y menos aún tragedia, repliqué con un artículo cuyo título también era significativo: *Rectifico y ratifico*. Rectifiqué porque Azorín hablaba de «nación pujante», mientras que Ortega había puesto bien en claro que su «España vital» no gozaba de gran vitalidad. Pero en seguida, en obsequio a la verdad, hice observar a Ortega con el mayor respeto que esta diferencia no le eximía del error que yo señalaba. «Azorín y Ortega coinciden en presentar ante la conciencia española una *dualidad*. Ambos distinguen una España buena y una España mala, según el cuadro siguiente:

España buena	España mala
Azorín: nación «pujante»	Estado «caduco» y «corrompido»
Ortega: España vital «débil»	España «oficial moribunda»

»Estimo que en esta dualidad radica el error esencial, tanto de Ortega como de Azorín. Porque mi tesis es que no existe tal dualidad. No hay más que una España, en la que lo bueno y lo malo, lo "vital" y lo "oficial", el "Estado" y la "nación" son tan consustanciales que todo intento de separación sistemática conduce a resultados erróneos.» Y después de establecer esta tesis —que el lector hallará confirmada en mi historia de la guerra civil—, terminaba diciendo: «Me ratifico en que el doble error de Ortega es, aunque en forma diferente, el doble error de Azorín y que este error consiste en desconocer:

»Primero: que la "España oficial" es también vital.

»Segundo: que la "España oficial" es más vital que la "España vital".»

Ortega replicó con un segundo trueno; al que no pude contestar en público porque su predominio sobre *El Sol* era entonces no menor que el que, según la Escritura, ejercía Josué, y mi artículo se topó con la censura del espíritu más liberal de España.

*

Por aquel entonces, Primo de Rivera ejercía la dictadura con lo gracia que suele distinguir a los andaluces. Su omnipotencia política le indujo a imaginarse omnipotente en todos los acimutes (como dicen los franceses), o sea en todas las direcciones de la rosa de los vientos. Esto le pasaba también a Stalin, que hasta a la biología y a la lingüística quiso dictar leyes. Primo se metió a periodista, profesión abierta en la que es fácil entrar por la ventana. Inspirado, pues, por la musa de la prensa, cuyo nombre ignoro, publicó una vez en no recuerdo qué diario de Madrid un larguísimo mamotreto sobre la guerra y la paz, que pese a su tamaño era la mar de divertido, sobre todo en los lugares que él creía más serios.

Creo que fue en ésta, y si no, fue en otra de sus obras maestras del género, en la que intentando explicar cómo algo que él proponía, serviría de vínculo o puente entre otros dos *artilugios*, decía que sería una *trade union*, queriendo decir *trait d'union*.

Pero de sus gemas verbales en francés, hay todo un tesoro en la memoria de los que lo conocieron de cerca. Cuando cayó por Mallorca el entonces ministro de Asuntos Exteriores de la Gran Bretaña, Sir Austen Chamberlain, se dieron varios casos memorables del francés primoderiveresco. Avanza el landó y Primo, con una mano en el codo de su invitado y la otra en gesto de ¡anímese, hombre!, exclama perentorio: «Subé-bú»; que dejó atónito hasta el monóculo del tieso ministro. Ya en el coche, Primo anunció a Chamberlain: «Les rois bont aller aux places de Soberanie»; frase que ni en sueños podía el pobre anglejo relacionar ni con Alfonso y Victoria Eugenia ni con Ceuta y Melilla.

Esta feliz libertad de palabra permitía a Primo ejercer de periodista con la intrepidez de un gimnasta de circo. En aquel mamotreto a que antes me referí, hablaba con desdén de «pactos y sociedades de naciones» (así en plural) como de cachivaches inútiles que se amontonaban en la buhardilla internacional, y pasaba a proponer su solución original. La cual consistía en una serie de ideas formuladas en estilo de tertulia de café, que en su conjunto venían a reconstituir el Pacto y la S. D. N. sin que se diera cuenta de ello, por la sencilla razón de que, aunque jefe del Gobierno de España, no tenía ni asomo de idea de lo que era y significaba la Institución de Ginebra.

Escribí yo entonces un cuento sobre el inventor del paraguas con ruedas, que concibe la idea de libertar al transeúnte del engorro de llevar un paraguas, sosteniendo el artefacto sobre cuatro postes en una plataforma con ruedas, impulsada por un motor. Para que el transeúnte no se canse, se le pone un asiento. Por exigirlo la policía, se le añaden frenos al motor y faros y luces a la plataforma; y para precaverse contra el invierno, se le instalan paredes y puertas que forman una verdadera cabina. Y le preguntan al inventor: «¿Pero en qué difiere eso de un automóvil?» Y él contesta: «En que el automóvil no lo he inventado yo.»

Entonces ocurrió algo notable y para mí muy instructivo. No quería yo publicar mi artículo-cuento en El Sol, por resultar al margen de lo que en El Sol venía haciendo, a causa de su índole irónica y humorística; así que rogué a Fabián Vidal que lo publicara en La Voz. Me costó Dios y ayuda. Y no logré durante días penetrar hasta la raíz de su resistencia; pero, al fin, él mismo me puso sobre la pista; antes de acceder, me pidió que le prometiera que no le volvería a pedir una columna para un artículo mío. Le di mi promesa con buena voluntad, pero con mucha pena.

*

Un buen día, en mi despacho oficial de Ginebra, me encontré con una carta de Romain Rolland. Le profesaba gran admiración desde que, en mis tiempos de estudiante, había leído en París su *Jean Christophe,* una de las grandes novelas de Europa. Se había retirado a *Villeneuve,* al otro confín del lago, entregado casi por entero a la música, y lástima de «casi», porque el resto lo consagraba a su otra admiración, la de la Revolución rusa que ya comenzaba a deshonrar y prostituir el desdichado Stalin. Me escribía para decirme que un joven intelectual peruano estaba amenazado de expulsión por las autoridades suizas por sospecha de que fuera comunista a causa de una reciente estancia suya en Móscova; y me pedía que interviniese.

Por mediación de Montenach, el católico friburgués que con sonriente elegancia actuaba de puente entre la Secretaría y el Gobierno suizo, pude parar el golpe, y así me fue dado conocer desde su juventud a uno de los dirigentes de más calidad y estilo entre los que han llevado en mis tiempos la política, real si no oficial, hispanoamericana. Víctor Raúl Haya de la Torre iba pronto a fundar el A. P. R. A., nacida con color y acento casi revolucionario, pero educada y madurada al paso que se educaba y maduraba su fundador, llegando así a ser hoy uno de los elementos más sanos e inteligentes de la política peruana. Circunstancias dramáticas pero incongruas han colocado a Haya de la Torre en antagonismo con el ejército de su país, que dos veces consiguió excluirlo del poder cuando lo había ganado limpio en la palestra parlamentaria. Obligado a vivir en la inacción cuando no en la emigración, Haya se ha salvado del pesimismo y del escepticismo por una espléndida salud física y moral y un intelecto siempre abierto a la curiosidad.

*

Alice Cathrall era una muchacha galesa, tranquila, pálida, bonita y eficaz. Era la subdirectora de la Sección llamada Establecimiento, que en la Secretaría se ocupaba de muebles, viajes y servicio. Poco a poco se había ido encargando de ayudarme en mi labor literaria fuera de las horas oficiales; y la tenía a mano porque vivía en la misma casa que yo, en el piso de encima.

Un día me dijo que tenía un invitado famoso para almorzar el domingo siguiente. Fridtjof Nansen era uno de los asiduos de Ginebra. El antiguo descubridor de mares árticos se había pasado al campo de las grandes empresas internacionales dedicadas al bien sin lucro; y no había hambre, ni terremoto ni inundación que no movilizara al gran noruego; a la sazón estaba

atareado y absorto en la labor de socorrer a Rusia, sumida en
un hambre espantosa por la aplicación despiadada de un comunismo primario y dogmático sin experiencia. El propio Albert
Thomas me contó un día que Rakovsky, el búlgaro rusificado
que bullía entonces en los medios oficiales bolcheviques, había
tenido con él una conversación en Génova, en el curso de la cual,
al decirle el francés al ruso que Francia tenía la ventaja de gozar de una economía autosuficiente, pues era capaz de alimen-
tarse a sí misma sin importación, el búlgaro soviético replicó
que la Unión Soviética gozaría pronto de igual beneficio, pues
en cuanto el hambre hubiese matado cinco millones más de ciudadanos, sería autosuficiente.

Nansen trabajaba entonces para impedir en nombre de la
humanidad que tal desastre se consumara, y aunque la tarea le
había sido confiada por la Cruz Roja Internacional, venía a Ginebra en busca del apoyo de la Sociedad de Naciones. Por eso
estaba en nuestra ciudad, donde su talla gigantesca y rostro tos-
tado por el aire del mar pasaban de calle en calle a buena velocidad, al parecer navegando a la vela, que así lo parecía el formidable chambergo que desplegaba a la *bise*. Cuando Alice me
hubo dado el nombre y la fecha de su almuerzo, le propuse una
fusión de fiestas, pues Constanza y yo teníamos aquel día invitados a Romain Rolland y a H. G. Wells. Así se hizo, en el piso
de Alice. Nansen, ojos azules, mandíbula cuadrada, respirando
caridad humana pero también sentido común y dominio de las
cosas prácticas; no hablaba francés. Romain Rolland, algo des-
lavazado por la edad, pelo de plata que había sido oro, voz suave,
mano de hierro bajo guante de seda, no hablaba inglés; Wells,
irradiando aplomo y contento de sí mismo aventajaba al noruego
y al francés en ingenio, pero sus dotes de lingüística quedaban
muy por debajo de lo que era de esperar del ciudadano del mundo que profesaba ser.

Quizá por aquella situación lingüística tan embrollada, no
resultó la conversación tan luminosa como aquella conjunción
de tres estrellas parecía prometerlo. Se habló bastante de los
males del mundo y de cómo aliviarlos, sobre lo cual los ilustres
huéspedes tomaban actitudes en consonancia con su estirpe y
carácter, Nansen y Wells más inclinados a apoyar sobre la acción, mientras que Romain Rolland hervía de ardor intelectual
y esperanza revolucionaria. Lo que mejor recuerdo es un aparte
de Wells. Ya estábamos tomando café instalados en sofá y butacas, rota ya la forzada simetría de la mesa; y Wells peroraba
en un francés inverosímil que parecía encantar a Rolland por su
novedad más que por su claridad, gramática o vocabulario,

cuando de pronto se vuelve hacia a mí y me pregunta: «¿Estoy hablando en alguna lengua conocida?» Yo, al menos, no la conocía.

*

Una de nuestras fiestas en aquellos días eran las visitas de Dhan Gopal Muquerji. Solía venir sin avisar, el día y hora que le convenía, y quedarse a la comida que se le diera. Era guapo mozo y sus facciones y tez olivácea le daban cierto aire de gitano andaluz. Conocía bien el vedismo y el budismo, de cuyos libros sagrados se sabía de memoria páginas enteras; y se había transplantado a California, donde se había casado con una mujer del país. Esta mujer, de mucho encanto e ingenio, vivía en una casa de huéspedes cuya patrona le advirtió que no se fiara de aquel indio tan guapo, que de seguro no venía a verla con buena intención; a lo que ella contestó: «¡Así lo espero!»

Esta confrontación del Occidente con el Oriente en un espíritu de elección como lo era Dhan Gopal produjo al pronto efectos felices, pues nuestro amigo escribió en un inglés feliz algunos libros no menos felices, que, sin proponérselo, conseguían expresar el espíritu del Oriente indio en términos del Occidente anglosajón. Pero a mí lo que más me fascinaba en él era el aire español que emanaba de su persona. Una tarde, sentado, casi recostado en honda butaca, estaba Dhan Gopal hablando de la poesía y del ritmo del ritual bramánico, y tan bien lo hacía que le pedimos que cantara alguno de sus salmos. Lo primero que hizo fue incorporarse y, con la espalda muy erguida, sentarse en el mismo borde de la butaca y poner las manos en las rodillas, con los codos hacia fuera, lo mismo que un *cantaor* de *cante jondo*. Se puso a cantar y aquello era tan *puro cante jondo* que nos hizo pensar en Falla. Ya no nos cabía duda de que esa tradición vocal andaluza viene de la India.

Años después, y no pocos, en el curso de una gira de conferencias por la India, me tocó hablar en un centro universitario musulmán, y me explicaron que se comenzaría con oraciones. Subió al pupitre un estudiante y se puso a rezar en alta y hermosa voz. Fue larga la plegaria, pero, para mí, no bastante; porque aquello era purísimo *cante jondo*. Y añadiré de pasada que esta doble experiencia me confirmó en la convicción de que la división religiosa de la India no corresponde en nada a una división racial. Antes al contrario, más bien respondería a una fuerza peculiar del sentimiento religioso en ambos, que, al diferir formalmente por la conversión al Islam de tantos de ellos, los lleva a una especie de guerra civil endémica, a causa, por lo tanto, no sólo de una diferencia confesional, sino de una identidad de orientación religiosa.

Esta orientación, casi obsesión del vínculo con Dios, es rasgo dominante en la sicología india, sea cualquiera la forma confesional en que se manifieste; y era, desde luego, la pasión que daba su estilo y su razón de ser a la vida de nuestro amigo Dhan Gopal; a tal punto que la oposición entre la tendencia centrífuga y activa del Occidente y la contemplativa y centrípeta del Oriente se le llegó a hacer intolerable; pero ya había arraigado demasiado hondo en ese ultra-Occidente que son los Estados Unidos para retroceder hacia su obsesión religiosa, y terminó por suicidarse, en pleno éxito literario y en plena posesión de sus facultades intelectuales.

Recibimos la noticia con la pena que es de suponer; y tanto nos conmovió que, en mí, al menos, hizo brotar un manantial de reflexiones sobre el misterio de las variedades humanas y la sabiduría o locura que puede haber en mezclar lo que la naturaleza creó aparte. Este problema arde hoy tanto en los Estados Unidos como en Inglaterra, aunque por causas y en circunstancias distintas; y por haberse colocado en situación de reflector de aquel fuego la República Sodafricana enardece también al mundo entero. No es nada fácil; ni serían las mismas las opiniones que sobre él llegaran a formarse el mero teórico y el hombre lastrado por la experiencia y la responsabilidad. De mí sé decir que me inclino a un precepto equilibrado: *Conviene mezclar dentro del color. No conviene mezclar allende las lindes del color.*

Creo que la mezcla entre variedades distintas de blancos, amarillos, negros, conviene y tiende a mejorar la estirpe; en general, el anglo-francés, el ítalo-alemán, el hispano-sueco, como el sino-japonés, suelen dar de sí más que lo que aportan los progenitores. Y sospecho que la causa se debe a un factor relativamente sencillo. La voluntad y la inteligencia viven en la sangre. Al mezclarse dos sangres distintas, se establece entre ellas un diálogo de las dos mentes y de las dos voluntades. Si las sangres difieren bastante para que haya diálogo, y no bastante para impedirlo por incomprensión mutua, este continuo dialogar por fuerza actuará como un estimulante, y tanto la inteligencia como la voluntad del híbrido saldrán agudizadas. Por la misma causa, si se mezclan dos sangres demasiado distintas o remotas, el diálogo morirá de incomprensión, se crearán tensiones síquicas peligrosas y la hibridación llevará al fracaso. No hay aquí ni asomo de sospecha de inferioridad o superioridad. Se trata de distancia síquica; cuyos efectos malignos vino a ilustrar para mí el caso doloroso de Dhan Gopal.

*

Pronto tuve otra vez ocasión de observar el parecido entre los indios orientales y los españoles del Sur, porque una tarde honraron nuestra casa de la *rue de l'Athénée,* para la merienda, Motilal Neru y su hijo Jaguarjarlal, futuro gobernante de la India independiente. Dos andaluces. Motilal con más prestancia, Jaguarjarlal más guapo. Motilal parecía un dueño acomodado de cortijos en el valle del Guadalquivir. La tez era en él algo más ocre, en su hijo más olivácea. Tanto en el color como en las facciones, Jaguarjarlal me recordaba a Dhan Gopal Muquerji. El rostro de Motilal no era bello en sí, como el de su hijo, sino más bien afeado por una mandíbula voluntariosa; pero, quizá por la fuerza y nobleza de la mirada, emanaba cierta majestad. El hijo, cuya grandeza aguardaba todavía increada, con los ojos agudos, omnividentes, seguía la conversación de rostro a rostro en un silencio de respeto para con su padre.

Muchas charlas con Dhan Gopal había consagrado yo al «Raj británico», como solían llamar al sistema colonial que los ingleses habían ido creando entre aciertos y fracasos en la India, de modo que en lo que los dos Nerus me dijeron no hallé gran novedad. Los tres eran fuertes partidarios de la independencia, pero ninguno muy antiinglés. Ello no obstante, los tres acusaban a los ingleses de ser los causantes de la tensión, tantas veces sangrienta, que separaba en dos campos irreconciliables a vedistas y musulmanes. Este modo de ver las cosas me parecía a mí poco verosímil, no por conocer el asunto en sí, sino por conocer a los ingleses; y el tiempo iba a confirmar mi modo de pensar.

Pero, salvo en lo concerniente a este único aspecto, mis tres amigos indios me parecían tan poco antiingleses como lo permitían las circunstancias. El caso es que había no poco de Inglaterra en los dos Nerus, y hasta en Muquerji, aunque en su caso, era una Inglaterra pasada por los Estados Unidos. Pero lo que más me admiraba en los tres era esa lozanía que suaviza el haz de los seres humanos criados en el seno de una civilización secular. Este don sobresalía en Motilal, en quien no se daba gesto, palabra, mirada que no fuera a la vez espontánea y magistral.

Capítulo VIII

Intérpretes e interpretados

En 1922, y del modo más inesperado, tuve que echar mano de mi ya medio mohosa armadura de técnico ferroviario para ponerla al servicio de la Sociedad. Me arredra la mera idea de relatar, por muy sucinta y someramente que fuese, el conflicto de Alta Silesia, en el curso del cual se hizo uso de mi menguada tecnicidad. Basta decir que este conflicto se debió menos a las cosas en sí que a la terquedad de teutones y polacos y que llegó a resolverse gracias a la maestría ya entonces lograda para tales trances por la Sociedad. El Consejo había constituido un Comité compuesto de Da Cunha, Haymans, Wellington Cu y Quiñones de León para que cortase en dos aquella víctima salomónica del nacionalismo moderno; y de este colegio soberano proliferaron no pocos comités tripartitos, compuestos de un polaco, un alemán y un presidente neutro, para redactar los anteproyectos de los seiscientos y pico artículos que el Convenio llegó a contar. Entre ellos había una sección consagrada a los ferrocarriles. Alguien se acordó que yo había sido ferroviario en mi primera encarnación, y así me tuve que encargar de presidir y arbitrar a los dos técnicos que formaron el Comité.

La tarea resultó mucho más interesante de lo que había augurado. No sabía ni sé polaco; y si mi alemán vacilaba entre segunda y tercera clase, desde luego mi alemán técnico era de tercera inconfundible. Aun así, y a pesar de que mis dos colegas traían intenciones o instrucciones de lo peor que cabía imaginar, no pudieron resistir el desgaste de semanas de colaboración diaria que terminaron por rodar, rozar y limar todas sus asperezas. Tanto en el curso, asaz pedregoso, de nuestra labor técnica como en las ocasiones que tuve para observar la evolución general del conflicto, me confirmé en la impresión básica que ya abrigaba hacía tiempo sobre todas estas disputas internacionales. No diré que tenga valor absoluto. Quizá falle en algún que otro caso; no desde luego en el de la Alta Silesia, al que mi conclusión le venía como un guante: *la enemistad crea el conflicto, no el conflicto la enemistad.*

*

La Sección Económica de la Secretaría General estaba dirigida por Arthur Salter, inglés eminente. No me llamó todavía entonces la atención la simetría que se daba con la Sección Política, que dirigía el profesor Mantoux, francés eminente. Y eso que se daba una circunstancia tan significativa que no dejé de observarla. Por estar a la sazón ocupado Salter en el espinoso problema de las reparaciones alemanas, ocupaba su sillón directoral a título interino Hugh Mackinnon Wood, vástago de una ilustre familia política escocesa, buen jurista, excelente amigo, pero no más economista que yo, y ya es decir. El interino, pues, ocupaba aquel lugar como británico y no como técnico. A mí me parecía monstruosa aquella situación, prueba evidente de la fuerza que conservaba el nacionalismo aun en el templo del Estado Universal.

Esto hecho constar, conste también que Salter era de los que se merecía su compás de espera; porque era sin duda la mejor cabeza inglesa de la Casa, y, con la única excepción de Jean Monnet, el hombre de más valía en ella. También se parecía a Monnet en su baja estatura, aunque era más fornido y ancho de hombros; el rostro más serio y preocupado, y los ojos grandes y expresivos, tristes, aunque de cuando en cuando brillaran con sonrisa inteligente.

No hizo más que llegar para encargarse de su dirección y al punto se engolfó en el asunto, casi tan difícil, del empréstito austriaco. Como una cabeza degollada de su cuerpo, que era el Imperio austro-húngaro, Austria iba perdiendo terreno en su lucha por la existencia precisamente en lo económico-financiero. Por haberle negado sus vencedores la solución consistente en ingresar en el Estado alemán, estaba viviendo de la caridad aliada. ¡Cuántos Estados habrá hoy que viven de modo análogo en cinco continentes! Pero entonces no era cosa normal ni bien vista. Cuando la situación empeoró hasta hacerse insoluble, le pasó a Austria lo que a otros países así contrariados por el destino: la depositaron como un niño ilegítimo en el portal de la S. D. N. para que la prohijara, cubierta con paños de retórica sobre la solidaridad internacional. En agosto de 1922 la situación era desesperada. No dejaba de darse cierto elemento de justicia poética en que uno de los países que habían contribuido al último empréstito para Austria hubiera sido Checoslovaquia, y que uno de los europeos de Ginebra que más parte tomaron en las negociaciones relativas al nuevo empréstito fuera Benes, que descendía de unos campesinos súbditos de un señorío checo que había pertenecido a Metternich. El comité que llevó el asunto se componía de Balfour (presidente), Hanotaux, Imperiali, Benes y el eclesiástico monsignor Seipel, canciller de la República austriaca. Pero su *spiritus rector* era Salter.

De Salter le vinieron al Comité su estilo y su técnica. Más lo apreciarán quienes hayan leído su propio relato de cómo todo el plan surgió del lado de Ginebra como Venus del Mediterráneo. Estaban pasando un domingo de paseo por el lago en una lancha motora cuando en uno de sus relámpagos de intuición, Jean Monnet expuso el plan de un golpe, ya casi completo en sus grandes líneas, y Basil Blackett, economista y alto funcionario del Tesoro británico, lo desarrolló y le dio sus toques finales. Ambos instaron a Salter (su tercer compañero de partida lacustre) a que convenciese a Balfour, el cual hizo el resto. Excelente cuadro vivo de cómo las cosas grandes se hacían entonces en Europa.

Salter figuraba ya hacía tiempo en el vértice de la vida europea; sin lo cual le hubiera sido aún más difícil llevar a cabo operación tan ingrata en sus detalles como grata en su cometido. Como detalle digno de nota, solía contar que al ir a Viena a estudiar las cosas, halló en circulación billetes de banco cuyo papel valía más que la *valuta* impresa en ellos. Admirablemente concebido y ejecutado, su plan fue un éxito completo. Se invitó a cierto número de naciones a garantizar sendos contingentes del préstamo y a todas ellas a respetar la integridad e independencia de Austria. Antes de transcurridos tres años, la Comisión Interventora del presupuesto austriaco, constituida por el Convenio, consideró ya inútil su cometido y quedó suprimida.

Dos episodios menores de esta magnífica operación se me han quedado en la memoria. En el curso de su negociación, tuve que ir a España para enseñarle caminos y abrirle puertas a Nixon, ayudante de Salter, encargado de recabar el apoyo del Estado español. Llevábamos ya lo menos una semana circulando en taxi por las calles de Madrid, casi tan densas de tráfico como hoy, pero todavía más indisciplinadas cuando Nixon me preguntó: «¿Pero aquí se circula a la derecha o a la izquierda?» Y yo le contesté: «La regla es: por la derecha; pero no está bien visto seguirla a rajatabla.»

Mi segundo recuerdo de aquella operación de salvamento es la hazaña de un intérprete. Russell era un escocés de díscola melena, ojos bondadosos tras cristales gruesos, boca grande y leal y una sonrisa que le ganaba muchas amistades. No diré que su

querencia al whisky fuera más fuerte que la de los más de sus
compatriotas, pero en fin... De todos modos, un par de copas
de su bebida nacional lo elevaban de intérprete excelente a intérprete genial.

Cuando el plan para el empréstito de Austria estaba a punto, se convocó para estudiarlo y aprobarlo una reunión especial
de la Asamblea, que comenzó con una serie de discursos a cargo
de los protagonistas, el primero Balfour, que pronunció una
arenga elegante y vigorosa, con su estilo usual, mezcla de benevolencia y desdén; y después, lenta y trabajosa ascendió a la
tribuna Léon Bourgeois, la cabeza baja y los pies gelatinosos.
El pobre hombre, más viejo que su edad, trató de mostrarse ple-
tórico de esperanza y energía, pero ¿quién iba a esperar efectos de granada de mano de un mero flan? Entonces llegó la hora
de Russell. En los carrillos le florecían y en los ojos le brillaban
los dos dobles *whiskies* que se había administrado, y así le fue
fácil asombrar y encantar a la Asamblea con su maravillosa
traducción del calamitoso discurso del francés: pegando sin
piedad sobre la palma izquierda los puñetazos enérgicos que le
descargaba la mano derecha, vociferó: «El honorable caballero
afirma que llevaremos nuestra empresa hasta su éxito final.»

*

Claro que en Ginebra había intérpretes de y para todo, buenos, malos y excelentes. A esta última categoría pertenecía la
señora Angeli, vástago de la ilustre familia anglo-italiana de
los Rossetti, que dio a Inglaterra en el siglo pasado dos poetas
y un pintor (ya que Dante Gabriel se distinguió en ambas artes
y su hermana fue y sigue siendo admirada como famosa poetisa).
Mrs. Angeli era capaz de retener sin notas un largo discurso
en inglés y repetirlo después en francés y en italiano. Si el discurso se prolongaba, como la intérprete era en el fondo indiferente en cuanto al tema, el efecto era soporífero; pero la fluidez
y la exactitud de la interpretación eran un tesoro para los ar-
chivistas.

Este tipo de intérprete era el mejor para la Asamblea. Había otro tipo, más hecho a la esgrima verbal de frases cortas
e interrupciones, que convenía para los comités y, si además
eran hombres de experiencia y tacto, para el Consejo. Uno de
los mejores, Parodi, era egipcio. Tipo netamente árabe, sus ojos
saltones parecían siempre asombrados, pero su agudeza humana
y política salvó más de una situación zozobrante. Una vez ocurrió que Cecil, enardecido por alguna cólera santa, casi olvidó
toda reserva diplomática en una réplica más vigorosa que pru-

dente. Parodi se permitió aguar sin reparo su interpretación del exabrupto inglés; y a la salida de la sesión, Cecil, que en el fondo era prudente y bondadoso, le agradeció el servicio. Otra vez, al cabo de toda una mañana de agrias contradicciones entre los delegados francés e inglés, Parodi consiguió el acuerdo traduciendo adrede mal una palabra clave. Atrevida pero prudente solución; porque no se trataba de textos formales que iban a constar en acta, sino de acuerdos verbales y temporales entre colegas irritados por su propia obstinación.

Caemerlinck, el intérprete del presidente de la Asamblea, tenía que habérselas con problemas no menos delicados; sobre todo los más delicados que le planteó la presidencia de Cosme de la Torriente. Este senador cubano fue víctima de una maniobra que lo elevó a la presidencia de la Asamblea siendo así que no sabía inglés ni, en verdad, bastante francés para hacer papel airoso en aquel alto sitial. El candidato del año era Motta, jefe del Departamento Político helvético, es decir, ministro de Asuntos Exteriores de la Confederación. Pero Motta era quizá el más destacado de los delegados europeos que venían abogando por el ingreso de Alemania en la S. D. N.; por lo cual, la delegación francesa le tenía ojeriza y, para impedir su elección, pensó en oponerle otro candidato. A fin de lograr la mayoría necesaria, los franceses pensaron en un sudamericano, que los numerosos delegados hispanos se verían obligados a votar. Alguien propuso a Torriente. Y claro que salió.

Pero el caso es que el elegido no servía. No sólo no era capaz de expresarse en un francés inteligible, sino que no lo entendía. Dirigía los debates, pero nadie se enteraba. Inventó un país: «*La parole est à la Tchekoslavie.*» Después de pasar muchos trasudores, Caemerlinck dio con una solución: hablaba el presidente y él, sobre la base de que aquello era francés, lo traducía al inglés, y luego lo retraducía al francés de verdad. Lejos estaba yo de imaginar que un día..., pero esta historia es para otra página.

Con todo, el episodio más heroico de la interpretación es otro, cuyo héroe fue también Russell. Caso increíble, de no habérmelo contado Albert Thomas, hombre rico de imaginación pero horro de fantasía. Era en tiempos de Primo de Rivera, y ante la Asamblea de la Organización Internacional del Trabajo (llamada «Conferencia») el dirigente obrero español Largo Caballero acusó al Gobierno de no sé qué abuso de poder contra la clase obrera. Representaba al Gobierno un conde que esconderé bajo las iniciales J. M. El peso abrumador de su responsabilidad, la solemnidad del momento y la gravedad del caso dieron al traste con el vacilante dominio de la oratoria francesa que poseía el infeliz delegado, de modo que su discurso, vehemente y enérgico, resultó lengua desconocida para los taquígrafos, intérpretes y secretarios de actas, que todo esto se hacía con los discursos en los tiempos anteriores a la cinta magnética. Había, pues, un discurso, pero no un texto ni cómo hacerlo.

Dios aprieta pero no ahoga, y como el asunto era tan español, funcionó nuestro proverbio. El intérprete era Russell, desde luego, bien provisto de whisky. De lo que el ministro había perorado, había entendido muy poco; pero conocía España, chapurreaba el español, conocía los hechos y sabía qué actitud había tomado el Gobierno español. De modo que se hizo esta pregunta: ¿Qué diría yo en su lugar? Y lo dijo en inglés. El personal de taquígrafos se puso en marcha, y el discurso en lengua desconocida pasó a la posteridad en inglés.

Así las cosas, sonó el teléfono de Albert Thomas. Era la hora del almuerzo, pero el director general estaba tomándose un bocadillo en su despacho. J. M. le explicó que aquel discurso era de la mayor importancia para España y para la carrera política de su delegado en Ginebra, de modo que «mándeme en seguida el texto taquigráfico para que pueda corregirlo y telegrafiarlo a Madrid». Vibraron los teléfonos y se oyeron ternos y cuaternos en varias lenguas. Se improvisó un plantel de traductores para volver al francés el discurso-fantasía de J. M. que Russell había improvisado en inglés, y vencido el tiempo por la prodigiosa actividad de cerebros, diccionarios y taquimecas, se mandó a J. M. un texto francés a la hora de haberlo pedido él. Todos aguardaban la catástrofe. Al fin, sonó el teléfono de Albert Thomas, y la voz de J. M.: «Perfecto. Nada que corregir.» Russell se bebió otro whisky. Pero esta vez se lo pagó Albert Thomas.

*

En 1924, se encargó de la delegación francesa Aristide Briand —la mejor cabeza política de Europa, y un firme creyente en el Pacto como instrumento positivo para organizar a Europa primero y el mundo después—. Muchos años después, cuando yo a mi vez formaba parte del Consejo como colega suyo, abatidos todos por su muerte, me pidió *Le Journal de Genève* una columna en honor del gran estadista francés. Hela aquí en versión española:

> La figura, inclinada hacia adelante como en gesto de acogida, la voz, los ojos, iluminados por el ingenio y la sabiduría, la mandíbula casi feroz, casi de tigre, las manos gráciles y delicadas como de artista (sutil revelación de su vocación de hombre de Estado), la conversación ya grave

ya despreocupada, pero siempre seria —porque aunque de
ingenio vivo, nunca era frívolo—, su vida entera, tan varia y movida, todo lo tenemos todavía tan cerca que la memoria no lo fija ni menos lo congela en uno de esos retratos ancestrales, una de esas estatuas de grande hombre que
la muerte petrifica. No. Briand no ha muerto. La muerte
carece de poder para matar a los que han vivido en el espíritu, como este hombre vivía, a la vez tierno y potente,
«blandamente obstinado», como él mismo dijo de sí mismo
en aquel su discurso inmortal y emocionante para recibir
a Alemania en la Sociedad de Naciones.

En Ginebra, fue Francia. Bien lo saben los que le vieron evocar la guerra que había asolado la tierra sagrada
de su país y clamar con voz que salía del corazón: *Arrière
à tout cela.* Los que no lo vieron y oyeron aquel día no sabrán jamás qué plena y hondamente puede un hombre encarnar a una nación. Pero en Ginebra, encarnaba también
un mundo nuevo de orden, justicia, inteligencia y comprensión. Briand sabía cómo modular la claridad y la lógica
de los países de la luz con el sentido práctico, la intuición
y la flexibilidad de los países de la bruma. Poseía la anchura de miras de un ciudadano del mundo, la perspectiva
de un historiador, la paciencia de un sabio. Pero lo que
hizo de él el espíritu-guía, el Moisés de nuestro éxodo vivo
y emocionante hacia la tierra prometida de la paz, fue su fe.

Briand aportó al Consejo un gran intelecto, una sencillez
ejemplar, y con frecuencia, un ingenio agudo. Un día, Stresemann, después de una larga intervención sobre el Saar protestando contra la actividad francesa en aquel valle de su país, se
limpiaba el sudor que le inundaba el rostro y se puso a buscar en
los bolsillos la ansiada pitillera. Pero en vano. Briand (que presidía) abrió la suya y con su sonrisa bonachona la ofreció abierta:
«Esto es todo lo que os puedo ofrecer, señor canciller.»

Pero en aquellos días, las gracias del ingenio florecían en el
Consejo con amena frecuencia. Askenazy era un judío polaco,
cliente antiguo del Consejo, que como delegado de Polonia frecuentaba siempre que se discutía el interminable conflicto
polono-lituano. Era tan corto de vista que para leer sus frecuentes y largos documentos, tenía que rozar el papel con la nariz.
Da Cunha, vocal brasileño del Consejo, cuyo francés era pintoresco, pero cuyo ingenio era chispeante, declaró un día en los
minutos de buen humor que solía preceder a la apertura de la
sesión: «Hoy he conocido a madame Askenazy. Muy hermosa.
Nunca creí una palabra de lo que dice Askenazy, pero ahora ni
siquiera creo que sea miope.»

Pero lo cómico en Da Cunha no era siempre voluntario.
A veces lo era, como el enfermo de Molière, *malgré-lui.* Estaba

yo una vez charlando con Ortiz Echagüe, el elegante y juvenil corresponsal de *La Nación* de Buenos Aires, cuando se nos acercó Da Cunha remolcando al senador Ferraris, tan ilustre entonces en las letras como en la política de Italia; y su presentación fue de lo más sabroso que jamás le oí al famoso brasileño: «*Yé vous pressente lé senatér Ferraris qui est un grand écrivan italienne et au dessous de tout lé directer de la "Nuova Antologia".*»

Claro que, como no sé quién dijo un día en un momento de feliz inspiración: «En Ginebra se habla francés en todas las lenguas del mundo.» Creo que los peores lingüistas eran los italianos y los españoles, aunque la palma se la llevara Benes, quien, por no haber podido vencer las sutilezas de la Ü francesa, que hacía I y no U como la suelen hacer los mediterráneos, caía a veces en frases hasta escabrosas. Pero en este género de aventuras, el maestro era un delegado cubano llamado Agüero y Betancourt, de rostro y vientre tan parecidos a *Punch,* que uno se sorprendía de verle sin joroba. Conste que aparte su francés desternillante, era un delegado capaz, competente y razonable, como correspondía a su edad, pues se había batido contra España en la guerra de 1895-98. Otro que tal, como ya va indicado antes, era Torriente. Un año antes de llegar a presidente de la Asamblea, logró hacerse con la de la Tercera Comisión, la del Desarme, de que era yo secretario. Como era la costumbre, le hice yo el discurso inaugural. El de clausura tuvo la gallardía de escribirlo él, y no era nada malo; pero su modo de pronunciarlo lo destrozó, y además lo terminó con una frase que quiso de efecto, y lo tuvo, pero de risa, que la sala procuró ahogar en aplausos: «*On dit que la Société des Nations est morte. Elle n'est pas morte: elle est bibe.*»

Salíamos del salón y el primer delegado de España, que lo era aquel año otro conde, el de Gimeno, me agarró del brazo para comentar con cuchufletas el discurso del cubano, y pese a los codazos que le di, no se dio cuenta que nos venía escuchando el propio Torriente. A los pocos días, se celebraba el banquete anual que la delegación española ofrecía a las hispanoamericanas.

Gimeno ofreció la fiesta, y por los delegados de Ultramar contestó Torriente, el cual, que, pese a su francés, no tenía pelo de tonto, hizo un excelente discurso. Al salir, Gimeno le felicitó y Torriente le replicó: «Me alegro que le gustara. Me compensa del discurso del desarme.»

*

Los militares franceses padecían de una obsesión: la intervención, que ellos llaman *contrôle*. Palabra fatal, y más todavía por existir una inglesa, *control,* que parece decir lo mismo y dice otra cosa. Bien o mal para todos en aquella coyuntura, según los casos. Pasa como con *all right* y *tout droit,* que parecen traducción el uno del otro, y no lo son. *Control,* palabra inglesa, implica poder, dominación, mientras que *contrôle* es lo que nosotros llamamos intervención, la verificación por un tercero de que lo que hay que hacer se hará como debe hacerse. Por lo tanto, *contrôle* implica falta de poder y de confianza en otro; mientras que el que tiene *control* sobre todo, manda en él.

El tratado de Versalles y la familia que proliferó de él —el de Trianón y los otros— imponía una limitación de armamentos a Alemania, Austria, Hungría y Bulgaria. A impulso de la delegación francesa a la S. D. N., la Comisión de Armamentos (o sea los técnicos militares de las tres armas de los países del Consejo) había preparado un proyecto de convenio para verificar que las cláusulas militares de los tratados se estaban cumpliendo. En cuanto lo leí, me di cuenta de que no era aplicable. Su autor era un coronel francés, llamado Réquin, el vocal más eficaz, inteligente y enérgico de la Comisión, pero en aquel caso su exceso de voluntad bélica había eclipsado su buen juicio.

Siempre había tenido con él excelentes relaciones, porque era franco y claro, y aunque aquellos ojos grises solían ser de acero, también sabían sonreír con afabilidad. Si acaso fui yo quien un día puso en trance innecesario nuestra relación cuando, llevado de mi incurable manía de sacarle chispas al pedernal de la vida, al saber que había ascendido a general le felicité como el primer coronel que en la historia había ascendido por méritos de paz.

Si no le gustó la broma, jamás lo supe. Coronel era todavía cuando le llamé la atención sobre lo imposible que me parecía el proyecto de convenio, y aun le hice observar que en aquel proyecto se daba por sentado que los alemanes iban a conceder a una Comisión de la S. D. N. poderes que la Constitución de Weimar no confiaba ni al propio Gobierno alemán. «Si un coronel alemán oculta en su alcoba armas prohibidas, ¿van ustedes a entrar donde ni la policía alemana tiene acceso?» Pero no sólo se resistía Réquin. En la resistencia le apoyaban todos los militares de la Comisión, hasta un coronel húngaro que iba a ser, desde luego, objeto de tamaña desconfianza e intervención. Tal es la solidaridad militar, al menos en tiempos de paz.

Así pues, el proyecto llegó intacto a la mesa del Consejo, que decidió debatirlo en sesión secreta. En estas sesiones sólo se permitía un solo delegado por país y nadie de la Secretaría más que el secretario general. Miss Howard, la secretaria de Drummond, me lo comunicó no sin cierta satisfacción, aunque,

a decir verdad, a mí también me satisfizo, porque si me perdía
el espectáculo que imaginaba sería notable, ganaba en la seguridad de que, libre de los consejos susurrados por Réquin,
Briand (que, además, era presidente), con su mero sentido común, se daría cuenta de todo. Pero, apenas de vuelta en mi despacho, irrumpe en él Miss Howard jadeante. Drummond quería
que volviese a la sesión.

Pocos minutos en aquel saloncillo tranquilo me bastaron
para medir la situación. Briand, según su laudable costumbre,
al abrir la sesión no tenía la menor idea de lo que se trataba,
y Drummond, que no la tenía mucho mejor, y contaba con que
el tema lo expusiera y dominara Francia, se asustó al darse
cuenta de la bendita ignorancia del presidente y delegado francés, por lo cual mandó a buscarme, por si acaso. Precaución
inútil: en casos tales, la táctica de Briand consistía en dejar que
todos los delegados hablasen, y, nada más escucharlos, le bastaba
para enterarse y para decidirse. Así fue. Dejó que hablasen
todos, y llegó a una conclusión magnífica: «Oídos todos ustedes,
debo declarar que, aunque no me considero como jurista por
haber antaño ejercido ante los tribunales mi profesión de abogado, lo que me queda de derecho y lo que conservo de sentido
común me dicen que este proyecto de convenio es inaplicable.» El
convenio estaba muerto. Así que lo enterramos en un mausoleo
de papel.

*

Durante la Cuarta Asamblea (1923) ingresaron Irlanda y
Etiopía. Una de mis vanidades es considerarme con derecho a
un modesto lugar en la historia de la República irlandesa. El
primer artículo de mi vida periodística, que ocupaba la columna
de honor en *El Imparcial* de Madrid, se titulaba Irlanda; y
relataba cómo la declaración de guerra de 1914 había resuelto
la gravísima situación creada a Inglaterra por el plante de los
oficiales del ejército inglés de guarnición en Irlanda, que se
negaban a seguir sirviendo y amenazaban con una dimisión en
masa si se concedían a Irlanda las libertades que el Gobierno
liberal de Asquith proyectaba darle.

Poco después, ya instalado en Londres, me hice amigo personal de dos de los rebeldes irlandeses: Art O'Brien, que era
una especie de agente oficioso de ellos, tolerado por la policía, y
Desmond Fitzgerald, perseguido por la policía como enemigo,
lo que no le impedía pasearse por el Strand charlando conmigo
con la mayor serenidad, pues era templado, además de ser poeta,
escritor y sobre todo hombre de muy grata, sonriente, amena
compañía. Por este lado, conocía pues bien el problema, que

era sencillo. Irlanda era un país distinto de Inglaterra y quería su independencia.

Por Tom Jones conocía también el punto de vista inglés. Gobernaba Lloyd George con un Gobierno de coalición donde dominaban los «unionistas», o sea los adversarios de toda concesión a Irlanda, y la tensión entre ambas islas había estallado en guerra abierta. A la campaña de asesinatos que hacían los irlandeses más exaltados, respondía el Gobierno con la violencia oficial de la policía armada que había hecho célebre pero siniestro el apodo de *Black-and-tans*, «negro-y-cuero», colores de su uniforme. Tom Jones, galés y como tal simpatizante con Irlanda, había declarado a Lloyd George, galés como él, que no se ocuparía de Irlanda mientras durase aquella política.

Una mañana, serían las once, me llamó al teléfono. Lloyd George había decidido, aquella misma mañana, cambiar de política, retirar los *Black-and-tans* y negociar con los rebeldes. Al instante, me puse al habla con Art O'Brien, y a la una almorzábamos los tres en el Club Español, en Cavendish Square. Así nació el tratado angloirlandés.

Pasaron muchos años y una noche, durante la segunda guerra mundial, cenaba yo en Kensington, con ocasión de un congreso del Pen Club, al lado de un escritor irlandés. Para hacer conversación, le conté este episodio de la historia de su país. Me miró como de lejos, y exclamó: «¡Pues vergüenza le debiera dar!» Al instante reconocí la voz de mi propio pueblo, primo hermano del irlandés, pues, como ya he dicho antes, ha sido mi opinión constante desde que los conocí, que los irlandeses son españoles que se equivocaron de tranvía y se encontraban por error en el Norte. De donde, su resentimiento. Y aun creo que si al fin y a la postre van tirando y no mal, y se han resignado a beber té y whisky, los pobres, en vez de vino y agua clara y soleada, la razón es que Inglaterra los ha anglificado tanto que ni se dan cuenta. De no haberse dejado anglificar, no serían hoy independientes. Y si a la hora en que esto escribo hay tiros y muertos en Ulster, la razón es que los protestantes de Ulster son de origen escocés, duros como el basalto de sus islas y montañas, que no se han dejado anglificar; y por lo tanto, no han aprendido todavía la lección inglesa, que el país importa tanto como el paisano y nunca menos. Pero los irlandeses de la República han asimilado esta lección y por eso la República va bien y lleva medio siglo de régimen civil irreprochable. Como la lección inglesa no se ha digerido jamás entre españoles, nuestro país vive vida política más agitada. ¿Quién sabe?, a lo mejor habríamos llegado a la paz civil si primero Inglaterra hubiera seguido con paciencia empujando discretamente hacia el Norte la frontera del istmo de Gibraltar hasta hacerla coincidir con los Pirineos.

¡Qué lejos me he ido del ingreso de Irlanda en la S. D. N.! Ya conocía entonces a Eamon de Valera, que (dicho sea de paso) no hacía buen argumento contra mi tesis, pues es medio español por su padre español y otro medio por su madre irlandesa; y me acordaba que me había contado cómo siendo él «huésped» de Su Majestad Británica, o sea preso en una cárcel inglesa, pidió un libro en español y le dieron la Biblia. «¿La de Cipriano de Valera?», le pregunté. Y él me contestó que por eso me lo contaba.

Capítulo IX

Entra Alemania y sale España

Aunque vigorosa y sana, la S. D. N. parecía a veces adolecer de mala digestión, lo que le solía ocurrir después de haber ingerido una nación nueva. El caso peor fue el de Alemania. Desde un principio, Alemania parecía dispuesta a dejarse tragar, pero Francia e Inglaterra, en funciones de mandíbulas y paladar, rechazaban la comida; lo que, a su vez, despertó en Alemania cierta cautela quisquillosa, de modo que Stresemann no se decidió a enviar a Ginebra su solicitud hasta entrado setiembre de 1924, y aun así no sin rodearse de «sis» y de «peros». Sobresalía entre estas condiciones que Alemania sería declarada vocal permanente del Consejo en el momento mismo de su admisión. Pero la situación general no era favorable. Estábamos entonces en la hondonada entre el fracaso del Protocolo y los trabajos para llegar al Tratado de Locarno y Alemania hacía bascas a toda idea de sanciones, pues, por estar desarmada, se sentía como una mujer desnuda en una recepción. Así se iban alargando las cosas, tanto que hasta el 8 de febrero de 1926 no se recibió en Ginebra la solicitud de ingreso definitivo.

Dos eran los privilegios de toda gran potencia en la S. D. N.: un puesto permanente en el Consejo y uno de los cargos generales en la Secretaría. Esta segunda condición fue de fácil cumplimiento; y Drummond, que hizo entonces un viaje a Berlín para templar todas estas gaitas, se las arregló, de paso, para que su nuevo colega en las alturas se ocupara en menesteres de poca monta. Así pues, Herr Dufour-Feronce, nuevo subsecretario general alemán, fue designado para la Cooperación Intelectual. ¿Qué podía parecer menos importante para la gente política? El Gobierno alemán, a su vez, colaboró escogiendo para el puesto un alemán con nombre francés y modales de *gentleman*, pero ni de lejos tan agudo como aun los más romos hijos de Albión pueden llegar a serlo. Henri Bonnet, que dirigía entonces el organismo automático de Cooperación intelectual, pudo sin dificultad alguna entenderse con su nuevo jefe.

Mis recuerdos de Dufour-Feronce me lo pintan como hombre bien educado, no muy inteligente, más dotado de energía que de sutileza en lo oficial, pero de trato excelente como persona. Recuerdo que me invitó a cenar una vez y, por distracción o negligencia, llevé a Constanza, siendo así que era una cena de hombres. La pobre se encontró sola a una mesa de veinte hombres, con la única compañía de madame Dufour-Feronce, de seguro movilizada a última hora para medio salvarme de mi error. En todo lo cual, el buen humor y la afabilidad de Dufour-Feronce fueron impecables.

Otro día, estaba yo de pie en la plataforma bajo la mesa presidencial, al lado de un compañero sudafricano, Manning, luego profesor de la Universidad de Londres. Pero el mero recuerdo de Manning me obliga a contar primero otro caso por vía de digresión. Desde aquella plataforma se dominaba la Sala de la Reforma, que era todavía el local donde se celebraban las Asambleas, sala rectangular y simétrica, con un pasillo en el centro como espina dorsal de la que arrancaban como costillas los bancos o hileras de sillas de los delegados. Estábamos en el mismo eje, de pie, y Manning —enjuto, nariz larga, rostro soleado, cabellera prematuramente blanca— vio sentada, al borde del pasillo central, la figura imponente de mademoiselle Vacaresco, la mujer más fea, inteligente y bondadosa del mundo, famosa poetisa de quien se decía que por poco derriba un trono sentándose en él, pues parece que el rey de la Rumania de su juventud se había fijado en ella. Manning me infiltró en el oído: «Menos mal que estamos en el eje del bote.»

Otro día, y vuelvo al eje de mi relato, con motivo de una elección de vocales no permanentes al Consejo se nombró como escrutadores a Chamberlain y Stresemann, que subieron a la plataforma y ocuparon dos puestos frente a frente a uno y otro lado de una mesa chiquita. Eran ambos tan típicos, no ya de sus respectivos países, sino de sus caricaturas, que la Asamblea tuvo que reprimir una carcajada. Y yo le dije a Manning: «Bueno, ¿pero cómo sabe la Asamblea que estos señores saben contar?» Me oyó Dufour-Feronce y se puso furioso. Hasta tanto no le alcanzaba el humor.

*

Esta primera condición, la exigencia de un subsecretario general, no dio pues nada que hacer. Pero la otra produjo efectos desastrosos. En teoría sólo existían dos categorías de vocales del Consejo: los permanentes, que lo eran las grandes potencias; y los elegidos, que ocupaban su puesto tres años y luego lo cedían a otros países en turno dentro de ciertos grupos afines

(Europa, Mancomunidad Británica, Hispanoamérica, Asia, etcétera). Pero la práctica creó una tercera categoría, por el mero hecho de que Bélgica y España salían siempre reelegidas, de modo que vinieron a ser *de facto* permanentes. Éste fue el grupo de donde salió la tormenta causada por la segunda de las dos condiciones impuestas por Alemania.

La tormenta comenzó en París, donde se montó una campaña de prensa pidiendo un sitio permanente para Polonia por mor del equilibrio. Al darse cuenta de que esta campaña había logrado el apoyo público de Briand y secreto de Chamberlain, España presentó su candidatura a idéntico privilegio y obtuvo los mismos apoyos. Pero Alemania arguyó en contra (y a mi ver, con razón) que su puesto permanente era uno de los requisitos y corolarios del Tratado de Locarno y no era para concedido en serie con otras peticiones, ya para entonces, tres, por haberse puesto el Brasil en la cola de los candidatos a la permanencia.

Se había convocado una reunión especial de la Asamblea, en marzo (1926), con el objeto exclusivo de recibir a Alemania; pero el resultado fue exactamente contrario. Los alemanes, que habían enviado a Ginebra una delegación numerosa y eminente, tuvieron que volverse a casa sin ser recibidos. Hubo que constituir y convocar un Comité especial para que estudiase una reforma de la composición del Consejo: y Alemania tuvo que esperar a la Asamblea normal de setiembre para ingresar. Pero su ingreso determinó la dimisión de Brasil y de España durante la misma Asamblea.

Paso tanto más deplorable por ser el dictamen del Comité especial, que presidía Motta, satisfactorio para ellos. Proponía el Comité aumentar el número de vocales de diez a catorce. Sólo Alemania vendría a aumentar el de los vocales permanentes; pero se crearía un grupo nuevo de países que, al lado de sus tres años de mandato, podrían ser reelegidos, aunque por una mayoría de dos tercios de la Asamblea. Brasil rechazó el plan dramáticamente; España también, pero menos fuerte.

Fue grave error de ambos. Sus delegados en Ginebra sabían muy bien —aunque por disciplina no lo dijeran— que el nuevo sistema les era más favorable que un puesto permanente, puesto que dos tercios de mayoría les conferiría más autoridad que una permanencia de dudoso origen que además no bastaría para otorgarles los galones de gran potencia.

Quizá se aplique el razonamiento más a España que al Brasil; porque el Brasil fundaba su actitud en representar a Iberoamérica, lo que indirectamente negaron los interesados trayendo a Mello Franco, el delegado brasileño, un ruego colectivo unánime de que aceptase el dictamen; mientras que España se apoyaba en una razón más sólida: que había sido reelegida continuamente desde el primer día de la S. D. N., como cosa consabida. Pero también es evidente que al pedir un puesto permanente por privilegio, renunciaba a aquel notable triunfo trienal que la confirmaba gran potencia moral.

Quiñones sabía todo esto y sabía que yo lo sabía. Estaba muy disgustado por la inepcia de Primo al tirar al cesto las cartas magníficas que la Historia y la naturaleza habían puesto en sus manos; y me propuso que durante una estancia venidera del rey en París, me hiciera el encontradizo allá y le explicase el caso a Alfonso XIII. Así lo hice, aguardé la cita, pero sólo recibí una invitación para una recepción que Quiñones daba en honor del rey y un golpe de teléfono del embajador explicando que aprovecharíamos la ocasión.

Era desde luego una fiesta brillante, como las sabía organizar Quiñones en aquella Embajada admirable que tanto debía a su gusto personal; y cuando ya comenzaba a preguntarme si no estaba yo allí perdiendo el tiempo, surgió de la multitud danzante el propio Quiñones, me tomó de la mano, me llevó al ancho pasillo central y me plantó ante el rey, que, apoyado en la pared, me recibió cortésmente dejándome de pie con la espalda a una corriente continua de bandejas de champán. Pronto hube expuesto el caso al rey; pero, aunque sin perder la sonrisa, Alfonso XIII me pareció frío, lejano, casi indiferente a las cosas que yo le decía. Y no eran bagatelas: «Señor, nuestra situación geográfica nos vale la enemistad natural de todas las grandes potencias del mundo, y la Historia, la de todo el mundo protestante. Había que armarse hasta los dientes para vivir en paz. No podemos hacerlo. Hay que sostener con todas nuestras fuerzas un Parlamento mundial ante el que nos defenderemos apoyándonos en la opinión.» A lo que me contestó: «Vayamos primero a un período de distanciamiento. Luego, ya veremos.» Me dejó con la impresión de que ya no era el número 1 en España, sino un elemento decorativo e histórico en el régimen del dictador. Pero, además, ir a hablarle de un Parlamento mundial y de la opinión a quien había echado el cerrojo al Parlamento nacional y la mordaza a la opinión, tenía que ser para él o una insolencia o una ingenuidad.

Extraño episodio. Cuando en Ginebra hubo que ir al voto (y creo que fui único en observarlo), Europa se dividió por religiones. Todas las naciones católicas votaron por España, todas las protestantes, contra. Fue la primera vez aunque, para mí, no la última, en que se me apareció el fantasma inenterrable de Felipe II rondando por valles y montes de nuestra Europa.

Capítulo X

Dos Conferencias llamadas "del Desarme"

Estaba yo una mañana en mi despacho preparando la Conferencia Internacional del Tráfico de Armas, cuando entró Arthur Sweetser, siempre sonriente, medio cordial medio travieso. Se consideraba responsable de tener al día a los periodistas de su país y venía a informarse sobre la Conferencia. Le expliqué que con ella aspirábamos a dejar aprobado un Convenio sometiendo el comercio de armas a una intervención internacional. «¿Hay proyecto?», preguntó. «Tres, nada menos» —le respondí—. «El de Saint-Germain, que hemos heredado de la Conferencia de la Paz...»; pero Sweetser cortó: «¿Y por qué no aplicarlo?» A lo cual le contesté que, a pesar de nuestros insistentes ruegos, los Estados Unidos se habían negado siempre a ratificarlo, sin duda por su estrecha relación con la Sociedad de Naciones, porque en aquellos tiempos la aversión a la Sociedad de Naciones en los dirigentes de Washington (que no en el país) tomaba ribetes de superstición. Seguí, pues, mi enumeración: «... otro, más atrevido, que propone Jouhaux, el secretario de la Unión General de Trabajadores de Francia, y un tercero que es del almirante Magaz, mi compatriota.»

Sweetser me miró en silencio un buen rato: «Claro es —me dijo con voz segura— que los textos de Jouhaux y de Magaz son de usted.» Y yo le contesté: «No le hace falta saber tanto para tener al día a sus muchachos.»

Para presidir la Conferencia, el Consejo había designado al conde Carton de Wiart, belga, como tantos otros excelentes presidentes que su país dio entonces a la Sociedad de Naciones —Jansen, Theunis, de Brouckère, Rollin y, sobre todo, Paul Hymans—. Carton de Wiart era muy capaz hasta en el físico, alto y fornido, hombre de autoridad; y, desde luego, excelente lingüista. Claro que le había preparado yo el discurso inaugural en francés y en inglés, de modo que, como iba a llegar a Ginebra sólo momentos antes de comenzar la sesión, le mandé a Basilea a Blondel (tonel de cerveza bípedo), colega belga de Sweetser en la Sección de Prensa, para que tuviera tiempo de aprobarlo, rechazarlo o corregirlo. Lo primero que hizo en la estación, al bajar del tren, fue darme las gracias porque lo había adaptado sin corrección alguna.

Todo fue bien hasta que un día, ya mediada la Conferencia, tuve una discusión fuerte con Allen Dulles, el mismo que años más tarde iba a dirigir con talento y distinción la famosa C. I. A. Era entonces secretario general y animador de la delegación yanqui, y como tal vino a verme, por serlo yo de la Conferencia, para avisarme de que su delegación se proponía presentar una enmienda al texto prohibiendo todo comercio de materias y material de guerra química. Al momento le contesté que aquello era imposible, a lo que opuso que el representante Theodore Burton ponía empeño en ello, lo que para Dulles, era argumento irrebatible. Este Burton, que había sido senador y era a la sazón presidente de la comisión de Asuntos Exteriores de la Cámara de Representantes, estaba entonces considerado en Washington como «un ruido muy grande». Tuve que recordar a Dulles que los Estados Unidos habían tomado parte plena en nuestra preparación de la Conferencia durante meses y meses, y ni por asomo habían aludido al asunto; y que, en Ginebra, considerábamos de vital importancia no sorprender a nadie en una Conferencia con un tema nuevo del que no había recibido previo aviso. «Una conferencia —le afirmé— debe ser un comedor, nunca una cocina.»

Claro es que Dulles prefería discutir conmigo que con Burton, de modo que insistió, y yo entonces le contesté que llevaría el asunto al presidente. Así lo hice, y recordé a Carton de Wiart que el punto concreto de las sorpresas había quedado bien definido «en el discurso presidencial». Se declaró de pleno acuerdo conmigo en cuanto a la enmienda y también en cuanto a las sorpresas, y añadió: «Tiene usted razón. Bien claro estaba en mi..., en mi..., en nuestro discurso.» Todavía insistió Burton. Por fin negociamos una solución equidistante y se redactó y aprobó un protocolo «recomendando la prohibición de materias y materiales de guerra química». Burton se fue muy contento. El Senado se negó a ratificar. Quizá fuera lo que más le convenía a Burton: para la opinión podía pintarse un autorretrato de paladín de la paz, sin por ello provocar la oposición de la potente industria química de su país.

Pese a este episodio, quiero declarar que siempre vi en Allen Dulles un excelente compañero y amigo, agudo observador de cosas y gentes, para lo cual disponía de una buena reserva de humorismo. Años más tarde, ya en las alturas del poder siguió siendo buen amigo aunque ya no compañero, de modo que rara vez pasaba yo algunos días en Washington sin ir a verle y escucharle.

Tal es el juego de fuerzas —personales, nacionales e intermedias— que vienen a ultracomplicar las ya complicadas tareas internacionales. La Conferencia trabajó duro, y nosotros, los de la Secretaría General que la servíamos, mucho más duro todavía. La última noche, cuando ya las pruebas de los documentos definitivos que se iban a firmar habían vuelto al impresor, a eso de las once, llamó la delegación británica. Había que poner *accede* por todas partes donde nuestros traductores y redactores habían puesto *adhere*. De nada sirvió recordar a los ingleses que todos ellos habían dado *adhere* por bueno en la primera redacción, en la segunda, en el Subcomité, en el Comité, en la Conferencia plenaria y en las primeras y segundas pruebas. No quedó más remedio que llamar a la imprenta, la cual, claro está, se inclinó ante el poder de la Gran Bretaña y puso sus correctores a trabajar. Nosotros le preguntamos cuánto tiempo necesitaba y contestó que hasta las tres de la madrugada era inútil pensar en dar la última lectura para la tirada. La noche era templada, y de luna llena; y Arocha (el venezolano que era nuestro jurista) tenía un coche nuevo (*carro* decía él). Nos fuimos de paseo.

A eso de las tres y media, entrábamos en el largo puente que, prolongado por la *rue des Alpes*, lleva a la estación de Cornavin (Cuerno de Vino), nombre que todavía recuerda cómo bebían el vino los vaqueros del país. Al otro extremo del puente, en medio del camino de coches, discutían dos fulanos, de pie. «Apuesto a que son españoles», afirmé. Lo eran. Seguimos rodando, llegamos a la imprenta, leímos, di el visto bueno para la tirada, y cada mochuelo a su olivo para un par de horas de sueño, un baño, un desayuno, y otra vez a la Conferencia, a las nueve de la mañana. Comenzó la firma. Las naciones iban impresas por orden alfabético, pero siguiendo instrucciones de la Gran Bretaña, los *dominions* iban en orden alfabético aparte después de ella, y en un margen un centímetro más adentro que el general. Este centímetro medía la soberanía que le quedaba todavía a la metrópoli sobre sus ex colonias.

El delegado británico, Lord Onslow, se puso a firmar y firmaba y no acababa. Tanto duraba aquello que rogué al capitán Mathenet, mi colega militar en la Secretaría del Desarme, que fuera a ver qué sucedía; y a poco me traía uno de los Convenios, ya firmado por Onslow; el retraso se debía a una reserva que hacía la Gran Bretaña sobre las obligaciones en que incurrían ella y sus dominios; en todas y cada una, Onslow había escrito, no el ortodoxo y obligatorio *accede*, sino el herético *adhere* que habíamos perseguido toda la noche.

*

Llevábamos hasta entonces tres disparos y ni un solo blanco. Habíamos probado con el Tratado de Apoyo Mutuo, con el Protocolo de Ginebra, con el Tratado de Locarno; pero de DESARME, ni pizca. La causa de nuestro fracaso, bien clara estaba: el empeño en querer atacar el problema del poder y de la justicia en las relaciones entre países precisamente desde el desarme; siendo así que el desarme es un mero espejismo intelectual, una entelequia inexistente.

Pero el empeño era fuerte y no cedía. Fallecida la Comisión Temporal, se nombró otra con el propósito expreso de preparar la Conferencia del Desarme. El Consejo tomó esta decisión el 15-VI-25, sin precipitarse, pues, ya que el Protocolo de Ginebra había designado el 15-VI-25 para la apertura de la Conferencia misma. La Comisión preparatoria le llevaba ventaja a su difunta predecesora, la Temporal Mixta. No iba a resultar menos temporal, pero era mixta de mejores ingredientes. No faltaban políticos, aunque algunos solían delegar en diplomáticos; pero contaba con dos arbotantes: una Comisión Militar, Naval y Aérea, compuesta de los técnicos combatientes, que los políticos traían, y de una Comisión Económica y Financiera, cuyos vocales venían elegidos por los comités respectivos de la S. D. N. y de la Oficina Internacional del Trabajo, progreso considerable sobre el sistema anterior de la selección gubernamental. Esta Comisión aportó a la labor del desarme tres personajes nuevos: Paul-Boncour, Bernstorff y Gibson.

Paul-Boncour, más exactamente Joseph Paul-Boncour (pues reina en Francia cierta tendencia a perpetuar la memoria de un pariente «pegando» su nombre de pila al apellido), aunque más bien bajo que alto, era de estructura monumental: las piernas, columnas; la caja torácica y los hombros, fortaleza; el rostro, fachada; los ojos, ventanas; su cabellera blanca, colina nevada. Era todavía más elocuente que Viviani, cuyo pasante había sido de joven, y encarnaba el tipo tradicional de abogado aún mejor que su maestro. Era leal, franco, recto, valiente y buen amigo. Tenía simpatía para con los ingleses, aunque no los conocía bien y era mal lingüista.

Bernstorff daba la impresión de haber sido hombre de más vigor y carácter en un pasado ya lejano. Su actitud sugería el

deseo de reconquistar para su país amistades perdidas durante
el conflicto armado, y a tal fin, adoptaba posturas de componenda y buena voluntad. Muy correcto hasta en el atuendo, cuello
duro, de pajarita, corbata en alfileres, aire protocolario.

Pero Hugh Gibson era un sol. El rostro medio anglosajón,
medio piel roja, de los que a veces surgen en los Estados Unidos,
cobraba vida singular del duelo permanente entre la arrogancia del bostoniano castizo y un humorismo efervescente que no
le daba punto de reposo. Quizá fuera este último rasgo, su fuerte propensión a ver y gozar el aspecto cómico de cosas y gentes,
lo que nos atrajo mutuamente y muy pronto. Tras un período
brillante como ministro plenipotenciario de su país en Bruselas,
durante el cual colaboró con el embajador español Villalobar
para hacerles más llevadera a los belgas la ocupación alemana,
había llegado a ser el hombre de confianza de Herbert Hoover
y seguía las cosas de Ginebra desde la Legación de Berna.

En las sesiones de la Comisión Preparatoria, ocupábamos
lugares bastante lejanos, yo a la izquierda del presidente, Gibson al final de la larga mesa izquierda, tan cerca de la puerta
que me recordaba aquel ministro de la Guerra faccioso que pinta
Larra en actitud de echar a correr al primer aviso. Se lo dije
un día y le gustó la mar, porque sobre el Desarme eran sus opiniones tan escépticas como las mías. Poco a poco, nos fuimos
creando una correspondencia, muy oficial y decorosa, en sobres
oficiales que llevaban y traían ujieres de la S. D. N.; y como Gibson manejaba con inimitable gracejo no sólo el inglés sino el
dibujo, pronto me hice con un tesoro de bromas y caricaturas,
que perdí con tantos otros en nuestra guerra civil.

Una tarde, en sesión retrasada por haber pronunciado aquella mañana un largo y fogoso discurso Lord Robert Cecil de-
nostando a los franceses por su renuencia en desarmar, he aquí
que penetra Paul-Boncour en la sala, mermada en más de la
mitad de su nieve aquella noble, ondulante melena. Echo mano
de una hoja blanca y escribo: «¿Quién fue Dalila?», doblo, meto
en sobre, cierro, escribo encima Mr. Hugh Gibson, y entrego
a un ujier. El mismo ujier volvió con la respuesta: «No hay
Dalila que valga. Se lo arrancó él al oír el discurso de Cecil.»

El cual Cecil también solía cartearse conmigo en las sesiones; sólo que él ocupaba el asiento al final izquierdo de la mesa
presidencial, muy cerca de mí, por lo tanto, y solía pasarme
el papel alargando el brazo. Rumania en aquellos tiempos estaba
representada en Berna por un personaje pintoresco que se decía
Petrescu-Commène. Un día, otro ocupaba su lugar. Llega Cecil,
clava su mirada en aquel intruso, y me escribe: «¿Quién es ese

rufián?» Debajo, escribo yo: «El coronel Fulanescu, que sustituye a P. C.» Y replica Cecil: «¿Qué le pasa a P. C. Lo han ahorcado ya?» Claro que no era para tomado al pie de la letra. Pura sorna británica con ribetes de insolencia aristocrática sobre «esos extranjeros».

*

Antes de que me encargara yo de las cosas del desarme, había tenido lugar en Washington una conferencia cuyo propósito consistía en ver de limitar los gastos de las grandes potencias navales. No dejó de lograr cierto éxito, aunque modesto, debido a que en realidad había funcionado como Conferencia de Armamentos. Quizá convenga explicar esto un poco. En general, no son los armamentos los que causan las guerras, sino las guerras (o el temor de ellas) las que causan los armamentos. Toda nación procurará, pues, darse el armamento que estime adecuado para su seguridad, léase *miedo*. Pero el concepto de armamento es puramente relativo, en relación con tal o cual país, que varía según el país que se arma. Los Estados Unidos se armarán pensando en la Unión Soviética, Chile tan sólo en Perú, Bolivia o la Argentina. Por lo tanto, las naciones que se avienen a tomar parte en una Conferencia «del Desarme», acudirán resueltas a mantener intacta la fuerza *relativa* de sus armamentos, y si es posible, a mejorarla. Por eso no hay ni puede haber Conferencia del Desarme alguna que tenga sentido hasta que se da cuenta de ser una Conferencia de Armamentos.

Esto es precisamente lo que la Conferencia Naval de Washington había logrado hacer; y de ahí su relativo éxito, quizá preparado y realzado por la excelencia de su procedimiento, muy admirado por la delegación japonesa, cuyo portavoz, preguntado por la prensa yanqui cuál había sido, a su ver, el aspecto mejor de la Conferencia, replicó: «La circulación de papeles oficiales. Su Gobierno de ustedes, por ejemplo, hizo circular las plegarias inaugurales con tanta puntualidad, que llegaron a los delegados antes que al Cielo.»

Claro es que a Dios rogando y con el mazo dando, las grandes potencias navales, sin tardanza alguna, se volvieron hacia las de segundo orden —España, Holanda, Suecia y demás—, no por cierto para que ahorrasen lo que pudiesen de sus presupuestos navales, sino para que redujeren sus fuerzas de modo que quedaran a la misma distancia respetuosa a que antes estaban de las mayores. De modo que tuve que dedicarme a organizar una Conferencia Naval para naciones de segunda clase.

Esta Conferencia tuvo lugar en Roma. Por mucha importancia que se le quiso dar entonces, no pasó de ser un mero episodio en la brega endémica entre naciones para conservar un equilibrio de poder militar precario pero constante, es decir, una operación de armamento con careta de desarme.

Para mí significó encontrarme con Mussolini, y hasta dos veces; porque se había decidido en Roma que el grande hombre recibiría primero a los almirantes con el secretario general de la Conferencia, y luego, al personal de la Secretaría, de modo que me tocó entrar dos veces, la primera en cola de los almirantes y la segunda en cabeza de los secretarios. Vi, pues, a Mussolini en dos ocasiones sucesivas. Los almirantes, al entrar en el vasto despacho, se toparon con una al parecer estatua de Napoleón, de pie junto a su mesa de despacho, con la mano derecha enfundada en el levitón, la mirada entre Austerlitz y Jena, la mandíbula de acero. Ni un segundo de sonrisa. La superficie de su rostro que, pese a la navaja de afeitar, seguía azul oscuro, se me antojó bastante extensa para acoger todas las marinas allá representadas en aquella mañana histórica. Se pronunciaron dos discursos, uno que leyó el almirante sueco que presidía la Conferencia y otro que tuvo a bien dejar oír la estatua de Napoleón, todo en ondas de filosofía política y sabiduría. Unas conversaciones, una copa de vino, y nada más.

A los pocos minutos, volvía a entrar a la cabeza de mi personal, ellos todos muy capaces de desarmar hasta a Neptuno, ellas tanto o más de desarmar al propio Marte. Lo que desde luego hicieron con su vicario en Roma, porque ya no quedaba ni rastro de Napoleón, y donde había pesado y pensado otrora encarnado en su imitador, no quedaba más que un italiano vivaracho y dicharachero, sonriendo, guiñando los ojos, chasqueando la lengua. Chistes y bromas explotaban en carcajadas, y el feliz Benito no parecía tener prisa alguna en deshacerse de sus huéspedes.

Al salir del despacho por segunda vez, recordaba las dos amargas exclamaciones de Pío VII después de las dos escenas que le hizo Napoleón (el de veras): TRAGEDIANTE! COMMEDIANTE!

CAPÍTULO XI

Sale a escena la Unión Soviética

Por entonces fue cuando surgió el segundo incidente que vino a determinar mis ya no muy buenas relaciones con el secretario general, Sir Eric Drummond. Claro es que, por no ser buenas, y por haberse formado sobre quien yo era una opinión ni favorable ni conforme a la realidad, tales incidentes tendrían que ser inevitables. Al fin y al cabo, bien inocente fue que le contara la broma que le había gastado al «sindicato» de funcionarios proponiendo el 30 de febrero para su próxima reunión, y que de pronto resultara una broma contra él al no fijarse que no existía tal fecha. Pero la lógica del corazón no es la del cerebro, y estoy seguro de que aquellos cinco minutos en la cena de los Bergues resultaron aciagos para mí.

Algo por el estilo volvió a suceder esta vez. Los directores de las secciones en que estaba organizada la Secretaría General solíamos reunirnos una vez por semana bajo la presidencia de Drummond. Se echaba una ojeada de conjunto a la situación y cada director presentaba a sus colegas el estado de los asuntos visto desde la perspectiva de su sección. Ya entonces, había alcanzado nuestra organización no poca autoridad, lo que debía a su objetividad, eficacia, iniciativa y modestia, pues teníamos por regla de conducta hacer la labor pero ocultar la mano.

Así, por ejemplo, las ponencias que tal o cual delegado presentaba a la Asamblea o al Consejo solían hacerse en la sección correspondiente de la Secretaría General, pero se imprimían con el nombre del delegado que asumía oficialmente su responsabilidad. No era siempre fácil, y aún a veces, aunque raras, se transparentaba el secreto. En el desempeño de mi cargo, me había acostumbrado a presentar las ponencias del desarme por medio de un excelente delegado de la República de El Salvador, que fue después juez de La Haya. Pero tanto va el cántaro a la fuente... y además aquello de «el estilo es el hombre»; en fin, que pronto se vio quién escribía lo que don Gustavo Guerrero leía; y así, cuando le llegó su turno de ser elegido al Consejo, decían de él por los pasillos que era el delegado del Salvador... de Madariaga.

Vuelvo ahora al incidente (si llegó a tanto) con Drummond. En una de nuestras secciones del Consejo de Directores se debatió si convenía invitar a los Estados Unidos y a la Unión Soviética a tomar parte en la Comisión Preparatoria que estábamos organizando. Claro es que no nos incumbía qué decidir, pero sí qué aconsejar que se decidiera, sabiendo que lo normal era que se aceptase nuestro consejo. Todos nos pronunciamos en pro de una invitación a las dos grandes potencias que se habían quedado fuera de nuestra Sociedad.

Entonces fue cuando, del modo más inesperado, se torcieron mis cosas. Salter, director de la Sección Económica, era con mucho el hombre de mayor autoridad moral en torno a aquella mesa; tanta o mayor era que la del mismo Drummond. Habíamos estado esperándolo mientras tomaba una parte de primer plano en las negociaciones sobre las reparaciones alemanas. Era en su país una personalidad respetada. Ocurrió, pues, al parecer, que había leído o estaba leyendo uno de mis libros escritos en inglés, porque, de pronto, pidió la palabra para proponer que si se iba a invitar a la Unión Soviética, la carta de invitación que el Consejo de la S. D. N. tendría que enviar no sería de fácil redacción, y por lo tanto, convenía que la redactara yo, pues no podía imaginar que nadie en aquella Casa poseyera un dominio del inglés comparable con el mío. Drummond frunció las cejas y puso cara de disgusto. Nada más natural, porque era un excelente redactor en lengua inglesa. Y yo me dije: esto lo voy a pagar caro.

No dejaba de preguntarme a veces si no sería todo obra de mi imaginación. Pero sucedió que por aquellos tiempos dimitió Rappard, el director de la Sección de Mandatos, que era suizo, excelente lingüista y profesor de la Universidad de Ginebra, y según solía hacerse, le dimos una comida de despedida. No éramos muchos, quizá un par de docenas todo lo más, y presidía Drummond. Se había convenido que habría tres discursos: ofreceríamos el agasajo, Drummond y yo; y lo agradecería Rappard. Habló, pues, el secretario general y terminó su discurso diciendo: «y ahora me sentaré porque va a hablar Shakespeare». Me levanté y hable en francés.

Así lo había preparado, aunque sólo mentalmente y sin escrito alguno; y además, para evitar el lloriqueo de la separación, hice algo breve, ligero, casi frívolo, y en forma de cascadas de juegos de palabras (ahora que lo pienso, bastantes para justificar a Drummond, pues a Shakespeare también le gustaba hacer juegos malabares con las palabras, a veces hasta peores que los míos). Al día siguiente, Rachel Crowdy, la directora de Asuntos Sociales, me contó que, pálida de envidia, le había repetido lo que recordaba de mi discurso a su amiga Miss Figgis, la cual al instante le soltó uno de sus soberbios toros irlandeses: «Lo mismo podrías hacerlo tú si no te importara hacer el ridículo.»

*

Hoy es ya tan común y corriente abrazar a los bolcheviques y aun besarlos a la rusa en las mejillas y hasta en la boca que... —voy a cortar aquí porque irrumpe en la memoria un buen recuerdo del siglo pasado—. Bajo la presidencia de don Antonio Cánovas del Castillo, a la sazón presidente del Ateneo, «la docta casa» escuchaba, o por lo menos oía, una sólida disertación sobre un tema de derecho, y al cabo de casi una hora, Cánovas, sin duda ahíto de elocuencia jurídica, preguntó al secretario: «¿Quién es éste?» —«Ah, pero señor presidente, un hombre de mucho valer. El señor Tercero. Una vez habló tan bien que don Nicolás Salmerón le dio un beso.» A lo que Cánovas, sombrío, comentó: «¡Pue' se yevó su merecío!»

Más de una vez he recordado esta anécdota al *telever* tal o cual personaje besar en ambas mejillas a tal o cual eminencia soviética, el señor Brezhnef, pongo por caso. Pero en aquellos tiempos que vengo rememorando, el ambiente no era propicio para tales efusiones, sino tan hostil que en Ginebra se recibió a Litvinof y a Lunacharsky, los delegados que mandó Rusia a nuestra Comisión, en forma frígida hasta lo increíble. En contra de lo que ya entonces era una tradición, el secretario general no los recibió ni en su casa ni (si mal no recuerdo) en su despacho. Los bolcheviques eran todavía «esos desarrapados», no por tratar, como ya lo hacían, a sus adversarios, sino por sus modales proletarios; aquellas gorras de tela que se ponían (y que ya no se ponen sus sucesores). Y aunque tanto Litvinof como Lunacharsky adoptaron en Ginebra atuendo burgués, nadie en la Secretaría les tendió la mano.

Tomé yo la iniciativa, y les ofrecí un almuerzo en el Club Internacional, frente al lago, al cual invité también a mis colegas más interesantes o interesados. No conocía a Lunacharsky, a quien años después, recibiría en París como embajador, camino (según creíamos) de embajador en Madrid, en realidad, de la muerte por trombosis coronaria en la Riviera. Era hombre amable y culto, muy asiduo lector del *Quijote;* pero a Litvinof lo conocía bien, de los tiempos (antes del 1917) en que solía-

mos discutir sobre el destino de Rusia en su casa de West
Hampstead, y recordaba cómo me había profetizado el triunfo
de Lenin y cómo tenía yo que defender a Inglaterra de los apa-
sionados ataques de la mujer de Litvinof, inglesa oriunda, como
él, de judíos.

Durante aquel almuerzo en Ginebra, oí a Litvinof rechazar
los argumentos de Salter en pro de que la Unión Soviética ingresara en la S. D. N., con el tan sobado y vacuo argumento
de ser la S. D. N. mero instrumento del capitalismo. (Entonces
no se decía todavía «imperialismo». Eso vino después, cuando
a Rusia le salieron los dientes imperialistas.) Me volví, pues,
hacia él y le solté una rociada. «Eso sólo prueba que no tiene
usted ni idea del asunto de que está hablando.» Se echó a reír,
sin duda recordando nuestros pugilatos dialécticos de Hampstead; pero yo seguía disparando: «Esos errores y defectos de
la S. D. N., si de verdad existen, ¿a quién se deben? A ustedes
los rusos. Sí. A ustedes. Porque si la Unión Soviética fuera un
Estado socio, ya se encargarían ustedes de que no cayera en
tales errores.» Parecióme que aguzaba el oído, de modo que
proseguí: «Tiene usted que comprender lo que no hallará en informes, despachos y otros papeles, porque es vida y no papel:
Cuando una gran nación ingresa en la S. D. N., la S. D. N. se
muere; y nace otra distinta. De modo que si no le gusta esta
Sociedad, mátela ingresando, y haga otra desde dentro.»

Así tomé sobre mí la responsabilidad de invitar a la Unión
Soviética a ingresar en la Sociedad de Naciones. Lo hice entonces por primera vez; pero lo volví a hacer años más tarde, con
más autoridad, como se contará más adelante.

*

Aquel incidente que había tenido con Allen Dulles sobre la
guerra química, aunque ya cerrado por la negativa del Senado
a navegar con Mr. Burton por las nubes del idealismo, sin
prestar atención a los intereses de la industria química y a los
sentimientos de la Unión de Veteranos (o como se llamara tan
patriótica institución), no dejó de dar de sí sus consecuencias.
Este tema de la guerra química parece provocar fuertes pasiones aun ahora, cuando a veces se diría que los estudiantes o
pacifistas, o lo que sea la etiqueta que llevan, estarían dispuestos a limitar su uso a aquellos que se negaran a prohibirlo, algo
como el sueco aquel que en Bayona le disparó unos tiros a un
picador para demostrar su caridad para con los toros. En aquellos días, el impulsor de la guerra a la guerra química era Lord

Robert Cecil, cuyo impulsor a su vez era Philip Baker, que todavía no se había añadido el Noel antes del Baker.

Con su denuedo habitual, Cecil y Baker seguían atacando a los guerreros químicos bajo la égida de la nueva Comisión Preparatoria; y un día, Cecil, uno de esos seres híbridos de águila y serpiente que anima siempre el valor pero que siempre ilumina la cautela, me trajo a consulta un discurso que pensaba pronunciar sobre el tema, y que yo, al leerlo, di por hijo secreto de Philip Baker; en el cual se aspiraba a hacer temblar a los vocales de la Comisión asegurándoles que se había descubierto un veneno de tal fuerza tóxica que bastaba una gota sobre la lengua para causar la muerte. «Pero eso ya hace muchos años que se conoce. Se llama ácido prúsico.» —«¿De veras?», me preguntó Cecil. Y al instante lo borró del sermón.

Lo más gracioso fue que, por una vez en su vida, Cecil halló un auditorio acogedor nada menos que en el Estado Mayor francés. Este milagro se debía a que los franceses consideraban peligroso el auge ya alcanzado por la industria química alemana, mientras Inglaterra, discreta pero eficaz, declaraba la suya, industria-clave para la defensa del país. ¿Qué remedio les quedaba a los pobres yanquis, siempre tan modestos, sino seguir la corriente olvidando al pobre Mr. Burton? Así que se decidió nombrar una Comisión de Guerra Química, cuyo cometido se limitó a proponer y organizar un sistema de queja y encuesta sobre toda supuesta violación de un convenio que prohibiera la guerra química. He aquí lo que sobre ella escribí más tarde:

El grupo que estudió el problema en sus aspectos técnicos se componía de un núcleo conocido por el nombre de Comité Unido, mas cierto número de peritos escogidos por la Comisión y pagados por la S. D. N. Esto, en teoría. En la realidad, los peritos vinieron designados por sus respectivos países a quienes la Secretaría había creído prudente y aun útil consultar. Con todo, hay que hacer constar que aquellos técnicos estaban en Ginebra a título internacional. Curiosa comisión. El italiano era el único que lo era sin explicaciones. El inglés llevaba un nombre francés; el alemán también; el yanqui llevaba un nombre italiano y era oriundo de Cuba. ¿Qué más podían pedir los internacionalistas, al menos en cuanto a nombres?

En cuanto a resultados, no fueron malos, con tal de que se leyera el informe final entre líneas. La Comisión contestó sin dificultad a la primera pregunta: —¿Es posible adaptar una fábrica química de fines de paz a fines de guerra? —Al instante, en el caso de gases como el cloro o el fosgeno que se suelen fabricar normalmente en tiempos de paz; en horas o semanas, en el caso de otros gases; y todo lo más en meses, en el caso de productos nuevos. Pero ¿qué métodos hay para evitarlo? Sobre esto, Jouhaux, el dirigente sindicalista francés, que era vocal de la Comisión Unida, trató de llevar a la Comisión hacia la única solución razonable: la creación de un *cartel* internacional de productos químicos que, dirigido y administrado por un plantel internacional de técnicos, se encargaría de impedir que ninguna fábrica se separase del camino de la paz.

Entonces se produjo una escena singular. De los técnicos presentes, sólo uno, el francés, era un hombre de negocios; todos los demás eran técnicos, hombres de laboratorio o profesores; todos estos intelectuales dictaminaron unánimemente que «la industria» no aceptaría nunca el plan de Jouhaux; mientras que el hombre de negocios, muy tranquilamente, se declaró dispuesto a aceptarlo al instante, y propuso que se creasen federaciones de las industrias químicas nacionales, las cuales se prestarían a la inspección de un *síndico*. El técnico yanqui alegó que tal idea era contraria a la soberanía nacional y al secreto de la industria; a lo que el francés contestó que ellos tenían que someter su soberanía nacional y su secreto industrial a la inspección de los empleados de la Aduana yanqui que venían a Francia a intervenir los costos de fabricación.

Cuento el caso por ser típico de lo que suelen valer los «argumentos» en los debates internacionales; pero en aquella ocasión no se pasó de una leve vislumbre de acuerdos internacionales que evaluaran la cantidad de gases que se permitiría fabricar a cada país según sus legítimas necesidades industriales y comerciales.

Con un poco más de valor se trató del problema, siempre espinoso, de la intervención. La Comisión consideró dos tipos de infracción: por casas industriales y por Estados. Para la primera, proponía que actuara el cartel propuesto; para la segunda, una comisión internacional o un pesquisidor; en lo cual la Comisión declaraba limitarse a su esfera técnica, sin considerar los obstáculos políticos. Pese a esta reserva, el delegado yanqui insistió en quedarse fuera de este capítulo, en lo que le imitó el italiano.

¿Qué concluir de este episodio? La misma ya apuntada y todavía por apuntar en otros casos: las cuestiones de desarme se resuelven siempre en cuestiones de seguridad y las cuestiones de seguridad en cuestiones de organización internacional *.

---

* Tomado de mi libro *Disarmament*, Oxford y Nueva York, páginas 162-64.

Capítulo XII

La Comisión Preparatoria

Cuando inicia sus trabajos la Comisión Preparatoria (mayo del 26) mi situación personal en la Secretaría no podía ser más satisfactoria. De mis colegas jefes de sección, sólo Salter y quizá Rajhman, el director de Sanidad, ejercían influencia comparable. Pero mientras ellos eran directores, Drummond se negaba a concederme los galones y el sueldo de director. La injusticia era notoria y a mis oídos llegaban continuamente pruebas de ser ésta la opinión general. Cuando le expuse el caso a Drummond, me presentó dos argumentos en contra: al apuntarle yo que le daba a Sweetser, mero periodista, un sueldo doble que a mí, me arguyó que él tenía que pensar en lo que Sweetser ganaría fuera de la Secretaría. Yo le pregunté cómo sabía él lo que yo ganaría fuera, y él reconoció que no lo sabía. Todo esto era mera esgrima. Su segundo argumento era más sincero: «No estoy seguro de que tenga usted todos los dones que hacen falta para director.» Esto pasaba de la raya si se consideraba que hacía años llevaba ejerciendo de director con éxito superior al de casi todos mis colegas; aserto tan exorbitante no podía pasar así como así, de modo que me determiné a darle la prueba de que tenía razón él.

Demasiado sé que estas palabras dan suelta a un potente toro irlandés; pero yo, como español que soy, tengo pleno derecho a habérmelas con el toro irlandés más pintado. Lo que entonces ocurrió, y antes, y después, con harta frecuencia, fue esto: hay en todo español cierta profundidad del ser en la que el hilo de tornillo de repente cambia de dirección. La voluntad oprimida ha estado aceptando una y otra y otra vuelta del destino, y cuando el destino intenta otra vuelta más, todo salta y la situación se quiebra en añicos. Cuando esto ocurre, el español se declara «en contra». Para nada sirven ya los consejos, la prudencia, la razón, las circunstancias, las relaciones de poder. La situación se ha torcido. No hay ya quien la salve. Uno está en contra.

Contaba entre los delegados con bastantes amigos, algunos entusiastas, para que presentasen una proposición a la Tercera Comisión de la Asamblea que hacía años presidía... *Lapsus calami,* pero no muy descaminado. No había sido presidente pero sí secretario, y todo el mundo sabía que, a mi ver, «toda comisión se compone de un presidente y un secretario, y aun lo de "presidente" suele ser una exageración». Así pues, se presentó en la Comisión una proposición que decía que en vista de la importancia del desarme, la Sección debía tener como jefe a un director; lo cual equivalía a ascenderme, y por si quedase duda, no faltó quien lo recalcase, antes bien, casi no hubo orador que no lo hiciera con evidente agrado y satisfacción. Nadie se opuso; y entre mis abogados figuró Philip Baker, que, como todos sabían, no había chistado sin la aprobación expresa de Cecil.

En pleno debate de «mi» moción, entró en la sala William Martin, el gran periodista suizo que dirigía *Le Journal de Genève,* muy amigo mío; y con la rapidez del hombre ducho en darse cuenta de las situaciones y expresarlo bien, me mandó una nota: «¿Qué, se hace usted plebiscitar?» Puntería certera. Aquella escena era absurda. Quiñones me apoyaba pero de dientes a fuera, de modo que fuera evidente, y sobre todo a Drummond, que el Gobierno no entraba en el juego. A mí no me disgustaba su actitud, antes bien, me agradaba, pues era contrario a que los gobiernos se entrometieran en cosas de la Secretaría; la moción pasó por aclamación, pero Drummond la hizo rechazar en el Comité del Presupuesto. Este organismo se componía de un núcleo de técnicos financieros (casi siempre franceses) rodeado de figurones delegados que colgaban de los faldones del secretario general para sostener sus puestos; a los que se agarraban por el prestigio que ello les daba en sus respectivos países.

No ascendí, pero el episodio aquel fue útil. A mí me reveló la forma de mi tornillo interno, lo que en años sucesivos no ha cesado de causarme vivas satisfacciones —no por cierto por evitarme errores tan, o más, absurdos, eso jamás, pero sí para poder explicármelos una vez cometidos—; a Drummond le permitió darse cuenta de su testarudez e injusticia. Al año siguiente, me ascendió. Pero ya, enseñado por el mismo incidente, comenzaba yo a mirar hacia la puerta de salida de aquella Casa donde los delegados estaban conmigo, pero el jefe estaba en contra.

*

El presidente de la Comisión Preparatoria era el Jonkheer Loudon, holandés de buena cepa, alto, elegante, apuesto, admirable lingüista, ex ministro de Asuntos Exteriores de su país. Pronto hicimos muy buenas migas. Era tan competente como bien educado y prudente. Pero tan admirable presidente presidía poco porque la Comisión solía trabajar en comités y subcomités. Los nombres de estos comités nos dieron mucho que hacer. El presidente de los Estados Unidos era entonces Calvin Coolidge, hombre de poco caletre, que dio en pensar (si es que pensaba, que lo dudo) que aquellos nombres —«militar, naval, aéreo, financiero»— sonaban a Sociedad de Naciones, cosa entonces más tabú para un republicano yanqui que la bicha para un sevillano. Hasta que un hombre genial en nuestro círculo —no sé quién— tuvo una idea feliz; los llamaríamos Comité A, B y C; y Coolidge durmió tranquilo.

Ya rebautizados mis tres comités se pusieron a trabajar, ¡y con qué celo! Basta decir que no hubo cosa que no estudiasen de las muchas que hay que estudiar antes de desarmar. A mí me recordaba aquel celo tan asiduo el dicho del baturro aquel que, después de horas mirando cómo iba saliendo la granja y la vaca y el sendero en el lienzo del pintor, se rascó la cabeza exclamando: «¡Hay que ver lo que inventa la gente para no trabajar!» Así pensaba mientras nuestros comités estudiaban todo lo estudiable en, por, sobre, desde, encima, debajo y a través, aquende y allende el desarme, todo para no desarmar.

Y no eran cosas frívolas. ¿Cómo iban a serlo, formuladas como lo estaban por el mismo Consejo de la Sociedad de Naciones? Bastará citar la lista. ¿Cómo definir los armamentos? ¿Cómo compararlos? ¿Se podían distinguir los ofensivos de los defensivos? ¿Cuáles eran las formas diversas que podrían tomar su limitación o su reducción? ¿Era posible limitar la fuerza militar total de un país en guerra o sólo en tiempo de paz? ¿Se podía excluir la aviación civil del cálculo del armamento aéreo? ¿Cómo tomar en cuenta factores tales como la población, los recursos industriales, las comunicaciones, la situación geográfica? ¿Eran posibles planes de desarme regional o tendría que ser universal la reducción?

Con ser tan comprensiva esta lista, todavía halló la Comisión en su celo y sed de investigación, dos temas que añadir al programa: la posibilidad de una inspección internacional de los armamentos y nuestro antiguo amigo: el gas venenoso. Lástima grande que no aprobase la Comisión otros temas que yo le propuse, no en sesión, pero sí en algún que otro almuerzo, como, por ejemplo, la influencia del monoteísmo o del politeísmo sobre los armamentos y la belleza de las princesas como causa de guerra, tomando por base la de Troya. De todos modos, entonces fue cuando propuse que los cargos que tuvieran que ver con el desarme fueran todos hereditarios.

Aparte los mismos temas en debate, el temperamento, la personalidad, el nacionalismo contribuían a dar vida a nuestra labor. Así, por ejemplo, mientras los delegados de Francia e Inglaterra habían logrado establecer una especie de coexistencia pacífica, los navales franceses les habían declarado una guerra implacable a sus colegas británicos. Las operaciones no las dirigía el almirante francés, hombre de suyo pacífico y de buena composición, sino su segundo de a bordo, el fogoso capitán Deleuze, cuya mirada de águila y formidable mandíbula expresaban ese espíritu agresivo que los ingleses adoran en Nelson o en Beatty, pero detestan en un mero francés.

En Ginebra, los proyectiles eran sólo verbales, pero no menos explosivos y capaces de herir al adversario. Deleuze era maestro en esta táctica. Uno de sus disparos más memorables consistió en estigmatizar como *inicua* una proposición presentada por el almirante Aubrey Smith. La acusación era inadmisible porque el almirante Aubrey Smith era dechado de sinceridad y justicia; pero a quien Deleuze apuntaba no era al almirante sino a la Marina británica, que para aquel marino bretón era inicua por definición. Los ingleses se ofendieron y apostrofaron al agresor, pero Deleuze se defendía intrépido como si estuviera tirando con bala a una fragata inglesa. Hubo que llamar al almirante francés, que llegó presuroso, apurado, afanoso y, apenas en su silla, recibió toneladas de información que le vertían Deleuze por la oreja de babor y Aubrey Smith por la de estribor hasta que hizo señales de que ya tenía lleno el depósito. Se reanudó la sesión y el almirante francés explicó en excelente estilo (que parecía traducido de Pickwick) cómo el vocablo *inicua* no podía interpretarse de modo insultante, puesto que sólo significa *desigual* como cualquier etimologista podía confirmar. Aubrey Smith, mejor navegante que semántico, declaró entonces que si Deleuze al decir *inicua* quería decir *desigual*, se daba por satisfecho. El incidente quedó resuelto.

El presidente de la Comisión A era el senador De Brouckère: inmenso, rubicundo, barba gris, gafas; detrás de cuyos cristales, un alma luminosa, sabia, buena y generosa asomaba en sus ojos grises. Era hombre rico, pero vivía con la austeridad y la sencillez de un monje, entregando casi toda su renta anual al partido socialista belga, al que pertenecía. Había bregado en la primera guerra europea como soldado raso, pero se había negado a ascender a más que sargento por no separarse de sus soldados. Uno de los hombres que más he admirado y uno de

Sir Arthur Balfour

José María Quiñones de León

Jean Monnet

Sir Austen Chamberlain

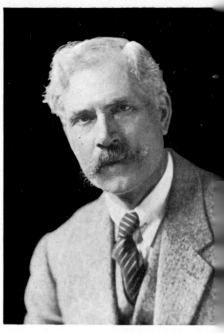

Sir Robert Cecil

Ramsay Macdonald

Maxim M. Litvinof

J. Avenol y Joseph Paul-Boncour

Motilal Neru

Jagualjarlal Neru

Thomas Jones

Aristide Briand

Salvador de Madariaga

Vista parcial de Ginebra

Palacio de la Sociedad de Naciones. Septiembre, 1929

J. L. Barthou

Gustavo Stresemann

Mr. Hambro con un funcionario
de la Secretaría General

Allen Dulles

Palacio de la Reforma, Ginebra. Entrada de delegados

Salvador de Madariaga, Litvinof y Paul-Boncour

los muy pocos que pude haber envidiado. Además, le animaba un excelente humorismo que la presidencia de la Comisión A le permitió ejercer a sus anchas.

En el subcomité aéreo se había estado discutiendo si era fácil o difícil transformar en aviación de guerra una aviación civil. Era una de esas cosas que «el hombre inventa para no trabajar». Al cabo de semanas de tan interesante debate, el subcomité, compuesto de aviadores militares, decidió rogar a sus gobiernos respectivos que mandasen técnicos de aviación civil para que mirasen el problema por el otro lado. (En francés, esto se dice alargar la salsa.) También se decidió que el Comité de Aviación civil se reuniría en Bruselas, residencia del presidente. Allá nos fuimos, pues, y cuando nos reunimos con el nuevo flamante Comité de Aviación civil, nos topamos con la agradable sorpresa de ver en torno a la mesa los mismos aviadores que ya conocíamos en Ginebra como militares. Esto se llama en español: «los mismos perros con distintos collares».

Allí oímos los mismos argumentos puestos del revés, escribimos el dictamen, despedimos a nuestros amigos voladores y, con el presidente, nos embarcamos para Londres, donde estábamos convocados para discutir otro problema no menos arduo, también referente a cómo no desarmar: «cómo acelerar la reunión del Consejo en caso de peligro de guerra», porque si el Consejo se reúne pronto, esto ya en sí aumenta la seguridad, luego disminuye la necesidad de armarse. El argumento no tiene vuelta de hoja.

En Amberes, nos acostamos en nuestras cabinas y yo insistí en que me despertase el camarero a las siete de la mañana, pues el desembarco era a las ocho. Las ocho de la mañana eran cuando me desperté. Llamé al camarero, de muy mal humor, y pedí explicaciones. Estábamos todavía en Amberes, bloqueados por la bruma. ¿Qué mejor ilustración para el tema que nos aguardaba en Londres?

Cuando al fin se reunió el Comité, con sus veinte horas de retraso, le preguntamos a Lord Cecil si no convendría añadir a nuestro programa la construcción del canal de la Mancha. El vocal italiano de nuestro Comité, general De Marinis, estaba representado por un coronel, agregado a la Embajada en Londres, para quien nuestras personas eran tan ignotas como el tema en discusión, y no es poco decir. Había dos delegados obreros, un flamenco, corpulento y rubio, cuyo nombre se me ha borrado, y el ubicuo y omnipotente Léon Jouhaux, secretario general de la C. G. T. francesa, cuyo largo y malhumorado rostro, mejillas redundantes, ojos grandes y hostiles, bigote negro e imperial del mismo color, impresionaron hondamente al coronel italiano. En un viraje de la discusión, el coronel, que ni por asomo sabía quién era Jouhaux, se dirigió a él respetuosamente llamándole «mi general», con gran regocijo del delegado obrero flamenco que, en adelante, siempre llamó a su amigo y colega «mon cheneral». Nadie explicó nada a nadie, y Jouhaux aceptó con silencio aquel ascenso, único resultado neto de la reunión.

*

Todo el año trabajamos de lo lindo en aquella labor bizantina. ¿Qué es un arma? A lo mejor creerán ustedes que la pregunta es fácil de contestar; pero el caso es que en cuanto se pone uno a mirarla de cerca comienzan a brotar sorpresas que da gusto. Por ejemplo, un cañón es material de guerra. De acuerdo. Un armón, también. ¿Y sus ruedas? Pues... también. Pero ¿y la grasa para los cubos de las ruedas? Una cocina de campaña es material de guerra. Pero ¿una cama de campaña? ¿Un uniforme? ¿Un par de botas? Fue menester todo el denuedo que era de esperar de un Comité de militares para adentrarse por aquel laberinto de sutilezas y distingos, y con tanto éxito lo hicieron que, por ejemplo, el Comité llegó a esta conclusión notable: el acero y la madera que entran en la fabricación de un fusil son material de guerra, pero el fusil ya terminado, sito en su almacén, y no en servicio, no es material de guerra. Tal y como lo digo lo hallará el curioso lector en sus dos textos, francés e inglés, en los anales oficiales de la Sociedad de Naciones.

Pero ¿para qué gastar tanta sutileza en meras definiciones? —preguntaba yo poco después en mi libro sobre el desarme—. Trátase de una característica del modo de ser militar. La inteligencia militar opera por conquista gradual de *posiciones*. El militar comienza tomando una primera línea avanzada en la que se fortifica. Contando con esta ventaja así adquirida, ataca la segunda posición y así va avanzando de posición en posición hasta hincar el asta de su bandera en el ápice del cerro que desde su primer avance se proponía dominar. Los maestros de esta estrategia son, claro está, los franceses. Su método admirable, su tenaz perseverancia, su capacidad intelectual para clasificar problemas por orden de precedencia lógica, les permiten luchar paso a paso siempre avanzando en el más fragoso debate. Así vimos tantas veces en Ginebra cómo una resolución presentada, vigorosamente defendida y finalmente arrancada a las demás delegaciones en tal o cual comisión, florecía meses y aun años después en consecuencias que nadie sospechaba menos los franceses que las habían previsto y preparado. Esta tendencia, general y aun natural en los franceses, revela cierta afinidad con la sicología militar, y quizá por eso el Comité A la adoptó con singular vigor; de modo que las preguntas que se le habían hecho se transfiguraron en líneas sucesivas de trincheras para combates dialécticos. Solían ser estas líneas: primero, la definición; luego, la comparabilidad; y luego, la limitación o reducción. En cada línea de trincheras, la batalla se daba según las líneas de fuerza dictadas por el nacionalismo, y cada delegación luchaba en pro o en contra del principio general según estimaba su aplicación favorable o contraria al armamento de su país.

Sobre este fondo ha de verse aquel famoso duelo de las categorías navales, tan cómico en su dramatismo. Todo comenzó, clásicamente, en la trinchera de la definición. ¿Se podían definir las unidades navales en categorías separadas? Los ingleses, los yanquis y los japoneses querían limitar las marinas por categorías; los demás, capitaneados por Francia e Italia, preferían la limitación del tonelaje total. Ésta era, pues, la cumbre que había que tomar; pero la primera trinchera era la definición, y en ella se dieron combates homéricos. Un día, el delegado naval británico formuló el problema con la franqueza sin ambajes propia de su pueblo y profesión: «¿Es posible clasificar los navíos de guerra en categorías que el experto pueda discernir?», y pidió que se votara. El subcomité naval se pronunció por mayoría que No. Como si no bastara esta humillación, el delegado francés se fue a donde se hallaba en sesión el subcomité terrestre y se trajo a un general checo que, por tener también credenciales navales, pudo añadir su No al de los demás. Me volví a los ingleses navales y les recordé su responsabilidad. «¿Por qué dejaron ustedes que Shakespeare le diese a Bohemia acceso al mar?» *.

*

Al reunirse la Comisión Plenaria (marzo 1927) después de estos y otros muchos escarceos, de Brouckère tenía los bolsillos llenos de notas explosivas que le había preparado yo para alumbrarle un poco el humorismo; así que comenzó por felicitar al subcomité naval por haber gastado bastante papel de la Sociedad de Naciones para poder volverse de Ginebra a Varsovia a pie y pisando siempre nuestro papel oficial. Más prudente que yo, no añadió que la opinión comenzaba a sospechar que la Sociedad de Naciones era fruto de una conspiración de la industria del papel contra la del acero; y no sólo prudente sino astuto, pues nada de lo que allí se hacía podía considerarse como una amenaza a la industria, privada o pública, de armamentos. Por otra

---

* *Disarmament*, págs. 168 y sigs.

parte, los «estudios preliminares» habían sido tan agotadores que ya no había más remedio que ir al grano. Aun así, se intentaron algunos ingeniosos recursos para aplazar aún más la decisión, lo que me hizo recordar más de una vez aquello de: «Tu padre en el campo, tu madre en misa y tú en camisa —¡malditos sean los inconvenientes!»

Entonces, Lord Cecil presentó un proyecto de Convenio de Desarme, y muy poco después, otro, Paul-Boncour. Se trataba de meros cuadros vacíos en los que habría que insertar cifras y reglas acordadas. Aun así, uno y otro proyecto venían inspirados en un fuerte interés nacional. Los franceses proponían la limitación de todos los efectivos, pero los ingleses se negaban a limitar los efectivos navales; en cada tema o caso se cruzaban y enfrentaban los dos conceptos nacionales opuestos, según la ley intrínseca que exige que todo esfuerzo hacia el desarme se resuelva en un refuerzo del armamento.

Así ocurrió en todo el campo de lo que entonces llamaban las tres M's: *Men, Material, Money:* hombres, material, dinero. En el capítulo *hombres,* claro que hubo que definir y comparar. El Comité terminó por adoptar como unidad el hombre-día, propuesto por la delegación española; pero cuando se trató de averiguar quién, dónde, cuánto tiempo, era uno hombre-día, allí fue Troya. Las reservas instruidas, ¿contarán? No, contestaban los franceses. Sí, insistían los ingleses. Los marineros de barcos mercantes, ¿contarían? No, decían los ingleses. Sí, insistían los franceses. En cuanto al material de guerra, amén de dar lugar a batallas verbales no menos enconadas, pronto se hizo evidente que los fabricantes de armas no estaban dispuestos a perder el negocio ni los Estados Unidos la influencia política que sobre Hispanoamérica ejercían dando o negando submarinos y cañones. El problema de la inspección del desarme (?) logrado (?) no resultó menos espinoso.

Capítulo XIII

La cooperación poco cooperativa de los Estados Unidos

En el intervalo entre la segunda y la tercera reunión de la Comisión Preparatoria, el presidente Coolidge tuvo una idea, cosa ya en sí muy de notar. La idea presidencial consistía en convocar una conferencia del desarme como si la de la Sociedad de Naciones no existiera. Así pues, el 10 de febrero de 1927, lanzó una investigación oficial para averiguar si los Gobiernos de la Gran Bretaña, Francia, Italia y Japón estarían dispuestos a otorgar poderes a sus delegados a la Comisión Preparatoria para comenzar negociaciones con vistas a una limitación de armamentos navales. Esta gestión equivalía a dar por sentado que lo que hasta entonces se había hecho en Ginebra no existiera para Coolidge. Volvía el mundo oficial de Washington a manifestar su increíble aislamiento, su impermeabilidad para con las fuerzas creadoras de la opinión pública, su incapacidad o su negativa para sacar provecho de la experiencia de las demás naciones. No faltaron entonces internacionalistas sinceros y leales que, ofendidos por esta actitud, fueron hasta atribuir toda suerte de motivos indignos al Gobierno de Washington; y se llegó a hablar de jugar al bolapié partidista con la paz del mundo. Al fin y al cabo, la Comisión Preparatoria venía luchando meses y años con el nudo de obstáculos que erizaban el problema... Bien es verdad que no adelantaba casi nada, pero (dejando a salvo el hecho de ser el propio aislamiento de los yanquis el obstáculo más intratable en su camino) la labor desarmista en Ginebra había logrado ya dos resultados apreciables: había demostrado que no se podía progresar en la labor sin reducir simultáneamente los armamentos aéreo, terrestre y marítimo; y que el desarme depende del progreso de las instituciones políticas internacionales. Ambos resultados eran, o debieran haber sido, evidentes para Washington. Ambos le eran sin duda poco agradables. Pero de nada servía tirarlos por la borda.

Por otra parte, invitar a cinco potencias a discutir entre ellas un tema que a la sazón se hallan discutiendo con otras veinte era cosa por lo menos... desusada. Hubo yanquis de buena voluntad que trataron de explicar la singular actitud de su presidente, pero «con azúcar estaba peor». Está una orquesta tocando la *Novena* de Beethoven, bajo la batuta de un gran director; interrumpe otro director menos eminente y propone llevarse a cinco de los ejecutantes de más viso para interpretar un quinteto de Bach. ¿No es posible combinar la afición a la música con la buena crianza?

Pero (como dicen los ingleses) nada es de más éxito que el éxito, y si la Conferencia de Coolidge lo hubiese logrado, todos los reproches se tornaran laureles. Claro que el éxito era imposible. La Conferencia de Coolidge se proponía limitar los navíos que se había dejado en el tintero la Conferencia de Washington, cuyo éxito se debía precisamente a que se los había dejado en el tintero. Una cosa es desabollar una pelota de goma y otra es trasladarle la abolladura de un meridiano a otro. La Conferencia de Washington había logrado reducir el número de ciertos tipos de barcos permitiendo a cada gran potencia naval que se compensara con otros modelos; pero limitar una marina de guerra en todos sus tipos y modelos es otra cosa muy distinta y, desde luego, inasequible. La Conferencia de Coolidge tuvo, pues, que someterse a la ley natural que rige toda conferencia de desarme que se reúne sin haber cumplido las condiciones políticas indispensables: pasar a ser una Conferencia de Armamentos.

Aunque tuvo lugar en Ginebra, y aun, al principio, en locales de la Sociedad de Naciones, no tuvo nada que ver con la Institución como tal. Era yo entonces director del Desarme de la Sociedad, y sólo se me invitó a las tres sesiones públicas que tuvieron lugar durante toda la Conferencia. Pero, para el especialista, era un espectáculo de gran interés. Al tener que habérselas con un programa concreto, cada delegación se situó en su terreno sin dársele un bledo sus actitudes de la víspera. Así, los yanquis, que en la Conferencia general venían sosteniendo heroicamente el desarme naval por categorías, descubrieron que se trataba de una mera superstición inglesa y se declararon convencidos por la lógica francesa (de que venían abominando hasta entonces en la Conferencia Preparatoria), o sea que se declararon dispuestos a distribuir como les viniera en gana el trabajo global que lograsen sacar de la discusión. Aún más dramática fue la conversión de los británicos. Llevaban años rechazando con mal humor la obsesión francesa con la seguridad como preliminar obligado del desarme; tanto que, cuando los franceses les recordaban las invasiones frecuentes que Francia había padecido, sus ciudades destrozadas, maltratadas sus gentes, ellos escuchaban con tedio cortés y lo atribuían todo a mera retórica; pero cuando, en vez de divisiones, hubo que hablar de acorazados y cruceros, su delegado expresó en frases que los franceses admiraron, el credo francés de la seguridad.

Ahora que los franceses, con sólo apuntar a la frontera nordeste, podían señalar su adversario tradicional; mientras que los ingleses, ¿a quién temían? La respuesta era enigmática y no hay nada más respetable que un enigma. Pero quien haya visto y oído lo que se hacía y decía en la Conferencia de Coolidge sabe muy bien que la guerra imaginaria que servía de hipótesis para la discusión era precisamente *la guerra impensable,* un conflicto anglo-yanqui. Allí oiríais al vencedor de la batalla de Jutlandia, al propio Jellicoe, que como representante de Nueva Zelanda era experto en cosas del canal de la Mancha, explicar cómo, para Inglaterra, setenta cruceros era el minimísimo indispensable, puesto que ciento cuarenta habían apenas bastado en 1914-18 para salvar a Inglaterra del desastre. Y allí pudimos todos celebrar en labios de Gibson que presidía, aquello de que si una delegación venía a Ginebra resuelta a no transigir en nada de sus reivindicaciones, era inútil venir a una conferencia —que era precisamente lo que todos llevábamos años diciendo de las delegaciones de los Estados Unidos a la Sociedad de Naciones.

Las relaciones entre Washington y Londres iban entonces muy mal, y precisamente a causa del desarme. A primera vista, no parece que una mera referencia sobre el modo de desarmar pudiera ser causa de desavenencia entre dos naciones; pero volvemos a lo de siempre: bajo el vocabulario y los gestos del desarme, de lo que se trataba en la Conferencia Coolidge era de armar. Las naciones que allí debatían estaban dispuestas a toda reducción *absoluta* de armamentos que redundase en un aumento *relativo* de su propia fuerza militar. Los argumentos que se hacían valer carecerían de sentido sin esta explicación. «Su alegato es una cadena muy fuerte colgando de un clavo muy flojo», le decía un testigo del debate al delegado inglés. Claro que si Inglaterra no mandaba en las líneas de comunicación marina se exponía a perecer de hambre en un par de semanas, pero lo mismo podía alegar Finlandia; aparte de que ¿quién quería matar de hambre a Inglaterra? ¿Dónde estaba el enemigo? En cuanto a los Estados Unidos, cierto era que, por carecer de bases navales en los siete mares del orbe, se exponía a una situación de inferioridad si aceptase dispensar su tonelaje en cruceros ligeros —pero inferioridad ¿para con quién? ¿Y en qué tipo de conflicto?

Lo que expresaban, pues, ambas potencias en aquel foro era una ambición de poder disfrazado de seguridad; pero con una diferencia: que Inglaterra no carecía de base para justificar cierto complejo de seguridad en los mares parejo al de Francia en tierra, mientras que la actitud yanqui parecía corresponder al deseo, muy humano, de hacer granar la cosecha naval de su superioridad financiera y política. Todo lo cual ilustra la importancia de los armamentos como instrumentos de política. Ni los Estados Unidos pensaban disparar contra Inglaterra los cañones de sus cruceros, ni pensaba Inglaterra en defender sus provisiones contra los cruceros yanquis al exigir superioridad naval; la exigían porque la superioridad naval otorga prestigio, preponderancia en las negociaciones, respeto en los puntos y momentos críticos, apoyo público a la penetración económica, financiera y comercial.

Por eso, todo intento, del tipo de la Conferencia de Coolidge, para dar solución inmediata a un aspecto parcial del desarme sólo puede terminar de dos maneras: por el fracaso completo o por un acuerdo político que reparta entre los países contratantes el poder a la vista, lo que, a su vez, exige un coto cerrado de poder reservado a los que negocian. Esta conclusión equivale a decir que la única solución al problema del desarme consiste en la creación de una Mancomunidad mundial tal que sólo sea posible aplicar el poder por y para la Mancomunidad.

Durante aquella Conferencia, comenzaba yo una tarde de sol mi vuelta de golf cuando, no muy lejos, divisé a Gibson, que ya venía terminando la suya. Nos llamamos uno a otro con voces y brazos, y le pregunté cómo iba la Conferencia que él presidía. Me miró con sus ojos claros, rectos, chispeantes de humorismo: «¿No conoce usted el cuento del chico judío de Nueva York que se pasaba la mañana cambiando un dólar? Le daban cuatro *quarters* en una tienda, en la siguiente, diez dimas, en la siguiente, cien centavos, luego un dólar, y así vuelta a empezar... hasta que un tendero lo reconoció. "Oye, niño, ¿qué juego es éste?" Y el niño contestó: "Alguna vez, alguien se va a equivocar, y no seré yo."»

*

El estilo del Gobierno yanqui para con la Sociedad de Naciones era en aquellos tiempos de lo más singular. Después de lanzar la Conferencia de Coolidge como si la Sociedad de Naciones no existiera, lanzó el Pacto Kellogg como si el Pacto de la S. D. N. no se hubiera escrito. Apenas si es menester discutir aquí aquel episodio fútil en el camino de la paz universal. Todo había comenzado con una idea muy distinta, como que se debía a Aristide

Briand. Se trataba de un tratado bilateral entre los Estados Unidos y Francia, renunciando mutuamente a la guerra en sus relaciones. Kellogg lo hizo multilateral, pero se opuso tenazmente a que el proyecto se discutiera con tanta multilateralidad como el fin que se proponía. En concreto, se prohibía toda guerra todavía permisible a pesar del Pacto de la Sociedad de Naciones, por lo cual no se ocupaba de las llamadas «guerras defensivas» que, bien aplicado, prohibía ya el Pacto de Ginebra. Por lo tanto, cerraba con doble candado la posibilidad de recurrir a la guerra para las naciones de la Sociedad, pero dejaba en plena libertad a las otras para recurrir a la guerra alegando defensa propia.

Lo que en el proyecto más encantaba a Kellogg y sus amigos era precisamente que con él aportaban una idea al desarme-seguridad, sin por ello arriesgar un adarme de su libertad para ir a la guerra, y por lo tanto, conservaban intacta su libertad y soberanía de política exterior. Se apuntaba a fines de paz y cooperación, pero salvaguardando el poder y el aislamiento de los Estados Unidos; cuyo Gobierno declaraba que no hacía la guerra a menos que le conviniese y que iría al arbitraje siempre y cuando le pareciera oportuno y sobre los temas que definiera su Senado —todo ello sin sacrificar ni una pulgada de soberanía—; en suma, un ejemplo elocuente de aislamiento nacionalista expresado en términos del más exaltado idealismo.

Pronto se hicieron notar sus resultados. El presidente, después de felicitar a su secretario de Estado y a la nación entera por su idealismo, propuso a la nación una Marina fuerte para garantizar su propia defensa.

De entonces acá, la nación y el pueblo de los Estados Unidos han logrado grandes progresos en su evolución política internacional, resultado debido al creciente sentido de su responsabilidad que su experiencia les ha ido inspirando, pero también a su descenso al purgatorio del sentido común y de las imperfecciones humanas, que les ha permitido ir desechando la retórica puritana de otrora. No se trata aquí de vagas alusiones a estados de ánimo mal definidos, sino de un través muy concreto y enfadoso que ilustraré citando lo que entonces dijo del Pacto Kellogg uno de sus entusiastas admiradores, Charles Clayton Morrison:

> Mr. Kellogg lanzó una idea nueva al ofrecer un tratado general de renuncia a la guerra. La idea había arraigado en ciertos círculos pacifistas norteamericanos, pero era totalmente nueva para Europa... El hecho de que América [es decir, los Estados Unidos] ha definido el tema paz-guerra en términos sencillos sin ambigüedad y ha preferido la paz anuncia que la guerra está condenada a desaparecer... Si Cristo estuviera ahora de pie entre nosotros,

propio de él sería que dijera: «¡Veo a Satanás caer del
Cielo como un relámpago!...» Decimos que es el día del
natalicio de la paz. El movimiento hacia la paz nace al fin.
Hasta hoy no ha habido un movimiento pro paz *.

*

Pese a la frialdad con que se le había recibido, Litvinof era
demasiado sagaz para no darse cuenta de que «caía bien» en
aquel ambiente, impregnado de eso que se vino a llamar «el espíritu de Ginebra». En contraste con lo que sucedía en no pocas
naciones, la Sociedad de Naciones no sentía aversión alguna
para con la Unión Soviética ni manifestaba tampoco esa asiduidad obsequiosa que se apresura a provocar sonrisas sovié-
ticas, semilla de futuros dólares. En Ginebra era axiomático que
había que hacer ingresar a todos en el organismo mundial.

Esta labor se topó de súbito con un obstáculo fortuito, el
asesinato de un diplomático soviético por un ciudadano suizo.
El jurado declaró culpable al asesino, pero por mayoría inferior
a los dos tercios que el Código suizo exigía en tales casos, lo que
equivalía a ponerlo en libertad. Fue menester toda la paciencia
y buena voluntad que distingue a los suizos para sortear aquel
obstáculo; pero el episodio sirvió para probar la inanidad del
reproche que se hacía en Móscova a la Sociedad de Naciones,
en la que se empeñaban los rusos en ver una conspiración para
aislar a la Unión Soviética.

Es verdad que la Unión Soviética se hallaba aislada, pero por
culpa suya. Así se explica que sus delegados llegasen a un ambiente como aquél, ya de vuelta de todo, y que todo lo ha visto
y oído, con un plan completo, que no había más que hablar, nada
menos que para el desarme total, inmediato y universal. Litvinof
vino a verme y me preguntó si las potencias lo rechazarían.
«Mucho peor —le respondí—. Lo considerarán con el mayor
cuidado.» En su ingenuidad de paletos, aquellos rusos se veían
a sí mismos como ángeles de paz y desarme posándose intrépidos
entre los demonios de la guerra.

Los demonios burgueses los miraban con mal disimulado regocijo. ¡A ellos con bromas! Paul-Boncour, medio paternal, medio fraterno, amonestó a sus dos correligionarios socialistas, Litvinof y Lunacharsky: «Pero si por ahí precisamente empezamos
nosotros. Ahora que, desde entonces, hemos recorrido todo el
camino de aquí a Varsovia pisando papel de la Sociedad.» Al

---

* Citado por míster Kirby Page en *The World to-Morrow*, Nueva
York, mayo 1928.

día siguiente comenzó el debate, con un discurso del delegado británico, un conservador de Ulster, Lord Cushendon, que Deleuze al instante tradujo en *Cochon d'Ane*. Hablaron mucho, o mejor dicho, bailaron una especie de danza de guerra en torno al plan soviético, sin tocarlo por ser tabú; el cual tabú brotaba de un hecho palmario: puesto que los armamentos son instrumentos de política, nadie puede desarmar menos los comunistas que siempre pueden recurrir a la subversión.

Bien es verdad que los sucesos de Budapest (1956) y aún más los de Praga en 1968 parecen vaciar el argumento; pero lo que en realidad vacían es la autoridad moral de la Unión Soviética; puesto que si creyera de verdad en lo que dice creer la subversión debiera bastar para convertir todos los pueblos al comunismo y sostenerlos en su nueva fe. Todavía entonces no se había tragado la Unión Soviética media Europa por medio de la fuerza bruta.

El flamante plan ruso de desarme instantáneo y universal fue, pues, a completar los que ya poblaban el Purgatorio de los Convenios de Penitencia, como el de Asistencia Mutua, el Protocolo, el de Locarno y otros. Pero Litvinof y Lunacharsky traían otra baraja en la maleta. Era, desde luego, otro plan de desarme, fundado en un principio nuevo, que las naciones reducirían sus armamentos a un ritmo de velocidad proporcional a su fuerza militar. Se clasificaría a las naciones en grupos con arreglo a sus armamentos; y el primer grupo se obligaría a reducirlos a la mitad, el segundo, a dos tercios, el tercero, a tres cuartos, y así los demás. Para armamentos navales, sólo habría dos grupos, y la guerra química quedaría prohibida. La Comisión tomó conocimiento del plan y lo recomendó a los gobiernos.

Claro que era mero trámite. Demasiado sabía la Comisión que, en cuanto a proceso de desarme, le faltaba al plan lo esencial, que era la *unidad* de medida. Si queremos reducir algo en proporciones iguales es menester que lo que se reduce sea comparable. Pero ¿cómo comparar? Ejemplo: El hombre-día de un país de servicio militar obligatorio no es comparable con el de un país de ejército profesional o con el de un ejército ciudadano como el suizo, en el cual cada soldado tiene el fusil en casa. El segundo proyecto ruso se fue, pues, al limbo de los fantasmas.

Capítulo XIV

Viajes por España

Por haber descubierto entre mis papeles una carta de entonces, fechada el 14 de abril de 1926, puedo esbozar el relato de una de aquellas giras que solía dedicar a predicar el evangelio de la S. D. N. en tantos países. Pero esta vez, la gira tuvo lugar en España. Empezaré por evocar el día en que mi auditorio se redujo a una persona, la real persona de don Alfonso XIII. Cuándo, no lo recuerdo. Sólo sé que me llamaron a la presencia regia una mañana de sol, y me puse el chaqué, pero cuando quise cubrirme con el sombrero de copa, hallé que carecía de tan augusta prenda. Conflicto grave. Alguien de la familia encontró en su cuarto oscuro una chistera de buen pasar, que había sido de mi padre. No era de mi tamaño —si por defecto o por exceso tampoco lo recuerdo—, pero me escabullí del aprieto mediante un dilema: en la regia presencia no la llevaría puesta, y en la calle o en el coche no tenía que ponérmela. Así que tanto yo como la chistera llegamos puntualmente a Palacio, ambos sentados en la banqueta del simón que tiraba un honorable jamelgo. Agarré el sombrero y subí las monumentales escaleras.

No tuve que esperar ni un minuto. El ayudante me indicó con un gesto la puerta de un despacho no mucho más amplio que el espacio que se abre en la pétrea fachada detrás de cada una de las ventanas que dan a la plaza de Oriente. Un escritorio más bien chico, una silla para el rey, otra enfrente, para el visitante, y nada más. Mientras lo oteaba todo, el rey, ojos sonrientes, boca rebarbativa, más por naturaleza y herencia que por mal humor. Se sentó a su escritorio y me invitó a sentarme enfrente, lo que hice no sin vacilar un segundo por no saber qué hacer con mi sombrero monumental, que terminé por colocarme sobre las rodillas en equilibrio inestable. Pronto me di cuenta de que estaba abogando en pro de la S. D. N. con tanta elocuencia y tanto vigor que golpeaba la tapa del sombrero con la impaciente mano como si su brillante redondez fuera el último reducto de un anticuado nacionalismo. El rey oscilaba entre ansias de reírse y temores por mi sombrero.

Esta audiencia ha debido tener lugar en uno de mis primeros años de Ginebra, quizá cuando acompañé a Nixon a España para conseguir nuestra aquiescencia al empréstito austriaco. En 1926 ya llevaba cuatro años a la cabeza de la Sección del Desarme, y era menos dogmático y entusiasta, aunque quizá más «convencido» en cuanto a la S. D. N. y el papel que le correspondía en la tragicomedia de la Historia.

Antes de adelantarme en mi peregrinación pro S. D. N. pasé unos días de asueto con los Mostyn en la finca de Lord Wellington, en Íllora, cerca de Granada. Mrs. Mostyn tenía una hija de su primer matrimonio, la misma Diana Cohen que había sido mi secretaria durante la guerra, y que contribuía con su gracia juvenil a nuestra labor en la Conferencia del Tránsito de Barcelona. Mr. Mostyn era el administrador de las fincas de Lord Wellington en España. He aquí lo que le escribía a Constanza el 14-IV-26.

> Buen tiempo, al fin. El color de este paisaje es un ensueño. Parece pintado en colores que nadie ha usado antes. Lord Gerald Wellesley, hijo segundo del duque, que está aquí, quería visitar el Soto de Roma (la otra y la mayor parte de la propiedad) y allá nos fuimos todos en dos coches de caballos por carreteras muy malas. El camino es muy hermoso. En el lugar, donde el administrador nos dio té, vino un par de cantaores a obsequiar al «lord» y todo terminó en baile. Después de este número, nos fuimos del pueblo, entonces lleno, y Lady Mary Thynne, a horcajadas en su caballo, causó gran sensación. Los dos Thynne, hermano y hermana, son encantadores y sencillos; y en cuanto a Lord Gerald, estuvo muy simpático y bailó con la mujer del administrador, una mora pura, y con su prima (de ella), mujer tan blanca como un lirio y de pelo tan en llamas como un Ticiano.

Cinco días después, me fui a Granada, donde aquella noche daba una conferencia en el Ateneo. De este episodio no recuerdo nada. Pero sí que me alojé en el Washington Irving, detalle que evoca en mi memoria una persona tal y como no puedo dejar que se me malogre en el tintero. Tendré, pues, que hacer otra digresión. Arfa-ed-Dowleh era un delegado persa que llevaba su nombre y casta a la perfección. Era más viejo que su madre, pero procuraba ocultarlo insistiendo en que el pelo de bigote y cabellera seguiría mientras viviera tan negro como lo permitiese la naturaleza en lucha desigual con el arte; de modo que cuando en alguna sesión tomaba asiento con una ventana a la espalda, los que lo veían con luz quebrada divisaban una nuca de todos los colores del arco iris y algunos más. Era excelente compañero de charla, tanto que, en un gran banquete ginebrino, se zambulló en conversación con la señora a quien había dado el brazo para guiarla a la mesa (que era Amelia Azcárate), de modo que ambos hicieron dos vueltas a la larga mesa en U antes de dar con su asiento, lo que todos los comensales, ya instalados, celebraron como una fiesta no esperada, pues hacían una gran pareja, ella muy elegante en su traje de seda, y él de frac constelado de estrellas y otras órdenes increíbles, y tocado con su fez de astracán aún más negro que su pelo.

Arfa-ed-Dowleh había estado en España y dormido en el Washington Irving, episodio que le dio acceso a estas páginas, aunque había ocurrido mucho, lo menos cuarenta años, antes; y él mismo me contó que una noche, medio dormido medio despierto medio soñó medio pensó que se había muerto y que disfrutaba ya de las delicias del Paraíso de Mahoma, porque el aroma de su alcoba era embriagador y la música divina —hasta que al despertar del todo se asomó al balcón y se dio cuenta de que los ruiseñores habían hecho un nido en una frondosa, florida rama de jazmines que trepaba por la fachada hacia su ventana.

Aquella misma tarde, en vena de reminiscencias, me contó Arfa-ed-Dowleh cómo en aquellos lugares había vivido una hora peligrosa. En compañía de una pareja de recién casados, él, secretario de la Embajada belga en París, había alquilado una manuela para ir al Albaicín; y claro es que la joven dama iba a su derecha en la banqueta, y el joven marido enfrente. Se acercó una gitana aprovechando una parada del coche, y después de breve escrutinio de Arfa-ed-Dowleh, le profetizó que llegaría a tener cinco hijos más amén del que ya tenía de aquella hermosísima esposa que el Cielo le había concedido. Parece que la esposa lo rió y celebró más que su marido con no poca preocupación de Arfa-ed-Dowleh.

No abrigo opiniones muy afines sobre las predicciones gitanas, pero sí sobre pájaros y jazmines en torno a una ventana andaluza, de modo que si el Paraíso de Mahoma no entrega tal felicidad, creo que no me pasaré al Islam y seguiré afinando mi arpa por la de Adenauer o Barthou y no por el tamboril de Nasser o Bumedian. Entretanto seguía en este planeta tratando de ganarme el derecho de escoger mis instrumentos; y después de aquella conferencia olvidada en el Ateneo de Granada, dormí entre ruiseñores y jazmines y, el día siguiente, almorcé con Falla.

*

Ya hacía años que lo conocía: desde que Diaguilef había dado en Londres su *Sombrero de tres picos,* con decoraciones de Picasso; y lo que más se me grabó entonces fue el contraste entre los dos superrefinados europeos, Diaguilef y Picasso, y el intenso y humilde español, que iba por la vida con la sencillez ascética de un monje. De entonces acá había visto y oído su maravilloso *Retablo de Maese Pedro* en una excelente representación dada en Zurich, que me impresionó por la pureza transparente de la emoción que Falla lograba expresar con su música; a tal punto que di en pensar que, mientras casi toda su música se manifiesta desde el primer compás como evidentemente española, el *Retablo,* formalmente su obra menos española, lo es quizá más que todas en profundidad.

La música no se evade de la ley universal que hace que el carácter nacional se imprima con vigor en todas las creaciones de un pueblo, y siendo exacta para todos ellos, esta ley lo es de modo muy especial para los pueblos ruso y español. Pero la misma facilidad con la que brotan las formas, melodías y ritmos de la música española puede a veces menoscabar su universalidad y valor de cultura, como no las maneje un artista de la pureza y grandeza de Falla; de donde la tentación de escribir «música española» a la que sucumbieron Lalo, Chabrier, Rimsky-Korsakof y Ravel entre otros muchos. Estas ideas me bullían en la imaginación durante aquellos días de Zurich, al oír su profunda, emocionante interpretación de *Don Quijote,* libre de todo apoyo formal de «música española».

Al ir a verle a Granada, no me animaban sólo móviles desinteresados. Había escrito una fantasía para teatro que, sin ser precisamente una *opera buffa,* comprendía bastantes escenas cantadas para necesitar un compositor. Tenía por título *El toisón de oro,* y ocurría en un país imaginario en donde nadie recordaba nada más de cinco días. Parecía una sátira del Plan Marshall (del que, como otro día contaré, también fui precursor de modo más concreto). El príncipe Tirabolo, soberano reinante de un país feliz, que por lo tanto carece de historia, explica que las cuentas del Estado son muy sencillas: lo que entra siempre sale y no queda nada ni hay deudas porque todos los años pasa algo que él, desde luego, no recuerda, pero los cofres se vuelven a llenar.

Este algo es la llegada del vellón de oro puro esquilado de las costillas de un ciudadano meritorio llamado Juan Lanas. Esto lo descubre Falcón, piloto español que, por accidente, cae en tan feliz principado y se enamora de Albina, la hija de Tirabolo, la cual le da el puesto de bufón del rey, único que sirve para quien no esté loco, como lo están todos los demás habitantes. Falcón acepta el cargo, no sin ciertos ribetes de miedo al ver que la Fiera Nacional, siempre echada en los pies del príncipe, es un tigre.

No relataré aquí las peripecias que Falcón tiene que sortear para alzar el vuelo hacia Getafe con la última cosecha de Juan Lanas, la princesa Albina y una bailaora de Málaga que en aquella isla fantástica se había extraviado, pero sí diré que dan al compositor pie para una marcha nupcial, otra fúnebre y otra nacional —todas cómicas—. La obra termina con una boda que a su vez corona un largo desfile de todos sus personajes dejando al fin en escena sólo el tigre, que, al querer bostezar de aburrimiento, deja caer en escena su dentadura postiza.

Ésta era la fantasía que le traía a Falla. Me lo encontré en su carmen sobre la colina junto a la Alhambra, sentado al piano, tocando trozos sueltos de *Così fan tutte*. Estaba encantado con Mozart y durante un buen rato seguimos ambos encantados, tocando él, escuchando yo, el inagotable manantial de Mozart, de cuando en cuando interrumpido por sus comentarios de ferviente admiración, tan gratos para mí, consumidor insaciable del genial compositor. Pero ocurrió que mientras nadábamos ambos en aquel ambiente divino, un no sé qué en otro nivel de mi ser, pasivo entonces, me decía lo que hasta aquel momento no había vislumbrado: no lograría el propósito de mi visita. La voz de Falla, su mismo cuerpo descarnado y santo, sus ojos graves, aun en su sonrisa más franca, su boca, libre de todo deseo mundanal, ¿era posible imaginar a nadie más distante de Voltaire, que tan cercano a mí sentía yo?

¿Se lo digo? ¿No se lo digo? Después de almorzar nos fuimos a sentar al jardín. Sin haberme contestado a mí mismo, me oí contándole el argumento de *El toisón de oro*. Como Falla era santo de verdad, le animaba un sentido muy vivaz de lo cómico, aunque no era nada propenso a la risa. No aceptó mi idea de que diese música a mi fantasía, pero me hizo una contraproposición. «Cuando supe que venía usted —me dijo—, vi que era usted la persona indicada. Quizá no lo vi antes por estar usted tan metido en lo de Ginebra. Pero ahora lo veo claro. Lo que le pido es que me haga usted un poema sobre el descubrimiento de América.»

Me quedé de una pieza. ¿Qué sería lo que impulsaba a hombres tan eminentes a ver en mí relación alguna con algo que tan poco me interesaba? Pocos años antes, don Ramón Menéndez Pidal, al encargarse de la dirección de la monumental *Historia de España* que lleva su nombre, me había propuesto que me encargara del tomo sobre los Reyes Católicos. Todavía no había escrito nada en historia; y aunque le había impresionado el estudio de Constanza sobre los siervos de la abadía de Santa Genoveva, y su oferta era para ambos, me había desconcertado más que halagado la propuesta de don Ramón. La decliné como luego la de Falla.

Pero ahora creo que aquellos dos hombres vieron mejor en mí que yo mismo. Catorce años más tarde, escribí la *Vida de Cristóbal Colón* y *La cruz y la bandera*, poema del descubrimiento de América; y si hubiera aceptado la propuesta de Falla, quizá habría guiado la *Atlántida* hacia mejor fortuna; porque sin otro aliciente, Falla, dominado por su celo religioso, tomó por pauta para su composición el poema de Verdaguer, buen poeta, sacerdote, cuyo poema *Atlántida* no es de lo mejor que ha dejado. Que presente trozos de gran belleza es natural; pero la *Atlántida* del gran poeta catalán carece de aquello sin lo cual no hay poema posible: unidad. Es una obra de tradición pagana que emigra al cristianismo, lo uno, lo otro, y mezcla de los dos: y a mi ver, esta carencia de unidad espiritual opuso fatal obstáculo a la inspiración del compositor.

*

Fernando de los Ríos se hallaba entonces en Granada, de cuya Universidad era profesor. En la ciudad de Boabdil, estaba en su elemento, pues era andaluz de pura cepa, y mientras estuve allí, nos vimos con frecuencia. Una mañana, que habíamos convenido en dedicar a los jardines de la Alhambra, lo vi llegar en compañía de un joven de ojos grandes y profundos, tez cetrina y cuerpo ágil. «Nuestro poeta local», me dijo. Era Federico García Lorca.

*

El 21-IV-26 llegué a Madrid, ya de noche. Iba a ocuparme de la publicación de mi libro *Guía del lector del Quijote*, que salió aquel año, y le añadí una dedicatoria que reza:

> A Manuel de Falla, con cuyo Retablo de Maese Pedro cobra el inmortal don Quijote segunda inmortalidad, dedica con afectuosa admiración este ensayo.—El Autor.

Al día siguiente (22) di una conferencia en la Casa del Pueblo; y el 23, en el Instituto de Ingenieros Civiles, y el 24, en la Radio. En la mañana del 25 salí para Valencia, donde el 26 hablé en la Universidad. Ya había estado varias veces en aquella bella ciudad, que de seguro sentí tener que dejar tan pronto para ir a Barcelona, donde llegué el 27. El 30 estaba ya en París, y el 1.º de mayo almorcé en el Claridge con Santiago Alba. La conversación versó sobre la situación de nuestro país y lo que más convenía que «viniese» cuando dejase el timón Primo de Rivera. Alba, pese a sus recuerdos de cómo había salido de España en 1923, se pronunciaba por una restauración con tal de que el monarca se aviniese a respetar las reglas del juego.

Capítulo XV

Dimisión

¿Que por qué me marché? Como suele suceder en estos casos, por un nudo de circunstancias, algunas por causa (o culpa) mía, otras quizá debidas a fuerzas que ni aun yo mismo no alcanzaba a ver. Una de éstas, seguro estoy de ello ahora, pero no lo estaba entonces, fue el vigor creciente de mi vocación literaria. Por aquellos días viví dos de los tres casos que he conocido de libros que surgieron de mi imaginación por erupción volcánica, sin premeditación, preparación, anunciación alguna. Uno fue *La jirafa sagrada*, fantasía que coloqué en un lejano porvenir, ya desaparecidas Europa y la estirpe blanca en una catástrofe cósmica, y rige el mundo un imperio negro y feminista. Sigue aguardando esta obra un cineasta de inteligencia e imaginación fuera de lo común que la lleve al gran público, pero el cine es un monopolio de los yanquis y los yanquis no se ocupan de autores españoles. Como más adelante diré, *La jirafa sagrada* debe no poco a mis andanzas de componedor de voluntades en Ginebra.

Mientras la escribía, trotó en mi imaginación otra obra inesperada e impreparada, y con tanto vigor que tuve que dejar a un lado *La jirafa* para escribir *Sir Bob*, otra fantasía que salió en inglés como *La jirafa*, pero en forma que considero intraducible a cualquier otra lengua. Mi hija menor (seis años) y yo estábamos pintando en colaboración el *Ave del Paraíso*, en verso inglés, y ella aseguró siempre que lo menos uno de los versos es suyo y no se lo disputé nunca; pero, según su inveterada costumbre, que en *Sir Bob* figura también en forma de otro poema, cuando terminamos la descripción del pájaro aquel, me preguntó dónde moraba y yo le contesté que pertenecía al Lord del Sello Privado, en inglés Lord Privy Seal, que, le expliqué, era un gran señor que tenía una foca para su uso personal (*seal* es sello pero también foca), que llevaba siempre a todas partes en una bañera sobre ruedas. Sobre base tan líquida (no siempre han de ser sólidas las bases) escribí *Sir Bob* en inglés, dedicándolo a «los niños de nueve a noventa años».

Sir Bob es uno de mis libros intraducibles. Los otros dos son *Le mystère de la Mappemonde et du Papemonde* y *La Donjuanía*. El primero es una fantasía dramática en verso que he definido como un Fausto filtrado por Voltaire y hecho hervir al fuego de Calderón. *La Donjuanía* se llama también *Seis don Juanes y una dama,* está escrito en verso, y presenta a seis don Juanes, el de Tirso, el de Molière, el de Mozart, el de Byron, el de Zorrilla y el de Pushquin, frente a una dama velada. Cada una de estas tres obras está tan arraigada en el espíritu del país en cuya lengua está escrita, que su traducción es imposible. Aunque *La Mappemonde* se dio en la Radio francesa antes de que existiera la televisión, ninguna de las dos representables ha encontrado todavía un director de teatro a su altura, y en cuanto a *Sir Bob,* ya andaría en los cines si el autor no fuera compatriota de Felipe II, el de la Invencible; porque han de saber ustedes que la Armada aquella no llegó de verdad a ser invencible en el espíritu hasta que la vencieron en el mar, y lejos de haberse ido al fondo, sigue navegando.

*

Demasiado imaginativa para los intelectuales racionalistas que suelen llevar las editoriales con los ojos de la cara en el papel rayado de derecha a izquierda y los del alma en el papel rayado de arriba abajo, *La jirafa sagrada* iba de Herodes a Pilatos sin hallar quien le diera hogar. Hablé de ello con Mackinnon Wood, el jurista escocés de la Secretaría, leyó el original, y como buen escocés, vio de qué se trataba, y me aconsejó que escribiera a un «don» de Oxford llamado John Murray, que se había metido a editor con el nombre de Martin Hopkinson. Eché mano de una hoja blanca en mi despacho y le escribí a Murray.

Sin noticias todavía de Mackinnon Wood y sin esperar la llegada de mi original, Murray me contestó que publicaría el libro. Me quedé perplejo al leerle, porque me parecía tan poco conforme al sentido del negocio que distingue sobre todo a los escoceses; y esta perplejidad no iba a lograr disolverse en el aire claro de lo racional —bueno, un racional no poco irracional— hasta años después de la publicación de *La jirafa sagrada.* El libro tuvo su éxito, y Tom Jones, mi amigo galés de quien tanto hablaré en estas páginas, declaró que «justo se quedaba al borde de llegar a ser un gran libro», con lo que estoy de acuerdo.

*

Otras circunstancias contribuyeron a mi decisión de marcharme precisamente en el apogeo de mi carrera como funcionario internacional. Una fue, desde luego, mi descontento ante la política de Francia y de Inglaterra para con la Sociedad de Naciones. Inglaterra, abierta y a veces brutalmente, Francia con más sutileza e hipocresía, se opusieron tesoneramente a toda tendencia sobrenacional en Ginebra; mientras que yo estaba convencido de que el concepto de la Sociedad de Naciones como una mera cooperativa de soberanías ilimitadas bastaría para destruirla, de modo que el único camino razonable para la evolución del mundo tenía que pasar por una evolución hacia la autoridad sobrenacional; por lo cual, veía en el secretario general una prefiguración del canciller de la Mancomunidad universal.

Esto era precisamente lo que Drummond ni era ni quería ser. Y hasta cabía echarle en cara su evolución hacia atrás; porque Drummond había sido, con Monnet, el creador de la Secretaría General, y a ellos dos se debía que aquella Casa fuera una Institución internacional en vez de un conglomerado de oficinas nacionales; de modo que su visión inicial había sido impecable. Y sin embargo, ya fuera por debilidad, fatiga o escepticismo, Drummond fue cambiando con el tiempo, hasta cesar de ser lo que en su arranque había sido. Sospecho que su viraje tuvo por causa su entrevista en Roma con Mussolini. Por entonces permitió que el Duce le obligara a prescindir de Attólico, que era el subsecretario general italiano, y a sustituirlo por su propio jefe de Gabinete, Panlucci di Calboli Barone. La vera esencia de la Secretaría, por él y Monnet creada, se evaporaba. Después de aquella maniobra fascista, me pareció ya muy en entredicho el porvenir de la Sociedad de Naciones.

Por otra parte, me daba cuenta de la hostilidad personal que Drummond me profesaba y que apenas lograba ocultar aun cuando me llegase templada por el clima ecuánime de su *alter ego* Frank Walters. Todos los directores, ingleses, franceses, escandinavos, viajaban en misiones políticas más o menos bien justificadas, pero cuando el director español presentaba un plan de viaje que creía archinecesario, la negativa era lo usual. Esto era en parte consecuencia del cuadro de fuerzas nacionales. Los nórdicos eran clientes de Inglaterra. Los de la pequeña Entente lo eran de Francia; los «latino»-americanos se dejaban querer de las dos. Alemania e Italia eran fuertes de por sí. España estaba sola, aunque no bastante fuerte para tanta soledad. Contra toda lógica, este diseño se infiltraba en la Secretaría. Era yo entonces quizá el director que más opinión tenía en la Casa —pero no con el patrón.

Hubo entonces un barajar de altos cargos y Drummond me dijo que el nuevo subsecretario general japonés, Sugimura, tomaría la dirección política en la que se incluiría el aspecto político del desarme, dejándome a mí lo técnico. Le contesté que en el desarme los aspectos técnicos eran secundarios, porque era un problema esencialmente político, y que por lo tanto pensaría mucho lo que haría en tal situación. Drummond expresó gran comprensión para con mi punto de vista: para él, todo era ganancia: si me quedaba, me recortaba la labor y la gestión; si me marchaba, tanto mejor.

Cuando empezaba a echar una ojeada a otros prados, todo se me arregló. Tenía yo en el Museo Británico un buen amigo, Henry Thomas, excelente hispanista, jefe de la sección de libros españoles de la Biblioteca Nacional, y luego su director. Thomas me escribió una carta a mano, recuerdo que en azul oscuro sobre azul claro. Me decía que se iba a crear en Oxford una cátedra de Lengua y Literatura Española y que él era vocal del Comité de Selección del profesor; y añadía que si yo le escribía a él una carta particular asegurándole que aceptaría, el Comité me ofrecería la cátedra. Como me conocía bien, no dejó de mencionar que la cátedra llevaría por título cátedra Rey Alfonso XIII de Estudios Españoles. También me decía que los honorarios serían de 1.100 libras, algo menos de la mitad de lo que yo cobraba en Ginebra, donde además no pagaba impuesto. Acepté la oferta.

Aquella corona real que los ingleses habían puesto a mi cátedra no era para mí obstáculo alguno. Nunca he logrado darle importancia al nombre que se le da al jefe de un Estado. La etiqueta no hace al vino. Presidentes de república son los reyes del norte de Europa; reyes los presidentes del sur. Zar absoluto es Brezhnef, y el llamado presidente de la República Soviética es un cero a la extrema izquierda. Sabía además que los ingleses son muy aficionados a poner sus cátedras bajo la advocación de santos patronos; mi colega francés se titulaba *Marshal Foch Professor of French Literature*, de modo que nadie iba a suponer que yo me iba a hacer cortesano, como nadie suponía que mi colega francés iba a adoptar las ideas estratégicas de Foch. Pronto me enteré además de que ni Alfonso XIII ni el Gobierno español habían dado un céntimo para la cátedra, cuyo fondo se debía casi por entero a un chileno, magnate de la prensa, de origen y nombre judeo-galeses. La idea de ponerle corona a la cátedra se debía al promotor, que era un médico militar inglés llamado Bedford, que de español no sabía ni decir *mañana*, y cuyo fervor hispánico procedía de su deseo de ostentar la banda de una gran cruz —que consiguió.

Todo esto era evidente y patente, pero no fácil de explicar a mis amigos políticos españoles, lo cual entonces importaba poco o nada; pero día vendría en que hasta este alpiste serviría para nutrir a los grajos de la envidia. Entretanto se iba afirmando y afianzando el diseño de mi vida. Por lo visto, estaba predestinado a entrar en las instituciones por la ventana, a llegar pronto, a hacer bastante ruido en ellas y a dejarlas al cabo de no mucho tiempo —para entrar en otra por la ventana también—. Esta vez, mi partida levantó una oleada de simpatía mayor de la que sospechaba. La suscripción para un regalo de despedida fue creciendo tanto que ya los organizadores no sabían qué hacer con el dinero, ya pagado el reloj de oro dedicado que me habían comprado, y hubo que cambiar los preparativos para el acto de entrega porque el salón escogido resultaba pequeño; problema que Drummond resolvió anunciando que la entrega la haría él en su despacho y sin testigos. Así se hizo.

Pero no le fue posible impedir que los compañeros que lo desearan viniesen a la cena de despedida, que tuvo lugar en el salón grande del Club Internacional. Sólo recuerdo de aquel ágape su ambiente de real y calurosa amistad que expresaron tres discursos muy aplaudidos, y dos o tres pensamientos que desarrollé en el mío de gracias. Uno (al que ya me referí al comienzo de estas memorias), sobre el agua en el paisaje; otro, sobre el nacionalismo, aludiendo al diseño de la República y cantón de Ginebra, la mitad del campo ocupado por un águila, la otra mitad por una llave, sugiriendo, dije, que con ser bueno, el nacionalismo mejor era custodiarlo bajo llave; y el tercero, un como instinto que me hizo terminar diciendo que uno vuelve siempre a Ginebra, y que yo estaba seguro de que volvería.

*

Pasaron varios años, y un día de 1934, por consejo de un hombre de hondo saber sobre la persona humana, fui a consultar a una palmista. No sabía ni mi nombre, ni tenía noción de quién era. Era mujer de aspecto sencillo, sin pretensión alguna ni de cultura ni de belleza, pero cuyas facciones expresaban cierta serenidad y seguridad de sí misma. Colocó un almohadón sobre las rodillas, me rogó posase las manos sobre él, abiertas hacia arriba y se puso a estudiarlas. Luego comenzó diciendo: «Es usted o compositor o escritor.» Yo no dije nada. Ella continuó con más firmeza: «Es usted escritor.» Y seguí guardando silencio. Y ella dijo: «Hace siete años tomó usted una decisión importante.» Esta vez, intervine: «No. Fue dos años antes.» Insistió ella, insistí yo. Decidió dejarlo en suspenso, aunque muy contrariada; y siguió hablando: «Va usted a atravesar la guerra sin gran quebranto.» —«¿Qué guerra?», pregunté, si no con la voz, al menos con los ojos. «Sí, señor. Se nos viene encima una guerra tremenda.» —«Pero ¿cómo lo sabe usted?» —«Ay, señor, yo veo tantas manos, y tantas son de gente joven que dentro de pocos años ya no estarán en vida.» Me quedé pensativo, y quizá entretanto, rehíce mis cálculos retrospectivos mientras ella me miraba diciendo: «Perdone que le diga que fue hace siete años y no nueve.» A lo que contesté: «Tenía usted razón. Al calcular mentalmente hacia atrás, me equivoqué en la resta.»

El misterio de la quiromancia me distrajo de lo que me proponía decir: que aquella sibila que nada más abrirme las manos vio mi decisión de marcharme de la Secretaría, había añadido: «Fue una decisión muy sabia», de lo que no estoy yo muy seguro aun hoy. Hasta que se ha terminado la tragicomedia de la vida, no es razonable pronunciarse. Lo único seguro es que aquella decisión, para bien o para mal, abrió el camino para mi segunda etapa ginebrina.

*

Creo que, en el estado de ánimo en que me hallaba al irme de Ginebra a fines de 1927, dominaba una sensación de duda sobre mí mismo. ¿Quién era yo? Me había lanzado a la aventura de la Sociedad de Naciones sin hacerme preguntas, impulsado por una fe ingenua no sólo en la posibilidad de llegar a realizar un gobierno universal, sino en la seguridad de que iba a realizarse. Pese a tantas lecciones de la experiencia durante mi noviciado en Barcelona y el regocijado escepticismo que me causaban, seguía siendo un ciudadano del mundo tan convencido como el que más; pero no recuerdo haber hurgado jamás en las raíces de mi creencia. Hoy sospecho que hayan sido ramas de una convicción más honda: que si los hombres ven que un camino es mejor que otro, evitarán el peor. Esta convicción me parece hoy más racional que razonable.

Todavía creo percibir resonancias de esta convicción optimista en un artículo que publiqué en *Le Journal de Genève* con motivo del nuevo edificio que se estaba estudiando para alojar la Sociedad de Naciones. Ya la mera forma en que se desarrolló aquel lamentable episodio hubiera debido bastar para refrenar mi entusiasmo. Apenas si había país capaz de aguantar la humillación de no ser elegido para dar su arquitecto al proyecto. Estilos, personas y Estados se barajaban como meros dados en aquella ruleta sedicente cultural, y al fin lo que salió fue un inmenso cuartel en puro estilo de estación de Ferrocarril Federal Suizo.

Había previsto este final inevitable, y con la esperanza de atenuar las funestas consecuencias de la intriga, pergeñé un artículo afirmando que el nuevo edificio tenía que ser tal que dejara honda huella en la historia de la arquitectura como expresión de nuestra fe en un mundo humano presidido por la razón, y a tal fin pedía que el nuevo palacio de la Sociedad se irguiera en una alta torre hacia el cielo, símbolo de nuestra esperanza. Firmé (con seudónimo, puesto que era funcionario de la Casa) *Weltbürger*. Un anciano venerable, considerado en el cantón como uno de sus estadistas retirados, monsieur Gustave Ador, escribió al periódico protestando contra mi propuesta en la que veía un caso escandaloso de derroche. Era hombre muy de estimar, limpio y honrado; pero su opinión me pareció poco inspirada y, a decir verdad, indicio de mediocridad y provincialismo; por lo cual, lamento que le dieran su nombre al *Quai des eaux vives* que de tan bonito nombre se ufanaba.

A este *Quai* le tenía gran cariño, precisamente por su nombre tan feliz y tan justificado por el surtidor que en domingos y días de fiesta se eleva con tan potente impulso vertical sobre lo azul horizontal del lago, quizá por oscura simpatía entre aquel chorro vertical y el vigor de mi fe en el advenimiento de la razón. Además, había imaginado ver en aquel surtidor transparente y soleado el minueto de la *Sinfonía en sol menor* (K. 550) de Mozart, cuyas melodías ascendentes y cadencias se me antojaban imitar las curvas ascendentes y descendentes del agua del surtidor, y todos aquellos ensueños, aquellos colores, masas líquidas, impulsos y cadencias, entre el azul del cielo y el azul del agua, parecían armonizar en una sinfonía de esperanza.

Y no es que toda aquella luz de aire y agua se apagase al marcharme. Al contrario. Siguió resistiendo, como había resistido los diabólicos vendavales de escepticismo que soplaban en mi ánimo durante tantas y tantas negociaciones para dar con... ¿qué? Con un mero texto aceptable a todos, o (como lo explicaba en *La jirafa sagrada*) la frontera común a la que nosotros, los de la Secretaría, arrastrábamos a los contrincantes mientras ellos se mantenían tercamente cada uno al lado suyo de la frontera verbal y tan lejos de ella como podían.

A mis compañeros de la Casa les expuse que para mí las cuatro columnas sobre las que reposaba la Sociedad de Naciones eran —no, no eran Fe, Esperanza, Caridad y Verdad—, eran *autant que possible, éventuellement, en principe* y *le cas échéant*, cuatro frases misteriosas y mágicas que, colocadas con la debida maestría, resolvían los problemas más arduos de modo que ya se podía uno ir a almorzar. Saber redactar era la virtud de las virtudes en Ginebra. Por haberme dotado de ella la naturaleza, y saber aplicarla en las dos lenguas oficiales, llegué tan pronto a los altos cargos, aunque sospecho que no es virtud puramente literaria, sino que arraiga en cierta imparcialidad o actitud que supera los bandos.

No se tome a arrogancia. Téngase en cuenta la pequeñez, el atraso mental, que inspiraban muchas de aquellas querellas. Sin dejar de simpatizar con ambas partes que, frotadas y rodadas por la historia y la tradición, habían ido configurando su querella, dominaba el ánimo del observador la idea de ser la enemistad la causa de la disputa y no la disputa la causa de la enemistad, de modo que para resolver el caso, valía más alejarse de él, procurar hallar otros lazos entre las partes y no volver al caso hasta haberlos encontrado. Otro motivo de imparcialidad solía ser la impresión de comedia que las disputas solían producir al que sabía mirarlas —facultad para mí peligrosa por ser tan fuerte en mí que a veces no llegaba a dominar la risa.

Pronto comencé a imaginar jugarretas. En los documentos, los errores más garrafales pasaban a veces desapercibidos. En uno que recuerdo, «Monsieur Hanotaux (France)» pasó al texto inglés como «Monsieur Anatole France», y en otro, «la excesiva influencia francesa en el Saar» pasó al inglés como «la prevalencia de la gripe (*influenza, flu*) francesa en el Saar». Traté de que los redactores me dejaran intercalar en un informe diez versos del *Paraíso perdido* de Milton impresos como prosa, para ver qué pasaba, pero no se atrevieron.

Claro que la tremenda demostración de que todos estábamos soñando no había hecho explosión todavía; pero cuando me marché de Ginebra a fines del 27, la experiencia adquirida en aquellos seis años había fermentado mi optimismo sin por eso destruirlo. El libro que escribí entonces en inglés, *Disarmament,* no es ni con mucho obra de un escéptico, aunque ya no sea la de un soñador. En mi perspectiva personal, me había inspirado esta máxima capital de *La jirafa sagrada:* «Cada cual es para sí su mejor amigo, su peor enemigo y su único maestro»; y a quien me preguntaba por mi filosofía, solía responder que era *pesioptimista,* postura definida así: «Si se considera lo mala que es la gente, es asombroso lo bien que se porta.»

Entonces —Hitler.

PARTE SEGUNDA

INTERLUDIO ACADÉMICO

Capítulo I

Mi descubrimiento de América

Entre mi época de funcionario internacional y mi época de profesor en la Universidad de Oxford, descubrí las Américas. Las vacaciones que me había otorgado como transición las forré de trabajo con un viaje a los Estados Unidos pagado por la *Foreign Policy Association* de Nueva York y la *League of Nations Union* de los Estados Unidos, con el producto de mis conferencias. En mis seis años ginebrinos me había hecho con bastantes amistades de norteamericanos que de modo más o menos directo se hallaban vinculados con aquellas dos instituciones excelentes y ejemplares ambas. Descollaba entre ellos Thomas Lamont, uno de los Mecenas a quienes ambas debían la existencia. Lamont, era uno de esos norteamericanos cuyo rostro inteligente y abierto se me presenta siempre que oigo alguna crítica excesiva o malévola contra sus compatriotas, porque era hombre que habría honrado a cualquier país por el mero hecho de pertenecer a él. Pronto me había dado cuenta de sus dotes de corazón y de cerebro y nos hicimos buenos amigos. Su situación de primera fila en el Banco Morgan, le permitía consagrar sumas considerables a fines públicos, sobre todo de caridad y cultura. Era así uno de los fundadores y sostenedores de la Foreign Policy Association, así como el anfitrión de no pocos europeos que por Nueva York pasaban.

Al embarcar en Cherburgo en el *Dresden* me encontré con Keyserling. Lo conocía ya de Ginebra, donde acudí a oírle una conferencia que daba en una casa particular; luego, el viaje aquel por mar sirvió para madurar nuestro conocimiento mutuo. Era tan alto que su estatura escamoteaba su anchura, que no era poca. El rostro, desde luego eslavo, su peso, físico e intelectual, teutónico. Pero tengo para mí que su país, y Europa en general, tienden a preterirlo con evidente injusticia, pues disponía de un cerebro de primera calidad, que solía usar con asombrosa rapidez. Recuerdo haber escrito de él que me daba la impresión de un camión enorme propulsado por un motor Rolls-Royce, y le agradó sobremanera.

En Cherburgo, los embarcados lo hicieron justo después de la cena del barco. Nos condujeron al comedor para cenar. Apenas comenzaba la sopa cuando vino a sentarse a mi lado el gigantesco Keyserling y, en un castellano tan rápido que se saltaba a la torera los obstáculos de sintaxis y vocabulario, se me puso a hablar como si estuviera continuando una conversación ya vieja. «No sabía que hablaba Vd. el español.» —«Ni yo tampoco. Estoy probando.»

Excelente compañía para una semana en el mar. Al día siguiente me entregó un paquete: las pruebas de su libro *Das Spektrum Europas,* cuyo contenido me explicó. «Es un libro que le interesará. Ya conozco sus aficiones al tema del carácter nacional.» Le dije entonces que yo acababa de publicar un libro sobre el carácter nacional de ingleses, franceses, españoles, lo que pareció interesarle sobremanera.

Me miró con ojos de misterio. «Confidencialmente, desde luego, ya sabe Vd. que *l'Europe Nouvelle* da un premio cada año a un libro de tema europeo.» Confirmé que sí con los párpados. «Pues me han prometido que me lo van a dar a mí por este libro.» Esta vez me tocó a mí mirarle con misterio.

Louise Weiss, la directora y animadora de *l'Europe Nouvelle,* me había escrito que si yo me declaraba candidato, me darían el premio a mí. Yo le contesté que me parecía algo ridículo presentarse candidato a un premio, pero que si tomaba mi carta por acto de candidatura, allá ella. Iba a decírselo a Keyserling, pero pensé que haría una ensalada poco apetitosa de secretos, lo que me hizo recordar que Louise Weiss me había impuesto el silencio. Pasó el tiempo, no mucho; me dieron el premio a mí y Keyserling me escribió una carta de maravillosa generosidad. Epíteto que me recuerda que en su carta me decía que mi libro era *maraviglioso.*

Ya cerca el *Dresden* de las costas de los Estados Unidos, todos los yanquis desaparecieron. Keyserling, gran bebedor (parecía un tonel andante) pero nunca bebido (sin duda por el camino que la bebida tenía que recorrer para subírsele a la cabeza), me explicó que los yanquis estaban en sus cabinas bebiendo a todo meter antes de que se cerrasen y sellasen en el barco bares y bodegas según prescribía entonces la ley de «prohibición».

Fue aquella mi primera experiencia de la prohibición. Muchas más me quedaban por ver y vivir. La prohibición fue un experimento desastroso, quizá debido a un error sobre cómo curar, atenuar el alcoholismo en los Estados Unidos. No diría que es cosa que valga más dejar al equilibrio de las fuerzas sociales e individuales, pero sí que la prohibición no era el remedio adecuado. A los demás atractivos del diabólico brebaje venía a añadir el de lo prohibido. Las chicas de las universidades bebían tónicos para el pelo y agua de colonia, y a veces los cocteles que se tenía uno que tragar para no ofender a la señora de la casa eran repulsivos y hasta peligrosos.

Es curiosa esta tendencia a la bebida fuerte entre los anglosajones y los nórdicos. La primera vez que vi a una mujer de clase media acomodada ebria de remate fue en el baile con que terminó una gran cena internacional en Copenhague. Era una danesa de belleza y distinción notables, lo que hacía todavía más lamentable su estado. Años después, en una visita a la misma encantadora ciudad, vi a tres burguesas juntas que, a eso de las diez de la noche, apenas si se tenían de pie en la acera donde las crucé. La primera vez que vi a un hombre de clase media alta en estado de total embriaguez fue en Estocolmo, a las tres de la tarde. No se lea aquí deseo de criticar con superioridad, pues de haberme dado la naturaleza un hígado más resistente al alcohol, es muy posible que hubiera caído yo también en el alcoholismo. Lo que busco es una explicación de la mayor tendencia al abuso alcohólico en los anglosajones y nórdicos; y quizá haya que buscarla en que la labor y el negocio los avasallan con más fuerza a la razón, de modo que ya sueltos, se refugian en la bebida buscando libertad.

*

«Aquí se respeta la ley —dijo Florence Lamont a Keyserling mientras Metcalf, su admirable mayordomo, escanciaba al ilustre huésped una copa de chablis—. Habíamos comprado docenas de botellas antes de que votasen la enmienda.» Keyserling ni intentaba ocultar que le tenía sin cuidado, con tal de que el vino fuera bueno. Malogrado su gambito, Florence intentó otro: «¿Le gustan las ostras, conde Keyserling?», preguntó al tiempo que Metcalf ponía delante del invitado un plato de ostras guisadas. «Sólo crudas», vociferó el gigante. La pobre Florence me miró de reojo como implorando: «¡Sálveme!»

Pocos días antes me había telegrafiado a Chicago preguntándome si estaría en Nueva York en tal fecha y si, de ser así, almorzaría con ella. (Era su casa mi base en el país durante mi gira de conferencias.) Contesté que aquel día llegaría por la mañana y me volvería a marchar al anochecer, pero que estaría para almorzar. Cuando llegué de la estación, me encontré en mi cuarto con una nota suya rogándome fuera a verla en seguida; y entonces me explicó, todavía estupefacta, que había invitado a Keyserling a almorzar y que él había contestado que aceptaba a condición que viniese también yo.

Nos fuimos a tomar el café a la hermosa biblioteca de la casa, y apenas sentados en amplios sillones, Keyserling se embarcó en un alto galeón de sabiduría, todas velas al viento de la elocuencia. Hablaba inglés con la misma facilidad e incorrección gramatical que el español, con una mezcla de densidad de pensamiento y facilidad de palabra que forzaba la admiración. La sabiduría parecía ser su especialidad; y a ella se entregaba cuando, en plena mar, se vio de pronto detenido por la voz cortés y casi asustada de Florence Lamont: «Pero, señor conde, ¿qué entiende usted por *espíritu?*» Keyserling le disparó una mirada de revólver y con la voz, el gesto y el rostro más seco que cabe imaginar, contestó: «Yo no explico nunca nada.» Volaron las nubes, se borró el galeón, y la filosofía, ahora en camión Rolls-Royce, siguió rodando sobre el cuerpo atropellado de la pobre Florence.

Aquella misma tarde volví a tomar el tren para Dios sabe qué lejana conferencia, y cuando, una o dos semanas después, volví a mi base, Tom y Florence me hicieron animado relato de la cena que en su casa había ofrecido a Keyserling la Asociación de Política Extranjera. Todo comenzó con una invitación que Keyserling aceptó «a condición de que lo sentaran entre dos mujeres guapas». Creo recordar que Florence, que aunque no ya joven, era de muy buen ver, renunció a su privilegio de ama de casa para colocar a su ilustre y desaprensivo huésped entre dos beldades, y la cena iba viento en popa, bajo la alta dirección del admirable Metcalf que, en particular, velaba sobre la copa de champaña del filósofo, en duelo singular, uno a llenarla, a vaciarla el otro, sólo que —cosa inaudita en aquella casa, donde el servicio era admirable pero siempre silencioso— cada vez que Metcalf pasaba y llenaba la copa de Keyserling, repetía en estentóreo murmullo: «¿Más champaña, señor conde?», con lo que se iluminaba en torno a la mesa una guirnalda de sonrisas.

«¿Cuándo se va usted?», pregunté a Keyserling, un día en que coincidimos en Nueva York, y él me había llamado por teléfono. Quería saber cuándo se iba a publicar un artículo sobre los Estados Unidos que me había pedido la revista *Harper's.* «Pues me voy mañana. Ya llevo aquí quince días. Es mucho. Si me quedo un día más, ya no podré escribir nada sobre este país.» Me encantó su explicación, y le conté que mi primer conferencia de prensa almorzando con los periodistas, recién desembarcado, comenzó con estas o parecidas palabras: «Señores, he desembarcado a las once; nos hemos sentado a almorzar a las doce. Son las doce y media. Les ruego, pues, que me perdonen, pero todavía no he podido escribir mi libro sobre los Estados Unidos.» Se rió, pero me dijo: «Todo eso está muy bien, pero lo que es yo no voy a escribir el mío hasta haber leído su artículo.» Y he de decir que no cejó en cartas y telegramas hasta que le llegó el ejemplar.

Creo, en efecto, que mi modo de ser intelectual se parece al de Keyserling en que ambos llegamos al fondo de las cosas más por la gracia de Dios que por obra de labor, y confiando en impresiones más que en estadísticas. Seguimos carteándonos, correspondencia que, como otras varias, perdí con mi casa de Madrid, no por cierto durante la guerra civil, sino después, al apoderarse de la capital las fuerzas del orden o el orden de las fuerzas, y no en el barullo de los primeros días, sino en el período ya tranquilo y sosegado en el que cada cual sabe o debiera saber lo que hace.

Ya estaba yo ejerciendo en Oxford cuando un buen día recibí un cable que Keyserling me mandaba desde un barco en el que cruzaba el mar de Nueva York a Londres. Me pedía que aceptase una invitación a cenar que iba a recibir de «Guinness» porque él sería el otro convidado. Luego resultamos seis, porque Guinness vino con su mujer e invitó a la de Keyserling y a la mía. Cenamos en un comedor particular del Café George, de Oxford. Guinness era uno de los copropietarios de la famosa cerveza negra inglesa, *stout*, que, como tantas cosas inglesas, viene de Irlanda. El anfitrión y su mujer, ambos buenos ejemplares del país, tanto en lo físico como en los modales y maneras, preguntaron al sentarnos a la mesa qué íbamos a beber, y Keyserling, con voz de tanto volumen como autoridad, declaró al instante: «Champaña, desde luego. Pero vamos a empezar con cerveza.» La escocesa y el español se abstuvieron de expresar opinión alguna, y los Guinness sostuvieron la andanada como si tales cosas hubieran sido normales en Inglaterra desde los tiempos de Alfredo el Grande. Pidieron, pues, las botellas al maestresala; llegadas las cuales, Keyserling se dispuso en seguida a transmutar su espumoso contenido en un surtidor inagotable de filosofía, sabiduría, ingenio, buen humor, en fin, todo menos hipo.

CAPÍTULO II

Predicador "in partibus infidelium"

Al enterarse de que iba a los Estados Unidos, mi amigo Sweetser comenzó a cuidarme con gran asiduidad. Las relaciones de su país con la Sociedad de Naciones le preocupaban muy de veras. El modo tan falto de escrúpulos como el partido republicano había desorientado la opinión pública yanqui hasta inducirla a dejar en la estacada la Institución iniciada por Woodrow Wilson, no cesaba de amargarle la vida. Había puesto todo su buen deseo en hacer que mi gira por su país lograse el mayor éxito posible, no meramente personal, sino como prédica de la buena nueva ginebrina.

Casi todos sus consejos me fueron valiosos, mucho más de lo que yo entonces, por falta de experiencia, era capaz de apreciar; pero uno de ellos se me atragantó desde el principio y lo rechacé de plano. Estábamos entonces muy empeñados en meter a los Estados Unidos en el Tribunal de La Haya, esperando que la índole meramente jurídica de la Institución sería del agrado de un pueblo que había hecho de su Tribunal Supremo la piedra maestra de su Constitución. Pero Sweetser y sus amigos preconizaban y seguían una táctica que me disgustaba: procuraban quitarle importancia a la relación orgánica entre el Tribunal y la Sociedad de Naciones, a pesar de que el presupuesto del uno era mero capítulo del presupuesto de la otra y de que era la Sociedad la que elegía los jueces. A mi ver aquella táctica no era ni realista ni sincera para con mis auditorios.

Así pues, en mis pláticas sobre el tema a través del territorio yanqui, puse bien clara la relación entre la Sociedad y el Tribunal, y hallé, como había supuesto, que el público me entendía; pues ya ellos estaban acostumbrados a la separación en relación de los tres poderes, dentro de su propio Estado. Mi tendencia era a dar más seriedad y peso al fondo que a la forma. No leía nunca, sino que improvisaba sobre un esquema lógico bien preparado y constituido; y al final, me avenía con no poco buen humor a un período de preguntas del público que solía llamar «represalias». Uno de los periódicos, dando cuenta de mis conferencias, me pintaba como «un español que se parece a Julio César y que habla como Bernard Shaw». Más gracia me hizo todavía un dicho de Mr. Feakins, que me seguía, como agente de conferencias que era y en años sucesivos se encargó de mis giras por su país. Era excelente sujeto y nos hicimos amigos. «Doctor —me dijo (allí siempre me llamaban doctor)—, ahora resulta que es usted una especie de estafador. Pues sí, señor. Yo vengo a escucharle y cuando me voy me encuentro con que me ha vendido usted una idea que no quería comprar.»

Típica metáfora yanqui, omnipresente en la América ánglica, quizá el más característico de los rasgos del lenguaje inglés de Ultramar; metáfora inspirada por la compraventa, que es operación natural a todos los pueblos, pero no de buen tono en los europeos. En este caso, al menos, el manejo de la metáfora se funda en una curiosa inversión del proceso usual. El viajante de comercio logra captar la aquiescencia del comprador (pasta dentífrica, automóvil, fábrica de acero o lo que sea), y como consecuencia, el comprador compra. El dicho yanqui invierte el orden, y para decir que le han convencido, dice que le han vendido una idea. Con lo cual, además, se presupone que nadie puede recibir nada de nadie si no se lo *compra,* o sea que las relaciones humanas se limitan a lo comercial. Marido a mujer: «Ahora resulta que me has vendido un rorro que no quería comprar.»

Por muy lejos que me quede todo esto, no me disgusta porque me gustan los yanquis. La gente, o le cae bien a uno o le cae mal. Si le cae bien, le gustan a uno sus cosas, aun aquellas que no le gustan a uno. (Esto se parece bastante a un toro irlandés; pero no hay peligro. Los toros irlandeses no suelen embestir.) Así pues, aun dándome cuenta de que el modo de vivir de los yanquis no era el mío, ni tampoco los más de sus gustos corporales, ni sus chistes ni su igualitarismo ni su «seguid sonriendo» y modo general de hablar..., ¿queda algo?; pero, aun así, la suma de todas estas diferencias venía a ser un curioso asentimiento, no de cabeza, pero de corazón. Me gustaban los yanquis.

Muchas vueltas le he dado a esta paradoja. Al fin y al cabo, mi afición favorita es observar el carácter nacional, hecho vital que algunos tontilocos niegan. Creo que lo que más me atraía en ellos era su humildad y total ausencia de envidia. Más de una vez me ocurrió, no tanto en las conferencias públicas como

en el ambiente más íntimo de una reunión particular o de un
seminario, sentirme como una especie de Jesús en el Templo
contestando a preguntas que, con sincero y evidente deseo de
oír mi opinión, me hacían hombres cuyo poder intelectual y conocimiento del tema valían los míos, si no más. En estos casos,
más de una vez pensé que si mi opinión parecía mejor y más
profunda, ello se debía tan sólo a mi don de expresarme, más
claro y epigramático.

Sólo una vez en muchos años, y después de haber cruzado
el país cuatro o cinco veces de Nueva York a San Francisco
y de Chicago a San Antonio, fui víctima de una agresión verbal
por parte de una mujer apoyada por su marido. Pronto me enteré de que no eran yanquis y de que eran comunistas. Pero
una vez estuve en peligro de perecer a manos de una mujer;
y esta vez sí que era del país y no era comunista. ¡El famoso
sexo débil! Ocurrió el caso al final de uno de esos almuerzos
con conferencia que solía organizar la Asociación de Política
Extranjera en uno de los hoteles más concurridos de Nueva
York. La sala estaba llena y la mesa presidencial era larguísima.
Di mi conferencia, hubo algunas preguntas, todo fue como una
seda, decimos nosotros, quizá más exactamente, como un incendio, según dicen los yanquis, y ya se había ido casi todo el mundo, cuando me encontré discutiendo cosas de lo que había dicho,
en un grupo de ardientes oyentes que se había apelotonado en
un extremo de la mesa presidencial. A mi lado lo observaba todo
mi amigo Pierre de Lannux, escritor francés buen conocedor
del país.

De pronto vi venir hacia mí con paso militar y militante
una mujer más bien joven, con el ceño fruncido y la boca apre-
tada, y el pelo tocado con un sombrero de tres picos plantado
a ángulos de furia. «¿Cuánto tiempo... —disparó con estilo ca-
tilinario— va usted a quedarse aquí corrompiendo a la juventud
de este país?» A lo que respondí: «Corromper a la juventud no
es cosa fácil. Necesita tiempo. Me quedaré todo el que haga
falta.» —«¿Y se da usted cuenta —no dejé de percibir la resonancia de trompeta en su potente voz— de que en este país hay
cuarenta y ocho Estados?» Entonces vino el diablo, como suele,
a tomar parte en los festejos. Sucedió que el Estado de Tennessee era entonces objeto de oprobio y burla por haber prohibido
en su territorio la enseñanza del darwinismo, y por mero juego
mental o tentación diabólica, contesté a aquella mujer fuerte:
«No. Sólo cuarenta y siete. Tennessee no cuenta.» A lo que vociferó: «Yo soy de Tennessee», y el sombrero de tres picos se
le erizaba, amenazador. Pierre de Lannux tuvo que llevársela
gesticulando como una Judit vengadora.

Después de su humildad, lo que más me atraía en los yanquis era su total carencia de envidia, valiosa virtud en una nación porque permite a los más capaces ir elevándose sin el obstáculo que en otros países les oponen los envidiosos con toda suerte de rémoras y frotamientos. Pero, aun dejando a un lado este aspecto utilitario que redunda en lo que podríamos llamar un mejor rendimiento de la máquina social, la ausencia de envidia hace más placentera la vida para todos porque los que brillan por sus dotes pueden irradiar su luz en un ambiente de buen humor en vez de tener que dejar que se vaya entenebreciendo bajo las nubes negruzcas de una envidia amarillenta.

Es muy posible que esta virtud de los yanquis se deba a otra virtud que también los distingue; una notable fuerza de invención. Se ha querido a veces banalizar esta virtud con el nombre de *gadget-mindedness*, aptitud para los chismes mecánicos; pero se trata de algo más sustancial, una actitud de descubridores en vanguardia hacia lo desconocido. Los yanquis aceptan y hasta dan por supuesta la posibilidad de todo lo que todavía no se ha intentado, aun de cosas que al europeo, más conservador, parecerían quiméricas; por ejemplo, escribir con una aguja sobre un cilindro de cera todo lo que cantan los instrumentos y la voz humana y leerlo después con los oídos mediante la misma aguja que lo escribió, idea absurda y sin embargo fecunda, como absurdo y fecundo fue ir a descubrir América con tres cáscaras de nuez.

Esta negativa a admitir la imposibilidad de lo tenido por imposible, esta predisposición hacia un porvenir increado, no sólo para recibirlo como venga, sino para crearlo, es quizá lo que limpia de envidia el alma yanqui. Lo que logra el vecino, lejos de entristecerle, le estimula para lograr algo él.

Ello no obstante, he de hacer constar que no me topé en los Estados Unidos con aquella tremenda actividad que, en nuestros días juveniles de Hampstead, solía cantarme Ezra Pound, con ojos que le brillaban de entusiasmo tras los cristales de sus lentes. «El otro, ¿sabes?, sigue andando y, vamos, que te atraviesa.» Yo no vi nada de esto: y aun diría que, quizá por haberme hecho concebir esperanzas excesivas, lo que sentí fue cierta impresión de indolencia, siempre dispuesta a volver a aflorar en cuanto cesaba el golpe de actividad que la había cortado; tanto que aun hoy pienso que el estado normal del yanqui es la indolencia y no la actividad; y forrando la indolencia, un trasfondo de aburrimiento. Tan es así que cabe preguntarse si esa prisa en llegar a la Luna no es deseo de huir del aburrimiento de cada día.

Y entonces, surge otra pregunta. ¿De dónde les sale el aburrimiento? Quizá de la sobreabundancia de bienestar, la seguridad de poder satisfacer cualquier antojo. Porque, por otro lado, los yanquis han probado su capacidad para tejer una sociedad tan culta y fina como la que más, y sólo la malquerencia o la ignorancia pueden explicar que se les haya acusado de falta de cultura mental y moral. Que se den entre ellos seres cortos de inteligencia y de cultura, ¿quién lo duda? Como en cualquier país del mundo. Pero el nivel general de cultura y refinamiento es alto, el gusto bueno y con frecuencia excelente, y lo que vale más aún, se da con frecuencia una tolerancia de buen talante y una cortesía cordial que hacen sumamente grata la vida en los Estados Unidos.

La tolerancia de buen talante me pareció estar bien distribuida en todo el país, mejor quizá que el refinamiento y la cultura, que se eleva en cuesta empinada al subir la escala social. La educación es otra cosa. Estos vocablos son todos escurridizos como anguilas; y en particular este de *educación* que hoy, con dudoso acierto, se suele usar en vez de *instrucción*. En general, me pareció que en los Estados Unidos la educación era superior a la instrucción. Yo conocí a una americana del Norte de buena educación, que aun después de haberse conquistado un título de doctora, no acertaba a distinguir *consul* de *counsel*. Recuerdo haber leído en un libro de Julio Camba que en el curso de un viaje colectivo que hizo por los Estados Unidos, el alcalde de una ciudad del *Middle West* a quien le iban presentando los viajeros, al oír «Mr. Patridis, griego», preguntó: «¡Ah!, griego, ¿antiguo o moderno?» Yo lo tomé por una humorada de nuestro genial humorista, y así se lo conté a mi amigo Aghnides, mi predecesor en el Desarme en Ginebra, que luego hizo buena carrera en las Naciones Unidas; pero Aghnides protestó: «Nada de eso. Conozco a Patridis y él mismo me lo contó a mí.»

CAPÍTULO III

Sutilezas yanquis

Claro que algunas de estas observaciones habían ido envejeciendo a causa de la evolución de los mismos yanquis. Su acceso al más alto escalón del poder mundial puede haberles hinchado lo que antes era humildad hasta volverla en arrogancia; pero no pocos rasgos siguen igual. Los yanquis difieren de los ingleses, pero no les gusta tocar el tema como no sean ingleses los que lo nieguen. Los ingleses suelen rodear sus casas y jardines de vallas, aunque sean tan sólo vegetales, para sentirse solos y en casa, pero los yanquis no separan sus terrenos respectivos por valla o linde alguna. Con todo, el yanqui se siente muy inglés todavía, pero no quiere que se lo digan.

Creo que fue ya en mi primer viaje cuando, sin pensarlo ni premeditarlo, dramaticé de pronto esta situación una tarde soleada en California. Me habían agasajado con un espléndido almuerzo en una casa señoril de las cercanías de Los Ángeles y estábamos tomando el café en el jardín soleado. Todos, ellos y ellas, eran del país, menos una dama inglesa y yo; y ya me habían hecho tomar el papel de oráculo destilando parábolas de sabiduría cuando, a la vuelta de un argumento, dejé caer como al desgaire unas palabras que erizaron la oposición y aun la animosidad general: «Ustedes, los yanquis, a pesar de Washington y Jefferson, etc., siguen siendo súbditos del rey de Inglaterra.» Vocerío de guerra. «Pues sí. Todavía no ha cortado nadie el cordón umbilical.» Seguía la oposición. «Pues lo voy a demostrar.» Al instante se hizo un silencio como en misa. «He aquí la prueba. Cuando hablan ustedes del rey de España, dicen "el rey de España"; cuando del rey de Suecia, dicen "el rey de Suecia"; pero cuando hablan ustedes del rey de Inglaterra, dicen "el rey".» Así era entonces. Nadie lo podía negar. Hoy, no sé.

Cambios, los ha habido, desde luego, sobre todo en las cosas de la política exterior. En mis primeras giras, hallé mucha hu-

mildad y hasta ingenuidad en estas cosas, aunque a veces se
daba un como reto casi agresivo que en raras, aunque algunas,
ocasiones llegaba hasta el borde de la descortesía. No hay que
olvidar que los yanquis venían de un clima de Doctrina de Monroe, destino manifiesto, imperialismo sin inhibiciones ni vergüenza, todo lo que encarnaba con más robustez que elegancia
el inefable Teodoro Roosevelt. Todavía recuerdo un día en el
antiguo local del Club Español de Londres, en Wells Street, durante la primera guerra mundial o poco después, un joven diplomático yanqui, de levita negra vestido, alto, elegante, robusto
y próspero, muy contento de sí mismo, a quien acababa yo de
decir que Cuba y Puerto Rico debieran federarse. Se irguió muy
serio y rígido y contestó: «Lo que tenemos, no lo soltamos.»
Así se hablaba antes de la era de la hipocresía. Y el mismo Teodoro Roosevelt habló bien claro cuando en su correspondencia
particular hizo saber que los Estados Unidos se proponían expulsar del continente a todas las naciones europeas, empezando
por Inglaterra.

Bueno será recordar aquí que fue precisamente Woodrow
Wilson quien cerró la puerta de la Sociedad de Naciones a Méjico, situación que tomé yo la iniciativa de terminar, como más
adelante se verá, y no será la página menos divertida de esta
verídica historia. El espíritu dominador y arrogante que inspiró
tal exclusión no animaba ya la gente yanqui, al menos la que
llenaba los locales de mis conferencias; pero era todavía fuerte
en el país y no dejaba de atacarme. Contraatacar no me había
parecido de buena táctica; pero siempre me fue posible ir ganando terreno por el buen talante y el buen humor y sobre todo
por la buena disposición de mi público, casi siempre tolerante
y comprensivo. Así fue como llegué a acuñar medallas verbales
que han circulado desde entonces dentro y fuera de América.
Valga como ejemplo ésta: «Sí. Ya sé que sois imperialistas. Nosotros, los españoles, lo comprendemos; que al fin y al cabo, el
pueblo español es un constructor de imperios que se ha retirado
del negocio.» Esto caía siempre muy bien.

Claro que provocaba conflictos de conciencia entre el imperialista y el pacifista que vivían dentro de la misma piel, caso
frecuente, quizá normal, entre los aficionados a la Sociedad de
Naciones. Estos casos de esquizofrenia política me atraían sobremanera y los solía observar con atención, lo que me llevó
a otra de mis medallas verbales: «Al anglosajón —les dije una
vez— la conciencia no le impide pecar, pero sí gozar del pecado.»
Treinta años después, la citaba todavía en Londres un famoso
charlista de radio.

Así preparados, mis oyentes pudieron oír sin excesiva emoción un análisis que les ofrecí de su axioma político fundamental, la famosa Doctrina de Monroe. «Sólo dos cosas concretas —les dije— pueden afirmarse de la Doctrina de Monroe: la primera es que apenas si hay un yanqui que sepa lo que es; y la segunda que apenas si hay un yanqui que tolere que nadie la toque. Ahora bien, estas dos condiciones no definen doctrina alguna. Lo que definen es un dogma. La llamada Doctrina de Monroe es, pues, un dogma; pero, mirada de más cerca, se resuelve en dos: el dogma de la Inmaculada Concepción de la Política Extranjera de los Estados Unidos y el dogma de la Infalibilidad de su Presidente.»

Lo tomaron muy bien porque eran corteses y yo hablaba sin malevolencia, pero también porque bajo la broma se daban cuenta del grano de verdad que encerraba mi fórmula. Siempre es para nosotros, hijos de Roma, causa de extrañeza descubrir con qué naturalidad británicos y yanquis abrigan opiniones contradictorias unas a otras y ambas a los hechos. La sinceridad con que los yanquis creen que la historia de su país está tejida de progreso pacífico jamás agresivo, sólo puede compararse con la profunda convicción que los británicos abrigan de haber luchado siempre por la libertad de Europa y de los europeos y por la de los mares; y sin embargo, el mismo nombre que han dado a su nación, Estados Unidos *de América,* revela que subconscientemente consideran todo el continente como su dominio predestinado, de cuya actitud brota la Doctrina de Monroe (manifiesto destino).

Citaré otra vez a Camba. «Sí. Gran país. Lástima que no tenga nombre. Porque eso de ESTADOS UNIDOS DE AMÉRICA no es un nombre, es una descripción. Es como si Maruja, ya sabe quien digo, en vez de llamarse María se llamara "la bonita rubia del segundo izquierda".» Yo le repliqué: «Pero ¿y las letras en la solapa? Hay que mirarlas bien. US. Vaya nombre estupendo: US. NOSOTROS. LOS DEL REBAÑO. Tan formidable es este nombre que en vez de llamarlos *americanos,* que es mera usurpación, o *norteamericanos,* que es interminable y además se fuma a los canadienses y a los mejicanos, o *yanquis,* al que nos resignamos aun sabiendo que no se aplica en puridad más que al nordeste, los debiéramos llamar *usianos.*»

*

Este arrogante US, NOSOTROS, que las iniciales dan por casualidad..., cuidado con la casualidad que es la mar de lista. Ahí está el caso de la Unión Soviética, U. S. en español,

pero S. U. en inglés, es decir, lo contrario de U. S. Y no para
aquí el juego, que el nombre completo (francés o español) se
reduce a iniciales en U. R. S. S. que juega con RUSS, de modo
que Rusia hace una revolución feroz, se cambia el nombre y
¿a dónde va a dar? A URSUS, el mismo oso de antaño.

Pero el US americano, aun regalado por la casualidad, es
en los Estados Unidos herencia del inglés, porque Inglaterra
es el rebaño humano más fuerte del mundo, por naturaleza, tanto que no ha menester de pastor. Este US ganó en las dos guerras mundiales un ímpetu inaudito: pero, en un pueblo menos
original, su victoria pudo haber ido a parar a mero *jingoísmo*
y dado al mundo una versión de aumento de Teodoro Roosevelt,
abominable pesadilla; mientras que lo que ha producido es un
desarrollo de la conciencia humana del pueblo yanqui paralelo
a la de su potencia internacional. Esto fue regalo del destino.
No estaba inscrito en el programa histórico. El resultado pudo
haber sido precisamente el contrario y tan temido.

Recuerdo que un día Gregorio Marañón me contaba cómo
vio una mañana entrar en su gabinete profesional a un grupo
que parecía un pelotón de rugby: cuatro hombres fornidos arras-
trando a un hombre joven de, al parecer, unos veinte años. Uno
de los cuatro explicó: «Yo, señor doctor, soy el padre de este
chico y éstos son mis hermanos. El chico tiene cinco años, pero
su cuerpo tiene la fuerza de uno de veinte. No hay en el pueblo
moza que esté segura.» Le corté el relato a Marañón y, pensando en las cosas internacionales, le dije: «Pero, Gregorio, los Estados Unidos, ¿no?»

Nuestra suerte ha sido que mi observación resultó falsa, al
menos entre cada dos elecciones presidenciales; porque, como una
vez lo expuse en una carta al *Times* de Londres, el mundo es
como un viajero a bordo de un coche colectivo que va recorriendo un camino sinuoso al borde de un precipicio, y cuyo cochero
pasa cada cuatro kilómetros por un acceso de noche cerebral.
Esperemos que seguimos rodando hacia algún sitio. Pero, dejando de un lado los accesos periódicos de fiebre electoral, todo
el que haya conocido la opinión yanqui de la tercera década del
siglo, admirará el progreso que se ha hecho desde entonces.

CAPÍTULO IV

Las clases en los Estados Unidos

Es muy general la opinión que ve en los Estados Unidos el país que más y mejor ha realizado el sueño socialista del Estado sin clases. Algo hay de ello, pero no mucho. La mirada altiva descendiente a lo largo de la nariz, que tanto se ve en Inglaterra, el trato insolente de la gente pobre que todavía perdura en Italia y en España, no se ven en los Estados Unidos, como no sea en el Sur a veces de blanco a negro —punto sobre el que volveré después—. Diré, no obstante, ya ahora que el visitante tiene a veces que aguantar tanta arrogancia en las tiendas de Nueva York como en las de Londres —sólo que de índole y sabor muy distintos—. El que penetre —si se atreve— en uno de los grandes comercios de Regent Street en Londres, no logrará comprender lo que ocurre si no se da cuenta de que cualquier hortera de la casa, y más ellas que ellos, pertenece a la familia real, y se encuentra allí vendiendo corbatas o medias transparentes sólo por un nudo de circunstancias adversas que no afectan a su sangre regia; mientras que, en Nueva York, si es extranjero el comprador, pronto se le hace sentir que en la tierra de los libres sobran preguntas sobre la calidad del género.

Se dirá que esta arrogancia para con el extranjero, los yanquis la heredan de los ingleses —y no deja de ser así—. Gibson me contó que su madre, dama acomodada de la Nueva Inglaterra, vio llegar un día a su mayordomo que, con cara muy larga, le dio preaviso de que se iba. «¿Qué pasa?» —«Señora, pasa que el personal de la señora me ha insultado.» —«¿Y qué le han dicho para ofenderle?» —«¿Señora, me han llamado *extranjero.*» Explicó la dama, con paciencia y tacto, que para gentes del país un inglés, como el mayordomo, era un extranjero; pero fue trabajo perdido, porque el ofendido mayordomo replicó: «El

hecho queda, señora, que yo no puedo ser extranjero, puesto
que soy inglés.»

Ya sabemos que los ingleses deben su fuerza a su apego tenaz a los hechos. Lo que les salva es su humorismo; y en este
caso especial, uno de ellos, Gilbert, los lavó a todos de su arrogancia insular con un delicioso surtidor de gracejo universal que
surge en una comedia cantada a bordo de un acorazado. Condenado a muerte un marinero, el coro apela al capitán mencionan-
do las virtudes del reo, entre ellas esta joya:

> Sin ceder a tentaciones
> de ser de ajenas naciones
> ha seguido siendo inglés.

Mucho menos que humorismo es la enfermedad que padecen los comerciantes que, en observando que el acento del cliente
no es el de Manhattan, pierden la cortesía. Son pocos, pero más
de lo que se imaginan los yanquis, cordiales y acogedores por
naturaleza. Lo que no deja de ser curioso, ya que el país ha
crecido tan asombrosamente a fuerza de asimilar toda suerte
de extranjeros. Claro es que el tronco es sano. Los descendientes
de los que llegaron en el *Mayflower* deben contarse por millones. Tantos son que en mi novela-fantasía *La jirafa sagrada*
hice de tan histórico navío un bajel mítico, simbólico de la re-
producción y multiplicación, como su mismo nombre indica:
Flor de mayo.

No ha mucho leí que el famoso «crisol» yanqui que funde
tantos pueblos en uno resulta ser no uno sino tres, por no ser
sus elementos reductibles a uno sino a tres: el que suele llamarse WASP (avispa) por las cuatro iniciales inglesas de sus componentes (White-Anglo-Saxon-Protestant), en el que se funden
los europeos del Norte; el católico, donde se mezclan irlandeses,
polacos e italianos; y el judío, que no se mezcla. Creo que éste
es el mejor camino de acceso al problema de las clases en los
Estados Unidos. Olvidemos a Marx; porque en aquellos Estados
Unidos que se suponen ser lo más materializado del mundo, el
dinero no es el marchamo de la clase. ¿Definirla? Nadie lo hace.
Sentirla, siempre; pensarla, poco; hablarla, nunca —tal es la
regla de oro en cuanto a la clase—. Ahora bien, en cuanto a
sentirse, los cristianos se sienten superiores a los judíos; y los
protestantes, a los católicos, y no hay más que hablar, y sólo a
un extranjero se le ocurriría escribirlo tan desvergonzadamente.

Por aquí se va a otra diferencia de clase todavía más sutil,
nunca expresada, poco observada. *Como clase, los republicanos*

son superiores a los demócratas. Ya en mi primera gira por aquel país tan vasto, me di cuenta de este rasgo notable de su sociedad. Si el que me hablaba era demócrata, lo corriente era que me lo hiciera saber al instante, envuelto en explicaciones excusatorias. «Claro que toda mi familia es republicana, desde siempre, pero yo soy demócrata.» Jamás me topé con un republicano que me ofreciera la explicación inversa. El profesor o médico que me explicaba cómo resultaba él ser el primer demócrata de su familia, estaba a la defensiva para evitar que yo me imaginase que él venía de abajo, cuando en realidad, descendía y aun condescendía desde el vértice de la sociedad, o sea de la mismísima *avispa* blanca y protestante, procedente del norte de Europa, tan por encima del populacho católico, irlandés-polaco por no decir judío, con el que ahora se codeaba como demócrata que era. Este síntoma constante bastaría para probar que las clases, sociales más que económicas, se dan en los Estados Unidos aunque en un contexto muy especial.

Pero es probable que se trata de algo más general. El concepto de clase es mucho más sutil que esa miserable escalera de ingresos que suelen ver en él socialistas y economistas. No faltará entre ellos quien arguya que los aspectos no económicos de la clase no pasan de ser las hojas y flores de la única savia que hay en ello, que es el dinero, de donde brotan el bienestar, el ocio, la cultura, los modales, el gusto, el atractivo. Pero no. La clase es tan sutil y universal que se produce aun dentro de cada clase; y la sociedad gana en matiz y sutileza cuanto más variedad de clases florece en su seno. Hay en el inglés de Inglaterra un adjetivo, concepto y sentimiento —*exclusive*— que siempre me ha repelido como cosa por demás mema, capaz de hacer de cualquiera que no aspire a santo un enemigo jurado de la mera idea de la clase, si como tal se entendiera. Pero la clase no es nada que le parezca a la *clique, coterie, camarilla,* sino que es natural; de modo que en los países de ambiente muy desarrollado, llega a proliferar en numerosos valles y cerros que difieren no sólo en cantidad sino en calidad, así que tal persona será superior en una escala pero inferior en otra, formando el total un ameno paisaje social. Por eso el paisaje social yanqui es menos variado que el inglés, y sin embargo, no deja de percibirse en él toda suerte de subidas y bajadas, orgullo y suficiencia, humillación y soledad, compañerismo, acogida, frialdad y calor —todo ello admirablemente envuelto en el plástico transparente de la cortesía.

*

En el fondo, el problema negro lleva dentro no pocos de los componentes del problema de clases. El cambio de nombre, eliminando el vocablo *negro* de origen español, para decir *black* su equivalente inglés, es parte de este aspecto de clase, ya que apunta a olvidar la época en la que negro y esclavo eran sinónimos, de cuya situación aún quedan no pocos resabios en los Estados Unidos.

Gracias a una amiga mía de aquellos tiempos (hacia 1928) me fue dado observar el problema negro ya desde mi primer viaje a los Estados Unidos, en aquel año, porque me llevó a una casa del barrio negro —Harlem— de Nueva York donde se hallaban reunidos numerosos intelectuales y artistas negros, sin otro objeto que el de verse y charlar. Noche encantadora por todos conceptos. Hombres y mujeres inteligentes, elegantes, ellos de negro, ellas muy bien ataviadas y no pocas favorecidas por la naturaleza, nada de esnobismo ni de ostentación; espontaneidad y sencillez, conversación a buen nivel, ni pedante ni frívola, en suma, una minoría selecta de lo más genuino.

Mientras iba granándose la reunión, me vino a la mente una idea curiosa. No había en aquellas salas ni una persona que en el mundo hispano habríamos llamado negro o negra. Eran todos mulatos y mulatas. El que a primera vista parecía más oscuro que los demás, se revelaba blanco en sus facciones. Esta observación me pareció significante, tanto que en mis viajes posteriores no dejé de prestar atención a este punto; y me pareció desprenderse de mis observaciones que la conclusión se confirmaba, y podría formularse así: En general, los yanquis negros que por su educación y cultura se hallan por encima de la masa suelen ser mezcla de blanco y negro.

Doy mi opinión por lo que valga, sin colgarle conclusiones racistas por lo que luego diré. El caso es que siempre que me he topado con un negro yanqui por encima del montón me ha parecido evidente en él un elemento, mayor o menor, pero siempre importante, de sangre blanca, que asomaba ya en sus facciones, ya en su color, en suma, una persona que en el mundo hispano se llamaría *mulato*. Los únicos negros puros superiores al montón que he conocido han sido cubanos o haitianos. En mis tiempos de estudiante en el Colegio Chaptal, de París, «J-J» (Jean-Jacques), puro negro de Haití, era el más alto, fornido y elegante, y también uno de los más listos de la clase, y todos los demás lo considerábamos como un compañero prudente y sensato, algo así como el presidente de nuestra pequeña república. En mi experiencia de Ginebra, conocí a los delegados haitianos que eran hombres capaces y uno tan buen orador (en francés) como cualquier delegado de Francia.

En los Estados Unidos no he tenido tan buena fortuna; así que me inclino a concluir que una de las causas de la situación poco sana del problema negro en aquel país es la excesiva amplitud que allí se da al vocablo *negro* o *black*, y que arroja al montón «negro» toda la minoría selecta mulata. Conocí en Washington al secretario de una importante asociación en pro de los negros, que era desde luego un «negro»; pero tenía los ojos grises y el pelo, aunque ya le blanqueaba, había sido rubio. Además, se llamaba White.

CAPÍTULO V

Mi descubrimiento de Oxford

Más de una vez, en la semifrivolidad que permite una sobremesa, he dicho que me nombraron profesor de Oxford porque donde me conocían era en Cambridge. La casualidad quiso que había estado varias veces en Cambridge, pero nunca en Oxford; y ahora que lo vuelvo a mirar con mejor conocimiento del lugar allá en enero de 1928, he debido de causar una impresión de intruso. En primer lugar, era extranjero, lo más extranjero que se podía ser, por ser español, pues a pesar del tiempo transcurrido, España sigue siendo para los ingleses una síntesis de la Armada Invencible y de la Inquisición. Luego entraba en la Facultad de Lenguas Modernas como un advenedizo, como ingeniero de minas que era, sin título universitario de humanidades, griego nulo, poco latín, autoridad nula en filología; por último, era ajeno a los modos y maneras de Oxford, esas formas sutiles de la conducta, cosas consabidas, detalles esotéricos, gentes conocidas, ademanes tácitos, ciertos dichos o silencios, que van modelando la guija humana bien rodada por las aguas de la costumbre. Como siempre, había vuelto a entrar en una institución por la ventana.

En cuanto a mi propia impresión, pues el Tíbet. Me parecía que al saltar de la ventana adentro, había caído en una lamasería. El Colegio de Exeter, donde me alojé primero hasta que me fugué al Randolph Hotel..., pues, sí, salí corriendo, al darme cuenta de que en 1928 los colegios de Oxford no habían llegado todavía a la etapa de un hombre un baño. Me dieron una habitación cuyo único título a la calefacción era más bien teórico, pues consistía en una chimenea en cuyo antro yacía un enorme bloque cubico de carbón que ocultaba en el rescoldo rojo su única cara ardiente, volviendo hacia el cuarto y su ocupante sus cinco caras negras; y cuando a la mañana siguiente pregunté dónde estaba el baño, me dijeron que tenía que cruzar el patio (hermoso, por cierto), bajar al sótano y allí preguntar otra vez.

Así que pronto me dije que aquélla no era mi casa, como tampoco lo habían sido aquellos cuartos de hotel de los Estados Unidos, caldeados como hornos, pero que, al menos, no le exponían a uno a una pulmonía, ya por quedarse en el cuarto, ya por irse a tomar un baño.

En aquellos tiempos, gobernaba el Colegio de Exeter un grupo de eruditos curados y recurados por frecuentes inmersiones en cubas de jerez y de oporto, cuyos colores culebreaban en los diminutos riachuelos de su tez; hombres dueños de su almario, seguros poseedores de su cerebro, cuyos ojos, desde lo hondo de sus cuevas, solían a veces iluminarse con destellos de humorismo, ingenio, desdén, todo menos sorpresa, ojos que habían leído todo lo que cabe leer y no aguantaban ya más tristeza. Andaban lentamente, y lentamente hablaban y pensaban; pero ya lo sabían todo. Lamas de un Tíbet occidental, cuyas asambleas fluían en el cauce del tiempo como un río lento y rumoroso que no iba a ninguna parte, y sobre cuya paz se oía de cuando en vez, como la llamada de algún pájaro exótico por encima de las heladas Himalayas, una risotada libre y triunfante del joven subrector, Balsdon.

El cual me llevó un día al Colegio de las Ánimas a matricularme o algo por el estilo, en suma, uno de esos encantamientos que transfiguran en académico al más lego. ¿Por qué a las Ánimas? La respuesta no tiene nada que ver con el Purgatorio (es un colegio donde se come muy bien), sino con el hecho de que el vicecanciller aquel año era el «guardián» de las Ánimas. ¿Que por qué el vicecanciller y no el canciller? Porque en Oxford, el canciller es un gran personaje a quien se le honra y decora con tal cargo, pero el que trae y lleva, lee y escribe o por lo menos firma, es el vicecanciller. Lo era entonces un anciano venerable de cerca de sesenta y cinco años, el doctor Pember, el cual me afirmó que, en vista de que yo carecía de título universitario, la Universidad me otorgaba por decreto el título de Maestro de Artes. Admirable Inglaterra. Primero, escogía la persona: y luego le colgaban las etiquetas académicas que necesitare para circular por los recovecos y pasillos de la oficialidad. Otros países conocía menos sabios.

Me acordé de aquel día de sol en que bajábamos Américo Castro y yo por la calle de Alcalá, yo sin oficio ni beneficio, por haber tirado por la ventana mi ingeniería para irme a Londres y escribir en los periódicos sobre la guerra, y, llegada la paz, sin periódicos en que escribir; él, joven y ya brillante profesor de la Universidad de Madrid. Por increíble que parezca en España, no existía entonces ni siquiera en la Universidad de Madrid una cátedra de francés o de inglés. Le propuse a Américo que se creasen, puesto que me consideraba apto para desempeñarlas ambas. Pudo él haber hecho valer que mientras se maduraba y aceptaba la idea, se redactaba el proyecto de ley, y se discutía y votaba en las Cortes y se llevaba luego a la práctica, se hacían las oposiciones y las ganaba... o no... habría terminado mi estancia en este planeta; pero no arguyó así, sino observando que yo no era doctor en letras. Oxford bebió el obstáculo.

Con todo, quedaba en pie la pregunta: ¿había escogido Oxford bien? Mi nombramiento se había debido a la conjunción de dos circunstancias: escasez temporal de hispanistas en Inglaterra, y cierta impresión que habían causado mis libros, haciendo imaginar a los especialistas que sería un buen profesor. El tiempo vino a revelar que se trataba de un doble error. Cuando, en las condiciones que contaré, dejé la cátedra, nombraron a Entwistle, cuya pronunciación de nuestra lengua hablada no era de lo mejor, pero cuyo conocimiento de nuestra lengua y literatura y su dominio de la lingüística general eran admirables. En cuanto a mi capacidad para ejercer la cátedra..., comenzaré otro párrafo.

La modestia y la vanidad se tiran del moño en esto, como suelen hacerlo las virtudes cuando nadie las mira. Hay que echarles del local y que nos dejan discutir en paz *das Ding an sich*. ¿Qué tales profesores de geografía habrían sido Marco Polo, Cristóbal Colón, Cabeza de Vaca, el capitan Cook o Livingstone? Yo soy explorador intuitivo, sobre todo de la naturaleza humana, no una mente didáctica; mi curiosidad es universal, pero detesto el conocimiento concreto. Por fuerza iba a suceder que interesaría a mis estudiantes más que otro, pero que les enseñaría menos datos precisos de esos con los que se pasan exámenes. Hoy opino que el Comité selector no prestó a este aspecto la debida atención.

O quizá sea ahora cuando yerre. Del Comité formaban parte hombres sagaces y de demasiada experiencia para que les pasara desapercibido hecho tan evidente. Lo más probable es que vieran el riesgo y decidieran correr al albur, lo que dice no poco en pro de su imaginación y valor cívico. Muchas veces he admirado no mi nombramiento en sí, sino el espíritu en que se hizo, aun cuando luego el destino, el azar y el carácter conspirasen para terminarlo tan pronto; porque cuando considero la libertad de toda traba burocrática y todo prejuicio nacionalista que presidió la operación, siento una admiración forrada de envidia.

De todos modos, no era yo quién para reprocharle al Comité el no haber visto el porvenir, cuando yo mismo sólo empecé a vislumbrarlo a medida que iba viviendo en el ejercicio de mi nueva profesión. Pronto me di cuenta de que las clases exigían de mi parte una gran energía intelectual, porque todas y cada una consumían mi sustancia mental, ya que salían de mis adentros y no meramente de notas y papeles sobre hechos y libros que uno repite cada tres años. Así vine a pensar que daba a mis alumnos a la vez demasiado y no bastante, de modo que iba madurando en mí la idea que mi vocación no era aquélla.

¿Cuál, pues? La mera contestación a esta pregunta revelaba otro de mis defectos como profesor. Mi verdadera vocación —digamos, una de mis dos vocaciones— era la de predicador de la buena nueva universal. Esto lo había descubierto en mis peregrinaciones de conferenciante por los Estados Unidos. Entonces me di cuenta de que era más capaz que otros en el arte de expresar las cosas en inglés, francés y español (y que aguante la modestia este bofetón de la vanidad), el mejor que he conocido; y con no más que una cuartilla de notas para guión de mi plan bien preparado y pensado en principio, aunque fiándome a la improvisación para lo demás, hablaba con éxito seguro a toda clase de auditorios *.

Por lo tanto, que me diera cuenta de ello o no, mis pensamientos se orientaban hacia la situación internacional con más frecuencia y fuerza natural que hacia la cátedra y los estudiantes, y, claro está, por ser hombre de conciencia, gastaba más espíritu en la cátedra del que habría sido menester a un profesor especializado. Llegado el verano, me fugaba a Ginebra, a presidir tal o cual seminario de política internacional en lugar de irme a España a descifrar manuscritos literarios.

---

* El 19 de junio de 1948, Tom Jones escribía a Constanza contándole que en medio de sus muchas preocupaciones le había llegado mi *Hamlet.* «Me alegro de que tenga tan buena acogida en la prensa. El vigor mental y la fuerza de expresión de S. son asombrosos... Por vía de Harold Mac-Millan y Kenneth Lindsay me llegan noticias de sus triunfos en La Haya (Conferencia del Movimiento Europeo) en las tres lenguas, y todos cantan sus loores.»

Capítulo VI

Profesión contra vocación

Esta tensión no tardó en aflorar a la superficie de la vida cuotidiana. Por lo pronto, dio lugar a cierto frotamiento de la Sección de Lenguas Modernas. Un día llegaba tarde o no iba donde me esperaban o no sabía que tenía tal obligación —ya por ignorancia del calendario de mis deberes, ya porque nadie me avisaba, ya fuera olvido mío o mala voluntad del otro; pues cada vez se me aclaraba más que no la había muy buena para con el improvisado profesor—. En cambio, cada vez me veía más solicitado para hablar en reuniones no universitarias de gente de la Universidad, sobre todo por asociaciones de estudiantes. Explicaré aquí que, si bien el cuerpo estudiantil en su conjunto no hacía política, los estudiantes desplegaban asombrosa actividad en círculos restringidos orientados para objetos concretos. Había sus tres círculos políticos (el conservador, el liberal y el laborista), pero también otros que se dedicaban ya a Francia, ya a lo hispánico, ya a la arqueología, etc. Y la *Union*, que en teoría abarcaba a todos los estudiantes, era una asociación donde se celebraban sesiones a imitación de las del Parlamento, que servían de ejercicio preparatorio a los futuros diputados.

En cuanto a mí, confesaré sin empacho que no hacía nada para hacerme perdonar mi condición de saltaventanas; antes al contrario. Una de las primeras cenas a las que me invitaron se me ha quedado bien grabada en la memoria a causa de una conversación que tuve con mi vecina de mesa, Lady Mary Murray. Era Lady Mary una de las grandes damas de más renombre del país, hija del conde de Carlisle, mujer del eminente helenista Gilbert Murray, gran liberal y, en años ulteriores, muy admirado amigo mío. Quería saber qué había hecho antes de encargarme de la cátedra Rey Alfonso XIII de la Universidad de Oxford, y lo primero que me preguntó fue si la cátedra tenía algo que ver con el rey. Yo me eché a reír, lo que la desconcertó. «Ay señora, mi nombramiento no le habría importado nada al rey, pero a su embajador en Londres...» Tuve que explicarle que ni el embajador ni el Gobierno español habían tenido arte ni parte en la creación de la cátedra. «¿Pero el nombre entonces?», me preguntó. Le revelé que el médico militar que había logrado reunir el dinero aspiraba a una gran cruz española.

Ya cerrada esta avenida, Lady Mary volvió a su primera pregunta: «¿Qué había estado haciendo antes de venir a la cátedra?» Le di un recorrido rápido de mi vida y milagros: «Primeras y segundas letras en España; segundas letras, repetidas en París; Escuela Politécnica; Escuela Nacional Superior de Minas; cuatro años en un ferrocarril español; cinco de periodista en Londres; seis de jefe de Desarme en la Sociedad de Naciones y (diabólicamente callando mis libros y ensayos en inglés)... aquí estoy.» La pobre señora me miró con ojos asustados: «Pero..., pero... ¿cuándo aprendió usted literatura española?» Y yo le contesté: «Pues nunca. Como no la necesité... Ahora la voy a aprender.»

Claro que no lo hacía por sistema o decisión, sino porque cada vez que la conversación rozaba mi profesión-vocación, me ponía en este humor satírico-sardónico, que quizá ya entonces surgiera de niveles más profundos de los que entonces acertaba yo a divisar, de esa desconfianza y despego para con el saber concreto que, según veo ahora, ha sido siempre uno de los rasgos más fuertes e instintivos de mi actividad mental. Uno de los círculos de los muchos que me invitaron, me preguntó cuál sería el título o tema de mi plática, cosa que nunca me ha gustado contestar, y les dije: «Sobre todo.» En efecto, la dediqué a explicarles que *todo* era lo único de que me sentía especialista.

Otra de las cenas con discurso que recuerdo está ligada en mi memoria con aquel gran escritor y hombre bueno que fue Gabriel Miró. Me habían avisado que de los estudiantes que me iban a escuchar, muchos eran o creían ser comunistas. Ya era yo anticomunista, como siempre lo fui desde que Lenin se puso al nivel del general Pavía cerrando violentamente la Duma elegida por sufragio universal; de modo que la mera idea de que aquellos jóvenes frívolos burgueses y aristócratas, bien forrados de libras de oro, aplaudieran, me resultaba intolerable. Así que, en el curso de mi plática, les conté aquel cuento en que Miró describe cómo un ángel, enviado en misión a la tierra, se queda aquí tanto que se le caen las alas, y San Pedro tiene que mandar otro a buscarle, de donde va saliendo el cuento que no es sino la conversación entre los dos; al fin de la cual, el recalcitrante, sin dejarse convencer, le dice al otro: «¡Si vieras qué dulce es vivir en la tierra tan cerca del cielo!» Y luego, comenté mirando bien a mis jóvenes atolondrados. «¡Qué dulce debe de ser ser comunista con quinientas libras al año!»

De todos aquellos ágapes fue quizá el más solemne y ostentoso por la importancia de sus comensales el anual del Rhodes Trust que organizó Philip Kerr. El Rhodes Trust es una institución fundada por Cecil Rhodes (el famoso magnate que dio su nombre a Rhodesia) con el fin de preparar jóvenes universitarios anglosajones y —nótese bien— alemanes. Todo lo demás lo consideraba indigno de consideración. En Oxford, el Rhodes Trust cuenta con una buena casa y, con el tiempo, ha llegado a ser una institución de gran abolengo y fruto. Philip Kerr, que la dirigía entonces, llegó a ser embajador en Washington cuando ya había heredado su título escocés de marqués de Lothian. Era un intelectual de buena cepa, inteligente y simpático, liberal de cerebro y conservador de corazón. Tom Jones (que reclutaba buena gente para rodear a Lloyd George de cerebros que Lloyd George, de por sí, no se habría congraciado) lo había atraído a su órbita. Kerr y el sucesor de Pember en el Colegio de las Ánimas, W. J. Adams, eran de lo mejor del grupo. Este tipo de hombre, a su vez, es de lo mejor del país. No sin cierta dificencia, por ser el tema arduo y resbaladizo, añadiré que suelen no ser exactamente ingleses, sino oriundos de Escocia, Irlanda o Gales. Suele darse en el inglés castizo cierta reserva, frialdad, alejamiento, que estrangula los canales de comunicación humana. Daré como ejemplo Lionel Curtis, alto, sonrosado, cabellera blanca, ojos graves e importantes, con todo, espíritu mucho menos dotado de humanidad universal de lo que él se imaginaba, hombre para con quien cobré aversión desde que leí en una revista un artículo suyo donde afirmaba que «la Mancomunidad Británica era el Sermón de la Montaña reducido a términos políticos». Este tipo de egregia monserga no se le habría ocurrido jamás ni a Kerr ni a Adams.

Kerr me pidió que hiciese uno de los discursos del banquete, lo que ya era un gran honor para el profesor saltaventanas, pero lo dobló al revelarme que el otro lo haría nada menos que Barrie, entonces en la cumbre de su fama como autor de obras de teatro. Ni que decir tiene que acepté y fui a aquella cena con la confianza de que haría buen papel. La escena era brillante, y en torno a aquella mesa se veía lo más florido de Oxford y no pocas personas de lo más florido del país. Pero ocurrió un percance imprevisto. Cuando le tocó su turno a Barrie parecía indispuesto, habló poco y no muy claro y se sentó acogido con unos aplausos de cortesía.

Había llegado mi momento, y al requerimiento del presidente, me puse en pie con el ánimo embargado por el incidente aquel. Creo que los comensales se dieron cuenta de mi estado porque casi todos ellos estaban pasando por igual angostura; pero para mí pudo haber sido un desastre, porque, como de costumbre, sólo llevaba brevísimos apuntes como guión, fiándome, no a la memoria (que en estos casos no me sirve para nada), sino a la improvisación formal. Afortunadamente salió a pedir de boca *(c'est le cas de le dire)*.

De aquel discurso sólo recuerdo el cuento del elefante, que venía de perillas, por ser el elefante el emblema del Rhodes Trust. Era de los numerosos cuentos que contó durante una velada inolvidable Dmowski, el jefe de un partido nacionalista polaco. Aquella velada tuvo lugar, apenas terminada la guerra, en Cliveden, la principesca morada de Lord Astor que se hizo célebre por su influencia efectiva o supuesta sobre los sucesos políticos. Astor, millonario de origen yanqui, era secretario político de Lloyd George y marido de la famosa Nancy Astor, de quien una vez se ha hablado o hablará en esta verídica historia.

Sucedió, pues, contaba Dmowski, que entre las naciones del mundo se había convocado a un concurso para definir el elefante. El inglés se fue de caza durante unos meses y presentó un libro con muchas fotografías, y con el título: *La caza del elefante en Somalilandia.* El francés se fue al *Jardín des Plantes* en París, dio unas propinas a los guardianes y terminó por publicar un libro de aquéllos a 3,50 francos, con tapas de papel amarillo, con el título: *El elefante y sus amores.* El alemán se pasó años estudiando en bibliotecas y laboratorios y presentó una obra fundamental en tres tomos, con el título: *Introducción a la definición del elefante.* El polaco escribió al instante y presentó un folleto que decía: *El elefante y la cuestión polaca;* y el ruso publicó un artículo que tenía por tema y título: *¿El elefante existe?*

Así lo contó Dmowski. Yo le añadí dos más, una que oí y otra que inventé. El yanqui presentó una memoria que se llamaba: *El elefante. Cómo hacerlo más fuerte y más grande;* y el español..., pues no fue al concurso.

Al leerlo ahora así sobre la fría página, dos cosas me llaman la atención: una es la permanencia del rasgo definitivo de cada pueblo, y por lo tanto, de su carácter nacional; y la otra, la excepción a esta regla, si es que lo es; puesto que no deja de ser extraño que un polaco, en 1917 ó 1918, diera como rasgo típico del carácter ruso la tendencia a dudar de la realidad de lo evidente; hasta que uno se pregunta si precisamente este aspecto del carácter ruso no andará rondando entre bastidores tras el régimen tan contrario a la realidad que hoy padece Rusia. De ser así, añadiría un rasgo más al parecido que une a rusos y españoles, ya que ambos niegan a la realidad todo derecho a intervenir o contradecir lo que ellos consideran como real.

Aquellos cuentos de Dmowski y el ambiente en que florecieron figuran entre mis mejores recuerdos de Cliveden. A Tom Jones se lo debo, pues gracias a él pronto llegué a ser de los asiduos visitantes a aquella gran casa, así como a la que los Astor ocupaban con señoril distinción en St. James's Square. Dmowski estaba de vena aquella noche y sus cuentos polacos salían en verdaderas ristras de su boca sardónica. El más profundo me pareció ser el del campesino polaco que de regreso a su aldea, convaleciente de una herida, explica cómo fue la «batalla». Íbamos formados carretera arriba; a la derecha un prado, con una vaca encima, luego un foso, luego un cerro. El coronel mandó que tomáramos el cerro, así que cruzamos el prado, y la vaca quedaba a la derecha; pero el enemigo nos rechazó, y echamos a correr hacia la carretera, y la vaca quedaba a la izquierda; entonces el coronel mandó atacar otra vez, y cruzamos la pradera, y la vaca estaba en el foso, que yo bien le veía los cuernos, y entonces caí herido y no sé qué fue de la vaca.»

Para mí es la mejor descripción que jamás he leído de una batalla. Dmowski nos brindó luego otra, *ben trovata, se non vera*. En la monarquía dual austro-húngara había, entre otras varias unidades mixtas, regimientos italianos al mando de oficiales austriacos. Uno de ellos, atrincherado, aguardaba órdenes para lanzarse al ataque. De pronto, el coronel, sable desenvainado, gesto heroico, les gritó: ¡Avanti Savoia! No se mueve nadie. Prueba el coronel otra vez, con igual resultado. Al fin, se lanza a la lucha solo, siempre gritando ¡Avanti Savoia!, y el regimiento entero, de pie en las trincheras, estalla en una salva de aplausos: ¡Bravo colonello!

Después de Dmowski, los mejores cuentos los contó la misma Nancy Astor, sentada, por cierto, sobre la alfombra, lo que no parecía ser muy del agrado de las damas de la corte y del Imperio, muy bien sentadas en sus sillas y butacas en posturas fotográficas; una de las cuales, aquella noche, a quien le preguntaba cuál era la latitud de cierta ciudad canadiense, contestó: «La misma de Londres. Me lo ha dicho uno de nuestros mejores científicos.»

Nancy Astor se divertía en aquel ambiente con todas las longitudes y latitudes de su espíritu irrepresible. De pronto observé un curioso destello en los ojos, mientras barría su patio de butacas cortesanas con una mirada traviesa. «Aquí va a pasar algo», pensé. Y en efecto: «No sé si saben ustedes —comenzó— que el rey Jorge (V de Inglaterra) está muy preocupado por si la gente se cree que está dominado por su mujer, como el rey

Constantino de Grecia, así que la pobre reina María no puede decir palabra que huela a política sin que el rey le cierre la boca con un "¿qué sabéis sobre esas cosas, señora?"» A su vez, el auditorio femenino la recompensó con una guirnalda de ceños. Pero a ella le gustaba.

*

Siempre habrá gentes agraciadas por el fracaso que no vean en el éxito más que el dinero que lo sustenta. No cabría sostener tan miope opinión después de haber conocido a Nancy Astor, cuyo ser era tan vigoroso y fecundo, que hacía florecer en jardín improvisado todo lugar, toda hora, que le caía en las manos. En su casa de St. James's Square todo lo material iba con la perfección que permitió la abundancia, pero todo lo inmaterial iba mejor aún gracias a la imaginación de la dueña de la casa.

Inesperadas siempre, sus improvisaciones. Una noche, ya bien poblados sus salones, bajó ella algo tarde, vio al jefe de la minoría irlandesa en el Parlamento y se fue a él exclamando con voz fuerte: «¡Si no arregla usted eso de Irlanda, me haré bajar de la ventana de su alcoba, como Mrs. O'Shea!» Esta alusión a la querida del famoso héroe político de Irlanda, ¿quién que no fuera aquella volcánica mujer pudo haberla imaginado?

No estaba yo aquella noche, pero sí otra en que se daba un concierto de orquesta de cámara que dirigía el genial Anthony Bernard. Estábamos nosotros sentados justo delante de un sofá donde medio echados sobre el respaldo escuchaban Balfour y Lloyd George. Tocó Bernard una pieza de Debussy, que tuvo que repetir, y cuando íbamos por la mitad de la repetición, preguntó Lloyd George, mirando el programa: «¿Y eso qué es, el Mozart?», y Balfour le contestó: «No. Eso no puede ser Mozart. Será otro Debussy.»

Cliveden, mansión señorial ya de otra época, lo era todavía entonces, y en su hermoso parque los Astor habían construido un hospital de campaña muy bien montado, sobre todo para convalecientes de la guerra; por lo cual, había muy pocas bajas, pero, para éstas, habían diseñado un pequeño cementerio que era un lugar de singular belleza y sencillez. Una tarde, al ponerse el sol, nos encontramos en aquel recinto de emoción un grupo de los amigos de la casa y el momento condensaba en su breve espacio tanta emoción y belleza que incitaba a la meditación. Nadie hablaba. Hasta que Fisher, ministro de Educación con Lloyd George, luego rector de un colegio de Oxford, con voz noble y templada, dejó caer estas palabras: «Ya no volverá a ser Inglaterra lo que fue. En adelante, tendremos que trabajar duro... de fin de semana a fin de semana.»

Capítulo VII

Veranos ginebrinos

Como vacaciones, me iba a Ginebra, a trabajar en otra cosa. Jamás he podido tomar en serio eso de las vacaciones. Para mí, lo que me «desengancha» es engancharme a otra cosa. Así que, en llegando las vacaciones de la Universidad, me iba a Ginebra con o sin familia, según ella había escogido para bañarse una playa inglesa o el lago Leman. Iba siempre por carretera, lo que era gran descanso, pues en aquellos tiempos los caminos eran tranquilos y a veces hasta solitarios, tanto los sinuosos y maravillosamente verdes de Inglaterra como las magníficas rutas rectas de Francia con sus cenefas de árboles frondosos. Cuando iba solo, no me ocurrió nunca adormilarme o hipnotizarme al volante, pero una vez, atravesando la Picardía, por poco pierdo la vida del modo más absurdo e imprevisto. Jamás recuerdo haber prestado la menor atención a las avispas; cuando venían a tomar parte en mi desayuno, las dejaba ir y venir sin estorbar en modo alguno su torpe y lento vuelo; y sin embargo, sucedió que mientras iba a buen paso por una carretera recta como una espada, entró una avispa en el coche y al poco rato sentí que el coche daba un fuerte salto cada tres o cuatro metros. Siguiendo el vuelo de la avispa, me había salido de la carretera sin darme cuenta.

Mi ocupación principal en Ginebra venía a ser un retorno indirecto a mi labor de funcionario internacional, pues consistía en instruir a jóvenes europeos y americanos en el arte y ciencia de las relaciones internacionales. El primer verano, enseñé en una escuela veraniega que dirigía Alfred Zimmern, hombre de gran inteligencia y buen corazón, de tipo conforme al convencional del judío, muy compacto, de cuello corto, ojos saltones y labios gruesos. Del mismo tipo físico era su mujer, que lo había sido antes de un profesor francés que la repudió en divorcio para que se casara con Zimmern, maniobra que se solía dar como prueba de la excelencia del intelecto francés.

Mrs. Zimmern había recibido de la naturaleza todos los dones menos el tacto. Era lista, rápida, trabajadora, excelente pianista, muy difícil sobre quién era o no digno de oírla tocar Debussy; pero parecía incapaz de ir y venir sin pegarse contra los muebles, darles a las personas en las canillas o en los nudillos, lamentar errores, presentar excusas o hacer escenas que a su vez daban lugar a arrepentires. Un día la vi venir hacia mí casi en lágrimas, jurando por lo más sagrado que no había sido su intención y cuánto lo sentía, y que bien sabía yo que ella no era mujer para tales cosas y que, no más darse cuenta, había hecho lo posible y lo imposible para poner las cosas en su sitio, y así no sé cuánto más sobre esta tecla, mientras yo, pobre de mí, no tenía ni sombra de idea de lo que se trataba ni aun hoy la tengo.

Buena parte de los estudiantes ingleses que acudían a mis clases procedían de la *London School of Economics*, y traían el marchamo de aquel maravilloso ventrílocuo que hizo famoso el nombre de Harold Laski. Era Laski un mini-filósofo, mini-economista, de tan fácil elocución que más de una vez, al escucharle, recordé aquel orador de un banquete en Barcelona que comenzó diciendo: «Quisiera tener la sabiduría de Sócrates, la inteligencia de Platón, la elocuencia de Demóstenes, el poder de observación de Aristóteles..., pero a falta de todos estos dones, ya me contentaría con la facilidad de palabra del señor que me ha precedido.»

La de Laski disponía de su increíble memoria, que le permitía rellenar su discurso —ya en clase, ya en tertulia— con páginas enteras de sus autores favoritos, Locke y Burke; y cuando digo que su memoria era increíble no lo hago a humo de pajas, porque una parte no menor de la mitad de ella no era memoria sino imaginación, de modo que en caso de necesidad, estaba siempre dispuesto a completar media página de Burke con otra media de su propio magín que en nada desmerecía de la auténtica.

Todo esto en cuanto al mero fleco de sus dotes y dones, pues el tejido era de buena calidad. No sería la consistencia o (a la francesa) el *esprit de suite* su más clara cualidad, pero en pro de sus ideas era capaz de formar y llevar al ataque imponentes batallones de argumentos. La batalla en sí ya era otra cosa. A veces sus ejércitos dialécticos terminaban rindiéndose al adversario.

Como maestro, gozaba del don más inestimable: encantaba y aun hipnotizaba a sus alumnos; a tal punto que, a veces, en discusión, les ocurriría dar una opinión de Laski como equivalente a una prueba de que la proposición debatida era una verdad irrebatible. Pertenecía a una izquierda que, en una Inglaterra dividida por el esnobismo en capas horizontales, había logrado inyectar un sentimiento bien poco inglés, por cierto: la envidia. Más de una vez observé en los estudiantes que de él me llegaban la pregunta inspirada en la envidia más que en la observación objetiva de las cosas. Un australiano de su «bodega», por ejemplo, preguntó: «¿Por qué hay en los partidos burgueses ingleses tantas familias políticas?», y traía estadísticas. Para mí, la respuesta era evidente, pero preferí que los mismos estudiantes la fueran desentrañando, como lo hicieron: que las familias políticas eran tan numerosas en los partidos burgueses como en el socialista.

*

En el verano siguiente, vino a insertarse esta actividad de orientación internacional en una institución de enseñanza que había organizado y dirigía una notable dama norteamericana. Mrs. Hadden era una mujer alta y de gran belleza, así como de voluntad, más que firme, dominadora, cuyos grandes ojos negros llevaban en sus negras pupilas demasiada seriedad para jamás prestarse a la sonrisa. Era rica, hecha a mandar y ser obedecida, cortés y de muy finos modales; pero eficiente y casi masculina, aunque su belleza no carecía de encanto femenino. Era generosa, desinteresada, entregada a su labor; y por haber emigrado a la obra de paz universal desde una fundación anterior dedicada a salvar a chicas descarriadas, se decía de ella que veía el mundo como otra joven necesitada de salvación.

No faltaban, antes bien, abundaban en su seminario las jóvenes yanquis, aunque no estoy seguro de que necesitaran o desearan que alguien las salvase; no pocas, vivas de intelecto y percepción: que abordaban los problemas internacionales con un buen sentido y una intuición muy femeninas; a veces, alguna que otra, sin olvidar su palmito. Una recuerdo, muy bien dotada por la naturaleza en cuanto a encanto, intentó fingir que no servía para cosa que no fuera darle al lápiz de labios y a la polvera, siendo así que me constaba ser de más que mediana agilidad y destreza de seso. Una mañana, al ir repartiendo temas para ensayos entre mis alumnos y alumnas, al llegar a ella, fingí cambiar de plan. «No... Éste... no. Sería mejor que lo haga Fulanita. Usted oiga, tome notas y comente»; todo ello con tono y cara de decir: «de usted no se puede esperar tanto». De entonces en adelante, dejó pasar lo que llevaba dentro, que era un talento de primera que más tarde llegó a hacer ilustre en la novela de su país el nombre de Martha Gellhorn.

Esta labor de educación del pueblo anglosajón en cosas internacionales lo llevaba en Ginebra un grupo de instituciones particulares, cuya mera existencia, buen nivel académico y abnegación bastarían para establecer el alto nivel del espíritu público de su país. No sería fácil pronunciarse sobre el éxito práctico y rendimiento para el porvenir de aquellas escuelas de verano, teniendo en cuenta que aquel «porvenir» es nuestro presente. Hubo un sector que se pasó al comunismo. No eran pocos los jóvenes a quienes atraía o fascinaba un credo tan elemental y simplista como el de la revolución inmediata y total. Los hubo entre ellos que pasaron por el sarampión rojo (como le pasó a la misma Martha), otros, menos agudos o sagaces, no lograron curarse jamás. Recuerdo haber conocido más tarde en Nueva York a un joven inglés, encargado entonces de la rama ultramarina de una gran prensa universitaria inglesa, que me presentó a un joven comunista alemán, quizá para que yo llegara a comprender por qué él había aconsejado a su editorial que no publicara un libro mío por no ser bastante grato al comunismo. Este joven burgués inglés enamorado de Móscova, me vino a ver a la casa de un labrador suizo donde pasaba yo un verano solo, cocinándome mis comidas; y tuvo que dejarse en la carretera el suntuoso automóvil en que recorría Europa. Eran aquéllos los tiempos del comunismo de salón.

Por aquel entonces, había un profesor de la Universidad de Ginebra y dos damas (francesas) de la Escuela Internacional donde estudiaban los hijos e hijas de los funcionarios y delegados de la Sociedad de Naciones, que hacían gala de su comunismo y lo propagaban con talento y convicción. Los liberales lo toleraban como tales liberales que eran. De entonces data la conversión al comunismo del hoy veterano y entonces mozuelo Manolo Azcárate.

El tipo del socialista burgués tan frecuente (y no hablemos del comunista burgués) no es de los que me hayan convencido nunca. A mi ver, el hombre no debe sólo pensar sus opiniones, sino vivirlas. ¡Cuántas veces lo hemos discutido Fernando de los Ríos y yo! En aquellos días, era corriente que la familia de un profesor de derecho dispusiera de cocinera y doncella. «Yo —le decía— soy liberal, y como tal, no me contradigo al tener cocinera (que a doncella no llegaba); pero usted se contradice con sus dos domésticas.» Hoy hay comunistas y socialistas con dos coches. Cuando visité a Indalecio en Méjico, iba y venía en un coche imponente. Yo iba a pie, andando o en taxi.

Pero se me olvidaban mis seminarios. Es posible que, en
fin de cuentas, hayamos perdido menos de lo que parecía hacia
la izquierda florida. El hecho es que toda una generación de
tiempo, gastos y energía intelectual, apoyada por la abnegación
y el espíritu público de un buen grupo de anglosajones, ha dado
por resultado una notable conversión del público yanqui, de la
tradición washingtoniana de aislacionismo y desconfianza para
con el extranjero a una actitud más inteligente de interés y
observación del mundo, sin la cual les habría sido imposible
desempeñar las graves responsabilidades que hoy les impone su
misma fuerza.

Capítulo VIII

Shaw y Einstein

En esta tarea venían oportunamente a colaborar grandes figuras internacionales que por Ginebra pasaban. George Bernard Shaw, por ejemplo, a quien ya trataba desde mi primera estancia en Inglaterra, algo así como hacía unos diez años. Bien frescos tenía entonces en la memoria los laudables esfuerzos que hacía para andar y aun correr a gatas y de lado, en un gimnasio de la Escuela de Verano de la Sociedad Fabiana a la que pertenecía. Había traído una máquina fotográfica, y después de haber tomado unas cuantas instantáneas de mí, se volvió a mi mujer para hacer lo propio, y al protestar ella que no era «famosa», replicó él como un cortesano de Luis XIV que se ha olvidado la peluca: «Ah, pero es usted hermosa.» No era su estilo usual, más bien dado a ver lo censurable que lo admirable, sobre todo en las mujeres.

Claro es que en cuanto me enteré de que Zilliacus lo había invitado a venir a Ginebra para no me acuerdo qué, lo comprometí para una visita a mi escuela de verano. Zilliacus era uno de los colaboradores de Comert en la Sección de Prensa, inglés mezclado de yanqui y de finlandés, que mucho más tarde logró notoriedad en su país como diputado socialista comunistoide. Fue a esperar al grande hombre a la estación y cuando se le presentó, G. B. S., fingiendo sorpresa, le espetó: «Ah, pero... ¿es usted una persona? ¡Yo creí que era unas señas telegráficas!»

Como las grandes primadonnas, Shaw llegó tarde a su cita convenida con mis alumnos, algunos de los cuales, para no perder el tiempo, me pusieron a mí la pregunta que se proponían hacerle a él. Acababa de salir un libro de Shaw titulado *Guía del socialismo para mujeres inteligentes*, y los chicos preguntaban qué entendía Shaw por «mujer inteligente». Cuando me la pasaron a mí, les contesté: «Yo me asocio de antemano a la definición que les dé Shaw.»

Al fin llegó el grande hombre cuando la sala, repleta de
jóvenes y menos jóvenes acudidos al reclamo de la celebridad,
se hallaba en alta tensión. El rostro, más sonrosado y floreciente
que el de la más floreciente y sonrosada de las muchachas que
le esperaban, irradiaba una malicia casi infantil, aunque armada de ferocidad en reserva, y los ojos azules bebían la luz de
su popularidad con un deleite que le hacía parecer joven. Había
en él algo de asexuado, una luz fría y diabólica que transfiguraba todo encuentro con él en algo ultraterreno. La famosa pregunta salió pronto a relucir, y él la contestó al instante: «Entiendo por mujer inteligente la que se da cuenta de que sale
ganando si se gasta quince chelines y medio en comprar un
ejemplar de mi libro.» Yo en seguida me asocié a la definición.

Otro de los presentes le preguntó entonces lo que pensaba
sobre un tema que yo recordaba haber discutido en el año 1923
en Copenhague con un senador irlandés. El senador Douglas
era un hombre muy sensato (como los hay en Irlanda muchos,
más de lo que se imaginan los ingleses). «¿Qué lengua deben
cultivar los irlandeses, el inglés o el gaélico?» Esta vez, Shaw
habló con tanto vigor como sentido común, con suma destreza
y vivacidad, quizá por ser al fin y al cabo ejemplo vivo de su
teoría. Si los irlandeses se sienten tan bien dotados de vigor
de expresión y originalidad de ingenio, es mejor que ejerzan
su don en una lengua universal como el inglés que no encerrarlos
en una local tan sólo conocida de muy poca gente. Pronto habrán
creado una forma peculiar y sabrosa de hablar y escribir inglés
que será original, pero universalmente original, y no una mera
curiosidad lingüística. «Así que —terminó diciendo— si alguien
os pide a vosotros los irlandeses (algunos había en la sala) que
dejéis el inglés y os expreséis en gaélico, meterlo en la caja de
la basura, poned la tapa encima y sentaros sobre la tapa.»

*

Mrs. Hadden, que era gran cazadora de leones, se encargó
de acorralar a Einstein. Aquel día, las salas de nuestro local
desbordaban de gentes de todas edades, porque el milagro es
gran imán; y Einstein había logrado el de saltar de la noche
a la mañana de la oscuridad de su estudio al auge de la publicidad con sólo un par de notas matemáticas muy por encima
del caletre del común de los mortales. Iba y venía en el oleaje
de sus admiradores, rostro y cabellera blanca como velas al
viento, ojos muy abiertos como de asombro, todo él tan remoto
como un horizonte. Casi no hablaba, y se negó a hacernos discurso ni alocución. Pero yo recordaba todavía mi conversación

con Niels Bohr en Copenhague, y ardía en deseo de indagar cuál era la opinión que Einstein abrigaba sobre lo que en aquel día de Copenhague habíamos debatido el gran físico danés y yo como humilde aficionado. Tan dominado me hallaba por el tema, que no supe apreciar a tiempo lo poco adecuado del momento y ambiente; así que me encontré sin saber cómo en plena conversación con Einstein sobre las ideas de Bohr, y aun preguntándole qué pensaba del determinismo, que me parecía estaban abandonando los físicos de nuestros días. Einstein me dio una respuesta mucho más firme y segura de lo que yo esperaba. «Sí, pero cuando sepamos más, volverá.» Todavía me sorprendió más el tono: una certidumbre arraigada menos en la ciencia que en la fe; y cuando me disponía a decírselo, se entrometió una vieja yanqui, de seda vestida, que con sonrisa color violácea le declaró: «También puede un gato mirar a un rey», aserto de notable modestia. Todavía no hecho a las cosas de los Estados Unidos, sin saber siquiera si había descifrado la frase ni lo que tenía que ver con el determinismo, Einstein salió huyendo de aquella conjunción, dejándome con la vieja del gato-rey y su vestido de seda gris y con mis pensamientos deterministas. Vaya determinismo: ¿Quién iba a pre-determinar aquella escena?

*

Tal era la convergencia de «leones» en Ginebra por aquellos días, que una buena tarde me encontré con que había aceptado sendas cenas con Rabindranaz Tagore y con H. G. Wells, desde luego a la misma hora y en lugares distintos. Distracción que siempre me ha afligido, y que aquella vez resolví cenando con Wells y yendo a tomar café con Tagore. La coincidencia no dejó de ser fructífera. Ambos eran ya figuras mundiales que gozaban de multitudes de lectores en los cinco continentes, y sin embargo, ¡qué distintos!, ¡qué típicos del Este y del Oeste! Y dentro de este contraste, ¡qué poco típicos también! Así, por ejemplo, en cierto aspecto concreto, no se puede dar el contraste como típico sin grave injusticia para el Oeste, ya que Tagore era nobleza pura y Wells era mera vulgaridad.

¿Cómo aceptar tan burda oposición entre ambos mundos? Mientras me ocupaba el ánimo este pequeño enigma, se me representó en la memoria aquella entrevista que antaño había tenido con Rudyard Kipling, la sencilla dignidad de aquel hombre de pocas y no sonoras palabras, en quien se adivinaba un fondo noble. Había ido a verle a propósito de unas poesías suyas que estaba traduciendo al castellano; y al rememorarlo, pensaba en lo compleja que es la vida y cómo se nos escapa por doquier de las vasijas en que aspiramos a encerrarla. Aquí, Wells, el demócrata, el igualitario, el ciudadano del mundo, el racionalista en toda su vulgaridad, y sin embargo, en toda su arrogancia, el niño mimado y mal educado del éxito; y allá estaba Kipling, el patriótico inglés, el gran poeta del Imperio, y sin embargo, el modelo de la cortesía modesta y de la distinción sencilla. ¿Qué habría opinado de Wells?

A su vez, a Wells tampoco le faltaba cierta fascinación, y en paralelo con Tagore no salía siempre perdiendo, ni mucho menos. Tagore, sentado en amplia butaca de enea sobre la que dilataba su vasta figura y la cascada de sus ropajes talares, era la vera efigie no tanto de la poesía como de la elocuencia. Por todas partes, pliegues clásicos. Hablaba bien, con voz hermosa e imágenes bellas pero llanas, nada solicitadas, sino dadas a luz de por sí por el mismo tema; el cual era la unidad de todos los humanos, sobre el que argumentaba con fuerza en pro de ir haciendo de la Sociedad de Naciones un gobierno mundial.

Pero Wells hablaba de lo mismo, y he de decir que más a mi gusto que el poeta bengalés. Me parecía el inglés más concreto, directo, original; el indio más nebuloso, más ampuloso, más sermón-de-pascua. Wells sobresalía sobre un fondo de acción, causa y efecto, mecanismo de la sociedad, evolución de la producción y del consumo, tensiones y equilibrio entre naciones y la vasta avenida de progreso que se abría ante el hombre a partir del triste desorden de nuestro hoy de ayer. A lo mejor, ¿quién sabe?, hasta su misma vulgaridad le otorgaba mayor fuerza de convicción.

Capítulo IX

Amor y Deporte

Por mucho que me gustase la vida veraniega en el centro universal que era Ginebra entonces, siempre volvía contento al ambiente de clausura insular de Oxford, en el que el mundo allende el canal de la Mancha no se evocaba nunca sin una sonrisa indulgente. «¡Qué chiflados son esos extranjeros!», escribía Cecil a un amigo; y en verdad que si se deja uno «encantar» por Oxford, se siente uno tentado a darle la razón a aquel ilustre inglés con el cerebro en el siglo XXI y el corazón en el XVI. Visto desde Oxford, el extranjero hace figura de loco, o por lo menos, de mentecato, meramente por empeñarse en seguir siendo extranjero, puesto que ser inglés y vivir en Inglaterra es cosa buena.

Cuanto más la observaba, menos me equivocaba en mis juicios sobre la vida inglesa, que es a lo que más puede aspirar el que la observa desde dentro en lo físico, desde fuera en lo moral. Yo me había inscrito en un par de clubs de Londres, y solía compararlos con los colegios de mi Universidad, sobre todo los que más frecuentaba, que eran el mío, Exeter, y el de las Ánimas. Clubs y colegios se parecían. ¿Quién habrá influido en quién, o quizá serían producto de una tradición común? Me inclinaba a pensar que clubs y colegios venían a ser para el inglés refugios en los que se protegía contra las mujeres de su propio ambiente familiar; porque ya entonces abrigaba la convicción de que los ingleses, tan valientes como el que más, les tienen, sin embargo, un miedo cerval a sus mujeres. Venía ya sospechándolo cuando un día le oí a uno de mis colegas de Exeter exclamar con fuego en la voz y lágrimas en los ojos: «Eso pasó antes de que Oxford se *deshonrase* admitiendo mujeres.»

El oído no dejó de percibir el miedo que trepidaba trás de la indignación; y me di a pensar si uno y otra no se deberían a una causa doble. Las mujeres inglesas han manifestado siempre mayor capacidad que sus hombres para necesitar y crear las amenidades de la civilización. De por sí, el bípedo másculo inglés suele atenerse a los gustos de sus congéneres en casi todos los países, sudor, tabaco, barro, pólvora y whisky son los odorantes de su ambiente con toda la gama de miserias corporales y formas de suciedad que la naturaleza prodiga. En este nivel, más alto pero no mucho que el de la pocilga, habría seguido vegetando el inglés si su mujer, madre o hermana no lo hubiera obligado a vivir limpio como persona.

Cuando me dispongo a pasar de la primera a la segunda objeción del inglés a la mujer, se me ofrece a la memoria una anécdota que viene a ser perfecto gozne de giro entre los dos. Marlborough volvía a su país después de una de sus grandes campañas europeas, desembarca, monta a caballo, galopa hasta Londres y —lo escribe su mujer en carta a una amiga— «llega y, sin quitarse las botas, me poseyó dos veces». Eso, eso es lo que ellas quieren... ¿De veras? *That is the question.* ¿Quién vino primero, el huevo o la gallina? ¿El varón no tan aficionado a las mujeres o la mujer no tan femenina? ¿El mujer o la hombre? No se trata del valor. Recuerdo cómo Marañón —según él mismo me lo contó— vio un día en su gabinete a un capitán de Artillería cuyo valor, ya arrojo temerario, lo había hecho ídolo de sus hombres. Venía a consultarle porque carecía de testículos. Sin contar con las muestras de valor que han dado tantas mujeres en tantos países, Inglaterra entre ellos, de modo que este aspecto queda a salvo y al margen de nuestra discusión.

El caso es que la especie humana es una. No vale hablar, razonar, sentir, como si hubiera dos especies, la mujer y el hombre. Ambos salen del mismo tallo. Parece, pues, natural pensar que, puesto que el fondo es común, cuanto más masculinas salgan las mujeres más femeninos saldrán los hombres. Si, pues, en una región, nación, provincia dada, las mujeres tienden a dominar, los hombres tenderán al homosexualismo.

Quizá haya por ahondar más por este camino. El tema es escabroso y el que lo aborda tendrá que permitirse ciertas libertades. En lo que me concierne, comprendo a la mujer que hace de mujer para una mujer (MMM) y también a la mujer que hace de hombre para una mujer (MHM) porque, en ambos casos, se trata de personas con hormonas mezcladas, y en el primero (MMM) se pueden dar factores sociales y sicológicos que faciliten la actitud sumisa ante una mujer marimacho. Por razones análogas, se puede comprender el hombre que hace de mujer para un hombre (HMH). Lo que no acierto a explicarme es el hombre que hace de hombre para un hombre (HHH). ¿Para qué si hay mujeres? La aberración se explica en circunstancias en que, por faltar la mujer, se desvía la libido a lo que hay. Como dicen los franceses, cuando no se tiene lo que se quiere hay que querer lo que se tiene. Podría también darse el caso del hijo de una mujer mandona que se quedará toda la vida obseso por un horror-temor de la mujer. Cuando. escribía estas líneas, hablaba la prensa inglesa de un hombre que a los treinta y cinco años no había comido más que papillas de bebé, tal era la vida a la que lo tenía sujeto su madre.

Barrunto, sin embargo, que la endemia de homosexualismo en Oxford y en Cambridge se debe también a otras causas. Una es la tradición clerical o eclesiástica, actuando sobre una acumulación de hombres, jóvenes y menos jóvenes; otra, la tradición clásica griega y latina, ya que no es probable que el amor homosexual haya alcanzado nunca tan alta dignidad filosófica como en el siglo de oro griego; época en la que las mujeres quedaron poco menos que confinadas al mero papel de la procreación. Esta extraña aberración no parece haber afligido a los hebreos, que, para sus placeres nefandos, no aceptaban a criatura alguna que no fuera por lo menos ángel.

En los tiempos que vengo aquí evocando, todavía ensombrecía la vida inglesa la memoria de Oscar Wilde. De estas cosas no se hablaba y aun menos se escribía; pero desde los días victorianos y eduardianos Inglaterra ha cambiado mucho en palabras y actos. Recuerdo haber aceptado una invitación para tomar parte en un debate en la *Union* de Cambridge, y no era hace muchos años. El tema que se iba a debatir era: «Que la fe religiosa es fundamentalmente indispensable para una nación» o cosa muy parecida. Según la costumbre para-parlamentaria de estos debates, hablaban en pro de la moción un estudiante y un graduado, y lo mismo en contra. El estudiante que hablaba en pro hizo un discurso brillante, cuyo fondo serio y convincente sirvió de pretexto para el inesperado cuento siguiente: Llega un viajero a un hotel de Londres, toma su cuarto, ve la Biblia que en muchos hoteles está a la disposición de los viajeros, y la abre al azar. Hay unas notas al margen escritas con tinta; y el viajero lee: «Si estás cansado del vicio, lee Isaías, II, 3, 5; si no lo estás, llama al teléfono 400 538 453.»

El tono ha cambiado. En una revista londinense de lo más intelectual, se publicó no ha mucho un artículo firmado por una autoridad oxfordiana todavía más intelectual, para probar que, en cierta ocasión, el jardinero de Lady Chatterley había entrado en el jardín de aquella señora por la puerta de atrás y no por la de delante; y a veces lee uno de quien menos se piensa que los sonetos de Shakespeare dedicados al mancebo amado carecen de sentido carnal.

Esta fantasía es de las preferidas de la cofradía. El amor de hombre a hombre afirman y sostienen, es una forma más pura y noble que el de hombre a mujer. El tema es de sumo interés pero de difícil manejo, pues sus aspectos espirituales, si los tiene, han de encarnar en formas harto humildes. Me han contado que un jesuita español que, en un lugar del Nuevo Mundo bastante caluroso para encajar bien en el tema, había obtenido un preciado galardón por su filantropía, preguntado en rueda de prensa qué era eso, contestó que esa palabra griega significaba: *amor a los hombres*, a lo que observó uno de los periodistas: «Pero, *doctor*, ¡eso aquí lo llamamos mariconería!»

Sea de ello lo que quiera, el caso es que van ganando terreno las mujeres. El siglo es femenino. Ganan los colores vivos y las costumbres laxas. Hay más promiscuidad. Paren niñas de doce años, que a los veinticuatro son abuelas. Se abren a las mujeres los colegios, otrora fieramente masculinos, no sólo para que cenen en los magníficos refectorios medioevales, sino para que duerman en las magníficas alcobas no menos medioevales; donde sin duda contribuirán a mejorar la calefacción. Los hombres están perdidos. Tendrán que contentarse con el amor de hombre a mujer. De los aficionados al hombre, no quedará pronto ya más que los epitafios.

> Yace aquí un escolar docto e ilustre
> que al amor y a la lógica dio lustre.
> Enseñaba su lógica a *priori*,
> pero el amor lo hacía a *posteriori*.

*

En mis tiempos de *potache*, en París, entre 1900 y 1907, había un chico en mi clase, se llamaba Deban, muy simpático y buena persona, muy fuerte, quizá el que más de la clase, pero muy humilde porque, falto de caletre, el pobre venía siempre en cola de las listas de notas. Sus padres lo mandaron a pasar una temporada en una escuela inglesa, y volvió transfigurado. Al fin, había logrado consideración, nombradía, popularidad, amigos crecientes. Era un excelente *footballer*.

A nosotros todos la situación nos hacía reír; aunque algunos entre nuestros superiores se daban cuenta de la sabiduría de la actitud inglesa para con el deporte, que, en todo esto, hay que pensar en tres cosas: logro personal; logro colectivo; espíritu de equipo. Los ingleses son excelentes en los tres; de modo que ya hoy nadie discute lo bien que razonaron siempre al dar a los juegos físicos tanta importancia en la formación escolar —cosa en la que también siguieron a los griegos.

Durante mi estancia en Ginebra como funcionario internacional, solía dar una vuelta de golf una o dos veces por semana. Me dejaba siempre este juego con una impresión introspectiva y protestante. El tenis, al que también solía jugar, le permite a uno descargar los fracasos sobre el contrincante o el asociado; pero en el golf el que juega va solo, policía, acusado y juez de lo que pasa.

Nada en esto era para disgustar el anarquista que todo español lleva dentro. Un juego sin nadie por compañero, ¿qué más se puede pedir? Cosa extraña para un liberal; jamás pude tomar el menor interés en competir con otros, ya solo, ya en equipo. Queda el tercer pie del trípode de la sabiduría inglesa; y aquí también tengo que confesar que no me complace el equipo. Jamás logré ingresar en ninguno, cualquiera que fuera su base (ciencia, arte, acción); de modo que, en conclusión, admiro la sabiduría inglesa en cosas deportivas, pero no la comparto, y en general, el deporte me aburre. Aburrimiento al que, sin duda, contribuyen el traje, los bártulos, las reglas, obstáculos a la espontaneidad, lo que quizá explique mi preferencia por el sencillo andar, que sólo necesita abrir la puerta y echar adelante.

La práctica del golf me llevó a otra conclusión: los profesionales, que en Inglaterra llaman el *pro* para significar al que hace golf para ganar honorarios o sueldo (*pro*fesional) y el que enseña (*pro*fesor), suelen insistir en que lo esencial es clavar la vista en la bola y no dejarse distraer. Los hay que añaden que así el golf enseña a concentrarse en lo que se hace. No lo creo. Me parece que la transferencia de la virtud de la concentración del golf a las matemáticas o la filosofía es una ilusión. En Oxford, no presté la menor atención a la vida, tan pintoresca y activa, de los deportes. Los que llegan a ser azules, *blues,* o sea a formar parte del equipo que representa a Oxford en una contienda interuniversitaria, sobre todo de remo, son la aristocracia de Oxford. Recuerdo haber leído una vez cómo habían nombrado a un muy alto puesto colonial a un señor cuyo mérito más augusto era el haber sido *blue.* Boca abajo todo el mundo.

Capítulo X

Primo de Rivera

Hacia mis treinta años, en una mañana soleada de Madrid, bajando la calle de Alcalá hacia el Banco de España, con mi padre, le oí de pronto exclamar: «¡Hola, Miguelito!», y un apuesto brigadier todo oro y acero, se nos acercó chacoloteándole el sable y tintineándole las espuelas. Mi padre, según su costumbre, de paisano, se engolfó en seguida en animada conversación con el futuro dictador. De no haber muerto tres o cuatro años después, es casi seguro que habría figurado entre los colaboradores más íntimos de aquel simpático viva-la-virgen y muy probable que le habría evitado no pocos malos pasos.

En 1923, el rey cometió la pifia más garrafal de su reinado. Quizá pensara que aquel general tan ligero no pesaría mucho sobre los destinos de la monarquía, pero, si así fue, pronto iba a desengañarse. Primo no tardó en reducir al rey de España al papel más vacío de influencia que jamás monarca español padeció ni toleró si se exceptúa al fantasmático Carlos II. Frente a la intriga con visos de conspiración que le armó Cavalcanti para tirarlo y ponerse él, Primo, que sospechaba al rey de complicidad, puso en circulación su famosa frase: «A mí no me borbonea nadie», y obligó al rey a firmar un decreto mandando a Cavalcanti en misión para estudiar la organización militar de los países balcánicos.

Primo, sin duda alguna, tenía estilo, a falta de otras dotes. El grupo de generales de que se rodeó, si no para gobernar, para ejercer el poder, comprendía un almirante, el marqués de Magaz, que había conocido yo en Ginebra, adonde venía a colaborar en los llamados trabajos del llamado desarme. Más de una vez, al verle discutir con H. A. L. Fisher, que representaba a Inglaterra, había admirado la sagacidad y pertinacia del marqués (hombre fino y cortés como pocos y terco más que ninguno) para defender tal o cual punto de vista que Fisher escuchaba, comprendía, consideraba, prometía estudiar, comentar y tener presente, pero nunca aceptaba. ¿De quién era la vihuela? Claro que de Fisher.

Puesto que me ligaban a Magaz buenas relaciones personales, intenté aprovecharlas para retocar el rumbo de la dictadura. Primo se hacía de la dictadura una idea algo andaluza, o por lo menos, del Andalus; porque se veía a sí mismo como un Jarún al Raxid desgranando justicia al pie de un granado a las puertas de la Alhambra. Una vez, al apuntarle sus contadores oficiales (que en España suelen serlo de cuentos más que de cuentas) que había un superávit en no sé qué soto o coto del presupuesto, lo mandó distribuir entre los que habían empeñado la ropa y no tenían qué ponerse. Así era su estilo. En siete años de dictadura, sólo un hombre perdió la vida por motivos políticos.

Concederé que Primo tenía derecho a cierto escepticismo sobre la libertad de la prensa, lo que no dejó de manifestar más de una vez con su magnífica y fresca campechanía. Frente a una serie de artículos hostiles a su régimen en *Le Temps* de París, mandó a la prensa una de sus famosas notas de publicación obligatoria, recordando que el Gobierno español y aquel periódico francés habían contraído un acuerdo en virtud del cual el uno se comprometía a pagar cierto importe mínimo de publicidad comercial y de turismo, y el otro a manifestar cierto grado mínimo de comprensión sobre los problemas políticos de España, acuerdo que se había roto por haber aumentado las exigencias del diario francés.

Éste era el estilo de Primo, tan extraverso y hablador como Franco intraverso y callado. Cuando se le metió en el perico que tenía que marcharse de la Sociedad de Naciones, publicó un larguísimo artículo a toda página, para explicar por qué no creía en «sociedad de naciones», así, en plural, y a renglón seguido esbozaba lo que a su vez había que hacer, que era exactamente lo mismo, sólo que él no lo sabía porque no se había molestado en leer el Pacto.

Esta indiferencia, despreocupación, llaneza, por lo que tenían de libertad, lo hacían popular. Primo no era hombre para vivir confinado en algún palacio inaccesible. Vivía en el Ministerio de la Guerra, en pleno centro de la ciudad, y solía salir de paseo, después de una cena tardía, en las horas de la noche en que las calles más bullen de gente; después del cual, ya muy tarde volvía al ministerio-vivienda, y ante un plato de fiambres y una botella de jerez, se ponía a hilar y tejer sus inmortales notas de inserción obligatoria, cuando no a suspirar alguna que otra nostalgia: «Quién me diera poder tirar todo esto y volverme a mi jerez y a mis putitas...»

*

Creo que debió de ser por entonces cuando fui la víctima, tan sorprendida como inesperada, de una agresión personal, y de quien menos lo hubiera sospechado: Ramiro de Maeztu. El motivo, todavía no lo conozco. Lo que ocurrió es que, en el despacho de Fabián Vidal, aquel cetáceo bizco y feo, pero muy capaz, que dirigía *La Voz*, habíamos estado hablando en grupo, Maeztu entre ellos, pero sin que ni por asomo llegara la charla a discusión. Recuerdo que estaba yo de pie junto a la mesa de Vidal, ojeando revistas, muy inclinado sobre ellas, cuando se me acercó uno por detrás y me pegó un puñetazo en el carrillo derecho, tirándome los lentes al suelo.

Los presentes se alteraron más que yo. Mi primer pensamiento no fue el honor, sino los lentes; y cuando con ellos recobré la vista, iba a preguntarle a Maeztu qué mosca le había picado, cuando vi que se lo llevaban muy rodeado, mientras otro grupo me llevaba a mí al salón de actos de *El Sol*. Mi impresión era que allí todo el mundo pensaba en un duelo, menos Maeztu y yo. Confieso que, cuando me dejaron solo, tuve miedo. Ahora, al rememorarlo, me doy cuenta de que, por no saber ni de sable ni de florete, ni de pistola, pude haber temblado ante la muerte. Pero no se me ocurrió. A lo que tenía miedo era al ridículo.

En esto, se abre la puerta y entra Maeztu seguido de «su» grupo y del mío. Ramiro se me acerca, abre los brazos en cruz, y con aquella su voz de bajo profundo, exclama: «¡Madariaga, perdón!» Típico, puro, honrado Maeztu. Incapaz de moderar sus raptos —que tenían algo de loco—, era capaz de humanizarlos con una razón superior que hacía de él uno de los hombres más íntegros de su época. Creo que aquel desenlace privó a alguno que otro de los testigos de la corrida de toros que ya veían en el ruedo; pero también creo que, entre los elementos que contribuyeron al desenlace que le dio mi agresor, figuraba el mismo temor al ridículo que me había ocupado el ánimo. En uno de sus regresos a España (no recuerdo si antes o después), Maeztu había hecho declaración pública y solemne de que *no tenía honor*. Él lo decía en el sentido de «los lances de honor»; porque como hombre de honor, pocos los ha habido que lo igualaran.

*

Fabián Vidal era vegetariano y muy miope. Quizá a fuerza de comer verduras se le había desarrollado un vientre de caballo, que tenía que llevar delante en vez de debajo, como sabiamente lo manda la madre naturaleza para los toros, caballos y esos otros caballos de río que con asaz pedantería llamamos *hipopótamos*. Todo ello contribuía a hacer de aquel hombre, por lo demás buena persona, un ente algo ridículo. Hasta los lentes los llevaba torcidos, que parecía que se le iban a desmontar de la nariz. Era agudo y había escrito durante la guerra de 1914-18 una de las mejores series de comentarios político-militares, no ya de España, sino de Europa.

Quiso, no obstante, su mala suerte que se formase y viviese en el mundillo más confinado y pestilente que cabe imaginar, el del periodismo madrileño de aquellos tiempos, que gradualmente le fue corroyendo las alas de la inteligencia. Aquel mundillo me recordaba siempre una escena de la Cuba del 97 que contaba un testigo personal. Paseaba por una calle desierta y silenciosa, cuyo silencio, no obstante, venía a cortar a intervalos irregulares un como coro de vociferación. Siguió andando y halló la explicación del misterio. Una numerosa familia sentada en torno a la mesa coreaba los esfuerzos del *pater familias* que con un cucharón trataba de pescar el único trozo de carne que nadaba o se hundía en la sopera; y cuando el preciado tesoro hacía su efímera aparición, toda la familia gritaba: «¡Ahí va! ¡Ahí va!»

Pobretonería. Ésta era si no la enfermedad, el síntoma de la que padecía aquel mundillo. Cuando se anunció en el Ateneo que se iba a subvencionar con doscientas cincuenta pesetas una conferencia que, por lo visto, estimaron muchos socios ser cosa de mi especialidad (?) y yo no manifesté ningún deseo de competir, Antonio Dubois, el «ateneísta» modelo, me miró con aquellos ojos grandes como faros, y al instante se dio y me dio una explicación: «Claro. Usted busca otra cosa.» Yo no buscaba nada.

*

La correspondencia con Magaz sobre la libertad de la prensa me dio mucho que pensar sobre este tema y otro que le es algo así como hermano gemelo. Me llamaba la atención que los hombres de gobierno «estilo fuerte» le tengan tanta manía a la libertad de la prensa y tanta afición a los plebiscitos. Parece como si les gustase contar cabezas a condición de vaciarlas primero. Por este camino, fui a dar a uno de mis teoremas políticos más seguros: *una nación no es la suma aritmética de sus individuos, sino la integración de sus instituciones.* Adoptando este principio, da de sí no pocas consecuencias y revela cómo no pocas ideas que pasan por verdades inconcusas aun en las democracias liberales son meras falacias.

No me propongo extenderme aquí sobre el haz de temas de este tipo que en otras obras he desarrollado *. Me limitaré a hacer constar el contraste evidente entre libertad y democracia: la libertad es el pan del espíritu; la democracia es un mero aparato de reglas de convivencia que pueden variar de un país a otro. Bernard Shaw la consideraba como un sistema para impedir que los que gobiernan valgan más que los gobernados; de lo que hay que descontar el humorismo del gran irlandés; pero el pensamiento en sí no es para echar en saco roto, y a algo por el estilo alude Raymond Aron al decir que no son las mismas las cualidades que hacen falta para gobernante que las que se necesitan para llegar a serlo.

Por aquel entonces me preocupaba que el ministro de la Gobernación de Primo fuera precisamente Martínez Anido, que había logrado triste notoriedad por su manera dura. Leí por entonces en la prensa indicios de que algo se fraguaba, en el estilo de tan siniestro general, y creí necesario publicar en *The Observer* una carta llamando la atención del mismo rey sobre su responsabilidad eventual de haber sido así.

Era entonces embajador en Londres el señor Merry del Val, hermano opaco del famoso cardenal-secretario de Estado del Vaticano. Este Merry del Val disfrutaba de gran favor en Inglaterra porque hablaba un inglés sin acento, cosa para los ingleses equivalente no sólo a una capacidad, sino a una virtud; aparte de que a Inglaterra no le importa, antes bien, le agrada, que un embajador sea hombre de poco caletre. Desde este punto de vista, Merry era un excelente embajador, lo que no tardó en probar escribiéndome una carta increíblemente roma (y conste que no es alusión a su ilustrísimo y universalísimo hermano):

Londres, 15 de Marzo de 1930.

Sr. D. Salvador de Madariaga.

Muy Señor mío:

Embargado por el dolor de mi reciente desgracia y sus múltiples consecuencias no he leído hasta ahora el artículo que sobre Su Majestad el Rey (q. D. g.) ha publicado «The Observer» bajo su nombre de V. el pasado Domingo día 9 del corriente mes.

No pienso entrar con V. en una polémica probablemente interminable y sin resultado efectivo, aunque fácil

---

* *Anarquía o Jerarquía*, 1934, y *De la angustia a la libertad*, 1935. Ambas circulan reimpresas.

por mi parte dada la falta de fundamento de aquella relumbrante y fantástica estructura.

Me limitaré a observar que cuando se tiene la honra de ocupar la Cátedra de Alfonso XIII y se ha comido muy a gusto el pan que no hace tantos años le proporcionó el régimen cuyo Jefe lleva el mismo nombre que por título ostenta su actual cargo se renuncia a éste antes de atacar a dicha Augusta Persona.

Además, en el extranjero los españoles que lo son huyen de cuanto pueda aminorar el prestigio de su Patria o sacudir los cimientos de sus esenciales Instituciones, y evitan por propio decoro mezclar a los demás en nuestras internas rencillas.

No se moleste en contestar a esta carta mía porque no pienso cansarme con la réplica.

Comprenderá, sin embargo, que Representante como soy del Monarca atacado y fiel servidor de mi Rey, cual fuere, y Don Alfonso XIII en particular, me será imposible sostener con V. las mismas buenas relaciones que hasta ahora.

Queda de V. atto. s.s.

Q.L.B.L.M.

El Marqués de Merry del Val.

El pobre hombre ni siquiera parecía saber que yo no había comido jamás pan oficial, que mis cargos ginebrinos eran internacionales y que mi cátedra no le debía un céntimo ni al Estado español ni a Alfonso XIII. Pero así era Merry, muy estirado diplomático, pero incapaz de elevarse más alto que aquellos niveles de pesebre.

Quizá olvidase —o recordase— otro episodio que pudo haberle ilustrado sobre mi actitud para con el dinero oficial. Años antes, había sido candidato a la cátedra de Español vacante en el King's College de Londres por fallecimiento de Fitzmaurice Kelly; y había fracasado, según creo (aunque sin pruebas), por el veto de Merry. Como había tirado por la ventana mi carrera técnica y no deseaba volver a ella, me encontraba, pues, sin oficio ni beneficio, ni fortuna, pero con familia que sostener. En esto, recibo carta del embajador pidiéndome que fuera a verle; y me propone un puesto de agente de prensa de la Embajada, con cuatrocientas libras de sueldo anual y libertad total de ganar más con mi pluma. Le dije que no, y le informé, por si no lo sabía, que no tenía un céntimo.

Convengo, de buen grado, en que no le hacía la vida fácil. Ejemplo al canto. En mayo del 1928 publicó el *Times* un artículo sobre el tercer centenario del descubrimiento de la circulación

de la sangre, hecho, según los ingleses, por Harvey, médico de
su reina Isabel, y yo creí necesario comentarlo en carta al director como sigue:

> En su admirable artículo sobre Harvey, el doctor Sin-
> ger, recordando a sus precursores, cita a «un español, Mi-
> guel Servetus, compañero de estudios con Vesalio, que
> murió quemado vivo por sus opiniones religiosas en 1553».
> Estas palabras podrían interpretarse como significado que
> Servet (como nosotros decimos) murió quemado por la In-
> quisición española. Esta institución puede permitirse acla-
> rar que quien hizo quemar a Servet fue Calvino en Gine-
> bra. Sin embargo, creo seguro que si Servet se hubiese
> quedado en España, habría muerto a la misma tempe-
> ratura.

Y, como si el texto no bastara, firmé la carta por primera
y última vez, con mi título completo: Catedrático de la de Alfonso XIII de Estudios Españoles. Merry montó en cólera (en
la que era gran jinete) y escribió a Madrid, donde *El Debate*
me puso como chupa de dómine por mi falta de patriotismo, a
lo que contesté en *El Sol* que mi oficio como profesor de universidad consistía en defender no a España, sino a la verdad.

Precisamente por ser ésta mi actitud, pude hacer constar en
el curso de la correspondencia que causó mi carta que el doctor
Singer había estado reticente por demás. Una señora protestante
escribió que a Servet lo había condenado también la Inquisición
(católica) de Viena, de Francia, pero a fuego lento, mientras que
Calvino, generoso como todos los protestantes, lo condenó y que-
mó a fuego vivo. El hecho fue que la leña estaba húmeda, la
pobre ¿qué iba a hacer en Ginebra?, y el suplicio de Servet fue
horrendo, pero la dama en cuestión o no lo sabía o no quiso saberlo, y pudo así probar la delicadeza de la conciencia hugonote,
cosa que todos los que nos sentimos cierta proclividad a la he-
rejía tenemos que agradecer.

Capítulo XI

Primo y Unamuno

Mi carrera profesional comenzó en enero del 28. Ya entonces se había iniciado la declinación física y política de Primo de Rivera, y todo el mundo se preguntaba qué iba a pasar cuando cayese del poder. El propio dictador parecía ser el único español que no se lo preguntaba. La oposición tenía a su cabeza dos prohombres que hoy se considerarían ambos como de la derecha. Francisco Cambó era un abogado catalán que había hecho una fortuna salvando los intereses alemanes en la industria eléctrica de Hispanoamérica, en colaboración con el famoso Loucheur, de quien decía *Le Canard Enchainé:* «El señor Loucheur, como ministro, se ocupa de los intereses de las regiones devastadas, lo que no quiere decir que se olvida de los suyos.» Cambó era quizá más hombre de Estado que político, y por ver alto y de lejos, quizá no logró lo que merecía —un largo período de poder—. Su compañero de binomio era Santiago Alba, abogado también y también próspero, el hombre más odiado por Primo, que lo persiguió sin cuartel. Alba era un liberal de verdad, y con los años y la experiencia había logrado superar la única limitación de su liberalismo, que había sido su tenaz oposición a la autonomía regional. Ni a uno ni a otro les faltaban motivos fundados para desconfiar de la monarquía y de Alfonso XIII; pero ambos estaban dispuestos a restaurarla si obtenían las debidas garantías de que se reorganizaría con un estilo más anglo-nórdico; y en estas condiciones, se declaraban dispuestos a actuar como el Cánovas y el Sagasta de otra etapa constitucional.

Siempre que pasaba por París, solía ir a verlos; y en una de nuestras conversaciones sobre el tema del porvenir de España (que España, a fuerza de ocuparse de su porvenir, apenas si presta atención a su presente), ambos me rogaron que les hiciese una pesquisa sobre la práctica de las relaciones entre el rey de Inglaterra y sus ministros, con la esperanza de poder fundar sobre ella lo que sería mañana la práctica de la monarquía española. Tentado estuve de contestarles que no era menester hacer pesquisa alguna, porque estaba seguro de lo que iba a ser mi conclusión; pero pensé que quizá no lograra convencerles una opinión tan fácil de formular, y les prometí estudiar el asunto y escribirles.

Hablé con Tom Jones, el vicesecretario del Consejo de Ministros, que llevaba años laborando entre los ministros y la corona, y tuve una conversación con H. A. L. Fisher, *Warden* (guardián, o sea rector) del Colegio Nuevo, claro que uno de los más antiguos de Oxford, que había sido ministro de Educación bajo Lloyd George; y así bien confirmada mi propia impresión, escribí a mis dos amigos poco más o menos lo que sigue: «La práctica inglesa no les será sólo inútil, sino peligrosa. Se quejan ustedes de que el rey de España se salta a la torera los preceptos constitucionales y actúa como monarca absoluto; pero el de Inglaterra funciona exactamente al revés: sus actos son estrictamente constitucionales, pero su lenguaje es absoluto. Si desea ver a un ministro, lo que no ocurre casi nunca, su secretario particular llama al teléfono al secretario del ministro y trata de enterarse de cuándo su patrón podría venir a ver al rey. Ya de acuerdo ambos secretarios, el ministro recibe del rey una orden terminante de comparecer ante la autoridad real... a la hora convenida. La Cámara es omnipotente y el rey poco menos que impotente; pero cuando la cámara se dirige al rey, lo hace «muy humildemente». En España, pues, las palabras son constitucionales y los actos absolutos; en Inglaterra las palabras son absolutas y los actos constitucionales.» Alba y Cambó se dieron cuenta perfecta; pero ya era tarde. Nada ni nadie podía ya salvar la monarquía, porque el rey había bajado de la imparcialidad del trono al partidismo de la palestra.

Por aquel entonces, frecuenté no poco el equipo que había fundado y que llevaba el famoso diario francés *Le Quotidien*. No era, así, un diario cualquiera. Sus creadores se proponían hacerlo puro, idealista, liberal. Los fondos procedían de la fortuna de un Hennessy, familia ilustre por su coñac. Este Hennessy había sido o iba a ser ministro de Agricultura y embajador en Suiza, y en ambos cargos había dejado estela de anécdotas, pues en cuanto un hombre público pudiente no manifiesta talento a la medida de su fortuna, se le vuelve el dinero ácido que corroe su figura pública, de modo que quien a lo mejor, menos rico, habría gozado fama de hombre sensato y hasta agudo, cobra reputación de estupidez.

Esto le pasó a Hennessy, de quien se contaba que, un día, al calor de una fogata política, a zancadas como un león en su despacho ministerial, decía (y lo dejo en francés): *Tout Paris dit que je suis un con; et bien on va le voir tout de suite.* Pero su mujer le desbancó fácilmente en la feria de las anécdotas, porque era locuaz, sincera, abierta, corazón de oro, pero de una ignorancia enciclopédica que le valió fama inmortal. Se decía que había comprado un magnífico lecho estilo Luis XIV, pero que, al hallarlo algo corto, lo quiso cambiar por un Luis XV; y que, despidiendo un día a un cuarteto de cuerda que había interpretado obras de Beethoven en la Embajada, les auguró que pronto podrían ser lo menos ocho o nueve. Pero la joya de su muestrario era su conversación con el papa. A su regreso a Berna, el marido la pregunta: «¿Viste al papa?» —«Claro.» —«¿Qué tal?» —«Pues no sé. Ya ves, todo lo que le dices, pues él, se ríe.» —«¿Cómo?» —«Sí. Cualquier cosa.» —«Por ejemplo...» —«Pues va y me dice: "¿Es la primera vez que viene usted a Roma?", y yo le contesté: "Sí, Santa Sede", y él va, y se echa a reír.»

Este excelente sujeto, pues Hennessy lo era, y además, pese a los cuentos, nada tonto, tenía entonces por confidente y consejero una especie de don Quijote francés que se llamaba Caspar-Jordan, el cual había empezado como pastor protestante y se había marchado de la Iglesia calvinista dando un portazo por no poder aguantar las polacadas que los colonialistas franceses cometían en Madagascar. Yo lo conocí en 1909 con motivo del caso Ferrer, que había tomado con tanto fervor como antes el de los malgaches, y era el abogado de Soledad Villafranca, catalana guapota y bien formada que era la viuda de Ferrer. Yo estaba no menos indignado que Caspar-Jordan con aquel caso que consideraba como un crimen judicial, y nos hicimos amigos aunque él era de bastante más edad que yo.

Le Quotidien tuvo mucho éxito. Sus aspectos puritanos hacían novedad en París, ciudad no muy fuerte en puritanismo; así por ejemplo, su negativa a aceptar publicidad de específicos, y a pesar de ser el dueño destilador de coñac, se había estudiado en el consejo del diario negarse también a dar publicidad a las bebidas alcohólicas. Recuerdo una tertulia en la redacción del periódico, durante la cual salió a relucir este problema, y uno de los presentes, entre bromas y veras, le echó en cara a Hennessy que fabricara coñac; a lo que Hennessy replicó, que en aquel mismo momento el que lo censuraba estaba tomando coñac. «¡Ah! —replicó el aludido—, una cosa es ir a una casa llana, y otra es ser la dueña.»

*

Por aquel entonces, cayó Unamuno por París, y no por vía recta, que venía de Fuerteventura. Todo comenzó por una carta que Unamuno escribió a Américo Castro, a la sazón en Buenos Aires. El diablo, que todo lo enreda, llevó el texto a la redacción de un diario bonaerense, que sin tomarse la molestia de consultar a Américo, publicó el papel. Claro que Unamuno, creyendo hablar a solas con su amigo, se despachaba a su gusto sobre las eminentes cualidades de estadista del gran Primo de Rivera; pero éste no supo apreciar lo que Unamuno decía de él, y, sin más forma de proceso, desterró a Unamuno a Fuerteventura.

Nada más fácil... si el desterrado hubiera sido otro; pero como era Unamuno, la policía tuvo que pasarlo muy mal. Primo, que no tenía pelo de tonto, se dio cuenta de su pifia y dio orden a la policía de que dejasen que el preso se escapara; pero esta manera de trampear no era del estilo de don Miguel. Cuando la policía vino a buscarlo a su casa, en Salamanca, se negó a mover un dedo. Tuvieron que cargar con él para llevarlo al taxi y luego... al tren. Viajó solo. No se movió del coche. Y así, pasivo como un fardo, se dejó llevar a Madrid, a Cádiz, al barco, a la isla.

Pasaron los días, meses y años, y Unamuno seguía en aquella isla recogida por el sol, sin agua, sin árboles, sin gente que le escuchara. ¿Quién lo sacaría de aquel infierno de soledad? Este anhelo lo captaron las antenas del *Quotidien,* donde a alguien se le ocurrió ir a salvar a Unamuno de las garras de la tiranía para confiarlo a las alas de la libertad. Dicho y hecho. Un yate. Un embarque nocturno y a Cherburgo para París. Todo se preparó en el mayor secreto. Tan bien guardado que, cuando el yate del *Quotidien* comenzaba a divisar la costa de Fuerteventura, se cruzó con otro enviado por Primo que se llevaba a Unamuno a la libre Francia.

Los del *Quotidien* se adaptaron a la nueva situación con la flexibilidad de los buenos periodistas. Al fin y al cabo, lo esencial de su plan se había realizado. Unamuno estaba libre y en Francia; de modo que no les fue arduo atribuirse el mérito de la operación. El banquete de Cherburgo tuvo lugar. Y allí fue Troya. Porque lo que los racionalistas inteligentes del equipo del *Quotidien* no eran capaces ni de imaginar era los abismos de irracionalidad que se ahondaban en el alma de Unamuno.

Casi todos ellos eran patriotas, casi patrioteros, nacionalistas, curtidos en el servicio militar, no pocos de ellos, oficiales de reserva; por otra vertiente, eran *laicos,* enemigos jurados de toda injerencia clerical en la política, sobre todo, en la escuela, y casi todos, ateos. Ahora bien, las ideas de Unamuno no eran ni siquiera contrarias a todo aquello; eran incongruentes con las de sus salvadores, otro mundo, otra sensibilidad. De todo esto se daba cuenta Unamuno mucho más que sus ardientes anfitriones, los cuales, ingenuamente, se creían sus correligionarios; situación de las que hacían las delicias del agresivo vasco; de modo que cuando llegó su turno, embistió como un toro, no contra Primo (puesto que eso era lo que se esperaba de él), sino contra los militares en general y el nacionalismo y el racionalismo, y llegó hasta a declarar que había más sentido humano en un canónigo que en un teniente coronel.

Esto, para empezar. Con la misma combinación de generosidad y sencillez despistada, el equipo del *Quotidien* ofreció a Unamuno el puesto de honor en la página principal del diario. Ellos ya se relamían nada más que de pensar en la serie de artículos de izquierda que el genial español iba a hacer brotar de su valiente pluma; porque lo admiraban a crédito y ni uno de ellos lo había leído jamás. Ni imaginar podían que Unamuno iba a enviarles una ristra de ensayos torturados, tortuosos, autoexploradores, carcomidos de dudas y laberintos, rellenos de retruécanos, inversiones, dilataciones del sentido usual, prestidigitaciones verbales, juegos malabares literarios..., todo menos razón pura o aplicada. Ya nada fácil en castellano, en francés resultaba incomprensible.

El periodista de tanda para los «fondos» se tiraba de los pocos pelos que le quedaban: «Pero, Monsieur Ünamünó, eso no se puede decir en francés...» —«Pues yo bien puedo», contestaba incólume Unamuno. Después de mucho discutir, llegaron a un acuerdo: Unamuno escribiría en español y se lo traducirían en el periódico. Pero ni por esas. Unamuno se desesperaba al ver su erizada prosa peinada y como aplastada por la grasa cosmética de un estilo francés *comme il faut.* Un día me lo contó no sin aquella satisfacción casi infantil que solía sentir al dar cuenta de sus victorias verbales. «Yo entonces le dije: "Mire usted, señor, usted reconocerá que yo sé francés mejor que usted español." Y él contestó: "Claro, claro, Monsieur Ünamünó." Pero yo le dije entonces: "Además, yo sé español mejor que usted francés."» Esto le producía honda satisfacción.

No sería fácil dar con un ser más incapaz de comprender el genio racional, claro, disciplinado, del francés que aquel anarquista vasco tan hondamente modelado por la Castilla del siplo XVI. En París se ha debido sentir más solo que en Fuerteventura. Agasajado primero como el *fauve* de la semana, casi eliminado después como un «original» inasimilable, terminó por desterrarse a Hendaya, donde al menos sus ojos reposaban sobre el país natal. Durante su período parisiense, la primera vez que fui a verle, vivía en una pensión muy sencilla, pero muy moderna y cómoda, cerca del Arco de Triunfo. Entró en la sala donde yo aguardaba, me dio la mano, sacó del bolsillo un papel color café con leche, lo desdobló tres o cuatro veces hasta que para leerlo tenía que abrir los brazos en cruz, y se puso a leerme los cien sonetos que había escrito en el destierro. Todos buenos, y algún que otro, geniales. Leyó, volvió a doblar, se guardó el papel, me dio la mano y se fue.

En Hendaya se instaló como una especie de jefe de la oposición a Primo, papel de Quijote que no tardó en atraer un Sancho en la persona de Eduardo Ortega y Gasset, buena persona, pero nada más. Había entre la turbamulta de ministros que tuvo Alfonso XIII un famoso periodista llamado Julio Burell que tenía por costumbre hablar siempre a vozarrones, cosa que hacía, en parte por gramática parda, para amedrentar a los numerosos pedigüeños que le venían a pedir «favores», es decir, injusticias; porque los recibía a todos en una sala muy grande, e iba escuchándolos uno a uno, y cuando le parecía, repetía a voces lo que el pedigüeño apenas si se había atrevido a murmurar: «Pero vamos a ver, ¿usted quiere que yo haga aprobar a su hijo cuando le han suspendido?» Un día, abre la puerta el ujier: «Señor ministro, el señor Ortega y Gasset.» Voz estentórea: «¿Cuál? ¿El sabio o el tonto?» El visitante (asomando tras del ujier): «El tonto, señor ministro.»

Este buen hombre carecía del caletre necesario para hacer un buen periodista, pero contaba con un nombre que su padre había hecho famoso en España y su hermano ilustre en el mundo entero. Arrimándose además al también ilustre y universal de Unamuno, publicó en Hendaya una hoja mensual de oposición que circulaba bajo mano en toda la zona norte del país, muy ducho en las artes del contrabando. Más tarde quiso hacer valer estas actividades como servicios a la causa republicana, de cuya pretensión, defraudada, vine a ser yo víctima fortuita y gratuita.

Un día le vinieron a preguntar a Unamuno si había observado a un hombre que solía venir a sentarse a una mesa cercana a la que él solía escoger para tomar el café; y como contestara que sí, añadieron sus informantes que era un espía de Primo que venía a oír, retener y contar. Al día siguiente, cuando apenas comenzaba Unamuno a saborear su café, entró el espía y se sentó en una mesa cercana. Unamuno se levantó y se fue a sentar enfrente del soplón. «¿Sabe usted lo que es una prostituta?», le preguntó. Y el otro dijo que sí. «Pues su oficio de usted es peor.» Y se volvió a su mesa.

En aquel su destierro doble de Hendaya vino a verle Francis Hackett con su mujer Signe Toksvig. El novelista irlandés y su mujer danesa iban camino de su descubrimiento de España, que tanto deseaban desde que les había explicado que para mí los irlandeses eran unos españoles que, por haberse equivocado de tranvía, se encontraban en el norte de Europa y no lograban tragar su desconsuelo ni aun a fuerza de whisky. Tengo para mí que Francis no se dejó convencer por doctrina tan evidente, tanto que el único argumento en contra pudiera muy bien ser su misma evidencia. A sus dudas, le solía contestar que a fuerza de años y aun de siglos, los ingleses habían logrado anglificar a los irlandeses por medios buenos, malos y aun infames, y que lo que a él le impedía convertirse a mi primer teoría era el efecto de mi segunda sobre el propio Francis Hackett, irlandés anglificado. Ante este ataque en pinzas, solía rendirse, pero poco, porque al irlandés no le va rendirse, y pronto recobraba su libertad con una mirada irónica de sus ojos agudos y una sacudida de su melena, tan rebelde al peine que semejaba fronda de sus pensamientos.

Nada menos que una danesa se necesitaba para domar tamaña cabra montés; y Signe Toksvig lo había conseguido, creo yo, por no haberlo intentado. Eran una pareja perfecta, y de tan espontánea humanidad, que les fue fácil sortear las trincheras e inhibiciones de Unamuno ante gente extraña. Lo que más me admiraba en aquel encuentro era que el vasco-salmantino y la pareja iro-danesa lograsen entenderse. Unamuno conocía más libros ingleses que nadie, tanto de Inglaterra como de los Estados Unidos. Francis Hackett se quedó asombrado de lo que había leído y de cómo citaba, en particular, hasta libros de sermones ingleses. (Por Unamuno me enteré yo de *Moby Dick* y de su genial autor, Herman Melville.)

Todo iba, pues, viento en popa, hasta que Unamuno se empeñó en leer a sus visitantes unas páginas de Shakespeare. Trozos de *Hamlet* y de *King Lear* salían de aquella boca viril y resuelta con tremendo vigor dramático, pero pronunciados como Dios le había dado a entender al poeta español, no por cierto (a mi entender) porque Unamuno ignorase su pronunciación debida, sino porque el fuego y la emoción le forzaban a una espontaneidad que barría el saber aprendido y dejaba desnudo el saber innato.

Francis y Signe disfrutaban, como artistas que ambos eran, de una escena verdaderamente original.

Claro que, por no haber vivido en país de lengua inglesa, el conocimiento exacto le faltaba a veces; y una al menos le llevó a cometer un error de bulto. En la revista *España*, publicó un poema sobre el tema «el silencio es descanso» o «el descanso es silencio», y según su costumbre y aun manía bordó sobre ello a un lado y a otro y boca arriba y boca abajo. Todo bien y de gran interés, como suyo. Pero por no sé qué capricho fatal, le puso como epígrafe a su poema el dicho final de Hamlet: *the rest is silence,* sin observar que en Hamlet *the rest* no es el descanso, sino *el resto,* o quizá mejor, *lo demás.*

*

Todos estos chismes y cuentos no pasaban de ser los abordes, arrabales, perspectivas hacia un gran espíritu. Unamuno no era hombre de acción, y quizá haya sido su único error el haberse imaginado un momento que lo era. Tampoco era un hombre de pensamiento, por muy original y vigoroso que su pensar fuera casi siempre. Unamuno fue un hombre de pasión, en el sentido que he intentado definir en *Ingleses, franceses, españoles* como el modelo prototipo del español. ¿A quién mejor que a él mismo se aplicaría el principio que él mismo formuló afirmando que lo que importaba en la filosofía de Kant o de Nietzsche era precisamente el hombre Kant y el hombre Nietzsche? Unamuno pensaba con el alma entera y allá el diablo apenque con lo que salga. Su cita favorita era aquella de Walt Whitman: «¿Que me contradigo? Bueno, pues me contradigo.» Otros habrán escrito como existencialistas. Él lo vivía.

Su aspecto, modo de estar, mirada, eran agresivos. Parecía siempre dispuesto a abalanzarse sobre su interlocutor. Esta agresividad latente le inspiró a veces páginas que han debido de remorderle durante lo que alcanzó a ver y sufrir de la guerra civil; porque, en su esencia, era liberal (una de sus muchas contradicciones). Pero el que le llevó a Kierkegaard fue el Unamuno irracional que dominaba en él al racionalista y aun al racional. Claro que no tardó en transfigurar al danés en un anarquista español como lo era él, caldeando la sangre nórdica para hacerla arder con la fiebre española.

Su estilo se resuelve en una mezcla extraña de espontaneidad casi amorfa con un constante y voluntarioso juego verbal. Odiaba y despreciaba los retruécanos, pero apenas si escribió página que no fermentase con sus prestidigitaciones verbales y semán-

ticas, que recuerdan la asombrosa actividad de sus manos creando con mero papel pájaros, mamíferos y peces. Con todas sus
contradicciones, sus arbitrariedades, a veces su irresponsabilidad, Unamuno queda como uno de los escritores más grandes
de su siglo.

Hice lo que pude para que en Estocolmo se diesen cuenta de
la injusticia que cometían olvidando a tan gran europeo para el
premio Nobel; y avisé con tiempo a Sandler, primer ministro
sueco y buen amigo mío, para que se remediase; pero no obtuve
satisfacción.

Capítulo XII

Aventuras varias

En 1921 se había organizado en Londres la primera y una de las más brillantes de una serie de exposiciones de arte nacional; dedicada esta primera al arte español, tanto clásico como moderno. El catálogo era excelente, como establecido por Sánchez Cantón; pero el embajador Merry del Val le había confiado su traducción a un quídam que ni sabía inglés ni español ni arte; el resultado fue algo tragicómico, y yo me quedé con un ejemplar cuya pérdida en las circunstancias porque navegué del 36 al presente es una de las que más lamento.

El duque de Alba solicitó mi ayuda para ver de establecer un texto inglés razonable. Me dieron en Burlington House, donde la exposición se celebraba, un pequeñísimo recinto y desde allí fui rehaciendo el catálogo, saliendo a veces a ver el tema del cuadro, lo que ni por asomo se vislumbraba en el texto que tenía delante.

Un día, en una de estas salidas exploratorias, me topé con el duque que iba en compañía del rey Alfonso, a quien Alba explicó mi trabajo. Me volví al rey y le pregunté si le habían enseñado el cuadro de Siñoret. El rey me indicó que lo hiciera yo; y así llevé a mis ilustres turistas ante una tela bastante espaciosa que representaba el Juicio de Paris: paisaje agreste, unas cabras, el dios Paris, justo cubierto con un semicalzón de piel, y las tres diosas vestidas sólo de sus bellezas. Admirólo el rey y se volvió hacia mí. «Bueno, y ¿qué?» Por toda respuesta le enseñé el catálogo, que decía en inglés: *Tribunal de Justicia en París*.

Todos estos recuerdos surgieron en mi imaginación un día de 1928 en que, mientras trabajaba en mi casa de Oxford, sonó el teléfono. Era Tom Jones. Comienza por preguntarme si sabía que dentro de unos días se celebraba el banquete anual de la Real Academia de Artes, durante el cual, según la tradición, el

primer ministro pronuncia un discurso. Contesté que no lo sabía.
«Pues sí —replicó—. S. B. (quería decir Stanley Baldwin) tiene
que hacer un discurso.» —«Bueno, y a mí ¿qué?» —«Es que no
tengo tiempo de hacérselo yo.» Y héteme aquí escribiendo un discurso para el primer ministro inglés. «¿Qué tipo de discurso?»
—«Bueno. Sobremesa. Nada solemne. Interés serio y sincero
por las artes. Algún buen chascarrillo... Y sobre todo, secreto
absoluto.»

¿Qué mejor cuento que aquel ocurrido en la misma casa de
la Academia? Escribí. Envié. Olvidé. Y parece que no lo hice
mal, porque en las Memorias de Tom Jones leo que, el 6 de mayo,
le escribía Lord Hailsham, Lord Canciller (en quien había tenido
que delegar Baldwin, enfermo), la carta que aquí traduzco:

> Tengo que escribir personalmente para agradecer el
> brillante discurso que preparó usted para mí y para de-
> cirle que tuvo gran éxito. Lo único que siento es que el
> verdadero autor no reciba el crédito que le corresponde y
> que con él he adquirido una reputación que no seré capaz
> de sostener.
> Ha debido costarle bastante trabajo y le estoy muy
> agradecido.

Hailsham no sabía que, al lamentar que el verdadero autor
no se llevara el crédito que merecía, se quedaba corto. El verdadero autor yacía oculto bajo su promesa de silencio.

Lo cual dio de sí su embarazoso epílogo. Semanas después
me convidó a almorzar Sir Michael Sadler, rector *(Master)* del
Colegio llamado de la Universidad. Lo conocía bien y éramos
buenos amigos. Había otro a la mesa. Hicimos primero la acostumbrada visita a sus tesoros artísticos, donde, en vistosas
vitrinas, ostentaba inestimables Mings y Wangs y al lado «collar de perlas falsas de Woolworth, seis peniques». Cada cual se
divierte a su manera. En la mesa se habló de arte y yo, pobre
de mí, olvidando aquel discurso-tabú, conté lo del duque, el rey
y el dios Paris tal y como había ocurrido. Rió la ocurrencia
Sadler, pero su huésped, con desdeñosa frialdad, soltó: «Sí. Ya
lo leí el otro día en el discurso del canciller.» Como quien dice,
«no mientas, mentecato». Le eché una mirada en silencio, y le
dejé triunfar.

*

Ya para entonces había logrado quebrar la corteza del Tíbet
que encubría la suculenta pulpa de Oxford; y poco a poco llegué
a darme cuenta de algo que era para mí quizá el aspecto más
instructivo de mi experiencia oxfordiana. Me parecía que, en

España, las vocaciones activa e intelectual suelen quedar más claramente delimitadas y separadas que en Inglaterra, de modo que se producía una divergencia entre el tipo militar o negociante y el tipo intelectual o contemplativo; mientras que me fascinaba observar en no pocos de los maestros de Oxford una aptitud y hasta una afición indiferenciada para la caza de ideas en Oxford y para la caza mayor en África.

Recuerdos me han quedado de la guerra que añaden a esta observación un sentido íntimo y personal del honor que provocaba mi admiración. Conocí en mi club a un diputado conservador de cincuenta y tres años de edad, que vi un día de uniforme de soldado raso del aire. Estábamos en plena guerra (la primera europea), y cuando observó mi sorpresa, me explicó: «Yo no me voy a quedar protegido por chicos más jóvenes.» Era bombardero de cola en un avión, el lugar quizá más peligroso de toda la guerra. No duró ni tres meses. Seguro estaba yo de que los más de los hombres entre quienes vivía en Oxford eran de este metal, tan aptos para el gabinete de estudio como para el desierto o el campo de batalla.

Tanto mayor era mi admiración por mi propia incapacidad militar o cinegética; y me daba plena cuenta de que el valor de la conversación en Oxford procedía precisamente de la riqueza del carácter y de la experiencia de los que hablaban.

Capítulo XIII

Bárbaros y barbas

Entretanto, me había ido aburriendo cada vez más en la famosa cátedra. La causa de fondo se me iba aclarando poco a poco: la enseñanza no era mi vocación. Más bien era —y es— antivocación, porque detesto enseñar. Pero lo que primero iba saliendo era un enjambre de cosas de menos fuste y de más irritación: el exceso de papeles y comités administrativos, y el bajo nivel medio de mis alumnos.

En cuanto al primer mal, bien conocido es. En Inglaterra todo se hace mediante comités. Es su modo de objetivar las cosas, neutralizando las fuerzas subjetivas unas con otras. Lejos de negar su virtud, me parece admirable. Pero el comité tiene el grave inconveniente de tener que andar al paso del más lento, lo que, para gentes de ritmo rápido, viene a ser una tortura. Ni tampoco quiero dar a entender que el más lento sea el más lerdo, puesto que sucede a veces que muele más fino quien más lento muele. No hago más que hacer constar un hecho: que para el rápido, el trabajo en comité es un tormento; mi experiencia de Oxford vino, pues, a confirmar la adquirida en Ginebra: el mejor comité es el de un solo vocal.

Por otra parte, los estudiantes que se inscribían en nuestra cátedra llegaban con conocimiento a lo sumo de nivel secundario de la literatura y la historia de España. Si vale un ejemplo, recuerdo un candidato nada menos que a graduado de Oxford en español, a quien le hice leer el maravilloso poema de Manuel Machado sobre el Felipe IV de Velázquez; y luego le pregunté quién había sido el padre de Felipe IV. No lo sabía. ¿El abuelo? No lo sabía. Pero si fue rey de Inglaterra... No lo sabía.

No era, ni con mucho, un caso de excepción, sino, más bien, normal; para lo cual, se daban dos causas: que muchos estudiantes escogían el español como asignatura segunda o tercera de apoyo a su principal por creerlo fácil, o por aspirar a una carrera comercial con Suramérica. Muy pocos venían porque les interesaba España de verdad. La otra causa era peor todavía. El criterio de la facultad era lingüístico y filológico; mientras que, a mi ver, con que formásemos dos o tres filólogos al año bastaba, y para el resto, lo que había que comunicar era el espíritu español, su historia, arte y vida.

Aun así, conseguí convencer a los dirigentes de la Oxford University Press de que había que lanzar bajo los auspicios de la cátedra una serie de traducciones al inglés de clásicos sobre España; y con gran sorpresa de los que observaban mi labor, comencé con la *Historia de la civilización ibérica* de Oliveira Martins. «¿Por qué ese portugués?», me preguntaban. «¿Por qué no?», contestaba yo. Mi objeto era propagar entre los países de lengua inglesa un conocimiento de primera mano de cómo los españoles se veían a sí mismos, y ¿quién mejor que Oliveira Martins para tal labor? Porque Oliveira Martins veía a España en su totalidad, no rota como una tinaja cascada, en dos partes desiguales, ninguna de ellas suficiente para representar el conjunto. No faltó quien intentase poner en duda la autoridad de Oliveira Martins alegando que su libro no era más que «historia vista a través de un temperamento». Yo repliqué que no hay historia que no sea vista a través de un temperamento.

*

A veces el cariz que toman las cosas es como para imaginar una mente oculta y potente que las va llevando a converger hacia un fin complejo pero claro. Aburrido y desanimado sí que lo estaba, pero en lo que menos pensaba yo era en irme de Oxford. Mucho era lo que me gustaba en aquel lugar, empezando por la compañía de hombres y mujeres entretejidos en un ambiente de vida fino, culto, civilizado y humano, quizá igualado pero nunca rebasado en otro lugar; y por otra parte, no me daba cuenta, como hoy lo hago, de sentirme falto de satisfacción. El caso es que cuando Federico de Onís me propuso venir a sustituirme durante un año sabático, acepté al instante.

Onís se había hecho yanqui. Cosa, claro está, de meros papeles. Pero su larga estancia en Nueva York había hecho fermentar de modo notable su prístino hispanismo. Era de Salamanca en cuerpo, y de la Institución Libre de Enseñanza en espíritu; y había emigrado, barba-noble como todos ellos, ojos negros profundos, aura (si no aureola) de santo. Al español no le va la barba, ni el bigote. En su larga historia, ha sufrido tres epidemias de barbas, de las que se curó afeitándose, y, cosa por demás notable, las tres le vinieron de Alemania, el país de donde suelen venir las mejores barbas, en armonía con los ríos y las. sinfonías.

La primera epidemia les vino a los españoles de los visigodos, y todavía florece en el Cid, que se ata la barba con un cordón de seda para evitar que cualquier malandrín le arranque un mechón. Pero esta barba bárbara era ya cosa del pasado para Fernando el Católico, cuando su nieto vuelve a ponerla de moda; y fue la segunda epidemia, la cual fue rápidamente remitiendo con los tres Felipes, hasta que el quinto la rechazó (y no hablo de Carlos II porque no le salía). Por último, la tercera epidemia ya no fue de armas sino de letras, y la trajo el krausismo, no adorno de la faz, sino como uno de los elementos, quizá el más fuerte, desde luego el más peliagudo, de la filosofía de Krause. El caso es que cuando yo era chico, uno de los signos exteriores, delatores de que un señor era republicano, era la barba que llevaba, tal que no se le veía la corbata ni la camisa —lo que no dejaba de tener a veces sus ventajas.

Pero tengo que retrotraerme de estas afueras republicanas al centro de la filosofía para volver a la barba de Onís; el cual pertenecía a la tribu sacerdotal de los barbas-nobles de la Institución, y como era negra realzaba su palidez romántica y el fuego de sus ojos soñadores. Todo lo perdió en el Nuevo Mundo. Barbas, palidez, fuego, mechas negras, romántico perfil, silencio. De introverso pasó a extraverso, de silencioso a hablador, de cierta morosidad salmantina, a la jovialidad de *Keep Smiling* y palmadas en la espalda y hasta, oh vergüenza en tan digno salmantino, de carcajadas sonoras. Su energía pareció a veces explotar en súbitas descargas; uno que lo vio y oyó dirigir en Oxford un coro de sus (mis) estudiantes cantando canciones españolas creyó que estaba preparando la revolución.

Así que me fui seguro de que mis muchachos quedaban en buenas manos porque su profesor provisional les desataría y haría saltar sus inhibiciones británicas; pero lo que menos pensaba yo era que al marcharme a América, ya no volvería jamás a mi cátedra. Nada más lejos de mi pensamiento cuando emprendí una gira de conferencias por los Estados Unidos, Méjico y Cuba.

CAPÍTULO XIV

Hernán Cortés y Cuautemoc

El plan convenido con la Universidad de Oxford era que Onís se encargaría de mi cátedra en los dos trimestres de invierno y primavera (Hilario y Trinidad en la jerga de Oxford), durante los cuales haría yo una gira libre por los Estados Unidos como conferenciante, y luego, el mes de abril, como profesor invitado en la Universidad de Méjico, y el de mayo en iguales condiciones en La Habana. Llegué, pues, a Nueva York días antes de la Navidad del año 30, tomé por base la casa, siempre hospitalaria, de los Lamont, di unas cuantas conferencias, sobre todo al este y sur del país, y el 31 de marzo entré en Méjico por Nuevo Laredo.

Nada de aviones en aquellos tiempos. En los trenes excelentes y cómodos y espaciosos de los Estados Unidos había tiempo sobrado para meditar. Lo que me ocupaba el ánimo en la vastedad del país y la omnipresencia de España en el pasado de tanto espacio histórico. Parecía inverosímil que un pueblo tan distante y exiguo como España hubiera podido hacer frente a la tarea histórica que se le había venido encima. Savana, cuyo cementerio antiguo era un catálogo de piedra de nombres españoles; San Agustín con su fuerte, construido, como la ciudad, por Pedro Menéndez de Avilés, en 1564, lo que la hace la ciudad más antigua de los Estados Unidos; Atlanta, Nueva Orleans, donde las tradiciones, los estilos, los edificios de España y de Francia se entremezclaban sin confundirse..., y así hasta San Antonio, donde llegué justo para asistir al bicentenario de la fundación de la ciudad por los españoles —inmensos territorios donde el nivel histórico español seguía visible y hasta vivo bajo el presente.

¿Por qué celebraban en San Antonio en 1931 el bicentenario de una ciudad fundada en 1718? Quizá porque los fundadores de 1718 eran militares de la Nueva España, mientras que los que llegaron en 1731 eran cincuenta y cinco inmigrantes canarios que los yanquis de 1931 podían representar tan oscuros de tez como su imaginación lo desease, y además, llamarlos canarios y no españoles. Éstas son las pequeñas supercherías que se cometen contra la Historia. El desfile de los cincuenta y cinco, bien bronceados canarios, llamativa y fantasmagóricamente ataviados «a gusto del consumidor», fue uno de los números del programa de festejos al que me invitó el municipio; otro fue el banquete, que se me grabó en la memoria porque uno de los discursos estaba a cargo de un juez, al cual le oí decir: «... nosotros, políticos...» Allí eligen a los jueces por voto popular. Yo, como europeo, pensaba en Montesquieu.

*

El tren era yanqui y la máquina apestaba a petróleo. Todo lo demás era español. Méjico había sido Nueva España mientras fue uno de los reinos de la corona española (colonia no lo fue jamás); pero al emanciparse, se dio por nombre el de la capital de los aztecas. Con todo, es el país americano que más recuerda a España; lo que no deja de ser extraño, pues su elemento indio es más fuerte en cantidad y en vitalidad que en ningún otro país del Continente; y los indios siempre modifican el hispanismo del país: en su color, no sólo de tez, sino de atuendo y utensilios, en cierto acento azucarado que le dan al castellano, en el tono fiero de su vivir y ardiente de su comer y beber..., y sin embargo, la Nueva España todavía merece su nombre, quizá por un cierto parecido en el paisaje con los de la altiplanicie ibérica, la sensación de calor seco, el predominio del ocre y del amarillo, la calidad metálica y sonora de la tierra que parece hacer rebotar y reverberar los sonidos dándoles metal.

Venía yo al país bajo los auspicios de una sociedad hispanomejicana de cultura, que presidía el doctor Perrín, afamado galeno de la capital y oriundo de España. En aquellos tiempos dominaba todavía el horizonte el recuerdo de aquel casi legendario Pancho Villa, que con tan ágil facilidad pasaba del bandidaje a la estrategia, en oscura connivencia con ciertos petroleros del Norte. Villa había llegado a su gran poderío por su facilidad en el manejo de la pistola. Perrín me contó que una vez que en un combate había hecho unos cuantos centenares de prisioneros, los había enredilado en un campo separado de otro por una callejuela; y les dijo que él se pondría abajo de la callejuela y ellos la cruzarían corriendo uno a uno y él tiraría, y el que se salvara, quedaría libre. Uno se salvó. Los demás quedaron en la calleja mientras Villa se frotaba el dedo.

Esta escena me la contó Perrín como preludio a otra. Lo llamaron una vez a las tres de la mañana para un caso urgente; no le dieron detalle alguno, pero se lo llevaron a toda velocidad

y, al salir de la ciudad, le taparon los ojos. Al alba, se encontró
en una casa aislada en el campo, donde, sentado en una butaca,
le presentaron a su «caso». Perrín, de una mirada, vio que era
Villa. Tenía un brazo malherido y roto. «Pero —añadió con un
golpe que me dio en el codo— el otro lo tenía sano y en la mano
un pistolón.» Sus comentarios de cirujano teniendo que operar
en condiciones tan dramáticas eran dignos de la situación. Pero
todo fue bien y, de retorno a su casa en las mismas condiciones
melodramáticas, recibió regia recompensa.

*

El doctor Perrín me aconsejó que no le diera mucho aire a
Hernán Cortés en mis conferencias, y aun que lo dejase en discreto silencio. Los mejicanos habían optado por Cuauhtemoc, y
punto final. Otro tanto me vinieron a decir los amigos españoles; y claro es que esta actitud del país no era noticia para mí.
Demasiado lo sabía. Sin embargo, otra me quedaba dentro, que
consistía en pensar, o al menos sospechar, que otra les quedaba
dentro también a los mejicanos, aun los más antiespañoles. Esta
sospecha me venía de observaciones hechas en los Estados Unidos, donde muchas veces el más anglosajón de aspecto, acento
e indumento era a la vez el que más profesaba detestar a los
ingleses y el que más asiduamente los imitaba. Los yanquis de
origen católico, judío, europeo-oriental, italiano... no sentían
este tema; pero si el que me hablaba me decía que «su gente»
había venido en el *Mayflower*, ya sabía a qué atenerme: modales,
gustos, ideas, trajes y actitudes de Inglaterra pura, pero en
cuanto a política, «esos malditos ingleses».

Con distintos condimentos y más pimiento, éste es el plato
que me encontré en Méjico. Trátese a un mejicano como español, y reacciona como indio; trátesele como indio, y reacciona
como español. Pero, se preguntará, ¿el indio puro es blanco puro?
Si es más que analfabeto, será mestizo, aunque sea biológica-
mente puro indio o puro blanco; porque el hombre no es sólo
animal, sino ser de espíritu, y el espíritu de Méjico es *a la vez*
indio y español, de modo que mestizo.

Todo esto me rondaba por el ánimo, a la luz como en lo oscuro, cuando Perrín y otros amigos me instaban a que no hablase de Cortés; aparte de que su consejo era de cautela, cosa
para la que sirvo muy poco, y no por ser osado y amigo de pendencia o riesgo, sino porque me vence la espontaneidad; de
modo que, aunque logre ser cauto antes y después, no lo soy al
filo del presente, que es cuando la cautela sirve para algo, si
para algo sirve.

En esto estaba cuando vino el doctor Perrín a buscarme en un fotingo. Mi conferencia inaugural iba a celebrarse en la Universidad vieja, por no existir la nueva todavía; y gracias a la puntualidad de mi amigo, llegamos al portalón a las doce y media, hora exacta para la que estaba anunciada. El doctor Perrín sacó el reloj, vaciló un momento, y al fin explicó: «Un poco fuerte, tanta puntualidad»; y al conductor del coche: «Vamos a dar un paseo en coche por las afueras.»

Nos dimos una vuelta por los arrabales y alrededores de la ciudad, deliciosa porque íbamos gozando de los cerros y valles que hoy son plazas y calles, y a eso de la una y media paraba el fotingo otra vez a la puerta de la Universidad. Subimos, yo aprisa y de dos en dos, el doctor Perrín reposado y sereno. Camino del despacho del rector, tuvimos que atravesar el salón de mi conferencia, donde aguardaban hasta media docena de oyentes, lo que me pareció desastroso indicio; penetramos en el despacho del rector, le sonreímos en réplica a su sonrisa al vernos, en la que ni sombra de sorpresa había de nuestro retraso de más de una hora, y nos sentamos mientras él seguía charlando con un amigo que allí estaba ya. Fuese el amigo, y el rector vino a nosotros y, con la misma tranquilidad y vagar que el doctor Perrín, comenzó a conversar sobre tópicos varios. Eran las dos cuando abrió la sesión con una amable alocución. La sala, llena.

Había llegado el momento de la decisión. Comencé trazando un cuadro de mi gira al norte de Río Grande, sus enormes distancias, sus piedras miliares españolas, recordando cómo mis huéspedes de San Antonio también celebraban la fundación de San Francisco por un grupo de sus propios antepasados que habían emigrado en masa de un santo a otro, seis meses de andadura en los que no murió nadie y nacieron varios; y cómo escogieron el maravilloso lugar en donde se alza hoy la joya de California, y después de no pocas de estas perspectivas, concluí mi exordio diciendo: «Y cuando, después de tan larga y vasta experiencia, llega el español a hollar la tierra sagrada de Méjico, su primer deber es quemar sus naves.»

A partir de esta declaración, dediqué toda mi conferencia a pintar un retrato de Hernán Cortés como yo lo veía, sin esfumar ningún perfil, diluir ningún color, intentar agradar o desagradar a nadie, y expuse cómo Cortés no había sido sólo el primer ciudadano de Méjico y el primer gran escritor de la literatura mejicana, cuyas cartas a Carlos V eran la primera obra clásica mejicana, sino que florecía en la Historia como una inmensa encina cuyas raíces penetraban en la tierra de la Vieja España, pero cuyo tronco y ramaje se derramaban en la España Nueva. Y el auditorio respondió con entusiasmo.

Capítulo XV

Guerra en la sangre

¿Qué iban a hacer? Vivían en un país que el genio creador de España había saturado de belleza; tanta que los edificios que la hacen vivir para siempre son demasiados y el país, aunque cada vez más rico, no alcanza a defenderlos contra los ataques del tiempo y de la intemperie. Radicales y liberales tendrán que arrepentirse de su ingenuo anticlericalismo, que al expulsar o expoliar tantas órdenes religiosas, han secado la fuente económica que lograba mantener en buena salud tantos templos y claustros. Méjico tiene además que atender a un inestimable tesoro de arte precortesiano, que merece todo lo que se hace por conservarlo; pero esta *razón* sirve a veces de *pretexto* para dejar que se arruine lo hispánico. Y al fin y al cabo, ¿qué pasa en Salamanca, sino lo mismo, aunque no hay ni razón ni pretexto prehistórico?

El peligro en Méjico se agrava por el abierto antihispanismo de no pocos intelectuales, tan irracional que muchos son entre ellos los que se identifican con Montezuma y hasta con Cuautemoc antes de sentir con Cortés. Uno de los más destacados críticos de arte de Inglaterra (que los tiene tan buenos), dando cuenta en *The Times* de su visita al nuevo Museo Antropológico de Méjico, relataba no sin una sonrisa irónica, cómo una de las señoritas guías, rubia de ojos azules, se lamentaba a él exclamando: «Vea usted lo que los españoles han hecho con nuestra cultura.»

Todo ello va envuelto en cierta hipocresía más o menos consciente. Los aspectos más repulsivos de la cultura azteca —el abrirles el pecho a las víctimas y arrancarles el corazón para ofrecerlo aún palpitante al dios antropófago, los banquetes, más o menos rituales, de carne humana, se esfuman y esconden cuando no se niegan—. Las piedras de sacrificio se exhiben pero no se describen. La historia se adapta al modelo antiespañol. Siendo así que el pasado no sólo puede describirse sin denigrar ni a unos ni a otros, sino que sólo así es posible comprenderlo.

Pero Méjico no llega a cuajar como nación una y fuerte porque niega a su padre. Méjico es una creación de Cortés, pero los mejicanitos no reciben en la escuela más que grotescas deformaciones de lo que fue la Conquista, fundadas en la ingenua ilusión de que *aquellos* conquistadores reviven en *estos* españoles, siendo así que *aquellos* conquistadores viven hoy en la parte blanca de la sangre del mejicano de hoy; por lo cual, la enseñanza (?) insensata que se les da sólo tiene por fruto la guerra perpetua que, en la sangre, lleva Méjico.

Cuando publiqué en Méjico y en Madrid (1972) un artículo sobre «la verdadera fundación de Méjico», exponiendo estas ideas, recibí de un joven mejicano una carta indignada echándome en cara que yo diera por padre de Méjico a Hernán Cortés, que era un extranjero. Firmaba dos apellidos tan castellanos como Gómez Fernández. Le contesté que leyera el artículo primero antes de escribir tales disparates porque él no se llamaba Chichimecatecutli, sino Gómez Fernández, de modo que sin Cortés, ni siquiera existiría.

*

No faltaban entonces en Méjico hombres de letras y también sedicentes historiadores consagrados a esta deformación sistemática de los hechos a los que el país debe su existencia; pero ninguno más potente y apasionado que el pintor Diego Rivera. Fui a verle una vez allá en Altavista, donde habitaba en una casa, por cierto, de una fealdad monumental. Jamás volví. Nada se dijo en nuestra conversación que produjera, en sí, la impresión que me produjo, pero pocas veces he sentido mayor repulsión para con un ser humano. Ya la casa y estudio me desagradaron sobremanera, y de mal en peor, terminé de pie con él en medio del estudio sin nada que decirle ni deseo de oírle.

Cuando fui a verle, lo único que sabía sobre Diego Rivera era una anécdota que me había contado Andrés Segovia. Vasconcelos, a su paso por el Ministerio de Educación, noble edificio español, había confiado a Rivera la decoración de las paredes del patio; y un día al llegar Segovia al Ministerio vio a Diego sobre un andamio, con paleta y pinceles, dispuesto a la labor. «Pero —preguntó Andrés— ¿para qué quieres esos dos pistolones al cinto?»; y Diego, con su acento azucarado, contestó: «Para orientar a la crítica, ¿sabes?»

Ahora que lo miro desde lejos, creo que lo que en Rivera me repugnaba era su carencia de amor. El rostro era feroz, y además le faltaba sinceridad, todo en huidas y escurriduras de anguila. Sólo así era posible explicar sus sórdidas contradicciones. Un embajador yanqui, multimillonario, Dwight Morrow, le pagó pingües honorarios por cubrir de frescos las paredes de la Casa de Cortés en Cuernavaca —lo que Rivera aprovechó para despacharse a su gusto, pintando a Cortés como un enano jorobado y a los frailes como poco menos «infames que meros bandidos»—. Bueno. Cedía al prejuicio nacional. Paciencia. Pues no. Nada de eso. El mismo año en que el Estado de California negó la entrada en sus escuelas a los niños de padres mejicanos, Rivera aceptó un encargo de la Bolsa de San Francisco para los frescos de costumbre, lo que hizo pintando a biólogos yanquis estudiando especies arbóreas californianas. Era cosa de preguntarse por qué se llamaba Diego Rivera y no Ahuitzol o cosa por el estilo. Triste destino el del mestizo apasionado, incapaz de elevarse por encima de la guerra que lleva en la sangre; Rivera malgastó en esta guerra ancestral indudables dotes de gran pintor.

*

Espíritus había en Méjico muy por encima de esta curiosa limitación. Uno de ellos, ya entrado a las puertas de la ancianidad cuando tuve la suerte de conocerle, era Ezequiel Chávez, el patriarca de la antropología mejicana. Idea suya era la que yo adopté: que sea cualquiera su sangre, india pura, mixta o europea pura, todo mejicano es mestizo de alma. A mí me parece esta idea fruto de muy honda intuición, entre otras cosas, porque los seres humanos son producto, menos del barajar de genes que del lento y largo modelar de la vida en común y de la historia, o sea de la *convivencia;* de modo que, con el fluir de los años, la trama y urdimbre de las fuerzas síquicas vence a la ecuación meramente biológica. Aquel noble americano me pareció ser uno de los hombres de más sabiduría que hasta entonces había conocido.

Pero no era ni excepcional ni «herético» en estas opiniones. La clase intelectual mejicana ha sido siempre gente de alto nivel, como ya Humboldt había observado en su tiempo, en víspera de la emancipación. En la época a que ahora me refiero, hacia 1931, uno de sus adalides era Alfonso Reyes, cuya prosa y poesía son ambas tesoros de la literatura en castellano, tanto por la transparencia de su estilo como por la claridad y luz de su pensamiento. A Reyes, desde luego, no le afligía la superstición de Cuautemoc ni el odio a Cortés; lo que no quiere decir que se atuviera al modo de ver de los españoles, sino que era una mente maestra, libre y universal.

Otro tanto diría de Jaime Torres Bodet, cuya carrera como ministro de Educación bastaría para asegurarle un lugar destacado en la historia del Méjico moderno, y cuyo período de director general de la U. N. E. S. C. O. le dio ocasión para desplegar sus dotes de pensador y administrador en una escena mundial. Pero lo que no se sabe tanto es que Torres Bodet es uno de los mejores sonetistas de la poesía española. Sin hacer de él precisamente un escritor hispanófilo, lo coloca en una postura universal por encima de tirios y troyanos.

*

Ahora que todas estas posibles actitudes pro, contra, o por encima, apenas si influyen para nada en las relaciones entre españoles sueltos y mejicanos sueltos. La colonia española ha sido siempre fuerte en Méjico, quizá por selección natural, puesto que los que van, precisamente al irse, ya revelan cierta tendencia a la iniciativa. En Méjico tuve la buena fortuna de frecuentar a algún que otro de estos conquistadores a la moderna, a cuya cabeza pongo a los dos Prieto, el tío y el sobrino, don Adolfo y Carlos, que entonces llevaban la gran empresa Fundidora de Fierro y Acero de Monterrey.

Don Adolfo había llegado a Méjico en 1890, entonces joven abogado de veintitrés años, recién salido de la Universidad de Madrid. Pronto se distinguió en el mundo bancario, y tanto, que veinte años después era ya una potencia en su patria de adopción, cada vez más conocido y escuchado por su vigor creador, su actividad omnipresente y sus ideas nuevas sobre cómo tratar a los obreros, no sólo en cuanto a jornales, sino a toda suerte de instituciones sociales, desde escuelas hasta hospitales, viviendas y recreos. Pero era todavía más popular de lo que en tales casos se esperaba de una persona que, al fin y al cabo, era un capitalista; y la causa sólo vino a revelarse después de su muerte, cuando el importe de las sumas que distribuía a personas necesitadas llegó a saberse. El mago financiero, el organizador magistral, ocultaba un santo laico.

Al morir, en 1945, don Adolfo Prieto dejaba la Fundidora de Monterrey en pleno auge y prosperidad; pero ni aun él hubiera podido profetizar a qué cumbres de productividad iba a elevarla su sobrino y heredero Carlos. Ahora bien, este Carlos Prieto no es sólo un administrador magistral que como mera distracción de asueto monta en la costa de Veracruz uno de los negocios naranjeros más prósperos y de más prestigio en Méjico, sino que es además un artista notable. Cuando le conocí en Méjico en 1931, me ocurrió mencionar el *Quinteto en sol menor* de Mozart. «Pues lo oiremos esta noche», me dijo. Yo esperaba un disco; oí a cinco músicos dirigidos por él como primer violín. Luego casó con una francesa nacida y crecida en España, tan buena música como él, y más de una vez gocé en aquella casa de horas inolvidables oyendo a Mozart o Beethoven. Más años pasaron, y el cuarteto se completó con dos hijos que heredaron el talento musical de sus progenitores; amén de la capacidad técnica del padre, que les permite compartir con él no sólo el asueto artístico, sino la responsabilidad técnica y económica de aquella gran empresa.

No voy a sostener que se haya de considerar esta familia tan dotada como típica y normal de la colonia española en Méjico (aparte de que ya hace años que son todos mejicanos); pero sí diré que el nivel medio de cultura y aplicación de aquella colonia rayaba ya en aquel tiempo a altura muy satisfactoria, aún superada después por la emigración iniciada en 1939. Para Méjico, esta colonia española es de sumo interés, ya que la segunda generación se mejicaniza siempre. «Niño, no digas *sinco*. Se dice *cinco*.» —Mamá, eso lo dirás tú que eres española; pero yo soy mejicano y digo *sinco*.»

*

Quizá sea esta lucha perenne de los dos pueblos en el fondo del alma mejicana, ese perpetuo revivir de la Conquista, lo que hace que en Méjico se viva con tanta intensidad. Medida por el criterio que, al fin y al cabo, es el que más importa, la intensidad de su presente, no hay país (como no sea Andalucía) que se pueda comparar con Méjico. También aquí los dos elementos que se trenzan en el ser nacional colaboran en oposición. Sobre un fondo de barroco español (ya muy influido por el indio, como lo ha mostrado Sacheverell Sitwell) el pueblo vive en un mar de color maravilloso. El barroco español es bastante vivaz de suyo, pero el barroco mejicano parece hervir en movimiento y forma; y la fuente de todo aquel arte espontáneo a la vista está. El pueblo. Y en el pueblo, ante todo, el color. Todo empieza con el de la piel; porque el indio mejicano es color cobre, y los hay (uno recuerdo siempre que conocí en Chicago, donde era cónsul general) que parecen iluminados por dentro. Es uno de los colores humanos más espléndidos del mundo, y si las facciones se prestan a ello, da a veces rostros de excelsa hermosura.

Este color de la tez india-mejicana posee en grado igual con el de la negra la virtud de realzar el color de todo lo que entra en conjunto con él. Pasando una vez en coche por una retorcida carretera en el Brasil, me hallé de pronto ante un mercado improvisado. La armonía y fuerza de aquellos colores eran tales como para desesperar a un pintor. Los rojos, púrpuros, amarillos, azules de las frutas a la venta, los colores tan atinadamente escogidos que las mujeres llevaban puestos y el noble bronce de sus rostros, formaban un cuadro inolvidable. Tal cúmulo de belleza se puede gozar a diario en cualquier mercado de Méjico. No conozco otro país donde con más frecuencia se vea uno tentado, obligado, a volver la vista atrás para seguir con ojos ávidos y envidiosos los colores que lleva puestos una mujer a lo mejor ya vieja, pero siempre noble en su sencillez.

La fascinación de Méjico es difícil de analizar. Puede dar de sí tal momento primitivo, elemental, bravo, pero rara vez vulgar; y en estos tiempos tristes en los que la vulgaridad escala las cumbres de la riqueza y del poder, esta inmunidad a lo vulgar es una virtud rara.

Otro elemento de esta fascinación que causa Méjico pudiera muy bien ser su obsesión de la muerte que los mejicanos han heredado de los aztecas, mezclándola con otra veta parecida aunque diferente, del carácter español. La muerte es protagonista en la tragicomedia mejicana. En mi primer viaje, este que vengo comentando, me contaron que los oficiales de Pancho Villa, cuando celebraban algún ágape, se entregaban después a una suerte muy mejicana de tapete verde, donde ponían la vida en el platillo. Se iba el servicio, se echaban fuera las mesas y sillas, los comensales se ponían de pie, en rueda, con la espalda contra las paredes, y uno de ellos quedaba en el centro, revólver cargado en mano. Se apagaba la luz, el del centro giraba sobre un pie y tiraba un balazo. Se encendía la luz y se llevaban al muerto.

Caso muy claro de esta obsesión y su raíz. La vida, para el mejicano, es un juego de azar en el que lo que se juega es la vida misma. No puede darse símbolo más profundo de lo que es vivir. Quizá les venga a los mejicanos de los días precortesianos, en los que era tan angosto el trecho que separaba la religión del sacrificio. Esta actitud desvaloriza la vida humana, la propia y la ajena, por lo cual es Méjico nación de gentes muy bravas, que se toman tantas libertades con la vida ajena como con la propia. Tal es el precio que Méjico paga al diablo por sus dotes y encantos de que tanto gozan los que los saben mirar.

Los efectos de esta actitud para con la muerte irradian a zonas más amplias que las de la mera seguridad, paz pública, crimen; porque la indiferencia para con la muerte acarrea todo un haz de tendencias anárquicas que se enroscan en torno a la vida privada y pública como las serpientes a Laocoón

La vida pública es en Méjico asombrosa mezcla de orden y anarquía. En lo que se ve, funciona bien, a pesar de tal o cual erupción de violencia. La república vive una vida respetable, ordenada, próspera y constitucional. Una mirada más pertinaz y penetrante no tarda en ver cosas desconcertantes. En Méjico nada es lo que parece, nada parece lo que es; y todo encaja como si lo fuera. El partido único no es único porque acepta dos o tres más. Es además a la vez revolucionario y constitucional. Los Estados federados no son tan autónomos como dicen, y sin embargo, se las arreglan para serlo todavía más de lo convenido. La prensa es libre, pero vale más que no haga como si lo fuera, lo que no le impide a veces hacer o decir cosas que el poder se traga —y a otra—; la policía es quizá la más corrompida del mundo, pero se las arregla para conservar un orden público bastante presentable, aunque tiene que mirarlo mucho antes de perseguir a quien vale más no molestar; el presidente (elegido por el pueblo, siempre votando por el candidato que presenta su predecesor) no se escoge por sus cualidades positivas, sino por eliminación de los que no agradarían a seis o siete fuerzas nacionales (ejército, iglesia, intelectuales, obreros, banca y aun sospecho que opinión yanqui). Su autoridad, además, según me explicó un día un mejicano agudo, procede de ser la síntesis del virrey y de Montezuma; de donde le viene su omnipotencia.

De todo lo cual cabe deducir que Méjico es un Estado mágico. Casi todo lo que en aquel país ocurre se debe a fuerzas mágicas; de modo que el forastero que aspire a formarse una opinión tejida por lógica, perderá el tiempo. Las cosas de Méjico no se desarrollan en cadenas de causa y efecto, sino que surgen de pronto y todas juntas, como las rosas y espinas de un rosal, en virtud de una savia que se eleva de la tierra y que presenta todo a la vez en un total único.

Capítulo XVI

Un potentado sindical y un presidente latifundista

Y a todo esto, ¿qué había sido de nuestra antigua amiga, la guerra de clases? ¿Cómo describir, comprender, el rasgo dominante de las sociedades modernas según el evangelio de Carlos Marx? Ésta fue la pregunta que le hice entonces en Méjico a un agudísimo y sagaz francés, dueño de importantes fábricas de tejidos en aquel país donde llevaba viviendo casi toda su vida. Se sonrió y me dijo que la mejor manera de comprender la cuestión era vivirla. La respuesta me pareció admirable, y se lo dije, a lo que él replicó con una pregunta: «¿Conoce usted a Morones?» Pues no, no lo conocía. Era un mejicano típico, porque había nacido no sólo en España, sino en Asturias, y había emigrado a Méjico muy joven. Diez años después, había logrado constituir un sindicato obrero que regía y dominaba como un dictador. Todo el mundo reconocía que aquel sindicato había reforzado el poder de los obreros asociados y, por lo tanto, mejorado su situación económica; y todo el mundo también convenía en que esta labor había hecho del propio Morones un potentado.

Mi amigo francés estaba en muy buena relación con él, y a la vuelta de no pocas indirectas y algunas metáforas, terminé por comprender que una de las maneras más rápidas y pacíficas de resolver conflictos obreros era entenderse mano a mano con Morones. Otros amigos me confirmaron el dato y aun añadieron que se trataba en aquellos tiempos de una táctica de uso casi general en Méjico y no ignorada en los Estados Unidos. Todo lo cual fue a parar a una fiesta que Morones organizó para mí en su hacienda de las cercanías de la capital.

Era una mansión digna de un potentado de otra era, que pocos potentados modernos de nuestras regiones podrían igualar porque, en último término, descansaba sobre la existencia de una verdadera multitud de criados de todas clases. La casa era enorme y ofrecía a los huéspedes del dueño numerosas habitaciones amuebladas con mucho lujo y algún gusto; los garajes eran numerosos; las cuadras, espaciosas y bien pobladas de caballos de calidad, tanto nacionales como extranjeros; para el deporte había canchas de tenis, albercas y un buen teatro.

A la mesa, puesta al aire libre, se sentaron de dos a tres centenares de personas, hombres y mujeres, y la comida no tuvo más rival que los vinos, que eran, si cabe, todavía mejores. Abundó el buen humor y aun la alegría, y terminado que hubimos, se nos invitó a pasar al teatro, donde se nos ofreció una fina y bien dosada variedad de comedia, baile, canto y guitarra, que se prolongó hasta la madrugada. Cuando, ya de regreso a la ciudad, expresaba mi agradecimiento y admiración al amigo francés a quien debía la idea de la fiesta, se sonrió y me dijo: «Muchas más cosas había preparado Morones; pero después de conversar con Vd. le entró miedo y renunció a la idea.» —«¿Qué idea?» —«Se ha perdido Vd. una orgía de gran estilo. Las hace muy bien. Una noche de vino, mujeres y alegría de esas que no se olvidan.»

*

Aquí vive el presidente.
El que manda vive enfrente.

No me acuerdo en qué capital habían puesto este cartel en la Presidencia de la República; pero el año en que yo estuve en Méjico, se aplicaba allí como un guante. Del presidente Ortiz Rubio se decía que había desbancado a Einstein en relatividad, porque era relativamente ingeniero, relativamente rubio, relativamente casado y relativamente presidente. El amo era su predecesor, Plutarco Elías Calles, de origen turco-sefardí, político eficaz, capaz y tenaz, aunque limitado por una filosofía política anticuada de tipo radical decimonónico.

Estaba yo entonces urdiendo una conspiración (si cabe llamar conspiración al plan de una sola persona), para cuyo éxito me era necesaria su benevolencia, así que solicité ir a verle, y me citó en su finca cerca de la capital. Me habían contado que la finca pertenecía a un español llamado Noriega, que la había comprado barata porque era entonces una marisma estéril que él, a fuerza de inteligencia y trabajo, había hecho fértil y productiva; pero *ipso facto*, Noriega, de emigrante de alpargatas se transformó en terrateniente, y vino la ley agraria (la ley de los *agarristas*, la llamaban en Méjico) y se la quitó, y luego la revolución, y no sé lo que pasó, pero el hecho es que en 1931 la finca era de Calles.

Mi plan consistía en hacer del ex presidente, y todavía amo, mi aliado en una operación tendiente a que Méjico ingresara en la Sociedad de Naciones, cosa mucho más ardua de lo que parecía. Cuando se fundó la Sociedad de Naciones, Méjico tenía muy mala prensa en los Estados Unidos; y por extraño que parezca hoy, ni el mismo Woodrow Wilson había logrado elevarse por encima de tan estrecho nacionalismo; a tal punto que había ideado una como cerradura jurídica para impedir que Méjico entrase jamás en la Sociedad de Naciones. Esta cerradura era tan sencilla como fuerte. En su artículo I, el Pacto daba como miembros de la Sociedad los Estados que firmaban el Tratado de Versalles, así como los demás Estados *citados en el anejo* que accediesen al Pacto sin reservas. En el anejo no figuraba Méjico. Claro es que Méjico consideró tal proceder como una injuria y nunca quiso ni hablar de ingresar en la institución ginebrina. El absurdo llegó a su colmo cuando los mismos petroleros que habían logrado excluir a Méjico, lograron que los Estados Unidos volvieran la espalda a la creación de Wilson, con lo cual tanto Méjico como Wilson resultaron excluidos.

Así las cosas, mi plan consistía en preparar primero una negociación entre las naciones protagonistas, o sea España y las grandes potencias de entonces, que eran vocales permanentes del Consejo, para que, ya contando con la aquiescencia de Méjico, España propusiese su entrada, y las grandes potencias la apoyasen en sendos discursos.

Éste era mi plan. Para que granase, era esencial la aquiescencia de Calles. Pero ¿cómo negociarla y en nombre de quién, cuando yo no era más que un profesor de Oxford con licencia, en política, pues, nadie? Mi única autoridad era mi nombre, ya entonces bien conocido como evangelista del de Ginebra en tres lenguas y dos continentes. Rumiando andaba yo estas dificultades cuando Jenaro Estrada me invitó a cenar. Era el ministro de Negocios Extranjeros de la República mejicana, hombre de letras, artista verbal, persona cuya mente, sensibilidad, modales, me agradaban por su feliz mezcla de sencillez, buen gusto y sentido común. Lo conocía bien.

Claro que había sido el primero a quien había expuesto mi proyecto, y lo había prohijado de muy buen grado. A él debía mi cita con Calles. Todo lo cual me indujo a pensar que la cena se debía a su deseo de hablarme del plan. Cenamos solos, a una mesa para dos personas en la sala general de un restaurante muy conocido; y apenas sentados, Estrada sacó del bolsillo un papel, lo puso sobre el plato, las manos encima, y comenzó a hablar:

«Ya sabrá Vd. que mañana [14-IV-31] se inaugura una nueva tradición. Todos los años, en esta fecha, celebraremos el Día de las Américas. La idea es estrechar y reforzar nuestros lazos con los Estados Unidos. Todos los Estados de la América española y Brasil están en ello. Así que mañana toda nuestra prensa publicará en su primera página el mensaje que nos dirige Hoover y la respuesta que le hace Ortiz Rubio, que es lo que yo le contesto. Léalo Vd. ahora mismo. Quiero que sea Vd. el primero en conocerlo.»

No me sorprendió. Éste era el estilo de amistad y confianza que, desde un principio, había establecido Estrada entre nosotros. Su texto me pareció excelente; claro, sustancioso sin pedantería, libre de toda verbosidad o grandilocuencia, inspirado en sincera cordialidad para con los Estados Unidos en términos de amistad y dignidad.

Pero llega la mañana del 14, busco en la primera página los mensajes y..., pero ni eso. Ni los busqué. El rey de España había abdicado. El mensaje de Alfonso XIII al pueblo español y las noticias de España ocupaban la primera página y mucho más, y los dos mensajes de las Américas pasaban a la cola. La efervescencia en Méjico era cosa inverosímil. Sustos, carreras, heridos, más de cincuenta. Por muy íntimamente ligada al país que estuviera nuestra colonia, me parecía que los nuestros exageraban, y así se lo dije por teléfono a Estrada, pero él me puso en autos: «Sí. Cincuenta heridos lo menos. Pero ni uno es español.» El ardiente mejicano se había tomado vacaciones de orden; hecho ejercicios de revolución.

Así que cuando aquel día o el siguiente fui a ver a Calles, había cambiado el paisaje político, aunque no mi lugar en él. Yo seguía siendo un profesor de Oxford con licencia y aficionado a política internacional, y me encontré con un Calles muy engolado y almidonado. Hablamos mucho, pero yo no lograba divisar el punto donde punzar aquella coraza de solemnidad oficial ex presidencial que su nativa campechanía no lograba deshelar.

«¡Qué chulito es esto!», exclamó llevándome de la casa al campo. Estaba contento de su finca y me enseñó con ufanía un rebaño de cabras. No sé qué imaginaciones me regocijaron al verlas. «General —le dije—, debe Vd. estar muy contento. España es ya una república.» Me miró con sonrisa maliciosa: «A mí, ¿sabe?, lo que me importa en España no es la política, sino las cabras. Son las mejores del mundo. Y España prohíbe la exportación. Así que ahora, lo que me propongo está bien claro: traerme hasta trescientas cabras.» (Ya te tengo, pensé.) «Pero, mi general, ¿por qué no traerse también trescientos cabrones?» Soltó el trapo de verdad y por vez primera: «¡Ah!, pero ya tenemos aquí muchos, ¿sabe?»

Había salvado mi plan.

Capítulo XVII

La República

Las noticias de España inundaban los periódicos. La revolución más total, rápida, limpia y pacífica de la Historia. La república era «la niña bonita», y en mi oído mental resonaba el trompetín dando como consigna: «¡Tengo una niña bonita!» Yo no hacía más que decirme: «¿Pero será verdad tanta belleza?» No faltaba ni siquiera el elemento dramático, que aportaban los nombres de los nuevos gobernantes, los mismos que en los últimos años estaban tan pronto en su casa como en la cárcel. Eran casi todos intelectuales;·y como el chismorreo y la charla tertulianesca es uno de los ingredientes de la cocina política española que ha rebrotado en Ultramar, pronto se comenzaron a atribuir embajadas a los escritores.

Nada más natural. Los diplomáticos de carrera tenían casi todos fama de monárquicos, y la reserva más a mano de personas hechas al trato de gentes y buenas lingüistas era el mundo literario y académico. Pronto se supo que Ramón Pérez de Ayala iba a Londres, Américo Castro a Berlín, y Danvila (que pertenecía a ambos mundos, pues era diplomático y escritor) pasaba de Buenos Aires a París. Sobre esta base, la imaginación de los periodistas llegó a establecer una lista que dejaba pocas capitales sin su literato y pocos literatos sin su capital; hasta que Julio Camba escribió un artículo protestando de que a él no lo citara nadie para ningún puesto, siendo así que, decía: «Tengo buena ropa negra, hablo francés, inglés y alemán, escribo en los periódicos y hasta hago libros», y al instante daba su explicación. Al venir la república, estaba él en Nueva York. Ésta era la clave. A los demás, los habían nombrado para quitárselos de encima, pero él ya estaba fuera...

Parece que el cuento se aplicaba a mí, y aun mejor, porque, aunque vi mi nombre en una o dos listas de fantasía, yo llevaba fuera más años que Camba meses, pero no llegué a imaginarme en lo que iba a ser mi nueva profesión; y en Madrid llevaban este asunto o con personalismo o con incompetencia o con am-

bas flaquezas nacionales al alimón porque era evidente que, de
haberse informado, me habrían nombrado para París o para
Londres, como lo dijo el *Manchester Guardian* cuando destina-
ron allá a Pérez de Ayala. Por lo pronto, fui a la Embajada a
renovar mi pasaporte, y como al embajador lo habían retirado,
me encontré con el encargado de negocios que era Gallostra, mi
antiguo, mas no viejo amigo de mis días de Barcelona. Con ágil
pluma, transfiguró las fórmulas monárquicas de mi pasaporte
en sentido republicano, y así armado, me embarqué a fines de
abril en Veracruz para La Habana, en cuya Universidad tenía
comprometido todo el mes de mayo.

Al desembarcar en La Habana el 1.º de mayo, leí en la prensa
que el secretario de Estado, Mr. Stimson, había aceptado con
placer mi nombramiento de embajador en Washington. Me quedé
de una pieza. Nadie me había dicho nada. Nadie sabía si yo aceptaría aquel puesto, si quería, si me convenía, si *podía* aceptarlo.
Nadie, además, sabía si yo era monárquico o republicano, puesto que yo no había expresado jamás mi opinión sobre un tema
que siempre me pareció más verbal que real. Pero el caso era
que el nombramiento era ya un hecho oficialmente aceptado por
ambos gobiernos y que tenía que decidir o por la república o
por la Universidad.

Afortunadamente, no existía todavía la aviación y el primer
barco para España no zarpaba hasta el 8. Tenía una semana
para pensarlo. Y no había poco que pensar. Me impresionaba
muy favorablemente el modo ejemplar como había venido la república, más aún por haber pensado yo siempre que tal cosa no
podía suceder; porque yo opinaba que no era posible cambio de
tamaño calibre sin que el ejército lo derrotara o lo acaudillase.
El hecho de que, sin que la fuerza armada interviniera, se hubiese producido el cambio de régimen sin un vidrio roto, me
inspiraba optimismo y confianza.

Opinaba, no obstante, que harían falta años más que meses
y la cooperación de todas las buenas voluntades para que el régimen nuevo arraigase. Intuía que el pueblo estaría con la república, pero vislumbraba tres peligros: el idealismo intransigente
de los extremistas de izquierda, queriendo imponer una Arcadia
para hoy mismo; el coletazo o contramarea de la extrema derecha; y las rivalidades ideológicas y personales que desmenuza-
rían al centro. Mi conclusión era que tenía que aceptar, aunque
no era probable que la república durase mucho ni que viviera en
paz interior.

Pero mi decisión la tomé bastante a contrapelo. No me preocupaba el riesgo material, aunque pudo haberlo hecho. Mi puesto de Oxford era de gran prestigio, y de sueldo suficiente, vita-

licio y con retiro. Todo esto lo tiraba por la ventana, como ya
había tirado mi cargo de Ginebra y mi carrera de ingeniero.
Pero en este tercer caso, lo que no vi fue lo que mucho más tarde se me iba a revelar a la vuelta de no pocos disgustos y desengaños: que el Gobierno republicano no tenía ni idea del sacrificio
que me imponía, porque ingenuamente suponían todos en Madrid que Oxford consideraría normal que un profesor de Universidad abandonara su clase para irse a una embajada o a un
ministerio, sin por ello perder ni la cátedra ni los derechos pasivos. A mi vez, no se me ocurrió pensar en estas cosas cuando
decidí sumar mi esfuerzo a la república. Más adelante referiré
a qué desengaños me condenó esta actitud mía para con las cosas
prácticas.

Lo que más me apesadumbraba era que Oxford se sintiera
defraudada y aun ofendida. Había comenzado mi labor en enero
del 28, me había ido a Nueva York en diciembre del 30, y ya
estaba en mayo del 31 volviéndole la espalda a una cátedra que
había abandonado apenas dieciocho meses después de inaugu-
rarla. Esto era lo que me pesaba en la conciencia, porque la Universidad no podía tener noticia previa de mi nuevo rumbo ni
menos imaginar que yo tampoco la había tenido.

Mirándolo desde ahora, creo que cuando me decidí a irme
primero a España el 8 de mayo en vez de a Oxford a fin del mes
ya tenía tomada mi decisión. Imaginaba, sin embargo, que no
la cerraría hasta haber hablado con Fernando de los Ríos durante la escala del barco —el *Cristóbal Colón*— en Nueva York.
Fernando era ministro de Justicia, pero era de todo el Gobierno
el que conocía mejor. También sospecho que más hondo y menos
visible que mi deseo de servir a la república y a mi país, uno
de mis motivos más fuertes, aunque quizá sólo subconscientes
entonces, era que la cátedra me aburría; lo que a su vez me impidió hacer constar el riesgo y la pérdida que aceptaba al renunciar a la seguridad y al prestigio de Oxford:

*

«... de todo lo cual se admiraba don Quijote, y aquél fue el
primer día que de todo en todo conoció y creyó ser caballero andante verdadero y no fantástico, viéndose tratar del mismo modo
que él había leído se trataban los tales caballeros en los pasados
siglos.» Estas palabras de Cervantes me rondaban por el magín cuando puse el pie en la cubierta del *Cristóbal Colón*. Por
lo visto era yo embajador verdadero y no fantástico. El capitán
me ofreció el mejor camarote del barco, lo que no dejó de im-
presionarme hasta que me enteré de que no tenía otro libre, y

aquél aun sólo hasta Nueva York, donde lo ocuparía nada menos que mi predecesor, Padilla. Pero no dejó de serme útil cuando entramos en la bahía de Nueva York, donde, mediante uno de los botes de servicio (correo, sanidad, aduanas, policía, no sé cual), invadió nuestro navío un enjambre de periodistas, hirviendo en vivaces onduelas de chismes y detalles, y una espuma vistosa de «señor embajador». Eché una ojeada al camarote, ahora lleno de gente, y les dije: «Señores, en este camarote no veo ni un solo embajador.» Se quedaron desconcertados, tanto que ni advirtieron que, a no ser que me hallase frente a un espejo, no podía verme a mí mismo. «Pero... Vd. es el embajador nombrado para los Estados Unidos.» —«Yo no soy nada de eso. A mí nadie me lo ha dicho.» —«Entonces, ¿podemos irnos y decirlo?» —«Pues claro.» Se fueron todos.

¿Por qué hice yo esta escena? Todavía me lo pregunto. Hay gentes que proyectan sus actos y palabras y luego hacen lo proyectado. Yo, por lo visto, hago o digo, y luego me pregunto por qué hablé o dije. Lo más probable es que aquello era una protesta contra los que en Madrid me habían utilizado como una mera herramienta. Todavía estaba yo dándole vueltas a todo aquello cuando atracamos a muelle, y entró en el camarote un buen golpe del personal de la Embajada con el consejero a la cabeza. Allí estaba todo en negro sobre blanco. Yo era el embajador de la república en Washington.

Me fui al consulado y llamé a Fernando al teléfono. En tono y actitud nada amenos, le dije: «Ya podían Vds. haberme avisado y aun consultado. Vd. es profesor de Universidad. ¿Se ve Vd. ahora recibiéndome como vicecanciller de Oxford?» Claro que era precisamente lo que él no podía imaginar. Pero por lo menos, sabía que existía tal dignatario, de lo que ni idea podía tener Lerroux, que iba a ser mi jefe como ministro de Estado. Al fin, Fernando hizo valer la indulgencia que se debía a un gobierno revolucionario (?) y yo acepté el cargo y anuncié mi llegada a España en el *Cristóbal Colón*. Pero ahora, ya hecho, se me aclaró el intríngulis de mi mal humor. El Gobierno de Madrid me había privado de mi libertad de aceptar o rehusar. Yo había aceptado, pero libremente; mientras que tuve que aceptar a la fuerza.

En aquellos dos días que pasé en Nueva York no pude ver a Tom Lamont, que se encontraba en Atenas, de donde mandó (a mi casa de Oxford) un cable con su enhorabuena, pero añadiendo que ni mi nombramiento bastaba para consolarle de la caída de un régimen al que su banco acababa de prestar sesenta millones de dólares. Menos mal que sus temores sobre este punto se calmaron al resolver con la república asunto tan espinoso.

CAPÍTULO XVIII

Me despido de Oxford

Al zarpar de Nueva York, tuve que mudarme a otra cabina, improvisada, pues era en realidad la barbería del barco. Padilla, mi predecesor en Washington, vino a ocupar la que me había servido desde La Habana, con su mujer, escocesa, de modo que, al menos en este punto, no se dio cambio alguno en la Embajada. Su hijo Ramón optó por servir a la república, siguió en la Embajada, y me fue muy útil. Andando el tiempo, fue largos años secretario del pretendiente don Juan de Borbón.

El *Cristóbal Colón* hacía escala en Vigo antes de fondear en La Coruña, adonde iba. Improvisé un cambio de itinerario, y, dejando el equipaje seguir camino, desembarqué en Vigo para hacer el trayecto por carretera. Aparte de mi deseo de ver de cerca la campiña gallega, quería pasar por Santiago, donde floreció un ramo de leyendas inspiradas en esa combinación de la guerra con la religión que parece o irresistible o consustancial para los españoles, y entre ellas aquella que canta Jorge Manrique, según la cual el matar moros es el medio más seguro de ganar el cielo. El día era soleado, pero cuando andábamos por las calles enlosadas de Compostela, llovía, y no poco aunque hacía sol. Este misterio me lo aclaró una vez Augusto Assía, íntimo de Felipe Armesto, que es del país. «Sí. Aquí llueve más que en Bergen. Pero nuestras nubes son honradas, y cumplen con su deber, que es llover; cuando se han vaciado, se van.»

La Coruña es una ciudad soleada sin explicaciones, y una de las más alegres y bonitas de España. Hacía años que no iba por allí, y ahora que era un personaje, los coruñeses descubrieron que era un grande hombre, cosa que nadie había observado hasta entonces en mi ciudad natal; así que me pidieron que les diese una conferencia en el Centro de Artesanos, y el alcalde anunció que vendría a presidirla. Era este alcalde hombre de bella prestancia, dueño de una gran fábrica de zapatos, eminente republicano, como se echaba de ver al instante por la gran barba cuadrada que le cubría como un babero gris hasta medio chaleco.

No recuerdo de qué hablé ni creo que el tema importase mucho a mi imponente auditorio, porque de lo que se trataba era de evidenciar el contento y la ufanía de la ciudad ante el éxito de un coruñés, de modo que todo lo que les dije fue celebrado y creído como palabra de evangelio. Agotadas las enhorabuenas, los apretones de manos, las palmadas en el hombro y demás signos de satisfacción, pedí que me trajeran el sombrero. Era para mí una prenda favorita, sedosa, verde, ligera como una pluma y, desde luego, conforme con la regla que hasta entonces había impuesto siempre a mis sombreros (antes y después, si no durante mi aventura diplomática): que no cambiasen de forma si me sentaba encima o me los echara al bolsillo. Tanto apego le tenía a aquel sombrero que ya se le había asomado en la punta delantera de la copa algo que no había más remedio que llamar *agujero*, aunque a ello me resistía heroicamente. El barba-noble del alcalde mandó a un botones que fuese a traerlo; y pronto regresó el paje tan encantado con la ligereza del fieltro que lo traía colgado del pulgar y el índice. Con ojos de sospecha, desconfianza y reproche, el noble alcalde declaró: «¡*Eso* no es el sombrero del embajador!» —«Eso es», exclamó el embajador, y se lo caló sobre la calva.

*

En Madrid ardían la ufanía y el gozo, ufanos todos del modo campechano y civilizado como se había pasado de un régimen a otro sin romper un cristal; gozosos porque, al fin, se habían eliminado los obstáculos tradicionales que habían impedido al pueblo lograr su felicidad. Como ejemplo de lo primero, todo el mundo me contaba que, ya en camino de Cartagena el rey, durante la última noche que su mujer e hijos pasaron en el Palacio de Oriente, organizaron una guardia civil los obreros de la U. G. T. y velaron el sueño de la familia real para que nadie le molestara; y también que, mientras la reina y los infantes aguardaban detrás de la estación del Escorial el tren que los conduciría al destierro, vino a pasar un camión archilleno de gente joven cantando su entusiasmo republicano, y al divisar aquel grupo triste, pasaron en silencio.

Aquellos primeros días fueron los más limpios y hermosos de nuestra breve república. De por sí, bastarían para apoyar a los que opinan que el pueblo español es humano y razonable... si le dejan. Lo que pasó es que no le dejaron. El 12 de mayo, apenas cumplido un mes de su corta vida, la república tuvo que soportar su primera convulsión: los incendios de iglesias. ¿Dónde se ocultaba la mano criminal? Sirva de guía esta observación: en España, siempre, la extrema izquierda traiciona a la izquierda y la extrema derecha a la derecha.

Una mañana soleada subí calle de Carretas arriba y penetré en la tienda de un conocido sastre francés. «¿Desde cuándo lleva Vd. su libro de encargos? ¿Los tiene de hace veinte años?» Algo sorprendido, me contestó el sastre: «Pues claro, aquí está 1911.» —«Pues mire Vd. noviembre.» Aunque desde donde yo miraba veía el libro al revés, pronto di con mi nombre. «Mire. Traje de frac. Bueno. Pues no hace falta medirme. Hágame otro.» Se puso las gafas, leyó el nombre, me miró... «¡Ah!, ¿pero es Vd. el nuevo embajador en Washington?» —«Pues claro. ¿Cree Vd. que me iba a encargar otro traje de frac si no?»

*

Cuando llegué a Oxford, las emociones causadas por mi nombramiento a Washington se habían calmado en parte gracias al tiempo, en parte porque era ya evidente que yo no había tomado parte alguna en aquella decisión. El vicecanciller (cargo que a la sazón desempeñaba el Dr. Dudden, *Master* [o sea rector] del Colegio de Pembroke) me invitó a almorzar, distinción ofrecida tanto al embajador como al profesor, y agradecida por ambos. Terminada la comida, el Dr. Dudden me ofreció una copa de oporto, que decliné, pero él insistió observando que el vino de oporto de Pembroke no se puede rehusar. Acepté entonces, pero a condición de que me revelara el secreto de la excelencia de aquel vino. Helo aquí: en aquel colegio está prohibido beber oporto que no haya dormido treinta años bajo sus sabios tejados; cosa que he citado mucho como ejemplo de la continuidad de las instituciones inglesas.

Pronto hubo que arrancar las raíces que nos habían crecido en aquella ciudad única (o gemela de Cambridge), operación que no era posible llevar a cabo sin dolor. Muchos años después, ya reinstalado en Oxford por un capricho del sino, tuve ocasión de dedicar una página a la noble ciudad. He aquí lo que escribí:

Aquí, la piedra que había yacido durmiendo entre capas de creta y arcilla dura toda una larga noche cuyos minutos eran siglos de siglos, se despertó reanimada por el aliento del hombre. De la pasividad y el vacío de propósito, la piedra, otrora muerta, se irguió dirigida por una intención, grávida de un significado, de modo que con el pasar de los años fue creciendo en armonía una comunidad de piedras vivas que lograron esa gloria suprema que lleva el nombre misterioso de hermosura. El movimiento la animaba y el orden resplandecía sobre su faz como la luz que vibra en los ojos humanos; y sobre su superficie, otrora llana, brotaron flores y serpentearon arabescos, y se retorcieron pilares salomónicos, mientras poblaban la escena pétrea santos, caballeros, escolares y gárgolas.

Abajo, en las aceras, pasaban en digno vagar algunos de aquellos santos, caballeros, escolares y gárgolas, salvados de la efímera vulgaridad por una serenidad casi tibetana que les otorgaban la toga y el birrete cuadrado (símbolo del pensamiento siempre tangente a la realidad), y aunque algunos, venciendo su repulsión para con explosiones y revoluciones, adoptaban el nuevo carruaje sin caballos, los más seguían fieles a tal o cual vehículo recóndito y extraño, y así había quien iba de un colegio a otro sonambulando en un poema de Píndaro, y quien bogaba de su casa a la biblioteca a bordo de un teorema de Einstein; mientras que un tercero se hundía en la oscuridad bajo el puente de los suspiros soñando en el amor platónico.

Pero cuidado. Aquellos tibetanos no eran meros fósiles incrustados en el acantilado del tiempo. A pesar de aquel aire de vivir sobre el tejado del mundo, a lo mejor los había que habían explorado el planeta a caza de monumentos antiguos, o que se habían tirado en paracaídas en Dios sabe qué lugar de Europa a fin de luchar con ágil cerebro y ardiente corazón contra tal o cual pernicioso molino de viento, o gobernado con prudencia alguna tribu remota infectada de modernidad; ni faltarían entre ellos los que saben hablar (con el acento de las gentes más finas) tal o cual lenguaje arcaico caído en desuso hace siglos, o los que sabrían retocar alguna órbita algo abollada mediante un tratamiento correctivo de ecuaciones diferenciales, o los capaces de moler harina de estadísticas en polvo tan tenue que de él salgan casi de suyo las más delicadas fantasías económicas, o los duchos en analizar al cuarto de diámetro de un pelo de rubia los impulsos protestantes y católicos cuyo equilibrio en la tierna conciencia de Enrique VIII determinó la degollación de Ana Bolena. Casi todos, bien observados, revelarían en los ojos al parecer indiferentes, un rabillo vivaz donde asomaba el destello del jerez o del oporto, y si el observador resultaba ser español, no dejarían de brillarle a él los ojos, ufanos de ver que mientras sean Oxford y Cambridge los galeones donde flamea la cultura inglesa, bogarán flotando sobre el oporto y el jerez; pensamiento, si lo es, que guiaría al observador hacia los grandes refectorios, donde, después de la cena, a la luz tenue y temblorosa de las velas, lustrada de luz lunar por la omnipresencia de vasos y fruteros de plata, los sacerdotes de Euclides y de Newton, los de Herodoto y Tácito, los de Platón y Virgilio, anegarían sus diferencias en ondas de líquido rubí.

Por encima de todos y de todo, las nobles fachadas labradas por artífices y patinadas por los siglos se elevaban dignas en su elocuente silencio; y la piedra en ellas seguía irguiéndose cada vez más alta y delgada hasta disparar hacia el cielo evasivo las rígidas y tensas saetas de su deseo.

PARTE TERCERA

CRISIS, CONFLICTOS, CONFERENCIAS

Capítulo I

Excelencia en Washington

Mi servicio como embajador en Washington duró siete meses en el papel y unas siete semanas en la realidad. Presenté credenciales a Herbert Hoover, a quien sólo vi una vez —precisamente en aquella ceremonia— y que me inspiró profunda antipatía. La causa inmediata de esta repulsión fue que, en la media hora que duró nuestra relación personal y física, no le vi los ojos ni una vez, pues se las arregló para poner la mirada en cualquier lugar menos en el rostro de aquel con quien estaba cruzando palabras ya protocolarias y leídas, ya improvisadas y personales. Espero no ser injusto, aunque algo más me queda por decir sobre esta tecla; pero desde entonces me ha sumido en perplejidad cómo un hombre tan escurridizo pudo haber depositado su confianza y aun inspirado servicio fiel a una persona como Hugh Gibson que, con toda su reserva y aun astucia de diplomático, era un ser humano sincero, abierto y diáfano.

Uno de nuestros problemas en Washington consistía en la defensa de nuestra bodega de jerez y whisky; porque vivíamos en la era de prohibición, y so pretexto de turismo, las embajadas se veían de cuando en vez invadidas por hordas de turistas sedientos —y no de agua— con la esperanza de toparse con un embajador hospitalario. La fiesta nacional celaba peligro serio para todo embajador. El personal de cocina y comedor habían logrado adquirir no poca maestría en el arte de sostener ataques directos de bebedores pedigüeños; pero si el rebaño invasor traía de pastor algún alto personaje, la resistencia era casi vana.

En aquellos tiempos, la barrera del color era fuerte todavía. En nuestra Embajada no se dio nunca episodio embarazoso, porque desde el primer día mi mujer causó una sensación que no se esperaba, dándole la mano a la cocinera, que era negra, no por negra, sino por mujer: y fue precisamente esta actitud de hacer las cosas, no por tomar posición en el problema, sino por olvidar *de veras* su existencia, lo que causaba sensación. Un día en que íbamos a Nueva York por carretera, al pararnos para almorzar, indiqué en el restaurante que dieran de almorzar al cochero. «¿Blanco?», preguntaron. Afortunadamente lo era.

Un hispanoamericano, vagamente conocido, se enteró no sé cómo de que vendríamos a pasar unos días a Nueva York; me vino a ver y me persuadió de que me alojara en el Sherry-Netherlands. Nos dieron un piso en la torre, con cinco o seis baños y —las conté— setenta luces eléctricas que había que apagar antes de dormir. La cuenta era modestísima, absurda. Supuse que la diferencia se debía al valor de la república en términos de publicidad. Pasamos, pues, nuestra primera noche millonaria en un silencio maravilloso, tan lejos verticalmente del rodar urbano de la Quinta Avenida; y al día siguiente, a eso de las once, salimos a dar una vuelta por el parque. Cruzada la avenida, ya en la acera opuesta, me vuelvo a echar una mirada al inmenso edificio del hotel, y descubro que para honrar mi presencia el hotel ha desplegado una inmensa bandera española —de la monarquía—. Vuelvo, hablo con el director, y a nuestro regreso observo con satisfacción que ya flamea en la torre la tricolor republicana. Era domingo, y en media hora todo estaba hecho. ¡Y qué bandera!, enorme y de seda.

A mí me pareció un verdadero triunfo de eficacia. Los republicanos habían cometido (en mi opinión) el error de estropear una bandera muy bella con aquella banda de berenjenas, creando así una combinación de colores no muy fácil de encontrar un domingo por la mañana. Que me hubiese pasado precisamente a mí, tomaba aspecto de broma de mal gusto que me hacía el azar o el sino, porque yo estaba indignado con el cambio de bandera. En primer lugar, echaba al cesto la bandera más hermosa del mundo en cuanto a color, bandera que era una llamarada, como lo suele ser lo español; y luego, ¿qué ponen? Un color violáceo, que como tal híbrido que es no resiste el sol y se torna azul o cualquier cosa y, mientras dura, no va con el rojo y amarillo; como si no bastara, una república anticlerical echa mano de un color episcopal y monárquico como el morado, cosa que (honradamente confesaré) no lo hubiera contado en contra si el tal color me hubiese gustado en sí; y por último, al cesar de ser oficialmente el color de España, no se pudo proteger contra los fabricantes y comerciantes de California, que ya podían vender sus frutas y conservas con los colores típicos de España.

El propósito de aquel viaje a Nueva York había sido recibir a la colonia española, en un local que hubo que alquilar porque necesitábamos unos quinientos asientos. El local estaba lleno, lo que no dejaba de inquietar a dos o tres amigos que habían oído rumores de un posible atentado contra mí; cosa que yo interpreté como uno de esos infundios que inspira o el buen humor o el mal humor; pero pronto reconocimos a los que habían temido algo por la cara de ironía regocijada que ponían al ver en primera fila a Paulino, el campeón vasco de boxeo.

*

Un buen día recibí en la Embajada una carta de Tom Lamont. Sólo me decía que quizá me interesaría la correspondencia cuyas copias me remitía. Eran cartas cruzadas entre él y el secretario (o sea ministro) del Trabajo. El ministro le escribía a Lamont que, poco antes de la Navidad del 30 (estábamos en julio del 31) un extranjero llamado Salvador de Madariaga había entrado en los Estados Unidos por Nueva York, declarando que venía a casa de Lamont y que se iría a los tres meses; y terminaba el ministro diciendo: «No hay rastro de este extranjero ni de que se haya marchado como prometió. ¿Podría usted darme sus señas actuales?» A lo que Lamont contestó que sí que podía, y que eran: Su Excelencia don Salvador de Madariaga, embajador de España, Washington.

Ni corto ni perezoso, hice hacer copias de las cartas y las envié al subsecretario (Castle) por hallarse el secretario de Estado en Europa; y añadí: «Todo está muy bien, pero el caso es que yo salí de los Estados Unidos el 31 de marzo por Nuevo Laredo.» Castle fue el que quedó mejor: después de informarme de que remitía toda la información a su colega del Trabajo, añadía: «De todos modos puedo asegurarle, querido embajador, que no lo expulsaremos.»

¿Para qué sirven los pasaportes? Había pasado la frontera de Nuevo Laredo el 31 de marzo, con mucho sellar de funcionarios tanto yanquis como mejicanos, entrando en Nueva York con el *Cristóbal Colón* (sello) y hablando con Madrid desde nuestro Consulado, salido de Nueva York (sello) con el *Cristóbal Colón* en mayo, entrado en Nueva York en junio ya como embajador, y la policía de inmigración no sabía dónde estaba. La tendencia de los Estados modernos, aun en los países más libres, es a restringir la libertad individual en provecho de la burocracia. Los seres humanos debieran circular en plena libertad, sin pasaporte ni documento alguno, como lo hacían los europeos hasta 1914 de Lisboa a Helsingfors y de Dublín a Atenas. Los derechos de la nación, en particular el de garantizar que nadie *se instale* en su territorio sin permiso estatal, pueden asegurarse estipulando que el extranjero habrá de presentarse a la policía dentro de los tres meses de su entrada, so pena de condenas muy severas. Todo esto es evidente, pero está cada vez más oculto y encapotado por la fuerte tendencia al absolutismo que padecen las democracias, en especial las anglosajonas.

Éste es el mayor mal. En cuanto Inglaterra o los Estados Unidos se pirran por algo, sistema parlamentario o drogas, *jazz* o melenas rebeldes al peine (cuando no al jabón), divorcio gratis o aborto libre, todo el mundo sigue como los carneros de Panurgo. De aquí una paradoja endiablada. Todo el mundo ha sufrido, sufre y sufrirá fieros males a causa del genio político de los anglosajones, y la razón, a la vista está. Este genio político ha permitido a las naciones del grupo —Inglaterra, los Estados Unidos, el Canadá, Australia y Nueva Zelanda— vivir, las jóvenes toda su vida e Inglaterra dos siglos de éxito completo, en paz y actividad interior. Sus numerosos y envidiosos admiradores lo atribuyen a las constituciones de los dos países más antiguos de la familia, que los más modernos han imitado; pero los hechos debían haberles inspirado la conclusión inversa: el genio político de los anglosajones es tal que han logrado hacer buenas en la práctica hasta las constituciones harto defectuosas que se han dado, de modo que esta manía por imitar las desdichadas de Inglaterra y los Estados Unidos es de lo más peligroso y deplorable para el porvenir del mundo.

*

El agregado agrícola de la Embajada era un vasco muy competente, que llevaba bien el ilustre nombre de Echegaray. Con motivo de una discordia que tuvimos con el Ministerio de Comercio yanqui, y que se resolvió sin gran dificultad, me contó otra más seria que contribuyó a mi despego para con Hoover. Parece ser que, de sus tiempos de ministro de Comercio, Hoover había fomentado un proteccionismo larvado so color de sanidad. Un día llamaron a Echegaray al Ministerio de Agricultura para decirle que habría que condenar un cargamento de latas de tomate recién llegado de España porque estaba infectado de botulismo. La amenaza comercial contra los tomates de California se refugiaba tras un disfraz de amenaza sanitaria contra el yanqui de la calle. Lo que no sabían los ingeniosos proteccionistas era que Echegaray era especialista en botulismo. Pidió, pues, que se repitiesen los análisis en su presencia. El Ministerio tuvo que batirse en vergonzosa retirada y el cargamento se salvó.

Días más tarde, referí el caso a mi colega argentino, el cual me echó una mirada casi compasiva, y me declaró: «Nosotros no nos andamos por las ramas, ni vamos a los laboratorios. Un día nos tiraron al mar un barco de carne por no sé qué bicho que dijeron que traía, y a los diez días las autoridades sanitarias de Buenos Aires encontraron tan mortífero un cargamento de manzanas de California que lo echaron al mar.» Éste era el estilo de Herbert Hoover.

*

No me entusiasmaba la idea de seguir acreditado cerca de aquella Administración, y cuando empezó a apretar el verano, tampoco me sonreía la idea de seguir en aquel clima de baño turco perpetuo. Pero tampoco pensaba en que me cambiaran llevando tan poco tiempo en el país. Me vino a socorrer el orden natural de las cosas, que habían olvidado los que habían hecho al tuntún el boleo de las embajadas. La Asamblea de la Sociedad de Naciones se iba a reunir en setiembre, y aquella reunión sería de importancia excepcional para la república, tanto que preocupaba no poco a los hombres más serios y competentes de nuestro servicio internacional, entre ellos a Oliván.

El Ministerio de Asuntos Exteriores estaba en manos de Alejandro Lerroux, uno de los españoles menos competentes para ejercerlo. Lo peor es que esta increíble irresponsabilidad y aun frivolidad de la república no podía quedar en una penumbra discreta, sino que inexorablemente tendría que salir a la luz internacional en cuanto se reuniera en Ginebra el Parlamento mundial. Creo que por presión de Oliván, director de Política, a quien Lerroux se agarraba como el náufrago a la tabla, me llamaron a Madrid para que me encargase de organizar la delegación española y de definir lo que habría de ser su actuación. Salí de Washington para una ausencia que creí de tres meses, pero ya no volví de embajador.

Capítulo II

Diputado en Madrid y ciudadano del mundo en París .

Entretanto, me habían elegido diputado por La Coruña y hasta cuarto vicepresidente de la Constituyente. Cómo ser a la vez embajador en Washington, primer delegado en Ginebra (pues era ya evidente que lo tendría que ser) y vicepresidente de la Asamblea en Madrid, no lo veía muy claro; pero la política me parecía ya —y me parece hoy más que nunca— allende no sólo la lógica, sino la imaginación. No he votado jamás en mi vida ni, hasta entonces, había pertenecido a partido alguno; pero mi paisano Santiago Casares Quiroga había fundado un partido de liberales de izquierda sobre la base de la autonomía gallega. Aunque no lo conocí hasta entonces, le había cobrado afición y aun creo que nos parecíamos, porque más de una visita, al entrar en mi casa y ver el busto que mi hermano Emilio había hecho de mí, lo tomaba por un retrato de Casares.

Lo había conocido en La Coruña al llegar de Nueva York y me había gustado su hablar claro y aun terminante. Como buen gallego, no le faltaba su buena dosis de humorismo. Su partido, la O. R. G. A., se había hecho ya mucha opinión. Me eligieron *in absentia* y la elección me costó exactamente 5.000 pesetas para los gastos del partido.

Las Cortes Constituyentes eran una asamblea muy curiosa, sobre todo muy nueva. Por doquier se veían novatos de la política, en mezcla de idealistas, sectarios y aventureros, ennoblecida por grandes nombres: Unamuno, Ortega, Marañón, Pittaluga y algunos más intelectuales; casi anegados en una turba de impacientes, radicales y socialistas, trepidantes de esperanza, soñando con una España nueva para el día siguiente, ahora que se habían vencido para siempre los obstáculos tradicionales —sobre todo lo cual vigilaba un grupo de diputados de antaño, pastoreados por Romanones, ojo avizor y corazón escéptico.

El debate sobre el proyecto de ley para procesar a Alfonso XIII por su responsabilidad en el desastre de Annual me puso en el trance de pronunciar mi primer discurso parlamentario. No abrigaba ni la intención ni el deseo de hablar, pero me sentía obligado a hacerlo por ese resorte que tantas veces me ha movido: la indignación. El proyecto de ley, cuyo objeto concreto consistía en procesar al ex rey, me pareció en principio justo en sí y conveniente como aviso para sus herederos posibles; pero algún pobre hombre había conseguido inficionarlo con la peor de las pasiones, esa venganza que tantas veces consigue disfrazarse de justicia; y se estipulaba que para el proceso regio se suspenderían las garantías que el Código prescribe en defensa y protección del acusado. Esto a mí me indignaba.

Como no había previsto mi intervención, no había preparado mi discurso; además (lo que inquietaba aún más a mis amigos, sobre todo al presidente, Besteiro, como lo supe después), por no tener escaño seguro, a causa de mis frecuentes ausencias, hablaría desde el banco frontero al de los ministros, el cual carecía de pupitres, de modo que el orador hablaba sin una mesa que le permitiera erguirse como vertical sobre horizontal, inteligencia sobre realidad, cosa que ni un solo parlamentario fogueado osaría arriesgar. Pero, temerario por inexperto, tiré por la calle de en medio y arremetí contra la Comisión.

«¿Cómo os atrevéis a presentar a la Cámara tamaña monstruosidad jurídica? ¿Qué creéis, pues, que es la república? La república no es sólo un régimen que respeta la ley. La república es la ley. Y venir a proponernos que comencemos nuestra vida oficial como republicanos cometiendo un crimen escandaloso contra la ley nacional, al privar a un acusado de las garantías que la ley prescribe para su defensa y protección.» Tuvieron que retirar la insensata propuesta.

Pero ya en aquellos primeros días, comencé a percibir los acentos y silencios de la envidia, las malas interpretaciones, sinceras o no, de mis palabras y designios. No dejaba de inquietarme y disgustarme al observar en Madrid cierta desconfianza que me recordaba la actitud de Drummond: una tendencia a imaginar o sospechar en mis actitudes y palabras no la objetividad que respiraba en ellas, sino un deseo de subir en la escala política o social; cosa por demás extraña para mí, porque las más de las veces mis opiniones han solido acarrear, por mera lógica intrínseca, conclusiones prácticas contrarias a mis. intereses.

Daré como ejemplo una conversación que tuve con Luis Bello, periodista de cierto prestigio, muy amigo de Azaña. Todavía era yo entonces embajador en Washington, al menos en el papel, pero residía en Madrid, ocupándome de la preparación de la Asamblea y de mis deberes parlamentarios. Le hablé de mis temores de que nuestros idealistas teorizantes nos escribieran una constitución demasiado larga, dando ocasión a demasiados debates mientras el país aguardaba a que lo gobernasen, y aconsejé: «Echen al cesto toda esa palabrería, hagan una constitución corta pero sustanciosa, y gobiernen.» No tardó en llegar a mis oídos que Bello lo atribuía a la prisa que tenía de ser ministro.

Empecé ya entonces a dudar de que durase la república. Pero también me ocupaba el ánimo otro aspecto de mi experiencia, al que hace poco aludí. Si dos personajes tan mutuamente remotos como Luis Bello y Drummond caían en el mismo error, alguna responsabilidad me cabría a mí en ello. Este pensamiento llovía sobre mojado; porque ya hace muchos años he dado en creer que, si entre dos personas surge un desacuerdo (dejando aparte los anormales, como lo son criminales y locos), lo más natural es atribuirle a cada uno de los dos la mitad de la culpa, o por lo menos de la causa.

Por este camino llegué a definir mi responsabilidad de este modo: impulso irreflexivo a expresar sobre las coyunturas juicios dictados por mi irreprochable objetividad intelectual, pero sin la debida atención al efecto que puedan tener mis palabras para una persona o un ambiente subjetivo. Esto se resuelve en otra observación: que soy más hombre de pensamiento que hombre de acción. El primero se ve como testigo. Observa, juzga y dice. El segundo observa, juzga y calla. Se ve como protagonista. El impulso de expresar opinión es en el hombre de pensamiento espontáneo y desinteresado; no en el de acción, que sólo expresa opiniones cargadas de intención-acción-interés. De aquí las malas inteligencias que he padecido en la acción, algunas muy de deplorar, como luego diré.

Surge aquí en mi memoria una viñeta que ilustra el tema. En aquellos días precisamente cometí una equivocación mezclada de pensamiento y acción. Había yo propuesto que en la Constitución renunciase España a la guerra como instrumento de política. La Comisión me pidió que redactase yo el artículo. Estaba entonces en Madrid Pablo de Azcárate y le enseñé mi proyecto, al que opuso dos o tres críticas tan bien razonadas que le rogué me hiciera otra redacción. La hizo y me la trajo y eché al bolsillo el papel con ánimo de presentarlo porque era excelente. Pero vino el diablo y se cruzó en nuestro sendero. Cuando un emisario de la Comisión llegó a pedirme el texto, estaba yo

Señores Pérez de Ayala, Barcia y Madariaga

Alejandro Lerroux

Duque de Alba

Manuel Azaña   Julián Besteiro

Ferroviarios manifestando su júbilo por la
proclamación de la República en España

Señores Titulescu, Madariaga y Eden

Bernard Shaw

Miguel de Unamuno

Conde de Keyserling

Rudyard Kipling

Rabindranaz Tagore

Albert Einstein

H. G. Wells

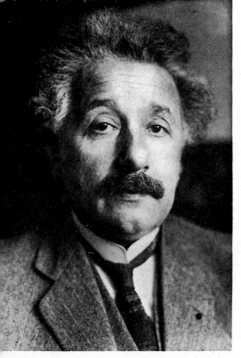

Santiago Alba

General Primo de Rivera

Francisco de Asís Cambó

Ramiro de Maeztu

Anthony Eden

Herbert Hoover

Edouard Herriot

Henry de Jouvenel

El embajador de España en París don Salvador de Madariaga con miembros de la colonia española en la conmemoración del primer aniversario de la República

Niceto Alcalá Zamora

perorando en los pasillos con no sé quién: metí las manos en el bolsillo contrario, y la Comisión votó mi primer texto, que era el malo, en vez del bueno, que era el de Azcárate.

*

Aquellos días me enseñaron otra lección de política. Cuando un régimen abusa de su poder (¿y cuál no?), el que lo paga es el régimen siguiente, porque éste vendrá al mundo cargado de ideas, pasiones y resentimientos que le privarán de objetividad. En España, la tendencia de la corona a utilizar su derecho a disolver la Cámara como mero instrumento de poder sobre los partidos, hizo inevitable un artículo de la Constitución republicana sometiendo este privilegio de jefe del Estado a reglas absurdas que más adelante ilustraré con un ejemplo. Otro tanto cabe decir de las relaciones entre la Iglesia y el Estado. Bajo la monarquía, la Iglesia española, mal inspirada y peor gobernada, había perdido el respeto de buena parte del país; pero la opinión reinante fuera de España seguía nutriéndose de ideas anticuadas heredadas de la Inquisición, etc. El caso es que un esbozo de las relaciones de la Iglesia con el Estado en el siglo XX no se reduciría a una tarjeta postal en blanco y negro —ni mucho menos—; era más bien cosa compleja y sutil, pues, por un lado, la nación distaba mucho de pensar al unísono en cosas religiosas, y por el otro, la Iglesia no era ningún monolito ni de pensamiento ni de conducta.

Las ciudades grandes y Levante eran en general indiferentes. Los que iban a misa eran pocos, y la opinión y la costumbre se iban apartando de la Iglesia. En el campo, y a occidente, el clero era más fuerte, y las órdenes religiosas eran ricas y tenían opinión; pero el cura estaba muy mal pagado, y esto bastaba para hacerlo más simpático que el fraile, como lo es el obrero más que el patrono, por el mismo motivo.

En cuanto a libertad de acción y costumbres, tampoco era la situación fácil de resumir. Había ciudades y lugares, sobre todo en el oeste y noroeste, y aun en el norte, en el reino de León y en el país vasco, donde había que atenerse a las costumbres religiosas tradicionales o perder contacto, buen nombre y hasta trato con los demás; pero en el resto del país, y sobre todo en las ciudades grandes, la libertad religiosa era total y aun a veces superior a la que se disfrutaba en los países anglosajones. Daré un ejemplo. Cuando murió William Jennings Bryan (1925), escribí un artículo en *El Sol* describiendo su llegada al cielo, muy ufano de su victoria reciente sobre un maestro de escuela de Dayton (en el Estado de Ohio), al que hizo condenar a presidio por enseñar la doctrina de Darwin. (Yo tampoco creo en esa doctrina, pero no creo que se pueda castigar a nadie por el mero hecho de enseñarla.) El Señor (en mi artículo) no sentía gran entusiasmo por la victoria de Bryan y creyó oportuno explicarle por qué. Así que le preguntó: «¿Qué pasó cuando Sara se dio cuenta de que era yerma?» Bryan estaba en su terreno. «Capítulo XVI del Génesis. Llamó a su sirvienta egipcia y se la llevó a su marido, diciéndole: Ruégote que entres en mi sirvienta; por ventura tendré hijos de ella. Y obedeció Abraham el dicho de Sara.» Dijo entonces el Señor a Bryan: «Suponte tú ahora que un senador yanqui, lo más parecido que hoy puede darse a un patriarca bíblico, se encontrara en igual caso. ¿Cuántas mujeres de senadores yanquis...? Dices que ninguna...» Bryan asintió, explicando: «Los tiempos han cambiado, Señor.» —«¿Lo ves? Pues eso, que los tiempos van cambiando, es lo que Darwin y yo entendemos por *evolución*. Yo mismo empecé como una deidad muy primitiva de un pueblo de beduinos, y gracias a la evolución, he llegado a ser el Dios de la humanidad»*.

Pues bien, *El Sol* publicó este artículo en su primera página. Así lo conocieron algunos amigos yanquis que me instaron a que lo tradujera para que se publicara en los Estados Unidos. Lo traduje, pero ni un solo diario o revista se atrevió a publicarlo.

Cuando llegó a debate la parte de la Constitución que trataba de la libertad religiosa, me sentí impulsado a combatirla, y preparé un discurso sobre los puntos que me impulsaban a la oposición. Primero, la separación. Mi argumento era sencillo: Si creéis que obispos y curas son menos importantes que periódicos y periodistas, estáis despistados; si no lo creéis, lo que vais a hacer equivale a delegar en el papa el nombramiento de nuestros directores de periódicos y periodistas.

Luego se proponía la abolición del presupuesto del clero, que nuestros fogosos anticlericales se empeñaban en incrustar en la Constitución. Se trataba de treinta y cinco millones de pesetas, que entonces equivalían a seis o siete millones de dólares. Pero ¿por qué abolirlo? ¿Y por qué meter esta medida en la Constitución? Por puro prejuicio y superstición anticlerical, sin mirar a los hechos. En mi discurso proponía multiplicar por diez el sueldo de los curas, entonces miserablemente pagados, y si esta medida se hubiese adoptado, quizá duraría todavía el régimen republicano.

Por último, expresaba mi oposición a toda medida dogmática y vejatoria para con los católicos y sus instituciones, tales como

---

* He incorporado este episodio extrabíblico en mi *Campos Elíseos*, que se hallará en *Diálogos famosos*, Buenos Aires, 1971.

la exclusión de las órdenes religiosas de toda actividad docente, pues estimaba que su cooperación era beneficiosa por no proveer el Estado bastantes centros de enseñanza y porque entre los colegios privados los había que estimulaban a los del Estado por su competencia. También combatía otras medidas análogas sobre matrimonios y entierros, que no pasaban de ser meras imágenes del clericalismo en el espejo del poder.

Este discurso, pronunciado por un embajador de la república, me habría valido una repulsa casi unánime de aquella Asamblea, ferozmente anticlerical, y lo que es más peligroso, la aquiescencia entusiasta de los monárquicos abiertos o clandestinos. Me jugaba mi carrera política, si la tenía. Ni por un momento me paré entonces a considerarlo, y sólo hoy lo considero y veo así. Lo que sí vi entonces es que provocaría fuerte oposición. Así es que preparé una frase final en la que diría: «Antes de que ninguno de mis colegas se levante a rebatir mi discurso, le rogaré repita lo que yo voy a decir: *Mi matrimonio es civil y mis hijas no están bautizadas.*» Dudo que hubiera un solo diputado en situación de poder declararlo.

*

El Gobierno, entretanto, pensó muy acertadamente que había que hacer algo en vista de que yo no podía atender a dos cosas tan dispares como la Embajada en Washington y la Sociedad de Naciones en Ginebra. Claro que todo era nuevo para ellos y que habían hecho sus primeros nombramientos sin tomar consejo sobre lo que conocían menos, que era el exterior. Por eso me habían nombrado para Washington cuando debí haber ido a Londres o a París; y creo que si al fin fui a París, ello se debió a Oliván, que los ministros no se daban cuenta de nada y Lerroux estaba dispuesto a mandar a París a Carlos Esplá. Yo me enteré por Azaña, no porque me lo dijo, sino porque no me lo dijo.

Hora es, pues, de referirme a las páginas que me conciernen en las Memorias de nuestro republicano número 1. Como se verá más adelante, le profeso y le profesé siempre gran admiración, de modo que la lectura de su libro, cuando ya estas Memorias mías estaban terminadas en su redacción inglesa, me causó honda pena. No por verme mal juzgado e interpretado, sino por lo que tales errores revelaban sobre el que los cometía.

Azaña era un tímido que se protegía con una coraza de frialdad y aun de mal humor *. Ello le cortaba la comunicación con quien le hablaba, como se ve en las páginas que dedica a nuestra cena a solas en Lhardy. Yo le traía un amigo desinteresado y

---

* Véase Apéndice, doc. 1, pág. 573.

leal, un hombre competente en política exterior (y no tenía ningún otro), y por lo tanto, un español que se ofrecía a servir al país donde era más útil. Azaña no vio nada de esto y me juzgó como un arribista. Tan indiferente era para la competencia, que me juzgó mal cuando le hice ver que donde yo servía era en Estado, y en cambio me ofreció Hacienda para la que era y sigo siendo incapaz.

Carlos Esplá me parecía a mí excelente elemento para la política interior, pero nada adecuado para una embajada; sería, sin embargo, cometer una grave injusticia para con él no explicar que hubiera hecho mejor embajador que otros que nombró la república; terreno en el que el propio Azaña no era nada perspicaz, como se desprende de sus comentarios a la entrevista de Lhardy a la que antes aludí. Con Azaña tuve la mala suerte de que, mereciendo yo ser el principal consejero de su aspecto grande, que lo era y mucho, me topé siempre con su aspecto pequeño, de tertulia de café.

Entre este Azaña despistado e ignorante y el incompetente Lerroux, todo habría ido muy mal sin el ascendiente que Oliván se había conquistado sobre don Alejandro. Diré de pasada que este ascendiente también trae a luz el aspecto mejor de Lerroux, que de tantos menos buenos adolecía. Cuando le ofreció la dirección política en el Ministerio, Oliván le contestó que él iría donde le mandasen, pero se creía obligado a advertir que era monárquico. Lerroux le agradeció el aviso, pero lo nombró. Danvila, que para venir a París había dejado la Embajada de Buenos Aires que le gustaba más, pidió volver. Oliván cogió la ocasión al vuelo y logró que me nombrasen para París.

*

Estaba yo en Madrid, ya con el *placet* de París asegurado, cuando recibí un telegrama de Lord Robert Cecil. Se iba a celebrar en París una Asamblea internacional de partidarios de la Sociedad de Naciones. Tendría lugar en el Trocadero. Había muchos oradores, pero ni uno de España. Tenía que ir yo. Acepté y no lo sentí.

Seríamos veinte oradores. Yo, el penúltimo. El último, Henri de Jouvenel. Presidía Herriot. Vivía entonces Francia días de tensión política aún más alta que de costumbre, entre una izquierda todavía poco infectada de comunismo y una derecha ya casi descaradamente fascista, que azuzaba un famoso paisano de Bonaparte, llamado Chiappe, a la sazón prefecto de Policía de París. Este corcegués era astuto, cínico y muy ducho en las artes clandestinas del poder, de modo que, cuando el acto aquel del Trocadero pasó de torneo verbal a batalla campal, todo el mundo se dio cuenta de quién era el que había armado el jaleo.

Iban pasando los oradores, que hablaban de pie al borde de la plataforma presidencial, volviéndonos la espalda, pues me habían sentado a la izquierda de Herriot; y pronto observé una taquimeca joven y muy modosita, que tomaba los discursos en una máquina taquigráfica. Poco a poco, se fue soliviantando la Asamblea. Cuando estaba hablando Louise Weiss, un asno fascista rebuznó: *Ça sent sent la choucroute,* sin saber, por lo visto, que la *choucroute (Sauerkraut)* es un plato alsaciano y no alemán. De pronto, tres o cuatro fascistas irrumpieron en uno de los numerosos palcos y lo vaciaron a bofetadas. Fue como una señal. Pronto podíamos ver desde la presidencia una batalla en cada palco.

El tumulto iba en aumento y cuando se irguió en la tribuna el emisario alemán, apenas si pudo hablar. Llegó entonces el turno de Scialoja, uno de los italianos más agudos y sagaces que he conocido, nariz, cráneo, ojos, dedos, finos y afilados como lápices. Al instante se dio cuenta de que, en aquel manicomio, unos no querían y otros no podían oírle, pero que en el país y aun en otros, le escuchaban quizá mil y aun diez mil por cada uno que allí se entregaba al placer de romper caras; así que, acercando el micrófono a los labios, murmuró un excelente discurso. Fue admirable lección de sabiduría.

Scialoja fue el más sensato de los veinte. Yo el más insensato. Cuando me tocó hablar, la batalla estaba en su ápice de virulencia. No sé en qué estaba pensando, pero sí que me dominaba la indignación. Me olvidé del discurso que llevaba preparado en mi ánimo (en la memoria nunca logré llevarlos) y con voz mucho más estentórea de la que creía poseer, me puse a apostrofar a la turba fascista del modo más violento. «La abeja es callada porque sabe lo que hace; pero el asno rebuzna porque no tiene ni idea de lo que hay que hacer y se lo vocifera a su amo, que está lejos, y por eso tiene esas orejas tan largas, para oír la voz de su amo.» Esto era de lo menos fuerte que les dediqué, mientras Herriot, encantado y olvidando que tenía un micrófono rozándole el bigote, no hacía más que estimularme: «Allez-y, *Mada,* allez-y.» Al día siguiente, estaba yo afónico.

Con lo cual, pude dedicarme a meditar en frío sobre el suceso. Había cometido un doble pecado contra el sentido común. En primer lugar, había aguijoneado aquella turba fascista en vez de procurar calmarla, es decir, había dado pábulo a mi pasión antifascista de un modo digno de los fascistas a quienes atacaba; pero, además, era ya el embajador de España designado y aceptado por Francia, y me iba a incorporar a mi Embajada en pocas semanas; y en esta situación, había tomado parte en una batalla de política interior, jaleado además por uno de los grandes estadistas franceses.

Creo que, si en vez de pasar en Francia, el episodio hubiera ocurrido en Inglaterra, mi carrera diplomática habría terminado aquel mismo día. Pero no. En Inglaterra el episodio no habría sucedido. Volvemos siempre al caso de aquel que decía: «No me gustan las judías blancas, y me alegro la mar, porque si me gustaran las comería y me dan asco.» El caso es que en Francia no sólo sucedió, sino que todo el mundo lo consideró natural. Al fin y al cabo, detestar a los fascistas y decírselo cara a cara, ¿qué cosa más natural? Y en cuanto a meterse en la política francesa, ¿por qué no? ¿No era yo uno de ellos? Nadie me criticó, salvo, claro está, los periodistas fascistas. Pero ¿y qué? Aunque hubieran tenido razón, no importaba nada, puesto que no me criticaban porque no tenía razón, sino por ser yo quien era.

Pero tengo que volver al Trocadero, porque me queda por contar lo mejor. Comenzó su discurso Henri de Jouvenel. Fue excelente, bien construido, fuerte y pronunciado con voz tal que dominaba el tumulto. Pero yo estaba hipnotizado por sus pies, porque no los movió en los veinte minutos que duró su oración, y estaban plantados junto a la máquina taquigráfica que la taquimeca manejaba con cuidado y atención, en una calma tal que parecía estar tomando el sermón en una catedral. Sus propios pies no se movían del suelo, aunque a derecha e izquierda y a sus espaldas se enzarzaban a puñetazos fascistas y antifascistas, y unos caían y otros se levantaban y algunos rodaban a pares pegándose con furia pertinaz; pero los dedos de aquella niña subían y bajaban sobre el teclado de la máquina sin perder la serenidad ni fallar ni una tecla. Espectáculo de rara elegancia y de abnegación profesional del que la heroína ni parecía darse cuenta. De pronto asaltó nuestra plataforma un grupo de fascistas furiosos seguidos de una onda contraria de liberales. No se vertió sangre alguna, pero el agua de la botella inundó la jerga verde de la mesa, las manos de Herriot y mis manos y pechera. Henri de Jouvenel había terminado. La joven heroína recogió sus bártulos y papeles y se fue tan modosita, saltando por encima de los que todavía bregaban por el suelo.

*

Otra escena quiero contar de este período de París, cuando era ya embajador designado, pero esta vez no tendrá por cuadro la atmósfera agitada del Trocadero, sino la elegante de la Embajada española. Escogida, decorada y amueblada por Quiñones de León, era nuestra Embajada la mejor de París con la única excepción de la inglesa. Sólo que ésta debe su distinción al prestigio histórico del palacio que ocupa y los tesoros de arte que exhibe, mientras que la nuestra se lo debe todo al buen gusto de Quiñones y de su consejero José María Sert.

Ejercía el cargo mi predecesor Danvila, buen historiador, que tras largos años de servicio en la Argentina, se había acriollado hasta en el acento y el aspecto, y cuyo apego a aquel país era tan grande que le obligó a pedir el regreso a aquel puesto. Se cuchicheaba en París que (en lenguaje de *Hamlet*) había encontrado allá metal más atractivo.

Me había invitado Danvila a almorzar, y pronto me encontré sentado a una mesa de hasta doce o catorce personas en animada conversación con la famosa poetisa de Francia, la condesa de Noailles. Ya en su tercera o cuarta juventud, era todavía de buen ver, más por la vivacidad natural de su rostro que por el arte de sus rubios cabellos; y ya antes de sentarnos había iniciado las amenas hostilidades exclamando «¡Pero si habla como se respira!» No tardé en darme cuenta de lo ominoso de la observación.

Al primer mordisqueo de los *hors d'oeuvres* (*tapas* los llaman en Sevilla), la condesa se puso a hablar de Napoleón, y cuando, después de una deliciosa travesía culinaria, llegaron a las fresas, todavía estábamos en Napoleón, tema que hacía brotar de aquella musa torrentes de admiración. Ni un «sí», ni un «pero» pude colocar durante todo el almuerzo, porque no sólo hablaba demasiado bien y *continuo sostenuto*, sino que parecía más dispuesta que yo a sacrificar los manjares de Danvila a los elogios a Napoleón. Pero, cuando menos lo esperaba, se paró un segundo para inhalar aire, y yo lo aproveché para lanzar mi contraataque envenenado por tan larga espera: «Querida señora, no puedo ver a Napoleón. Era un ser vulgar.» Por poco se cae de la frágil silla de enea dorada. «¿Quién lo iguala?», preguntó retadora. «Señora, el hombre de acción más grande que ha dado Europa no es Napoleón; es Hernán Cortés.» Larga mirada de la dama, que al fin se rinde y pregunta: «¿Cómo se escribe?»

Capítulo III

Vuelta a Ginebra

«Siempre se vuelve a Ginebra.» Con estas palabras había dado fin al discurso con el que me había despedido de mis compañeros de Secretaría en diciembre de 1927. ¿Quién hubiera podido adivinar que volvería como delegado de España en setiembre de 1931? No yo. Mi ascenso se debía a acontecimientos allende mi voluntad. Pero la subida había sido tan meteórica que no faltaban censores que me la reprochaban. La envidia ha vertido siempre sus gotas y aun tragos amargos en la copa del éxito que, de cuando en vez, ha elevado a mis labios el azar o quien sea; y esta envidia solía venir de los sectores menos esperados.

Aunque he tenido que aguantar a los envidiosos toda mi vida, rara vez me han hecho perder el sueño, en parte por circunstancias varias, pero sobre todo por mi total objetividad. Ella me inspira una evaluación muy modesta de mis méritos y el casi constante descontento con lo poco que consigo hacer de lo que creo debiera; aun en casos en los que hago lo que mejor sé hacer, como lo es el hablar en público, cuyo efecto puedo observar al instante. Pero es que, a mi ver, puesto que los dones dones son, son poderes que *nos dan* y, por lo tanto, no pueden ser nuestros de origen. En toda esta lucha, durante mi servicio en Ginebra, me sostuvo además el apoyo de Oliván, con mucho el diplomático español de más capacidad que he conocido, y cuya objetividad era impecable, como me lo iba pronto a demostrar.

*

Por fortuna, todo este aspecto sórdido y sombrío de la vida no había asomado todavía cuando me estaba dedicando a preparar el personal y las instrucciones para la delegación que iría a Ginebra. Los problemas eran dos: cómo presentar la república a un Parlamento internacional acostumbrado a delegaciones monárquicas; y cómo disimular las insuficiencias de un ministro de Estado incompetente y aun incapaz. Cuando los dirigentes republicanos del Pacto de San Sebastián se habían repartido las carteras, buena prueba dieron de esa tendencia de todo conjunto español a degenerar en tertulia, de ese provincialismo incurable de los políticos que les lleva a dar poca o ninguna importancia a la política exterior, al atribuir el Ministerio de Estado a Lerroux. Algunos de ellos solían excusarse farfullando: «Era lo único que le podíamos confiar.» Pero ¿y el efecto fuera?

En mis días oficiales, sólo he conocido uno o dos ministros de Estado competentes, el que más, Fernando de los Ríos, a quien desde el principio metieron en Justicia; mientras que Lerroux, político astuto, demagogo hecho conservador como el demonio harto de carne se hizo fraile, no sabía ni entendía ni jota de nada que estuviera al norte de la Concha y el Paralelo, y apenas si hablaba o entendía el francés. A Ginebra llegó horro de ciencia, pero rodeado de un coro de periodistas que le hicieron la publicidad.

Tuve que precederle a él y a toda la delegación, porque el día antes de la reunión del Consejo y de la Asamblea se celebraba una sesión de la Comisión europea, donde tenía que representar a España. Esta Comisión venía a ser algo como aquella chiquilla que había nacido el mismo día que su hermana, pero no eran «gemelas». «Pues ¿qué sois?» —«Lo que queda de trillizas.» Era lo que quedaba de los Estados Unidos de Europa, el sueño que Briand, inspirado por Coudenhove Kalergi, perseguía desde 1926. Con el fuerte apoyo de Stresemann, quizá hubiera logrado el gran estadista francés vencer la resistencia de Inglaterra, que se oponía a todo el plan, mientras que Stresemann veía por lo menos una unión monetaria y aduanera. Pero Stresemann murió y Briand envejecía; de modo que la gran idea, prematura entonces, fue cayendo al nivel de una Comisión de Encuesta, el opio de las instituciones moribundas.

Era una reunión bastante nutrida, quizá dos o tres docenas de delegados en torno a la mesa, y tres o cuatro docenas más de mirones oficiales. Algo vino a animar la discusión mi antiguo conocido Litvinof, con una propuesta, como siempre, entreverada de comercio y propaganda. No la recuerdo, pero sí que me dio pie para intervenir. Apenas volví a sentarme cuando observé que un señor pelirrojo, de distinguido porte y rostro, se levantaba de un puesto frontero y, rodeando la larga mesa, venía a hablarme. «Soy Colijn, el primer ministro de Holanda, y vengo a felicitarle por su discurso; pero también por su libro *España*, que he leído en inglés; porque me ha causado el mayor interés todo lo que dice, pero sobre todo su modo de ver a Felipe II. Nosotros, holandeses, necesitamos oír a veces otras opiniones que las nuestras sobre aquel rey.» Le di las gracias con toda la cordialidad que tan generoso juicio merecía, y luego, el diablo se apoderó del tema, así que añadí: «En cuanto a Felipe II, señor primer ministro, nosotros los españoles somos imparciales y objetivos, porque para nosotros, era un puro holandés, aquellos ojos de agua, aquellos cabellos de paja...» Tuve que echarle una mano para que no se cayera.

*

Antes de salir de Madrid, había convenido con Lerroux y Oliván cuál sería nuestra estrategia en la Asamblea; y quedamos de acuerdo en que en el curso del debate general, Lerroux haría un discurso (que escribiría yo) sobre la república y lo que se proponía hacer en política interior y exterior. Lo escribí y él lo leyó, no mal, y fue muy aplaudido. Escaseaban en la Asamblea el contento y la satisfacción, por tener el ánimo encapotado por una crisis económica y financiera que iba a obligar a Inglaterra a abandonar el patrón oro, mientras las relaciones franco-alemanas, eje de la política europea, iban de mal en peor. Nuestro cambio de régimen, la revolución más tranquila y feliz que Europa había conocido, venía a ser el único toque de color rosa en aquel cuadro tan sombrío; de modo que la declaración de fidelidad a la Sociedad de Naciones y al Pacto que proclamó Lerroux fue muy bien recibida. Le felicité sobre su éxito y él tuvo la cortesía de darme las gracias por mi parte en asegurárselo; pero tuve la impresión de que Oliván estaba muy reservado.

Pronto supe por qué. Para él, habían pasado inadvertidos unos cuantos puntos que el discurso aspiraba a establecer y que sólo se aclararían para los que lo leyeren, cosa poco verosímil. Alegaba, no sin razón, que nadie puede hacer justicia al discurso de otro; y que lo que hacía falta era un discurso hablado y no leído. Todo muy cierto, le repliqué, pero inevitable. De todos modos, las comisiones y la labor normal de la Asamblea nos darían a todos ocasión para reparar lo reparable. Un par de días después, el propio Lerroux me pidió que me hallase yo también en el debate general. Me di cuenta en seguida de dónde venían los tiros, contesté pidiendo un corto plazo de reflexión y me fui a ver a Oliván.

Con toda objetividad —o vanidad— reconocí que para la república convenía que hablase en el debate general media hora o así, pero se me ocurrían varios reparos. No era usual que la misma delegación hablase dos veces en el debate general; era seguro que tendría que hablar por la tarde, de modo que no habría primeros delegados presentes, pues solían quedarse en sus hoteles a trabajar o conferenciar con sus capitales respectivas; el discurso «de Lerroux», clamoreado por su equipo de periodistas, había producido tanto efecto en España que nadie se explicaría por qué tenía yo que hablar también; y no me parecía probable que el mismo Lerroux deseara de verdad que hablara yo. Oliván no le dio importancia a ninguno de mis argumentos, parecía seguro de convencer a la Secretaría a darme una hora matutina.

Esto último le salió mal. Me pusieron para la tarde, creo que con razón. Pero entonces pasó lo imprevisto. Vino Briand, me dio la mano y me dijo que había venido para oírme. Con una sonrisa encantadora, me entregó un retrato dedicado que le había pedido la víspera; y pronto se vio que, cuando me tocó mi turno, los primeros delegados importantes estaban todos en sus puestos. Se me recibió al subir a la tribuna, con la mayor cordialidad. Dediqué mi discurso a un análisis del problema de la paz y la guerra desde un punto de vista no meramente español, sino internacional y objetivo.

Con palabras que creo eran nuevas, procuré ofrecer a la Asamblea un cuadro bastante concreto pero bastante amplio de la humanidad de naciones, y tan por encima de las perspectivas meramente nacionales como lo requería el Parlamento mundial; el cual respondió, como era de suponer, con la mayor generosidad. El tributo de Aristide Briand me fue de gran valor.

Oliván había conseguido su propósito; y aquel día aportó excelente cosecha para la república... fuera de España. Pero, como lo había previsto yo, el efecto en España no fue bueno. No se comprendía el porqué de un segundo discurso y se atribuía a mi «ambición». El hecho escueto de que, en igualdad de otras circunstancias, cae mucho mejor un discurso hablado que uno escrito, se explicaba en las comidillas de Madrid como el resultado de una conspiración maquiavélica mía, pues había escrito un discurso malo para Lerroux y uno bueno para mí; con lo cual los que así destilaban su malicia olvidaban que hacía poco habían llevado a las nubes el discurso escrito como una obra maestra de Lerroux.

*

De todo esto me iba enterando al azar de las conversaciones con amigos más o menos fieles, porque no leía prensa, salvo la de Ginebra, costumbre que fue causa de una escena casi cómica con Paul-Boncour, que más adelante se contará. Mi punto flaco era todo el lado de mi carácter que no concuerda con la diplomacia; sobre todo mi tendencia a decir lo que pienso y mi apetito desordenado por el aspecto cómico de la vida, mi risa a veces incoercible. Otro era mi facilidad para acuñar dichos o frases que circulaban como moneda, y a veces me hacían provecho y otras me perjudicaban. En la nube de periodistas que rodeaba la Asamblea, figuraba uno de un país del este europeo, pero muy conocido en París, que ostentaba una frente sensacional prolongada por una vasta calva. Cruzándolo una vez en la sala de pasos perdidos, susurré al amigo que iba conmigo: «Cuando se tiene una cabeza así, se debiera uno poner un pantalón en vez de sombrero.» No había motivo alguno para que mi amigo fuera menos indiscreto que yo; de modo que el dicho no tardó en llegar a oídos del interesado.

Mi caso más grave de este través fue un acceso de risa ingobernable que padecí al leer un papel que alguien me pasó mientras ocupaba mi asiento oficial durante una sesión del Consejo. No recuerdo el motivo de mi risa, pero sí que no fui capaz de dominarla durante un buen rato y me hacía hasta llorar, mientras me daba cuenta de lo escandaloso de la escena. Hablaba Massigli, el delegado de Francia. Claro que mi risa no tenía nada que ver con lo que él decía, pero hacía patente que no estaba yo en estado de ocuparme en serio de lo que se discutía. No se me ocurrió salir del salón. Comert, mi jefe en mis primeros días de Ginebra, que había sido mi apadrinador para entrar en la Secretaría, apenas diez años antes, me mandó una nota severa y muy merecida. Al fin logré vencer aquel acceso de risa. Massigli estuvo perfecto y jamás durante una amistad que aún dura aludió a lo ocurrido. Nunca volví a padecer nada que ni de lejos se pareciera a este achaque. Buena suerte, quizá, más que disciplina, y lo más probable es que se debiera al mero peso de la responsabilidad que iba a llevar. Hasta entonces había sido sobre todo espectador. De entonces en adelante, estaría en escena.

Hacía años que conocía a Massigli, que era el secretario general permanente de la delegación francesa, y le profesaba, y profeso, gran amistad, como hombre serio, leal y excelente negociador; pero Eden era nuevo en Ginebra, y mi primer encuentro con él no fue, ni con mucho, augurio de la cordialidad que iba a distinguir nuestras relaciones durante años. Vino como subsecretario del Foreign Office encargado de los asuntos de Ginebra, y traía instrucciones del Tesoro inglés para que se redujera el presupuesto de la Sociedad de Naciones. A mí esto me parecía una intolerable insensatez. Pedí la palabra en cuanto terminó, y entre otras cosas le dije que el presupuesto total de la Sociedad de Naciones era menor que el de la ciudad de Barcelona, que entonces contaba 400.000 habitantes. El caso era que la honda insularidad de Inglaterra, que aún hoy tanto se resiste a entrar en la federación europea, actuaba en contra de Ginebra en la opinión de su país.

Cuando terminé mi discurso de oposición a Eden, Paul-Boncour, que representaba a Francia y ocupaba el asiento sólo separado del mío por el italiano, me pasó una nota al lápiz que decía: «Me extraña oír al embajador de España en París hablar inglés.» El caso es que en Ginebra solía hablar siempre en francés, pero lo había hecho en inglés aquel día para que la prensa anglófona se diera cuenta del problema. Por otra parte, yo no debía explicación de mi conducta al delegado de Francia; así que contesté a Paul-Boncour en su mismo papel: «Hay momentos en los que hay que llamar París París y otros en los que hay que llamarla la capital de Francia.—Pascal.»

No dejaba, sin embargo, de expresar su nota cierta inquietud en la opinión pública francesa. En París se habían acostumbrado a contar con Quiñones de León casi como un segundo voto en el Consejo, siempre y cuando no entrasen en juego intereses españoles. Con la república, aquello se había terminado. El nuevo régimen no sentía menos amistad para con Francia que el anterior o si acaso más. Pero, en virtud de una decisión mía, tan natural e instintiva que ni me di cuenta de que la tomaba, la delegación española actuó ya en plena libertad, sin consultar, acordar ni combinar con nadie. En París, se dieron cuenta muy pronto del cambio de ambiente, como la nota de Paul-Boncour venía a revelarlo. La nube de periodistas que solía rodear a la delegación de Francia como mosquitos la lámpara, se declaró hostil a un delegado de un mero país de segunda, que osaba actuar como hombre libre, y lo manifestó un día... con los pies, pateando cuando empezó a hablar, hasta que el presidente del Consejo amenazó con echarlos.

CAPÍTULO IV

La entrada de Méjico. El conflicto entre Uruguay y la Unión Soviética

Había llegado el momento de cosechar lo sembrado en la hacienda del general Calles entre rebaños de cabras. Yo estaba resuelto a hacer que Méjico ingresara en la Sociedad de Naciones, y a tal fin me había entrevistado con los primeros delegados de los países representados en el Consejo a título permanente. Mi plan consistía en invitar a Méjico de modo muy especial, puesto que su exclusión no sólo como país socio, sino como país elegible, había equivalido a un insulto intolerable. Puesto que la invitación iba a ser excepcional y no de modo tácito, sino expreso, era menester justificar tan insólito procedimiento; de modo que habría que recordar la exclusión original, pero, puesto que nadie tenía interés en sacarle los colores a la cara a un país tan poderoso como los Estados Unidos, las alusiones se velarían de cortesía diplomática tratándola como una de esas cosas que solían pasar antaño. Quedó además decidido que sólo hablarían el delegado de España, para hacer la proposición, y los de las delegaciones permanentes al Consejo para apoyarla.

Pero claro es que todo iba a ocurrir en la Asamblea y ¿quién le ponía puertas al campo? Al principio, todo fue a pedir de boca. Elogios de Méjico. Lamentos sobre la injusticia cometida para con él en un pasado vago; esperanzas de que pronto ingresara (estaba la delegación aguardando fuera), suave discreción diplomática... La cosa comenzó a torcerse cuando los dos delegados que a la sazón representaban a Hispanoamérica en el Consejo pidieron la palabra. ¿Qué iba a hacer el presidente sino dársela? Prevenidos, se atuvieron a la regla convenida. Ahora que, ya abiertas las compuertas, no fue posible poner dique a la elocuencia de los delegados hispanos, aunque todos los «conspiradores» nos mirábamos muy satisfechos de lo bien que se iba salvando la discreción convenida. Cuando, en esto, el presidente dio la palabra a Restrepo.

Era Restrepo uno de esos hombres afortunados que gozan de universal simpatía, digan o hagan lo que quieran. De aspecto marciano (tez colorada y casco de acero, o sea cabello gris-blanco), la nariz en gancho, la sonrisa más franca y amena que cabía imaginar, iba y venía, jamás atareado, siempre de buen talante, medio compañero medio observador de los que le rodeaban. Era entonces primer delegado de Colombia, y su don muy personal de orador había florecido en leyendas que se contaban unos a otros los delegados hispanoamericanos. La más admirada se refería a un banquete exornado por numerosas damas, en el que Restrepo habló sobre las grandes gestas de España en el Nuevo Mundo, tema sobre el que solía verter cataratas de su magnífica elocuencia, y así iba ya escalando la altura en larga frase ascendente, de hazaña en hazaña, de creación en creación, elevando más y más alto el loor de la Madre-Patria hasta que, arrebatado por su entusiasmo, estalló en un estrepitoso «Carajo, señoras y señores...» Medio segundo de espantado silencio preludió a una salva de aplausos.

Éste era aquel Restrepo que subía a la tribuna para apoyar con un discurso más la proposición de invitar a Méjico. Se irguió en la tribuna, ofreció a la Asamblea su más fina sonrisa, y se lanzó al ataque más abierto, franco y violento contra los Estados Unidos, el presidente Wilson y los piratas petroleros, condenando como infame la conducta de quienes habían querido cerrar las puertas de la Sociedad de Naciones a un país tan noble como Méjico. Fue el discurso más aplaudido del día.

*

Hubo de todo en la gama de delegados que Hispanoamérica mandó a Ginebra: excelentes, buenos, medianos y francamente malos. No sería tarea fácil ni grata intentar repartir sobresalientes y suspensos; pero a esta distancia, el que parece erguirse en primer lugar es sin duda Eduardo Santos. Este ex presidente de la República de Colombia fue (al menos en mis recuerdos) el que con más fina intención supo adoptar la actitud y hablar el lenguaje que más convenía en Ginebra. Su labor durante el conflicto de su país con el Perú fue irreprochable; tanto que muchos pensamos entonces que los conflictos europeos se habrían resuelto mejor y más pronto si Europa hubiera dado delegados del calibre del gran colombiano.

Había no pocos buenos lingüistas entre los hispanoamericanos, lo que, en combinación con la lejanía de su país, que argüía imparcialidad, los hacía útiles para ponentes sobre conflictos europeos. En esto se destacaban los chilenos, a causa de su origen mezclado de varias raíces europeas. Recuerdo un año en el que la delegación chilena se componía de un Waddington, un Edwards y un Mackenna Subercaseaux, chilenos todos y ufanos de serlo.

Por entonces subían rápidamente dos hermanos uruguayos, Juan Antonio Buero, y Enrique, que, muy jóvenes todavía, habían logrado altas situaciones diplomáticas en su país. Juan Antonio llegó a ser subsecretario general cuando (como luego contaré) conseguí quebrar el monopolio de los altos cargos que guardaban las grandes potencias.

Pero el delegado más permanente del Uruguay fue el doctor Guani, hombre de poca estatura física, pero aun así de buen porte y prestancia, inmensa calva y aire rebarbativo, que rigió muchos años el Ministerio de Relaciones Exteriores de Montevideo. Guani llevó el peso de una famosa disputa entre el Uruguay y la Unión Soviética, cuyo motivo concreto no recuerdo a pesar de varios días y una mala noche que me causó. Que era importante no lo dudo, porque el Consejo nombró ponente a Titulesco; y el diablo o demonio (que a ambos nombres acude y aun a veces sin que por nombre alguno se le llame) quiso que se me ocurriera una fórmula verbal que creí aceptarían ambas partes, por lo cual se la comuniqué a Guani y a Titulesco.

Había sido para mí un día de actividad casi continua, y cuando ya tarde llegaba al Bergues anhelando hallarme entre sábanas y apagar la luz, el portero me dijo que me habían llamado de Madrid. Llamé yo. No había nadie en el Ministerio. Salí a dar una vuelta para quitarme la jaqueca del cansancio con el aire del lago, volví, esperé, llamé, y al fin, todo hablado y resuelto, me fui a acostar entre la una y las dos. Poco después [o así me lo pareció, pero creo que eran las tres] me despertó un aire de la *Traviata* o de *Aida,* cantado al pie de mi cama por una voz estentórea. Encendí: era Titulesco, que quería que yo le dijera si un ligero cambio del texto de mi fórmula que los rusos le pedían sería del agrado de Guani. Al fin y a la postre, todo se arregló y tan feliz desenlace dio lugar a unos versillos graciosos que Eden dedicó a tan pavoroso tema, y que años después hallé entre mis papeles. He aquí un intento de traducción:

> Sin prueba alguna, el Uruguay
> mantiene aquí su guirigay.
> La Rusia, en vez de maltratada,
> se nos declara archiencantada.

La general satisfacción
nos dispensa de toda acción.
Por lo cual concluir podré:
Solvuntur risu tabulae.

*

Ahora que lo miro en perspectiva más larga, he dado en sospechar si aquel madrugón que me infligió Titulesco no celaba raíces malignas. Titulesco era un hombre singular. Hankey, luego embajador inglés en Estocolmo, entonces joven secretario diplomático de Eden, solía describirlo como un saco de monos con uno de ellos asomando por arriba. Tenía, en efecto, cara y color de mono, pero de mono inteligente; y en cuanto al saco, era exacta descripción de lo destartalado e informe de su larguirucho cuerpo, siempre —invierno y verano— embalado en un gabán de pieles. Pertenecía a una secta rumana cuyos adeptos se castraban después de tener un hijo, y quizá se explicaran así su voz de tiple y su obsesión sobreviril de imponer su voluntad. Con todo era simpatiquísimo.

Era de los mejores parlamentarios de aquel Parlamento internacional, hoy desaparecido en el mar demagógico de las Naciones Unidas, y la Asamblea le demostró su admiración eligiéndolo dos veces como su presidente. En una de éstas, tuve con él un incidente serio. Estaba yo informando ante una comisión de la Asamblea cuando recibí un recado de Titulesco que iba a comenzar un debate en el pleno, donde me necesitaban como ponente también. Mi comité creyó que teníamos tiempo para terminar; pero pronto vimos que nos habíamos equivocado. El propio Titulesco, abandonando el sitial, se presentó hecho una furia a reclamar mi presencia. Suspendimos la sesión pequeña para atender a la grande, y Titulesco cesó de temblar.

No tardó en hacerme otra escena, peor todavía. Titulesco se quejaba de que algo (no me acuerdo qué) que quería secreto, se había hecho público, y se le metió en el perico que el culpable era yo. Nos cruzamos en el zaguán del Hotel des Bergues y me lo echó en cara con no muy amenos modales. Vi que estaba alterado y me lo llevé a un recinto que entonces había junto a la puerta de entrada del hotel, rogándole me expusiera el caso. Lo hizo sulfurándose cada vez más, pese a que yo le aseguré con mi calma usual que yo no tenía nada que ver con el caso, pero siguió chillando (tanto que, según luego me contaron, se le oía en la calle), y como a vozarrón no me ganaba, le solté un par de truenos. Con gran sorpresa mía, se calmó, me creyó tronando lo que no me había querido creer razonando, y a partir de aquel día estuvo de lo más amable conmigo.

Creo que su caso se explica por las mismas causas que otros varios con que me he tropezado entonces y en otros tiempos y lugares. Ha sido mi suerte y mi infortunio haber subido rápidamente en varios ambientes diversos que atravesé; y esta ascensión rápida irritaba a muchos, inquietaba a otros y empujaba a quillotros a caer más bajo de lo que debieran. Titulesco, sin embargo, tenía buen fondo, y quizá por ese su buen natural, nos fue posible olvidar tormentas pasadas.

*

¡La república en España! Toda Hispanoamérica se encendió al oírlo, que no en vano databa su emancipación de la caída de la monarquía con Carlos IV y Fernando VII. La extraña noción de Madre-Patria pareció cobrar nueva vida, al pasar del cobijo de la derecha, católica y aristocrática, arraigada en los días virreinales, a la izquierda, heredera de los «patristas» y emancipadores o libertadores. Algunos, quizá los más, de los delegados hispanoamericanos sintieron algo como un calor de solidaridad con nosotros, una esperanza de colaboración política análoga a la de la Mancomunidad británica. De cuando en cuando se franqueaban conmigo en este sentido mis codelegados de Ultramar, más y más a medida que mi autoridad moral en Ginebra iba afianzándose.

Nuestra delegación había ido creando la costumbre de ofrecer a las hispanoamericanas un banquete de gala el día 12 de octubre, ya que siempre seguía la Asamblea en sesión en aquella fecha. No sé quién fue el desdichado, ni dónde, pero sospecho que en España, a quien se le ocurrió ponerle a aquel día el nombre insensato de «Día de la Raza». Ese vocablo —raza— me parecía y sigue pareciendo cosa de perros y caballos; pero aun concediéndolo para los humanos, endilgárselo a los hispanos de ambos lados del Charco es el colmo del disparate. ¿Qué raza? ¿Vamos a dar por no existentes a los aztecas y a los incas? ¿Vamos a olvidar la fuerte proporción de sefarditas que se instalaron en Ultramar, como lo ha apuntado Américo Castro? ¿Y qué haremos con los Waddington y Mackenna de Chile, los Frondizi, los Tamborini, los Mosca de la Argentina? Y hasta con Cristóbal Colón, que para mí era tan judío como San Pedro. Conque día de la raza, ¿eh?

De modo que mientras yo tuve la responsabilidad de nuestra acción en Ginebra, aquel día se llamó 12 de octubre, y nada de razas. Sucedió, sin embargo, que la primera vez que yo presidí (porque para los banquetes no faltaban ministros casi nunca) estaba entre dos damas, ambas francesas y una de ellas, según creo, judía, esposas de los dos delegados que por razones protocolares les otorgaban tal lugar. Eran muy agraciadas, más quizá para la conversación que para los ojos. Cuando me levanté a ofrecer el ágape, tenía el ánimo ocupado con aquella nueva actitud que tantos delegados me manifestaban. Dije, pues, que el primer delegado español solía ahora oír con frecuencia las brujas de Macbeth instándole a que se coronase rey del Viejo y del Nuevo Mundo, pero él no haría tal cosa, porque todos en la familia éramos iguales y sólo siguiendo siéndolo podríamos seguir unidos, que era lo que importaba.

Terminó la fiesta y fuimos saliendo del gran comedor. Se me acercó Castillo Nájera, travieso delegado de Méjico, me agarró un brazo y me preguntó: «¿Por qué fue Vd. a meter en su discurso a sus dos vecinas? ... Sí, hombre. Eso de las brujas de Macbeth.»

Capítulo V

"La conciencia de la Sociedad de Naciones"

Quiso la suerte que mi salida a escena como delegado de España en Ginebra coincidiera con el comienzo de aquel desastroso período que iba a culminar en el tormento de Europa y la muerte de nuestra Institución. No voy a pretender haber juzgado aquellos sucesos antes con la misma clarividencia con que los he visto después; pero sí que en cuanto a los tres más importantes, las dos crisis, de Manchuria y de Etiopía, y el Desarme, vi más lejos y más hondo que los delegados de las grandes potencias.

Bien es verdad que estaba muy bien situado para llegar a ser «la conciencia de la Sociedad de Naciones», como dijo un día Sir John Simon hallándose en sesión el Consejo. Lo dijo. ¿Lo pensaba? Creo que no. Admirablemente dicho como buen actor en escena; pero representado, no vivido. Sus Memorias prueban que no abrigaba ni una pizca de fe en la Sociedad de Naciones, de modo que, para él, la conciencia de la Sociedad de Naciones no significaba nada. Lo dijo primero para halagarme, y luego para representar el papel de un estadista inglés que creía en la Sociedad de Naciones. Pero Simon era bastante sagaz para darse cuenta de que la opinión pública veía en mí la conciencia de la Sociedad de Naciones, y bastante astuto para ver que le convenía a él decirlo.

El conjunto de circunstancias que en mí convergían entonces era de lo más excepcional. Único en aquel ambiente, era yo no un político, sino un casi puro intelectual. Digo *casi* para tener cuenta de la atracción que el poder haya ejercido en mí como medio para llevar a cabo mis ideas. Pero pronto me di cuenta de que carecía de verdadera vocación y hasta afición política cuando observé que no leía la prensa ni siquiera cuando era de suponer que tendría que hablar de mí.

Una mañana, como otra cualquiera, llegaba yo a la sesión del Consejo cuando vino a mi encuentro Paul-Boncour con una cara muy larga. Sin ni siquiera darme los buenos días, entró al instante en el asunto que lo tenía acongojado. «Querido amigo, le aseguro a Vd. que estaba furioso y que le armé un escándalo. No le haga Vd. caso. Es un vanidoso, lleno de sí mismo...» Yo no sabía qué decir. Ni idea tenía de lo que estaba hablando. Se quedó de una pieza cuando se lo dije. ¿Cómo? ¿Eran las diez de la mañana y todavía no había leído las lucubraciones de Pertinax sobre el día anterior? No. No. No las leía nunca. Luego las leí, las de aquel día. Pertinax, listo en la superficie, tonto en el fondo, furioso por mi independencia de criterio y acción, me atacaba con una grosería inaudita. A mí no me quitaba ni el sueño ni el buen humor.

Ésta era la distancia que me separaba de Paul-Boncour. Un ataque así le habría dejado sin dormir una semana entera; porque él era un hombre político y yo no. Él veía todo bajo la perspectiva de la carrera política de Joseph Paul-Boncour. No que fuera hombre capaz de sacrificar sus principios y convicciones por una cartera. Muy por el contrario. Más de una vez había demostrado ya su integridad. Pero sentía la necesidad de conformarse a cierto conjunto de convenciones de conducta y fachadas, que yo estaba muy lejos de sentir. Yo además sabía que, aparte mi aptitud o carencia de ella para la vida política, no existía para mí porvenir político en España. Estaba en la política porque me habían metido en ella. Lo único que me atraía era encarnar y hacer presente a España en la política europea y universal.

Algo más tarde, se me acercó un día «don Damasco» (que así le llamábamos en nuestro lenguaje particular Oliván y yo), muy misterioso y serio. Era don Damasco un *alter ego* de Lerroux que sólo actuaba entre bastidores. Su mensaje venía del propio «Jefe», y se resumía en pocas palabras. Si me hacía francmasón y me inscribía en el partido radical, Lerroux al poco tiempo me entregaría el partido y se retiraría. No cabe lectura más disparatada de quién era yo (como no sea la que luego descubrí que tenía Azaña). Le dije a don Damasco que no y, si mal no recuerdo, no le di razones, porque mi negativa procedía de algo más elemental y fundamental que la mera política: la enérgica repulsa de todo mi ser a aceptar etiquetas de nada ni de nadie.

Contaré aquí a este propósito que cuando me instalé en Oxford como profesor, recibí, no mucho tiempo después de mi llegada, una lista impresa de los católicos que había en la Universidad. Entre ellos figuraba yo. La había compilado y publicado el profesor de Derecho romano que era un vasco naturalizado inglés: Francis de Zulueta, por cierto, de gran prestigio en su profesión. Al instante le escribí medio en broma medio en veras, para felicitarle de haber resuelto el problema que yo no había sido capaz de aclarar desde mi primera comunión, si era yo católico o no. En vista de la importancia de este problema, le rogaba me diese las razones que le habían permitido a él en tan poco tiempo dar una respuesta que yo no había conseguido hallar en tantos años.

*

Nada pinta mejor y más sucintamente mi relación oficial con Lerroux y la perspectiva con que miraba él las cosas de la república que este hecho doble: por un lado quiere hacerme su heredero político en España; por el otro jamás me dio instrucciones para Ginebra. Vaya en su descargo que se daba cuenta de su incompetencia y que esta ausencia de instrucciones continuó luego, aun en los casos, no muy frecuentes, en que el Ministerio de Estado se hallaba en manos capaces. Jamás nadie me escribió: «Haga usted esto.» «No haga usted estotro.» Creo que he sido el delegado más libre que jamás fue a Ginebra, situación ideal para quien había estudiado la política mundial y poseía convicciones arraigadas y hasta una fe.

Claro que me daba cuenta de que España no estaba en la luna y de que, por lo tanto, había que insertar nuestra política en la armazón general europea y mundial, mediante goznes que resultarían ser los propios intereses de España. En la práctica, satisfacía esta condición consultando siempre a Oliván, mi admirable técnico en cosas de diplomacia; pero la libertad que me dejaban los sucesivos gobiernos de Madrid me permitió adoptar posturas firmes en casos que ni directa ni indirectamente nos afectaban —actitud que la mayoría quizá de los españoles criticaría alegando que sólo ha habido un Redentor, y lo crucificaron.

Esta situación me sirvió para tomar, siempre que podía, la decisión más favorable a la Sociedad de Naciones. Como disponía del don de ir al grano de las cosas, el de explicarlas con claridad y aun a veces el de darles una forma acuñada como de medalla, mi lugar en Ginebra fue subiendo hasta inspirarle a Simon su famosa frase. Así llegué a encarnar y concentrar la esperanza de multitud de secuaces de la Sociedad de Naciones, sobre todo en Inglaterra y en los Estados Unidos, que veían en ella el alba de una era de paz. Mi correspondencia crecía de modo abrumador, y no había nación oprimida, grupo de emigrados, sociedad en pro de lo que fuera, que no me incitasen a intervenir en su causa. Hasta el propio Cecil, en un caso que le angustiaba, me pasó papeles con la intención evidente de que interviniera en Ginebra, lo que no podía hacer él mientras servía a su Gobierno. Alguna predestinación había en ello, porque ya en el Colegio Chaptal, donde residí de 1900 a 1906, mis compañeros solían confiarme sus quejas contra la dirección.

Esta posición excepcional que pronto llegué a ocupar en Europa pudo haber redundado en beneficio de la república; pero no fue así, o lo fue muy poco, por un cúmulo de razones. En primer lugar, casi nadie se daba cuenta cabal en España de lo que mi acción en Ginebra significaba. El público había leído tantas veces que el hombre de Ginebra era Lerroux, que los más lo creían y los que no podían creerlo, por saberlo imposible, tampoco creían las noticias favorables a otros, que cuanto más halagüeñas, más sospechosas les parecían.

Además, los enemigos de la república no perdieron tiempo en calumniar a los que la servíamos. Cuando telefoneé a Fernando de los Ríos desde Nueva York que aceptaba la Embajada en Washington, escribí a casa: «Mi nombre está hoy limpio. Pronto lo cubrirán de fango.» Miguel Maura me contó un día que, de caza con unos amigos, se paró a saludar a un capataz del coto: «Bueno, Julián, ¿qué piensas de la república?» —«Mire, señor, aquéllos estaban ya vestidos. Hasta que éstos se vistan...» Éste era el estado de ánimo de mucha gente del pueblo. Así que pronto comenzarían las calumnias y algo quedaría.

Los hechos me dieron pronto la razón. Un capitoste reaccionario dio en el Ateneo una conferencia durante la cual afirmó que yo me metía en el bolsillo una suma anual astronómica que cifraba a su gusto, atribuyéndome todo el presupuesto de la Embajada, mi sueldo como profesor de Oxford, que se creía el insensato que seguía cobrando, y que fijaba en una cantidad a su gusto, un sueldo como representante de España en Ginebra, que con igual insensatez se imaginaba que me pagaba la Sociedad de Naciones, y ya no recuerdo cuántas sinecuras más para redondear su cálculo. Pronto lo reprodujo un anarquista en un periódico de Oviedo. Luego llegó a conocimiento de Ilya Ehrenburg, el plumífero comunista, calumniador profesional, que lo reprodujo en sus Memorias.

Por otra parte, la Administración pública en Madrid no estaba organizada como para adaptar su política a la mía ni aun para seguir lo que yo hacía. Por lo pronto, el Ministerio carecía de política. Vivía al día; y como mi política consistía precisamente en crear una perspectiva de conjunto y una actitud nacional, y no mía, en política exterior, no había con quién hablar pese a lo mucho que lo intenté. En Madrid no hallaba más que un vacío que todos esperaban llenase con mis ideas, o cierta desconfianza de lo que hacía, por temor a que enzarzase a la república en aventuras peligrosas; lo que Azaña llama en sus Memorias mis quijotadas, probando que no leía mis informes ni tenía la menor idea de mi obra ginebrina. También Alcalá Zamora me tenía poca confianza, pero por motivos distintos.

Ésta fue quizá la causa de que no fuera ni una vez ministro de Estado, aunque fuera de España muchos creían que lo era o lo había sido. En París me hallaba en el Hotel George V, cerca de la Embajada, ya nombrado embajador en Francia, pero todavía no en funciones, trabajando sobre lo de Manchuria, cuando a la una de la madrugada me llamó Azaña para ofrecerme el Ministerio de Hacienda. Entre las muchas cualidades de Azaña, el respeto a la competencia ocupaba lugar muy secundario. Aquella oferta lo probaba dos veces: confiándome el Ministerio para el que menos servía, y separándome de Ginebra para lo que entonces no servía nadie más ni mejor que yo. Le dije que no; y en sus Memorias se queja de que no le guardé el secreto; pero yo no se lo conté más que a Oliván, y el teléfono Madrid París es muy largo.

Oliván me dijo: «Mañana es usted ministro de Estado.» Ambos teníamos que ir a Madrid de todos modos, y bien recuerdo lo que nos sorprendió al llegar por la mañana al Escorial ver que el ministro de Estado era Zulueta, hombre sin experiencia alguna. En mi primera redacción de estas Memorias (la inglesa) explico el caso del modo siguiente: «Azaña no era un convencido de la Sociedad de Naciones, no por falta de fe en el Pacto, sino porque era demasiado serio para correr el albur de un compromiso militar sin estar seguro de que nuestras fuerzas armadas fuesen suficientes. Desconfianza, pues, sí, pero no de mí ni de mis ideas, sino de los medios de que disponía el Estado español para apoyar el Pacto.»

Tal decía, y tal sostengo; pero con una enmienda importante. Cuando leí sus Memorias (1971), me di cuenta de que Azaña no ha tenido nunca idea adecuada de quién era yo. Se forjó una idea suya de quién era yo y jamás se confió en mí ni me habló con la franqueza que yo merecía. Pudo haber corregido su error estudiando mis informes o escuchando los que le daban de fuera, pero su prejuicio le impedía aceptarlos. Él mismo cuenta su entrevista con Marvaud. «Me preguntó, entre otras cosas, algo sobre la gestión de Madariaga en Ginebra. Sin decirle mi opinión entera, le contesté: "Sería mucho más eficaz si estuviese apoyada por una numerosa escuadra." El pedante de Madariaga encontró mal esta salida. Pero es conforme con la realidad.» Mal humor y confusión. El pobre Marvaud, en su ingenuidad de extranjero, se figuraba que el gran español de Madrid iba a manifestarle su agrado ante el éxito de un compatriota en Ginebra. Pero al español no le regocija, le entristece el éxito de otro español; Marvaud buscaba en Azaña el grande y se topó con Azaña el pequeño, que para no pronunciarse sobre mi gestión, le suelta una perogrullada garrafal. ¿Cómo no iba yo a estar de acuerdo con una perogrullada? Con lo que no estaba de acuerdo era con el lamentable nivel de su respuesta, digna de Azaña el pequeño.

Entretanto, mi actividad en Ginebra, tan poco agradecida, puso a España en el mapa de las relaciones internacionales en una situación como no la había conocido jamás. Ello acarreaba considerable aumento de trabajo; porque, en contra de lo que sucedía en tiempo de Quiñones de León, nuestra política ahora se apoyaba en la opinión pública, sobre todo la del mundo, que coincidía con la de nuestra *élite* liberal; por lo tanto, en la Asamblea más que en el Consejo y en las sesiones públicas más que en los trabajos de penumbra de pasillos. Pero nunca dejé de percibir la fragilidad de mi base y a ella aludíamos con frecuencia Oliván y yo en nuestras conversaciones. Cualquier cambio de gobierno, ataque a la república, incidente personal, derribaría mi persona pública y con ella mi política, que pasaba por doquier como la política de España. Me encontraba en una situación paradójica: había aspirado a crear una política internacional objetiva que resultaba descansar sobre una posición personal subjetiva; había querido despersonalizar la política extranjera de España, pero lo había tenido que hacer por métodos y con criterios personales.

CAPÍTULO VI

La crisis de Manchuria

Suele verse la crisis de Manchuria como un conflicto sino-japonés. La verdad es que fue un duelo entre el Japón y la Sociedad de Naciones, el primer caso en que un Estado socio violó el Pacto de modo abierto; y a causa del modo como las naciones de la Sociedad finalmente cedieron ante el agresor, este conflicto vino a ser la fuente de todas nuestras desdichas desde entonces, a comenzar por Hitler y la ascensión de la Unión Soviética a la cumbre del poder. Graves responsabilidades llevan por ello Francia e Inglaterra; gravísima la de los Estados Unidos. La gestión de su secretario de Estado, Stimson, fue inepta.

Ésta es mi franca y leal opinión sobre aquel caso ominoso *. Las grandes potencias se habían acotado privilegios exorbitantes en la Organización de Ginebra alegando las fuertes obligaciones que aceptaban en caso de crisis; pero, cuando llegó el momento de cumplir aquellas obligaciones, no estaban en casa. La crisis de Manchuria fue el primer caso en el cual había que sostener la integridad del Pacto contra una gran potencia recalcitrante; y si esto no se hizo —porque no se hizo— fue porque (para referirme a un dicho inglés) el perro no come perro, las grandes potencias no comen gran potencia.

Ya era de lamentar que tan patente agresión, no sólo contra Manchuria, sino contra el Pacto, viniese de una gran potencia, vocal permanente del Consejo, cuyo delegado durante años, el pulcro y elegante Adachi, acababa de ser elegido juez del Tribunal de La Haya. Pero además, el Gobierno japonés llevó la despreocupación hasta cometer aquel crimen internacional precisamente cuando se hallaba en sesión la Asamblea de la Sociedad de Naciones. Asombro general causa el 19 de setiembre de 1931 la noticia de la invasión y ataque de Mukden por el ejército japonés alegando el bien consabido «incidente».

---

* Véase Apéndice. doc. 2, págs. 574-75.

Pero al decir «Japón», ¿qué queremos decir? La respuesta no era ni fácil ni segura. Había por lo menos dos posibilidades: el Estado japonés, unido y disciplinado, había tomado aquella grave decisión; el ejército japonés, en casi rebeldía, habría lanzado el ataque por sí y ante sí; el general en jefe japonés que mandaba en Manchuria, habría tirado por la calle de en medio sin dársele un bledo ni el Estado Mayor ni el Gobierno de su país. Hay para todos los gustos. Pero en aquella hora yo me atuve a la primera interpretación, ya que las dos otras me parecían de régimen interior. En lo internacional, hay que suponer que el Estado es uno y responsable.

Y no se trataba sólo de una teoría jurídica. Se trataba de hacer frente a un ardid. Las grandes potencias se prestaban de buen, de buenísimo grado, a escuchar los descargos que les hacían en Toquio los políticos y en sus capitales los diplomáticos japoneses, alegando que todo era cosa de los militares, pero que había que disimular y tener paciencia para no irritarlos más. De lo que se trataba era de evitar que la Sociedad de Naciones tomase las cosas con energía y decisión; pero los hombres de Estado del mundo atlántico se prestaban —ellos sabrían por qué— a ser tolerantes con aquellos militares desbocados en vez de exigir que el emperador y el Gobierno de Toquio los metieran en un castillo.

Lo cual no quiere decir que no existiera en Toquio divergencia y aun tensión, y que todo fuera comedia. Lo que arriba digo presupone cierto desacuerdo. Este caso de Manchuria ilustra bien a las claras un tipo de imperialismo (el más frecuente) que maldito si tiene que ver con la interpretación materialista de la historia tan cara para los marxistas. Como tal filosofía racionalista que pretende ser, el marxismo exagera el papel del sentido común en la conducta del hombre; por eso se empeña en ver en él un capitalista que no contento con lo que ya posee, y para abrirse más mercados, hará la guerra para conquistar territorios y colonias, a quienes vender su pacotilla en coto cerrado. Pero en los más de los casos, las cosas no van por ahí. El capitalista, en plena paz, va muy tranquilo y contento tragándose el país que ha conquistado con sus artes mercantiles y bancarias, abriendo nuevos mercados, nuevas industrias que den nuevos salarios que compren sus nuevas mercancías; y de pronto, irrumpen en su próspero establecimiento pelotones de jóvenes héroes de uniforme que desprecian mercancías y dividendos y piden color y gloria; y todo se viene abajo.

Esto precisamente es lo que pasó en Manchuria en 1931, como ya había pasado en Francia en 1914, porque ya entonces, no el capitalismo (que no existe), sino los capitalistas alemanes venían devorando en paz y gracia de Dios a su vecina Francia y la habrían devorado entera si los militares insensatos que rodeaban al Kronprinz y adulaban al Kaiser no hubieran exigido una «guerra gozosa» que llevó a Alemania a una derrota humillante. Sólo que, en 1914, no había Sociedad de Naciones ni Pacto; mientras que en 1931, no sólo existían ambos, sino que se estaba celebrando la Asamblea; y los ágiles banqueros japoneses que estaban quedándose discretamente con Manchuria, vieron su labor destrozada por unos cuantos oficialillos insensatos que querían ser héroes aunque les costase la vida a los dos primeros ministros que asesinaron y a millones de sus propios compatriotas que murieron en la guerra.

Era Manchuria una de esas tierras arrabales de China cuyo vínculo con la China propiamente dicha era vago e indeciso, de modo que el Gobierno chino las consideraba suyas, pero ellas mismas y aun países terceros (como el Japón en este caso) no lo reconocían así. Se hallaba entonces bajo la férula de un dictador, Chang Jsué Liang, tan tiránico y cruel pero no tan capaz como su padre Chang Tso Lin lo había sido. Los hombres de negocios del Japón venían fomentando su economía, lo que acarreaba una corriente de inmigración china. No se ve bien cómo iba a resolverse este problema mediante una guerra; pero el Gobierno o quien fuera en el Japón pensaba de otro modo, y so pretexto de un incidente a todas luces provocado por los japoneses, el Japón se dispuso a hacerla. Ocupaba yo entonces la presidencia del Consejo de la Sociedad de Naciones; y cumpliendo los deberes de mi cargo, me personé con Oliván en el Hotel Métropole el día 19 de setiembre de 1931 a las once de la mañana para pedir explicaciones a mi colega japonés.

El mero hecho de haber elegido al señor Yosizagua como delegado permanente en Ginebra me pareció desde un principio, y lo confirmé después, prueba evidente de la intención aviesa del Gobierno japonés; porque el caso es que, tanto antes como después de los sucesos de Manchuria, la representación del Japón en Ginebra estuvo confiada a hombres de espíritu abierto, afables y sonrientes, buenos lingüistas; mientras que Yosizagua era un japonés hermético y arrogante que fumaba su puro con aire aburrido mientras se le hablaba de cosas graves, y a todo contestaba sin más explicaciones: *Ce n'est pas l'avis de mon gouvelnement*. No tan negativo durante nuestra primera entrevista con él, se limitó, sin embargo, a asegurarnos que no tenía ni noticias ni instrucciones, pero que en cuanto las recibiera las pondría en conocimiento del Consejo. Oliván y yo salimos muy pesimistas.

En todo menos en un solo aspecto que expuse a Oliván así: «Este conflicto parece deberse a la imaginación de un arcángel protector de la Sociedad de Naciones; porque el Japón es el archienemigo de los Estados Unidos, y la Sociedad de Naciones es débil porque los Estados Unidos se han quedado fuera. Por lo tanto, si la Sociedad de Naciones mantiene el Pacto con firmeza en interés de la solidaridad mundial, los Estados Unidos saldrán ganando y colaborarán; con lo cual se asegura la victoria de la Sociedad de Naciones sobre el Japón y quizá, por ahí, el ingreso de los Estados Unidos en la Sociedad de Naciones.»

Esto es lo que habría ocurrido si los hombres fuesen racionales, pero la oposición del partido republicano yanqui a la Sociedad de Naciones no era racional; así que todo se fue desarrollando de un modo favorable al agresor y contrario a la Sociedad de Naciones, a los Estados Unidos, a la paz del mundo y en último término al pueblo japonés.

*

Se fue desarrollando aquella aventura al modo de un minué clásico en el que los danzantes, aun dando a veces pasos imprevistos, se atienen a una pauta preconcebida. El primer tiempo tuvo lugar mientras España ocupaba la presidencia del Consejo. Lerroux, con su perspectiva de la Cibeles, no veía en aquello más que otra campaña en Madrid sobre sus éxitos ginebrinos. Pero el caso era que casi no sabía francés, lo hablaba muy mal, aunque no peor que tal o cual presidente del Consejo antes o después, pero, y esto era lo grave, no lo entendía —aparte de su total ignorancia del ambiente, procedimiento y costumbres de aquella Casa—. Pronto se dio cuenta todo el mundo de su incapacidad. Aun cuando le pusieron delante un papel con instrucciones minuciosas, se trastocaba. Decía el papel: «Ahora el presidente levanta la sesión», y el pobre Lerroux leía todo: «Ahora el presidente levanta la sesión.»

Algo se alivió la situación cuando el Consejo tuvo que tramitar la crisis en sesiones secretas. Este trámite significaba: una persona sola por delegación, el secretario general; un intérprete y un redactor de actas. Por acuerdo tácito de todos, entré yo con Lerroux, me senté a su lado y me puse a presidir como si no estuviera él presente. Mi única concesión fue que si intervenía, ya como delegado, ya como «presidente», comenzaba diciendo: «Dice el presidente...», o bien: «Opina el presidente...», aunque era evidente que Lerroux y yo no habíamos cambiado ni una mirada. Era una situación tan molesta para él como para mí y para todos; pero, en vez de irse a Madrid, seguía en Ginebra, puesto que en Madrid no comprenderían cómo un hombre de tanto éxito en Ginebra abandonaba su puesto cuando la crisis no remitía ni llevaba señales de hacerlo. Terminó aquella serie, aplazamos *sine die* la reunión, y a la salida, camino del hotel, a pie me dijo Lerroux: «A veces, hay que hacer el ridículo por el país.»

*

El delegado de la Gran Bretaña era Cecil. Su postura no era envidiable. En su país se le sospechaba (como a mí en el mío) de idealismo irrealista; y, por un diabólico concurso de circunstancias, a los tres días de la agresión japonesa, Inglaterra, acosada por grave crisis financiera, renunció al patrón oro (21-IX-31). Quizá hubiera en ello algo más que mera casualidad. El Gobierno japonés estaba de seguro mejor informado que nosotros sobre la crisis inglesa y pensaría que era un buen momento para lanzar su aventura. Así se explicaría la otra coincidencia, en realidad escandalosa, de haber roto el Pacto en plena sesión de la Asamblea. La ventaja primaba la desventaja. Otra casualidad se dio entonces: China elegida al Consejo. Su delegado, Alfredo Sze, capaz y cortés, aseguró al Consejo que su país no perdería la calma y no intentaría tomar represalias contra los japoneses. Yosizagua hablaba poco y daba tiempo al tiempo.

Lo peor era la falta de noticias fehacientes de que padecíamos los que laborábamos de verdad por la Sociedad de Naciones. Desde aquellos primerísimos días —pues la agresión japonesa coincidió con mi entrada al Consejo, y ésta con mi presidencia— me di cuenta, viviéndola, de esta grave falla en la estructura de la Sociedad de Naciones: *no tenía ni ojos ni oídos;* de modo que todo lo tenía que ver y oír por personas interpuestas, casi siempre una gran potencia. Esta mutilación innata vino a constituir la causa más grave del mal funcionamiento de la Institución ginebrina. Nuestra única fuente directa de observación era el Japón mismo; luego, aunque menos segura, los servicios militares y diplomáticos de las grandes potencias, ninguno de ellos dispuesto a informarnos plena y objetivamente sobre lo que pasaba.

No quedaba, pues, más remedio que mandar a Manchuria una comisión investigadora, que fue precisamente lo que propuso la Secretaría. Y aquí comenzó nuestro calvario. Sucedió que pocos meses antes de la agresión japonesa, se había decidido que para aplicar el artículo 11 del Pacto, principal instrumento para hacer frente a una agresión, era menester la aquiescencia de todos los vocales del Consejo, incluso, por lo tanto, la del Estado presunto agresor *. Esta decisión era absurda, pero le convenía a las grandes potencias, de modo que no se hizo ni pudo hacer nada para refrenar o impedir la agresión japonesa que no le gustara al taciturno Yosizagua, el cual tiraba al cesto del Consejo todas nuestras proposiciones con su comodín bien aprendido: *Ce n'est pas l'avis de notre gouvelnement*. Como si no bastara el japonés, el proyecto de mandar una comisión se topó con una oposición férrea de Stimson, que padecía o aparentaba padecer la ilusión de que tal gesto nuestro impediría al Gobierno de Toquio meter en cintura a sus belicosos militares; y no sólo se aferró a este error, sino que le comunicó el hecho al embajador japonés en Washington, lo que reforzó no poco la obstrucción de Yosizagua. Algunos en el Consejo pensamos que era hora que Stimson viniera a Ginebra a sentarse a nuestra mesa, cosa que, sin duda alguna, habría resuelto la crisis en semanas o todo lo más meses. Pero Stimson no lo veía así.

Yosizagua afirmaba categóricamente que no había en Manchuria ocupación militar ni proyecto de invasión de Manchuria, conquista o anexión; todo contrario a la verdad; que la evacuación había comenzado y continuaría y que todo lo que el Japón deseaba era negociar con China sin intromisión alguna de Ginebra. Puesto que Sze aseguraba al Consejo que su país respetaría la vida y derechos de los japoneses en Manchuria y en China misma, el Consejo tomó una resolución tomando nota de las seguridades de ambas partes, informó, no sin algún optimismo, a la Asamblea, y se dispersó (30-IX-31).

---

* Toda guerra o amenaza de guerra, afecte o no a cualquiera de los Estados socios, se entenderá concernir a toda la Sociedad, la cual tomará toda acción que considere prudente y eficaz para salvaguardar la paz de las naciones. Si tal caso surgiere, el secretario general, requerido por cualquier Estado socio, convocará inmediatamente el Consejo.

CAPÍTULO VII

Empeora la situación

No pasó una semana sin que todo el que no se tapaba los ojos tuviera que ver que teníamos razón los que opinábamos que había connivencia táctica o expresa entre el ejército japonés y el Gobierno. Aviones japoneses bombardearon Chinchow el 8 de octubre, y el general Honjo, que mandaba el ejército japonés en Manchuria, declaró que el Japón no reconocía ya la autoridad de Chiang Jsué Liang. Se convocó el Consejo para el 13 de octubre. Lerroux no vino, pero yo estaba resuelto a no volver a pasar por los sofocones de antaño. Claro que me sentía todo el aplomo necesario para llevar el asunto desde la presidencia, pero pensé que a lo mejor Lerroux se presentaba otra vez en Ginebra para aquella reunión o para otras que de seguro habría en lo sucesivo; y por otra parte, pensé también que pronto tendríamos que invitar oficialmente a Stimson a tomar parte en nuestras deliberaciones, en cuyo caso, era preferible que la carta fuera firmada por un hombre de Estado ya maduro y de gran autoridad. El capricho alfabético dictaba que después de España le tocara presidir a Francia, o sea a Briand. Mi obligación era palmaria. En cuanto abrí la sesión, propuse que, en vista de la gravedad de la crisis, nuestro país se retiraba de la presidencia antes de que llegara su hora de hacerlo, a fin de que presidiera Briand.

La inepcia de Stimson era desesperante. No hacía más que afirmar que había que seguir el asunto con mucha vigilancia, que los Estados Unidos apoyaban todo lo que «la Liga» hacía, y que allí estaba el Pacto Kellogg (que maldito si servía para nada). Cuando se mencionó en el Consejo que había que invitar a los Estados Unidos, el japonés se puso a levantar barricadas jurídicas sobre cómo sentar en el Consejo a un delegado de un país no socio y hasta habló de someter el asunto a consulta del Tribunal de La Haya, artimaña muy socorrida de generales que tienen prisa; pero los vocales del Consejo no se dejaron embaucar, con la única excepción del alemán. Esto de los alemanes comenzaba a preocuparnos. En aquélla o quizá en otra de las tandas de trabajo que tuvimos aquel otoño, el coronel Beck, ministro de Asuntos Exteriores de Polonia, reaccionario y casi fascista notorio, informó al Consejo que, según el embajador polaco en Toquio, el embajador alemán en aquella capital había asegurado al Gobierno japonés que el Gobierno alemán deploraba la acción militante del Consejo en defensa de China, que los otros delegados se veían forzados a adoptar bajo la presión de Polonia y España. Que mi país o en todo caso yo figurase en el cuento, no era para extrañar a nadie; pero la perfidia del alemán en añadir gratuitamente el polaco, o la del polaco en inventarlo, eran obra maestra de baja diplomacia.

La invitación a los Estados Unidos se discutió a sabiendas de que no sería aceptada ni rechazada, sino echada a perder, como en efecto sucedió; pero, sin pararnos en leguleyerías y triquiñuelas de pueblo, votamos por mayoría por tratarse (alegábamos) de mero procedimiento. Trabajo perdido. Lo único que se le ocurrió a Stimson fue mandar para que representara a su país en el Consejo de la Sociedad de Naciones ante una crisis mundial grave —ni siquiera a su embajador o ministro en Berna— al cónsul general en Ginebra. Prentice Gilbert era un buen chico, eficaz, listo, afable; pero ¿cabe imaginar nada más inepto por parte de Hoover y de Stimson que ofrecer al Japón agresor tan formidable apoyo moral como era mandar a un cónsul general en vez de venir uno de ellos para parar aquel golpe siniestro? Para la primera vez que una gran potencia, vocal permanente del Consejo, violaba el Pacto, todo lo que Hoover y Stimson eran capaces de hacer era enviar a un modesto funcionario cuya mera presencia en el Consejo decía al Japón: «Haz lo que quieras con Manchuria o hasta China, que a nosotros no se nos da un bledo.»

Suelen comentarse las cosas de los Estados Unidos o con una hostilidad escandalosa y casi siempre mendaz, o, si el comentador no es comunista, compañero de viaje o «tonto útil», con una redomada hipocresía que se complace en paños calientes; y así se ha solido disimular, cuando no olvidar, aquel episodio. Pero el caso está claro. Ni aun la posible (pero no segura) reacción contraria de la opinión nacional debió haber impedido a Stimson acudir en persona donde los intereses de su país y los del mundo reclamaban su presencia. ¿Qué podría hacer Gilbert sino repetir lugares comunes sobre el Pacto Kellogg, y abstenerse de toda decisión que adoptase Ginebra? Aun así, temblando ante la hostilidad de los republicanos, cerriles antiginebrinos,

Stimson estuvo a punto de retirar a Gilbert del Consejo, y lo hubiera hecho de no haber recibido de Francia e Inglaterra fuertes consejos en contra de tamaño disparate. (Como el caso era arduo y espinoso y no sólo por la actitud agresiva del Japón, sino por la tortuosa y oscura de las grandes potencias, había que estar reuniéndose casi a diario.) Oficialmente, no se podía reunir el Consejo sin el Japón, que era el vocal permanente, ni China, que lo era *ex-officio* por el mero hecho de ser parte además de ser vocal del Consejo. Pero nos era indispensable a veces ventilar el problema sin la presencia de las partes, lo que Briand resolvió invitándonos a tomar el té en su salón particular del Bergues.

De aquellas reuniones, graves pero íntimas, he conservado en la memoria una en la que Briand estaba de humor ameno. «Rogué al embajador japonés que viniera a verme en París y le dije: Señor embajador, tengo un amigo púgil. Es muy fuerte, formidable. Pero un día me confesó los límites de tanta fuerza. Señor presidente, me dijo, yo, ya ve usted, no tengo por qué temer a nadie. Pero tengo miedo de un edredón porque le pego, y le pego y a él le tiene sin cuidado. Eso me decía mi amigo el púgil. Y yo entonces pensé en ustedes, en el Japón. Porque China, créame Vd., señor embajador, es un edredón. Entonces él me ofreció la explicación de siempre que ustedes conocen, los bandoleros chinos, presentes en todas partes. Y yo le dije: Ah, señor embajador, es muy difícil distinguir un bandolero chino de un patriota chino, sobre todo cuando echan a correr.»

Si este hombre tan sabio y madurado por la edad y la experiencia hubiera podido convencer a los demás... Pero el nacionalismo en sus múltiples disfraces predominaba en aquellas negociaciones. Briand había hecho redactar un proyecto de resolución que, después de resumir la del 30 de setiembre, insistía en que la evacuación de las tropas japonesas tenía que empezarse enseguida y terminarse menos de tres semanas después de la fecha de nuestra próxima convocatoria, mientras las partes iniciaban negociaciones directas. A pesar de que esta última estipulación era en realidad una concesión al agresor que le hacía la Sociedad de Naciones, verdadera agredida, el Japón votó en contra. Tal era la cosecha de la loca simiente sembrada por Stimson.

*

Después de la actitud de los Estados Unidos, la que más engorrosa resultaba para el Consejo era la de Alemania, empeñada entonces en recuperar su predominio militar en Europa. Tampoco era muy favorable la de Inglaterra, que entonces bregaba con una crisis financiera de las más graves de su historia. Pero bastaría con una ojeada a las memorias de la época para darse cuenta de que el mal calaba más hondo. Daré como ejemplo las de Simon y Paul-Boncour y la Autobiografía de Vansittart, que bajo Simon regentaba entonces el Foreign Office. Este mal se manifestaba en el modo como Francia, Inglaterra y los Estados Unidos habían vuelto la espalda al principio mismo que había inspirado la creación de la Sociedad de Naciones. Para los franceses, la Sociedad de Naciones no pasaba de ser un sistema para reclutar aliados al servicio de Francia en caso de ataque alemán; para los ingleses, era una ilusión de idealistas que no habían leído a Darwin, y por lo tanto, carecían del sentido de la realidad, cuyo cogollo es el triunfo del más fuerte. ¿Qué iba a deducir Alemania? Si la Gran Bretaña tenía derecho —un derecho natural, puesto que darwiniano— a un imperio, ¿por qué no Alemania? Éste era el pensamiento que no parecía encajar en ninguna cabeza británica, porque los ingleses y escoceses llevaban tanto tiempo mandando en el mundo que habían llegado a considerar su predominio como una ley natural. Pero el pensamiento que ellos rechazaban era precisamente el que venía modelando los acontecimientos.

Caso típico el de Vansittart. Era un producto natural y, sin embargo, excepcional de la diplomacia inglesa; hombre acomodado, quizá acaudalado, de gustos refinados y aun lujosos, de familia privilegiada, culto, dotado de un ingenio verbal no corriente en su país, quizá debido a algún mestizaje, pues, su rostro sugería aspectos asiáticos, debidos quizá al mero ambiente más que a la sangre —punto este de su «asiatismo» que anoto por lo que luego se verá—. Escribía versos fáciles y de ingenio a veces feliz, más veces forzados, como su prosa, a la que hacía danzar con sus ocurrencias de modo tan incansable que había que leerlo saltando de epigrama en epigrama sin apenas posar el pie sobre los hechos.

Lo que Vansittart era incapaz de ver era que su presciencia y penetración del peligro alemán, de que tanto se ufanaba, se debía sobre todo a un robusto patriotismo de *bulldog* inglés que en nada difería del expansionismo alemán; y que, al abogar por una alianza anglo-franco-italiana (aunque fuera con Mussolini) para tener a raya a los alemanes, se olvidaba de que las fronteras sicológicas de los tres países que quería aliar estaban tan erizadas de nacionalismo como las de Alemania e iban a impedir esa o cualquier otra alianza. Vansittart, pues, encarnaba, si bien con ingenio y elegancia, el mal con que tropezábamos todos: una diplomacia anticuada que se imaginaba ser realista oponiéndose a los que aspirábamos a organizar el mundo a tono con el siglo.

Lo que esta diplomacia no acertaba a comprender era que la rebatiña para acumular botín de colonias, territorios, islas de fosfato, protectorados, lo que fuera, a que se entregaban sin recato las grandes potencias vencedoras era estímulo si no causa de la agresividad de las tres naciones vencidas —Alemania, Italia y el Japón— que, por razones históricas harto sabidas, no habían llegado a constituirse hasta 1870; mientras que España, Francia e Inglaterra habían logrado su mayoría de edad en el siglo XVI; y si algunos idealistas de los que Vansittart condena como tontilocos hubieran logrado dejarse oír en Versalles, Europa sería hoy un continente fuerte y unido en vez de estar dividida en un rebaño de mendigos de lujo y otro de esclavos.

La raíz del mal era la mentira. Y la mentira era la firma al pie del Pacto. Los establecimientos oficiales no creían en el Pacto, pero les faltaba valor para decirlo. Esta combinación de falta de fe y falta de valor cívico era lo que arruinó a Europa. La crisis de Manchuria lo puso en evidencia. Lo ilustró una escena que ocurrió en el despacho oficial de Briand en el Quai d'Orsay.

Ya entonces Simon había sustituido a Cecil. Era un hombre alto, pero no como Cecil encorvado y flexible, sino erecto y rígido. De primer pronto presentaba el aspecto *marciano* de no pocos personajes de Ginebra, como Balfour, Rappard, Restrepo: el rostro encendido y el casco de acero, blanco-gris. Pero una segunda mirada corregía la impresión. El casco le fallaba porque le lucía una calva espaciosa que prolongaba el ocre del rostro. Como para hablar con casi todos los demás tenía que inclinarse, le era natural un aire de condescendencia, como de superior que no le importa ponerse a la altura del pequeño. Era honrado y bondadoso, indulgente para con los errores de los demás, puesto que, al fin y al cabo, ¿qué iba uno a esperar de los demás sino errores? Su especialidad consistía en frotar a la gente a contrapelo, lo que, como es sabido, suele producir electricidad.

Capítulo VIII

Simon, Vansittart y la Escuadra española

Un día, en el despacho de Briand, en París, después de una larga sentada del Consejo, suspendimos la sesión para tomarnos breve descanso. Aproveché la ocasión para llevarme a Simon hacia una ventana desde la que se veía el Sena fluir plácidamente y Montmartre erguirse hacia el cielo. Desde las curiosas revelaciones de Beck sobre las maniobras del embajador alemán en Toquio, venía observando vislumbres de tentativas análogas, si quizá más discretas, que otras potencias hacían para no perder los favores del Japón. Preferí no mencionar este aspecto algo mezquino de nuestro problema en mi conversación con Simon, pero le dije que nuestra táctica para con el Japón me parecía equivocada y hasta inversa de la que nos llevaría al éxito. Lo que veníamos haciendo equivalía a condenar y amenazar al Japón en público, mientras que, en secreto, había Estados socios, y no de los menores, que procuraban escurrir el bulto para conciliarse las simpatías del agresor. A mí me parecía que debiéramos hacer lo contrario: respetar y no humillar al Japón en público y mandar una persona, sólo una, al Japón como embajador común, con instrucciones para hacer comprender al Gobierno que si no se había resuelto el problema con arreglo al Pacto en treinta días, la Sociedad de Naciones pasaría a la acción.

Simon me escuchó con aquella su dosis excesiva de cortesía, y luego me preguntó: «Y si llegara el caso, ¿estaría dispuesta a cooperar la Escuadra española?» A lo que yo le contesté: «Sir John, la Escuadra española estará al lado de la inglesa siempre que la inglesa esté al lado del Pacto.»

Esta escena figura en las Memorias de Vansittart del modo siguiente: «Ligeros y espíritus puros como Madariaga no eran capaces de ver la desnudez allende sus ideales. "Las potencias menores estaban prontas", declaraba. ¿Con qué y para qué? "La

Escuadra española estará siempre al lado de la inglesa —le dijo
a Simon— mientras la inglesa defienda el Pacto." El señor *(sic)*
se olvidó de Sheridan:

La Escuadra española, no la ves porque no está a la vista.

Haber expuesto la quincalla de las potencias menores a la
fuerza japonesa habría significado una matanza peor que la de
Tsushima. Si hubiésemos regalado a Toquio tales patos sentados, seguía diciendo el optimista, "la opinión pública de los Estados Unidos habría obligado al presidente Hoover a ir a Ginebra y no habría habido Hitler". Con disparates tan inconcebibles
tuvimos que habérnoslas entonces y mucho después»*.

Vansittart no está ya entre nosotros y, por lo tanto, habré
de ser comedido. Pero comenzaré por hacer constar que en esta
página exige de las potencias menores lo que no espera de las
grandes potencias. Bien es verdad que él personalmente fue de
los que siempre abogaron por el rearme de su país, pero lo hizo
como patriotero, nacionalista inglés, y él mismo escribió por
qué Inglaterra no apoyaría el Pacto. «John (Simon) disgustó a
(Stimson) manifestándose su nula disposición a luchar contra
el Japón en beneficio de Rusia, y su carencia de entusiasmo por
China, donde se había mermado tesoneramente la importación
inglesa.» Vansittart vivía, pues, en el siglo XIX y casi lo vemos
a bordo de un cañonero inglés en el Yang Tsé obligando a los
chinos a cañonazos a fumar opio para llenar las arcas del Tesoro inglés. Éste es el tipo de inglés honrado, demasiado listo,
ante todo imperioso y patriotero, que llevó a Europa a la guerra
de Hitler; y lo trágico es que vio bien claro el peligro nazi, y a
tiempo, pero jamás llegó a comprender el valor de las fuerzas
morales. «A mi ver, Stimson insiste sólo en la fuerza moral,
buena sólo para el harpa» **. Por eso ni se enteró cuando los
mismos japoneses, en un par de episodios del conflicto, tuvieron
que atenerse a la opinión universal y amainar velas. Vansittart
probó tener razón en algunas de sus predicciones políticas, pero
fue hombre inútil y aun pernicioso porque era un diplomático
fósil, incapaz de ver que la era de las naciones menores tocaba
a su fin y que Inglaterra estaba entrando en la clase de nación menor.

Por eso no acertó a ver lo que significaba mi conversación
con Simon y se contentó con citar a Sheridan. Mi propósito no

---

* Página 438.
** Página 437. Juega sobre el vocablo *harp* como verbo —*insistir*—,
como sustantivo —*harpa*—. Además no es verdad en cuanto a Stimson.
¡Hacía falta ser tan reaccionario como Vansittart para ver en Stimson un
liberal!

era intimidar al Japón con nuestra «quincalla» y el acero de las grandes potencias, sino hacerle sentir el peso de nuestra firme solidaridad. Su Autobiografía hierve en epigramas, buenos, regulares, malos o recónditos, casi todos disparados con mayor o menor puntería contra el poder moral y la opinión pública. Pero ¿qué tenemos hoy para ir retrasando la hecatombe atómica final? Del famoso político conservador F. E. Smith, escribió un día: «No era capaz de evitar ni el ingenio ni el alcohol. Ni uno ni otro le aprovecharon.» Bórrese el alcohol, y la frase de Vansittart le va a su autor como un guante. Ve muy bien que «sólo un cambio cordial podrá evitar otra catástrofe», pero los que han de cambiar son los alemanes, no los británicos, y ni por un momento se le ocurre que no hay razón para que los alemanes no intenten hacerse con un imperio mientras los ingleses se abrazan al suyo. Su arrogancia insular desborda en tantas páginas de su libro. Hablando de Arthur Henderson, aquel buen hombre ex ministro socialista que será presidente de la Conferencia del Desarme, escribe: «Cuando le puse en guardia contra los extranjeros, rechazó mis legajos como carentes de sentimientos»; de modo que se pone a la altura de cualquier persona sin educación, para quien, allende el mar, todos son *foreigners,* es decir, gente imposible que ni siquiera son capaces de ser ingleses.

No hay que extrañarse, pues, que aquel jefe permanente del Foreign Office, hombre inteligente, culto, refinado a carta cabal, sin darse cuenta de la monstruosidad que escribe, diga a propósito de la intentona de unión austro-alemana *(Anschluss)* de 1931 que los franceses, italianos y checos pasaron el asunto al Tribunal de La Haya, «el cual por ocho contra siete declaró la unión ilegal. Con los Estados Unidos, Japón y Alemania —desde luego—, Holanda, Bélgica y China, *nosotros* (subrayo yo) votamos por el peligro evidente. Afortunadamente, Francia, Polonia e Italia encontraron a España, Rumania, Colombia, Cuba y El Salvador para que votasen en contra —equipo más prudente y de menos reputación, justo suficiente para derrotarnos» *.

No cabe confesión más patética de confusión mental. Los de «mejor reputación», o sea los nórdicos, son unos locos que están por el peligro; los de peor reputación, los «bajitos y morenuchos», salvan el mundo, y no porque lo vean así, sino porque Francia, Polonia e Italia los reclutan para que voten. Y todo esto en el Tribunal de La Haya. Es evidente que para Vansittart un juez de La Haya no era más que un funcionario de su

---

* Citas, págs. 333, 380, 398.

país que estaba allí para traducir en jerga jurídica lo que le mandasen decir los Vansittart nacionales. Así se comprende mejor la tendencia de las potencias a presentar como candidatos a La Haya los asesores jurídicos de sus ministerios de Asuntos Exteriores; pero esa frase que cité es una injuria gratuita a casi todos los jueces de aquel tiempo. Quien haya conocido a Altamira lo confirmará, pues la idea de que fuera a rebajarse amoldando sus ideas a lo que le dijeran de Madrid es impensable. Otro tanto diría de Anzilotti, así como de los jueces hispanoamericanos que he conocido. Y la prueba, a la vista está, ya que países como Colombia, Cuba y El Salvador, no del todo independientes de los Estados Unidos, votaban en contra mientras que el juez yanqui votaba en pro. Así queda patente que Vansittart no elevó jamás los ojos por encima del nivel del rebaño *(nosotros)*, aun en casos como aquél en que opinaba en contra del modo de ver del rebaño, porque su opinión se fundaba únicamente en lo que le convenía al rebaño.

Este instinto gregario dominaba a Vansittart aún más de lo que se imaginaba él. Así lo revela un paso de su libro en el que, al fin, sale a luz la base profunda de su actitud en el conflicto de Manchuria. Se trata en esta otra página del conflicto de Etiopía, sobre el que luego habrá no poco que contar, y ha estado explorando los obstáculos que él ve a una intervención británica, sobre todo, su falta de preparación militar (en lo que le asistía la razón), y luego añade:

«Pero había también una pega moral: no hablábamos tan en serio como lo creíamos. En mi juventud, nos acusaban de hipócritas los extranjeros, lo que me indignaba. Ahora volvía a toparme con la acusación de antaño, pero con un elemento de verdad nunca reconocido. Pasaron más años, y la reconocí, pero sólo para mis adentros. En la década treinta, ya no se podía negar. Tomamos entonces posturas contrarias a nuestra intención, como en 1931. Si, por alguna desviación milagrosa de su carácter, los americanos hubieran hecho la guerra a los japoneses sobre Manchuria, es posible que la hubieran tenido que hacer solos —como nosotros en 1935—, puesto que nadie en Inglaterra pensaba seriamente en sacrificar a sus hijos por hombres amarillos. En estas cosas prevalecía el racialismo. En 1938, se nos hacía cuesta arriba morir por hombres blancos.»

Es evidente que Vansittart en 1931 no comprendió jamás que el riesgo de guerra se había corrido no por hombres blancos o amarillos, sino para mantener la ley contra la fuerza. Y este error, muy general en el Oeste, fue la verdadera causa del orto de Hitler.

CAPÍTULO IX

La Comisión de Encuesta

Dispersados el 24-X-31, los vocales del Consejo nos volvimos a reunir el 16 de noviembre. Estas frecuentes reuniones eran causa y efecto a la vez de la inquietud creciente que todos sentíamos ante el menguado apoyo que veníamos ofreciendo a China y el continuo deterioro de la situación de principio que era la razón de ser de nuestra Sociedad. El intervalo entre nuestras dos reuniones había dado lugar a un empinado aumento de la agresividad del Japón: desfiles patrioteros en el Japón; invasión militar descarada; ocupación de Tsitsithar y batallas campales en la región de Tsientsin. En nuestra reunión de París, Gilbert había desaparecido y Stimson había mandado a París a su embajador en Londres, al general Dawes, el mismo general-banquero que había dado su nombre al plan para resolver el embrollo de las reparaciones alemanas. Dawes se instaló en el Hotel Ritz de la plaza Vendôme y ni por un instante se acercó al Consejo por temor al contagio; pero nos fue invitando a almorzar a todos uno a uno. Quizá haya sido un as en cosas de finanzas (aunque lo dudo), pero en cuanto a asuntos de paz-o-guerra, ni sabía ni entendía nada. El Japón seguía representado ante el Consejo por el sordomudo Yosizagua; pero también mandó a París como refuerzo a su embajador en Londres, Matsudaira, hombre de mucho calibre, emparentado con la familia real, que susurraba consejos y avisos por embajadas y hoteles.

El 19 de noviembre, Stimson dio su do de pecho: informó a Dawes que, si el Consejo votaba las sanciones contra el Japón, la opinión pública yanqui lo aprobaría en su inmensa mayoría, y los Estados Unidos no intervendrían. Dawes no hizo el menor uso de este aviso general *. Si Stimson hubiera añadido: «y nosotros seremos los primeros en aplicarlas», se habría terminado

---

* Cuesta creerlo, pero está en *Foreign Relations of the USA*, 1931, volumen I, pág. 498, seg. citado por Walters, pág. 479.

la agresión. De todos modos, el mero hecho de haber retirado a Gilbert de la mesa del Consejo era ya un estímulo para el agresor, y no tardamos en darnos cuenta de sus perniciosos efectos.

No faltaron vocales del Consejo que creían llegado el momento de aplicar el artículo 15 del Pacto, que trasladaría el asunto a la Asamblea; y si se piensa que China podía hacerlo en cuanto quisiera (como luego lo hizo), el procedimiento parecía indicado; pero la mayoría se resistía a entrar por aquel camino y, de todos modos, Yosizagua parecía que iba a recobrar la voz. En efecto, volvimos a oírla, pero esta vez su actitud era positiva; proponía precisamente lo que hasta entonces se había negado a aceptar: una Comisión de Encuesta que nos informara sobre lo que allí ocurría. «Allí» quería decir Manchuria y China, pero no el Japón. Dos días pasamos discutiéndola, durante los cuales se nos aseguró que aquella idea, que semanas antes era para Stimson peligrosa porque de seguro excitaría el humor belicoso en el ejército japonés, era ahora excelente porque Stimson opinaba que obraría como influencia moderadora sobre el ejército japonés. El 21-IX-31, Yosizagua presentó la idea al Consejo en sesión pública, sabiendo muy bien que se la aprobarían; a pesar de la cual, necesitamos semanas de regateos verbales para lograr un acuerdo sobre el texto, que así se habían vuelto de exigentes los japoneses.

La opinión sostenida entonces y en estas páginas de que la debilidad del Consejo de la Sociedad de Naciones y de los Estados Unidos fue la causa de que se perdiera aquella ocasión de hacer arraigar y vigorizar las instituciones de paz universal, vino a confirmarse con la noticia de que el ejército japonés preparaba un ataque a Tsientsin. La reacción del Consejo fue pronta. Resolvió enviar a Chinchow un grupo de agregados militares de las grandes potencias para trazar y vigilar una zona neutra. El Japón declaró que no los reconocería como tal comisión de la Sociedad de Naciones. ¿Qué pasó entonces? Stimson, aislado esta vez por la firmeza ginebrina, tuvo que hacer honor a su promesa de apoyar a la Sociedad de Naciones; y el Japón, frente a la unión de sus críticos, renunció a sus planes sobre Tsientsin.

Por fin, el 10-XII-31, el Consejo logró adoptar una resolución unánime mandando una Comisión de Encuesta a Manchuria. La Comisión observaría, estudiaría e informaría; pero no tendría poderes ni para negociar ni para imponer un alto el fuego. El Japón había declarado su intención de proseguir su actividad militar contra «elementos sin ley» y, por lo tanto, de reservar su libertad por encima de sus obligaciones bajo el Pacto.

Esta resolución causó grave perjuicio a la Sociedad de Naciones. Su humillación era evidente. Pero ¿qué era la Sociedad de Naciones sino las naciones de la Sociedad? y ¿qué porvenir esperaba a las demás naciones si las principales no mantenían como debían la autoridad del conjunto? Aquel día inició el principio del fin de la fe en la Sociedad de Naciones. Las naciones vocales no permanentes del Consejo se opusieron tenazmente a que pasara, hasta que tuvieron que inclinarse ante la unanimidad de las grandes potencias. El mismo día, se asoció a la siniestra resolución el Gobierno de los Estados Unidos.

También creo que aquella funesta decisión descargó un golpe mortal sobre el hombre de Estado más grande y más fiel a la Sociedad de Naciones que entonces respiraba, no ya en Francia, sino en Europa. Lo digo sin olvidar a Cecil; porque si Cecil era también profundo creyente en la nueva política de Ginebra, no era hombre de Estado en ejercicio como lo era Briand. Sintiendo comprometida su salud, Briand dimitió en enero del 32 y falleció en marzo. Cuando fui a visitar la cámara mortuoria, me encontré con Quiñones de León, que iba y venía como perdido, muy emocionado, entre la multitud de amigos del muerto. Cambiamos sentimientos nada optimistas, no sobre Briand, ya libre, sino sobre nuestra pobre y descarriada Europa.

*

Las mismas grandes potencias que estaban impidiendo el éxito de la Sociedad de Naciones se reservaron los puestos de la Comisión. En el fondo, el episodio aquel podía resumirse como un duelo entre el poder y el derecho. Era, pues, un error garrafal componer la Comisión sobre un criterio de poder. La opinión no dejó de observarlo y en *Le Journal de Genève* (11-I-32), su director William Martin lo dejó consignado con su autoridad habitual: «Los vocales permanentes del Consejo han vuelto a poner de manifiesto que, para ellos, sus colegas de las potencias menores no existen o carecen de importancia. Se ha querido dar como explicación que el Japón no habría aceptado en la Comisión ningún representante de país que careciese de derechos extraterritoriales en China. Pero entonces, ¿quid de Alèmania? Aparte de que esta sumisión a la voluntad de un Estado que se ha excluido a sí mismo del derecho internacional se nos antoja por lo menos singular *.

---

* «Une fois de plus, les membres permanents du Conseil ont montré qu'à leurs yeux, leur collègues des petites puissances n'existent pas ou sont sans importance. On en a donné pour raison le fait que le Japon n'aurait

José Plá (el otro, no el catalán), que me había sucedido en la Sección de Prensa cuando yo pasé a la del Desarme, me escribió: «Creo oportuno hacerte llegar el incluso recorte para que de aquí al 25 reflexiones sobre la actitud que en ese asunto convenga tomar a España. Mi opinión es que ese irritante nuevo acto de caciquismo imperialista no debemos dejarlo pasar resignadamente en silencio. Y menos que nunca ahora, visto el giro descaradamente egoísta que está tomando la intervención de los Estados Unidos y de la Gran Bretaña cerca del Japón. Los Gobiernos de estas dos naciones se preocupan exclusivamente en sus notas últimas de sus propios intereses materiales en Manchuria, y el aspecto moral del problema, que lo parta un rayo. Estoy seguro que nadie, si no eres tú, dirá esta boca es mía en el Consejo. (...) Tú eres el único representante de la Asamblea de quien la opinión pública pueda esperar un gesto digno de este lamentable episodio de la historia de la Sociedad.»

Aunque escrita por un amigo y compatriota, esta carta no dejaba de expresar una opinión muy frecuente entonces en Europa y en América, porque para el gran público internacional era yo entonces el campeón de la Sociedad de Naciones, y para muchos algo menos perspicaces, el de China. Recuerdo que un día, cuando todavía residía en el Hotel George V, tuve que echarle una regañina al personal porque, a pesar de mis instrucciones casi diarias, me seguían sirviendo té de India o de Ceilán en vez de té de China, que es el único que aguanto, y de pronto rompí a reír, solo, en mi cuarto, al darme cuenta de que parecería una manía sinófila. La *vox populi* acabó por ponerme de mote *Don Quijote de la Manchuria*.

A Plá, le contesté: «... de pleno acuerdo y hago lo necesario en el sentido que me dices, aunque teniendo en cuenta que no conviene quedarse a excesiva distancia de las tropas que le siguen a uno.» De aquí un diálogo que crucé con Cecil en el despacho de Briand, Cecil sentado en una de las sillas doradas de aquel lugar ilustre y yo de pie delante de él. Como siempre, él también imaginó que lo que yo buscaba era que metieran a un español en la Comisión (y todavía tenía que agradecerle que no creyese que quería ir yo mismo); mientras que yo pensaba en un holandés. Pero yo no le acepté ese terreno para discutir, sino que le llevé a otro en que no pensaba, y cuando me dijo que claro que comprendía mi deseo de que hubiera un español, yo le

---

pas accepté dans la Commission de représentant de pays n'ayant de droits extratérritoriaux en Chine. Mais alors, quid de l'Allemagne? D'ailleurs, cette soumission à la volonté d'un Etat qui s'est placé lui-même en dehors du droit international apparaît comme au moins singulière.»

contesté que nunca se me ocurría pensar en España cuando se hablaba de naciones de segundo orden, porque mi país era una gran potencia moral. Como siempre cortés y fino, aceptó la corrección, pero, desde luego, no estábamos hablando de lo mismo.

Pese a su fe en el Pacto, Cecil seguía fiel al concepto (para mí, anticuado) de la «Liga» como una cooperativa de soberanías, y sobre todo, de grandes potencias; en lo cual no difería mucho ni de Simon ni de Vansittart. Todos ellos vivían en aquel curioso caos intelectual que justificaba los privilegios de las grandes potencias alegando sus armamentos, y sin embargo, llegado el caso, como había llegado esta vez, ninguno se declaraba dispuesto a cargar con la responsabilidad de guardián del común ginebrino; mientras que yo aspiraba a dar mayor intervención a las potencias menores para recalcar la creciente importancia de la opinión pública; y más de una vez hice saber a mis adversarios entonces que una Comisión de Encuesta que sólo constase de delegados de las grandes potencias parecería como una junta de carniceros para presidir un congreso vegetariano.

Salió, pues, la Comisión presidida por un lord inglés, y con él, un general yanqui y otro francés, un diplomático italiano y otro alemán. No logró constituirse hasta enero, y tomó el rodeo más largo que había en el mapa para ir..., pues al Japón. De modo que ya florecía abril cuando llegó a Manchuria. La inexorable mecánica de la situación produjo tanto retraso de la Comisión en ventaja para el ejército japonés. Además, se había formado en Toquio un Gobierno que obedecía al ejército, en vez de mandar sobre él, y ya nadie se preocupaba de disfrazar la situación con disensiones y otras máscaras japonesas. Cuando la Comisión llegó a Manchuria, ya no existía aquel país como tal provincia de China, sino un Manchucuo nuevecito frotado como un botón militar por el ejército japonés.

Esta decisión formidable la tomó el Japón frente a la oposición más resuelta de los Estados Unidos, oposición cuyo motivo no era menos notable. En nota oficial presentada el 7-I-32 a la China y al Japón, declaró el Gobierno de Washington que no reconocería ningún acuerdo entre ellos que perjudicara sus derechos en China o se produjera por medios contrarios al Pacto Kellogg. Copio estas palabras de la *Historia de la Liga,* de Frank Walters *, porque deseo seguir copiando para apuntar dónde me separo de tan excelente autor.

«Antes de enviarla, Stimson comunicó a los Gobiernos francés e inglés sus intenciones y su esperanza de que otros siguieran el ejemplo yanqui.» El ejemplo consistía en reservar los

---

* Páginas 483-84 de la edición inglesa.

derechos yanquis en China, sin dársele un bledo lo que pudiera
ocurrir en China con tal de que se respetaran los derechos de los
norteamericanos y el Pacto Kellogg (que el propio Kellogg se
hartaba de violar en Méjico). Sin embargo, el propio Walters
añade entonces (si bien con el comedimiento de un inglés bien
educado comentando los errores de su país): «La consecuencia
fue increíble para todo el que no se daba cuenta de la actitud
con la que en las cancillerías principales se trataban los asuntos del Lejano Oriente.» La réplica inglesa tomó la forma de una
declaración pública en la prensa y comunicada a Washington
manifestando que el Gobierno deseaba que no se cerrase Manchuria al comercio exterior; que los japoneses habían dado en
público seguridades sobre esto, y que, por lo tanto, no se consideraba necesario dirigir al Japón una nota según la pauta de
la enviada por los Estados Unidos, y ni una palabra sobre la
integridad de China.

Walters veía quizá en el Pacto Kellogg cosas que yo no alcanzo a ver. De haber seguido el consejo y ejemplo de los Estados Unidos, quizá hubieran logrado las otras potencias darle al
Pacto aquel un Consejo de Dentistas, porque todos hablaban de
ponerle dientes al Pacto Kellogg. Es posible que al verlo con una
dentadura postiza, se asustaran los japoneses. El caso es que la
respuesta de tendero que dio el Foreign Office más el silencio
del Quai d'Orsay obraron como aguijones para espolear el ya
brioso caballo del imperialismo japonés.

CAPÍTULO X

Ataque a Xangay y condena del Japón

Al volver a reunirse el Consejo (25-I-32), los japoneses habían atacado a Xangay y encontrado terca resistencia china. La opinión japonesa se desorientó no poco, pero el Consejo no pudo aprovechar esta circunstancia a causa de su propia flaqueza. Los ministros que importaban (Simon y Laval) venían poco o nada, y la atención pública se desviaba de Manchuria al Desarme, cuya Conferencia se iba a abrir muy pronto. Stimson intentó una gestión en defensa de la integridad de China, pero la dejó ante la indiferencia de Simon. Aun así, el 16-II-32, el Consejo sin las partes envió al Japón una nota bastante fuerte recordando a aquel Gobierno la necesidad de respetar la integridad territorial de China. Su efecto fue nulo. Entonces China hizo valer el artículo 16 del Pacto, procedimiento que la libertaba del veto del agresor y le permitía pasar el asunto a la Asamblea. Este paso le valió a China el apoyo de la opinión general de la Sociedad de Naciones, entonces muy adversa a la inercia de las grandes potencias que venía paralizando al Consejo.

Al reunirse la Asamblea (3-III-32), Stimson volvió a tirar de la campanilla. El pobre hombre se daba cuenta de que su sitio estaba allí, pero no podía acudir donde su destino lo convocaba. Cuentan que Unamuno, que había llegado a pasar unos días con un amigo en una casa de campo, entró en su alcoba donde le despidió el amigo hasta el día siguiente. Notó éste que Unamuno se paseaba en su alcoba, y al ritmo de los pasos de su huésped se durmió. Durante la noche, se despertó y los pasos seguían ritmando el silencio. Se levantó el amigo, llamó a la puerta, entró, y halló a don Miguel vestido y paseándose. «¿Qué pasa?» Unamuno le echó una mirada de acero. «Pasa que el corazón me arde en un deseo vehemente de persignarme.» —«Pues ande y persígnese.» —«Jamás. Mi cabeza se niega.»

Me parecía a mí que Stimson se hallaba entonces en la situación inversa. La cabeza le decía que su sitio estaba en Ginebra, pero sus prejuicios de republicano beato se lo impedían. Por eso hacía todo lo que podía en el sentido de «ir», todo menos ir, y por eso sus actos carecían de cohesión y autoridad. Esta vez, lo manifestó en una carta al senador Borah que creía obraría como una indirecta a la Asamblea para que adoptase el principio de negarse a reconocer cualquier situación creada por la violación del Pacto Kellogg. La Asamblea, esta vez, le escuchó, puesto que todos los delegados (menos los de las grandes potencias) sabían que en una agresión contra su país, le tocaría las de perder. Pero el texto aprobado revelaba el estilo intencionado de Simon: «Incumbe a los Estados socios de la Sociedad de Naciones negarse a reconocer cualquier situación, tratado o acuerdo que pueda deberse a medios contrarios al Pacto de la Sociedad de Naciones o al de París (o sea al Pacto Kellogg).»

Se adoptó esta resolución el 11-III-32; pero la Asamblea todavía consideraba el caso como un conflicto entre la China y el Japón y no, como lo era aún más, entre el Japón y la Sociedad de Naciones. Sin dogmatizar sobre ello, sobre todo a causa de la actitud de los Estados Unidos, yo era de los que consideraban más importante el duelo Ginebra-Toquio que el Toquio-Pequín.

La Asamblea nombró su propio Comité, en el que hizo entrar a todos los vocales del Consejo, bajo la presidencia de su propio presidente Hymans, hombre de Estado belga (de origen judío), pequeño, listísimo, sagaz y de lo más simpático. Se negoció el armisticio de Xangay (5-V-32) y hubo que aguardar a que se publicara el informe de la Comisión Lytton, lo que no impidió que los japoneses, sin esperar a leer lo que la Comisión opinaba, reconocieran a «su» Manchuria con el nombre de Manchucuo.

El informe resultó ser excelente, tanto que por sí ya bastaba para reivindicar los procedimientos ginebrinos aun tan defectuosos como lo habían sido en este caso. La calidad del informe se debía sobre todo a Robert Haas, secretario de la Comisión, el mismo que diez años antes había llevado con tanto éxito la Conferencia de Barcelona. A fuerza de describir situaciones y acontecimientos con imparcialidad y moderación, llevaba al lector a concluir que el responsable era el Japón, aun sin decirlo taxativamente. Rechazaba la explicación de legítima defensa y recalcaba las causas militaristas de la instauración del Manchucuo.

*

El 22-XI-32 escribía a Zulueta, que entonces era ministro de Estado, para darle cuenta de una conversación que había tenido con Benes *. Como tarde o temprano tendría que explicar

---

* Véase Apéndice, doc. 3, págs. 576-78.

en Madrid mi actitud de firme defensa del Pacto, me pareció oportuno enviar por delante las opiniones de otros colegas, sobre todo la de Benes, que en este asunto había tomado desde el primer día una actitud enérgica.

Benes, explicaba en mi carta, no se fiaba de las grandes potencias, cuya actitud tradicional para con China era semejante a la del Japón, y además sus ministerios competentes eran adversos a la Sociedad de Naciones. Pensaba, por lo tanto, que nuestro grupo, compuesto de los tres escandinavos, los dos países bajos, Suiza, España y su país, tendríamos que ir muy unidos. Sobre procedimiento, creía que el Consejo tendría que discutir el informe Lytton. (Ya se había iniciado este debate el mismo día en que escribía yo a Madrid [22-XI-32], con sendos discursos japonés y chino.) Terminado el debate, el Consejo mandaría el informe y las actas a la Asamblea. A lo que se oponía Benes era al proyecto de Drummond, que consistía en enviar primero el informe al Comité de los diecinueve, donde él, Drummond, redactaría el documento que serviría de base para la opinión oficial de la Asamblea; porque Benes pensaba que era indispensable que la Asamblea plenaria debatiera el informe primero, puesto que no había que someter la Asamblea a la influencia de los diecinueve, sino los diecinueve a la de la Asamblea. Para Benes, la resolución final habría de comprender tres ideas: no había habido ocasión para legítima defensa; Manchucuo no era creación espontánea de Manchuria; no se podía reconocer al Manchucuo. A fin de poner esta última conclusión a salvo de las artimañas japonesas, Benes insistía en que se presentase el informe final de la Asamblea en dos partes separadas por un intervalo de tiempo. La primera, dedicada al pasado, terminaría con las tres conclusiones; la segunda, se orientaría al porvenir. Esta segunda parte sería distinta según el Japón aceptase o no negociar sobre los capítulos 9 y 10 del informe (conciliación). En esta etapa, Benes consideraba la colaboración de los Estados Unidos y de Rusia necesaria y hasta posible y aun deseada por ambas partes, China y Japón. Si el Japón se negaba y se había logrado la colaboración de los Estados Unidos y de Rusia, Benes creía que serían necesarias medidas de rigor tales como una demanda de evacuación, una indemnización a China y un embargo de armas contra el Japón.

En sus grandes líneas, se adoptó el procedimiento propuesto por Benes. El debate tuvo lugar los días 6, 7 y 8 de diciembre del 32. Para habérselas con un documento formidable, tanto más por la moderación de su estilo y actitud, el Japón nos mandó un delegado de primera categoría, Matsuoca, el cual in-

sistió en el argumento que su predecesor había repetido *ad
nauseam:* que China se hallaba en un caos tal que no era posible
tratarla como un Estado-socio normal. El argumento era bifron-
te: caótica o no su situación, China era de pleno derecho un
Estado-socio y la agresión no haría más que agravar su caos;
pero el otro aspecto era más complejo y Matsuoca no tardó en
recalcarlo. Las dos grandes potencias llevaban ya más de un
siglo manteniendo tropas y navíos en China; y nadie que no estuviera *in albis* sobre la historia de Asia ignoraba que para los
europeos la idea de la soberanía y de la integridad territorial
de China carecía de vigencia. Éste era el argumento más grave;
porque no sólo se fundaba en hechos patentes, sino que además
descubría la causa de la simpatía de las grandes potencias para
con el Japón.

Entre mis papeles me he encontrado con dos hojas sueltas
escritas a lápiz de mano de Sir Eric Drummond y dirigidas a
mí, probablemente cuando estábamos en sesión. Se refieren a
los arreglos prácticos para la sesión del Consejo en que se iba
a presentar el informe, y las copio porque ilustran ciertas dificultades menores con que tropezábamos, la actitud de Mussolini
en cosas de prestigio y el deseo que Drummond revela de since-
rarse conmigo ante mi protesta por ver a Lytton recluido a un
lugar secundario durante la sesión ante el Consejo a quien informaba.

> Claro que había arreglado todo para que Lytton se sen-
> tase a la mesa, pero ayer noche me mandó a decir que su
> colega italiano le había dicho que si a él (Lytton) lo invi-
> taban a la mesa y a él (Aldobrandi) no, él (Aldobrandi) se
> vería obligado a irse de Ginebra.
>
> Lytton, que tiene vivo interés en que todos sus colegas
> sigan aquí, me pidió que dispusiera que todos ellos se sen-
> taran juntos en la segunda fila y así lo hice. Él se declara
> satisfecho con este arreglo.
>
> Es intolerable que Aldobrandi se haya portado así, pero
> así es; y Lytton mismo prefiere no tener que contestar
> preguntas de viva voz, sino por escrito después de consul-
> tar a sus colegas.
>
> Esto no quiere decir que no podamos llamar a Lytton
> a la mesa para tal o cual punto específico, pero creo que
> no conviene plantear el tema aunque no sea lo que debie-
> ra ser.

He debido contestar a su nota insistiendo en «plantear el
tema», porque el segundo papel es otra nota de Drummond en
la que discute la cosa.

Bueno. Pero no olvide usted la actitud de Lytton. Me había pedido que todos los vocales de la Comisión se sentaran juntos (con él). De haber tenido una mesa más grande, los pondría a todos a ella y sólo mencionaría al Consejo el ruego de Lytton. No tengo poderes para revelar las razones personales que lo causaron y sólo le hablé a usted a título confidencial.

Éste era el aire que teníamos que respirar mientras rugían las tormentas que iban a dar en tierra con nuestra esperanza. Como era de suponer, Francia y la Gran Bretaña manifestaron no poca reserva al tratarse de condenar al Japón. William Martin contó en *Le Journal de Genève* que, preguntado Matsuoca lo que pensaba de los discursos, contestó que Sir John Simon había dicho en media hora y en excelente inglés lo que él, Matsuoca, había intentado hacer comprender a sus colegas en horas y horas de mal inglés *.

Benes, a quien pinté en Madrid como la extrema izquierda de nuestro debate, y Undén, que lo seguía de cerca, pronunciaron fuertes discursos, más fuertes que el mío, porque fueron más concretos y precisos. Simon había hecho mucho hincapié en el caos chino. Por eso yo traté un aspecto del problema al que nadie había pensado en aludir. «Sí, en efecto —argüí—, China es débil a causa de sus pendencias internas, *pero lo mismo pasa con el Japón.* Su poder militar en China, ¿qué es sino una rebelión militar contra su Gobierno y emperador? ¿Cuántos hombres públicos japoneses han perdido la vida asesinados? ¿No nos hemos inclinado todos ante los despojos mortales de sus primeros ministros, Inuyé e Inucai? ¿No indica todo esto un caos japonés? Al condenar al Japón por una agresión evidente, ¿no tendremos que tomar en cuenta toda esta lucha interior y la dificultad con que puede observar sus obligaciones internacionales un país tan torturado por tensiones internas?» **. Cuando me senté, vino a mí el profesor Basdevant, entonces consejero jurídico del Quai d'Orsay, más tarde juez de La Haya, y exclamó: «Vous avez fait un discours terrible.»

De acuerdo con los sucesos, checos e irlandeses, presentamos un proyecto de resolución rechazando el argumento japonés de legítima defensa, la compatibilidad del régimen instaurado en Manchuria por los japoneses con las obligaciones internaciona-

---

* «Sir John a expliqué en une demi-heure et en un anglais magnifique, ce que je me suis en vain efforcé de faire comprendre à mes collègues pendant des heures en mauvais anglais.»
** Traducción del texto francés original en el Apéndice, doc. 4, páginas 579-82.

les del Japón, y la ficción de independencia de aquel régimen que pretendía imponer el Japón.

El delegado japonés Matsuoca reaccionó con vigor aludiendo a lo que luego ocurriría de todos modos: «la dimisión de su país como Estado-socio». «Si se adoptara aquella resolución podrían ser las consecuencias algo en lo que sus autores no habían pensado.» La Asamblea, refugiándose en la inmortal filosofía de Mr. Pickwick, la votó como proyecto de proposición, en vez de proyecto de resolución, a fin de salvar la paz del mundo.

Luego adoptó el informe Lytton, confirmando así que no se podía reconocer al Manchucuo. El Japón se despidió (27-III-33), lo que permitió a Mr. Stimson apoyar lo que habíamos hecho. Fue su canto de cisne, el suyo propio, porque poco después le sucedió Cordell Hull. Así terminó el conflicto nacido con tan buenos auspicios, puesto que enfrentaba a la Sociedad de Naciones con él, por entonces, archienemigo de los Estados Unidos. Bien llevado, pudo haber dado de sí no sólo la victoria de la Sociedad de Naciones sobre el Japón, sino el ingreso de los Estados Unidos en la Sociedad de Naciones; pero la táctica vacilante y embrollona de Hoover y de Stimson, así como la tradición tan deficiente de Francia e Inglaterra en sus relaciones con China, nos arrastró a un desenlace que fue digno y civilizado en cuanto al informe Lytton, pero lamentable y deprimente por la humillación infligida a la Sociedad de Naciones. China salía vencida y humillada, el Japón en plena posesión de sus mal adquiridos bienes. Este resultado deplorable preparó el terreno para el fracaso de la crisis de Etiopía, los bandidajes y piraterías de Hitler y de Mussolini y la segunda guerra mundial.

Capítulo XI

Ladran..., es que cabalgamos

Pronto comencé a recibir avisos de que en Madrid apuntaba *(c'est le cas de le dire)* una tendencia a disentir de mi actuación en Ginebra. Ya me lo esperaba, por haber sido toda mi vida blanco de la envidia de los envidiosos. Zuloaga, que por entonces pintaba mi retrato —que me regaló y luego pasó a poder de un tocayo desconocido—, me dijo un día entre ojeada y pincelada: «No le perdonarán su éxito.» Sabia lengua española que así omite el sujeto y lo disuelve en la anonimidad. A principios de diciembre del 32, he debido de recibir una carta de Luis Zulueta, entonces ministro de Estado con Azaña.

Éramos buenos amigos. Zulueta fue de lo mejor que salió de la «Institución» por antonomasia, uno de los pocos, por cierto, que no llevaba la barba de uniforme. El rostro en cuchillo, los ojos miopes (unas veces muy sinceros, casi cándidos, otras oscurecidos por la desconfianza). La generosidad intelectual, y moral, la cortesía, la agudeza y sagacidad, todo lo parecía poseer y usar con la naturalidad y la sencillez del que da lo suyo. Sólo le faltaba el ánimo. Era escrupuloso hasta la pusilanimidad, y lo que más temía en el mundo era tener que tomar una decisión que acarreara responsabilidad.

De sus tiempos de embajador en Berlín —que fue después— se contaba que iba de colega en colega, atormentado por la responsabilidad de decidir qué haría cuando, obligado por su cargo oficial, tendría que corresponder al saludo de un desfile de tropas nazis; y defraudado en sus esperanzas de un buen consejo, acudió al fin al nuncio, que le daba largas. Exasperado, Zulueta preguntó: «Pero bueno, Eminencia, ¿Vd. qué haría?» —«¡Ah!, yo, yo los bendeciré.»

Esta anécdota me encanta precisamente porque se ajusta como un guante al aspecto de pastor protestante o cura de paisano que solía tener Zulueta. Un día nos paseábamos los tres, él,

Oliván y yo, por el jardín de la Embajada de París; preocupados con lo que teníamos entre manos, íbamos los tres mirando al suelo, en silencio, y de pronto solté el trapo. «¿Qué le pasa?», preguntó uno, y yo contesté: «Nos vi a los tres como tres jesuitas expulsados.»

Pero aun este hombre bueno a carta cabal, culto y conocedor del mundo, no se daba cuenta al llegar a Ginebra de la fuente y origen de mi reputación y autoridad en aquel ambiente, que él atribuía a una especie de «caciquismo», es decir, la base subjetiva del poder político en nuestras latitudes. Creo que algo percibió, porque era sagaz, del sentido vivo de mi fuerza allí al sumergirse en el ir y venir de la Casa, y que quizá llegara hasta darse cuenta de cómo se extrañaba la gente de verle a él en «mi» silla del Consejo y a mí sentado detrás. Por aquellos días falleció Briand, y Zulueta, que entre otras muchas dotes las tenía de buen periodista, no dejó de observar que en aquel grupo de hombres de renombre universal, el único a quien se pidió un artículo inmediatamente sobre el gran estadista francés fuera yo.

No creo que Zulueta padeciera de envidia. Si, como lo creo en vista de mi carta a él, me escribió entonces fue sin duda por su tendencia a temer la responsabilidad. Era además natural que así lo hiciera de todos modos quien, al fin y al cabo, era mi jefe y el ministro responsable de la política exterior de España. El 9 de diciembre de 1932, le contesté desde Ginebra en carta que luego comentaré. Pero también tengo el texto de otra carta que escribí desde París (27-XII-32) a Marcelino Domingo, hombre de mucho menor calibre que Zulueta y sobre el que me habían aconsejado que anduviera sobre aviso.

Uno de los fautores de la revuelta era Eduardo Ortega. Este buen hombre (y lo era, aunque no muy bien aireada ni amueblada la cabeza, quizá por compensación de lo pródiga que había sido natura con su hermano), este buen hombre, digo, vivía en la ilusión de que, por haber pasado algunos años de emigración política en Hendaya al lado de Unamuno, la república le iba a confiar la Embajada de París; y aunque inocente yo de su desengaño, descargó su resentimiento sobre mí y, en contubernio con un ex diplomático metido a político, montó una campaña contra el Ministerio de Estado y la diplomacia.

No creí necesario polemizar con Ortega, pero escribí a Marcelino Domingo sobre dos aspectos del problema: Uno era que, aun cuando habíamos llevado el asunto como cosa de principio y que precisamente por llevar esta política estábamos levantando el buen nombre de España en Ginebra, nadie tenía derecho a acusarnos de olvidar los intereses de España; y a tal fin le enviaba copia de un artículo de William Martin al que luego me refiero, pero añadía que «ya que tiene Vd. bajo su responsabilidad el comercio de España, tenga Vd. la bondad de prestar su atención al enorme interés material que puede desarrollarse a base del interés normal creado hacia España en la inmensa población china. Entre las numerosas manifestaciones que he recibido, figura una carta entusiasta hacia España emanada de todas las grandes concentraciones de fuerzas vivas de Xangay», y le aseguraba mandase a China una misión comercial.

El otro aspecto que creí necesario elucidar en mi carta a Marcelino Domingo era el de nuestra actitud de principio en asociación con los «neutros», que sabía ser objeto de críticas en las que tomaba parte él; le mandaba, pues, copia del artículo de William Martin, del que traduzco aquí sólo tres párrafos *.

> Lo que más llama la atención en la semana pasada es el divorcio que se pone de manifiesto entre la actitud de los países pequeños y la de los grandes. Y aun resultan ya inexactos estos términos. No se trata de países pequeños por la dimensión o la población. España, por ejemplo, no es un país pequeño y entre los grandes los hay que no son mucho mayores.
>
> No hay más que un país que ha conocido la hegemonía y ha renunciado a ella bastante a fondo para poner hoy su sabiduría en no ser gran potencia: España. Así da al mundo un gran ejemplo y tal que conviene considerarlo, porque es casi único en la Historia. Los otros grandes países están más o menos de vuelta, pero ninguno ha logrado evadirse de los humos de la gloria.
>
> En la Europa de hoy la verdadera gran potencia es el derecho. No es la de esas se-dicentes grandes potencias que son mucho menos fuertes que lo que piensan. Es la fuerza colectiva que representan ocho países, penetrados de espíritu internacional y de voluntad pacífica, que tienen a su cabeza hombres de la calidad de Benes, de Madariaga, de Motta, de Undén. Ojalá esté su energía a nivel de los obstáculos con que tropezarán en su camino.

*

Mi carta a Zulueta (9-XII-32) venía a ser una defensa de la política que venía haciendo en Ginebra, que yo veía como la de un hombre moderado dispuesto a la transacción. Quizá convenga decir aquí que «mi» política se debió sin duda a ser yo hombre

---

* Mi carta a M. D. y la traducción del artículo de W. M. (13-XII-32) se hallarán en el Apéndice, docs. 5 y 6, págs. 583-86.

de iniciativa y de ideas concretas y nuevas sobre lo que tenía que ser no sólo nuestra actitud, sino también nuestra acción internacional; pero también se debía a que Madrid no intentó jamás refrenar, modificar o inspirar lo que yo hacía. El mismo Azaña, que tan adusto era para mi actividad, jamás me escribió «haga Vd. esto», «no haga lo otro». Yo campé por mis respetos porque no había otros respetos por qué campar.

Por otra parte, mi carta a Zulueta, que por demasiado larga confino al Apéndice *, ilustra el procedimiento que adoptó la Asamblea y el origen de la moción de los ocho a que alude William Martin. Mi carta empieza aclarando que el grupo de los ocho se reunió (en el caso del informe Lytton) por iniciativa no mía, sino de Christian Lange, el delegado noruego, hombre tan noble en lo moral como en lo físico, presidente de la Unión Interparlamentaria, que era entonces una institución de gran prestigio moral. El grupo, con Benes y Lange a su extrema izquierda, cuyos discursos mandé al ministro para que se diera cuenta, procuraba guardar cierta elasticidad. También remití a Zulueta una carta de la Oficina Internacional de la Paz, elogiosa para mí, a fin de que se tranquilizara; y otra de una alta personalidad francesa poniendo mi discurso sobre el Japón por las nubes: «uno de los más hermosos jamás oídos aquí, profundo, emocionante, prudente y audaz».

Le daba después ejemplos correctos de cómo procuraba siempre buscar la línea conciliatoria. «Como consecuencia lógica de nuestros discursos, Undén, Benes y yo habíamos presentado una moción a la que luego se adhirió el irlandés Lester. Esto produjo una insolente intervención del delegado japonés, con la reacción natural de la Asamblea en favor nuestro. Inmediatamente, me puse en marcha para ver de negociar un arreglo, pues los japoneses, con amenazas de retirarse, exigían el voto público inmediato de nuestro proyecto con el objeto evidente de amedrentar a la Asamblea y a los proponentes. Nos reunimos el secretario general y los cuatro firmantes, y habiendo sido imposible aceptar la proposición que hacía Drummond, que equivalía a una retirada, propuse yo como transacción que nosotros explicásemos tratarse sólo de un proyecto de resolución que, con arreglo al Reglamento, no podía votarse ni siquiera discutirse sin pasar al Comité, naturalmente como elemento de juicio; y que si aun después de estas explicaciones los japoneses insistían en retirarse, nosotros declarásemos que estimábamos fuera de razón la actitud japonesa, pero no estábamos dispuestos a aceptar la responsabilidad de una retirada del Japón aun sin razón

---

* Véase Apéndice, doc. 7, págs. 587-90.

por su parte y retiraríamos la proposición. Este esfuerzo produjo inmediatamente violentas protestas por parte de mis tres cofirmantes y, naturalmente, yo me declaré dispuesto a seguirles en su actitud.»

Quedaba, pues, bien claro que yo abogaba por la firmeza, pero no por la intransigencia, que era (según sospechaba) el reproche que se me quería hacer en Madrid. Aquella misma mañana del día en que escribía (8-XII-32), nos habían invitado a Benes, Undén, Lester y a mí a unirnos a la Mesa de la Asamblea para estudiar la situación. El presidente (Hymans) sugirió que podría él proponer que todas las «propuestas» pasaran al Comité, y yo me declaré de acuerdo con tal de que se pusiera bien claro que estaba incluido nuestro texto, cuya etiqueta era ya dudosa porque los japoneses se ofendían si la llamábamos «proyecto de resolución». Todos se declararon de acuerdo, Motta (no sé por qué) propuso que se lo dejásemos al presidente por no tener importancia mi enmienda. Acepté el procedimiento, aunque no el argumento en que se apoyaba; pero de nuevo se produjo fuerte oposición por parte de mis tres cofirmantes, y aun Benes llegó a decir que sería una capitulación.

Pero ¿para qué presentar aquella resolución? Planteé la pregunta y la contesté en mi carta diciendo cómo era necesario detenernos en nuestro retroceso constante bajo la bandera de la conciliación. Firmes pero moderados también quería decir moderados pero firmes. No hay que apurarse porque formemos parte en Ginebra de una minoría de vanguardia ni porque tengamos en frente a un Japón enloquecido. Y al llegar aquí, escribía estas palabras:

> Somos el Gobierno más avanzado de Europa, después de Rusia *, y es natural que apliquemos en Ginebra nuestras ideas interiores. Nos acompañan en este proyecto de resolución las naciones gobernadas por socialistas. Benes es socialista y Undén también lo es. La larga experiencia de estos dos hombres, que no sólo me acompañan, sino que me preceden en el movimiento, debe ser una garantía para mi Gobierno de que no me equivoco en mi actuación. Pero ¿es que la República española va a renunciar a ir en vanguardia y en minoría cuando se trata de establecer en Ginebra unos principios internacionales de carácter republicano que nos permitan desarmar?

*

---

* Hoy no lo diría porque Rusia es un país reaccionario, la extremísima derecha.

Por sospechar que Zulueta podría haber salido de Madrid, mandé copia de esta carta a Azaña; ignorante entonces de las notas poco amenas que me dedica en sus Memorias, yo lo consideraba no sólo como amigo personal, sino como aliado natural, aparte de creerlo, como lo sigo creyendo, el mejor hombre de Estado de que disponía la república. Veo en mi archivo que al enviarle la copia, le proponía que se publicara en francés una antología de sus discursos, idea en mí absolutamente objetiva. Pero, a juzgar por sus Memorias, quizá la tomara él por una servil adulación para que me nombraran arzobispo de Toledo. No creo que leyera mi carta Zulueta *.

No querría, sin embargo, dejar al lector con la impresión de que mi labor sólo daba lugar a desahogos de envidia. En Ginebra, contaba con buenos amigos españoles que observaban mi labor e informaban sobre ella con objetividad. Sobresalían entre ellos Pedro Roselló, jefe del Instituto Internacional de Educación, y José Plá, el comandante de Infantería de Marina retirado que me había sustituido en la Sección de Prensa. Plá era hombre de gran humorismo y en Ginebra los pastos para que floreciera tan sabrosa flor eran abundosos. Cuando él estudiaba en la Academia de Cartagena, allá por el 1896, o antes, el que se aventuraba a aprender inglés era ya audaz, pero el que, como Plá, aspiraba a saber alemán, lengua casi hiperbórea, se erguía como un héroe ante la admiración de los demás. Los cuales le preguntaban: «Pero, oye tú, ¡debe de ser muy difícil!» —«¿El alemán? Fíjate si será difícil que en Alemania, cuando no les oye nadie, todos hablan español.»

Plá me dio generoso apoyo moral en mi lucha con los adversarios de dentro y fuera de casa. En mi archivo hallé bastantes cartas de él que lo atestiguan y una en la que incluye otra a él de Agustín Calvet, aquel admirable escritor catalán que hizo ilustre el seudónimo de Gaziel. He aquí lo que Calvet escribía a Plá desde Barcelona el 18-III-32.

> Muchas gracias por su amable carta que he recibido tarde por haber estado ausente de Barcelona. Sigo con entrañable interés —como pocas veces lo sentí en mi vida— la actuación de España en Ginebra y muy especialmente la de Madariaga. No tengo el gusto de conocerle personalmente, pero le admiro desde antiguo, y más desde que colaboramos juntos en *El Sol*, es decir, en el de antes. Creo que Madariaga debería ser nuestro Briand. Su verdadero puesto está en Madrid, al frente del Ministerio de Estado, donde nos convendría a los españoles que permaneciese

---

* Véase Apéndice, doc. 8, pág. 591.

largos años, hasta haber podido dar forma, solidez y organización a nuestra política exterior. Secundado por gente
apta, en París, en Londres, en Berlín, etc., y especialmente
en las capitales de las pequeñas potencias, europeas y americanas, que presentan naturales «afinidades electivas» con
nuestra política, Madariaga podría dejar con el tiempo una
obra seria y admirable. Falta opinión, dice usted. Yo me
contentaría con que, de momento, los gobiernos españoles
nos diesen los medios. La opinión se produciría cuando
comenzasen a verse los resultados. Y para ello bastaría que
pudieran trabajar en silencio, durante algún tiempo, unos
cuantos hombres de buena voluntad e inteligencia clara,
fría y concreta.

Capítulo XII

Primera entrevista con Laval

En enero de 1932 presenté credenciales al presidente Doumer. El ministro de Estado era Laval. Gitano puro, o al menos lo parecía, de modo que uno se ponía a mirar dónde traía los caballos que iba a vender. Pero los suyos no eran cuadrúpedos. Era mucho más listo y sagaz que inteligente. Sus ojos mentales se adaptaban más a sucesos a corto plazo que a curvas largas de acción, y si las cosas se torcían, pronto perdía su mirada el chispear del humor para tornarse plúmbeos y oscuros, la boca se hacía cruel: los colmillos, amenazadores; sobre el labio superior, la pincelada negra del bigote servía de aviso.

Leídos los discursos y presentado el personal al presidente Doumer, se me acercó Laval sonriendo con cierta malicia de buen humor. «Señor embajador, la última vez que tuve que hacer con la Embajada de España fue con motivo de la ejecución de Ferrer. Me uní a mis compañeros de clase para ir a protestar ante la Embajada.» —«¡Ah!, de modo que estaba Vd. allí, ¿eh? —le contesté—. Pues yo también, señor presidente. De modo que le contaré a Vd. lo que tenía que hacer: Entonces, la Embajada estaba en el bulevar de Courcelles, y la policía no dejaba pasar, así que nos íbamos a la plaza Clichy, donde tomábamos el tranvía, con los bolsillos bien llenos de pedruscos, y el conductor, que estaba en el ajo, echaba el freno al pasar ante la Embajada y apedreábamos la fachada apuntando a los cristales.» Laval se divertía de lo lindo escuchándome. «¡Qué tiempos aquellos! ¡Éramos tan jóvenes...!»

Nos hicimos no diría amigos —porque no era su estilo—, pero sí buenos compañeros y no tardé en ponerlo a prueba. Laval era alcalde de Aubervilliers, municipio de los arrabales de París en cuyas fábricas trabajaban no pocos obreros españoles. Un día me avisó la cancillería de la Embajada que aquel municipio, frente a estrecheces presupuestarias, había suprimido los subsidios de paro y enfermedad para los obreros españoles. No sin levantar alguna ceja de asombro en mi personal diplomático, eché mano al teléfono, llamé a Laval y le informé de lo que pasaba a sabiendas de que la medida era muy de su estilo. En efecto, se declaró responsable, explicando que no había dinero y que era natural empezar por los de fuera. Pero yo le repliqué: «No vale, amigo. El tratado francoespañol de establecimiento es de 1853 y da iguales derechos a los españoles y a los franceses en Francia y en España. Si sigue violándolo aquí, haré que cese de aplicarse en España, y claro es que no nos vengaremos de los pocos obreros franceses que tengamos allá, sino de los ingenieros, banqueros y profesores.» Silencio en el teléfono, y después: «Ha ganado Vd.»

Todo esto ocurría entre diez y once de la mañana. Hacia las seis de la tarde, Fernando de los Ríos, que era entonces ministro, me llamó al teléfono, me informó del caso y me instó a que procurase resolverlo. Le contesté que ya lo había resuelto antes de almorzar. No quería creerlo, pero le conté lo del teléfono. Esta manera expeditiva era la del mismo Laval. Él mismo me había contado o me contó cómo una vez llamó al teléfono a Brüning, entonces canciller alemán, y al principio no lograba oírle. Al instante se dio cuenta de lo que pasaba. Entre París y Berlín lo menos una docena de funcionarios estaban escuchando y entonces vociferó en la línea: «Si no oigo bien al canciller dentro de un minuto, mañana saldrá en el *Diario Oficial* el cese de todos Vds.» Oyó muy bien.

*

La guirnalda de visitas que hay que tejerles a los colegas me fue revelando que por mucha simpatía que nuestra república despertara en los pueblos, y aun en algunos gobiernos, de Europa, el cuerpo diplomático extranjero no estaba con nosotros. Ya empecé a sospecharlo antes, cuando en Madrid fui a visitar al embajador yanqui en España. Pobre hombre. Era embajador (de carrera) en Atenas, y dominado por incurable esnobismo, pidió y obtuvo su traslado a España, cuya monarquía era una de las más rancias de Europa, oro, encajes, damasco, ébano y cristal. Llega, y apenas ha empezado a gozar de su sueño dorado, todo se viene abajo y él se encuentra sumido en una república tan vulgar (debió de sentir) como la de su propio país. El desencanto se transparentaba a través de su cortesía profesional.

Ya estaba yo en mi puesto en Washington cuando llegaron nuevas de su descalabro. Había convocado una rueda de prensa, y como pensaba exhalar sus sentimientos, advirtió que no eran para publicados *(off the record)*. La había limitado a periodistas yanquis; pero quiso su mala suerte que, entre ellos, figurara un joven francés, con derecho a entrar en la rueda, pero nada dispuesto a respetar los miramientos del embajador. Pronto se supo en Madrid que, preguntado por su impresión del nuevo Gobierno, había contestado: «No he visto jamás tal gavilla de bandidos.» Le costó el puesto y aun creo que la carrera.

Nadie en París llegó a tales extremos, pero recuerdo por lo menos tres casos de actitud poco cordial. El primero, el del embajador de Bélgica, personaje muy empingorotado que adolecía de evidente alta presión de sangre azul, y que parecía resuelto a darme a entender que por muchos y buenos amigos que tuviera yo en Bélgica, el embajador de una república plebeya no era persona grata en morada tan excelsa. No volví.

El segundo caso fue el del embajador inglés. Ya lo conocía. Se llamaba Tyrrell y me era muy simpático a pesar de ser católico, y digo «a pesar» porque un inglés católico me resulta siempre algo tan raro como un español protestante. Cuando fui a verle como tal colega, desplegó toda su simpatía oficial y personal, con el encanto que le era peculiar; pero en lo sucesivo no manifestó la menor iniciativa para acogerme, mientras seguía recibiendo, con dudoso tacto, a Quiñones de León. Quizá no pasara de cierta frialdad debida a ser la ex reina una princesa de su país.

El tercer caso fue el del embajador polaco, caso en el cual me reconozco, al menos en parte, algo responsable. Era oriundo de la Polonia prusiana y había sido diputado del Reichstag; pero parecía haberse ingeniado para combinar lo peor de sus dos nacionalidades: la impertinencia del latifundista polaco y la arrogancia del *Junker* prusiano. Mientras la actitud de Tyrrell me entristecía, porque deseaba estar a bien con él, la del polaco prusiano me agradaba, porque deseaba detestarlo con la conciencia tranquila. Polacos he conocido antes y después, que me inspiraron simpatía y afecto como Raszyinski, que fue embajador en Londres; pero aquel tipo de París me era antipático.

Este estado de ánimo, que me invadió desde mi primera visita y que era mi deber profesional dominar, contribuyó quizá a una situación para mí poco airosa. Su mujer me mandó una petición de dinero para las caridades que hacía en la colonia española. Le mandé mil francos, advirtiéndole que pronto recibiría una petición análoga de la mía y para iguales fines. Me parecía ridículo que los embajadores se sablearan mutuamente *para fines nacionales*. Otra gente lo habría tomado a broma. El *Junker* me devolvió el dinero. Les obligué a aceptarlo y además un ramo de las rosas más erizadas de espinas que pude encontrar en el florista. Pero creo que hice mal. Por eso lo cuento.

*

Mis recuerdos del presidente Doumer databan de mucho antes de mis días públicos. El tercer centenario de la publicación del *Quijote* se celebró en la Sorbona en 1905, bajo la presidencia de Paul Doumer, a la sazón presidente de la Cámara francesa. Tenía yo diecinueve años. La gran sala de actos de la Sorbona estaba archillena y los discursos me parecieron poco amenos. En la memoria se me quedaron dos detalles curiosos. Primero, en su discurso de apertura, me pareció que Doumer decía *syphilisation* en vez de *civilisation*, como si hiciera una sátira sin querer; y luego, me dio que pensar el discurso del consejero jurídico de la Embajada de España, don Cristóbal Botella, a quien Doumer dio la palabra llamando: Monsieur Cristobál Botel-lá. Era el señor Botella el hombre más feo que he conocido, pero el rostro le irradiaba incomparable *vis cómica* que rebrillaba en sus ojos de sapo y le transfiguraba aquella su boca tan larga ya en plato, ya en buzón de correos, ya en una tajada de rosbif. Estaba hablando de «la biblioteca de su tío», y en forma y actitud idílicas, aquel jardín, árboles, pájaros, cielo azul sereno..., todo ello dicho con la mayor energía, tanta que una niña detrás de mí le preguntó a su madre: «¿Por qué está tan incomodado?»

Esto era lo que me daba que pensar. Al cabo de cinco años de París, comenzaba a sentir las diferencias *constantes* entre los franceses y los españoles, de donde iba a irme forjando mi idea del carácter nacional. ¿Por qué venir a esta ceremonia universal en honor del más universal de los españoles a hablar de «la biblioteca de mi tío», y en tono lírico, es decir, el más personal posible, y con tan formidable fiereza que la niña la interpretaba como furia?

Todos aquellos recuerdos flotaban en mis espacios interiores cuando veintisiete años más tarde presenté credenciales a un Monsieur Doumer menos esbelto, más bajito, más triste, más afable y buena persona; recuerdos todos que volvieron a volar como cuervos en la imaginación cuando, a los pocos meses, fui a saludar los restos mortales del presidente asesinado. Allí estaba su viuda, muy digna y quieta, silenciosa, con el rostro apenas iluminado por una sonrisa de indecible melancolía, imagen perfecta de una burguesa provincial sencilla, modesta, noble, muy lejos de la elegancia y el brillo del París resplandeciente. Pareja unida hasta en la muerte, por su armonía en lo esencial. Fui a ver a Tardieu, entonces presidente del Consejo, y con su arte para decir las cosas expresó lo que venía yo pensando: «Me ha venido a ver Jouvenel y yo le dije: Tanto tú como yo, en modos distintos, hemos conocido a muchas mujeres. Ya sabes lo que quiero decir. Pero cuando te encuentras con una pareja así, ¿ves?, *ça vous a tout de même une autre allure.*»

Capítulo XIII

Recuerdos de mi juventud en París

Un día invité a almorzar conmigo, a solas, en la Embajada, a Monsieur Robaglia. Seguía igual, idéntico al que había ido a visitar veintiún años antes a su despacho de ingeniero jefe del Ferrocarril de la Cintura de París. Lo que me incitaba a verle no era precisamente la cintura de París, sino el hecho de ser Monsieur Robaglia el consejero técnico del Comité de París de la Compañía de Ferrocarriles del Norte de España. Yo era ingeniero de minas, pero no me interesaba la profesión. En cambio, me atraía el ferrocarril con cierto oscuro magnetismo, que mucho más tarde diagnostiqué como la intuición de lo orgánico en lo económico y social. «Arterias.»

Monsieur Robaglia me recibió con esa cordialidad natural que las eminencias francesas hallan siempre para los jóvenes. Le expliqué lo que quería: entrar en la Compañía de Ferrocarriles del Norte. Me preguntó con qué número había salido de la Escuela de Minas de París, y le contesté que era el tercero de treinta y cinco. Se sonrió y me dijo: «Váyase y tómese unas vacaciones tranquilas y yo haré lo demás.»

Entré en la Compañía en octubre, y poco después me encargaron de las señales eléctricas. Pero la guerra mundial comenzó en 1914, y a fines del 15, llegó a Madrid John Walter, uno de los dueños del *Times,* en busca de una persona que se encargase de la propaganda inglesa en el mundo hispano. Fue a ver a Araquistáin, el cual me lo endosó a mí. Tiré mi profesión ferroviaria por la ventana y me fui a Londres. En aquellos días no se podía ir de Madrid a Londres sin parar en París. Fui a ver a Monsieur Robaglia y me recibió con sumo descontento.

De todo nos acordábamos aquel día, él tan director de la «Cintura» como antes y yo embajador en su país. Estaba encantado de mi éxito, mucho más que yo, que dudaba no sólo de que lo fuera de verdad en la sustancia de las cosas, sino de que, aun si lo hubiera sido...; pero eso es otro rosario. Me reveló entonces que, cuando había ido yo a verle, camino de Londres, estaba

furioso conmigo, aunque procuró ocultármelo, porque él tenía
el plan de irme formando para que, en su día, me encargara de
la dirección general de la Compañía. Entonces procuré desen-
gañarle explicándole que los ingenieros españoles de las escuelas
técnicas del país le habrían opuesto un obstáculo insuperable.

Aproveché la ocasión para consultarle sobre el ancho de vía
de nuestros ferrocarriles, que era y sigue siendo distinto del
europeo, lo que nos confirma, con Rusia e Inglaterra, como los
tres arrabales del Continente. El túnel del Canal todavía se
discute en Londres, aunque ya en mis días de alumno de la Escuela de Minas de París, había bajado a los pozos perforados
por los franceses más de medio siglo antes, para estudiar su
construcción. En cuanto a España, hoy se puede circular sin
transbordo en algunos trenes gracias a un dispositivo español.
Pero no se trata sólo de comodidad y transporte barato, sino de
sicología: bueno sería (pensaba yo) ver vagones de madera
sueca hasta en los recovecos más recónditos de Castilla. Hoy
se ven suecas vivas y no de madera.

*

De mis seis años de Chaptal (1900-1906) guardo excelente recuerdo. Era entonces un colegio, hoy es un liceo; pero reconozco
que no tengo ni idea de lo que significa este cambio de nombre.
Entonces era un colegio municipal, para cerca de 2.000 escolares, de los que quizá 500 internos; y su imponente edificio de
piedra ocupaba y ocupa buena parte del bulevar de Batignolles.
Excelente, también, el recuerdo que guardo de sus *profesores*,
palabra que sólo en Inglaterra adquiere su plena majestad
académica y exclusividad universitaria, mientras que entre nosotros los hay de esgrima, de baile y de Dios sabe qué.

Me molesta la palabra quizá porque, en el fondo, me molesta
la instrucción, y aún más, la educación. En mala hora se dejaron
llevar nuestros papanatas y monos de imitación de su manía
imitativa llamando al Ministerio que antaño era de Instrucción
Pública, nombre claro y exacto, Ministerio de Educación y Ciencia, nombre ampuloso e inexacto; porque la educación es cosa
tan honda, lenta, sutil, y ambiental, que no hay colegio ni liceo
ni instituto ni profesor que pueda darla. Pero tengo la mala
suerte de que por haber sido profesor en la Universidad de
Oxford de enero de 1928 a marzo de 1931, se me ha pegado el
título con tal fuerza adhesiva que, pese a mis esfuerzos pertinaces, siguen llamándome profesor y aun creyendo que lo sigo
siendo en Oxford, cuando todo el mundo allí cesa a los sesenta
y cinco y yo dimití a los cuarenta y cinco.

Pero tengo esperando a mis antiguos profesores de París. Poco después de presentar credenciales, convidé a almorzar a un grupo de ellos que recordaba especialmente no sólo como profesores, sino como personas de la mayor distinción intelectual y moral, y muchas veces pensé en aquellos años juveniles en la fuerza incomparable que significaba para Francia que hombres de tamaño calibre enseñaran en segunda enseñanza. Dos de entre ellos se me han grabado en la memoria por su elegancia intelectual y su don singular de tomar y conservar contacto con sus alumnos del modo más amistoso y cordial, sin perder la indispensable distancia. Uno era el profesor de historia Monsieur Wiriath, que se parecía como un gemelo a Carlos I de Inglaterra; y el otro el profesor de inglés Monsieur de Gricourt, que, en cuanto a aspecto, pudo haber sido uno de los partidarios de Jaime II de Inglaterra perdidos entre Francia e Italia.

Seríamos una docena en torno a aquella mesa y yo me las prometía muy felices, pues eran todos hombres con quienes me unía un profundo y afectuoso respeto, pero el diablo no lo quiso así y desde las ostras comencé a sentirme tan mareado que apenas si podía hablar, de modo que me batí en retirada en cuanto pude y mis ocupaciones y preocupaciones de Ginebra me impidieron reparar el mal en otra ocasión.

*

Quiñones era un hombre mundano hasta los tuétanos, y se daba cuenta de que en Francia un embajador no podía recibir sin ofrecer a sus invitados placeres intelectuales selectos; así que se daba *ballet* de la Ópera o de algún otro teatro subvencionado; pero no creo que se haya aventurado jamás en la esfera de las artes y las letras. A mí me pareció necesario cultivar este otro mundo, y desde muy pronto obtuve corbatas de comendador de Isabel la Católica para Paul Valéry, André Maurois y Maurice Ravel. Constanza y mis dos hijas, entonces todavía colegialas, les invistieron las cintas.

No hay país europeo donde se espera del intelectual que adopte posturas públicas de modo tan responsable y exigente como en Francia. En Inglaterra, el exceso de intelectualismo —si bien no de inteligencia— basta para dar al traste con una carrera política. En España, a veces es cosa de preguntarse si para subir en política no vale más ser listo que inteligente. En Francia, el poder intelectual ayuda más que estorba al prestigio político. Pero no aspiro aquí a dilucidar hasta qué punto en Francia debe o puede ser intelectual el político; sino hasta qué punto tiene que ser político el intelectual. Bien que no se espere de él que se precipite a entrar en el Parlamento y procure ascender a ministro; pero todo el mundo le pide que se pronuncie, y bien claro, sobre los temas que plantea la caprichosa actualidad.

De haber seguido en la Embajada algún tiempo más, habría abierto sus salones al mundo de los intelectuales franceses, para cuya perspectiva había sido modesto arco de entrada mi fiesta en honor de Valéry, Maurois y Ravel. Entretanto procuré reservar la Embajada a las manifestaciones culturales españolas que daba ya de sí el inmenso París, en particular a los conciertos de artistas españoles. Bien sabían ellos que se les aguardaba, y era raro que, antes o después, no estuviera la Embajada abierta para ellos y sus amigos.

Recuerdo entre aquellas fiestas la que dimos para Conchita Supervía, tan hermosa ella como su maravillosa voz. Había logrado el éxito habitual que París le otorgaba siempre; pero en aquel día creí de mi deber, como del oficio literario, llamarle la atención sobre una danza de Granados que uno de sus amigos había falsificado en *Lied* endilgando al pobre y magnífico compositor una letra amorosa de un gusto más que deplorable. Como lo había cantado en español, no se enteró del crimen artístico bastante gente para impedir el aplauso. En su defensa alegó que no existía letra mejor. He de confesar que es —era, por lo menos entonces— frecuente este fallo crítico en no pocos ejecutantes. Pero la voz de Conchita Supervía era maravillosa y todo se le perdonaba.

Una de sus admiradoras era Adelaida Segovia, la primera mujer de nuestro gran Andrés, el cual andaba aquel día quizá por otros continentes ganando lauros propios. Andaluza-cubana, Adelaida irradiaba gracia como la rosa color, y charlando con ella, de asunto en asunto, vinimos a dar con una señora de los Estados Unidos que admiraba tanto a Conchita que la seguía por el mundo de concierto en concierto y tomaba lecciones de canto —a los ochenta años—. «Será para cantá a loh serafineh», exclamó Adelaida.

Ya hacía algún tiempo que los conocía a los dos, y a él, a Andrés, desde los días de su orto en el horizonte artístico de España, aun antes de que brillase como astro de primera magnitud en el mundo entero. Había logrado para la guitarra lo que Casals para el violonchelo: una cuasi-revolución que había revelado las asombrosas reservas de belleza que hasta entonces había ocultado el instrumento; pero en el caso de Segovia, la hazaña era mayor y más compleja, pues se matizaba de aspectos sicológicos y sociológicos, ya que Andrés había recibido de la tradición un instrumento popular, caído de su encumbramiento cortesano como vihuela en manos del pueblo, que lo había hecho suyo con los resultados de maravilla que todos sabemos; y lo que Andrés hizo fue, sin quitárselo al pueblo, hacer de la guitarra también un instrumento excelso de música culta.

Nos unían no pocos rasgos comunes, no el menor la afición al lado cómico de la vida, aparte de nuestra vocación musical, en él creadora, en mí sólo consumidora, pero en ambos fuerte. En aquellos tiempos nos solíamos ver con relativa frecuencia, no tanto en su residencia ginebrina como en Roma, Los Ángeles, París, Méjico, donde el azar nos reunía. Entre los muchos recuerdos que guardo de estos encuentros, descuella uno que ilustra su poder magnético. Llegué a Filadelfia para dar una conferencia y me encontré con la grata sorpresa de que aquella noche tocaba Andrés en la Academia de Música. Grata para mí, me decía yo, pero ¿para él? La Academia de Música, ya la conocía yo, ya. La primera vez que había hablado en aquella casa, nunca se me olvidaría. Con los armónicos que sugiere esa palabra tan íntima, Academia, me esperaba una sala pequeña. Salgo a escena, con mi discurso bien modelado en la cabeza y ni un papel, y me encuentro frente a un inmenso teatro lleno de gente. La emoción es de las fuertes. Salí adelante como solía en estos casos, pero me inquietaba para Andrés el problema de la sonoridad. La voz humana se impone aun a un vasto espacio. ¿Lo haría la guitarra, instrumento tan fino, que tanta concentración exige y tanto silencio? Fui, pues, al concierto, no con temor, porque conocía bien a Segovia y me daba cuenta de su poder, pero preguntándome cómo irían las cosas. Espectáculo inolvidable el de aquel hombre frente a dos o tres mil. Se sentó en su silla, echó a volar en la sala dos o tres acordes, aguardó unos instantes en silencio y el suyo se propagó a toda la sala, que como urna vacía se ofreció pasiva y obediente a que la llenara el artista.

Quiso la suerte que no coincidiésemos en París durante mi embajada; pero alguna que otra vez, nos encontramos en Ginebra. Una noche, no sin cierta labor de persuasión, conseguí embarcarlo en una lancha de remos con una guitarra de alquiler, que la suya no la exponía él a tales humedades; y como, desde luego, era noche de luna, los pocos amigos que en la lancha cabíamos disfrutamos de un arte que nos pareció alado, luminoso y líquido como nunca.

*

Una de las tareas que como embajador tuve que emprender fue la de tomar parte en la organización del traslado de los restos de Blasco Ibáñez desde la Costa Azul, donde había falle-

cido en 1928, hasta su Valencia natal. Blasco Ibáñez había sido
siempre ardiente republicano, de modo que las dos repúblicas
aprovecharon la ocasión para afirmar su fe democrática común
honrando a uno de sus héroes. Las cenizas del gran novelista
navegaron de Francia a Valencia en un crucero francés. Se me
encargó que estableciera la lista de las personalidades francesas
que serían huéspedes del Gobierno español y que ya aceptadas
por Madrid recibirían invitaciones de la Embajada. Recuerdo
el episodio porque dio lugar a una observación notable. La lista
se había establecido a base de un criterio objetivo y oficial, y
se componía de los presidentes y secretarios de organismos
políticos o culturales que, ya a título general, ya por sus relaciones con España, justificaban la invitación y aun obligaban a
ella. No creo que había ni un solo invitado que lo fuera por
razones personales. Sin embargo, al terminarla, me di cuenta
de que la mayoría, quizá los tres cuartos, eran hebreos.

No cabe mejor ejemplo de la capacidad del pueblo judío que
esta *selección natural* en un país conocido por su alto nivel de
cultura e inteligencia. Recibí por entonces la visita de uno de
ellos, diputado que ocupaba muy importante situación parlamentaria sin ser ministro. Ingeniero, era, sin embargo, hombre
sensible al arte, y al entrar a mi despacho se fue como una
flecha hacia una tabla no más de dos palmos en cuadro, que
colgaba de la pared frente a mi asiento. Una plataforma de
desembarco, casi sólo una tabla; un poste de madera clavado en
el agua y el resto un ensueño de aire, agua y luz. «¡Ah, señor
embajador, qué hermoso De Segonzac!» Yo guardé prudente
silencio. Cosa de humor del momento. Con unos, me callaba; con
otros explicaba: «Nada de eso. Un cuadrito de mi hija Nieves,
que tiene catorce años y no sabe quién es De Segonzac.»

Esta vez, no dije nada, limitándome a un gesto que invitaba
a mi visitante a tomar asiento. Me recordó (lo que ya sabía)
que éramos ambos graduados de la Escuela Politécnica y de la
de Minas de París, y en el curso de la conversación me preguntó
si no tendríamos algo más en común, lo que interpreté como una
manera indirecta de inquirir si yo no sería judío también. Sentí
tener que frustrar sus esperanzas. Quizá se había desorientado
imaginando algo especial en mi muy general cordialidad al recibir gente de cualquier color o religión que sean. El caso es que
mi cordialidad le debió de causar hondo efecto, porque nos
invitó a mí y a mi mujer a ir a residir en su *château* (pues, como
buen socialista, tenía uno), y al despedirse me encargó presentase sus respetos a *Madame l'Impératrice,* súbito e inesperado
ascenso para *Madame l'Ambassadrice* que habría encantado Sig-
mund Freud.

Capítulo XIV

Berthelot y Léger

Llevaba entonces el Quai d'Orsay Alexis Léger, que con el seudónimo algo extravagante de St. John Perse, ha ganado el premio Nobel de Literatura como el poeta francés más admirado, si no más leído, del mundo. Su propia originalidad labora contra su fama. «Me llaman el oscuro y vivo en el resplandor.» Pero el pensamiento es a veces como esos tejidos que resplandecen por el anverso y son por el reverso opacos. Pronto nos hicimos amigos. Su mente maestra dominaba la política como la poesía. Mucho más tarde, escribí para un libro en su honor un retrato de él que aquí traduzco de mi original francés.

Por muy aparte, singular, «cometa» que sea en el firmamento del espíritu, luce Léger en el cielo diplomático como un astro de la constelación nueva, un signo de los tiempos que siguen a la primera gran guerra. Netamente lo sentí en una de nuestras primeras entrevistas, cuando el Quai vivía bajo la égida de Philippe Berthelot. «Esto matará aquello», me decía mirándolos a los dos, situados por casualidad como las cariátides a los dos extremos de una larga chimenea en una oficina del Quai. A la derecha, Berthelot, la frente estrecha y alta, el rostro más ancho hacia abajo, los ojos vivos y maliciosos, la nariz pesada, la barbilla todavía más pesada pero potente, dejaba caer frases intencionadas de sus labios desengañados. Para él no era la diplomacia más que un modo de manejar al ejército francés. Inmerso en la tradición del siglo XIX, en el que los grandes Estados no habían logrado asimilar las consecuencias inevitables que para la política internacional acarreaba la profunda revolución social del siglo, Berthelot, como los otros maestros de la diplomacia de sus días, Von Bülow, Eyre Crowe, llevaba todavía su nacionalismo como el cruzado su armadura.

Al otro lado de la inmensa chimenea se erguía la figura joven y esbelta de Léger. El azar, que no yerra siempre, lo había designado como el auxiliar dilecto, la esperanza, quizá el heredero de Berthelot. Pero ¿el continuador? Ésta era la pregunta que yo me hacía; y al mirarlos a los dos, me volvía a decir mentalmente: «Ceci tuera cela.»

Todo bajaba hacia el suelo en Berthelot; hasta las faldas de su amplia chaqueta, los hombros, las mandíbulas, los carrillos, los saquillos bajo los ojos, las comisuras de los labios. Todo subía en Léger como alejándose del suelo que el pie parecía tocar apenas para sacarle a la tierra el impulso natural como un surtidor de energía, hacia el pecho fuerte, los hombros libres, el rostro recto y grave dominado por la frente grave y ancha iluminada por dos ojos inolvidables. Me hacía soñar en aquel luminoso Vulcano de *La Forja* de Velázquez. Mis miradas iban de uno a otro. No. No era sólo la diferencia de edad; era una diferencia de época lo que los separaba, como aquella chimenea cuyas fauces negras se abrían entre uno y otro.

Y me decía yo también, escuchándolos (sobre todo al mayor, que hablaba más), que tenía delante un contraste notable entre el arte y la naturaleza; pues Berthelot era todo arte, pulido, acabado (en todos los sentidos del vocablo), de vuelta de todo, ahíto de todo, ya cerrado el crucero de sus viajes por los salones más refinados de París, por las porcelanas más exquisitas de Pequín, y en espíritu, explorado allende los polos contrarios del bien y del mal, parecía derrumbado como un buda chino en sus curvas cadentes y reposadas; mientras que Léger era todo naturaleza, y al verlo se sentía nada más que por su aspecto y presencia, que su experiencia venía de la tierra, la roca, los árboles y el agua, de modo que, aunque entonces ignoraba yo sus aficiones marinas, me hacía pensar en algo fluido y móvil como el ritmo de las olas.

Por eso, aquel contraste se prolongaba para mí en el terreno intelectual. La inteligencia de Berthelot era deslumbrante, y surgía sin fallo ni corte, a propósito o sin él; no la vivacidad de un conversador, sino la fuerza de un espíritu cuyas ideas bajo su superficie chispeante revelaban un pensamiento sustancial que inspiraba respeto; mientras que Léger, no decía nada de notable, nada que me obligara a desviarme del tema para admirar la fórmula certera o el hondo acierto. A las perlas verbales del mayor, sonreía, quizá con más afecto que admiración, pero no aportaba al debate más que unas ideas de andar reposado, que se insertaban discretamente en el conjunto.

Ya no era yo tan joven como para dejarme engañar por las apariencias. Bien veía que aquel no querer deslumbrar ocultaba una inteligencia sólida, y así procuraba pe-

netrar su sentido y calidad en el fondo de aquellas dos
ventanas de donde él me contemplaba. Graves, me decía:
ojos graves. Y en efecto, ésa creo yo ser la esencia de
aquella alma de elección, una especie de gravedad de fondo, que no se ofusca ante el chiste, que acepta el ingenio
y el humor y aun se divierte con ello, pero que, aun así,
guarda para todo eso una distancia no sin orgullo. Hombre
serio, pero no ingenuo. Demasiado penetrante para la ingenuidad, demasiado serio para las ilusiones, demasiado
entregado para hurtar el alma cuando hay de por medio
valiosos bienes humanos expuestos a un error de juicio, a
un abandono por demás confiado, espíritu, en una palabra, demasiado grave para eludir por mero juego la demanda insistente de una preocupación real.

Cuántas veces, más tarde, cuando el azar nos puso en
contacto, él secretario general del Quai d'Orsay, yo embajador en París, cuántas veces he pensado en aquel contraste, antaño intuido entre el arte y la naturaleza. También
la diplomacia había tenido que emigrar a la naturaleza
desde el arte. Ya no se trataba de un sutil juego de ajedrez, sino de inundaciones, diluvios y terremotos; los acontecimientos, ahora, iban a exigir de los hombres con quienes se enfrentasen, ojos, cerebros y corazones a escala ya
no de los gabinetes de trabajo, sino de los mares y los
continentes.

Pero de estas vastas perspectivas, que iban a abrirse
en la maravilla de sus poemas, jamás decía nada el joven
diplomático, jamás dejaba traslucir la menor preocupación
en la serenidad de su tarea cuotidiana. En aquel estilo
positivo, claro, definido, que era el suyo, desde el corte del
pelo hasta la forma del calzado, Léger era el secretario
general del Quai. La corrección, la exactitud, la competencia eran sus virtudes, que no ostentaba, sino que sencillamente vivía. A decir verdad, recuerdo que una vez en su
despacho del Quai, me habló de la insuficiencia prosódica
de las vocales en los versos de tal novelista que se creía
poeta, pero ya habíamos agotado nuestra discusión sobre
la interpretación del artículo 16 del Pacto.

Hubo un hombre que se dio cuenta de todo lo que aquel
joven diplomático aportaba de grande, natural, marino, al
oficio antaño burocrático; que vio que Léger comprendía,
mejor aún, sentía la angustia de una sociedad internacional que da a luz un mundo nuevo. Aristide Briand era el
ministro ideal para Léger, como Léger era el secretario
general ideal para Briand. Se entendieron con sólo mirar-
se. Lo cual, además, pasó si no en el mar, en el río Potomac.
Briand era también artista, como lo es todo hombre de
Estado; poeta de la política, escultor de pueblos, espíritu

abierto a lo irracional. Y si la suerte le hubiera hecho nacer diez años más tarde, ni Europa, quizá, habría tenido que sufrir a Hitler, ni Léger ir al destierro.

*

Nuestras relaciones fueron siempre cordiales, como entre camaradas. Sólo un incidente tuve con él, que creí necesario para cumplir con mi deber. Tenía cita oficial con él en el Ministerio como tal embajador, y me tuvo en su antecámara aguardando una hora entera. Al cumplirse los sesenta minutos, le escribí una nota: «Salvador de Madariaga le aguardaría a usted años; pero el embajador de España no aguarda más de una hora.» Y me marché. Léger era maestro en resolver estas cosas, no tanto por su diplomacia como por sus dotes y dones personales.

También nos entendíamos bien observando lo cómico en la tragicomedia de la vida. Recuerdo un día en que presidía yo el Consejo de la Sociedad de Naciones en sesión privada, y él sentado detrás de Briand, que estaba a mi derecha, resultaba estar más cerca de mí. Llevábamos horas de una discusión estéril y bizantina, así que le escribí en un trozo de papel un refrán español más gráfico que limpio donde se trata de las relaciones entre un elefante y una hormiga. Me sopló al oído que le pasara la nota a Eden, pero rechacé la idea a ceño cerrado. A la salida, le conté una escena de la Conferencia de París sobre el Tratado de Versalles, que conocía por un testigo presencial. Orlando, deseoso de complacer a Lloyd George, le depositó en la mano, sin aviso ni explicación alguna, una maravilla de coral labrado en forma de falo. Lloyd George lo rechazó indignado y no volvió a dirigirle la palabra durante largo tiempo.

Nuestra amistad no garantizaba nuestro acuerdo en todo. En mi archivo he encontrado un informe que mandé a Madrid sobre una entrevista que había tenido con Léger el 27-VIII-32, cuando era él todavía director de Política. El motivo concreto era el proyecto de visita de Herriot a Madrid, sobre el que habré de volver. La conversación se extendió algo en el tiempo y en el espacio, y Léger me expuso su idea de ir a una coalición de naciones democráticas occidentales, Inglaterra, Francia, España y los Estados Unidos, para oponerse a Italia y Alemania, que iban al rearme y casi seguro a la guerra.

Con esta perspectiva, Léger preconizaba para España una política de gran potencia y de participación en las decisiones y obligaciones de toda gran potencia, que en su opinión eran la verdadera base del crédito político, moral y aun financiero de un país. Yo no estaba de acuerdo con su tesis, por varias razones que no me creía obligado a dar ni a él ni siquiera a Madrid. Estaba convencido de que España no reunía las condiciones necesarias para desempeñar el papel de gran potencia; ni tampoco creía que era posible fiarse de las grandes potencias si se aspiraba a hacer una política de paz. Además, le hice observar que de un modo espontáneo y natural, España había entrado en relación empírica pero permanente con los escandinavos, los holandeses y los suizos, los belgas y los checos. Éste es el grupo con el que me entendí mientras serví de delegado en Ginebra.

Capítulo XV

Nazis y fascistas

El éxito de Lenin y de Mussolini, la estabilización de sus regímenes, se logró a pesar, o quizá a causa, de su desprecio por las instituciones liberales democráticas, sobre todo las parlamentarias. Este éxito provocó en Francia un sarampión de movimientos antiliberales de ideología vaga y floja y de violencia concreta y ciega. Dándose plena cuenta de que sus propias cabezas no les servían para nada, premisa válida, deducían que la cabeza de los demás era también inútil —conclusión errónea— y hacían lo que podían para quebrarla. En Francia, estos movimientos arbolaban nombres sonoros como *Solidaridad Francesa, Jóvenes Patriotas, Francistas,* todos ellos desbordados por las famosas Cruces de Fuego, nombre con el cual se intentaba atraer la atención de la gente a los caídos de la guerra anterior. Nunca es agradable, aunque sea dulce y honorable morir por la patria; pero uno de los aspectos más repulsivos de este magno sacrificio es la explotación que de él hacen luego los aprovechados de la política. Honremos al inglés que dijo: «El patriotismo es el último refugio de los pillos.»

Éste era el charco de opinión que, fermentado por el comunismo fascista y por el fascismo comunista, hizo brotar de sus pútridas aguas los héroes del Trocadero; y aunque pronto a contraatacar (como ya dije) con más espíritu que sabiduría, mi pasión por la objetividad me decía que algo habría de dañado en la democracia liberal si tantos sectores a derecha e izquierda se alzaban contra ella, y hasta lograban proscribirla, como en Rusia y en Italia. Le ponía, pues, un signo «menos» a nuestro viejo refrán, diciendo para mis adentros: «Algo le pasará a la democracia liberal cuando la maldicen.»

Era, pues, necesario volver a pensar los fundamentos de nuestra fe política; y en lo que me concierne, no he dejado de hacerlo desde entonces. Entre mis papeles hallé los textos de dos discursos que dediqué a este tema en 1933; y de entonces acá, le he dedicado dos libros que han circulado y circulan en cinco lenguas. Una de mis ideas centrales para esta revisión de nuestra fe liberal es que no parece muy sabio denominar al régimen que encarna nuestras ideas *democracia liberal*, porque la libertad es la esencia de nuestra fe, mientras que la democracia sólo es un método para realizarla; de donde llegué a la conclusión de que tendríamos que luchar en dos frentes, el de la izquierda y el de la derecha.

Para mi indagación sobre estos problemas, evitaba los libros prefiriendo la intuición, la experiencia y la meditación. «Pero usted —me decía un día Fernando de los Ríos— se saca los libros de la cabeza.» Él los sacaba de otros libros. Claro que no es cosa de desdeñar, ni mucho menos, lo que una buena cabeza como lo era la de Fernando puede sacar de otros libros; pero tal no es ni fue jamás mi manera de escribir, sino que, según el dicho inmejorable de Ortega, soy *adánico* como solemos serlo los españoles, es decir, que miro directamente el mundo como lo hacía Adán antes de que hubiera bibliotecas. Que tiene sus contras, claro está. Pero también tiene sus pros y sus peligros; los cuales peligros (por ejemplo, el de hacerle a uno a veces descubrir el Mediterráneo) son a su vez estímulo y ventaja para el que prefiere pensar por sí. De todos modos, si voy a errar, prefiero que el error sea mío y no de otro.

La filosofía política no puede aspirar a formar parte del verdadero conocimiento si sus conclusiones no se someten a nuevo descubrimiento mediante el análisis de lo que pasa hoy. Sólo logran permanencia estas conclusiones si pasan por una perenne revisión. Aparte de que los vocablos mismos, *libertad, democracia*, no significan lo mismo para Aristóteles, Santo Tomás, Montesquieu o Herbert Spencer; y no hablemos de Lenin o de Mao. Así justifico *a posteriori* que mi investigación sobre la libertad y la democracia haya sido *in vivo* y no *in vitro*. Porque en cuanto al hecho en sí, pues hecho fue.

*

El primero de los discursos a que me he referido iba dirigido a una reunión internacional de intelectuales que tuvo lugar en Madrid del 3 al 7 de mayo de 1933, sobre el porvenir de la cultura. Lo había organizado el Comité de Artes y Letras de la Sociedad de Naciones al que pertenecía yo, y lo presidió Madame Curie. La sala era la que para casos tales había construido la Residencia de Estudiantes de Madrid; bellísimamente decorada con una tapicería flamenca de la colección oficial. Bajo tan maravilloso testigo del valor universal y perenne de la belleza, disentimos, a veces irritados y provocados por la presencia de dos fascistas y dos nazis que nos habían hecho tragar sus respectivos gobiernos, aunque en teoría los gobiernos no tenían pito que tocar en la selección de las personas que venían a nuestras sesiones.

Éste fue el auditorio ante el que expuse mis críticas de la democracia liberal y mis razones para opinar que era menester insistir en la índole esencial de la libertad. Frente a mí, separados por la anchura, no mucha, de la mesa, veía y sentía la barrera de los dos nazis y de los dos fascistas; y entonces el diablo me tentó como suele, y dije por la primera vez algo que he repetido después muchas. El dictador... iba a decir, pero me acordé de que era embajador y me corregí: «... el tirano no es enemigo de la libertad. Por el contrario, el tirano es un amante de la libertad, y tan fogoso que, sin contentarse con la suya, toma también la de todos los demás. Es, pues, el hombre que ama la libertad sobre todas las cosas, y una especie de don Juan de la libertad, y cuando se ha comprendido esta idea se explican muchos fenómenos políticos» *.

Mientras hablaba, veía cómo se iban ensombreciendo los cuatro rostros nazi-fascistas, y luego (porque mi observación sobre «el tirano» venía un poco antes de mediado el discurso) no sólo vi, sino que oí lo disgustados y apurados que estaban. Todos nos dábamos cuenta del porqué. ¿Qué dirían en Berlín y en Roma? No precisamente los dos dictadores, que a lo mejor ni se enteraban de nada y si se enteraban los tendría sin cuidado aquel patinillo de intelectuales, sino los de los galones que los aguardaban en las cancillerías para hacerles pagar con disgustos aquel «verde» que se tomaban en un país renombrado por su hospitalidad y buen clima, de modo que algo habría que hacer. Así que, al día siguiente, un nazi y un fascista, en cuanto se abrió la sesión, pidieron la palabra para explicar, sin nombrarme, que para ellos, la mención de «el tirano» en un discurso del día anterior no se refería a ningún jefe de Estado o gobierno en ejercicio actual de su autoridad. Yo, sentado a un metro de ellos, seguí sentado, y no hablé.

*

* «... le tyran n'est pas précisément un ennemi de la liberté. Bien au contraire, le tyran est un amant de la liberté à ce point fougeux que, non contant de la sienne, il prend aussi celle de tous les autres. C'est l'homme qui aime la liberté par dessus tout. C'est une espèce de Don Juan de la liberté, et lorsqu'on comprend cette idée, on s'explique beaucoup de phénomènes politiques.»

Medio año después me encontré en trance semejante nada
menos que en la Sorbona. El Centro de Estudios de la Residencia Francesa me había invitado a dar una conferencia el 25 de
noviembre, y cuando llegué a la rue Saint-Jacques sentí enseguida que habría hule. La conferencia había levantado cierta
expectación, tanto en la izquierda, que deseaba acoger a nuestra
república con el debido calor, como en la derecha, que deseaba
abuchearla. Entre las autoridades que me recibieron a mi llegada a la Universidad, observé jefes de la policía, no todos de
uniforme. Las cosas, sin embargo, fluyeron por canales pacíficos,
entrecortados por algún intento de desorden, pronto malogrado;
y creo que ello se debió a que lo que yo iba diciendo desconcer-
taba tanto a mis presuntos adversarios como a mis candidatos
a admiradores, porque intenté analizar el siglo y medio transcurrido desde la Revolución francesa precisamente desde el único
punto de vista común a ambos bandos: «¿Qué es lo que ha echado a perder el resultado de aquella Revolución?» Lo primero,
les dije, ha sido la confusión entre la democracia como fin y la
democracia como medio. «El ciudadano no dispone hoy ni del
intelecto ni de la información que se necesitan para resolver
los problemas de la vida colectiva.» Así que surge el técnico, y
los jefes permanentes de los departamentos del Estado. Apuntaba luego cómo Lenin había otorgado a la tiranía el prestigio
de la izquierda, ya que hasta entonces todas las tiranías habían
venido de la derecha, mientras que de Lenin acá, vinieran de
donde vinieran, se protegían con una máscara izquierdista. Su
éxito relativo se debía a los obstáculos que hallaban los gobiernos
democrático-liberales para resolver los problemas económicos.
Entonces, ¿por qué no seguir la estela de los países que
habían abjurado de los principios liberales, sobre todo, de la
primacía de la libertad individual? Precisamente, contestaba,
por el valor único de la libertad. Todos estos regímenes condenan el sistema parlamentario, pero lo que quieren ejecutar es
la libertad. Mi conclusión aquí era que era inútil buscar el remedio a nuestros males en una especie de mejora de la mecánica
social (puesto que nuestras sociedades no son máquinas), sino
en la biología.
Si los fascistas que me escuchaban hubieran sido sinceros,
habrían vislumbrado aquí la posibilidad de un diálogo; pero
carecían de sinceridad, y aun sospecho que también de la capacidad para darse cuenta de lo que iba diciendo; y todo lo que
querían era rebuznar unas frases hechas y ejercer los músculos.
De modo que, terminada la conferencia, la policía me mandó un
aviso aconsejándome que saliera por una puerta trasera. No me

gustó la idea. Salimos por la puerta de delante. Aguinaga, mi consejero de Embajada, mandó a su mujer a casa en su coche y él se vino en el mío. No pasó nada.

*

Mientras así discutía en público con los fascistas, llevaba un debate personal binario con el comunista más autorizado que tenía a mano, Rosenberg, el encargado de negocios soviético que llevó años la Embajada de su país en Francia. Su encanto personal, que no era poco, estaba todo concentrado en el rostro, que era luminoso, abierto, amistoso y, creo yo, sincero. Todo el resto de su físico era desmedrado y deforme. Era hombre de gran inteligencia y tan dispuesto a discutir como si fuera protestante escocés en vez de judío ruso. Claro que nuestros debates versaban sobre el marxismo.

Pero una vez bajamos de la teoría a la realidad. Yo necesitaba un abrigo de pieles para cubrir mis huesos frioleros. Rosenberg se enteró, o por mí o por otros, no lo recuerdo, y me ofreció encargar las pieles a su país, lo que acepté de buen grado. Llegaron, y tan buenas, que todavía tengo y a veces uso el segundo de los abrigos que con ellas me hice, pero a pesar de mis insistentes ruegos para que respetase lo convenido al aceptar sus buenos oficios, Rosenberg se negaba a recibir pago alguno. Tuve que mandarle un ultimátum en regla con la amenaza de devolver las pieles, y entonces se rindió.

De modo que, aunque nos entendíamos bien y estábamos en buenas relaciones, el incidente me dio ocasión para medir su astucia y su terquedad, así que no me causó sorpresa alguna enterarme de que durante la guerra civil, nombrado embajador en Barcelona, Rosenberg había provocado la ira de Largo Caballero y en ello corrido el riesgo de que nuestro «Lenin español» lo arrojase por la ventana.

CAPÍTULO XVI

La Conferencia del Desarme

«Con el peso de mi cuerpo, estoy usando el acero de los carriles de la línea París-Ginebra», escribía a uno de mis ministros de Estado sucesivos cuando tenía que cumplir a la vez como delegado de *facto* en Ginebra y como embajador de hecho en París. Así me ocurría tener que salir un momento de una comisión sobre el desarme para dar una batalla telefónica contra algún ministerio francés sobre el contingente de las patatas nuevas de Cataluña que Francia admitiría aquel año; y si la batalla telefónica se prolongaba, era segura una noche de tren para tratar de ganarla en París. Esta situación, siempre mala, empeoró con la Conferencia del Desarme, que comenzó en febrero del 32 y aún seguía cuando solté la Embajada el 34.

Ya había empezado a preparar nuestra delegación en cuanto se anunció en firme la fecha de la Conferencia. Mi principal deseo era que viniera Azaña (entonces presidente del Consejo) como jefe de la delegación, por abrigar la seguridad de que lograría un gran éxito personal, que redundaría en beneficio de la república. No me fue fácil convencerle, pero lo logré, al menos en el papel. Luego no vino, lo que me obligó a tomar la cabeza de la delegación.

Pero, conforme y consecuente con las ideas que venía sosteniendo en mis cartas e informes al Ministerio, quise ensanchar en lo posible la delegación por varias razones. Una, la de despersonalizarla, haciendo que otros tomaran interés en las cosas de Ginebra; otra conexa, la de objetivar la labor ginebrina de los españoles, mediante instituciones *ad hoc,* empeño que, como se verá más tarde, perseguí —en vano— años enteros; y finalmente, para ajustar nuestra delegación al modelo de las demás que veía irse formando en torno nuestro. Dos cosas no se me ocurrieron: que los escogidos pudieran hacerme sombra o estorbar mi labor; o que se atribuyera mi idea de una gran delegación a deseo de «darme importancia». Este absurdo lamentable es precisamente el que adoptó Ramón Pérez de Ayala, que creía inteligentísimo y excelente amigo. Pero así se desprende de las memorias de Azaña.

Busqué delegados donde había simiente y traje, en particular, a Américo Castro y a Luis Araquistáin, ambos hombres de letras, buenos lingüistas y embajadores pasados o futuros. Poco a poco, nos fuimos quedando solos los de siempre: Oliván y yo. Los otros se aburrían o por falta o por sobra de quehacer. A su vez, la Conferencia no fue lo que nos imaginábamos todos y su amplitud e interés fueron adelgazándose, como luego diré.

Paul-Boncour vino por Francia; Simon por Inglaterra. Presidía Henderson. Hombre bueno, leal, sincero, como pocos, era sin embargo Henderson el hombre menos indicado para aquella función; poco inteligente, nada lingüista, insular limitado por su clase y formación, ni aun con los socialistas de Francia podía entenderse porque él era un socialista creyente que leía los textos de la Escritura en los servicios anglicanos o metodistas (no recuerdo cuál). Mandar a Ginebra a un sencillote tal para habérselas con cínicos como Grandi, ateos como Paul-Boncour, espíritus casi bizantinos como Scialoja, era ya indicio de lo que se pensaba del desarme en Inglaterra.

La Unión Soviética envió a mi viejo amigo Litvinof. No era su juego entonces transparente que digamos. Ni siquiera para él. El caso es que su política consistía en mantener buenas relaciones con Francia, con Inglaterra y con la Sociedad de Naciones a fin de refrenar todo intento de agresión a Rusia por parte de Alemania; que Stalin vigilaba esta política sin entusiasmo ni convicción, y que si no se conseguía nada pronto, Stalin echaría todo a rodar, con Litvinof y todo.

Maxim Litvinof era un bolchevique estalinista, puesto que estalinista había que ser para estar en vida. Yo creía ver en él cierta sinceridad de otra época que ya no se observaba en el infame Vishinsky, ni ahora en el hipócrita Cosiguin ni en el brutal Brezhnef. Cuando estaba preocupado, se le veía, y así lo estaba entonces a causa del plebiscito del Saar. Quería esperar que lo ganarían los franceses y no hacía más que pedir opinión sobre ello a todos los conocidos con quienes se topaba. Cuando me consultó a mí, le contesté que los alemanes ganarían por casi cien por ciento.

No me parecía imaginable otra solución. ¿Por qué iban a ser los alemanes del Saar menos alemanes que los del Ruhr o los de cualquier otro valle del país? La comparación con los de Alsacia y Lorena lo ponía aún más en evidencia. Estos últimos, tantas veces transferidos de Alemania a Francia y viceversa, eran alemanes que querían ser franceses. La fuerza les cambiaba la nacionalidad, pero a su gusto si los unía a Francia, a su disgusto si a Alemania. En lo del Saar, todo el mundo sabía que Francia no quería quedarse con el valle por la gente, sino por la hulla. ¿Por qué iban los alemanes del Saar a suspirar por ser franceses? Cuanto más lógico el argumento, más preocupaba a Litvinof, y entonces solía ensanchar el tema comentando la amenaza alemana contra la paz, mientras paseaba por aquella sala abstracta de vidrio y acero que los arquitectos le habían pegado al viejo edificio de la Sociedad de Naciones y que llamábamos la sala de los pasos perdidos.

Casi todos sabíamos, o íbamos aprendiendo, que nuestros pasos en aquella sala se perderían. No creo, pues, que Litvinof se levantara a hablar con ilusión alguna cuando presentó a la Conferencia del Desarme su propuesta sensacional: total e inmediato desarme para todo el mundo. Era demasiado sagaz para no darse cuenta de lo que su proyecto era, y el largo silencio que lo acogió vino a probarle que, por esta vez, la afición desmedida de la Unión Soviética a los retos varios, pero sonoros, de propaganda les había expuesto a él y a su país a un evidente ridículo. Puesto que ninguna de las estrellas de primera magnitud movía un dedo, pedí la palabra. Pero también lo hizo Politis.

Habló él primero y lo hizo con su claridad de acero, demostrando que el proyecto soviético era inaplicable. Su refutación de Litvinof fue perfecta y sin vuelta de hoja. Pero yo pensaba en algo muy distinto. A mi ver, no bastaba una batalla intelectual, como la que había ganado Politis con tanta brillantez, porque aquel debate perdería casi todo su impacto al dispersarse a los cuatro vientos en los cinco continentes. Hacía falta la parábola y el gesto; y al gesto y la parábola dediqué mi discurso.

Advertí que la parábola no era mía, sino de un distinguido estadista británico, y pensaba en Churchill, aunque años más tarde me dijeron que databa del siglo XVIII, y pasé a contarla: Los animales se reunieron en una conferencia para convenir cómo desarmar. El toro, con los ojos puestos en el águila, propugnó que las alas se cortasen a un mínimo convenido; el águila, mirando al león, propuso que se cortasen todas las garras; el león, observando al elefante, demostró que había que extraer o limar todos los colmillos; y el elefante, guiñando un ojo al toro, abogó porque se cortasen de raíz todos los cuernos; en esto, se adelantó el oso y pidió que todas las armas ofensivas y defensivas se cortasen, limasen o extrajesen para que sólo quedara un fuerte abrazo de fraternidad.

El efecto fue eléctrico, la conferencia se sacudía en una tormenta de carcajadas. *La salle est dans la joie*, escribía un perio-

dista de París. Litvinof se reía de buen humor. Pero yo esperaba
de pie, porque después de la parábola, quedaba el gesto. Así que,
en cuanto se calmaron, seguí diciendo que los armamentos eran
un estorbo costoso, al que sólo se resignaban las naciones por
temor a la guerra; que era inútil tratar de persuadirles de que
renunciasen a ellos mientras el temor subsistiese y que, por consiguiente, sólo había un modo de desarmar, que era organizar
el gobierno mundial. «De modo, amigo mío —terminé dirigién-
dome a Litvinof—, deje usted de hablar del desarme, y comience
a hablar del ingreso de la Unión Soviética en la Sociedad de
Naciones.»

Cuando Litvinof se levantó para contestar, el efecto de su
sensacional propuesta se había evaporado, y él era el primero
en darse cuenta, así que se puso a decir lo que le había sorprendido que el delegado de España invitara a la Unión Soviética
a ingresar en la Sociedad de Naciones cuando la República española no la había reconocido. En breve réplica expliqué a Litvinof que uno se lleva primero al amigo reciente a almorzar al
casino antes de invitarlo a casa; lo que la Conferencia pareció
acoger con singular aplauso. Pero Araquistáin tenía razón cuando a la salida me hizo observar que pude y aun debí haber contestado que por ser la Unión Soviética más antigua, a ella le
incumbía iniciar el reconocimiento.

Ahora, al recordarlo, no deja de extrañarme el error diplomático de Litvinof, precisamente por ser tan obvio. Quizá influ-
yeron sobre él dos circunstancias: una, que la monarquía no
había reconocido a la Unión Soviética, y otra, que tampoco la
habían reconocido todavía bastantes terceras naciones. Huelga
especular lo que habría sucedido si la Unión Soviética hubiese
declarado unilateralmente que reconocía a la República española. Creo que nuestra república lo habría recibido como un
cumplimiento. Además, hay que tener en cuenta que la Sociedad
de Naciones reconoció a la Unión Soviética antes que lo hicieran
muchas de sus naciones asociadas, de modo que mi salida sobre
el casino se justificaba en la práctica.

*

Reír sí que podíamos, pero la situación no tenía nada de
halagüeña. Basta un detalle: hubo que retrasar una hora la
sesión inaugural porque el Consejo estaba en reunión a causa
de que la crisis china tocaba a su momento álgido en Xangay.
Inglaterra bregaba con una de sus peores crisis monetarias y
financieras; Alemania iba empeorando en el ataque de vesania
nacionalista que le iba a llevar al desastre; Japón se solivian-

taba con la Sociedad de Naciones bajo los ojos indiferentes y lejanos de los Estados Unidos, y Francia, obsesa con el peligro alemán, caía en el caos político provocado por el escándalo Stavisky.

Los años —siete lo menos— que habíamos malgastado estudiando cómo no desarmar, dedicándonos a temas no tan remotos de ¿cuántos ángulos caben en la punta de una bayoneta?, todo aquel castillo de papel, se vino abajo; y las naciones que hasta entonces se entregaban a la investigación del *si*, del *cómo*, y del *pero*, al verse frente a sesenta países reunidos en conferencia, se pusieron a improvisar proyectos de desarme. Hasta Litvinof, ya olvidada su estocada al lago de Ginebra, parecía dejarse tentar y querer proponer algo menos absurdo, pero se abstuvo.

También presentó su plan Monsieur Tardieu, primer delegado de Francia como ministro de Negocios Extranjeros y luego como presidente del Gobierno. El obstáculo mayor era, desde luego, político. Los alemanes insistían en su *Gleichberechtigung*, o sea el restablecimiento de la igualdad en armamentos. Estimaban que ya llevaban demasiado tiempo como parias, y querían ser como todos los demás. Los franceses se atenían a la letra del Tratado de Versalles, en el que querían que los alemanes siguieran encerrados. El plan Tardieu, *à la française*, ponía tanto acento en la seguridad como en el desarme, y nació muerto. Simon se dedicaba a distinguir entre armas ofensivas y armas defensivas, a lo que le solía yo replicar que con el modelo de arma defensiva, el escudo, se podía muy bien matar al más pintado a no ser que parase el golpe con un fusil, arma ofensiva. «Los carros de asalto deben tener límite de peso y alcance», afirmaban los ingleses. «Pero ¿qué límite?», preguntaban los franceses. Simon aconsejaba que se dejasen de teorías. «Cuando veo un elefante, sé que es un elefante, aunque no lo sepa definir.» Y yo le preguntaba: «Y la ballena, ¿la reconocerá usted?» Los británicos y los yanquis opinaban que un acorazado era arma defensiva, y un submarino, ofensiva; los franceses, que uno y otro eran defensivos. Cada cual había venido decidido a no irse menos sino más armado *relativamente a su adversario*. Brüning, el canciller alemán, siempre cauto y conciliador, se limitaba a pedir igualdad para su país; pero se declaraba dispuesto a lograrla no armándose a nivel de los demás, sino desarmando a los demás a su nivel, lo que era también el principio de los franceses, pero no su práctica. Así pues, Brüning decía que la solución era fácil: que los franceses e ingleses se aplicasen a sí mismos lo que habían prescrito a los alemanes en Versalles. Grandi apoyaba esta idea, puesto que dejaría a Italia *relativamente* más fuerte.

Capítulo XVII

Tomo la presidencia del Comité aéreo de la Conferencia

El 24-II-32 se cerró el debate general. Los observadores optimistas comenzaban a preguntarse si al fin y a la postre no terminaríamos por conseguir algo, no tanto en el desarme en sí como en lo de la igualdad para con los alemanes. Siempre la ley natural, que transforma desarme en política. Cabría dudar, sin embargo, de que tal resultado hubiera estado a nuestro alcance, aunque no nos hubieran cerrado el paso la crisis japonesa y la amenaza hitleriana. De todos modos, hubo que suspender la Conferencia para reunirnos en Asamblea extraordinaria sobre lo de Manchuria. La Conferencia se dispersó en sus comités.

Al empezar esta fase me enteré de que la Secretaría General me había reservado la presidencia del Comité del presupuesto. Tuve, pues, que poner en claro a Aghnides, mi antecesor y mi sucesor en la Sección del Desarme, que yo no solicitaba presidencia alguna; y que sólo aceptaría la del Desarme aéreo. Le sorprendió mi elección y a mí su sorpresa, porque las batallas del porvenir se darían en el aire, mientras que yo no me sentía a gusto entre presupuestos que, además, eran todos mentira. Creo que aquel episodio se explica por la conjunción de dos circunstancias: la opinión no comprendería que yo me quedara sin una presidencia; y Drummond no quería que yo tuviera una importante. Mi fuerza estaba en mi absoluta sinceridad, en mi propósito de no encargarme de ninguna como puesto de prestigio; pero si iba a ser una, por el mero hecho del *servicio*, tenía que ser la aérea.

Aun así, aquel servicio era puro tedio, por la poca o mala base que dejaba a la esperanza. Lo único que valía la pena era la abolición total de la guerra aérea; pero este objetivo presuponía otro en pro del cual me batí años y años: *La línea aérea única universal*. Argüía yo que la intervención mutua o colectiva se apoyaba explícitamente en la desconfianza, siendo así que la paz sólo puede descansar en la confianza; por lo tanto, si íbamos poco a poco creando un equipo de 40 a 50.000 pilotos y mecánicos de aviación de todas las naciones, todos laborando para la misma línea mundial al servicio sólo de todo el mundo pero de ninguna nación, la confraternidad de nuestro personal volante bastaría para impedir que ni un solo avión se desviara de su función pacífica a una aventura criminal. Sigo creyendo que nada en este plan podía considerarse como allende las lindes del buen sentido. El aire era un elemento nuevo, común a todos los hombres y naciones, y era obligación nuestra velar por su pureza moral.

Mucho más tarde, supe cuál era el mayor obstáculo en mi camino: los poderes efectivos de los Estados Unidos opinaban que el tráfico civil aéreo rendiría mayores beneficios a aquel país si seguía en manos privadas. En su día contaré cómo lo supe, pero entre tanto la cosa merece un momento de atención. Como liberal que soy, creo que es menester para la salud del conjunto dejar a la iniciativa privada un vasto sector de toda actividad humana (no sólo de la económica); pero también creo que para que este sector dé de sí los mejores resultados, ha de moverse en una armazón de propiedad e inspiración colectiva. Hace más de cuarenta años que vengo sosteniendo este criterio tanto en lo nacional como en lo internacional. Hay actividades económicas que ya no deben dejarse en manos del individuo, ni siquiera de la nación, sino que piden una autoridad internacional o mejor mundial. Una de ellas es el petróleo; otra, las armas; otra, la navegación aérea. Mi lista es más larga, pero ya me contentaría con ver funcionar esas tres. La incidencia de la propiedad privada o nacional en la industria, transporte y comercio del petróleo lleva siendo desastrosa todo este siglo; la de la manufactura y tráfico de armas es una vergüenza y un escándalo, y mientras en aquellos tiempos que hoy recuerdo, eran las naciones culpables asaz vergonzosas sobre lo que hacían o dejaban hacer, hoy han perdido la vergüenza y rivalizan en vender su pacotilla a países que debieran gastarse el dinero en pan. En cuanto a la aviación, seguro estoy de que los sufrimientos inimaginables que el mundo ha pasado durante la última guerra, sobre todo en Europa, y aun quizá la guerra misma, se habrían podido cortar de haberse aprobado mi doble idea de 1932: una sola línea aérea mundial y la prohibición de la guerra aérea.

*

La coyuntura política no era favorable y los grandes personajes que mandaban en las grandes potencias eran pequeños. La ley inexorable de toda conferencia del desarme, que automáticamente se vuelve conferencia del rearme, dominó la nuestra. Las potencias menores, o impotencias, se tuvieron que contentar con seguir como coro griego, a veces inactivo y mudo, mientras las sedicentes grandes tejían sus conciliábulos, textos e intrigas sobre cañones, aviones y navíos. Estos conciliábulos no daban la impresión de inspirarse en nada semejante a la alta política. Era patente que, en Alemania, la única alternativa a un régimen nazi consistía en conservar el país en manos de Brüning; el cual, a su vez, aprovechó la ocasión que en abril del 32 le ofrecieron Stimson y Ramsay Macdonald para presentarles un plan que ambos países anglosajones aceptaron. Pero Tardieu, alegando enfermedad y elecciones en Francia, echó por tierra esta esperanza, y esta derrota de París echó por tierra a Brüning. El 30 de mayo, Hindenburg, como presidente de la República, llamó a Von Papen, que resultó ser una especie de ujier para anunciar a Hitler.

Hay que mirar esto bien. El desarme, utopía hueca, se resolvió, como suele y tiene que ser, en duelo político; el duelo político se concentró en el rearme alemán; el rearme alemán se presentó, en forma colectiva, en el proyecto Brüning; los anglosajones lo aceptaron. Tardieu no lo aceptó. Dadas las circunstancias generales, pues, el factor determinante en crear a Hitler fue el resentimiento alemán; pero el factor determinante en traerlo al poder fue Tardieu.

Herriot, que sucedió a Tardieu, se habría revelado más flexible, pero ya entonces estaba Alemania en manos menos de fiar; amén de más duras. Se prolongaron los conciliábulos entre Herriot, Macdonald y Gibson, con Simon y Paul-Boncour de segundos. Todo iba lento, cuando iba. De pronto, el 22-VI-32, recibió Henderson poco menos que una orden de convocar una sesión plenaria. ¿Qué pasaba? Que el Gobierno de los Estados Unidos tenía una idea: Destrucción de todas las armas ofensivas, y reducción de las demás a un tercio. Prohibición del bombardeo aéreo.

En un discurso sensacional, Grandi aceptó este plan; lo que bastó para que la gente se rascase la cabeza, aun aquellos que, al primer pronto, habían acogido la idea con fervor. Los alemanes, muy contentos. Los franceses apuntaron que se les obligaba a desarmar precisamente cuando los alemanes amenazaban más fuerte. El Japón rechazó la idea. El plan era de lo más primitivo e irrealizable. A lo que había que ir entonces no era a desarmar físicamente a los franceses, sino a desarmar moralmente a los alemanes. Después de tantas semanas de tratos secretos, el quinteto de montañas había dado a luz un *ridiculus mus* y las naciones menores comenzaban a perder la paciencia.

Si al menos las grandes hubieran producido algún resultado, su arrogancia y falta de modales, hasta para nuestro presidente, se les habría perdonado; pero la arrogancia en el fracaso no merece indulgencia.

Citaré aquí al historiador de estos sucesos: «Las potencias menores estaban indignadas, no sólo de haber tenido que esperar tanto tiempo sin reunión alguna pública (de la Conferencia), sino al darse cuenta de que una iniciativa de la que tanto habían esperado se había malogrado antes de que ellas hubiesen podido decir algo en su apoyo. Hallaron un portavoz en Salvador de Madariaga, que había sido jefe de la Sección del Desarme en la Secretaría durante sus primeros seis años y había escrito un libro sabio y brillante sobre el tema. Como delegado español al Consejo y a la Conferencia, Madariaga gozaba de una libertad poco usual, y claramente puso al desnudo las insuficiencias de Francia y de Inglaterra y hasta de los Estados Unidos en numerosos casos en los que otros que estaban de acuerdo con él no se atrevían a hablar. Cierto número de Estados europeos —Bélgica, Checoslovaquia, Dinamarca, Noruega, Suecia, los Países Bajos y Suiza— se unieron a España para formar un grupo basado en la convicción común que la Conferencia sólo podía lograr sus fines si guardaba las cosas en sus propias manos, y que sería fatal volver a dejar el desarme a discusiones secretas entre las grandes potencias. Pero no estaba en sus manos el volver a poner en marcha la máquina, ni tenían la intención de crear una crisis extremando sus protestas» *.

Entre Simon y Benes combinaron una resolución de esas de ni chicha ni limoná. A nadie le gustó, aunque ni decidía ni aclaraba nada. La votamos (23-VII-32) cuarenta y uno de los sesenta, de pésimo humor. Litvinof declaró que votaba en pro del desarme, pero contra la resolución. «¿Por qué "pero" —le pregunté— en vez de "por lo tanto"?» Aquel «pero» le delató como lo que era, un comediante del desarme; como venía obligado a serlo por su empresario Stalin, porque en cuanto a comunista, lo creía sincero. Italia había retirado a Grandi, que era demasiado inteligente para el fascismo, y enviado a Balbo, que compensaba en arrogancia lo que le faltaba en sustancia gris. Balbo hizo un discurso sonoro para explicar que no votaría —punta bien roma para tanta espada—. En cuanto a Alemania, Nadolny declaró que, puesto que no se les reconocía la igualdad, no volverían. Así cabe acusar a los ex vencedores de la primera guerra de haber conseguido darles la razón a los alemanes —que ya es conseguir.

---

* Walters, núm. I. II, págs. 510-11.

La Conferencia entonces hizo lo que el Guadiana, ponerse a correr bajo tierra. «Correr», claro que no es cosa que le vaya muy bien a una Conferencia, pero en fin, ya se entiende. Las potencias se ocultaron para negociar aquel espinoso tema de la igualdad que exigían los alemanes. Mussolini, a la sazón ministro de Negocios Extranjeros y de casi todo lo demás, apoyaba a su discípulo en trance de hacerse no sólo su maestro, sino su amo. Los franceses, ahora bajo Herriot, ya no se sentían seguros de poder guardar en vida el ya maltrecho Tratado, aunque seguían invocándolo. Los ingleses, bajo Macdonald y Simon, y con gran disgusto de Vansittart, se inclinaban ante el auge inevitable de la fuerza alemana. En cuanto a los yanquis, seguían más lejos y además muy ocupados con su elección de un nuevo presidente, que resultó ser Franklin Roosevelt. Para Ginebra, esto se traducía en Norman Davis, embajador ambulante y amable conversador, sin más.

Éstos fueron los cabecillas que obligaron a la Conferencia a eclipsarse bajo tierra, y ni siquiera tuvieron la decencia de llevar a bordo a Henderson. Sus tratos fueron laboriosos y fértiles. Ya para entonces Alemania no estaba dispuesta a discutir de verdad, sino sólo a entretener a los otros mientras montaba su aparato bélico. Se llegó a un acuerdo meramente verbal para arrinconar el Tratado de Versalles y su parentela; se le dio a Alemania la igualdad que Tardieu le había negado, con lo cual, se consolidó a Hitler en vez de Brüning, y todo el mundo se declaró satisfecho, lo estuviese o no. Según la malhadada usanza, se convocó entonces al coro de menores para que ratificasen lo hecho o deshecho, en Conferencia plenaria que se celebró el 14-XII-32, no sin protestas y una demanda de que otra vez se incluyera en las negociaciones al presidente de la Conferencia; y se disolvió la reunión hasta el 31-I-33. Se iba hundiendo la Sociedad de Naciones y la crecida de los acontecimientos iba subiendo en torno a su casco desmantelado.

Capítulo XVIII

Conflictos hispanoamericanos

Como si no bastaran mis obligaciones de embajador, la Manchuria y el Desarme, tuve también que malgastar mis energías en dos conflictos que dividieron el mundo no muy bien avenido de los hispanos de Ultramar: el que llevó a la guerra del Chaco entre Bolivia y Paraguay (1932-35), y el que llevó poco menos que a una guerra entre Colombia y Perú a propósito de Leticia (1932-34). Éste es uno de los misterios de la naturaleza humana: que países de la misma lengua y cultura busquen y encuentren motivos de disensión y aun de guerra, enzarzándose en disputas sobre territorio, que es precisamente lo que les sobra a todas ellas.

En estos como en otros aspectos de su vida, los países hispanoamericanos se niegan a sacudirse la responsabilidad y la soberanía sobre nadie foráneo, pero creo que mediante un estudio empeñoso de la hacienda de estos países se pondría de manifiesto la tremenda responsabilidad moral que lleva a estos conflictos ociosos la siniestra industria de armamentos, activamente apoyada por las autoridades nacionales concernientes.

Uno de los hechos más escandalosos revelados por el conflicto del Chaco fue que, mientras ni Bolivia ni el Paraguay podían dedicar, ni con mucho, bastante dinero para instrucción pública y servicios sociales, ni siquiera para pagar sus modestas cuotas a la Sociedad de Naciones, derrocharon millones de dólares para comprar armamentos, precisamente entre el primer chispazo del conflicto en 1928 y la crisis aguda del 1932 que las llevó a la guerra. Ahora bien, este período de gestación y rearme intenso había estado precisamente «administrado» por una «Comisión Neutral» compuesta de los jefes de misión en Washington de Colombia, Cuba, Méjico y Uruguay, presididos por Mr. Francis White, alto funcionario del Departamento de Estado; el cual Mr. Francis White resultó ser tan perfecto cristiano que su mano derecha, mientras vertía esfuerzos de paz sobre el continente colombino, jamás se enteró de que su mano izquierda no cesaba de impulsar la venta de armas yanquis a ambos futuros beligerantes. (No digo que Mr. White sacara provecho personal de esta doble operación: sí digo que estaba plenamente consciente de ella.) Claro que, en lo de vender armas, no se dormían ni los ingleses ni los franceses ni los suizos, etc., pero ninguno de éstos había pensado en establecer una Doctrina de Monroe para guiar al mundo hacia la paz, la libertad y la caza a la dicha.

En cambio, el presidente Wilson sí; tanto que hizo construir para la Doctrina de Monroe un templete exclusivo dentro de la catedral del Pacto. El artículo 21 reza: «Nada en el Pacto se considerará afectar la validez de convenios internacionales tales como tratados de arbitraje, o acuerdos regionales como la Doctrina de Monroe para asegurar el mantenimiento de la paz.» La frase navega con maestría entre rocas y bajos; porque equivale a decir: «Ningún vegetariano tiene derecho a rechazar como alimento legumbres tan bien conocidas como el jamón o el pollo.» ¿Quién le había dicho al presidente Wilson que la Doctrina de Monroe era un «acuerdo regional»? ¿Con qué naciones de la «región» se había discutido? La Doctrina de Monroe se anunció de plena soberanía en Washington sobre la base de que al que no le guste que se fastidie.

Por lo pronto, lo que hizo insoluble el conflicto del Chaco fue la Doctrina de Monroe. Que los dos países protagonistas hicieron también lo que pudieron, nadie lo duda. En cuanto a sus representantes, uno de ellos, Caballero de Bedoya, que era el del Paraguay, era hombre poco dúctil y procuró oponer los Estados Unidos a la Sociedad de Naciones para pescar en río revuelto; mientras que el otro, Costa du Rels, era un europeo muy *boulevardier*, que padecía una pasión por el vocablo *derechef,* de poco uso en Francia, lo que le valió el apodo de Monsieur Derechef. Ambos tesoneros y tercos defensores de algo, pero ¿de qué?

El problema de si la posesión de un territorio tan vasto como el que estaba en disputa era necesario para la felicidad de uno u otro de dos países que distaban mucho de haber no ya saturado, sino ocupado el que ya tenían, no vino en consideración. Otra vez el mal humor era padre del conflicto, no el conflicto padre del mal humor. En junio la tensión militar empezaba a desbordar la tensión política, y los dos Gobiernos escribieron a la Sociedad de Naciones, lo que dobló el conflicto entre Bolivia y Paraguay con otro entre Washington y Ginebra.

Cuando se reunió el Consejo, por cierto bajo la presidencia de Eamon de Valera, entonces primer ministro de Irlanda, tuvo que ocuparse de los dos conflictos a la vez, lo que no dejó de complicarlo todo aún más, porque uno, el de Washington contra Ginebra, incitaba a Inglaterra, o sea a Simon, a más cautela que buen juicio, pues le importaba mucho más el yanqui que la «Liga» o la paz (al menos aquella paz local). Simon llevó las cosas a tal extremo que casi resultaba una cerrazón contra el Consejo al que pertenecía. Mi actitud era que la Comisión Neutral, los Estados Unidos, la Argentina y otros más o menos amigables componedores no pasaban de ser meros aficionados; mientras que la Sociedad de Naciones era la única institución obligada por la ley a mantener el orden entre sus naciones asociadas. El presidente De Valera se declaró de acuerdo.

El secretario general, Sir Eric Drummond, buen inglés, como escocés que era, halló una solución digna de su inmortal compatriota Pickwick: La Sociedad de Naciones se encargaría del asunto como estaba obligada a hacerlo, y para probar que así era, se lo pasaría a la Comisión Neutral de Washington. Ésta, a su vez, nos informaría de todo. Claro que no lo hizo. Aparte de que, en general, en cosas de procedimiento el *State Department* se oponía tanto a Ginebra como en cuanto a la paz el Japón. Se daba además una dificultad especial: que los Estados Unidos deseaban insistentemente en la práctica tener a toda Hispanoamérica subordinada a su voluntad.

La consecuencia era de suponer. A fin de año, el problema Bolivia-Paraguay estaba varado en una especie de marisma de procedimiento en que lo paralizaban los mediadores aficionados, la Comisión Neutral, la Argentina y el Brasil. Llegaron las cosas a tal punto que estuve por proponer a la Sociedad de Naciones un ruego a Suecia y Noruega para que se aboliese el premio Nobel de la Paz, que era en no pocos casos el señuelo que desviaba la atención de tantos políticos de la búsqueda de la paz a la satisfacción de la vanidad.

Ya habíamos propuesto en el verano el envío de una Comisión de Estudio, pero se opuso la Comisión Neutral. Volvimos a proponerla, reforzada la idea con un plan franco-británico de embargo de armas. ¿Sincero? En todo caso, se evaporó la idea en cuanto el Senado de Washington rechazó un plan análogo que le presentaba Hoover (otra prueba, después de tantas, del mal inmenso que la retractación de los Estados Unidos había hecho a la Sociedad de Naciones). Luego vino el turno de la Argentina y Chile, jugando a las grandes potencias ultramarinas, que les hicieron perder otros cuatro meses en otra mediación. Entretanto, los ejércitos se entremataban y Bolivia, animada por un par de éxitos militares, pidió que el asunto pasara otra vez a la

Comisión Neutral, la cual, ahíta de fracasos, nos lo devolvió, en tal estado que yo pensaba en el *Tenorio:*

> Imposible la hais dejado
> para vos y para mí.

Paraguay entonces declaró la guerra que ya se venía haciendo sin este trámite; y entonces Bolivia pidió que se le aplicase el artículo 16 al agresor. Nuevo peligro: el Pacto como comedia para llorar o tragedia para reír. En el Consejo insistimos en que fuera una Comisión a imponer un armisticio y trazar una frontera. Aunque con muchos dimes y diretes, se avinieron las dos partes, mientras Bolivia preparaba una ofensiva; por cuyo motivo, se negaba a aceptar la condición que cesaran las hostilidades, que el Paraguay quería imponer muy de acuerdo con el Pacto. Constituimos la Comisión, que componían ciudadanos de Inglaterra, Francia, Italia y Méjico y que presidía Álvarez del Vayo. Al presidente lo había escogido yo. Como la labor del Consejo se había llevado a cabo bajo mi dirección y la de mi amigo Sean Lester, delegado de Irlanda, excelente compañero, no tuve dificultad en obtener que el presidente fuera español y que lo fuera Vayo, a quien consideraba entonces como un buen socialista de izquierda, honrado y capaz. Más tarde se reveló de los que, con o sin tarjeta, siguen las consignas de Móscova. Quizá lo fuera ya en 1933. De ser así, yo no lo había observado.

Hoy me inclino a creer que al proponerlo y hacerlo nombrar, me equivoqué. Vayo estaba a la altura de la tarea. Era buen periodista, gran viajero, honrado y capaz; pero, aun dejando a un lado su querencia comunista, era español. Y nosotros sabíamos muy bien en Ginebra que en el Departamento de Estado había en Washington un nido de aguiluchos yanquis que consideraban a todo el continente colombino como el coto de caza de los Estados Unidos, y la Doctrina de Monroe como una especie de letrero que decía: PROHIBIDA LA ENTRADA. Quizá hubiera sido más diplomático haber escogido un presidente de cualquier otro país.

Todo lo cual explica una maniobra de última hora que padecimos cuando ya se hallaba la Comisión dispuesta para salir. Al mismo tiempo y en idénticas palabras, los dos países beligerantes rogaron al Consejo devolviera el asunto a las cuatro naciones hispánicas y que entretanto la Comisión aguardase. Walters escribe: «Nunca se aclaró quién había inducido a los dos beligerantes a ponerse de acuerdo sobre un procedimiento tan extraño. El Consejo no podía negarse a una petición de ambas partes de común acuerdo. Sin embargo, las potencias vecinas (es decir, las hispanas) no parecían muy bien dispuestas a aceptar el nuevo mandato, y el 30 de setiembre, después de cruzar cartas con Bolivia y Paraguay, informaron al Consejo que declinaban la invitación.»

Esta opacidad es como la del nácar, que refulge de reflejos. ¿Quién pudo haber dado el empujón inicial para un paso conjunto y simultáneo de los dos beligerantes? No ellos, puesto que no era razonable suponer entre los dos adversarios tamaña unanimidad y al unísono además, ni el Consejo, ni los cuatro hispanos, puesto que lo rechazaron. *Ergo,* el impulso inicial vino del Departamento de Estado. ¿Qué piso? ¿Qué pupitre? Vaya usted a saber. Pero es tan seguro como lo pueden ser las cosas humanas que fue algún sacristán, o presbítero, o acólito, obispo, o cardenal de la Doctrina de Monroe el que puso en marcha a última hora aquella maniobra para salvar el texto sagrado. Y no me extrañaría si el episodio debiera su ignición al nombramiento de un español como presidente de la Comisión de inspectores.

*

La Comisión pudo al fin partir en noviembre (del 33). Como si no bastaran las dificultades de la tarea en sí, se encontró con las derivadas de una situación militar nueva, favorable al Paraguay, y las que le brindaba una reunión de la Conferencia Panamericana en Montevideo. El efecto de esta Conferencia, que se temía sería pernicioso a causa de la actitud de los Estados Unidos y del Brasil, no lo fue ni mucho ni poco. La Conferencia adoptó una resolución favorable a la Sociedad de Naciones, cuya Comisión recibió con una ovación abierta. Pero esta vez, la labor ginebrina tuvo que padecer la vanidad militar del Paraguay que, ebrio de su victoria, rechazó el plan.

Afortunadamente, el informe de la Comisión presentaba otro aspecto que la actitud del Paraguay no podía oscurecer: una denuncia valerosa y concreta del escandaloso tráfico de armas que estaba alimentando la guerra. Creo como casi seguro que éste, su mejor y mayor servicio, se debió a Vayo y a él se le debe reconocer. La dificultad estribaba en que ninguna nación consentía en votar el embargo a menos que también lo hicieran sus rivales en el mercado de armas, lo cual tomaba tiempo que el mercader aprovechaba o no podía perder. Tampoco hubiera servido para gran cosa la denuncia inspirada por Vayo si Eden, entonces ya encargado de las cosas de Ginebra en el Gobierno inglés, no hubiera tomado cartas en el asunto. Inglaterra había propuesto el embargo el 25-II-33, pero los intereses creados tuvieron más fuerza que el Gobierno inglés. Esta vez, la determinación de Eden, apoyado por Castillo Nájera (de Méjico), logró su cometido y al fin Roosevelt se decidió. Pero los intereses creados y ciertos países recalcitrantes (como el Japón y Alemania) actuaron como frenos, de modo que hasta agosto del 34 no comenzó a secarse el río que inundaba de armas a dos beligerantes pobres que habían empezado a guerrear en 1928 y luego suspendido el combate hasta 1932 para dar tiempo a que los Estados Unidos y algunos Estados-socios hicieran pajaritas con las páginas del Pacto.

El asunto pasó a la Asamblea al invocar Bolivia el artículo 15. Las naciones hispanas volvían al cauce de Ginebra, pero los Estados Unidos seguían recalcitrantes, apoyados por el Brasil. Se preparó en Ginebra un proyecto de tratado que la Asamblea adoptó (24-XI-34) como base para la paz. Bolivia se declaró de acuerdo. El Paraguay prosiguió la guerra, y la Asamblea votó levantar el embargo de armas para Bolivia, pero no para el Paraguay. Siguiendo la costumbre, el Paraguay se despidió de la Sociedad de Naciones; pero su situación se fue deteriorando hasta que, ya en el verano de 1935, ambas partes, exhaustas y malheridas, se avinieron a negociar sobre la base del Tratado de Ginebra. La Conferencia de la Paz se reunió en Buenos Aires, salvando así la Doctrina de Monroe.

*

El conflicto entre Colombia y el Perú (1932-34) es un modelo del género. Parece complacerse en reunir todos los elementos de una querella teóricamente organizada. El Perú estaba entonces regido mal, gobernado poco, digamos mandado, por un dictador militar, Sánchez Cerro, con más sangre que juicio. Le interesaba el conflicto exterior para distraer a la opinión de los problemas internos y orientarla hacia la «unión nacional»; de modo que no tardó en producirse el incidente más o menos espontáneo en un lugar remoto de cuyo emplazamiento en el mapa pocos peruanos tendrían entonces ni idea: el puesto de Iquitos, sobre el Amazonas. Por tratado de 1922, ratificado el 1923, Perú había cedido a Colombia la zona de Leticia, cuya importancia para Colombia consistía en darle salida al tráfico sobre el Amazonas. Los peruanos de Iquitos lo veían con malos ojos por la misma razón, a pesar de que Leticia está a unas 200 millas más abajo. Ni cortos ni perezosos los de Iquitos mandaron una expedición armada que se apoderó de Leticia echando a los colombianos, pocos y desarmados, que allí moraban. Que Sánchez Cerro estuviera o no en el ajo es lo que queda por ver, pero una vez cometido el desafuero, el dictador lo consideró excelente medio de lograr la unión sagrada si no peruana, al menos Sanchezcerril.

El Consejo pasó el asunto a un Comité compuesto de Lester, un delegado de Guatemala y yo. Mandamos, pues, cables pidiendo respeto para con el Pacto (14-I-33) por ambas partes, pero no había paridad. El agresor era el Perú, mientras que Colombia, a la sazón bajo un presidente liberal, enviaba una fuerza para recobrar lo suyo. El Perú declaró que sus tropas defenderían Leticia mientras se negociaba una solución, actitud a todas luces malévola y cerrada a la razón.

Esta diferencia en sus actitudes respectivas se reflejaba en sus delegados. Eran ambos hombres capaces y por encima del montón, pero el doctor Eduardo Santos, que representaba a Colombia, era un prohombre de talla continental y de gran integridad política, lo que más tarde como presidente de la República (1938-43) iba a confirmar con brillantez singular; mientras que Francisco García Calderón, conocido publicista, buen diplomático, era un cosmopolita escéptico que residía en Francia, y que no tenía escrúpulo alguno en servir a un dictador como Cerro y en defender caso tan indefendible como el de Leticia. Demasiado inteligente para no ver que el asunto era malo para su parte, demasiado honrado para no sentirse molesto en su fuero interno, pudo haber dimitido, pero no dimitió. Hizo lo que pudo para hacer que Sánchez Cerro viera la luz, pero el pobre hombre era mentalmente ciego.

El procedimiento tropezó pronto con los obstáculos que ya nos estaban estorbando en lo del Chaco. El Brasil y los Estados Unidos querían mediar y nos costó algún tiempo conseguir que nos dejasen en paz. Cerro excitaba a su país a la matonería internacional y con sus aviones obligó a los barcos colombianos a renunciar a libertar a Leticia. Colombia invocó el artículo 15 para que el caso pasara a la Asamblea. El 13-III-33, el Consejo votó que el Perú evacuase el territorio colombiano que había ocupado como medida previa para negociar cualquier contrarreclamación que tuviera. La Asamblea adoptó esta resolución del Consejo, con el voto en contra del Perú; y a fin de asegurar su cumplimiento, formó un Comité en el que estaban representados Washington y Río de Janeiro. En abierta infracción del Pacto, el Perú mandó un escuadrón naval por el canal de Panamá para que fuera a Iquitos por el Amazonas arriba.

La Sociedad de Naciones no podía tolerar tal cosa. Quizá si lo hubiera hecho el Japón... Pero el Perú, jamás. Se pidió oficialmente a los Estados-socios que no prestasen ayuda alguna a la expedición naval del Estado rebelde. Ni Holanda (en Curaçao) ni Inglaterra (en Jamaica) se atuvieron a este ruego oficial en pro del Pacto, alegando pretextos hueros. El Comité se encontraba sin medios de coacción; pero el secretario general, Sir Eric Drummond, se reveló esta vez digno de su eminente cargo enviando a ambos gobiernos —uno, el de su propio país— una carta severa. Quede apuntado su indudable mérito, aunque luego haya que preguntar por qué no actuó con la misma energía en otros casos como el del mismo Chaco, en el que el suministro de armas a ambos contendientes era escandaloso.

Claro que no hay nunca casos idénticos, de modo que no podemos excluir *a priori* que Drummond pensara ser el caso de Leticia tal que permitía y el del Chaco tal que no permitía su intervención. Su aversión a los gestos hueros era de hombre prudente. Pero queda que si Drummond hubiese actuado otras veces como lo hizo en lo de Leticia, con la plena estatura de un canciller mundial, habría sido menos desastrosa la historia de nuestros días.

Entretanto se había enviado a Leticia una Comisión dirigida por el comandante Iglesias, español que conocía bien aquella región y cuyo cometido sería encargarse del territorio ocupado por el Perú para devolvérselo después a Colombia. Así lo hizo, con la satisfacción de haber podido informar al Consejo que el año de su gobierno de Leticia había sido un año de paz. Pero ¿cómo se había conseguido la aquiescencia del Perú? Pues por acto de Dios, si no es blasfemia pensarlo. El 30-IV-33 había caído asesinado Sánchez Cerro y el Perú recobró instantáneamente su cordura, de modo que para el 25-V-33 el acuerdo estaba firmado.

Capítulo XIX

Con los franceses

Una de las críticas que se me solían hacer no carecía de base. El Gobierno de la República había ido a dar a una situación al parecer análoga a la que tanto se le había reprochado en Ginebra a la monarquía: el delegado-jefe ante la Sociedad de Naciones y el embajador en París eran la misma persona. La semejanza era tan sólo aparente, porque sí, es verdad que Quiñones tendía a subordinar su actuación en Ginebra a su Embajada, mientras que yo las había conseguido separar; aunque quepa hacer valer que algo se perjudicaría con ello la Embajada, ya que las grandes potencias exigen devoción y abnegación absolutas. Creo, sin embargo, que en mi caso no fue así y que mi Embajada, lejos de padecer por mi independencia ginebrina, ganó bastante con el mero reflejo de la fuerza moral y prestigio que logré en Ginebra. Laboraban también en mi favor una completa objetividad y mis buenas relaciones con el personal político francés.

Con Tardieu me unían excelentes relaciones personales, cosa no muy general, pues era hombre más bien agresivo y aun violento. Mucho antes de conocerlo, ya primer ministro, solía leer con admiración su artículo de fondo en *Le Temps*. En ambos casos, el periódico se identificaba tan cumplidamente con el país que pasaba por un portavoz oficial mucho más de lo que de hecho lo era, que no era mucho. Así sucedía, sobre todo en política exterior, que en *Le Temps* ocupaba tradicionalmente la primera columna, en la que se había hecho célebre un gran periodista, Francis Pressensé, que solía leer yo asiduamente en mis tiempos de estudiante. Su sucesor en aquella labor había sido Tardieu.

Cuando comencé a tratarlo como presidente del Consejo, lo conocía bien por haberle leído mucho, precisamente sobre política extranjera; pero también me encontré con que él me conocía a mí por el camino análogo, pues había leído mis libros, en particular *Ingleses, franceses, españoles*. Pronto se dio cuenta de que no éramos precisamente de la misma opinión, pero nos entendíamos muy bien. A veces jugaba yo con puestas fuertes. Todavía recuerdo su cara de pocos amigos cuando, en su despacho oficial, le dije que iba a hacer no *un*, sino *el* discurso en la reunión pública anual de la Federación de las *Sociedades Francesas por la Paz*. Alzó las cejas. «Ya ve usted —le expliqué—: soy el presidente de su delegación permanente.» En vez de bajar las cejas subieron más. «¿Y qué va usted a hacer en esa galera?», me preguntó al fin, citando a Molière. Lo discutimos un rato y luego continué: «Querido presidente, es muy sencillo. Les echaré un discurso. Les gustará la mar, y luego se lo traeré a usted y le gustará a usted la mar.» Me sonrió con incredulidad.

Lo que no le dije es que mi propio consejero de Embajada, el íntegro y leal Aguinaga, me había expresado idéntica inquietud cuando se enteró de mi decisión de aceptar hacer aquel discurso «pacifista». Pero le conté a Aguinaga mi diálogo con Tardieu y me dispuse a preparar mi discurso sobre la base de mi apuesta con Tardieu. Tendría que complacer a una asamblea de pacifistas (franceses) y a un presidente del Consejo, *chauvinista* (francés). No dudaba de mi éxito porque sabía lo que tenían de común: eran una y otro *franceses*. Con eso me bastaba.

Comencé dando las gracias a mi auditorio por haberme confiado aquel discurso como sustituto de Briand, de quien nos había privado la muerte. Luego aludí al caso tantas veces citado de la larga frontera indefensa entre los Estados Unidos y el Canadá, y al fin y al cabo enlazados por la lengua, la cultura y la historia; pero había otro caso de frontera indefensa del que nadie hablaba: la franco-española. Y con esta observación por base, pasé a decir que la paz era el ideal de todos los franceses, pueblo militar pero no bélico. La diferencia estriba en que el guerrero hace la guerra para sí, pero el militar se somete a la disciplina. Francia era además un país intelectual y la categoría intelectual por excelencia es el orden. El orden y la paz eran, pues, categorías típicamente francesas. Ejemplo: Napoleón. Mucho se habla de que Napoleón conquistó a Francia: no bastante de que Francia conquistó a Napoleón. El cual empezó como guerrero haciendo la guerra por la guerra; pero terminó declarando: *La guerra es un anacronismo. Yo quise hacer una nación europea.*

El problema —seguí diciéndoles a mis pacifistas— consiste en elevar la unión de mero hecho a conciencia de serlo; y ésta era la tarea de los estadistas franceses. Elogié entonces el plan de desarme que Tardieu presentaba a la sazón en Ginebra; y afirmé que el genio militar de Francia llevaría inevitablemente a la organización de la paz. Describí a París como una ciudad que capta el libre paisaje en una red de perspectivas, lo cual permitía la esperanza de que Francia captase el mundo entero en una red de nuevas perspectivas que hiciesen resaltar su unidad. Describí las perspectivas de París, norte, sur, este y oeste de la aguja de Cleopatra, los edificios en orden militar, sus «columnas» prontas a ponerse en marcha y el nombre de su conjunción: plaza de la *Concordia;* y terminé: «Ésa es Francia, madre de ideas, con sus ojos claros y su frente luminosa, su casco ya no el de *Marte, sino el de Minerva. Là tout n'est qu'ordre et beauté.*»

Mis pacifistas aplaudieron con entusiasmo. Le mandé un ejemplar a Tardieu. Me llamó al teléfono: encantado.

*

Entre primavera y estío del 32, una noche cenando sólo con Herriot, en una de esas erupciones de espontaneidad que la reserva diplomática no consiguió nunca reprimir en mi ser, le pregunté: «¿Cuándo va usted a Madrid a darle la Legión de Honor al presidente de la República?» Bien es verdad que más de una vez había visto aquel viaje en mi imaginación, pero no lo había planteado ni hablado de él ni en París ni en Madrid. Herriot estuvo tan espontáneo como yo. «Cuando podamos. Y con el mayor gusto.»

En una carta que escribí a Zulueta, a la sazón ministro de Estado (27-V-32), veo que Herriot me había pedido que le fuera a ver cuando estaba formando su Ministerio como presidente designado. Me preguntó cuál, en mi opinión, debía ser la política extranjera de Francia. Yo le insistí que Francia podía considerar varias tareas: dirigir un movimiento hacia un orden mundial, puesto que ninguno de los dos países anglosajones parecía dispuesto a hacerlo; organizar aquel verano un estudio técnico para procurar persuadir al mundo del fracaso del nacionalismo económico, y así preparar a la opinión mundial para un plan de coordinación internacional de la economía y de la hacienda que él mismo podría presentar a la Asamblea en setiembre; hacer hincapié en la necesidad de reformar la fe en el Pacto y la sinceridad de Francia en cuanto al desarme, para lo cual tenía que cambiar la actitud de Francia en la cuestión japonesa y apoyar la proposición española prohibiendo la libre manufactura de armas. Me preguntó si para este programa podía contar con el apoyo de España, y le contesté que sí.

También contaba en mi carta a Zulueta mi visita al presidente saliente, Tardieu. Le había pedido audiencia yo, y la conversación resultó interesante porque Tardieu, hombre de cabeza siempre activa, planteaba temas a cada recodo del diálogo; pero sólo mencionaré aquí dos puntos, los mismos que me habían incitado a ir a verle; un decreto, ya publicado, sometiendo las importaciones de nuestras conservas de pescado a una licencia especial, y otro parejo que se preparaba sobre nuestras importaciones de plátanos en Francia. Estas medidas mezquinas me estorbaban en lo que creía yo ser mi misión esencial: ir a una colaboración más estrecha entre las dos repúblicas, para consolidar la situación interna de España y la europea de Francia.

El 27-VIII-32 tuve una larga conversación con Léger. Malgastamos algún tiempo en discutir si un grupo de conspiradores monárquicos, capitaneados por el general Barrera, deberían o no seguir residiendo al sur del Loira *; pero ya que he tenido que citar su nombre, contaré una anécdota que concierne a aquel fantasmón que fue uno de los que acudieron a Mussolini para preparar lo que luego resultó ser la guerra civil. En sus tiempos de coronel, el general Barrera vivía en Tetuán, en el seno de una «república», uno de cuyos socios era mi padre, coronel también. En una mesa de hasta doce militares, era mi padre el único que, en sus frecuentes debates sobre quién iba a ganar aquella guerra (la de 1914-18), sostenía siempre que vencerían los atlánticos. Los otros once, dirigidos por Barrera, aseguraban que ganarían los centrales. Un día, mi padre presentó una proposición; él y Barrera cambiarían sendos papeles firmados autorizándose mutuamente a llamar imbécil al que los sucesos registraran como equivocado en aquel duelo de profecías. Aceptó Barrera, y así resulté yo por herencia capacitado para declarar que el general Barrera distaba mucho de ser un profeta genial.

Así pues, cuando hubimos decidido el lugar donde el ínclito general y sus amigos residirían, pronto nos encontramos Léger y yo hablando sobre el viaje de Herriot a Madrid. Yo propuse del 5 al 10 de setiembre; pero Léger me aseguró que para entonces Herriot estaría engolfado en el rearme alemán, y no sin alguna preocupación, tuve que conformarme con octubre. Resuelto este detalle, Léger me propuso, espontáneamente, una limitación del viaje a dos puntos o aspectos: la afirmación de una cordialidad mutua entre dos naciones regidas por regímenes análogos; y el hacer constar que el conjunto de nuestro

---

* Véase Apéndice, doc. 9, págs. 592-93, sobre un policía que husmeaba por París, ya en febrero de ese año, y no hacía falta, en busca del general Barrera.

modo común de enfocar los problemas mundiales era una extensión de nuestros principios republicanos de orden y de paz. A mí me parecía todo lo que Léger decía un poco demasiado abstracto, y se lo dije, y él entonces se lanzó a uno de esos vastos cuadros que tanto le gustaba (y aún hoy le gusta) pintar: Alemania en el centro, resuelta a demoler las cláusulas del Tratado de Versalles que definían su propio desarme y presentando su derecho a la igualdad como una libertad de armarse, mientras Francia abogaba por la igualdad mediante el desarme de los no alemanes. Ahora bien, ¿cómo desarmar en vista del estado alarmante de la opinión pública en Alemania?

Pero ¿y los ingleses y los yanquis?, le pregunté. Me contestó que, según él, los ingleses se dedicaban a las vacaciones del estío, pero que en Washington se manifestaba un fuerte espíritu antialemán. Léger aspiraba a constituir una coalición compuesta de Inglaterra, Francia, España y Estados Unidos para oponerla a la alianza rearmista y belicosa de italianos y alemanes. Ésta era para mí la raíz del deseo de Léger de elevar a España al papel de gran potencia, sobre todo porque pensaba que Mussolini era incapaz de ver la vida internacional tal y como es porque (por razones de seguridad personal) no podía salir de su territorio y por eso, me decía pintorescamente, «sólo ve el mundo por periscopio». Esto me reveló que, en contra de la queja usual entre fascistas, que Francia no le hacía caso a Italia, lo más probable era que Francia hubiera solicitado la ayuda de Italia y que Italia no había querido darse por enterada. De donde surgió su nuevo interés en España. Pero Léger argüía (a mi ver, con buen acierto) que la amistad franco-británica no se fundaba en la contextura de los problemas de ambos países, que eran más bien obstáculo que estímulo a su unión, sino en un *modo común de entender los problemas internacionales.*

Él sabía muy bien que a mí no me inspiraba entusiasmo alguno su plan de una España gran potencia, y que la veía más bien inserta en el grupo escandinavo-holandés al cual, según él, no pertenecía nuestro país. Pero yo volvía siempre a la definición de España que antaño había propagado por los Estados Unidos: «Un país constructor de imperios que se ha retirado del negocio.» Por lo tanto, era bueno puntualizar nuestra postura y las de Léger y Herriot. Mis conclusiones se resumían del modo siguiente:

1. En cuanto a responsabilidades concretas, en caso de conflicto, en Francia, no se piensa absolutamente en nada más que en la aplicación del Pacto, lo que en mi opinión, con el Pacto interpretado estrictamente, no puede acarrear más inconvenien-

tes o peligros para España que los que se desprenden naturalmente de vivir en un Continente agitado.

2. No se piensa en petición concreta alguna de auxilio directo o indirecto, de paso de tropas, protección moral, etc., aunque
no me atrevería yo a afirmar que no esté esto en las perspectivas posibles en caso de aplicación del Pacto.

3. Se piensa en una manifestación de índole moral y sicológica, que permita a Francia sentirse más «abrigada» frente
a una posible amenaza política y diplomática.

4.· No se espera ni un acuerdo concreto ni siquiera una declaración conjunta, ni un comunicado conjunto *.

---

* Texto de toda la carta en Apéndice, doc. 10, págs. 594-600.

Capítulo XX

Herriot en Madrid

La coyuntura me resultaba algo más modesta de lo que yo deseaba, y hasta podría resultar anodina. En España nos aguardaba una doble oposición: los conservadores más reaccionarios, que no aceptaban aproximación ninguna a Francia porque para ellos Francia era la izquierda, o sea el diablo en persona, con toda su corte infernal de francmasones, etc., aparte de que esta extrema derecha española veía tan claro como nosotros que ése era el camino para consolidar la república; pero nosotros sabíamos además que se nos erguía enfrente otra oposición mucho más inteligente, capaz y objetiva: la de Azaña y sus amigos, que, abrumados por nuestro estado de indigencia militar, veían en cualquier compromiso exterior, aun dentro del marco de la Sociedad de Naciones, un peligro para España.

Al fin y al cabo, Azaña, que en su vida había poseído ni usado arma mortífera alguna, había escogido para su territorio político el Ministerio de la Guerra. Azaña era un hombre serio. Había estudiado su tema a fondo, y observado que, bajo la monarquía, el ejército había ido evolviendo hacia una mera burocracia de uniforme, susceptible, autoritaria, casi intratable, pero no muy competente. Cuando se le hablaba del papel de España en las cosas del mundo, se quedaba frío, negativo y silencioso. Creo que ésta fue la causa por la cual no me dio el Ministerio de Estado en 1932, y quizá tuviera razón.

Por ser de temperamento distinto, yo reaccionaba de distinto modo. Para mí, la manera de salvar a España de su existencia fosilizada o congelada era obligarla a echarse a nadar en los mares del mundo. En cuanto nos comprometiésemos a ayudar a los franceses a fondo, ellos mismos se encargarían de que nuestras fuerzas militares de mar, tierra y aire pasaran de la fantasmagoría a la realidad. Pero ésta era mi opinión, y Azaña tenía otra, y además, «era suya la vihuela».

Así vistas las cosas, la «modestia» de las aspiraciones francesas sobre el viaje de Herriot era prudente, aunque contraria a mis planes, si es que a tanto llegaban. Los ítalo-alemanes, entretanto, no se quedaban mano sobre mano, y no les faltaban amigos hasta en nuestro Ministerio de Estado. Nacido Dios sabe dónde, corrió por Madrid el rumor de que Herriot iba a España para arrancarnos el derecho de paso de sus tropas de África por nuestro territorio. El 30-XI-32 recibí en Ginebra carta de mi consejero de Embajada en París, contándome que el muy activo primer secretario de la Embajada alemana, Hans E. Riesser, había estado a preguntar si era cierto que Herriot venía a España el 6 de noviembre. Se le contestó que se ignoraba la fecha, pero que se suponía sería pronto. «Enseguida, y sin más transición, se ha preguntado si el viaje tenía por objetivo el solicitar de España que nuestra nación dejara pasar por su territorio a las tropas indígenas francesas en caso de guerra, pretensión francesa que equivalía, en su sentir, al deseo de conectar una alianza con nuestro país.» Aguinaga le contestó que no había tal deseo ni tal petición.

Así era, en efecto, pero no tanto. Porque ya entonces había yo tenido otra conversación con Herriot (13-VIII-32), de cuyo informe a Zulueta daré aquí una versión completa.

El presidente, que aplazó su viaje ex profeso para recibirme, me acogió con su habitual cordialidad y sencillez.

1.º Expresó su satisfacción por el éxito de la república en los sucesos del 10-11 *. Me preguntó qué íbamos a hacer con los generales. Le contesté que se aplicaría la ley por tribunales civiles. Apuntó que la república, en un caso así, tenía derecho a fusilar. «Un general que causa desorden y lleva gentes a la muerte tiene que afrontar las consecuencias.»

2.º *Sin yo hablarle del asunto*, me preguntó qué íbamos a hacer con la condecoración del presidente. Le dije que nosotros, contentísimos. Él, con alguna impaciencia en el tono, me preguntó si había llegado el momento de ir al Consejo de Ministros (a fin de mes) con la propuesta. Le dije que sí. Me contestó que él ya estaba dispuesto a hacerlo antes, pero que fui yo quien le rogué lo aplazase. «*Et bien, êtes-vous prêts maintenant?*» Le recordé que mi deseo era que no se mezclase el buen efecto de la (gran) cruz con el mal efecto de los contingentes de fruta. Aquí marcó su deseo de separar las cosas, pero incidentalmente expresó su firme convicción de que, en lo comercial, España tenía un régimen mucho más duro con Francia que Francia con España.

---

* Sublevación de Sanjurjo.

Viaje a España. Me dio la impresión de que Herbette [embajador francés en Madrid] había ido más lejos de lo que las conversaciones entre él y el presidente justificaban, pues éstas se limitaban a informar al embajador en Madrid de lo hablado en Ginebra entre el presidente y yo. (Así debe de ser, cuando me consta que Herbette supo las conversaciones de Ginebra por mí y no por Herriot.) Pero me explicó:

    a)   que iría a España con gusto y *cuando quisiéramos;*

    b)   que *prefiere* Madrid a San Sebastián, pues cree que debe ir a entregar la cruz a la capital del jefe del Estado;

    c)   que le gustaría ver el Prado y Toledo.

Le propuse una fecha entre el 13 y el 18 de setiembre y le pareció bien, pero añadió que deseaba amoldarse a las fechas del presidente de nuestra República y que, si le avisan con tiempo, se arreglará. Convinimos en que le prepararía en Madrid, *en el mayor secreto,* un programa de viaje que le enseñaríamos aquí cuanto antes.

3.º Pasó a hablarme de política europea, muy preocupado con Alemania y con Italia. Me enseñó y dio a leer un largo informe confidencial del encargado de negocios en Berlín, con un extenso apéndice del agregado militar, en el que, incidentalmente, le da especial importancia y extensión a las opiniones de nuestro agregado militar, Beigbeder *, en términos muy halagüeños para nuestro compatriota. Resulta de esta documentación que en Alemania se va a la reducción del servicio militar de doce a cuatro años, aumento de armamentos en aviación y tanques, y aplicación del «estado de excepción» o de un «estado especial de excepción» a la región renana, cosas todas en violación del Tratado de Versalles. Le pregunté qué pensaba Inglaterra. Dijo que hacía estudiar el caso por sus juristas. El presidente parece escéptico en cuanto a la manera de cortar el desgarre definitivo del Tratado y cree que en setiembre la *Gleichberechtigung* será objeto de muy desagradables debates en Ginebra. Añadió creía que la justicia francesa tenía fuertes indicios de que las bombas de Rennes (que destruyeron el monumento conmemorativo de la unión de Bretaña a Francia) y las dos bombas de Vannes (que iban destinadas a matarlo a él) proceden en último término de Hitler.

Me habló luego de Italia. Profundamente ofendido por el tema de las maniobras aeronavales italianas, que considera como una provocación. Declaró su convicción de que existe colisión entre las dos dictaduras, la alemana y la italiana. Expresó su

---

* Que luego fue ministro de Estado de 1939 a 1940.

profunda desconfianza del carácter italiano, que conoce a fondo como alcalde de Lyón.

4.º «Estamos más cerca de la guerra que de la paz.» «La paz es un ideal de las democracias que las dictaduras no comparten.»

Sobre este punto me explayó una idea de profunda colaboración y confianza con España. «Eso me permitiría desentenderme de los italianos y consagrar a España mis preferencias exclusivas, comerciales, económicas, etc.» «Ya estoy de acuerdo con Inglaterra. Me falta España.» «El mundo occidental, las tres naciones de Occidente, tienen que salvar a Europa.» «Todo lo que le pido a España es: Si una combinación de dictaduras intenta asesinar a la República francesa, ¿me dejará España defenderme?»

Me hice, por obligación, menos comprensivo de lo que suelo ser, y contesté: «Su pregunta tiene dos aspectos: En lo jurídico, España es miembro de la Sociedad de Naciones como Francia. Partimos de la hipótesis de que Francia nunca será el agresor. España se atendrá al Pacto. En lo político, es menester que la opinión pública española permita la aplicación del Pacto en favor de Francia. Aquí, dos obstáculos: la política avara de concesiones que hace Francia para con España en lo comercial, en las escuelas, etc., y el hecho de que, por primera vez desde el siglo XVIII, se le pida el reingreso en la política activa europea. Hay que reflexionar.»

A esto reaccionó con viveza. *No quiero alianza de ninguna clase y menos que nada militar.*

Mis militares quieren que el Pacto franco-británico nos lleve a conversaciones entre Estados Mayores. Yo me he opuesto. Así no se hace la política hoy en día. Ni siquiera quiero una política de equilibrio. Eso ya pasó. Quiero el Pacto y nada más que el Pacto. Si nos atacan, ¿va a permitir España que nos asesinen? Más concretamente, quiero que mis tropas pasen, si no por territorio español, por aguas territoriales españolas, o de manera que no me corten el paso. Contesté que la España republicana se sentía más cercana a Francia que a ninguna nación del mundo. Que los hombres en el poder fueron los que la apoyaron en 1914-18. Que una Francia inocente y atacada provocaría gran emoción francófila en España. Pero que la cuestión era para muy meditada; y dejamos la conversación en este estado de ánimo de simpatía y de seriedad y gravedad.

Conclusiones. Deseo apuntar las siguientes:

1.ª *Sería un error* ligar la concesión de la gran cruz y el viaje de Herriot por un lado a las propuestas e ideas que figuran *ut supra* (núm. 4.º). Herriot me dio la cruz (para Alcalá Zamora) y el viaje en Ginebra sin —no diré pensar en lo otro—, pero condicionarlo. Creo conviene, pues, aprovechar el efecto de la cruz y del viaje sin que este otro asunto pueda plantearse ahora y complicar las cosas.

2.ª Pero es inevitable que Herriot hable de esto en Madrid. Por lo cual *conviene prepararse a la conversación*. Estimo necesario:

a) Un estudio político que calcule hasta dónde podemos ir, y hasta qué punto conviene plantear conversaciones o manifestaciones de buena voluntad francesas. ¿Marruecos? ¿Tánger? ¿Colonias españolas en Argel y Túnez, cuestiones comerciales, etcétera?

b) Un estudio jurídico-militar de lo que Francia puede desear de nosotros en caso de guerra y de las consecuencias que nuestras benevolencias pudieran tener.

Nota. Por si no lo he expresado con suficiente claridad, insisto en que lo que el presidente pide es una mentalidad benévola *dentro* del Pacto. Monstruo jurídico, pues el Pacto combinado con el Pacto Kellogg destruye toda mentalidad, esta idea merece, no obstante, estudiarse en sus posibilidades.

*

Leída en relación con las ideas de Léger sobre el papel de España como gran potencia, esta nota revela bien a las claras que Francia entonces abrigaba planes a largo plazo sobre España, de modo que su relativa modestia en cuanto a la primera visita no pasaba de prudencia táctica a fin de no asustar a la opinión de un país aleccionado por la experiencia contra toda aventura europea. A mi vez, la cautela ante las sugerencias de Herriot venía también dictada por la prudencia en vista de la actitud reservada de Azaña y la netamente contraria de nuestra derecha.

Todo lo cual dio por suma sicológica una acogida cordial pero en sordina cuando Herriot llegó a Madrid. Pronto me di cuenta de lo que estaba pasando: Azaña, escudándose en la derecha hostil, cubría su oposición a la aventura europea. Herriot cuenta sus impresiones: «Fui a Tolosa (de Francia) de vuelta de España, donde había ido a presentar la gran cruz de la Legión de Honor al presidente de la República española. En verdad, al llegar a Madrid me había asombrado no poco la fuerza de policía movilizada para protegerme camino de la Embajada. Hacia mediodía, me enteré de que mi visita había dado lugar a pendencias entre estudiantes, y hasta observé sobre un muro amenazas de muerte contra mí. [Cabe dudarlo. ¿Cómo lo veía desde su coche?] Era evidente que mi presencia daba lugar a complicaciones. Me di cuenta de ello viendo con cuánto cuidado organizaba el Gobierno español pintorescas excursiones arqueológicas a Toledo, Alcalá y otros lugares. Mi amigo, el embajador Madariaga, parecía preocupado. Se me dio a entender que cierta propaganda, en realidad venida de fuera, había creado la falsa impresión de que venía yo a España a arrastrarla a una alianza con Francia.» Todo esto se apoyaba en hechos que los documentos citados en estas páginas contribuirán a poner en claro. Pero el sector de opinión francófilo, republicano, centro-izquierda, con mucho el más fuerte y vigoroso del país, terminó por imponerse. Oigamos a Herriot. «Me esperaba una compensación ruidosa. La noche de mi partida, vi a los manifestantes converger hacia la estación, guiados por banderas y bandas de música. Los coches del tren habían sido asaltados. Nosotros, inundados de regalos y flores, y cuando el tren comenzó a rodar, el cielo raso de vidrio de la estación se sacudió al tumulto de una formidable *Marsellesa*.»

*

Durante los tres días de su estancia en Madrid, Herriot no consiguió ni una entrevista a solas con Azaña. El presidente del Consejo estaba pronto a todo —almuerzos, cenas, teatro, excursiones a Toledo (con su espléndido almuerzo en el cigarral de Marañón)—, todo menos un diálogo a solas con su huésped. Por mucho que admire a Azaña, no veo cómo justificar este modo de proceder. Su actitud no carecía de buena base —aunque no era la mía—, pero, precisamente por eso, debió haberla expuesto, y sus razones, ante un hombre honrado e inteligente como Herriot. La consecuencia fue que el jefe del Gobierno francés, gran amigo de la república a su llegada, se volvió a su país frustrado y humillado —lo que no cabe considerar como inevitable—. Salió perdiendo España y aún más la república. En la frontera, me separé de Herriot, porque yo me volvía a la Embajada y él se iba como una flecha a Tolosa para asistir a un congreso radical. Luego, a pesar de sus confidencias de agosto, por lo visto se vio compelido por el desdén de Azaña a ofrecer a Mussolini una mano que el Duce rechazó.

Capítulo XXI

Eden

A fines de 1932, ya comenzaba a hacerse sentir en Ginebra la personalidad de Eden. Era entonces todavía un mero subsecretario que hasta el 1.º de enero de 1934 no comenzó a encargarse oficialmente de las cosas de Ginebra, primero bajo Simon, y bajo Hoare después. En 1933, contaba treinta y seis años. Su llegada a Ginebra se hizo notar pronto. ¡Qué mejora! ¡Qué novedad! Después de la figura de cera que parecía Austen Chamberlain, después del insular, enigmático, arrogante Simon, al fin nos enviaba Inglaterra un ser humano, de verdad, que hablaba a cada cual de hombre a hombre y que no necesitaba sonreír para ser franco y afable.

Además, competente. En seguida se echaba de ver en la modestia con la que administraba su saber, que también el saber tiene sus advenedizos incapaces de contener su tesoro de conocimientos, que exhiben como el rico vulgar sus diamantes y sus habanos. Nada de vulgar en Eden. Claro, perfilado, concreto, era siempre moderado, no sólo «dispuesto a escuchar», sino un oyente excelente y agudo de lo que se le decía, fuere quien fuere el que hablase.

La Conferencia del Desarme seguía como una Penélope aburrida en su forzada viudez, tejiendo y destejiendo la trama de las potencias tratando de evitar que se desmandase Alemania, y la urdimbre de las naciones menores procurando ir a una paz permanente o por lo menos guardar intactos cada una sus propios armamentos. Macdonald, Simon y Herriot hacían lo que podían para tener a distancia a Von Papen, representado por una majestuosa fachada de diplomacia llamada Von Neurath. El 11-XII-32, las grandes potencias habían logrado edificar puentes de papel sobre sus abismos para poder anunciar que Alemania volvería a la Conferencia. La noticia se ahogó pronto en otra que sobrecogió al mundo entero: en enero del 33, la mano, insensata pero firme, de Hitler se apoderó del timón.

La única esperanza de la Conferencia era entonces el plan de desarme aéreo que yo venía propugnando y que nuestra delegación había presentado como proyecto. A pesar de su osadía y novedad, el plan parecía hallar buena acogida en algunos de los dirigentes de Francia y de Inglaterra. A fines de setiembre de 1932, me había entrevistado con Tom Jones en Ginebra. Desde Aix-les-Bains, donde estaba pasando una temporada con Stanley Baldwin, había venido a verme. Yo ya sabía que a Baldwin le gustaba la idea y a Eden también. No resistiré la tentación de observar que, para Eden, su acogida a un desarme total aéreo venía a confirmar mi «teorema» de que todo desarme se resuelve en un rearme, pues en sus Memorias escribe: «Había escrito a Baldwin en igual sentido hacía nueve meses, observando que, puesto que éramos una potencia aérea tan débil, cualquier limitación internacional nos sería ventajosa» *.

Sigo pensando que el aspecto más revolucionario de mi plan era la Autoridad Mundial Aérea, precisamente porque implicaba la creación de un cuerpo de pilotos de decenas de miles de hombres de todos los países, cuya confraternidad —esperaba yo— habría hecho imposible toda guerra aérea. No llegamos ni siquiera al nivel de la política positiva, porque aunque hombres como Baldwin, Eden, Paul-Boncour y Herriot nos eran favorables, los militares de las grandes potencias eran contrarios, y el plan fracasó aun después de que Pierre Cot lo hiciera suyo como ministro del Aire en Francia, añadiéndole un sistema de policía aérea armada, a mi ver inútil.

Más de una vez, con gran contrariedad de Eden, la delegación inglesa adoptaba posturas negativas y aun obstructivas. Les dio, además, por insistir en su derecho de lanzar bombas «con fines políticos», notable caso de aberración mental con el que nos solía obsequiar Londres. Paul-Boncour había propuesto que se prohibiera la bomba aérea a más de cincuenta quilómetros del frente (cosa irrealizable y nada práctica), pero los ingleses insistían en su libertad de bombardear «en regiones lejanas» —lo que hizo que un japonés preguntara si los japoneses, entonces, podrían bombardear a Londres, que era «una región muy lejana» de Toquio—. Todo procedía de la bruma acumulada bajo alguna gorra galoneada obsesa con la frontera noroeste de la India.

*

En Ginebra había dos ingleses demasiado sagaces para sucumbir a esta faramalla: Eden y Cadogan. Eden era entonces

---

* *Facing the Dictators*, pág. 29.

de rostro bello y juvenil, ojos si acaso demasiado hermosos para un bípedo másculo, y elegancia natural muy masculina. Su «Oliván», Cadogan, tenía, como suele ocurrir con ingleses de las clases altas, ojos opacos como esas bolillas de vidrio con las que los chicos juegan a billares elementales; mientras la nariz alzada en un esfuerzo adenoidal para respirar, completaba la sensación de lentitud mental y fósil esnobismo que su figura correctamente diplomática sugería. Pero tras aquella fachada de medianía intelectual, vigilaba un ingenio agudo siempre alerta que todo lo registraba con exactitud, y su mente no estaba nunca más despierta que cuando las cuentas de vidrio de los ojos parecían más ausentes.

A Eden y a Cadogan debía la Conferencia su retorno a la vida cuando, al caer Herriot, el trío francés Paul-Boncour, Pierre Cot y Massigli tuvo que abandonar toda esperanza de satisfacer a los alemanes sobre la base del acuerdo del 11 de diciembre. Lo que hicieron fue redactar un proyecto de convenio del desarme concreto con la inclusión de todas y cada una' de las condiciones que cada una de las potencias consideraba *sine qua non*. Quizá el mejor de los caballos de carrera de los que se presentaron para ganar el premio del desarme —pero partió con un año de retraso.

Otra vez la orquesta de Ginebra, que se pasaba los meses y aun los años muertos ensayando el concierto, y cuando al fin va el director a dar el golpe de batuta, sale una voz del paraíso y le grita al primer violinista: «Tu mujer está de parto», y todo vuelve a empezar. Si Brüning hubiera estado en el poder, se habría salvado el plan Eden y el mismo Brüning; pero estaba Hitler y todo se vino abajo.

Además, Mussolini. En política, como en gramática, hay que distinguir los sustantivos de los adjetivos. Hitler era un sustantivo; Mussolini, un adjetivo. Hitler un peligro. Mussolini un tremendo nadie. Juntos, un tremendo peligro. Me hallaba un día presidiendo el Comité aéreo, cuando Eden subió a la plataforma, se inclinó y me susurró al oído: «Macdonald y Simon se van a Roma.» Volví el rostro hacia él con más vivacidad de lo que lo habría hecho un diplomático. «¿Qué?» —«Sí. Para ver a *Musso*. ¿Por qué no?» (Pero yo veía bien que a Eden le gustaba que yo estuviera *en contra*.) —«¿Por qué no? Pues por todo. Lo primero es que un primer ministro británico no va a Roma a ver a un Mussolini. Así lo veo yo.»

Estábamos otra vez en la trama de grandes potencias contra la urdimbre de las pequeñas. Mientras Macdonald y Simon estaban en Ginebra para presentar el proyecto de Eden a la

Conferencia, Aloisi intrigaba en favor de una mera diversión italiana. Otra vez la botella del desarme, bien agitada, dejaba un precipitado de mera política.

*

Y no es fantasía. Eden ha revelado que Macdonald, atraído a Roma por el señuelo de un plan Mussolini, no quería seguir en Ginebra ni siquiera el tiempo necesario para presentar el proyecto inglés, hasta que le obligaron a quedarse por razones de mera decencia *. Aun así, a los dos días ambos, Macdonald y Simon, se iban a Roma, modo singular de recomendar su mercancía. Lo que les atraía era un proyecto de tratado que firmarían Inglaterra, Francia, Alemania e Italia, por lo tanto, una idea esencialmente contraria al Pacto, una liga de poder material contra el poder moral, y por lo tanto, exactamente lo contrario de un desarme. Eden tenía razón. Optó por el convenio que, con Cadogan, había redactado para organizar las potencias, grandes y pequeñas, en un sistema político que (en la perspectiva de entonces) pudiera eventualmente haber llegado a algún desarme. Simon, que no sentía afición alguna a la Sociedad de Naciones y se hallaba empapado en una filosofía de fuerza, hombre que desdeñaba las naciones menores, iba a Roma como a su elemento. Pero el pacifista y democrático Macdonald, intelectual laborista, ¿qué pito tocaba allí?

Todo ello se me antojaba un mero ejercicio de frivolidad diplomática por parte de Francia y de Inglaterra, y una triquiñuela de las dos dictaduras para ir demoliendo la estructura europea. Los objetivos oficiales del tal proyecto eran: cooperar para mantener la paz —cosa que maldito si interesaba ni a Hitler ni a Mussolini—, llevar a cabo la revisión de los tratados en el seno de la Sociedad de Naciones —a lo que Hitler no consentiría nunca, puesto que quería imponer sus planes y no un mero conseguir que se aceptaran—, y fomentar la cooperación general europea en lo económico y en lo político —cosa que para nada interesaba a Hitler—. Pero aun así, el Pacto de las Cuatro Potencias se firmó en Roma el 8-VI-33.

¿Por qué? Porque Hitler no perdía nada con ello, puesto que no tenía la menor intención de respetarlo en cuanto le obligaba, y en cambio colocaba a Francia en mala postura para con todas sus aliadas. Polonia, en particular, perdió su confianza tradicional en Francia, lo que le convenía muy bien a Beck. Hay detalles de entre bastidores que iluminan a veces la Historia. Beck,

---

* Lord Avon, *Facing the Dictators*, pág. 34.

ministro de Estado de Polonia; Kánya, que lo era de Hungría, y
Fey, ministro austriaco del Interior, habían sido colegas en una
misma oficina del servicio secreto del Imperio austro-húngaro.
Beck no tenía ni asomo de idea de paz o democracia o Sociedad
de Naciones. Era un convencido *Realpolitiker* y creía en la fuerza tanto como Simon o como Lloyd George —pero era más
cínico.

Aunque por mor de la claridad, haya que seguir cada uno de
los hilos de acción que se entrelazan en la cuerda de los sucesos,
la cuerda es sólo una. Mientras las grandes potencias intentaban resolver el problema del desarme entre ellas, el Japón dimi-
tía de la Sociedad (27-III-33) para gozar de libertad completa
en Manchuria. Las potencias occidentales tenían que precaverse
contra la posibilidad de que la Alemania nazi siguiera aquel
ejemplo. El hombre ahora al timón en Washington era muy distinto de Hoover. El 16-V-33 Franklin Roosevelt, instigado por
Ramsay Macdonald, envió un mensaje a los Estados representados en la Conferencia del Desarme recomendándoles la adopción del plan inglés. Venía a ser aquel mensaje una especie de
píldora para curar terremotos; pero el mundo es tan sutil que
aquella advertencia de tan buena intención puede haber contribuido a provocar el terremoto que aspiraba a evitar, porque
parece haber tentado a Hitler a echarse sobre la armadura lo-
hengrinesca el manto de armiño pacifista de Parsifal. Por lo
pronto, precisamente entonces, cuando estaba metido de hoz y
de coz en sus preparativos bélicos, se puso a desviar la opinión
con discursos y homilías del más puro espíritu conciliador, tanto
que hasta parecía acoger el proyecto de convenio inglés. Sin embargo, tras los sedativos, la actitud de cada cual seguía idéntica
y la Conferencia giraba en vacío.

Ahora que el Pacto de los Cuatro ideado por Mussolini estaba ya firmado, muerto y enterrado, la Conferencia del Desarme se encontró con otro rival: la Conferencia Económica
Mundial reunida en Londres. Como formada de economistas,
resultó, si no más eficaz, más eficiente que la nuestra, porque
sólo tomó semanas para fracasar, mientras nosotros llevábamos
ya años fracasando. Al fin decidimos aplazar las sesiones hasta
setiembre, con lo cual las grandes potencias pudieron dedicar
el verano a su deporte favorito, que era negociar a espaldas de
la Sociedad de Naciones sin llegar a resultado alguno.

No faltaban voluntarios que los impulsaran al juego. Uno
de ellos era Norman Davis, el embajador ambulante que los Estados Unidos mantenían en Europa para zurcir voluntades, el
cual consiguió reunir en París a Daladier, Paul-Boncour, Eden
y Londonderry (8-VI-33). ¿Por qué Londonderry? Porque era

el ministro del Aire del Gabinete inglés, y no pensaba como Eden en aquello de «bombardear con fines políticos en regiones remotas». Otro de aquellos voluntarios era Henderson, el propio presidente de nuestra Conferencia, que se pasó todo el mes de julio entre Londres, París, Roma, Berlín y Praga, donde halló que cada músico tenía su partitura y todas eran distintas. Los franceses querían un convenio en dos fases, consolidación primero y desarme después; los alemanes seguían insistiendo en la igualdad y a tal efecto rearmaban con todo empeño.

Ciertos intentos que los franceses hicieron para reformar el convenio, estipulando que la fase de consolidación, que era de cinco años, se aumentaría a ocho, dieron la ocasión que los alemanes esperaban para una ruptura. Simon presentó el convenio, con la enmienda francesa, el 14-X-33; pero apenas se había sentado, cuando Henderson anunció haber recibido un telegrama de Von Neurath declarando que Alemania se retiraba de la Conferencia. Aquella misma noche, anunció Hitler a su país que también se retiraba de la Sociedad de Naciones.

Capítulo XXII

Por la independencia de la Secretaría

Cuando, al cabo de apenas tres años de actividad universitaria, regresé a Ginebra a nivel más alto de autoridad oficial, traía todavía frescos en la memoria los defectos de la Secretaría como organismo internacional. Casi todos mis antiguos colegas (con quienes había otrora cambiado ideas sobre el particular) seguían en los puestos en que los había dejado. Pero esta vez venía resuelto a tratar de mejorar aquella Casa.

Precisamente porque era ya tan buena. En efecto, si bien abundaba en los defectos que los más exigentes veíamos en ella, era ya, sin embargo, una Institución admirable; y haré constar de nuevo aquí que esta excelencia la debía a la tradición británica del servicio civil, que encarnaba Sir Eric Drummond, y a la capacidad intelectual francesa, que encarnaba Jean Monnet.

Pero ¿esos defectos? Pues eran también notorios, y además habían ido tomando cuerpo debido a un conjunto de circunstancias, entre ellas la tendencia pragmática de Drummond, a lo que en España llamamos el «pasteleo», y la dimisión de Jean Monnet en 1923. Porque Monnet había refrenado el derrotismo de Drummond, cosa que su sucesor, Joseph Avenol, no intentaba por falta de fe, ni hubiera logrado, por falta de capacidad.

El mal consistía en una tendencia creciente a reducir la Secretaría a un conjunto de funcionarios de sus países respectivos, lo que equivalía en la práctica a colocarla bajo la férula de las grandes potencias. Estas potencias se habían arrogado privilegios exorbitantes: el secretario general, su vice, y todos los subsecretarios, así como una proporción predominante de los directores de sección; pero a medida que la Sociedad de Naciones se fue consolidando como un centro de calma y de sentido común en un mundo desgarrado por tensiones nacionalistas, las grandes potencias fueron aumentando su presión sobre la Secretaría inficionándola con sus respectivos nacionalismos.

Drummond había escogido sus hombres con el mayor cuidado, evitando en lo posible funcionarios nacionales, que en la práctica habrían sido diplomáticos. Pero, poco a poco, los servicios nacionales se fueron infiltrando en la Casa, a favor del principio, no escrito pero siempre aplicado, que otorgaba a las grandes potencias una cuasi-propiedad de los altos puestos. Así, cuando Dionisio Anzilotti pasó de la subsecretaría «italiana» al Tribunal de La Haya, su sucesor fue Bernardo Attólico, también italiano. De modo que, cuando dimitió Jean Monnet, le sucedió como secretario general adjunto otro francés, Joseph Avenol, inspector de Hacienda, o sea funcionario francés, lo que Monnet no era. Cuando Inazo Nitobe, que tampoco había sido funcionario, dejó la subsecretaría «japonesa», la sustituyó Yotaro Sugimura, funcionario japonés. La selección fue empeorando. Cuando Mussolini usurpó el poder, Attólico comenzó a sentir la presión. Él mismo me contó que en Roma le habían preguntado a quién obedecía, al Duce o a Drummond, a lo que contestó: «En Roma, al Duce; en Ginebra, a Drummond.» Ingeniosa respuesta, pero incompatible con sus deberes de alto funcionario internacional.

Aun así, no parece haber satisfecho al Duce, que obligó a Drummond a aceptar como subsecretario «italiano» a Paulucci di Calvoli Barone, a la sazón su propio jefe de gabinete. Aquí se inició la caída de la Secretaría. La subsecretaría del fascista fue degenerando en una como embajada italiana, sólo que el sueldo y gastos del embajador y su embajada los pagaba la Sociedad de Naciones. Paulucci, que (dicho sea de paso, y fascismo aparte) era una excelente persona y muy cortés y razonable, correspondía directamente con Mussolini y se atenía a las órdenes que Roma le enviaba, y aun solía lucir en la solapa el emblema del fascismo.

Ya entonces no era Drummond el fuerte internacionalista que había sido en sus primeros años de secretario general. Había celebrado en Roma una entrevista con Mussolini, y se había visto en el trance de decidir en su fuero interno si iba a tolerar todo aquello más lo que viniera, o dar una batalla que podría perder; así que terminó por tolerar lo que no creía poder reprimir. Por mi parte, traté de aplicar el principio homeopático: *Similia similibus curantur*, intentando que el subsecretario «soviético» se pusiera en la solapa la hoz y el martillo, pero aquel comunista, o por discreción o por sagacidad, no entró en el juego. Cuando Alemania ingresó en la Sociedad de Naciones exigió su libra de carne y le dieron un subsecretario, y otras primicias para grandes potencias, pero además demandó y obtuvo la cabeza de Comert, que era el director de la Sección de Prensa, porque era francés.

Había llegado la hora de recordar que la base de la Secretaría había sido el famoso informe Balfour. En este informe se sentaba el principio de que los funcionarios de la Secretaría recibían órdenes del secretario general, pero no de los gobiernos de sus respectivos países. Insistí, pues, como delegado de España, en que se vigorizase y diera virtualidad positiva a este principio, haciendo que los funcionarios de la Sociedad de Naciones jurasen el cargo obligándose a obedecer al secretario general y a nadie más. Conseguí mi propósito, y hasta el mismo secretario general tuvo que jurar no obedecer a nadie más que a las instituciones de la Sociedad de Naciones. Claro es que no me hacía ilusiones sobre la eficacia del juramento en sí, y que en el caso de las naciones que entonces padecían fascismo o comunismo, y aun de otras, serviría para poco o nada; pero, aun imperfecto, el paso era útil y sano como ejercicio de fuerza moral.

En ésta, como en otras ocasiones, me apoyó eficazmente un grupo de delegados de países menores, sobre todo William Rappard, de Suiza, que como yo, «había sido cocinero antes que fraile», y Carl Hambro, de Noruega *. Hambro llevaba años luchando por esta causa de la objetividad de la Secretaría. Ya en 1929 había propuesto que a los delegados de cada delegación se les pagasen sus gastos con cargo al presupuesto de la Sociedad de Naciones a fin de emanciparse del monopolio de que el cuerpo diplomático disfrutaba sobre las delegaciones. Ironías de la vida: Esta idea fracasó no por oposición de las grandes potencias —que no la veían con malos ojos—, sino por la de los hispanoamericanos, casi todos, diplomáticos, que ya veían perdidos sus viajes, Ginebra y la publicidad que les valían si, con viajes pagados, los políticos nacionales entraban en el baile. Apunto el hecho para hacer constar que mis frecuentes críticas contra las grandes potencias no implican que sean ellas de peor condición que las otras; sino que gozan de más poder.

Siempre fui en Ginebra de los que poníamos la competencia por encima de la nacionalidad en la elección de los funcionarios. Por eso me disgustó que, al marcharse Monnet, nombraran en su vacante a Avenol. Recuerdo que, entonces, vi entrar en mi despacho (de director del Desarme) a Attólico, que era mi jefe, cuya furia al enterarse no le permitió la calma necesaria para

---

* Quien lea la versión de Walters sobre este asunto, sacará una impresión inversa; pero cuando Walters publicó su libro, le señalé su error y él se excusó de no haber podido seguir bien el asunto por hallarse en larga ausencia.

llamarme como su subordinado que era, y vino a desfogarse a mi oficina. Attólico no parecía darse cuenta de lo ilógico de su actitud. Él se consideraba con mejor derecho a suceder a Monnet como secretario general adjunto, pero la base de su «derecho» consistía para él en que después de Francia (cuyo «derecho» había agotado Monnet) le tocaba a Italia, que era la tercera gran potencia en Ginebra, en 1923.

A mí, todo esto me parecía cosa de manicomio. Estábamos fundando una institución internacional. Había que dar a Monnet como sucesor el más apto y competente, aunque resultase ser chino, portugués o canadiense; mientras que Avenol y Attólico allá se iban como *Realpolitiker*, quizá ligeramente más amigo de lo de Ginebra el italiano que el francés. La idea de dar los altos cargos a las grandes potencias, mera flor de *quia mominor leo*, se solía justificar alegando que era bueno contar con «puentes» humanos que nos diesen acceso fácil a las grandes burocracias; cosa que se puede defender, aunque también se podría argüir que más valía no dar ningún alto cargo a las grandes potencias para no permitirles manipular la Secretaría en pro de sus intereses nacionalistas.

Esta manipulación era real y efectiva. A mí me parecía inadmisible que las plazas de subsecretarios generales se reservasen a las grandes potencias y aunque se crearan plazas innecesarias para que ninguna se quedase sin un señor de tantos galones. Quería ver un subsecretario de pequeña potencia; y hasta tenía *in pectore* un candidato que era Sean Lester, mi colega irlandés en algunos comités del Consejo. Pero en esto me topé con una contramaniobra de Drummond, que me desarzonó primero y me desazonó después. En cuanto se hubo aprobado el nombramiento en principio, Drummond, con la rapidez del relámpago, nombró para el nuevo cargo a Pablo de Azcárate.

Ahora bien, como persona y en cuanto a competencia, yo no tenía nada que oponer a aquel nombramiento, aunque no se me habría ocurrido nunca; porque no podía ser más contrario a lo que yo me había propuesto al hacer crear la plaza. En efecto, España no era una gran potencia, pero no era tampoco una pequeña potencia en el marco ginebrino, puesto que era vocal semipermanente del Consejo, de modo que, tanto personal como oficialmente considerado, me parecía mejor indicado Lester.

Pero no quedaron aquí las cosas. ¿Por qué tanta prisa? La respuesta a esta pregunta me reveló el aspecto más triste y deprimente de mi relación con Drummond: por lo visto, estaba seguro de que mi lucha pertinaz en pro de la reforma se debía a deseo de desempeñar yo aquel cargo. Otra vez, y no sería la última, mi pasión objetiva se interpretaba del modo más mezquino posible. La mera idea de echarme otra vez al cuello la cadena de funcionario me repugnaba hasta lo indecible. Drummond era incapaz de verme como soy. Por otra parte, con el paso de los años he dado en pensar que quizá le empujaran otros suavemente a cometer aquel error al que era ya tan propenso.

Todos aquellos cambios resultaron ser además preludio a la dimisión del mismo Drummond, que ya conocida meses antes, no tuvo lugar hasta junio del 33. Fue decisión suya y generalmente sentida. Yo tomé la iniciativa de organizar un homenaje con regalo de un cofrecillo de joyería en nombre de todos los vocales del Consejo, porque aunque no nos entendíamos, le tenía alta estima y sentí su dimisión.

Mi candidato para suplirle habría sido Albert Thomas, con mucho el más capaz, ferviente e inspirado de los hombres públicos de entonces; pero había muerto, aún joven, en 1932. De lo que nos quedaba, lo mejor era Arthur Salter; pero, en cuanto pronunciaba su nombre, la reacción era siempre la misma: «¿Otro inglés?» Mi réplica también era la misma: «No porque inglés, sino a pesar de serlo, porque es el mejor.» Si al menos la idea nos hubiera llevado a elegir un buen suizo como Rappard, un holandés, pero no. La jerarquía era de naciones, no de personas; y después de Inglaterra, tenía que ser Francia, aunque después de Drummond, tuviera que ser Avenol.

Joseph Avenol era inspector de Finanzas, y este título en sí era garantía de un cerebro de primera clase. Pero apenas si tenía otra cosa. Gracia, ninguna: ni siquiera aquella, tampoco graciosa pero aun así real y efectiva, que Drummond sabía poner en juego cuando lo creía útil; y menos aún fuego sagrado, del que carecía por completo. Qué hacía aquel hombre en aquella galera, Dios lo sabe, porque aunque procuraba no herir al Pacto, era el *Realpolitiker* más empedernido que pasó por Ginebra. Para colmo de males, carecía de humorismo.

Sus dos ayudantes o aláteres eran: Massimo Piloti, jurista italiano, incomparablemente más apto para el cargo que el amable fascista Paulucci, pero de ambiente algo lúgubre, quizá por su afición al traje negro; y Pablo de Azcárate, a quien, aun derrochando imaginación, no era posible concederle palma de persona regocijante. Este trío de enterradores despertó el humorismo de José Plá, que iba asegurando a todos que cuando se reunían los tres se oían las carcajadas hasta en el centro del lago. Pero el caso es que habíamos conseguido libertar por lo menos los altos cargos de la Casa de la dominación de las grandes potencias.

Capítulo XXIII

El espíritu de Ginebra

Esta lucha para mejorar la Secretaría General era mera pauta de otra más amplia y honda que todavía sigue separando a los que, en las nuevas instituciones internacionales, sólo ven a lo más cooperativas de soberanías nacionales de los que, por ellas, aspiran a organizar la vida humana en el planeta. La raya divisoria entre ambas opiniones no ha menester coincidir con la que separa a las grandes de las pequeñas potencias, aunque deje a las grandes todas del lado de la soberanía ilimitada. La división en estos dos bandos venía a complicarse con otra, ya no sobre el poder supremo, pero sí sobre las atribuciones o el área de actividad de las instituciones nuevas. Los partidarios de la soberanía nacional plena tendían a hacer hincapié en la paz como el deber, no sólo primero sino único, de la Sociedad de Naciones. Algunos de ellos concebían esta limitación de modo tan rígido que, aun ya abierto y patente el conflicto, no consideraban necesaria la intervención de la Sociedad de Naciones mientras el conflicto no amenazara la paz del mundo.

Los que, por el contrario, preconizábamos un mínimo de soberanía para la institución internacional, también abogábamos por una extensión cada vez mayor de su jurisdicción y competencia, tomando por base precisamente el mismo terreno en el que se atrincheraban nuestros adversarios: la paz y el desarme. Yo había ido construyendo este edificio ideológico en mis años de maestro veraniego en Ginebra, y de predicador laico en los Estados Unidos, y lo solía explayar a mis codelegados en Ginebra siempre que la ocasión lo permitía.

El argumento no podía ser más claro. Queremos desarmar. Tenemos, pues, que anular la causa de los conflictos, cuyo temor es a su vez la causa de los armamentos. Pero ¿qué es un conflicto? Pues un problema que se ha enconado. ¿Y un problema? Pues una cuestión que se ha abandonado. ¿Y una cuestión? Pues un asunto corriente que necesita atención. Por lo tanto, si queremos evitar las guerras, será mejor no aguardar a que el asunto se vuelva cuestión; la cuestión, problema; y el problema, conflicto. Es, pues, absurdo esperar en Ginebra a que terminen estas evoluciones peligrosas. Lo que hay que hacer es *que la Sociedad de Naciones intervenga cuanto antes,* cuando las diferencias apenas apuntan y no llegan todavía a discusiones. Esto exige no la restricción, sino al contrario, la extensión de la jurisdicción y competencia de la Sociedad de Naciones.

Éste era mi argumento político. En cuanto al aspecto jurídico, o sea la base ideológica del Tribunal de La Haya, solía argüir que no pocas de las diferencias entre naciones pueden reducirse a términos jurídicos y deben ir, por lo tanto, al Tribunal de La Haya. El método ingenioso prescrito por el Pacto para escoger a los jueces había logrado revestir al Tribunal de gran prestigio. Pero un tribunal supremo, como el de La Haya, tenía que «dictar» o «mandar hacer» justicia en nombre de una autoridad soberana; la cual, en una monarquía, es el rey; en una república, el Estado, «La República». El Tribunal de La Haya carecía de tal autoridad soberana. Era, pues, menester erigir una mancomunidad soberana en nombre de la cual se haría justicia.

En Ginebra, este lenguaje era nuevo. Lo usual era considerar las profesiones de fe en la Sociedad de Naciones como retórica de cortesía para con la gente menuda que creía en tales cosas. Pero intentar erigir una base de pensamiento objetivo a las meras palabras floridas que brotaban de los labios de conservadores, cínicos y *Realpolitiker* era una *propaganda fidei* que disgustaba a los pocos fuertes, aunque agradara a los muchos insignificantes.

Gracias a la libertad que me dejaba mi Gobierno, me encontraba en la feliz situación de poder propagar estas ideas no sólo con la palabra, sino con mis actos y votos como delegado; lo que dio grandes vuelos a mi popularidad entre las multitudes que solían acudir a Ginebra, precisamente porque veían aquel generoso experimento como un germen de gobierno mundial. Cosa notable, donde más cundía esta popularidad era entre yanquis e ingleses, a pesar de que sus Estados respectivos eran oficialmente los más reacios a todo lo que yo representaba.

La envidiable libertad de que gozaba llegó a veces a crear la impresión de que mi opinión personal coincidía con la política oficial de España. Me doy plena cuenta de que puede haber habido por mi parte algo de subjetividad y aun de explotación de mi posición oficial en pro de mis ideas personales. De haber sido así, no lo observé entonces; tampoco veo cómo lo puede evitar un hombre público con ideas propias. Así, por ejemplo, la política de Briand difería de la de Tardieu precisamente porque sus ideas personales eran distintas; y otro tanto digo de Simon a Eden. Se daba el caso, además, de que la república, pese a mis constantes incitaciones, no se había logrado formar una política internacional.

Así se explica que llegase a presentar mis opiniones en forma de un discurso oficial que pronuncié como primer delegado de España en la Asamblea Catorce de la Sociedad de Naciones el 2-X-33. Comencé describiendo la crisis que atravesaba el mundo y la Sociedad de Naciones como «una anarquía de anarquías»: la de los hechos; la de las mentes; y la de los métodos. Recordé que las naciones habían renunciado al sabio sistema del arbitraje comercial para entregarse a una autarquía desastrosa, apenas corregida por un juego imposible de balances de pagos; y al referirme al conflicto del Chaco, di hechos y cifras sobre el escandaloso tráfico de armas, diciendo concretamente: «En 1932, un solo país exportador ha suministrado a los dos países en contacto —insistí, a dos países en un solo año— cuatro veces las municiones que suministró al mundo entero en 1930, y esto pasó mientras aquí tratábamos de guiar a aquellas dos naciones hacia la paz. Además, sobre la base de las cifras publicadas por la Sociedad de Naciones, el total de las exportaciones de armas de todos los países fue, entre 1920 y 1930, 616 millones de dólares; mientras que el total de las importaciones en igual período fue 478 millones. ¿Adónde fueron a parar los 138 millones de armamentos que faltan? ¿Es posible que una sociedad civilizada, gobernada y organizada por un sistema como el nuestro permita que cada diez años se evaporen 138 millones de dólares de armas sin que nadie sepa qué ha sido de ellas?»

Pasé después a analizar la anarquía de las mentes. Cada vez se iba haciendo más difícil distinguir la política interior de la exterior, y cada vez había que dar a esta distinción menos importancia que a la que separa la paz de la guerra. Más difícil también todo porque antaño la gama de la política se extendía en línea recta de la extrema derecha a la extrema izquierda; mientras que ahora, al adquirir la dictadura el prestigio de la izquierda que le había otorgado Lenin, se había complicado el mapa de la política interior, de modo que los sistemas políticos gravitaban o hacia el polo de la libertad o hacia el de la autoridad; y cundía la confusión ante un sistema que se decía progresista y, sin embargo, se declaraba contrario a la libertad de discusión y a la del individuo —dos principios básicos de Ginebra.

En cuanto a nuestros métodos, después de definir la confianza mutua entre naciones como el oro de la banca política internacional y los pactos como su papel moneda, argüía que, puesto que nuestra reserva de «oro» no había aumentado, mientras que se hacían pactos casi a diario, nos amenazaba una inflación política desastrosa. Hasta entonces, las naciones habían fracasado en la labor de organizar la Sociedad de Naciones, y por eso tendían todas a retornar a sus costumbres nacionales y aun nacionalistas. No hay que deducir que ha fracasado la Sociedad de Naciones. Ni siquiera la hemos probado.

Recordé después el famoso discurso de Carlos V ante el papa, «discurso que pudo haber pronunciado Aristide Briand ante esta Asamblea». Su esfuerzo fracasó porque se limitaba a la cristiandad, lo que ya en sí era menosprecio de dos grandes religiones, la islámica y la hebrea; y como ya se divisaban los comienzos de lo que iba a ser aquella explosión de siniestro antisemitismo que sacudió a Alemania, añadí: «En estos tiempos, en que están los judíos a la orden del día, la República española desea volverse hacia esta preclara estirpe de hombres a la que debe tantos ilustres literatos, místicos, físicos y hombres de Estado. España cree que la labor del siglo XX debe cubrir toda la tierra y abarcar a todos los hombres, de todas las razas, religiones y naciones.»

En las circunstancias que atravesábamos aquellos días, estas palabras hallaron cordial acogida en la Asamblea, y luego caluroso eco en la prensa mundial, y contribuyeron no poco a ganarle a la república simpatías universales. Su sentido no era del gusto de algún que otro sector del país, pero yo lo creía y sigo creyendo en armonía con el espíritu de nuestro pueblo. Claro que también contribuyó a modelar eso que hoy se llama «mi imagen pública», y como me tenía que ocupar de tantos asuntos de interés mundial, logré entonces alcanzar la cumbre de lo que puede esperar un hombre público: ser objeto y víctima de los caricaturistas.

Los turistas que van a Ginebra pueden todavía ver algunas de estas caricaturas, quizá de las mejores, porque decoran la conocida cervecería *Bavaria*. A estos caricaturistas (porque eran dos en colaboración) debo quizá la revolución de lo que en verdad soy. Con una intención que desde entonces admiro, me representaron siempre como un pájaro, lo que, en espíritu, creo ser. Todo ser humano lleva dentro la esencia de uno o más animales; y así nos ocurre adivinar en los que vemos y tratamos a la liebre, al león, al tigre, a la serpiente, a la rata y al ratón (tan distintos), al zorro, al conejo y al loro.

Dejé el loro para el final a fin de que refrenase cualquier tendencia que pudiera revelar o exaltar las cualidades del pájaro, por serlo yo en espíritu. Pero el loro no es un pájaro como los demás. En vez de cantar, habla, y no lo que piensa, sino lo que oye. De los pájaros creo tener la intuición de lo esencial («a vista de pájaro»), el anhelo de velocidad, la impaciencia y el horror a la tarea monótona, así como el deseo de ir de un punto a otro por la vía más corta y recta, rasgos todos a los que se deben lo mejor y lo peor de mi obra.

Capítulo XXIV

Los dos Luises: Zulueta y Araquistáin

Oh mon Dieu, délivrez-moi de mes amis, car de mes ennemis, je me charge. Cuántas veces, en aquellos días, dediqué un amargo recuerdo a la famosa plegaria de Voltaire. Nunca perdí de vista que, al entrar en la política, no me faltarían enemigos. En Ginebra, me perseguían nazis y fascistas, y también los más susceptibles entre los nacionalistas franceses. Todos ellos podían contar como aliados con mis enemigos españoles más o menos velados que abundaban entre los periodistas fracasados, los políticos cesantes y los adversarios de la república. Pero lo más duro de aguantar era la hostilidad, la envidia, la falta de cordialidad de los que servían, o creían servir, a la república.

Desde un principio hice lo que pude para imprimir a toda mi actitud el sello de la más clara objetividad. Ya el 9-V-32, había enviado al ministro de Estado (Zulueta) una nota sobre la organización y modo de trabajar de los agregados de toda suerte que pueblan las embajadas. Insistía en el caos, la mutua invasión de funciones y el derroche de dinero y tiempo humano que significaba la tendencia de cada ministerio del país a considerar a «su» agregado como a un embajador distinto del titular, de modo que en la capital extranjera, no había sólo una España, con sus aspectos varios, sino una diplomática, otra militar, otra obrera, otra económica, otra cultural, y lo que aún viniere. Todos estos agregados se carteaban directamente con sus respectivos ministerios. Proponía yo que no se permitiese más que un canal único de comunicación —el que unía al ministro con el jefe de misión—. Nada se hizo, y no porque se rechazara, sino porque no se le prestó atención *.

El 3-VI-33, tuve ocasión de ilustrar mi carta anterior con un ejemplo concreto. Mi agregado comercial tuvo la bondad de venir

---

* Texto en Apéndice, doc. 11, págs. 601-603.

a informarme de que el jurado selector de agregados comerciales le había propuesto telegráficamente dos o tres puestos comerciales. Del jurado formaba parte el jefe de Personal del Ministerio de Estado. Hacía observar al ministro que tal procedimiento, aparte de estimular la ya excesiva tendencia de andar de la Ceca a la Meca que nuestro personal de Embajada ha padecido siempre, era inadmisible en cuanto para nada se tenía en cuenta el interés objetivo de la Embajada ni la opinión del embajador *.

Pero en el mismo mes, el 19, ya me hallaba sumido en el asunto J. L. L., que me vino a revelar el punto más flojo de aquella excelente persona que fue Luis Zulueta. Puritano, tanto que sus íntimos me contaron en Madrid que ni tocar con los dedos consentía en cosas de Gastos Secretos, era no obstante hombre débil y, por debilidad, capaz de cosas que su espíritu recto no podía ver con gusto. El tal J. L. L. era un cualquiera que, para vivir él y su familia, se agarraba a los faldones de los francmasones más empingorotados, Zulueta me lo mandó «para trabajar en la Embajada», decía, pero en realidad, para quitárselo de encima; porque para una Embajada era inútil, no sólo por ser un ignorante integral y nada lingüista, sino porque hasta en el físico era por demás grotesco y semejaba un muñeco, con sus mejillas rosadas y tirabuzones rubios, amén de una sonrisa de sacristán y unos lentes de bicicleta. Se le pagaban 1.500 pts. al mes, 1.000 a cargo de la Embajada. Yo propuse que trabajara (?) fuera de la Embajada, pero el tal J. L. L. dominaba la táctica del clavo del jesuita. El problema era en qué se ocuparía. Yo no tenía ni idea de ello. Creo que Zulueta, tampoco.

Pronto nos dimos cuenta de que lo que le gustaba hacer era quedarse solo en la cancillería a la hora de almorzar, y meter la nariz en los papeles de los secretarios de Embajada, sin dársele un bledo que fueran oficiales o personales. Otra de sus cuerdas era cantarme los loores de su «cuñadita», chica que no sabía lengua alguna, para que le diera yo una plaza de taquimeca en la Embajada, como si fuera mío el presupuesto y yo libre de crear puestos. La cosa se fue poniendo tan fea que Cruz Marín, mi consejero, hombre de impecable abolengo republicano, me declaró que el personal no toleraba ya la presencia de aquel intruso. Lo mandé a Madrid con dos sueldos mensuales, su mujer y su cuñadita.

Zulueta, ya mejor enterado de quién y cómo era su recomendado, procuró desentenderse del asunto; pero pronto me di cuen-

---

* Texto en Apéndice, doc. 12, pág. 604.

ta de que J. L. L. pertenecía a la peligrosa especie de los reptiles, pues era evidente que se entregaba con asiduidad a secretar veneno contra mí, sobre todo entre masones y socialistas. Uno de los masones de más alta graduación de España era Augusto Barcia, hombre leal y honrado, pero no muy agudo. He aquí su carta, que revela la mano oculta e insidiosa del «reptilíneo» J. L. L. y la lamentable credulidad de Augusto Barcia:

He leído que por efecto de haber descuidado un poco la cura de un ataque gripal que Vd. sufrió quedó algo malucho. Lo lamento mucho y le deseo un completo alivio.

Preocupado con lo que Vd. me dijo, hice todas las averiguaciones y pesquisas necesarias para saber lo que había en esas supuestas actividades desplegadas por el señor Geo Meyer en contra del Embajador de España en París. Con todas las garantías que comprenderá Vd. puedo yo darle por lo fidedigno de la información, no vacilo en decirle de manera rotunda que le han engañado a Vd.

Lo que sí pasa, querido Madariaga, y yo debo decírselo a Vd. con toda la lealtad que nosotros nos debemos y a la que yo rindo un culto constante por lo mucho que a Vd. le estimo y le quiero, es que las redes tejidas en torno de Vd., si no le han envuelto por completo le han aislado de la gente que tal vez con alguna pasión, pero siempre con rectitud y entusiasmo le habrían servido. Yo sé bien y Vd. lo sabe mejor que en esa Casa la gente que no vacila en hacer pública y solemne campaña contra la República, tiene acceso, mantiene contactos y no ha perdido su antigua influencia. ¿Por qué? ¿En qué forma? Yo esto no lo sé, pero la exactitud del hecho, sí la mantengo.

En cambio tengo pruebas de que gentes esencialmente liberales, de un republicanismo intachable y que además hubieran querido, sin vehemencias ni rencores, ayudarle a Vd. en la obra de ir enmendando un poco el ambiente y los métodos tradicionales de esa Casa, se han visto obligados a detenerse en el camino y no confundirse con algunos de los elementos que hoy le rodean. ¿Causas? ¿Motivos? Como no los conozco exactamente, yo me limito a recoger la realidad y a registrar los hechos.

Creo que Vd. ha de dar a estas manifestaciones mías el verdadero valor que tienen. Esto es, que obedecen a un sentimiento de afecto sincero y de estimación profunda y que no tienen otra finalidad que la de hacerle a Vd. advertencias que estimo no sólo lícitas, sino obligadas en mí.

Deseo que Vd. esté completamente repuesto y que pueda reanudar sus actividades en Ginebra, que bien necesarias son.

Suyo affmo. amigo que le abraza.

No había en la realidad ni sombra de nada que correspondiera a esta carta; y puesto que Barcia era incapaz de insidia, la única explicación era que todo se debía a que J. L. L. le había puesto la cabeza hecha un bombo. Allende las nebulosidades en que envolvía la situación, «gentes», «elementos», «ambiente», se veía el contorno grotesco de J. L. L. actuando en el despacho de la Cancillería como una portera que registra las cajas de la basura, procurando elevar sus pequeñeces de trepador al nivel de un duelo entre la república y los monárquicos.

Al verse rechazado por Zulueta, J. L. L. acudió a Araquistáin, cerca del cual logró éxito rotundo. Estaba a la sazón Araquistáin virando hacia la extrema izquierda de su partido, aunque sin pasar la raya al comunismo; de modo que, más que a la ideología, su evolución se debía a la tendencia fisípara de que adolecemos todos los españoles. Por esta causa, se iba acercando más a Largo Caballero, hombre de pensamiento flojo y voluntad fuerte, que habiendo sido colaboracionista en tiempos de Primo de Rivera, iba pronto a merecer si no a aceptar el título de Lenin español.

Para abogar por este ultraizquierdismo socialista, fundó Araquistáin un diario que se llamaba *Claridad. El Socialista,* que representaba el sector del centro del partido, no hacía más que pedir más «claridad» sobre el origen de los fondos del nuevo periódico, cosa a la que Araquistáin se negaba a contestar. En el periódico de Araquistáin, J. L. L. halló acogida para una serie de artículos calumniosos sobre el embajador en París, acusándome, entre otras lindezas, de celebrar entrevistas con Quiñones de León (a quien sólo había visto unos minutos en la cámara mortuoria de Briand). Advertí a Araquistáin de quién y cómo era J. L. L. y le conté la historia de su paso por la Embajada, cuyo parásito había sido, como se lo demostré con los recibos de lo que cobraba; pero de nada sirvió la advertencia. Araquistáin siguió publicando las calumnias de aquel reptil.

Quiso mi mala suerte que fuese todavía diputado amén de embajador; y Zulueta, siempre dispuesto a rehuir responsabilidades, en vez de sostener a su embajador, me sugirió que viniera a defenderse a la Cámara. Yo, siempre incauto, acepté. De mi intervención se desprendía con la más completa evidencia que los ataques de J. L. L. eran pura imaginación de un calumniador. Pero ¿y qué? Los que contra mí hablaban no consideraban la demostración necesaria, puesto que no habían creído nunca que las calumnias de J. L. L. tuvieran base alguna; pero para seguir atacándome, eran útiles.

Capítulo XXV

La organización de España en Ginebra y mi discusión con Sánchez Albornoz

Poco a poco iba fermentando en mi ánimo cierto pesimismo para con la república. Hoy lo analizo con más claridad. Por naturaleza, estimulado además por mis estudios científicos, soy objetivo; tanto que sólo llego a evadirme de mi objetividad por la broma y el humorismo. Pero en mis relaciones con los demás, me topaba con el incurable subjetivismo que, sobre todo en política, todo lo estropea. Al fin y al cabo, república viene de *res*, cosa, de modo que equivale a una perenne llamada a la objetividad. Los que se cruzaban en mi camino con fines subjetivos no eran los analfabetos. Eran de lo mejor de España. Zulueta, Araquistáin, Barcia. Y luego Sánchez Albornoz.

Admirable historiador, no sólo erudito y bien informado como pocos, sino capaz de hacer revivir el pasado, logro que es la cumbre de toda historia, Sánchez Albornoz llegó al Ministerio de Estado por decisión de Azaña. Demasiado conocía yo la indiferencia de Azaña para con la debida correlación entre dotes y funciones, puesto que me había ofrecido el Ministerio de Hacienda y negado el de Estado. En este descuido se encumbró Azaña hasta el escándalo al nombrar a un periodistilla sin peso ni autoridad secretario general del Instituto de Reforma Agraria, la obra central y capital que la república debió y pudo haber llevado a cabo. El nombramiento de Sánchez Albornoz para el Ministerio de Estado fue otro caso por el estilo, salvando la eminencia intrínseca de nuestro gran medievalista. El nuevo ministro se hallaba a la sazón en Buenos Aires; hubo que esperarle (en aquellos tiempos todavía sin aviación); sabía muy poco de asuntos exteriores, nada de Ginebra; y mis relaciones con él, si bien salvadas por su excelente educación y cortesía, carecieron de mutua comprensión. Tomo mi media responsabilidad.

En mi deseo de procurar que España estuviera siempre presente en las cosas de Ginebra, había pedido y obtenido que, al crearse un Comité de la Sociedad de Naciones para que se ocupara de la situación de los judíos perseguidos por Hitler, se diese lugar a un vocal español, ya que muchos de los perseguidos eran sefardíes. Llegó el nuevo ministro y, sin consultarme, escribió a Ginebra que el asunto no le interesaba a España. Así empezó nuestra colaboración. Luego pasamos a mayores.

Uno de los problemas que más pesaban sobre mi ánimo era el de mi propia libertad como delegado. Más de una vez había tratado el asunto con Madrid, de palabra y por escrito, instando al ministro a que se dotara a la delegación de más sustancia y continuidad. Aspiraba yo a que fuera una institución en vez de una dehesa donde el que a la sazón funcionara como delegado galopase por su cuenta. Claro que para mí no podía ser más halagüeña y agradable; pero ¿y mañana? ¿A qué errores y aun desastres podría llevar la apatía con la que se seguían en España las cosas de Ginebra, sin tradición ni competencia que las encarrilase?

El 27-V-32, había enviado a Zulueta (que me había pedido mis ideas sobre el tema) una larga nota sobre lo que a mi ver debía ser la política extranjera de la república *. Comenzaba diciendo que no había causa para acción alguna ofensiva, pero sí muchas razones para vigilar nuestra defensa. Sobre esta base, definía nuestro primer objetivo como: *La reducción de la colaboración técnica y financiera de los extranjeros a límites que permitan al Estado el pleno ejercicio de su soberanía.*

Pintaba después las tensiones entre España y Francia, Inglaterra e Italia, así como con los Estados Unidos, debidas a la situación de España, por un lado a espaldas de una Francia con los ojos clavados en el Rin, y por el otro asomada al estrecho de Gibraltar, y unida al Nuevo Mundo por su lengua y cultura. Analizadas todas estas situaciones binarias, y colocadas en una Sociedad de Naciones que, por obligarnos a intervenir en ciertos casos de guerra, nos incitaba a vigilar y defender la paz, concluía que «los problemas políticos españoles parecen colocados por este orden de intimidad: mediatización económica; el Estrecho; Portugal; Tánger-Marruecos; relaciones con Francia; relaciones con Inglaterra; relaciones hispanoamericanas y con los Estados Unidos; obligaciones de Estado garante de la paz en la Sociedad de Naciones».

Entraba después a examinar las fuerzas morales con que podíamos contar, la primera de las cuales era nuestra cultura.

---

* Véase Apéndice, doc. 13, pág. 605.

España era una gran potencia moral, y en su prestigio como país de gran historia, sólo comparable a los imperios romano y británico. «Importa, pues, que el Estado español no caiga en el error de solidarizar la política laica y racionalista que le compete hacer, con la crítica parcial y estrecha que de nuestras grandes instituciones monárquicas y coloniales de los siglos XVI y XVII suele hacerse por parte de no pocos espíritus liberales.» Mi opinión sobre Hispanoamérica se venía a resumir así: «Si España no tiene razón, es poco probable que toda Hispanoamérica le ayude; pero, si la tiene, es casi seguro que Hispanoamérica la ayudará. Y no es poco. Por otra parte, no es siempre el hispanoamericanismo un motivo de fuerza para España. Puede llevarla a solidarizarse en condiciones poco favorables a su prestigio.»

Sobre otras fuerzas morales, me refería primero al «temor que inspira a las clases burguesas extranjeras la posibilidad de una revolución social en España; la posibilidad de un gran prestigio en el mundo musulmán y hebreo si España se decide a hacer de su Andalucía un centro de cultura semítica; y la posibilidad de asumir en Ginebra un papel de primera línea, como país bastante libre para abogar por la justicia internacional».

A renglón seguido pasaba a ocuparme de las fuerzas económicas que determinaban y limitaban nuestra política, y por ende a sugerir medidas concretas. La primera había de ser la edificación de un Estado fuerte, consciente de sí mismo y capaz de continuidad —fin en sí, pero también necesario para poseer una política exterior autónoma—. Mis proposiciones se resumen así:

— Creación de un Ministerio de Estado capaz de una política de conjunto, concebida orgánicamente, ejecutada con método y expuesta periódicamente a la opinión pública en el Parlamento y en la prensa. Incidentalmente, formación de un plantel de periodistas y publicistas especializados en política extranjera.

— Elevación del nivel de cultura técnica de los financieros españoles, para lo cual el Ministerio de Estado habría de colaborar con el de Hacienda y con la Banca privada a fin de enviar a servir en instituciones de crédito extranjeras a jóvenes preparados a tal fin.

— Creación de facultades de humanismo moderno en las principales universidades, a fin de constituir una cultura europea a base de las lenguas, literaturas, historias, filosofías y artes de las principales naciones europeas, y asimismo, al menos en Madrid, creación de un buen centro de lenguas orientales, incluyendo las lenguas eslavas y las de la familia del chino.

— Honda reforma de la burocracia española, con el fin de elevar el nivel cultural de los cargos de gestión, y de racionalizar, simplificándolos, sus trámites y sus funciones auxiliares.
— Organizar un centro de expansión de la cultura española, tomando como modelo *L'Alliance Française.*
— Dar especial vigor, seriedad, competencia y eficacia al Banco de Comercio Exterior.
— Mantener una política prudente, pero continua, de nacionalización de las grandes empresas mineras que operan en nuestro suelo, interviniendo, si es necesario, la venta de acciones a extranjeros y haciendo comprar por la Banca española gradualmente más acciones.
— Montar una industria química que sea por lo menos suficiente para libertarla del extranjero en cuanto a abonos químicos.
— Reorganizar su marina mercante.

Pasaba después a afirmar que puede y debe España afirmar en política extranjera una personalidad mucho más acusada, atrevida y fuerte de lo que, hasta aquí, ha sabido hacer la monarquía. Para esta labor la república contaba con «saberse firmemente asentada sobre la inmensa mayoría del pueblo español y estar íntimamente asociada a una política internacional generosa, liberal, y obligada a ganarse las simpatías de la opinión inteligente del mundo entero»: aparte de ser España la adversaria actual o presunta de todas las grandes potencias. En la práctica, preconizaba «el sostenimiento y fomento en el mundo internacional de los principios republicanos y liberales adoptados en su gobierno interno», o sea «en lo político, el (principio) del Pacto de la Sociedad de Naciones; en lo obrero, el que informa la Oficina Internacional del Trabajo; en cuanto a los conflictos internacionales, la jurisprudencia y práctica del Tribunal de La Haya».

Dentro de la Sociedad de Naciones, «la política de España deberá consistir en la afirmación de los métodos para prevenir la guerra y en el desarme tan completo como sea posible». Añadía que «España tendría interés en cooperar a toda labor internacional tendente a eliminar la influencia de la finanza sobre la política».

Sobre Portugal, «sin abandonar el ideal de una posible federación ibérica», dejar a Portugal la iniciativa de todo movimiento de aproximación, aunque impulsando todo lo que hicieran más íntimas las relaciones ibéricas en cultura, finanzas y demás. Sobre el Estrecho, proponía el estudio de un ferrocarril submarino.

Sobre el Pacto, recomendaba ya un estudio del artículo 16 por parte del Gobierno, para ni excederse ni quedarse corto si viniere el caso de aplicarlo.

Sobre Hispanoamérica, preconizaba «no buscar las simpatías de aquellos pueblos, lo que suele provocar reacciones contrarias», sino «hacer una España fuerte, grande y culta» y cultivar instituciones económicas y financieras comunes.

En mi conclusión apuntaba la conveniencia de acercarnos a los países escandinavos, a Suiza y Holanda y a Irlanda y Checoslovaquia; abogaba por fomentar la cooperación financiera y técnica con Suiza y Suecia, y adoptar un criterio empírico para con los soviéticos, sin perder de vista los peligros que para la paz interna pudiera presentar una Embajada soviética en Madrid *.

Quiso la suerte que me tocase a mí abrir esta última cancela. Reconocida la Unión Soviética por la Sociedad de Naciones, creyó oportuno el Gobierno abordar el tema del mutuo reconocimiento. No era cosa fácil. En 1933, en tiempos de Azaña, se había negociado un acuerdo y los rusos habían designado a Lunacharsky para la Embajada de Madrid. A su paso por París, vino con su mujer a almorzar a nuestra Embajada. Me pareció el más «intelectual» de los bolcheviques que hasta entonces había conocido, aún más que Rosenberg, porque éste jamás se dejaba distraer de su tema central, capitalismo contra comunismo, mientras que Lunacharsky prefería cualquier otro tema del ancho mundo, y los trataba con amenidad, sobre todo el de don Quijote.

Había sido comisario para Educación, y era ante todo hombre libresco, lo que se traslucía en su mirada, al ángulo de lectura más que al de conversación. *Pince-nez* y *barbiche* delataban cultura francesa del XIX. Su mujer, actriz, llevaba con distinción la elegancia profesional, aunque su conversación no pasaba de discreta, quizá por insuficiencia lingüística. A Lunacharsky le gasté algunas bromas sobre mi libro *La jirafa sagrada*, fantasía o novela futurista que, por lo visto, gustó a algún Tintero Prepotente de Móscova porque, de pronto, recibí de allá un ruego de que les mandase una nota biográfica para publicar con la traducción rusa. Desde luego, nada de autorización, acuerdo o cosa tan materialista como honorarios. Pasó el tiempo y recibí dos ejemplares.

---

* Texto completo en Apéndice, doc. 14, págs. 606-15.

Le pedí a Lunacharsky que me mandase unos cuantos ejemplares más, y luego le pregunté si había honorarios, a lo que él contestó que el libro no se había vendido y era pura pérdida. Cómo lo sabía, no lo sé. Pero yo ya sabía que en la Unión Soviética, sólo se vendían los libros de autores de por acá que sirvan y apoyen las doctrinas de allá; y la publicación de mi libro no pasaba de ser un intento de compra de una pluma, que no había dado el resultado apetecido.

Pese a este breve episodio marginal, todo salió a pedir de boca, y los Lunacharsky se fueron muy contentos a pasar un período de asueto en la Costa Azul antes de irse a Madrid; pero no tardé en enterarme de que el simpático embajador soviético en España se había muerto de un ataque al corazón —muerte natural para un súbdito de Stalin.

Entretanto, había fallecido también el Ministerio Azaña, y el nuevo equipo estimó que el acuerdo anterior no había sido bastante cauto y prudente, por lo cual se me pidió que negociase otro en Ginebra con Litvinof. El caballo de batalla era el número de agentes diplomáticos y consulares que se admitirían por ambas partes. En España se temía (y creo que con fundamento) que la Unión Soviética se propusiera instalar una Embajada populosa para entregarse a la propaganda y aun a la subversión. Tanto Lenin como Trotsky habían considerado siempre a España como terreno propicio al comunismo.

Litvinof se negó en absoluto a discutir sobre la base impuesta por Madrid, que era: nada de reconocimiento sin fijación previa de los contingentes personales en ambas misiones. Para romper el círculo mágico de las dos negativas, propuse a Litvinof que redactásemos un documento formulando simultáneamente el reconocimiento y la limitación de personal, que autorizaríamos con nuestras iniciales; y sobre la base de este documento, se procedería a nombrar los embajadores en la inteligencia de que las limitaciones serían firmes. Aceptó Litvinof, y ya libres de nuestra labor oficial, pasó un buen rato tratando de convencerme de que fuese yo a Móscova de embajador. La idea era tentadora, pese a sus inconvenientes oficiales y familiares, de modo que lo dejé en suspenso (aparte de que no sabía qué dirían en Madrid). Nos despedimos y ya bajaba yo (a pie, desde luego) las escaleras del hotel, cuando desde el descansillo, me preguntó: «¿A quién mandamos nosotros?», y yo le contesté: «A cualquiera, menos Kaganovitch.»

Sin embargo, no hubo embajadores. Entre los radicales, no faltaban candidatos, alguno que otro incitado al olor de petróleo ruso, lo que olvidaba dos consideraciones: que era inútil esperar negocio alguno de la Unión Soviética, salvo en condiciones que ningún político español habría aceptado de no ser comunista; y que Rusia entonces no exportaba petróleo porque todo lo necesitaba para sus reservas estratégicas por si Hitler hacía lo que, en efecto, hizo. Pero todo ello, ambiciones, petróleo, embajadores, se lo llevó la trampa. El 4-X-34 estalló el alzamiento revolucionario de izquierda, y el Gobierno decidió dejar dormir el tema soviético.

*

Escribí por entonces un informe sobre la necesidad de dotar a la delegación en Ginebra de la estabilidad y continuidad necesarias. No lo tengo entre mis papeles, pero más adelante analizaré el que en enero de 1934 dirigí a Pita Romero sobre el mismo tema. Aquí sólo recordaré que, esta vez, aproveché la ocasión de ciertos cambios que se vislumbraban en el personal para pedirle a Sánchez Albornoz que situara cerca de mí a los dos diplomáticos más competentes de que disponíamos en cosas de Ginebra: a Oliván en Berna y a Teixidor en Ginebra. No voy a dar aquí el detalle ni siquiera el resumen de la correspondencia a que dio lugar con Albornoz. El lector la hallará en el Apéndice. Sólo diré que el ministro, encastillado en su autoridad ministerial, y sin asomo del destrozo que hacía en Ginebra, estaba dispuesto a aceptar mi dimisión, y que yo, en la perspectiva de hoy, estimo que no la debí haber presentado. En mi caso, se daba el cansancio de tanta y tan fuerte oposición *.

---

* Véase Apéndice, docs. 15, 16 y 17, págs. 616-27.

CAPÍTULO XXVI

Justo y Saavedra Lamas

En 1931, la Argentina estrenó un presidente. Nadie le negaría al general Justo la excelencia de su mero apellido. Además, aunque general del ejército de su país, había escalado el poder supremo por una vía constitucional impecable, gracias a una buena fama que su clarividencia de gobernante iba a confirmar. En política exterior, su mandato se distinguió por no pocas iniciativas debidas a la ambición de su ministro de Asuntos Exteriores, el doctor Saavedra Lamas. Ya en 1932, Saavedra Lamas, en la Asamblea de naciones americanas reunida en Río de Janeiro, había presentado un nuevo pacto contra la guerra, y enviado a Europa como embajador ambulante a Roberto Levillier para que (como dicen donosamente los yanquis) se lo vendiera a los europeos. Levillier no era un mero diplomático; era también un excelente escritor y un historiador que, años más tarde, iba a publicar un buen libro sobre Américo Vespucio. Pronto se propagó por Europa, y más en Ginebra, que Levillier solía mezclar argumentos en pro del pacto con otros que realzaban los méritos de su autor como candidato al premio Nobel de la Paz.

Ya entonces, me sentía yo saturado de pactos; porque casi no quedaba hombre de Estado, real o imaginario (de su propia imaginación), que no aspirase a redactar el pacto del siglo, lo que me arrastró a propalar por las salas y pasillos de la Sociedad de Naciones que el mundo atravesaba un estado «pactológico» y que el infierno estaba pavimentado de buenas convenciones. Y ni aun las convenciones, buenas o malas, se consideraban indispensables. Un buen día recibí la visita de Max Henríquez Ureña, una de las tres estrellas de la constelación dominicana tan estimada en las letras hispanas, desorbitado en la política y metido a ministro de Negocios Exteriores de su país. Venía a pedirme apoyo para que se otorgara el premio Nobel de la Paz a los dos presidentes de Santo Domingo y Haití porque, en vez de entredegollarse, habían firmado un pacto de paz y amistad.

El pacto ideado por Saavedra Lamas era teóricamente bueno; pero en cuanto a ser útil, como no fuera para pavimentar un pie cuadrado del infierno, ya era otra cosa. Su autor se dio pronto cuenta de que para el éxito de su empresa, le era indispensable un buen certificado firmado por mí. Esto es lo que en sustancia me vino a exponer Roberto Levillier. Su colega Ruiz Guiñazú, ministro en Berna, me escribía el 12-VII-33 *:

> Le escribo estas líneas para recordarle el juicio crítico sobre el proyecto de Pacto antibélico sudamericano del doctor Saavedra Lamas, ministro argentino de Relaciones Exteriores.
>
> Ya expresé a Vd. el placer con que el autor recibirá su opinión autorizada. En caso que por sus atenciones nada hubiese podido hacer hasta hoy, me permito rogarle no deje de mano mi pedido.
>
> E. Ruiz Guiñazú.

Yo, entretanto, me curaba de un collar de heridas ·que me había hecho en torno al rostro en un accidente de automóvil, en el que fui víctima de un conflicto entre el derecho y la fuerza. Mi conductor, guía o volantero, era un navarro que no concebía ni concedía otra regla para su oficio que la de estar en su derecho. Así pues, a medianoche, en el *cours* Albert I, de regreso de una cena con mi promoción de la Escuela Politécnica, un taxi procedente de la otra vía, atravesando la doble hilera de árboles que nos separaban, cortó de súbito nuestra vía, en la que circulábamos a paso más que rápido, y el navarro siguió con el pie firme en el acelerador, puesto que el taxi no tenía derecho a estar donde estaba, se apartó ya tarde, y se pegó contra un árbol, de modo que mi testa atravesó el cristal que nos separaba, y la ventana rota no me degolló porque la Providencia estaba resuelta a que estas Memorias se publicasen. Como impuesto, tuve que pagar al diablo media docena de heridas faciales, todas al borde de lo mortal, ninguna seria; pero ¡qué de sangre!

Cuando llegué a casa y di orden de gran silencio y discreción, el ama de llaves, que me aguardaba, me quitó el abrigo ligero de paño negro, que se quedó de pie en el suelo, tan empapado estaba de sangre mía. Las consecuencias físicas para mí fueron

---

*   Véase Apéndice, docs. 18 y 19, págs. 628-29.

ligeras, pero para el pacto Saavedra Lamas, nada menos que un retraso de tres meses.

Levillier no dormía. El 14 de octubre, le escribía a Guiñazú desde París:

> Me acaba de enterar Echagüe de la conferencia que Vd. tuvo anoche con el embajador Madariaga; sé así que él está bien dispuesto, y que Vd. sabrá, este lunes 16, la fecha de su regreso.
>
> Tengo el agrado de remitirle para él un ejemplar del tratado tal cual ha sido firmado el 10 de este mes por Argentina, Brasil, Paraguay, Méjico, Chile y Uruguay.
>
> Celebraría infinito, como argentino que ama a España, fuese ella la primera potencia europea que diese su adhesión, si no diplomática, *moral*, a los principios de pacifismo y al método de combatir preventivamente la guerra que ideara un argentino y que suscribieran seis países del continente que ella conquistara y civilizara. Tal sería el valor de la presencia en la sesión de un tan eximio representante de las cualidades de España como lo es el señor Madariaga.
>
> Le incluyo algunos folletos que le ruego envíen (así) al embajador, a cuenta de libros, pues esto es poca cosa.
>
> Muy agradecido a su amable mediación, le saluda muy cordialmente su colega y atento s. s.
>
> R. Levillier.

Lo más probable es que Ruiz Guiñazú me pasara esta carta en Ginebra, donde nos solíamos ver con frecuencia, por ser él a la sazón presidente del Consejo de la Sociedad de Naciones, pues de otro modo no me explicaría que figurase entre mis papeles *. Cuatro días después, me escribía Levillier a mí **:

> Tengo el agrado de acompañarle el informe del señor Pusta y el del señor Effrenoff rogándole me los devuelva cuando haya terminado con ellos. Acabo de recibir un telegrama de Roma, avisándome que el Ministerio ha telegrafiado al embajador Pignatti para asistir sesión Academia expresando simpatía «Gobierno italiano». Es así seguro que él dirá algunas palabras, yo deseo que Vd. lo sepa.
>
> Aprovecho esta ocasión para reiterarle mi agradecimiento por su prestigiosa intervención y asegurarle que ninguna puede ser tan grata como ella para mis sentimientos de viejo hispanófilo.
>
> R. Levillier.

---

* Véase Apéndice, doc. 20, págs. 630-33.
** Véase Apéndice, doc. 21, págs. 634-36.

En esta su carta, se refería Levillier al discurso que sobre el famoso pacto iba yo a pronunciar en la *Académie Diplomatique Internationale*, el 20-X-33. El mismo 20 recibí un cable de Saavedra Lamas *:

> ME PERMITO EXPRESARLE ANTICIPADAMENTE MI AGRADE-
> CIMIENTO POR LA CONTRIBUCIÓN TAN VALIOSA EN FAVOR DEL
> PACTO ANTIBÉLICO SUSCRITO POR SEIS PAÍSES AMERICANOS EN
> RÍO DE JANEIRO Y QUE SE ANUNCIA EN LA ACADEMIA DIPLO-
> MÁTICA. SALÚDOLO CON ALTA CONSIDERACIÓN.—SAAVEDRA
> LAMAS.

Al que contesté aquella misma tarde **:

> Muy agradecido su telegrama, tuve a honra y satisfac-
> ción contribuir esta tarde a dar a conocer su noble inicia-
> tiva en pro de organización de la paz, y le felicito por la
> sesión consagrada a su obra, digna de la tradición incom-
> parable de la Argentina.
>
> Madariaga.

La Academia Diplomática Internacional era una especie de foro para los miembros menos ocupados del servicio diplomático, que había fundado en París un griego aficionado a la diplomacia. Mi discurso iba a ser el plato fuerte de un banquete oratorio consagrado al pacto Saavedra Lamas. Tarea más grata que fácil para mí: por un lado, mi entusiasmo por aquel documento no tenía nada de indescriptible; pero por el otro, yo no tenía derecho a olvidar que no era mero individuo suelto, libre de opinar a su modo, sino embajador de España en París y delegado en Ginebra, comentando una iniciativa del ministro argentino de Relaciones Exteriores. Creo que conseguí conciliar tan contradictorias exigencias.

Además, en contra de lo que suele suceder con tantos discursos, éste no resultó estéril, si bien sus frutos fueron tan poco usuales como esperados. Menos de un año después, me hallaba en la Argentina dando conferencias a toda suerte de públicos sobre la paz, la guerra, la Sociedad de Naciones y pactos más o menos útiles. Y aun pudiera ser que su fertilidad produjera otras consecuencias de más altos vuelos.

---

* Véase Apéndice, doc. 22, pág. 637.
** Véase Apéndice, doc. 23, pág. 637.

CAPÍTULO XXVII

Cómo dejé la Embajada

Por aquel entonces hizo una visita oficial a París el sultán de Marruecos, Mohammed ben Jussuf. España era nación protectora de una zona todavía buena de aquel país, de modo que el protocolo de la visita comprendía una fiesta en la Embajada española. Era el sultán hombre todavía joven, de ojos penetrantes que revelaban inteligencia nada común, pero que parecían expresar más cansancio del que era de suponer en su edad. También creí observar igual cansancio en las piernas, pues aun siendo fornido y de buena prestancia, andaba siempre buscando con la mirada una silla donde sentarse. No faltó quien me susurrase al oído que ello se debía a que el Estado protector predominante procuraba siempre mantener bien poblado el harén regio, a fin de que al joven monarca no le diera por malgastar sus energías en la política.

Con todo, Mohammed V supo sobreponerse a aquel período erótico de su reinado, y revelarse como uno de los sultanes más fuertes y capaces de su país y el verdadero inspirador del movimiento en pro de su independencia. En aquellos días, cuando todavía no pensaba nadie en tales cosas, tuve una conversación con Ponsot, uno de los procónsules coloniales más capaces que ha tenido Francia, en el curso de la cual, le apunté que, a mi ver, quizá no duraría ni cincuenta años la subordinación de los países del norte de África. «¿Cincuenta? Ni veinte», me contestó Ponsot. Y sin embargo, allí estaban los gobiernos, las burocracias civiles y militares, la opinión, el «patriotismo» de las naciones europeas disputándose, conquistándose, ventajas ilusorias en aquella África que se les iba irremisiblemente.

*

Fiestas imperiales como aquella que le dimos al sultán se solían saldar en parte o en todo mediante un subsidio *ad hoc* del Ministerio; pero, en general, la Embajada de París tenía al embajador en constante peligro de deuda. No era ésta una situación favorable para quien tenía que ganarse la vida, y aunque me agradaba la posibilidad de hacer cosas que el puesto me abría, no dejaba de tentarme la idea de recobrar mi libertad, tentación que estimulaba el cúmulo de la Embajada con la delegación de Ginebra, ya que cualquiera de aquellas dos cargas era más que suficiente para agotar las energías de un hombre aún joven.

Sin embargo, dejé pasar dos ocasiones de irme de París. Primero, las Cortes declararon incompatibles los cargos de embajador y de diputado, cosa, desde luego, de mero sentido común. Dimití la Embajada para seguir en el Parlamento, pero el Gobierno me presionó con discreción pero con energía para que siguiera en París, y me dejé convencer. Luego, Lerroux me ofreció el Ministerio de Estado (setiembre del 33), y yo, ingenuamente, pedí la opinión de mi partido, la O. R. G. A., que puso reparos, por ser Lerroux la misma bicha para el azañismo, al que pertenecíamos todos los de la Orga; lo cual no impidió que, en el Ministerio que al fin formó Lerroux, figurase un «organillo».

Luego, a principios de marzo del 34, me llamó Lerroux al teléfono. Estaba otra vez formando un gobierno y me dijo que me necesitaba en Instrucción Pública porque se lo disputaban la izquierda y la derecha y de mí se fiaban ambas. Luego resultó que sólo recurrió a mí por desesperación, porque todos los que quiso nombrar se le negaron. Yo le contesté que lo pensaría, y le escribí que lo aceptaría bajo dos condiciones: que el Gobierno haría un esfuerzo serio para conciliarse a los socialistas y que no se amnistiaría a Sanjurjo. Considero este episodio como uno de los grandes fracasos de mi vida política.

En primer lugar, aceptaba implícitamente abandonar mi obra principal, pues era poco probable que pudiera ir a Ginebra siendo ministro de Instrucción Pública; en segundo lugar, acepté ir a Madrid sin haber recibido de Lerroux más que la callada por respuesta, lo que interpreté como aquiescencia a mis dos condiciones. En tercer lugar, dejaba París y Ginebra cuando llegaba al Ministerio de Negocios Extranjeros en París aquel Louis Barthou con quien me iba a unir tanta buena amistad y casi intimidad. Y todo lo cambiaba por el mundillo de la política madrileña que desconocía casi por completo. Hoy considero que aquella decisión fue una de las más ineptas de mi vida.

Mis amigos franceses la recibieron con esa «buena cara» que el refrán manda ponerle al «mal tiempo»; Barthou, ministro, y Léger, secretario general del Quai d'Orsay, ambos buenos amigos personales, con caras muy largas, y Lebrun, presidente de la República, de quien fui a despedirme, también con cara larga, pero en su caso no tanto por tristeza como por solemnidad. Se puso en pie, me miró como si fuese a pronunciar un discurso, y me entregó las insignias de la Gran Cruz de la Legión de Honor, distinción de lo más excepcional para un embajador saliente. Admiré y aún admiro la nobleza de aquel gesto, pues, desde el punto de vista francés, había sido un embajador difícil y poco dado a ceder, en fuerte contraste con mis predecesores; de modo que vine a interpretar el episodio como un premio imaginado por Barthou y Léger, ambos escritores, al escritor español que admiraba las letras francesas y aún, modestamente, las cultivaba.

Como aficionado que soy a la matemática, en cuya austera morada intelectual me había educado, siempre me han atraído los casos que se le escabullen a las leyes de la probabilidad, sobre la cual no vacilo en digredir para contar cómo en la Escuela Politécnica, el gran Henri Poincaré, que nos la enseñaba, inauguraba su curso (de cinco lecciones) enunciando el teorema que dicen *del sombrero de Gendarme*, cuya curva siguen los hechos sólo regidos por el azar, y añadía que la demostración la daría al fin del curso. De aquel teorema deducía sus cinco lecciones, y al final del quinto día pronunciaba estas palabras: «Sólo me queda demostrar el teorema inicial. Hay muchas demostraciones, lo que prueba que son todas malas; pero todo el mundo lo respeta: los físicos porque creen que es un teorema de matemáticos, y los matemáticos porque lo toman por un hecho de experiencia.» Y se iba a su casa tan tranquilo.

Pues bien, cuando en 1909 pasé el examen de salida de la Escuela Politécnica y quise entrar en la Escuela de Minas, escribí al ministro de Trabajos Públicos de Francia rogándole me dispensara del examen de entrada, puesto que ya lo había pasado (con el de Politécnica) en 1907. Accedió el ministro y el *Journal Official* publicó aquel año un decreto haciéndolo constar. Un cuarto de siglo después, el *Journal Official* publicaba un segundo decreto consagrado, como el primero, a mi persona: el ministro de Negocios Extranjeros me otorgaba la Gran Cruz de la Legión de Honor. Ambos decretos iban firmados: Louis Barthou.

Me iba disgustado por pensar que, aunque tan generosamente galardonado por mis amigos franceses, mi paso por la Embajada pudo y debió haber sido más fecundo. Claro que ello se debía al exceso de trabajo que me imponía mi cargo de Ginebra, que tanto me interesaba, en parte por vocación y convicción, en parte por creer que había nacido para aquella labor, sobre lo cual volveré. Se daba en España un grupillo de críticos que sostenía ser la cumulación de los dos cargos perjudicial para ambos, y el caso es que habrían estado en lo cierto si lo hubieran dicho con buena intención, pero como no eran capaces de tanta objetividad, argüían mal: «que mi labor como delegado perjudicaba a mi labor como embajador», lo cual era a todas luces falso; mientras que el «perjuicio» estaba en que la suma de ambas tareas era excesiva para un solo hombre.

Algo me ayudaba la libertad que me concedía Madrid y la que yo me tomaba como mera persona. Ya he dado algún ejemplo. Daré otro. En el Claridge de París se reunió una vez (18-X-33) el ágape más brillante de intelectuales de todo el mundo que cabe imaginar. Me pidieron que lo presidiera. Cuando me tocó hablar, tracé un cuadro general de Europa, procurando dar una síntesis viva de su geografía, historia y carácter, y en un párrafo de bastante elocuencia y hálito, traté de descubrir la ciudad predestinada a ser la capital de Europa precisamente por la geografía, la historia y el carácter, en términos que en los más, quizá, de mis oyentes orientarían su pensamiento hacia París, pero el párrafo ascendente aterrizó en Viena. Cosa herética en verdad, para dicha en París y por un embajador. Allá al fondo, a la izquierda de la brillantísima sala, percibí la sonrisa sardónica de Aldous Huxley que bebía mis palabras como champaña; pero también veía con gusto los rostros despiertos, sonrientes y comprensivos de tantos amigos franceses.

Capítulo XXVIII

Ministro cinco semanas

No deja de causarme alguna impresión el observar que la condena sin reservas de mi decisión de dejar la Embajada que en el capítulo anterior va expresada, no corresponde a la actitud de hace un par de años, que es la que figura en otras ediciones de estas Memorias, actitud todavía indecisa de la que sólo recojo esta observación: «No solemos decidirnos por el criterio de lo que más conviene a nosotros y al mundo, sino por un complejo de fuerzas, una de las cuales viene a ser la curiosidad para con lo desconocido. La vida de embajador, ya me la sabía. La vida política en España, no.»

Fui, pues, a ver lo que era aquello, y pronto me encontré mal a gusto. La causa-raíz era, según hoy creo, que había pasado de un ambiente donde las cosas pesaban más que las personas a otro en el que las personas pesaban más que las cosas; de un mundo regido por un *eso* formidable, a otro desgobernado por una turba de yos exorbitados, ninguno formidable en sí, pero, en conjunto y multitud, formidable obstáculo para todo el que, movido por su impulso interior, aspiraba a *hacer algo*.

Más me irritaba todavía el ver las ventajas y los privilegios que el ambiente me otorgaba como uno de tantos aquellos yos. En Irún me aguardaba el coche del ministro de Instrucción Pública para llevarme a Madrid con mi hija menor. El conductor era un elegante joven cuya gorra ostentaba ancha banda de oro, y a su lado iba otro de igual atavío, versión tecnológica del «lacayo» que antaño acompañaba al cochero en los coches de los poderosos.

Con una maestría deslumbrante cruzamos a velocidades vertiginosas la distancia que nos separaba de Burgos, donde nos aguardaban el gobernador y su esposa para almorzar. Después del almuerzo, propuse que nos fuésemos a tomar el café a otro sitio que aquel hotel, y el gobernador nos llevó al casino, club de hombres donde no se toleraba la presencia de mujeres, pero donde se quebró la tradición en honor a mi hija. Cosa de agradecer, que, sin embargo, me desagradó por lo que implicaba de autocracia, indisciplina y privilegio.

En Madrid me encontré con que me tenían que proteger. ¿Contra quién? Lo ignoro. Ni en Ginebra ni en París se me había ocurrido tal cosa. Nada menos que tres personas, el conductor del coche de escolta y dos agentes secretos que no podían ser más públicos, todos tres ocupados tan sólo en protegerme. Me parecía raro hasta la linde del ridículo. ¡Y qué menoscabo de mi libertad! Me había instalado en el Palace, sólo, mientras encontraba un piso donde meterme. Por la mañana, solía irme a dar un paseo a pie por el Retiro. Al retirarme, terminada mi jornada, mi escolta me preguntaba a qué hora los necesitaba. Les dije «las diez» porque quería darme mi paseo a partir de las nueve. Un día, creo que por sospecharse que algo les fallaba, llegaron a eso de las nueve, justo cuando salía yo. Los vi y me escondí detrás de un árbol hasta que entraron a preguntar, y me escabullí. Se escamaron y, con más valentía que yo, me plantearon el problema tal y como lo veían ellos. «Señor ministro, nos va en ello el cocido, si le ocurre algo.» Tuve que rendirme a sus razones y dar mi paseo con tres sombras, la mía y la de mis dos guardianes de a pie. Cuando, como luego contaré, desempeñé un par de semanas dos ministerios, se dobló mi escolta. Los llamé a los seis, y les expliqué: «Si ven ustedes a uno que viene a asesinarme, le preguntan a quién apunta: si al ministro de Instrucción Pública, ustedes se encargan de él; si al ministro de Justicia, ustedes.» Creo que les parecí un ministro muy raro. A mí todo me parecía un modo absurdo de malgastar el dinero y los hombres, porque no creía eficaz la protección si el asesino va a ello de veras, y esta opinión la vino a confirmar la trágica muerte de mi amigo Louis Barthou.

Mi reino, pues, iba a ser el Ministerio de Instrucción Pública. Cuando comenzó a construirse en la calle de Alcalá, Azaña, que dirigía entonces la revista *España,* escribió (cito de memoria): «Como el presupuesto no llega a la mitad del de la Casa de Correos, no podrán hacerlo más que la mitad de feo.» Por una vez se equivocó. Salió tan feo que su fealdad resultó relativamente barata. Era además muy incómodo y, como tal edificio, inapto para sus fines.

Había rogado a dos amigos, Mariano Muñoz Rivero y José Aguirre, que se encargaran de la secretaría particular. Mariano, hijo de un ilustre y famoso abogado, me contó que en una de las antecámaras había oído a un conocido institucionista que llamaremos U, declarar ante un grupo su satisfacción de ver al

fin a la cabeza de tan importante Ministerio a un hombre que...,
un intelectual eminente que..., en fin, el entusiasmo. Lo celebramos, aunque sin dejar que se propagara la onda eufórica. Y nos
pusimos a trabajar. No tardé en darme cuenta de que, en aquel
Ministerio, lo mejor, bueno..., lo menos malo, era el edificio.
Entonces recordé que, cuando tres años antes, había llegado a
La Coruña, recién nombrado embajador, me habían enseñado con singular satisfacción una magnífica escuela primaria.
«Pero... no se ve nadie.» —«No —me explicaron—. Lleva ya
meses vacía, por estrenar. El Estado y el Ayuntamiento no se
entienden sobre quién va a pagar el carbón para calentarla.»

Uno de mis primeros días en la Casa lo consagré a una conversación con el director general de primera enseñanza. Por él
me enteré de que había en España unas 11.500 escuelas que
carecían de maestro y unos 11.500 maestros que carecían de
escuelas —pero no de sueldo—. De modo que la república, al
cabo de tres años de gestión, pagaba a 11.500 maestros que no
enseñaban y tenía privadas de enseñanza por lo menos a 300.000
criaturas.

Le hice traer la documentación. «Vamos a ver, éste. ¿Por
qué está ausente?» —«Porque está con una beca estudiando
pedagogía en Lovaina.» —«Me parece muy bien que estudie.
Pero mientras estudia él, ¿qué pasa con los chicos?» —«Como
no hay maestro, la escuela está cerrada.» —«Nombre usted
otro.» Aquel hombre se escandalizó. «Pero, señor ministro, es él
el maestro PROPIETARIO.» ... —«¿Y éste?» —«Pues éste, como
es diputado, está ausente.» —«Y la escuela, ¿cerrada?» —«Claro, sí, señor. Porque es él el PROPIETARIO.»

Ésta era la miseria de nuestra instrucción pública, debida a
esa idea que nos hacemos de que un cargo no es un puesto de
servicio al país, sino un dominio del que se «toma posesión». Los
únicos que salían perdiendo eran los chicos. El edificio lo cobraba el contratista. El maestro era el propietario de su escuela, es
decir, de su sueldo y pensión. Y los chicos que los parta un rayo.
Me volví al director general y le dije: «Bueno. Hoy es el 15 de
marzo. Si el 15 de agosto no me ha reducido usted ese escándalo
de 11.500 a 500, me traerá usted su dimisión.» El que dimitió, o
fue dimitido, fui yo. Y no a los dos meses, sino a las cuatro
semanas.

Todo esto me hacía desesperar no de la república, sino del
país, puesto que la forma de gobierno en nada afectaba al problema. La segunda enseñanza no me daba lugar a consuelo
alguno. Ejemplo al canto. Me enteré del caso de un profesor de
un instituto de Barcelona que vivía en Madrid. Se daba una
vuelta por Barcelona al principio del curso, y allí se quedaba

hasta haber vendido un ejemplar de su libro de texto a cada chico, y entonces regresaba a Madrid, sin duda para atender a su tertulia en su café preferido. A fin de curso, iba otra vez a Barcelona, para presidir los exámenes, o sea asegurarse que los estudiantes se habían aprendido la asignatura *por su libro* y no por el de otro rival. Tenía un cómplice en el Ministerio. Lo iba a poner en la calle (con la que por lo visto le unía cierto parentesco), cuando se olió la chamusquina y pidió la jubilación.

De aquella mi breve etapa ministerial, recuerdo una escena algo fuerte: convoqué en sesión al Consejo de Instrucción Pública, que presidía yo *ex officio*, y me disparé, como a veces, quizá demasiadas, me sucede, para decir no sólo la verdad, sino las verdades. Bajo el manto de una tolerancia debida al remordimiento de no pagar bastante al profesorado, el Estado venía permitiendo, si no fomentando, un comercio de libros de texto que el país habría podido absorber quizá sin graves prejuicios de haber sido honrado en su aspecto comercial. Pero no lo era. Los libros de texto eran enormes, pesados (digo, físicamente) y caros, sin consideración alguna para lo que los chicos podían o debían acarrear de casa a la escuela y de la escuela a casa. Me dejé llevar de mi indignación, provocado por una o dos veces en defensa de aquella inmundicia. Creo que aquel discurso determinó mi eliminación del Ministerio y aun de la política.

Me faltaba un caso de enseñanza superior; pero no tardó en llegar. Como ministro, recibí una queja que me hacía un joven catalán, doctor en medicina, que vale la pena contar con algún detalle. Era hijo de una madre catalana y de un padre venezolano que, arrastrado por su francofilia, se alistó como voluntario en la primera guerra europea, y murió luchando, dejando a su mujer con un niño en mantillas. El niño, nacido en Barcelona, no conoció a su padre; y en Barcelona siguió viviendo y estudiando, y así llegó a doctorarse en medicina. Era, pues, un médico catalán. Pero el día en que abrió su clínica, le avisaron sus colegas de que, como venezolano, no podía ejercer en España.

Llamé al funcionario del Ministerio que me dijeron ser competente y lo encontré de lo más cerrado. Aquel joven venezolano no podía ejercer en España. No le quedaba otro recurso que hacerse español y volver a estudiar la carrera. Argüí que la razón por la cual no se permitía al extranjero ejercer en un país era el temor a que su diploma no viniera apoyado en estudios bastante serios; y por lo tanto, la historia académica de aquel joven catalán, que se empeñaban en hacer venezolano, garantizaba que su competencia facultativa era la normal en el país. Mi funcionario seguía en sus trece. Entonces le hice saber que si no tramitaba el caso para que aquel joven doctor ejerciera en el año mismo, presentaría un proyecto de ley para conseguirlo yo, con la publicidad consiguiente. Los del sindicato médico se rindieron.

En años posteriores observé casos análogos en otros países. Una vez fui a ver a Gustavo Pittaluga, una de nuestras eminencias médicas, que me encontré ejerciendo en La Habana. No había casi entonces en La Habana médico de fama que no hubiera sido alumno suyo. Cuando llegó, emigrado, le ofrecieron un doctorado *honoris causa*, que él rechazó porque lo que quería era ejercer su profesión. Le obligaron a hacer la carrera entera y se examinaba de cada asignatura ante un tribunal de sus alumnos. Buen ejemplo para la intransigencia de los sindicatos obreros.

*

Al encargarme del Ministerio, me encontré con un subsecretario producto puro de nuestra política, lerrouxista malagueño, simpático y campechano, pero, en fin, lerrouxista. Le di a entender que deseaba otra cosa, pero no tenía a quién nombrar. Pedí consejo. Me recomendaron un catedrático de Oviedo, Ramón Prieto Bances.

Le llamé al teléfono, y cuando se hubo rehecho de la sorpresa, aceptó. Resultó un excelente compañero de trabajo, competente y cumplidor. Pero me había comportado al nombrarlo como un intelectual teorizante que va derecho a su asunto sin mirar a derecha e izquierda, y me había quedado sin la debida comunicación con el Parlamento, más que la que yo mismo (y no era diputado) podía asegurar.

Un día vino a mi mesa un decreto para presentar al Consejo a fin de que, si lo aprobaba, pudiera yo ponerlo a la firma del presidente. Ya venía tan pulcro y bien ataviado, escrito en papel fuerte con cantos de oro. Lo leí y escribí al margen: «Vuelve a la sección competente con ruego de que se redacte en castellano.» Lo mandó la sección otra y otra y otra vez, y al fin subió Prieto Bances con la última redacción, correcta esta vez gracias a él. Desde aquel día, conseguí mejor estilo en mis decretos y también la reputación de un ministro algo pelmazo. Sea mi excusa que el estilo y aun la gramática de los documentos del Estado español son todavía peores que los del Estado inglés, y no exagero.

Todos estos desengaños emanaban, a mi ver, de un nivel por demás modesto de nuestro espíritu público. Sin embargo, pese a los defectos de nuestras universidades como tales instituciones de enseñanza, sigo creyendo que la Universidad es lo mejor que tenemos, como también opino que los abogados son la profesión de más espíritu público en nuestro país. Lo cual no quita para que el nivel de nuestras universidades deje mucho que desear, y que en general, los profesores se tomen excesivas libertades con sus obligaciones como maestros.

Recuerdo un caso, más bien anecdótico y marginal, pero que, aun así, no dejó de imponerse a mi atención como síntoma del mediano nivel de solidaridad que reina en la Universidad española. Tuvo lugar en Madrid, durante mi servicio como ministro, un Congreso Internacional de Química. A propuesta mía, se otorgaron unos cuantos doctorados *honoris causa* a sendos congresistas extranjeros. La asistencia del claustro de la Universidad a la ceremonia (que yo presidía) fue de lo más desmayada. No dudo que algunos alegaron como pretexto ser yo ministro del «reaccionario» Lerroux, pero los más, ni ese pretexto podían alegar, y en todos los ausentes pesó más la indiferencia, modo de ver y sentir que no me parece de buena ley.

De aquel Congreso, recuerdo también el banquete ofrecido a nuestros huéspedes. Estábamos presentes dos ministros, Pita Romero (ministro de Estado) y yo. Para resolver la delicada cuestión de la presidencia, puse entre los dos, como presidenta «geométrica», a una eminente química extranjera, y yo actué, a su derecha, de presidente funcional por no conocer Pita Romero más lenguas que el castellano y el gallego. Claro que el discurso de oferta lo hice yo. Hablé en francés y me salió bien porque el ambiente y el asunto me estimularon. La prensa limitó sus comentarios al hecho de haber pedido yo que nos dieran un gong para dirigir el programa. Afortunadamente, los químicos no leían los periódicos y se quedaron muy contentos.

La noche en el teatro fue de gran éxito. Era el programa una especie de cajón de sastre, con canto, baile, zarzuela *(La Verbena de la Paloma)*, música popular (como sólo la tiene España) y otras cosas que no recuerdo. El programa era una joya, sobre todo sus traducciones de la *Verbena* al francés y al inglés, que no podían ser más pintorescas. Indalecio protestaba en su palco porque el director de escena, que había querido lucirse, soñándose un Diaguilef de la zarzuela, la había «amariconado». A mi lado, el palco estaba lleno de químicos alemanes, y cuando, al cabo de unos cuantos compases de castañuelas entre bastidores, salió a escena la Pastora Imperio con el brazo en alto como la Giralda, uno de ellos exclamó: *Eine monumentale Dame.*

*

Entretanto, me inquietaban cada vez más las consecuencias de mi dimisión, en Ginebra. Sólo había dimitido como embajador. Como delegado en Ginebra no podía dimitir porque no lo era, pues aunque de hecho había servido como tal los tres años que llevaba en el de la república, el puesto no existía. Claro que, dado el caso, el Gobierno me podía siempre mandar a Ginebra, pero entonces, ¿en qué postura quedaba Pita Romero, mi paisano tan coruñés como yo? ¿No resultaría entonces evidente que lo habían hecho ministro de Estado precisamente porque no servía, para que Alcalá Zamora siguiera haciendo mangas y capirotes en el Ministerio? Lerroux me dio a entender que a Pita Romero lo iban a mandar de embajador al Vaticano, y yo pasaría entonces a Estado. Pero, en efecto, Pita fue de embajador al Vaticano y siguió de ministro de Estado.

La opinión se tragó este absurdo proceder, puro engendro de la caciquería de Alcalá Zamora y del cinismo de Lerroux; porque como eran «cosas de por ahí fuera» no le importaban a nadie. Todo ello revelaba el pintoresco barroquismo del presidente de la República, pero también la debilidad política de Lerroux, que para su carrera política necesitaba del apoyo presidencial, como los políticos monárquicos habían necesitado el de Alfonso XIII. La opinión (por ser esta vez «cosas de aquí dentro») no tardó en darse cuenta al ver a los políticos, como patos con el pico abierto, esperando al decreto de disolución; y Alcalá Zamora se ganó el apodo de «Alfonso XIII en rústica». Por su afición a las botas con tiras elásticas le llamaban el Botas; y cuando quiso hacer valer que su confianza era tan necesaria como la de las Cortes para que un gobierno se mantuviese en el poder, apunté a los periodistas: «Si votas, ¿para qué botas?»

Este chiste resumía el problema político de España. Si un gobierno cuenta con el voto popular, ¿para qué ha menester de «la confianza» del presidente de la República? Al encerrar en una jaula de plata sobredorada a aquel elocuente orador y gran intrigante cacique que fue Alcalá Zamora, creamos todos para la república un problema de malajuste personal. El mudo anhelaba hablar, y el hombre activo mangonear en política.

Entretanto, por las razones apuntadas, ni Pita ni yo podíamos ir a Ginebra, de modo que mi asiento, allá lo ocupaban funcionarios del cuerpo diplomático; y si hubiera sido Oliván, poco habríamos perdido y quizá ganado algo; pero fueron otros. Y uno de ellos, muy antifrancés, aprovechó su situación para tratar de eliminar de nuestro grupo a los países más adictos a Francia, o sea Bélgica y Checoslovaquia. Me pareció muy mal, pero ya no me preocupé tanto, porque vislumbraba que el Gobierno Lerroux no iba a durar mucho más.

Pronto me lo confirmó una confesión indirecta del propio Lerroux. Cuando menos esperaba, el ministro de Justicia, Álvarez Valdés, que de todo tenía menos de revolucionario y ni aun quizá de republicano, pronunció unas palabras poco o nada meditadas sobre el capitán Galán, aquel casi comunista, que quiso proclamar la república antes del día designado y pagó con su vida. La izquierda de las Cortes se indignó con tan estridente ruido porque no era quizá muy sincera su indignación, Álvarez Valdés tuvo que dimitir.

Pero ¿quién iba a sucederle?

Capítulo XXIX

Ministro doble

Me pidió Lerroux que fuese a verle. Todos los ministros, menos dos, eran abogados. Si uno de ellos se encarga de la cartera de Justicia, aun a título provisional, se vería obligado a suspender el ejercicio de su profesión por un año. El otro no abogado era médico, pero, por otras razones, no convenía. Lerroux me rogó, pues, que cumulase las dos carteras, porque no valía la pena nombrar un ministro definitivo en vista de que el Gobierno duraría poco. Volví a probar mi incapacidad para aquel tipo de vida política, aceptando. Hoy me doy cuenta de que sus razones eran falsas. Lo esencial para él era no perjudicar a ninguno de sus amigos poniéndoles en el trance de defender en la Cámara el proyecto que abrigaba de amnistiar a Sanjurjo.

El caso es que, al entrar en aquel Gobierno, le había puesto como condición que no se amnistiaría a Sanjurjo; de modo que toda su actuación se distinguía por su total indiferencia para con mi modo de pensar. Parece que Stalin, cuando le hablaban de alguna postura que tomaba el Vaticano, solía preguntar: ¿Cuántas divisiones tiene el papa? Por lo visto, Lerroux se atenía a un criterio análogo: ¿Cuántos diputados tiene Madariaga? Se me planteó entonces el problema: ¿me voy? No me atraía la idea de ser precisamente el que da la puntilla a un Gobierno ya jadeante en la arena, cuando apenas contaba un mes de vida; aparte de que mi dimisión sería un gesto vacío. Pero cuando se presentó el proyecto de ley de amnistía, me sentí libre de todo compromiso personal para con Lerroux. El mero hecho de amnistiar a Sanjurjo confería al proyecto de ley un marchamo derechista pronunciado. Desde el banco azul, procuré centrar el texto, aceptando todas las enmiendas que me ponían los socialistas, no sin provocar a veces la indignación de la ma-

418   SALVADOR DE MADARIAGA

yoría. Así salieron de la cárcel no pocos idealistas y no pocos tontilocos de la izquierda y extrema izquierda al abrirse la puerta que dejó salir a Sanjurjo.

La dimisión de Álvarez Valdés tuvo otra consecuencia desdichada, cuya culpa corresponde por igual a un hijo suyo y a mí. Este Álvarez Valdés segundo venía asumiendo la secretaría particular de su padre como ministro. Le rogué siguiera encargándose de la mía y aceptó. No venía obligado a ello; pero puesto que aceptó, en él me confié. Ésta fue mi parte de culpa en lo que sucedió. No debí haberme fiado de su buena disposición aparente, porque no nos conocíamos y, por lo tanto, no mediaba entre nosotros esa *amistad* sin la cual no hay vínculo fuerte entre los españoles.

Una mañana, mi secretario particular en Instrucción me trajo el número de *El Socialista,* en el cual, su director, Zugazagoitia, me atacaba con verdadera ferocidad por no haber contestado a su carta en la que llamaba mi atención sobre el hecho de que dos socialistas militantes estaban en la cárcel maniatados con esposas. Entonces (y no antes) me di cuenta de que no había recibido todavía correspondencia alguna como ministro de Justicia. Pocos instantes después, me llegó un paquete de cartas de mi otro Ministerio, entre ellas la de Zugazagoitia, ya rancia. El Valdés segundo no se había tomado la molestia de pasar por el Ministerio para cumplir conmigo y con el cargo que había convenido en ocupar, y sólo al leer la andanada de Zugazagoitia, había obrado en consecuencia. (Llamé a Zugazagoitia, escribí, hablé con amigos comunes. No conseguí que aquel fogoso vasco se aviniera a reconocer mi inocencia y su injusticia. Algo hubo en ello de idiosincrasia. Él era así, muy colérico e intratable. Algo también de desconcierto en los políticos de Madrid al tratar conmigo e imaginar en mí cosas que bullían en ellos) *.

«Nada de justicia para el adversario» era una actitud natural, aunque no siempre consciente, en casi todos ellos, pero odiosa para mí, de modo que el tener maniatados a aquellos dos socialistas me indignó tanto como a Zugazagoitia, pero por razones distintas; a mí me indignaba porque eran hombres, a él porque eran socialistas. Aquí apuntaba el espíritu de guerra civil que motiva a destrozar la vida de todos. Los socialistas habían tomado una postura de irreductible oposición a Lerroux, y aunque yo les había probado ya mi independencia de actitud y de criterio, no me perdonaban que hubiese aceptado una cartera en un Ministerio Lerroux.

                    *

---

* Véase Apéndice, docs. 24-27, págs. 638-41.

Se me ocurrió por entonces que, para contribuir a deselectrizar aquella atmósfera política, había que crear instituciones que pudieran servir de puentes sobre el barranco abierto entre la derecha y la izquierda. Todo me parecía lícito con tal de que fuese de inspiración e intención liberal y parlamentaria. Así lo intenté más de una vez. Creé el «Consejo de Estado», nombre viejo pero institución nueva en la que la palabra Estado se refería a toda la política extranjera (añeja costumbre española que explica el nombre de *State Department* que en los Estados Unidos dan a su Ministerio de Relaciones Exteriores, ya que, como es sabido, España fue con Inglaterra uno de los dos modelos que sirvieron a los yanquis para crear su nueva nación).

Había imaginado el nuevo organismo como una junta consultiva que examinaría todas las cuestiones de política extranjera y daría al Gobierno su opinión sobre ellas. La compondría el presidente del Consejo en ejercicio y todos sus predecesores en vida, y el ministro de Estado y los suyos. De esta manera veía yo un modo de entretejer a unos y a otros en una colaboración concreta disciplinada por el bien común. Fracasó la idea porque el partido socialista exigió que aquellos de sus miembros que formasen parte de la Junta informasen al partido de todo lo tratado. Pura chiquillería *.

También propuse la creación de la ciudadanía de honor. Se distinguiría así cada año el 14 de abril a un ciudadano, hombre o mujer, de cualquier profesión u oficio que fuere. La persona designada recibiría una medalla de oro y un diploma. Se le concedería una precedencia muy alta en el protocolo oficial. Mi plan consistía en hacer ciudadano de honor a Unamuno, luego a don Bartolomé Cossío, y quizá ya el tercer año a un hombre humilde y oscuro, cuya vida lo valiese. Los ciudadanos de honor ya nombrados contribuirían a elegir a los futuros. No existía razón

---

* Hora es de decir que la idea era mía, que se la atribuí a Fernando de los Ríos para que «pasara mejor» y que don Diego Martínez Barrio me escribió sobre ello las palabras que copio y que publiqué en mis prólogos sucesivos del libro a que se refiere.
«Verdad a medias. La Comisión Permanente de Estado no fue creada por D. Fernando de los Ríos, sino por mí, en el tiempo que ejercí las funciones de presidente del Consejo. El oportuno decreto apareció en la *Gaceta* por los meses de octubre o noviembre de 1933 y lleva, naturalmente, mi firma. Precedió al acuerdo del Consejo un debate sobre política exterior, en el que sostuve la tesis de que la política de la República no debía estar sujeta a las fluctuaciones y cambios gubernamentales. Quedó muerto el propósito por las razones que señala el señor Madariaga. Cuando se convocó la reunión de la Comisión Permanente, el señor Azaña no quiso asistir y los socialistas no permitieron que lo hicieran los señores Besteiro y De los Ríos, aquél en su calidad de ex presidente de las Cortes y éste en la de último ministro de Estado.»

alguna para que una institución así no se crease y arraigara; pero en cuanto Azaña y los socialistas volvieron al poder se apresuraron a enterrarla.

Dentro de aquella actitud de conciliación nacional, concebí también la fiesta del 14 de abril, que cayó precisamente dentro de mi brevísima etapa ministerial. Yo mismo dicté el programa, del que sólo recogeré los acontecimientos culminantes. En uno de los grandes teatros de Madrid, cuyos dos pisos más altos hice reservar para los chicos de las escuelas, presentamos una fiesta que oirían por radio en todas las provincias reuniones organizadas sobre el mismo diseño. Abrió la fiesta el presidente de la República con un discurso, por cierto excelente; y después se cantaron canciones, ya cultas, ya populares, en todas las lenguas de la Península. Se leyó después un librillo, del que habíamos impreso y distribuido en el país un millón de ejemplares, pequeña antología de los trozos más hermosos de poesía y prosa que España había dado de la Edad Media acá; y terminamos con el último tiempo de la *Novena sinfonía*.

No creo equivocarme al afirmar que aquella mañana fue la primera vez que se oyeron en una reunión pública oficial canciones en todas las lenguas de España y Portugal. Análoga actitud adopté para la fiesta al aire libre que por la tarde se dio en la explanada del Palacio de Oriente, en la que se bailaron danzas de toda España por grupos venidos ex profeso de todas las ciudades y pueblos que los quisieron mandar. Duró de dos a tres horas y nos dio a todos una impresión espléndida de la riqueza inaudita de nuestro arte tradicional y popular. Todos los grupos, cada cual a su modo, ofrecían algo de su propio espíritu original. Recuerdo, en particular, un grupo de Zamora, vestido de tan maravillosa manera, que parecía una vidriera de catedral animada por la música; y un par de pares de mozos de Ibiza danzando con tacos de billar por lanzas y aros por escudos la más elegante y dramática de las danzas guerreras.

Otra de las fiestas apuntaba a iniciar el interés público en un proyecto que abrigaba: hacer llegar hasta el pueblo nuestro teatro clásico, y aun lo mejor del universal, por medio de compañías ambulantes que pudieran transportar de un pueblo a otro lo esencial de su material de escena y sus actores, y utilizase como local la plaza de toros. A tal fin, dimos en la plaza de Madrid una representación del *Alcalde de Zalamea*, cuya ejecución confié a Cipriano Rivas Xerif. Tan bien lo hizo que su éxito fue clamoroso.

Pero el primer cuarto de hora nos hizo pasar un rato negro, impregnado del olor del desastre. La casa encargada de los altavoces no había logrado ajustar sus sutiles equilibrios electrónicos y cuando los actores empezaron a hablar no los oía nadie. La gente en los palcos y tendidos, inficionada por el mero lugar, se dejaba ir con peligrosa celeridad al talante taurino, y en la «presidencia», don Niceto, don Alejandro y yo creíamos ya oír, o temíamos que íbamos a oír, el terrible ritmo. ¡Burro! ¡Burro! ¡Burro! En esto, del corral, sin socorro de altavoz alguno, se elevó e invadió la plaza un potentísimo rebuzno, de verdad, naturalísimo y completo hasta en sus discordancias finales, y la gente, sacudida por una hilaridad de buena ley, se olvidó de los altavoces, y de nosotros. Cuando terminaron las carcajadas, milagro de los técnicos o del burro-tenor, se oían perfectamente los actores. Estábamos salvados.

En adelante tomaba la palabra Calderón. ¡Y qué palabra! Obra tremenda, mucho menos republicana de lo que parece, mucho más hondamente representativa del carácter español, halaga al pueblo con aquello de:

> Que no habría un capitán
> si no hubiera un labrador,

y aquello de:

> —Tratad con respeto...
> —Eso
> está muy puesto en razón.
> Con respeto le llevad
> a las casas, en efeto,
> del Concejo; y con respeto
> un par de grillos le echad
> y una cadena; y tened
> con respeto, gran cuidado
> que no hable a ningún soldado;
> y a esos dos también poned
> en la cárcel; que es razón,
> y aparte, porque después,
> con respeto, a todos tres
> les tomen la confesión.
> Y aquí, para entre los dos,
> si hallo harto paño, en efeto,
> con muchísimo respeto
> os han de ahorcar, juro a Dios.

O estotro:

> Como los hidalgos
> viven tan bien por acá.
> El verdugo que tenemos
> no ha aprendido a degollar.

Pero que no quepa duda que el verso dominante de la obra es:

Tienes a tu padre alcalde.

Todas las escenas se veían simultáneamente: la casa por dentro hecha de perfiles metálicos sin tejado ni paredes, la plaza del pueblo, el bosquecillo fuera, separado por un puente para sugerir la distancia, todo con el arte más fino que cabe imaginar; y cuando llegó Felipe II en una silla de manos, escoltado por un batallón de Infantería en traje y armas de la época, el entusiasmo del pueblo no tuvo límites.

Éste era el camino que yo veía para la república. Pero no pudo ser.

Por una de esas razones o sinrazones oscuras tradicionales en nuestra política, cayó el Gobierno, y don Niceto probó que la crisis era inevitable formando un Gabinete del que no salíamos más que Lerroux y yo. Mi secretario Mariano Muñoz Rivero oyó en la antesala los comentarios que me despedían y acogían a Villalobos, diputado melquiadista, mi sucesor. Y decía el mismo institucionista U: «Ya era hora que nombraran a un hombre competente, y no uno de esos intelectuales de fantasía...»

Capítulo XXX

Españoles, asirios y finlandeses

El breve intermedio de política interior en que me extravié en la primavera de 1934, no duró bastante para imponer cambio alguno durable a mi situación en Ginebra. Cuando me pude dedicar a mi verdadera labor, antes y después de aquel relámpago ministerial, me apliqué sobre todo a procurar dar constancia y objetividad a la delegación española, otorgándole la autoridad de una verdadera institución. También tuve por entonces que ocuparme de la cuestión asiria, amén de proseguir la labor tan interminable del desarme.

Sobre el primer tema, escribí a Pita Romero, entonces ministro de Estado, una larga carta fechada 23-I-34, en la que volvía a desarrollar las ideas que ya en otros escritos análogos había expuesto a sus predecesores, y con igual éxito o falta de tal. No es cosa de extenderse sobre ello (ya que, además, doy en el Apéndice * el documento mismo), sino para decir que mi intención y programa apuntaban no a aumentar, sino a restringir y canalizar el poder y la libertad de acción del delegado, que eran, a mi ver, excesivos. Recogeré, no obstante, algunos puntos.

Insistía primero en hacer constar que la política que había ido definiendo con mi práctica y acción en Ginebra, armonizaba con la tradición de derecho internacional que en nuestro país se manifiesta ya con Vitoria bajo Carlos V y aun con Palacios Rubios bajo los Reyes Católicos; pero también apuntaba que esta política de pacifismo inteligente fundada en la solidaridad universal permitiría a España asumir en Ginebra una posición autónoma fuerte, aumentando su fuerza moral en ciertos sectores como los Santos Lugares, el mundo sefardí, el árabe y el Lejano Oriente.

---

* Véase doc. 28, págs. 642-47.

Hacía valer que el fracaso o el éxito de la labor que se solía llamar «Desarme» significaría para España, o bien una pesada carga de gastos militares, que aboliría toda esperanza de mejora en la vida de nuestro pueblo, o bien un nivel relativamente bajo de armamentos en Europa, lo que daría auge a una política de reforma agraria y desarrollo industrial en beneficio de nuestro nivel de vida.

Como ejemplo de problema que, aun indirectamente, nos concernía, citaba la cuestión de Austria, siempre amenazada por intentos nazis de lograr el *Anschluss* por la fuerza; y el plebiscito del Saar, que «viene obligado a producir en este tablero político de Europa repercusiones profundas y quizá graves», problema en el cual, «como lo demuestra lo ocurrido en las sesiones recientemente terminadas del Consejo, ambos puestos han solicitado la colaboración de España y en especial, si me permite V. E. violar la modestia para obedecer a la verdad, la de su delegado en Ginebra». Puse buen cuidado en añadir que, ya que se trataba de un problema espinoso en el que no se ventilaban intereses españoles directos, había procurado permanecer pasivo evitando entrar en el Comité del Consejo nombrado a tal fin.

*

No me fue dado guardar la misma distancia en el de los asirios. Era este problema uno de tantos creados en este último medio siglo por la contracción del Imperio británico. En uno de mis libros menos serios, uno de esos en los cuales la seriedad se oculta bajo una superficie de cuentos de fantasía *, me permito revelar al mundo el secreto para hacer serpientes. Se coge un hipopótamo y se le pone a calentar hasta que se ablande, y luego se le hace pasar por una serie de agujeros de diámetro decreciente, abiertos en una gran plancha de acero, hasta que se queda reducido a una serpiente. Si se abandona la operación antes de tiempo, sale un cocodrilo.

En los turbios canales de la política internacional pululan los cocodrilos, debidos a que la Gran Bretaña se aburrió antes de tiempo transformando en serpientes los caballos (o cañoneros) de río que ahora, temibles cocodrilos, se llaman India-Paquistán, Birmania, Singapur, Borneo, Israel-Palestina, Chipre, Malta, Gibraltar, Ulster, Québec, Belice, Guiana, Jamaica, Trinidad, las Malvinas —flota ingente de indigestos cocodrilos, uno de los cuales, Iraq, ocultaba otros dos: el curdo y el asirio.

---

* Sir Bob, *Routledge and Sons*, Londres, 1930.

Ginebra. Palacio electoral preparado para la inauguración
de la Conferencia del Desarme

A. Henderson con Sir Eric Drummond

Eamon de Valera

Ramsay Macdonald con Edouard Herriot

Edouard Daladier

El barón Aloisi con los periodistas

Salvador de Madariaga con Robert de Traz

Reunión del Consejo de la S. d. N. presidida por Alejandro Lerroux

Beck pronunciando un discurso en la S. d. N.

Sir R. Vansittart y Sir A. Cadogan

Sociedad de Naciones. Asamblea extraordinaria
con motivo del conflicto sino-japonés

Conflicto sino-japonés. Llegada a París de los delegados japoneses,
Matsudeira y Yosisyagua, recibidos por M. Carré

Eduardo Benes   María Curie

Delegados británicos en la Conferencia del Desarme. Señora y señor Henderson y Noel Baker, con el empleado de la Secretaría General, Aghnides

Francisco Largo Caballero

Augusto Barcia

Diego Martínez Barrio

Fernando de los Ríos

Tercer aniversario
de la República.
Niceto Alcalá Zamora,
acompañado de Salvador
de Madariaga, recibiendo
un programa de las fiestas
que le entregan
muchachas de Tenerife

Salvador de Madariaga
con J. L. Barthou

El cocodrilo curdo, a veces, duerme la siesta, pero sigue vivo y coleando. El asirio nos dio no pocas jaquecas a Oliván y a mí en 1933, 34 y aun después. Todo empezó en 1925, año en el cual Inglaterra decidió renunciar a su mandato sobre Iraq y reconocerlo como reino independiente bajo el rey Faisal. La operación no iba a ser nada fácil a causa de la provincia de Mosul, que Turquía e Iraq se disputaban, no por su *folklore* ni por su fidelidad al Corán, sino por sus pozos de petróleo; por otra parte, la alacridad que Iraq manifestaba para ejercer su nueva independencia no convencía a todos los países socios de la Sociedad de Naciones. Inglaterra, a su vez, sostenía que Mosul le pertenecía a Iraq, cuya independencia parecía en aquellos días predestinada a seguir dependiendo de Londres a ambos extremos de la línea de ómnibus que iba de Whitehall, centro político, a Mansion House, centro financiero. Suecia, representada por Undén, se oponía a la operación por principio, actitud que aquel país tenía pleno derecho a adoptar desde los primeros días de la Sociedad de Naciones, en los que había dado al mundo notable ejemplo de disciplina y rectitud al aceptar la decisión colectiva de cederle a Finlandia las islas Aaland. Un día, después de un larguísimo debate sobre Mosul, me topé con Cecil. (Era todavía en mis tiempos de director del Desarme, no de delegado.) Cecil tenía que aguantar toda la resistencia de Undén, con gran disgusto íntimo, pues en el fondo él era un Undén a quien su Gobierno obligaba a hacer un papel de Pitt. Sin duda para aliviarse de su tensión, me dijo: «Este Undén me recuerda a aquel irlandés que salió indignado de una reunión así, exclamando: En mi vida he visto quince hombres más tercos.» Al fin y a la postre, gracias sobre todo a Quiñones de León, Inglaterra sacó lo que quería o casi todo. El Consejo había insistido en prolongar el mandato sobre el Iraq otros veinte años, y así se hizo, pero Inglaterra logró aguar esta decisión añadiendo al plazo fijo: «o cuando el Iraq pueda estar capacitado para ingresar en la Sociedad de Naciones», considerando sin duda que al cabo de unos años, Undén, hombre muy ocupado, no estaría en Ginebra.

Esta enmienda, modestamente semioculta en una resolución, venía a ser como simiente que germinaría en llegando el momento oportuno. En 1929, Inglaterra halló que su pupilo, el Iraq, había realizado tan admirables progresos en el arte de gobernarse a sí mismo (como todo lo allá ocurrido desde entonces prueba con elocuencia) que había lugar a aplicar aquella enmienda, renunciar el mandato y otorgar al Iraq plena independencia. Noble gesto, sin duda alguna, el de un país grande y poderoso, que se declara dispuesto a renunciar a su mandato años antes de que le obliguen los textos. Sin embargo, la Comisión de Mandatos de la Sociedad de Naciones y las minorías religiosas y raciales del Iraq, lejos de aplaudir, fruncían el ceño, alegando, con no pocos observadores, que aquella prisa en renunciar a la tutela y emancipar al joven Estado, se debía al deseo que Inglaterra abrigaba de entenderse a solas con el Iraq sin el estorbo de la Comisión de Mandatos *. El Iraq no era capaz de gobernarse, ni lo es hoy, porque no es una nación. Como Jordania, y como casi todas las «naciones» que han brotado como hongos y setas en África, no pasa de ser una creación artificial inventada por los países ex colonizadores. No cabe comparación con los países que surgen de la emancipación de Hispanoamérica; porque en este caso, lo que ocurrió fue que cada Universidad dio a luz una nación, al ir fomentando la formación de una *élite* consciente de su personalidad colectiva. El Iraq y Jordania nacieron de acuerdos entre la Gran Bretaña y jefecillos locales con ambiciones regias, sin duda fundadas en ciertos factores positivos, lealtades, tradiciones, pero que ni con mucho llegaban a cuajar en una conciencia nacional; mientras que los pueblos mismos seguían divididos por banderías raciales y religiosas.

*

Los asirios eran uno de estos grupos disidentes. Se ufanaban de descender de los asirios de la antigüedad y es posible que encarnasen una reliquia de la antigua Iglesia asiria. Venían a ser un conjunto de varias tribus que desde tiempo inmemorial vivían en las regiones montañosas del Iraq con otras tribus también fugitivas de la persecución ya turca ya persa. Todo esto me lo fue contando con más detalle en varias entrevistas el patriarca hereditario de los asirios, llamado el Mar Ximún, que por entonces solía venir a verme cada lunes y cada martes. Era hombre joven, de aventajado rostro, apuesto y elegante en su hábito sacerdotal, cuyo sonrosado y bien cincelado rostro realzaban dos grandes ojos que relucían siempre, y aún más cuando sonreía con sus labios rojos y dientes resplandecientes, cercados de negro bigote y barba. Hablaba con quieta dignidad y sin gestos, con la sinceridad del que sabe su autoridad respaldada por el respeto de los siglos. Lo que no le impedía, antes le facilitaba, afirmar con una sonrisa segura: «Claro que vuecencia no necesita creer todo lo que le vengo diciendo»; a lo que ambos nos mirábamos sonriendo en gran silencio.

---

* Siento tener que añadir que éste es uno de los puntos más flojos del libro (por otra parte excelente) de Frank Walters, pág. 524.

Aquel joven pontífice concebía su sacerdocio como un faraón, un papa-rey, jefe nato de su pueblo, y ésta era la estructura que trató de definir en sus negociaciones con el Gobierno iraquí ya independiente, al que aseguró que permanecería leal como persona y como cabeza visible del pueblo asirio. No gustó mucho al Gobierno iraquí aquella proposición; pero, puesto que el nuevo Gobierno independiente prometía cooperación imparcial en asuntos como el territorio y la vivienda, el Consejo de la Sociedad de Naciones se dio por satisfecho. No duró mucho la satisfacción. Los asirios, privados de su tierra y de sus hogares, se dejaron arrastrar por la impaciencia a invadir a Siria (julio 1933). Las autoridades francesas que entonces ocupaban Siria, cuya soberanía ejercían, les obligaron a recruzar el Tigris, donde tuvieron que darle batalla a una fuerza iraquí enviada para interceptarles. Los asirios, unos ochocientos, volvieron a cruzar el Tigris, entrando por segunda vez en Siria, donde los franceses los internaron.

Aquí pudo haber terminado esta historia, al menos por un buen período de paz, aunque precaria, si en efecto, el Iraq hubiera estado tan maduro para la independencia como lo aseguraban los ingleses; pero aquella batalla inconclusa sobre el Tigris, ejercía sobre el ejército iraquí un efecto tan irritante que, a las dos semanas, comenzaron los fusilamientos de prisioneros asirios (agosto), y todo terminó en una matanza en que perecieron cientos de asirios, con el destrozo y saqueo de centenares de sus viviendas. Cuando llegó la noticia a Ginebra (31-VIII-33), estaba para empezar la reunión septuagésima sexta del Consejo, el cual se ocupó del asunto por iniciativa de Irlanda, Méjico y Noruega. Mejor valdría decir que se iba a ocupar, pues entonces falleció el rey Faisal y la discusión, a pesar de su urgencia, quedó aplazada para octubre. Llegó aquel octubre y el Gobierno iraquí alegó que la responsabilidad de aquella matanza de asirios pesaba sobre los hombros de las víctimas. Prometía además el Iraq que no volvería a suceder. A pesar de lo cual, el Consejo creyó prudente que se buscara en el planeta otro lugar donde los asirios pudieran residir con menos riesgos de organizar su propia matanza. Ésta fue la tarea que el Consejo confió a un Comité bajo mi presidencia, y que yo, gradualmente, transferí a Oliván por implicar demasiadas ausencias de Ginebra y aun de Europa. La primera idea consistió en llevárselos al sur del Brasil; pero se presupuestaban £ 600.000, y cuando el Consejo presuponía que la Gran Bretaña pagaría el gasto, ella declaró que sólo respondería de la proporción del total comparable a su contribución al presupuesto total de la Sociedad de Naciones. Los demás vocales del Consejo, y los de la Asamblea, no podían aceptar tal solución, puesto que era Inglaterra la que había insistido en que el Iraq estaba maduro para la independencia. Meses y aun años de trabajo se necesitaron, así como una mezcla curiosa de buena voluntad, de tristeza, de astuta combinación de caridad y «desarrollo», para, no precisamente resolver el problema asirio, pero sí perderlo en el desierto en parte del Iraq, en parte del papel de la Sociedad de Naciones, en parte de Siria, y así todo quedó listo para ocuparnos de cualquier otro cocodrilo que asomara en las pantanosas lagunas de la política internacional.

*

Tanto Oliván como yo tuvimos que habérnoslas en aquellos días con otro cocodrilo británico que, por esta vez, navegaba en los mares nórdicos. Venerable y casi fósil, databa de la primera guerra mundial, donde había surgido como un conflicto entre Inglaterra y Finlandia.

En un período asaz peligroso de aquella guerra, apremiada por la escasez de barcos de carga, Inglaterra se había apoderado de algunos barcos finlandeses *manu militari*, lo cual, en tiempo de guerra, y considerando que Finlandia, independiente tan sólo desde el 6-XII-1917, justo después de la abdicación del zar, se había aliado en seguida con Alemania, podía, por lo menos, explicarse.

Finlandia, pues, no reclamaba nada en el terreno jurídico (el cual era discutible por ambos lados), pero sí en el de las cuentas. Pedía dinero por el alquiler de sus naves. Inglaterra se prestaba de buen grado a un procedimiento de conciliación que el Consejo me confió, y que yo delegué en Oliván porque, aunque parecía económico, se reveló bastante jurídico; pero como todo pasaba en Ginebra, seguí ejerciendo la dirección del proceso. El delegado finlandés era un político que había sido ministro de Asuntos Exteriores, hombre amable y cordial aun en horas en que no se sentía estimulado por lo que fuera que tomase para contrarrestar los gélidos vientos de su país o la temible *bise* de Ginebra, y, puesto que he convenido en confesar hasta mis peores pecados contra el espíritu (¿santo?) de la profesión diplomática, diré que cuando M. Holsti nos intentaba convencer de la razón que le asistía, en momentos de alguna exuberancia, solía yo poner en algún aprieto a Oliván asegurando muy serio a nuestro ardiente colega nórdico que trataríamos el caso con la mayor *curdialidad*.

El delegado inglés era Eden, y he de decir, a contrapelo de mi gran admiración por su gestión ginebrina general, que éste fue un caso en el que lo encontré por debajo de su nivel usual. Yo era —o debía ser— para él un árbitro o, como decimos en España, un amigable componedor, y a este papel me atuve siempre. Las jugadas sobre el tablero de la conciliación, las hacía siempre después de consultar a Oliván y casi siempre siguiendo su consejo. Un día ocurrió que mi decisión, conforme al parecer de Oliván, disgustó a los Olivanes de Eden. No creo que él prestara gran atención a aquel detalle de un asunto para él secundario, pero sí que, por costumbre, se atuviera a la conclusión que le dieron. Me vio de pie durante una suspensión de sesión, y vino a expresarme su disenso, lo que consistía en repetirme: «Estoy furioso.»

Yo le aplicaba *in mente* aquello de «si te incomodas, ya te desincomodarás». Pasó el mal tiempo. Pasó el procedimiento. Pasó todo, hasta nuestra propuesta de conciliación, que ambas partes aprobaron. Y luego vino a desconcertarnos una decisión de nuestro cordial amigo: el Gobierno finlandés nos concedió a ambos, a Oliván y a mí, la Gran Cruz de la Rosa Blanca. Una hora me costó explicarle a Holsti que aquella distinción nos ponía en una situación delicadísima como árbitros que habíamos sido. No logré convencerle. Firmados y sellados vinieron los papeles, las bandas y las placas.

Capítulo XXXI

Louis Barthou

Aquel grano de arena en la uretra de Cromwell que Bossuet hizo famoso, aquella media pulgada en la nariz de Cleopatra que Pascal y Shakespeare elevaron a la inmortalidad cada uno a su manera, avisos son de la importancia que a veces hay que conceder a ciertas nimiedades. En París vivía por entonces una mujer..., ¿importaba mucho? Se llamaba Madame Stavisky. Recibía bien, o sea que a su mesa se servía buena comida, y en su torno se sentaban importantes comensales. Uno, más perspicaz que los demás, observó que las flores que al desgaire parecían echadas sobre el mantel, hábilmente le tapaban los agujeros.

Nadie sabía de dónde sacaba Stavisky el dinero que gastaba o parecía gastar su mujer. Cuando se hizo una investigación de las cuentas del *Crédit Municipal* (vulgo *casa de empeño*) de Bayona, cuyo asesor financiero había sido Stavisky, se destapó que el hábil negociante había logrado arrastrar seis años por las marismas judiciales el proceso en que se le acusaba de haber falsificado un cheque de tres millones de francos. Aquel agujero resultó demasiado grande hasta para las flores de Madame Stavisky; y el ministerio Chautemps se derrumbó.

Lo sentí, porque me gustaba Chautemps. Era hombre afable y de fácil trato, humano y modesto, y su voz, algo cascada, parecía armonizar bien con cierta clase de sentido común. «Bueno, señor embajador —me decía en un banquete cualquiera—, si aplazamos la guerra tres, dos, un año, ganamos tiempo para que los hombres y sus mujeres vayan procreando.» Pero el escándalo sacudió al país, y hubo que reclutar un ex presidente de la República para que encabezara otro Gobierno. Doumergue nombró ministro de Negocios Extranjeros a Louis Barthou.

Pero Louis Barthou no era un político cualquiera. Era ya de los del colmillo retorcido, ya bien entrado en sus setenta, y tan antiguo en la carrera que (como ya lo relaté) era ministro de Obras Públicas cuando yo terminaba mi «Politécnica» y en-

traba en «Minas». Éste era el primer vínculo entre nosotros.
Pero los había menos fortuitos. Éramos ambos aficionados a las
letras y él era académico de la Francesa, o sea gran mariscal
de literatura, hugólatra apasionado y propietario de valiosos
manuscritos del gran poeta francés. Esta hugolatría era otro
lazo entre nosotros, aunque yo lo explotaba para tomarle el
pelo: «Pero, señor presidente, Víctor Hugo..., Víctor Hugo era
el mejor poeta cómico de Francia, sólo que no lo sabía...»
Barthou se indignaba.

Estas escapadas por la poesía francesa las hacíamos yendo
y viniendo del Hotel des Bergues a la Sociedad de Naciones.
Un día le confesé que yo mismo había escrito poesías de Víctor
Hugo, o que merecían haber sido suyas porque no eran peores;
y le recité ésta:

> Ame, énigme éternelle et sublime, mot sombre...
> Haut sommet de lumière et précipice d'ombre
> Impénétrable tout issu du clair néant
> Est-ce que tu serais le Dieu que l'homme admire
> Ou le profond miroir où Yehovah se mire
> Comme l'immense ciel dans l'immense océan...

Este tipo de deporte le gustaba. Pero en ciertos barrios del
mundo político de París, su reputación de lealtad política no era
buena, sobre todo desde aquel famoso «*coup* de Cannes», cuando
siendo él ministro del Gabinete Briand, se le atribuyó la intriga
que derribó al presidente del Consejo mientras negociaba en
Cannes con Lloyd George (enero 1922). Meses después, un periodista sagaz pero de pluma viperina, al describir una sesión
emocionante de la Academia Francesa, decía: «Como no se trataba de política, M. Barthou sólo pudo traicionar su emoción.»

No niego que llevara dentro tales artes, pero sí digo que en
mi trato con él no las eché de ver.

Era afable y sensato, y sabía no sólo sonreír, sino reír.
Otro lazo que nos unía —y aun en un caso nos desunió— era
nuestra común afición el lado cómico de la existencia, que nos
llevaba (a él más que a mí) a correr el riesgo de perder un
amigo antes que tragarse un chiste. Era bastante más entrado
en años que yo, y sin embargo, o quizá por eso, daba a veces
señales de imaginación harto salaz.

*

La conjunción Eden-Barthou pudo haber ejercido sobre los
destinos de la Sociedad de Naciones y del mundo un influjo
benéfico, por ser ambos hombres capaces y razonables, y porque

ya como tales, se entendían muy bien. Pero el horóscopo general de la época era adverso, y Europa tuvo que habérselas con dos dictadores que no eran ni capaces ni razonables y que no se entendían ni bien ni mal. Mucho dice en pro de la predisposición humana a la ilusión que hasta a los políticos muy realistas aflige, que la Sociedad de Naciones siguió entregada a la tarea ilusoria de «desarmar» mientras Hitler preparaba la próxima guerra a ciencia y paciencia de todos. El presupuesto militar del Tercer Reich para 1934-35 aumentó un 90 por 100. Y (a pesar de las cláusulas del Tratado de Versalles que le prohibían a Alemania un ejército del aire) comprendía más de doscientos millones de dólares para la fuerza aérea. A pesar de los esfuerzos tan honrados como tenaces de Eden para ir zurciendo la apolillada tela de la paz con sus viajes de capital a capital, nada pudo conseguirse; y Tardieu, entonces presidente del Consejo, hombre poco dado a nutrirse de meras esperanzas o promesas, no dejó de consignarlo con dureza característica en nota oficial a la Gran Bretaña (17-IV-34). Henderson convocó el pleno de la Conferencia para el 29-V-34.

Aquel excelente sujeto, humilde inglés mucho más honrado que inteligente, noble que sutil, se sentía algo, y aun mucho, arrinconado por los delegados de las grandes potencias, incluso los de su país, pero le faltó compostura y cultura social para expresar sus sentimientos, harto justificados, de modo que agrupase en torno a su persona los muy análogos que abrigaba la mayoría de los delegados, hartos todos del juego, a la vez descortés y estéril, de las grandes potencias. Así, pues, Henderson trató de ventilar su resentimiento en una ofensiva contra Francia, y con mirada de acero clavada en Barthou, le disparó: «M. Barthou es el cuarto ministro de Negocios Extranjeros que Francia nos ha enviado desde que ocupo esta presidencia.» No era Barthou persona a quien se le podían disparar flechas tan aceradas sin exponerse a una andanada de su mordaz ingenio. Se irguió en su escaño y desdeñando al presidente, que al fin y al cabo era laborista y no estaba en el poder, se enfrentó con Simon: «Hay países que cambian de ministro sin cambiar de política, y países que cambian de política sin cambiar de ministro.»

Por razones que luego se leerán, sé que el flechazo de Barthou dio en el blanco, que era Londres, y que el mal humor del Gabinete inglés se comunicó al francés. Pero ¿cómo refrenar la ebullición de Louis Barthou? Un día le dije algo que luego iba a aplicar a otro más ilustre (Churchill), y a otro más modesto (yo mismo): «Es Vd. demasiado joven para su edad.» Las ebulliciones de Barthou continuaban caldeando el ambiente. Su segunda víctima iba a ser Beck. Aquel coronel de Caballería metido a ministro de Negocios Extranjeros era un polaco impertinente y por demás repleto de sí mismo. Otros en el oficio, Eden, Barthou y sobre todo Briand, sobresalían por su don de gentes; o, por lo menos, como Simon, procuraban agradar cuando no les iba nada en contra; pero Beck parecía esforzarse en ser displicente y reacio a toda buena relación, como si cierta actitud de erizo fuese parte integrante de su armadura. Como todos nosotros, se sentía contrariado, y él además quizá ofendido, por las grandes potencias a causa del monopolio que hacían de la iniciativa política, pero en vez de enganchar aquel resentimiento al carro colectivo del Pacto, Beck se irritaba como polaco, pues por serlo se consideraba al igual de cualquier italiano o francés. Un día le brotó todo en su debate y se lo lanzó a Barthou sin morderse la lengua. Con su vivacidad habitual, su sorna y su ironía, Barthou le vino a decir que «Francia se daba plena cuenta de que Polonia era una gran potencia y hasta una potencia muy grande». Beck se encendió como un tomate, y en Varsovia se indignaron, y en París lo supieron.

Sucedió entonces que Henderson presentó un proyecto de resolución que Barthou comentó en un discurso al que a su vez hube de referirme yo; y Barthou me contestó en términos que me parecieron fuera de tono. No di señal alguna de disgusto; pero, ya en mi despacho, di instrucciones a mi personal para que, hasta nueva orden, no se saludase a los franceses ni se les hablase. Por lo visto, Massigli lo observó y telefoneó a París. Sea de ello lo que fuese, a la mañana siguiente vi entrar en mi despacho a mi amigo François Pietri, ministro de Marina del Gabinete francés.

Ante mi sorpresa, que era sincera, me contestó con su sonrisa amistosa y cordial: «Bueno, es que cuando supimos que Simon estaba furioso, dijimos todos: ¿qué se le va a hacer? Son cosas que pasan. Cuando supimos que Beck se había incomodado, pensamos que así son las cosas de la vida; pero cuando nos dijeron que estaba Vd. de mal humor, pues me mandaron a Ginebra.» Le conté la historia y mi disgusto por tratarse de un hombre que me era tan simpático; y entonces se puso en pie y me dijo: «Vuelvo en seguida.»

No tardó ni diez minutos. Todo estaba claro. Barthou publicaría una carta de excusas en *Le Temps* cuyo texto me traería y leería él mismo antes. «¿Cuándo?» —«Pues ahora mismo.» —«No. Yo soy ex embajador en París, y él es ministro. Subiré yo.» Pietri se sonrió no sin un ribete de malicia. «Déjele bajar. Déjele bajar.» Pronto bajó Barthou, tan afable y hasta afectuoso como lo había sido siempre, y puso en mis manos el texto de una carta autógrafa que *Le Temps* publicó el 10 de junio de 1934 *. Era una carta de excusas concebida en términos generosos para España y para su delegado en Ginebra.

*

Al día siguiente, se dio fin a la Conferencia. No faltaron esfuerzos para prolongarla con legumbres a falta de carne. La más voluminosa fue una especie de calabaza que presentó a la Sociedad de Naciones el presidente Roosevelt, sobre el tráfico y la fabricación de armas, cosa vana y vacía como ya lo sabíamos desde 1925; ya que nada que tenga que ver con el desarme tiene sentido, puesto que la política del mundo va o hacia el consenso o hacia el disenso, y en este caso no hay desarme posible y en aquél ya se hará de por sí sólo.

---

* Véase Apéndice, doc. 29, págs. 648-49.

CAPÍTULO XXXII

El último acto de la tragedia de Barthou

Poco después de que Hitler se fuera de la Sociedad de Naciones dando un portazo tan estrepitoso como un trueno, comenzaron a correr rumores de que Móscova iniciaba una era de acercamiento a Ginebra. Diría más tarde De Gaulle que *las naciones son monstruos fríos,* y sea cual sea la opinión de cada cual sobre esta frase, no cabe duda de que a Stalin le va como un guante; como tal monstruo frío el tirano ruso no pensaba más que en su enemigo, el otro monstruo frío, que en Berlín laboraba contra él y que, pese a su frialdad, a veces se desbordaba como un puchero de leche de tigre-hembra puesta a hervir.

Así se explica que Stalin, para quien el espíritu de Ginebra no era ni siquiera alcohol, y el Pacto era mero papel, se había avenido a hablar con la Sociedad de Naciones y hasta a mandar a Litvinof a la Conferencia del Desarme. Litvinof distaba mucho de ser para con la Sociedad de Naciones tan cínico como su amo. Mientras el uno era un georgiano rusificado, el otro era un hebreo inteligente, y como tal, le animaba un espíritu universal y era capaz de ver en él a sesenta naciones cada una con su color, perfil y ritmo. Por esa combinación y conjunción pudo el hebreo durante unos años hacer cierta política fundada en el Pacto.

Pero, para un *Realpolitiker* como Stalin, la ruptura de Hitler con Ginebra significaba no sólo rasgar y tirar al cesto el Tratado de Versalles, sino cortar todas las ataduras que ligaban a aquella fiera al derecho de gentes, con los peligros consiguientes, sobre todo para Rusia. Sobre este punto, los escritos de los plumíferos nazis no le daban lugar a duda, si duda había. Para Rusia el peligro era evidente; y Litvinof, al final, tuvo que jugar la carta del Pacto en aquel *poker* internacional. Pero sería injusto limitar los reproches a Stalin; porque si su política consistía en hacer del Pacto mero escudo para la defensa de su país, otro tanto hacían todos los países asociados, como lo ilustran sucesos pasados y otros entonces todavía futuros: no había nación que no se confinara en su patriotismo, ni la hay hoy, y que no considerase al Pacto como un garrote para apalear o por lo menos asustar a sus enemigos y en el caso de las grandes potencias, además, para asegurarse un margen de mandonería.

Además, como gran potencia, la Rusia de Stalin veía su acercamiento a Ginebra como una aproximación a las grandes potencias de la Sociedad de Naciones. «La Société des Nations c'est vous et nous», decía un día Laval a Eden; y a mí, una noche malhumorado por lo de Stresa: «Si no, tiro a rodar de un puntapié esa barraca de Ginebra.» Laval no era diplomático ni le arredraban las procacidades verbales; pero más adelante irán saliendo a escena otros cuyos actos y palabras, por refinados que fuesen, calaban actitudes y opiniones no más elevadas.

Rusia, además, se encontraba entonces entre dos grandes potencias en abierta rebeldía con el sentido común: si Hitler suelto no auguraba nada bueno para Europa, otro tanto cabía decir del Japón para Asia. Rusia, situada en ambos continentes, se sentía amenazada en la fachada y en el corral. ¿Dónde hay amigos? Ésta era entonces su política; amigos, o sea gentes dispuestas a luchar por ella, por una nación que, apenas hacía dieciséis años, había ultrajado la opinión universal con su conducta para hombres, pueblos y naciones. La *City* británica y la famosa media de lana que se hincha con los ahorros del campesino francés se habían sentido ofendidas hasta sus respectivos fondos. Inglaterra no estaba todavía madura para un cambio de talante, pero Francia sí, porque para ella, Hitler era un peligro más próximo.

Éste era el paño sobre el que bordaría Barthou. Hitler, que para Francia era el peligro más inminente, parecía dispuesto a entenderse con Inglaterra. Al fin y al cabo, ¿qué hacía sino imitarla? Al menos, tal veía él. Entretanto, ambas, Inglaterra y Francia, recogían ahora la cosecha de su incapacidad para adentrarse en la nueva era que habían querido abrir los fundadores del Pacto; y en esto, no cabe duda de que la responsabilidad de Inglaterra era mayor, como se ve por su negativa a adoptar para la Sociedad de Naciones otro nombre que el de *League,* en verdad, vergonzoso. Puesto que había habido un Imperio británico antes de Woodrow Wilson, seguiría habiéndodolo después. Bien; pero, entonces, ¿por qué no un Imperio alemán? ¿No somos ambos fieras rubias? Ésta era la pregunta que Hitler les hacía siempre a los ingleses, pregunta a mi ver sincera, quizá lo único sincero que de su boca jamás salió; y de ahí su disposición, tantas veces expresada, a repartirse el mundo con Inglaterra.

Pero no con Francia. Los franceses no eran fieras rubias y hablaban un dialecto del bajo latín que ni hablar ni leer podía todo *Herrenvolk* que se respetase. Los franceses, pues, se daban cuenta perfecta de su peligro, y aunque veían a Eden con buenos ojos, se acordaban demasiado de Simon para sentirse confiados en el auxilio inglés. De aquí a pensar en Rusia. La distancia era corta.

Después de décadas enteras haciéndole la corte al ruso bolchevique, le debe de ser difícil al Oeste europeo volverse a situar en el talante de aquellos días. Recordaré aquí lo que ya escribí en su día, que cuando Litvinof y Lunacharsky vinieron a Ginebra para tomar parte en nuestro tejer y destejer del desarme, nadie estaba dispuesto ni a convidarles a almorzar, con otros detalles que allí se habrán leído * y que indican el estado de aislamiento de leprosos en que entonces se sentían. El hecho es que el Oeste entonces sentía para con Rusia menos terror que horror, y no sin fundamento. Así que Barthou tuvo que consagrar casi todo un año para llevarse a la Sociedad de Naciones a donde él quería situarla. La mayoría de los Estados-socios carecían de representación diplomática en Móscova, y la misma Suiza, como ya antes apunté, estaba poco menos que de espaldas a Rusia a causa de la sentencia lenitiva que un jurado dividido había obligado al juez a dictar en el caso del asesino de un diplomático soviético. Aquello era una carrera de obstáculos para su recepción. Rusia se había referido al precedente mejicano (confirmado en 1932 en el caso de Turquía) apuntando a una invitación, más quizá por prudencia que por prestigio, pues se daba cuenta de que el ambiente le era hostil y quería evitar una humillación. Pero la entrada por invitación no figuraba en el Pacto, de modo que sólo se podía adoptar por unanimidad, cosa que, a su vez, era impensable. Para salir del círculo vicioso, convinimos en que se haría una invitación, pero no de la Sociedad de Naciones, sino de aquellos Estados-socios que lo deseasen. Se aceptaba el riesgo de abstenciones y aun de votos en contra, porque ya entonces Barthou estaba seguro de los dos tercios de mayoría que se necesitaban.

El pobre Barthou tuvo que dar otra batalla sobre el trámite obligado de someter el asunto a la Sexta Comisión de la Asamblea. Aquí, también, actuó Rusia más por cautela que por prestigio, pues temía la mayor libertad que los delegados se arrogaban para decir en las comisiones lo que en la mayor solemnidad de la Asamblea no se atrevieran a expresar. Barthou y Benes, que en este episodio vino a ser como su emanación

---

* Véase *ut supra*, pág. 129.

visible, procuraron arrancarle a la Asamblea una aprobación tácita de su idea de «olvidarse» de tan engorroso trámite, pero no lograron vencer la oposición de las pequeñas potencias, que dirigía el hispano-irlandés Eamon de Valera. Hubo, pues, que ir a la Comisión; y así se explica la preocupación que se había tomado de elegirme a mí para presidir aquella Comisión. Luego resultó que el trámite fue inofensivo, y la precaución inútil.

Rusia era entonces y ha seguido siendo siempre un Estado brutalmente opuesto a toda nación menor. Como no respeta nada que no sea la fuerza, las desprecia como chiquillos que han de atenerse al clásico «ver, oír y callar». Pero aquella Asamblea de 1934 que la acogió en la Sociedad de Naciones probó con brillantez lo razonable que las naciones menores son capaces de ser. El privilegio más importante que exigía como gran potencia era el de un puesto permanente en el Consejo. Todas las naciones menores, hasta aquellas que se habían abstenido o expresado en contra de su admisión, le concedieron este privilegio. Admitida con todo el poder y el rango de gran potencia, poco tiempo le bastó para probar que no lo merecía.

Aquella Asamblea tuvo que elegir también algunos vocales no permanentes del Consejo, y también a España, que no era ni lo uno ni lo otro. La Asamblea de 1926 había convenido en que los tres vocales llamados semipermanentes (Brasil, Polonia, España) podían ser reelegidos indefinidamente siempre y cuando lograsen dos tercios de mayoría. Sobre esta base, España había reingresado. En 1934 logramos el puesto con facilidad. Mientras me felicitaban muchos amigos, divisé a Barthou que se levantaba de su escaño y venía hacia el mío. (Diré que este espectáculo: un delegado de gran potencia venir al escaño del delegado español, no se vio en Ginebra hasta que yo me encargué de la delegación.) Barthou me dio la mano y en presencia de toda mi delegación, explicó: «Claro que hemos elegido el país, pero también al hombre.» Hice unos cuantos ruidos modestos, pero me gustó la frase y aun diré sin ambages que me pareció exacta.

*

La Asociación de Periodistas acreditados cerca de la Sociedad de Naciones ofreció a Barthou y a Litvinof un almuerzo al que invitó a todos los vocales del Consejo. El menú estaba exornado con una escena animada hasta las lindes de lo escabroso, en la que Barthou, en funciones de don Juan, acometía a una «Rusia» imaginaria bastante más linda que Litvinof; diseño que permitió a Barthou improvisar una alocución más o menos premeditada, en la que se entrelazaban la broma y las veras hábilmente salpicadas de la sal y pimienta que al siempre joven ministro francés distinguían. Cuando se sentó entre aplausos, le entregué mi menú, en cuyo dorso, mientras él hablaba, había yo apuntado:

> Pour que l'Europe désarme
> en pleine sécurité
> il faut une parité
> entre le danger et l'arme.
> Mais lorsque la France s'arme
> de l'enthousiasme éloquent
> du successeur de Briand,
> qui ne se sent pas à l'aise
> devant la grâce française
> qui désarme en souriant?

Todo esto ocurría en setiembre del 34. El 9 de octubre del 34, moría Barthou. Aquella mañana había desembarcado en Marsella el rey Alejandro de Yugoslavia en visita oficial a Francia, recibido por Barthou en nombre del Gobierno. Pero en su país, muchos, quizá los más, de los croatas consideraban a aquel rey como un tirano serbio, y esta grieta en aquel país de hombres de ánimo fuerte y cálido temperamento era y sigue siendo una de las llagas abiertas en el doliente cuerpo de Europa. Había sido, pues, grave error la elección de Marsella para recibir a un monarca tan amenazado, cuando todo indicaba al cercano Tolón como lugar más adecuado y seguro; pero además parece que las precauciones de costumbre no se habían adoptado con todo el cuidado usual en Francia; de modo que no le fue difícil a un ustachi acercarse al carruaje abierto donde iban el rey y Barthou cruzando la multitud y dejar muerto al rey y malherido al ministro, el cual, trasladado a una casa de socorro, tuvo que esperar sangrando hasta que llegase un médico veterano por no atreverse el joven médico de guardia a tocar al herido. Cuando llegó el médico, el herido había fallecido.

En menos de un año, había logrado elevar el nivel de su Ministerio al que había alcanzado con Briand y perdido con Laval. Cuando en mi improvisación le aludía como «el sucesor de Briand», no era adulación, sino pura verdad lo que decía. Bien es cierto que había comenzado en tono intransigente; tanto que un día le enseñé a un amigo un modo nuevo de escribir su nombre: *Barre-tout,* que no tardó en regresar a mí después de haber circulado por todo Ginebra como el chiste del día; pero es que Barthou nos había salido el caso más claro de conversión por obra y gracia del «espíritu de Ginebra». Con todo su aspecto de intelectual, era un intuitivo, y por eso comprendió y apreció

en seguida a Eden y se dio cuenta del cambio fundamental que
Ginebra representaba en la vida de Europa, la nueva perspectiva, el aire nuevo de las cosas, aquella verdad que pocos hombres de los que allí acudían de las grandes potencias parecían
capaces de comprender: que «Ginebra» no implicaba abdicación
de las grandes potencias ante las pequeñas, sino que su preeminencia, aun siguiendo intacta, aun quizá aumentando, tenía que
adoptar un estilo diferente.

Toda aquella sabiduría había muerto en Marsella y sobre
sus cenizas hubo que ventilar una pendencia sobre la venganza
que la Pequeña Entente, encabezada por Benes, quería ejercer
castigando a Hungría y (si posible) a la Italia fascista por su
parte, indefinida pero segura, en el crimen, así como a los dos
culpables, los ustachis y Mussolini. El Consejo confió el asunto
a Eden, que lo llevó con prudente firmeza, y tuve la satisfacción
de poder a veces echarle una mano.

Capítulo XXXIII

Viajes por Europa

Poco después de haberme desatado de las ligaduras de la Embajada, exactamente del 25 al 28 de julio de 1934, fui a Venecia como vocal del Comité de Artes y Letras del Instituto de Cooperación Intelectual. Por ser Italia el país anfitrión, la comisión italiana se tomó la libertad de llenar el Comité de toda suerte de partícipes *ad hoc,* desde luego escogidos por sus tendencias fascistas. Poco podíamos hacer en el caso de los así «invitados» cuando eran italianos; pero el Comité tuvo la debilidad de aceptar también a los que no lo eran, entre los cuales figuraba Giménez Caballero.

Era hombre de pluma fácil y lengua suelta, pero dudo de que usara buen reloj o buen calendario, porque el día en que le tocaba hablar brilló por su ausencia. Al día siguiente, con un programa distinto, pidió la palabra y sacó del bolsillo un discurso escrito a máquina. Estaba escrito en italiano, lengua no oficial en las reuniones de la Sociedad de Naciones, pero que todos allí entendían y tenían gusto en oír a pesar de la evidente intención con que la había escogido aquel escritor español. La sustancia del discurso era la disciplina, suprema virtud del hombre moderno. Tanto insistía sobre este tema, no sólo con argumentos, sino también a veces con una energía que no me parecía necesaria, que, de pronto, me di cuenta de que estaba hablando fuera del orden del día.

No dejaba de regocijarme el aspecto cómico de la situación, y por ser de natural generoso, quise que se regocijasen conmigo todos mis colegas. Por ser compatriota del orador, me abstuve de intervenir en persona, pero advertí de lo que estaba pasando a mi vecino Focillon, uno de los hombres más agudos y penetrantes que he conocido; el cual pidió la palabra para una cuestión de orden y explicó al Comité que Giménez Caballero estaba hablando sobre el tema de ayer. El presidente se declaró de acuerdo con Focillon y rogó al orador que se atuviera al tema de hoy; en vista de lo cual, Giménez Caballero siguió imperturbable martillando sobre nuestros cerebros rebeldes la imprescindible necesidad de la disciplina, sin dársele un bledo la espléndida ocasión que el presidente le había otorgado para que se aplicara el cuento.

*

Para todo lo que no fuera trabajo, nuestro anfitrión era el conde Volpi, ministro de Hacienda de Mussolini, potentado veneciano que tomó en serio su cometido y nos recibió no sólo con esplendidez, sino con gusto y refinamiento. La fiesta que nos dio en su soberbia morada de Venecia era todo lo que podía desear un grupo de intelectuales, capaces de admirar la maravillosa convergencia de las artes que supo disponer para nuestra función. No intentaré dar cuenta de los ágapes que el conde Volpi nos ofreció, pero sí diré algo de uno en el Lido porque su interés —al menos para mí— excede con mucho su excelencia gastronómica, que no fue poca. Me encontraba sentado al lado de una dama pelirroja —arte o natura, allá ella— en su quinta o sexta juventud, aguda como una docena de clavos, lista como el mismo diablo, parlanchina como una cacatúa y atractiva hasta la fascinación. Vástago de una de las grandes familias venecianas, conocía personalmente a todos los europeos que valía la pena conocer. Alguien me murmuró que en su primera o segunda juventud, había hecho perder la cabeza al propio Guillermo II.

Apenas comenzaba la comida cuando ya la fascinante condesa se había lanzado a una larga historia de desastres, contada con fuego, chispas y llamas, sobre el mal de ojo que afligía a Alfonso XIII, cosa tan segura en Italia como desconocida en nuestro país. La documentación de la voluble condesa era abrumadora. «Llega a casa de mi primo, ya lo conoce Vd., ¿no?, el príncipe Fulanini, justo para un fin de semana..., ya sabe quién digo, de los Fulaninis de Génova, que fueron almirantes de su Felipe II y otro fue cardenal y al otro lo ahorcaron por orden del papa Pío..., bueno, no me acuerdo el número, pero Vd. se acordará, por haber pecado de incestuoso, mi primo, eh, no el papa, en fin, ya lo sabrá Vd. todo, en fin, el caso es que allí llegó el Alfonso XIII para el fin de semana, al palacio aquel sobre la costa, y aquella misma noche se perdió un barco de pesca con toda su tripulación, y ¿dónde?, bajo la misma ventana del cuarto que le habían dado a él. De allí se fue a una partida de caza con los Aldob..., no, era con los..., bueno, no importa, era en los Abruzzos, de todos modos, y en la primera mañana, al cobrar una perdiz uno de los domésticos, se le va la escopeta y mata a un compañero. Todo en un *week-end*. A la semana siguiente, en casa de mi cuñada, el mismo día en que llega Alfonso, se le muere la doncella. Nunca en su vida había estado mala. Ni una jaqueca...»

El torrente seguía corriendo y saltando con asombroso ímpetu, caso sobre caso de mal de ojo regio si no real, de modo que me sentí algo aliviado cuando nuestro anfitrión dio la señal de abandonar la mesa. Tomamos el café de pie, al sol, en el patio, y mientras en ello estaba, solo y en silencio, observé que Volpi me hacía una señal. Nos unimos, algo aparte, y me reveló que acababa de recibir recado telefónico de Roma: habían asesinado a Dollfus en Viena. Comentamos el caso con la natural preocupación, pensando que Hitler operaba quizá a lo topo también, además de usurpar la escena.

Terminada aquella reunión, tomé el expreso para París, y cuando, a la mañana siguiente, salí de mi coche cama al pasillo, se me acercó una joven pareja que se me presentaron como peruanos que habían oído en Nueva York una conferencia mía. Y me dice él: «Qué hombre raro es su rey de Vd. Alfonso XIII.» «Todos somos raros», le repliqué. «Bueno, pero... Fíjese Vd. que el otro día, en Viena, salíamos del Hotel Imperial y pasó delante de mí, bien, al fin y al cabo, rey..., pero delante de mi mujer...» «Pero —pregunté asombrado— ¿estaba en Viena Alfonso XIII?» Y él contestó: «Ah, pero Vd. no lo sabe, por lo visto. Fue la última visita que recibió Dollfus.»

*

Aquellas reuniones del Comité de Artes y Letras venían a poner cierta variedad y diversión en las cavilaciones y tensiones que la delegación política me causaba. Eran breves fases de colaboración con hombres y mujeres de ingenio excepcional cada uno en su arte y ciencia; pero he de confesar que la primera, celebrada en Francofonte del 12 al 14-V-32 con motivo del centenario de Goethe, resultó algo fuera de lo usual. Libros se han escrito sobre aquel «encuentro» en los que se citan entre los presentes a Paul Valéry, Thomas Mann, Strzygowsky y el que esto escribe, y hasta las actas, publicadas por el Instituto, dejan ver con cuánta frecuencia interveníamos Valéry y yo; pero ni él ni yo pudimos estar presentes, y el diálogo publicado sólo prueba la admirable maestría de los funcionarios que lo entretejieron con escritos auténticos de los autores que «hablan».

Aquel otoño nos dio mucho quehacer en Ginebra, sobre todo con la estela de emociones que dejó el crimen de Marsella, que

evocaba recuerdos y removía temores del precedente de Se-
rasyevo. Aun así, se me ofreció un interludio en Viena, adonde
acudí invitado por la *Kulturbund*. Esta asociación cultural consistía sobre todo de Jolan Jacobi, húngara, desde luego, pues en
aquellos días, todo lo que bullía en Viena tenía detrás alguna
persona oriunda de Hungría. Mi obligación se reducía a dar
una conferencia sobre un tema de política internacional, cosa
que ya podía hacer con más tiempo y libertad.

Ya no era Viena la capital de la Doble Monarquía, institución europea lo bastante amplia y compleja como para sugerir
una sobrevivencia del imperio de los Habsburgos; pero aun re-
ducida como capital a la de Austria, Viena seguía siendo en lo
vital, el centro cultural y social del sur de la Europa central,
eminencia que en gran parte se debía al calibre intelectual de
sus judíos. Eran ellos los que añadían la levadura y la sal; pero
la «masa» no era mala tampoco. Corría por entonces sobre los
austriacos un severo diagnóstico: *dumm, faul und gefrässig*
(tonto, holgazán y comilón), pero era caricatura más que retrato; que los vieneses son demasiado meridionales para ponerse
a rivalizar con sus primos alemanes en productividad (como
hoy, horriblemente, se dice), pero no son negligentes; y si son
demasiado nórdicos para competir en ingenio con los italianos,
de todo tienen menos de lentos en el captar de las avispas verbales; ni se ve bien por qué se han de abstener en la mesa cuando su cocina es tan excelente (lo que, a su vez, no se espera
ni de un tonto ni de un holgazán). Sobre estos sólidos cimientos,
Viena mantenía y continuaba una tradición de cultura y refinamiento como capital que había sido del Imperio germánico, una
gran corte, con todo lo que ello implica de modales y cortesía,
y, desde luego, lo que más importaba, una perspectiva europea.

París es francés; inglés es Londres. Berlín es alemán, y pese
al Vaticano, Roma es italiana; porque hay que reconocer que
Italia ha hecho al Vaticano más italiano que el Vaticano a Roma,
universal. *Pero Viena es europea*. En Viena uno está desde luego en la Europa occidental, pero ciertas iglesias y otros edificios, ciertas maneras y costumbres, como la omnipresente propi-
na, el eco de las marchas turcas que Mozart hace brotar de
repente en los momentos más inesperados, la ubicuidad de los
húngaros, cuyos enérgicos perfiles y viriles rasgos evocan el
Asia, un no sé qué de solaz y de vagar en el aire, traen al ánimo
una como espaciosidad donde cabe el Este europeo sin perder a
Italia a lo eslavo y hasta a lo español, que allí queda indeleble
después de dos siglos de intimidad entre las dos dinastías: de
todo lo cual se desprende como un aroma la evidencia de que
Viena es la capital natural de Europa.

El ministro español en Viena —no había en aquellos días tantos embajadores— era un hombre de fuerte religiosidad que además, *rara avis*, vivía su religión. No era posible pedirle a Eduardo García Comín que se encendiera en entusiasmo republicano, puesto que, por razones más históricas que ideológicas, nuestra república se creía vinculada a una política anticlerical que muchos católicos no eran capaces de distinguir de una política antirreligiosa. Pero era un caballero a carta cabal y de su lealtad al Gobierno no cabía dudar. No solía salirse de sus deberes oficiales por la abnegación que consagraba a su señora, mujer de mucho más edad y ciega.

Por esta causa, aunque vivía en la Legación, tuve que ir y venir solo, cosa que no me disgustaba nada, porque me daba más solaz para mirar y ver. Así fui solo a la fiesta del vals, la más vienesa de las fiestas, lo que no dejó de observar la prensa, que comentó la figura solitaria de aquel personaje de otras danzas menos gráciles y más impregnadas de destino, yendo y viniendo entre los esplendorosos torbellinos de seda rosa y encajes, espectáculo tan alegre, espontáneo y, sin embargo, perfecto en su gracia, a la vez natural y artificial. Típico rasgo de Viena, lo que más llamó la atención de los periodistas fue que aquel ex embajador solitario no lucía ninguna condecoración.

De los imanes que Viena ejercía sobre este su admirador, el más fuerte era la música. ¡Qué ensueño aquella ciudad donde vivieron a la vez Mozart, Beethoven y Schubert!; ¿y qué puede darse de más europeo que la obra conjunta de estos tres espíritus geniales? De aquella estancia, alguna que otra escena se me ha posado en la memoria sobre un fondo musical. Recuerdo a Bruno Walter dirigiendo a maravilla el *Orfeo* de Gluck, fiesta de belleza inolvidable, en que todas las artes parecían haber colaborado en armonía perfecta; y cuando al final fui a saludar al maestro (que ya conocía), al agradecerle yo la interpretación magistral que había logrado hacer, exclamó con encantadora sencillez: «¡Ya la he interpretado treinta veces, y todavía me emociona como la primera!» Aquél era el secreto de su poder de emocionarnos a todos.

Contaré otra anécdota porque ilustra mi malhadada tendencia a decir lo que siento con más sinceridad que tacto, cosa siempre de evitar, más aún si uno se mueve en un ambiente no muy conocido. Quizá fuera aquella misma noche, quizá otra, en la ópera. Durante un entreacto, fuimos a visitar a Weingartner, que en otro palco se hallaba en compañía del pianista Sauer, ambos bien entrados en sus setenta, lo que entonces me parecía el Mont-Blanc, si no el Himalaya de la ancianidad. Hablamos de compositores, y yo, sin derecho alguno para emitir opiniones sobre música, arte que me enamora pero cuya estructura no conozco, las di harto adversas sobre la brillantez, para mí poco convincente, de Liszt. Así quedaron las cosas; y cuando regresamos a nuestro palco, me soltó mi compañera de excursión: «Son los dos últimos alumnos de Liszt que quedan en vida.»

Ambos eran hombres venerables, de rostros finos y fuertes, coronados de cabelleras níveas, ambos casados con chicas jóvenes. Lo que me recuerda haber visto y oído entonces la *Séptima* de Beethoven dirigida por la joven señora de Weingartner, de un modo que juzgué muy bueno, mientras mi vecino, cínico vienés, me susurraba al oído: «Estos de la orquesta, se la saben de memoria y no necesitan que esa joven les avise.»

*

En una ciudad tan animada, no faltaban gentes que ver ni cosas que hacer a una personalidad ginebrina como la mía entonces. Mis reminiscencias de entonces suelen evocar salas repletas de gentes bien vestidas, de pie, «colgado cada uno de un vaso de whisky», para citar al gran Camba, donde iba y venía uno, soltado aquí, pescado allá, encontrado acullá, tejiendo y rasgando retales y flecos de conversación, errores y malas inteligencias, falsos recuerdos... Durante una de aquellas recepciones, me topé con el director de la *Neue Freie Presse,* que casi en seguida me dijo algo sobre *La rebelión de las masas* cuyo sentido exacto se me escapó por ser entonces mi alemán aún menos seguro de lo que es ahora; pero como la música era de fuerte admiración, me adherí a lo que supuse había dicho con toda cordialidad. Mientras hablábamos, con harta premiosidad por mi parte, iba surgiendo y creciendo en mi fuero interno una duda que sus comentarios posteriores venían a reforzar: ¿no estaría aquel buen señor admirándome *a mí* como autor del libro de Ortega? Pavoroso dilema: o me tomaba por Ortega o se había hecho un lío y creía que *La rebelión de las masas* era obra mía. No me atreví a dilucidarlo y de cuando en cuando casi me reía por retozarme en la memoria la pregunta aquella del transeúnte que, pasando por un café de acera, ve a uno de dos hermanos gemelos conocidos. «Dígame, señor, y perdone, ¿es a Vd. o a su hermano a quien tengo el honor de hablar?»

El caso es que este encuentro se realizó varias veces en otras embajadas, y siempre con el mismo resultado, pues el amable director del entonces mejor diario de Austria, no parecía hallar otro tema de conversación conmigo, y me expresaba una admiración sin límites que yo en mi ánimo ponía ante el pedestal de Ortega, sonriendo modestamente a mi interlocutor. «Ventajas —pensaba yo— del mundo internacional, ya que así se va entretejiendo un fondo de confusión que da conjunto al cuadro.» Pronto tuve confirmación de este juicio optimista en la Legación checa. El ministro era Fierlinger, el mismo que iba después a ser el peón de ataque mediante el cual se apoderaron de su país los soviéticos y que, claro, tras un período de plata sobredorada en Praga como presidente de la Cámara, quedó olvidado y arrinconado, por aquello de que

> el traidor no es menester
> siendo la traición pasada.

Pero todo eso era todavía futuro increado; y entretanto, Benes y Masaryk eran los jefes de aquel Judas, hombre mundano, amable y simpático, que quizá en otra coyuntura hubiera muerto limpio de toda deslealtad. Su mujer era una francesa de gran belleza y distinción. Los consabidos fotógrafos tomaron grupos de los tres con la señora de Fierlinger entre los dos, y uno al menos de los periódicos cortó la negativa suprimiendo al ministro y dejándome solo con su mujer, que desde luego me atribuyó. Claro que le mandé el recorte a la mía, que me felicitó por haber salido ganando en el cambio, cosa en verdad nada exacta.

Entretanto, Von Papen, entonces embajador de Hitler en Viena, me asediaba con invitaciones —a lo que fuera, hasta desayuno—. El caso era que no tenía nada que ofrecerle, y no era diplomacia, sino hecho. Al fin, no sé por qué azar, pude ir a tomar el té con él, y hallé que estábamos solos. No me extrañó, porque poco antes, el *Kulturbund* me había dado una cena, y cuando llegó Von Papen se vino derecho a mí y se me presentó (pues no nos conocíamos), mientras la persona que conmigo estaba hablando se retiraba con una discreción que me pareció algo brusca. Nos sentamos en un sofá y esbozamos nuestra primera conversación. Anunciaron la cena, nos dirigimos al comedor en el que entramos juntos y nos separamos hacia nuestros respectivos lugares; y ya sentados todos, observé que las sillas a derecha e izquierda de Von Papen estaban vacías.

Estaba yo sentado entre Jolan Jacobi y la princesa de Rohan, hija de aquella gran figura de la Hungría decimonónica, el conde Apponyi. De modo que otra vez, como tantas en un lugar influyente de Viena, me encontraba entre dos mujeres húngaras. Claro que les pregunté qué había pasado con las vecinas de Von Papen. «Lo de siempre —me explicaron—. Las dos pagaron su tarjeta, llegaron, leyeron el plano de la mesa, y al ver que tenían por vecino a Von Papen, se marcharon.» Hacía falta la cara dura de aquel hombre, ujier histórico de

Hitler, para tomarlo todo con tan soberbia frialdad, como si
cenar en aislamiento fuera lo más normal del mundo para un
servidor del nazismo. Pero quizá se decía para sus adentros:
«¡Ya veréis lo que es bueno!» Así que cuando entré en el saloncillo de la Embajada alemana y me encontré frente a Von Papen, y observé que el té servido era para dos, ya supe a qué
atenerme. ¡Y el rostro aquel! Su rasgo dominante eran los ojos,
de un azul increíble. Pero a los cuarenta y ocho que contaba yo
entonces, los más vividos al norte del Pirineo, no eran pocos
los pares de ojos azules que había visto, aunque ninguno hubiera
insistido tanto en serlo como aquél, agresivamente, como para
afirmar su pureza de sangre aria (aunque según creo, los ojos
son la única parte del cuerpo donde no se permite que entre la
sangre, por aria que sea).

Lo que aquellos ojos no sabían era que yo venía haciendo
un experimento en Viena, al que iba a someterlos en aquel mismo instante. Desde mi llegada a Austria, había procurado no
despedirme de nadie cuya opinión me importara sin preguntarle: «De haber hoy en Austria un plebiscito sobre el *Anschluss*,
¿cuántos austriacos votarían por y cuántos en contra?» Todavía
no me había contestado nadie, con una cifra de «síes» de menos
de 50 por 100; ya fuesen austriacos o extranjeros, diplomáticos
o danzantes, taxistas o señoras envueltas en pieles, todos y
todas contestaban 95, 75, 60, 50 por 100, nunca nada menos de
la mitad. Le hice la pregunta a Von Papen, y con mirada recta
y cara seria me contestó: «No tendríamos ni un solo voto.»

¡Qué respuesta más burda!, pensé; y qué ofensiva para su
visitante, a quien parece imaginar bastante insensato para tragarse tamaña bola. Si hubiera dado una cifra cualquiera menor
de 50 por 100, pudo haberme dejado con la impresión de que
estaba mejor informado o que era más agudo que mis otros
informantes; pero al querer hacerme creer que la cifra sería
nula, todo lo que demostraba era que me creía bastante tonto
para creerle. Además, el modo como lo dijo implicaba que reconocía ser el *Anschluss* un interés alemán, lo cual era, desde
luego, del dominio público, pero no, a mi ver, para que lo diera
por tal el propio embajador de Alemania. Se lo conté a Schuschnigg cuando estuve a verle de despedida, y se sonrió con
amargura.

Schuschnigg había venido a mi conferencia y se había sentado
en el primer banco del auditorio, absorto en inteligente atención.
Me daba la impresión de un ser más bien académico, extraviado
en la política; pero uno de sus rasgos peculiares me llamaba la
atención: tenía dedos fuertes y ásperos, de singular vigor, ro-
jizos y de piel rugosa, más para arrancar nabos y zanahorias

que para acariciar pianos y violines como se esperaría de un
intelectual de Viena. Era hombre de buenos modales, bien cuidado, modesto y sencillo —todo ello encapotado por una nube
que no parecía capaz de sacudirse.

*

Durante aquella visita a Viena conocí a uno de los hombres
más notables de mi época, que respondía al nombre de conde
Ricardo Coudenhove-Kalergi. Vienés de primera categoría, no
sólo gran europeo, sino el primero en serlo, el conde Coudenhove-Kalergi era hijo de un aristócrata medio belga medio griego
y de una japonesa. El encanto peculiar de aquel rostro euro-
japonés era lo primero que en él llamaba la atención; y luego,
pero en seguida, la penetrante inteligencia, la vasta cultura, el
fino sentido estético.

Claro que para graduarse de europeo, haber nacido en Viena
era ya una excelente preparación. En aquel grupo en que lo conocí, tres vieneses y yo, los tres del país, uno de ellos, Mataja,
que había sido ministro de Asuntos Exteriores, me explicaban
que ninguno de ellos era oriundo de país alguno alemán, y eran
vieneses internacionales, que hablaban varias lenguas con facilidad. Se explicaba, pues, que la idea de concebir una federación europea naciera en un cerebro tan vienés como el de
Coudenhove-Kalergi, hace precisamente cincuenta años cuando
esto escribo. Puede y debe considerársele como el padre de Europa. A su singular encanto personal sumaba su pericia como escritor, uno de los pocos capaces de animar la pesada y pausada
lengua alemana con el resorte y la vivacidad de las latinas, un
don notable de exposición oral y un sigular don de gentes, no en
grandes masas, sino en círculos discretos. Nada tenía, pues, de
extraño que su idea hiciese rápidos progresos y que llegase a
convencer a Aristide Briand.

Porque Briand también poseía en su carácter tan complejo
ese don artístico sin el cual no hay político que llegue a estadista.
También lo poseía Churchill. También Manuel Azaña. Recuérde-
se cómo Churchill, en la hora más grave de la guerra, convencido por Monnet, ofreció a Francia una unión constitucional.
Briand fue el primero que consideró positivo y práctico un plan
de federación europea; y así propuso en Ginebra que se crease
una comisión especial para su estudio. Era la idea, por lo visto,
todavía prematura, y, muerto Briand, emigró a un limbo hasta
que la segunda guerra mundial y el temor a la Unión Soviética
la volvían a vivificar.

*

Aquella preeminencia húngara que pronto observé en Viena, sin respetar la inmunidad diplomática, había invadido la Legación española. Una de las primeras personas que el ministro, García Comín, me presentó fue la consejera comercial, «doña Emilia Rauman». Con la actitud escéptica del español medio en aquellos días, me temo mucho que sobre la base presupuesta de estar la capacidad de una mujer en razón inversa de su belleza, debí tomar por muy modestas las dotes técnicas de la consejera, que era muy guapa. También sospecho que Comín se dio cuenta de mi actitud, porque no sólo aprovechó la primera ocasión para cantarme los loores de la señora Rauman hasta asegurarme que era la mente-clave de la Legación, sino que organizó una velada en la que la señora Rauman leyó un ensayo histórico que había escrito en castellano sobre un Diario, todavía inédito, de un embajador austriaco en la corte de Carlos II. Me causaron impresión la calidad de la investigación histórica y la de la escritura y dicción de nuestra lengua. Pero claro que la señora Rauman era húngara.

¿Quién pudo aquel día adivinar que andando el tiempo...? —pero no anticipemos.

CAPÍTULO XXXIV

Etiopía e Italia

En 1925 publiqué en Londres y en Buenos Aires mi fantasía *La jirafa sagrada*. Hacia el final del libro (que todavía circula) hallará el lector el texto de un tratado que hay que reproducir aquí, puesto que revela la clave del famoso conflicto ítalo-etíope.

Las dos Partes Contratantes declaran solemnemente que la independencia del reino de Libia es indispensable para la paz del mundo, aún más de lo que los mismos libios se imaginan, y por las presentes se obligan a defender la susodicha independencia por todos los medios posibles.

Las Partes Contratantes declaran además que lo que antecede se aplica con fuerza especial a una mitad dada del reino de Libia para cada una de las susodichas Partes Contratantes, a saber:

La independencia de la parte del reino de Libia situada al este del río Glo es más necesaria a la paz del mundo desde el punto de vista del reino de Ebania, y Su Esplendor, la Reina de Ebania declara obligarse a defender especialmente la independencia de esta mitad del reino de Libia.

Y

La independencia de la parte del reino de Libia situada al oeste del río Glo es más necesaria a la paz del mundo desde el punto de vista del reino de Asinia, y Su Esplendor, la Emperadora de Asinia declara obligarse a defender especialmente la independencia de esta mitad del reino de Libia.

Las dos Partes Contratantes acuerdan considerar el texto supraescrito como la común frontera de lo que en sus respectivos sentires quiere decir de una y otra parte del texto en cuestión, y ambas se comprometen a permanecer fieles cada una a su propia interpretación y al lado que le corresponde del texto frontera.

Antes de adentrarme en el relato de los hechos, citaré aquí una página de un despacho que mandé al ministro de Estado el 16-IX-35.

De mi posición en el Comité de los Cinco * da idea esta manifestación que espontáneamente me hizo Eden hace unos días, después de larga conversación: «Es gran descanso tener, si me lo permite decirlo, un espíritu afín como Vd. en este conflicto y en general en Ginebra.» (...) Todo ello, no obstante, para comprender en sus entresijos la política británica, en este momento, es menester no perder de vista que la política inglesa gira sobre dos polos completamente distintos y que conviene no confundir: hay una Albión consciente de su poderío y animada de deseo de poder, que con un maravilloso espíritu tradicional arraigado desde Enrique VIII y la gran Isabel, a través de Cromwell, se mantiene intacto y sostiene y aun intenta desarrollar en estos tiempos, poco propicios, el Imperio británico que se construyó en su mayoría al principio a expensas del Imperio español a partir de 1588. Para esta Albión, encarnada en el personal permanente del Foreign Office, España es una enemiga y sigue siéndolo. Para esta Albión, la Sociedad de Naciones es un elemento poderoso de expansión de su poder, que utiliza con su inteligencia y perseveración habituales. Y hay una Inglaterra, gobernada por esta Albión, generosa, humanitaria, puritana, sinceramente deseosa de un mundo mejor, caritativa y siempre dispuesta a apoyar al débil contra el fuerte por un instinto del corazón. A esta Inglaterra se debe el Pacto, y de esta Inglaterra puede esperarse que fructifique un régimen internacional de justicia **.

Etiopía entra en el siglo XX como un Estado que rige a unos seis millones de africanos de varia oriundez, religión y cultura, sembrados sobre un territorio de unos noventa mil quilómetros cuadrados, que rodean otros más o menos «protegidos» por Inglaterra, Italia y Francia; tres naciones, sobre todo las dos primeras, resueltas a probar al mundo entero, pero más especialmente a los etíopes, que consideraban la integridad de Etiopía como condición indispensable de su propia felicidad nacional, a tal punto que les era dable definir a qué parte del territorio etíope se aplicaría eventualmente su profundo interés en la dicha integridad del dicho territorio.

---

* Lo componían Eden, Laval, Rustu Aras y Beck, conmigo por presidente. Ellos, los cuatro, eran ministros de Estado; yo no era nada.
** Texto íntegro en Apéndice, doc. 30, págs. 650-52.

De modo que el 16 de diciembre de 1906, firmaron un tratado en virtud del cual Inglaterra, Francia e Italia declaraban que «cooperarían en mantener el *statu quo* político y territorial de Etiopía» y que, de ser amenazado o cambiado, «pondrían todo su empeño en asegurar la integridad de Etiopía». No encuentro más que un dato para dudar de que estas tres potencias, al redactar aquel tratado, estaban plagiándome, y es que mi *Jirafa sagrada* salió a luz en 1925, pero copiaré aquí párrafos del tratado de 1906 que probarán qué cerca navegaban de la costa de mi obra de 1925.

Se declaraban las partes conformes en obrar de acuerdo a fin de «salvaguardar» sus intereses especiales en Etiopía, que esperaban arrancarle al Gobierno etíope mediante una acción concertada, y que luego definían como sigue:

> *a)* Los intereses de la Gran Bretaña (tanto directos como a través de su protectorado, el Estado egipcio) en la cuenca del Nilo, más especialmente las aguas de ese río y sus afluentes (con la debida consideración para con los intereses locales sin perjuicio de los intereses italianos mencionados en *b*).
>
> *b)* Los intereses de Italia en Etiopía concernientes a Eritrea y el Somalí (incluso Benadio), más especialmente con referencia a la trastierra de sus posesiones y su vínculo territorial al oeste de Addis Abeba.
>
> *c)* Los intereses de Francia en Etiopía en cuanto al protectorado francés sobre la costa Somalí, la trastierra de su protectorado y la zona necesaria para la construcción y funcionamiento del ferrocarril de Syibuti a Addis Abeba.

Me abstengo de dar más detalles, aunque añadiría numerosos datos concretos al diseño y color del cuadro de la prehistoria del conflicto ítalo-etíope; ya que no cabe hacerse una idea adecuada de tales conflictos sin darse cuenta de que los dos países fundamentales de la Sociedad de Naciones, Inglaterra y Francia, se movían trabados por compromisos contraídos anteriormente, sin que por eso cupiera condenar a los gobiernos de antaño, puesto que se habrían ajustado al estilo de su época. El sino de los pueblos a quienes les tocó vivir en 1935 (o sea en dos épocas históricas a la vez) fue semejante al de sirenas históricas cuyas colas de tiburones de poder no se acoplaban a sus cuerpos de seres racionales. ¿Cómo extrañarse de que su política no lograra tener ni pies ni cabeza?

*

De las tres potencias que estaban resueltas a proteger a Etiopía hasta la muerte, la más ambiciosa era Italia. También había sido, hasta entonces, la menos afortunada. Sobre la base de un tratado anterior (Uccialli, 2-V-1889), y confiando en el apoyo de Inglaterra (que, en 15-IV-1891, había reconocido como «dentro de la esfera de influencia reservada a Italia» no sólo a Eritrea y al Somalí italiano, sino también a Etiopía), Italia, interpretando aquel tratado a su modo, había invadido a Eritrea a fin de protegerla mejor, pero Etiopía, país primitivo, al fin, lejos de manifestar deseo alguno de que la protegieran, derrotó a su protector en la batalla de Adogua (1896) por mera superioridad numérica y tal cual apoyo de armamento francés. Por el tratado de paz (26-X-96) que abrogó el de Uccialli, Italia reconoció a Etiopía como «Estado soberano e independiente».

Etiopía no era parte en el tratado de 1906 y su emperador Meneliq había declarado expresamente que no lo reconocía; de modo que al adentrarse por la avenida que le abría, Italia se veía obligada a andar con pies de plomo, y sin perder de vista ni a Inglaterra ni a Francia. En 1919, solicitó el apoyo de Inglaterra para construir un ferrocarril que uniera a Eritrea con el Somalí italiano, dando por contrapartida su apoyo al proyecto inglés de construir un dique en el lago Tsana y una carretera del Sudán al dique. No aceptó Inglaterra en 1919, pero sí en 1925, en un cambio de notas en virtud de las cuales los dos jefes de misión en Addis Abeba «se concertarían para una acción común» a fin de obtener ambas concesiones simultáneamente. Inglaterra, además, declaraba que si «su» concesión se aprobaba, «reconocería una influencia económica exclusiva de Italia en el Oeste abisinio».

No parece fácil armonizar estas concesiones con el Pacto; y cuando Etiopía protestó por esto precisamente, muchos delegados de países menores pensaron que le asistía la razón. Pero habrá que hacer constar que Francia protestó contra el acuerdo ítalo-inglés de 1925, no por ir contra el Pacto (como iba), sino en nombre del tratado de 1906; y esta actitud de las tres potencias en 1925 surgió de las nieblas de la memoria con todo su relieve acusador cuando a fines de 1934 vinieron a oscurecer los cielos ginebrinos los primeros truenos de la tormenta ítaloetíope que se avecinaba.

Al primer pronto, parecieron alejarse los nubarrones. Italia y Etiopía habían firmado un tratado «de paz constante y amistad perpetua» (2-VIII-1928) que les obligaba a «no entrar bajo ningún pretexto en acción alguna que pudiera dañar o perjudicar la independencia de la otra» y a «someter todas sus disensiones a la conciliación o al arbitraje». Por lo visto, la paz no iba a ser tan constante ni la amistad tan perpetua que no se vislumbrase alguna que otra riña. Quizá sospechasen los italianos que, en tales casos, las riñas serían oriundas de París, donde por entonces solían originarse los quebraderos de cabeza para Italia; pero la primera que se produjo más parecía hecha en Londres.

El 5-XII-34 hubo un tiroteo en Gual-Gual (Ogaden) entre fuerzas «italianas» y «etíopes» que costó la vida a un centenar de etíopes y a unos treinta naturales al servicio de Italia. Era desde 1928 un lugar de guarnición italiana, aunque situado a unos ochenta quilómetros de la frontera etíope-somalí (italiano). También estaba Gual-Gual a unos ciento sesenta quilómetros de la frontera del Somalí británico, que estaba triangulando la comisión anglo-etíope cuya escolta se había tiroteado con los italianos; de modo que no salta a la vista qué hacía allí la comisión y por qué iba y venía tan ultraprotegida.

Pero aquí termina todo lo que cabe decir en pro del lado italiano del incidente. Bien sabido era que hacía un año que Mussolini venía preparando la conquista de Etiopía, de modo que para diciembre del 34 todo estaba en su punto, y como no podía seguir preparándose, tenía que «irse al tiroteo». Mussolini había expuesto al público fascista una perspectiva imperial «que se dilataba hasta el próximo mileño el año 2000», y que se prolongaba hacia «el Sur y el Este», «África y Asia». Era, pues, evidente que o este plan era incompatible con el Pacto, y entonces Mussolini iba derecho hacia un choque frontal con la Sociedad de Naciones, o era válido en un mundo todavía regido por el viva quien venza darwininista, en cuyo caso Mussolini galopaba a estrellarse hacia un muro franco-inglés. Resultó que gobernaban el mundo el Pacto y Darwin a la vez, así que Mussolini tuvo que enfrentarse con la Sociedad de Naciones y con las dos grandes potencias, terminando colgado por los pies como esclavo que ya era de Hitler.

*

Ofreció Etiopía arbitrar el conflicto con arreglo al artículo 5 del tratado ítalo-etíope de 1928, lo que Italia rechazó en flagrante infracción de aquel tratado, pidiendo reparaciones: excusas del gobernador de Harrar, saludo a la bandera italiana en Gual-Gual y castigo de los oficiales implicados. Entonces, Etiopía pasó el asunto a la Sociedad de Naciones (14-XII-34); y el 3-I-35 solicitó que «se tomasen todas las medidas necesarias para garantizar la paz» de acuerdo con el artículo 11 del Pacto. Siguiendo los precedentes establecidos por los agresores, Mussolini insistió (como en lo de Manchuria los japoneses) en negociar directamente con Etiopía, actitud ya en sí netamente contraria al Pacto.

Pero el llamamiento a la Sociedad de Naciones seducía mucho más al pueblo de Inglaterra que a los *gentlemen* de Albión; mientras que en Francia sólo se pensaba en Hitler, a la sazón armando a Alemania y demoliendo el Tratado de Versalles no con meras palabras, aunque pronunciaba torrentes de ellas, sino con actos como hachazos. Laval sabía que Mussolini estaba a matar con Hitler, y por dos motivos: que Hitler no ocultaba su intención de anexionar a Austria, país que Mussolini consideraba como un coto cerrado, y que el Führer, discípulo del Duce, aplicaba fríamente el conciso proverbio español: *al maestro puñalada.* Por todo lo cual, Laval se fue a Roma (enero del 35).

Aunque negociada ya en tiempos de Barthou, la fecha era favorable a Laval, pues le permitía llevar algo que regatear con su imperialista amigo: *hasta dónde y cuánto iba Francia a ladrar con los lobos de la Sociedad de Naciones si el conflicto viniere a Ginebra.* Sucedió que días después, cuando llegué a Ginebra (donde solía residir en el Bergues como los franceses), al entrar a cenar en el comedor, casi vacío por lo tardío de la hora, divisé en el rincón de la izquierda sentado solo, en la mesa, a Laval. Me llamó con la mano, y me fui a cenar con él.

Venía de Roma. De una mirada, vi que no venía descontento. No era Laval hombre capaz de ocultar su estado de ánimo, ni dispuesto a hacerlo. Si estaba de buen humor, se le veía en seguida. Si de mal humor, también, porque le tenía sin cuidado ofender o zaherir al otro. Era evidente que su viaje a Roma le había salido bien, o por lo menos que así lo creía. No dejó de observar mi curiosidad profesional, echó mano al bolsillo y sacó un papel. «Ahí lo tiene Vd. Échele una ojeada aquí en la mesa.» No era el momento favorable a la concentración, así que, aunque hice lo que pude, no logré gran cosa, aunque noté una especie de cambalache por el cual Italia renunciaba a sus pretensiones tunecinas y Francia cedía a Italia un paquete de 2.000 acciones del ferrocarril de Syibuti a Addis Abeba, aparte de ciertas concesiones territoriales, islas de arena rodeadas de arena.

Le devolví el papel diciendo: *Si c'est tout, vous l'avez roulé.* Le gustó la frase y le brillaron los ojos de chalán, lo que acabó de persuadirme de que algo había habido en el trato que no se decía o por lo menos escribía. Juró él que no, y yo entonces pensé que sí; y dándole luego vueltas en mi cama, adiviné una pero no otra de aquellas cláusulas tácitas. No se me ocurrió que pudiera haber habido estipulaciones de cooperación militar en caso de agresión por parte de Hitler, a causa quizá de mi propio escepticismo sobre la eventualidad de una salida de Mussolini contra su formidable discípulo; pero adiviné que Laval y el Duce habían llegado a un acuerdo que podría formularse así: «Con tal de que te pongas a mi lado en Europa, haz lo que quieras en Etiopía.» Este acuerdo pudo muy bien haberse reducido a un mero guiño, pero había que ver lo que era capaz de expresar un guiño de Laval.

El hombre más capacitado para dar su opinión sobre este punto —cuántos diablos caben en un guiño de Laval— era, desde luego, Eden, que tanto tuvo que tratar con el guiñador y con el más guiñado de todos, que fue Mussolini. Hizo todo lo que pudo, el recto y agudo inglés; pero a veces se quedaba perplejo; como se trasluce en lo menos tres lugares de sus propias Memorias. En el primero (pág. 123) dice: «Laval estuvo bastante equívoco para dar a Mussolini la posibilidad de explotar su actitud. Seguro es que el Duce salió perdiendo sobre el papel, y ganando en licencia.» En el segundo (pág. 209) da un breve resumen de una conversación suya con Laval en la que éste le contó haber advertido a Mussolini de que «pusiera cuidado en limitar sus esfuerzos en Abisinia a objetivos económicos». Pero en el tercero (pág. 224) describe con vivos detalles cómo al recordarle a Mussolini esta misma escena, el Duce «se echó atrás sobre su silla con un gesto de asombro incrédulo».

Capítulo XXXV

Las potencias y la fuerza moral

Mucho simplificaré mi relato de cómo se fue desarrollando esta triste historia si cito aquí unas líneas de la *Historia de la Sociedad de Naciones* de mi colega de antaño y siempre amigo Frank Walters, más tarde subsecretario general.

> Si ahora se manifestaba Italia reacia a consentir que el Consejo discutiera sus relaciones con Etiopía, si sentía como una afrenta tener que debatir en público, de igual a igual, con el representante de Haile Selassie, esta actitud se comprendía demasiado bien en los Ministerios de Asuntos Exteriores y de Asuntos Coloniales de Londres y de París. En común con Italia, habían formado Inglaterra y Francia una zona efectiva de separación entre Etiopía y el resto del mundo. Les parecía natural que el nuevo disturbio se tratara también entre ellos (...). Por eso, se obligó al procedimiento en el Consejo a alternar con conversaciones entre Inglaterra, Francia e Italia en las que no figuraba el Pacto y los intereses de la Sociedad de Naciones no merecían gran consideración.

Pero ¿y Rusia? ¿No era la potencia que encarnaba una nueva sociedad, un mundo nuevo? Pues no. La Unión Soviética era otra gran potencia, y lo único que le interesaba de veras era su miedo a la amenaza hitleriana. Remoto, oculto tras las cortinas y los biombos de su policía secreta y su dominio absoluto de la prensa y de la radio, Stalin observaba con preocupación creciente sucesos que cada vez tomaban un cariz más amenazador para la Rusia comunista, mientras en Ginebra Litvinof, con no menos ansiedad, seguía ateniéndose a las reglas ginebrinas, sabedor como el que más que, si fracasaban, el primer caído sería él.

El plebiscito del Saar había sido para Litvinof casi una pesadilla. Visto a esta distancia histórica es cosa de preguntarse por qué él o cualquier otra persona de su buen sentido y cultura pudo haber dudado jamás del resultado de tan insólito sondeo de opinión. Bien es verdad que la cuenca del Saar, separada de Alemania por el Tratado de Versalles sencillamente, porque para decirlo en francés, *la raison du plus fort est toujours la meilleure*, estaba gobernada por una comisión de la Sociedad de Naciones con tan buen sentido que no se había recibido en Ginebra ni una sola queja; pero no por eso dejaba aquel país de ser alemán, y los pueblos todos son así, que prefieren el gobierno propio (aunque sea malo) al ajeno (aunque sea bueno). La fecha prescrita para el plebiscito era 1935. El Consejo tuvo que preparar una especie de ley electoral para el plebiscito, y como en los asuntos del Saar el «especialista» era siempre el delegado italiano, nos encontramos en la anómala situación de tener que designar como redactor de aquella ley, o sea de las reglas que regirían la expresión de la opinión pública de un país, nada menos que al conocido demócrata Aloisi, que representaba en Ginebra al superdemócrata Mussolini. Afortunadamente, el Consejo le dio como colaboradores a Cantilo, argentino, y a mi brillante segundo Oliván.

Aunque este trío tuvo que trabajar sobre tema tan arduo en tiempo tan corto, todo estaba a punto para la fecha prescrita: 13-II-35. Hubo alguna inquietud debida a amenazas de Hitler, pero prevaleció el sentido común gracias a la sangre fría de la comisión de gobierno y a la sabia decisión de organizar una fuerza militar internacional que asegurase el orden público. Se nos había convocado a Ginebra para que el Consejo estuviera reunido y pudiera hacer frente a cualquier eventualidad; pero no hubo ninguna. La votación transcurrió como una seda, durante la cual, Litvinof iba y venía por la sala de los pasos perdidos de la Sociedad de Naciones preguntando a todos sus amigos y conocidos quién iba a ganar. Yo le contesté que más del 90 por 100 votaría volver a Alemania. Votaron 477.000; 46.000 por continuar la situación, y 2.000 por agregarse a Francia.

*

Con la impresión de este voto en el ánimo, se sentó en su escaño Litvinof para discutir el conflicto ítalo-etíope. Dadas las circunstancias, la filosofía política de la Unión Soviética, el diseño general de las fuerzas en juego, no era razonable esperar de Litvinof que prestara gran atención al Pacto, y en cuanto a

Etiopía, ¿cuántos «etíopes» vivían en el vasto imperio colonial en Rusia sufriendo mucho peor trato que el que Mussolini daba o daría a los de África?

Esta actitud favorecía a Italia, de modo que, cuando poco después de mi conversación con Laval en el comedor del Bergues, nos sentábamos a la mesa del Consejo con el conflicto ítalo-etíope en el programa, Francia e Inglaterra se ingeniaron para mantener el procedimiento en los estrechos canales que le convenían a Italia, y nos tuvimos que contentar con una promesa de acuerdo directo sobre la base del tratado de 1928, y con amonestaciones de que se evitasen en el porvenir incidentes como el de Gual-Gual. Cuando nos separamos (19-I-35) hasta mayo, Italia había ganado el primer partido.

A los diez días, con la noticia de que habían sucumbido diez somalíes más al servicio de Italia, se abrió la espita de los «preparativos» militares. Italia movilizó dos divisiones y dio a conocer que estaba dispuesta a gastar 850 millones de dólares para obligar a Etiopía a darle satisfacción. Nombró al general Di Bono general en jefe de las tropas italianas en Etiopía, y al general Graziani, gobernador del Somalí. Mussolini había tirado la máscara y se declaraba abiertamente conquistador.

Sin por ello abandonar la comedia, Haile Selassie envió a la Sociedad de Naciones un telegrama (16-III-35) haciendo constar que las esperanzas que el Consejo había expresado en enero no se habían cumplido y solicitando que se tratara el conflicto bajo el artículo 15 del Pacto, que se sometiera al arbitraje y que se pusiera término a los preparativos militares italianos en Eritrea y el Somalí. Como portavoz de un país socio, el emperador tenía plena razón. Pero el 22-III-35, Italia rechazó el plan de Haile Selassie alegando que «no había tales preparativos, sino meras precauciones en vista de la agresión etíope. Italia no había tenido ni tenía la intención de eludir la aplicación del artículo 5 del tratado de 1928, de modo que el artículo 15 del Pacto no se podía aplicar».

Nadie que careciera de eso que llaman en Madrid «cara dura» en el grado que de ella disfrutaba Aloisi podía haber expresado con tamaña serenidad tan formidables contraverdades cuyo significado estaba claro para todos los que las escuchaban. Lo que estaban diciéndole al Consejo era que Mussolini no tenía la menor intención de arbitrar el conflicto con Etiopía o de someterlo a ninguno de los procedimientos previstos en el Pacto. Pero Italia, al fin y al cabo, aun cargada de hierro como entonces se hallaba, no era de talla para enfrentarse con la Sociedad de Naciones, cuyo poder global no venían en este caso a menguar otras circunstancias, como la distancia en el caso japonés. La verdadera razón que obligó a la Sociedad de Naciones a inclinarse ante la táctica de Italia, tácitamente apoyada por las otras dos potencias permanentes, quedó patente por un golpe maestro del azar: el mismo día en que Haile Selassie telegrafiaba a la Sociedad de Naciones, Hitler anunciaba a Alemania y al mundo que la fuerza militar del país en tiempo de paz se elevaría a treinta y seis divisiones, a cuyo fin promulgaba el servicio militar obligatorio.

La situación era absurda y, sin embargo, natural. Las naciones se rearmaban por miedo a Hitler, el cual se rearmaba porque lo hacían las otras, siendo así que el Tratado de Versalles había justificado el desarme de Alemania alegando que permitiría el de los demás. El resultado neto era que ni Inglaterra ni Francia ni Rusia estaban en situación de poder, no ya exigir, sino pedirle nada a Mussolini. El cual, desde luego, vio la jugada y propuso a Francia y a Inglaterra una reunión en Stresa para discutir la situación —la creada por él, no la creada por Hitler—. Pero Laval había solicitado una reunión del Consejo para tratar de la proclamación belicosa de Hitler, y con tal motivo se había convocado al Consejo en Ginebra para los primeros días de abril. Así las cosas, vino a ponerse al desnudo la relación de poder entre la Sociedad de Naciones y las grandes potencias, las cuales informaron al Consejo que se reunían en Stresa el 11 y que, por lo tanto, era mejor que el Consejo se reuniera después.

Eden, entretanto, había estado recorriendo casi toda Europa, y había estado en Berlín con Simon, y en Móscova, Varsovia y Praga, sin él. De vuelta, una fuerte tormenta mientras volaba hacia Londres le afectó el corazón, y los médicos le obligaron a no ir a Stresa. Esta circunstancia fue, en mi opinión, desdichada injerencia del azar en las cosas europeas, pues de haber estado en Stresa, Eden habría evitado que se cometieran errores serios, como el de no dar pie con bola en lo del desarme y consentir que ni se hablara de lo de Etiopía, lo que equivalía a un permiso tácito a Mussolini de hacer lo que quisiera.

Gracias a la honradez intelectual de Vansittart puede salir exonerado Drummond (entonces embajador británico en Roma) de aquellos errores; y gracias a su vanidad sale el propio Vansittart malparado, puesto que se apunta el tanto con gran ufanía (pág. 520 de sus Memorias). Drummond quería que «se comenzara advirtiendo al Duce del mal humor de Inglaterra»; pero Vansittart pensó ser mejor táctica «pescar a Mussolini primero y amonestarle después». Ésta fue la que se adoptó, contra el parecer no sólo de Drummond, sino también de Cecil, de quien escribe: «El cual clamaba porque esta cuestión vital (las violaciones hitlerianas del Tratado de Versalles) se transfiriese al ambiente más amplio de Ginebra y a la locuacidad colectiva de otras cincuenta y ocho naciones.»

El estilo de Stresa se ajustaba al fondo. Los ministros de las naciones permanentes redactaron sus decisiones o indecisiones en forma de dictamen que daban por sentado que se tragaría el Consejo sin chistar; y Ramsay Macdonald dio a entender a la prensa todavía en Stresa que el ponente del Consejo sería yo, sin dársele un bledo que no era él sino el Consejo el que decidía tales cosas, aparte de que sin que mi Gobierno se pronunciara, mal podía yo aceptar. La situación europea se ponía cada vez más quebradiza, y el conflicto etíope venía a empeorarla aún más. Simon, Macdonald y Laval me instaron a que me encargase de la ponencia; a lo que puse como condición que la redactaría yo en completa libertad. Ellos juraron que el texto que traían de Stresa era inmejorable y no podía enmendarse sin estropearlo. Me mantuve en mis trece. Se avinieron a mi condición, aunque de pésima gana, pero entonces el Gobierno español se declaró en desacuerdo, a lo que contrapuse que se me asociasen dos colegas, y Madrid aceptó. El Consejo designó a Chile y Dinamarca, los dos países más reacios a toda condena contra Hitler. Nuestra labor sería, pues, inútil.

Nos pusimos a la labor, tomando el dictamen de Stresa por base; pero pronto lo enmendamos de modo tal que me parecía evidente que ni Laval ni Vansittart lo aceptarían. En efecto, Vansittart se expresó con olímpico desdén: «Los franceses ni lo mirarán»; Laval, furioso, estuvo hasta grosero: «Terminaré por derribar de una patada esa barraca de Ginebra.» Yo pude observarlo todo con serenidad. No había pedido la ponencia. Habían sido ellos los que habían querido cubrir su mercancía con mi pabellón. Por eso me habían confiado la labor. Que se la llevaran. Se la llevaron y todos quedamos, si no felices, al menos contentos.

La sesión del Consejo resultó lo que era de esperar de aquel trío: Simon, Laval, Aloisi; rigidez, descortesía; presentación de un texto de resolución tan confuso como largo e ineficaz, con un tono de «tómenlo porque no hay otro»; y cuando el vocal turco del Consejo declaró que su país no se sentiría ya obligado por las limitaciones que le había impuesto el Tratado de Lausana, para el uso de los Estrechos, breves y arrogantes observaciones de los tres *stresanos*. En cuanto a los vocales del Consejo que hicieron observaciones o pidieron explicaciones sobre el dictamen de Stresa, se quedaron sin contestación.

Esta escena, tan excepcional en la historia de la Sociedad de Naciones, se explica por la conjunción de Simon con Laval, los dos hombres menos capaces de comprender la Sociedad de Naciones que jamás fueron a Ginebra. Para con el Pacto sólo sentían desdén Simon, desprecio Laval. A causa de su actitud, nos colocaron ante un dilema tremendo: o someternos a un *Diktat* intolerable, o darle a Hitler la impresión de que estábamos desunidos y que no votábamos una resolución que lo condenaba. Menos Dinamarca, que se abstuvo, votamos todos, pero aún creo que pudimos haber insistido en cambiar la forma.

Capítulo XXXVI

Más cuerda para Mussolini

La línea de tierra, clara desde el mar, se va enrevesando y haciéndose más confusa a medida que el observador se acerca. Así hoy, a mayor distancia histórica, vemos mejor cómo y por qué fue periclitando aquella Sociedad de Naciones que tan pujante había nacido. En su esencia, la Sociedad de Naciones era algo más que las naciones de la sociedad: una Institución que hacía todo lo posible por proteger la paz, y por lo tanto, la justicia, contra los ataques de la fuerza. Al encontrarse en su orden del día a la vez con el rearme de Hitler y la agresión de Mussolini, la Sociedad de Naciones bajo la presión de tres Estados, uno de ellos el agresor, adoptaba una resolución condenando a Hitler por rearmar, cuando los más de sus Estados-socios ignoraban que Inglaterra negociaba con Hitler un tratado de rearme naval no menos contrario al Pacto; mientras que en el caso de Mussolini, las grandes potencias, incluso los Estados Unidos, daban largas en lo del arbitraje, con lo que Mussolini iba ganando tiempo y ambiente para atacar a su víctima.

Así iba entonces minando el mundo civilizado los mismos cimientos de su civilización —la paz y el orden—. Así iba, pues, perdiendo vigor aquel «algo más» que la Sociedad de Naciones era, o sea su poder moral basado en el Pacto, puesto que las naciones menores lo veían rebajado a mero instrumento de las potencias para rearmar y para advertirles a ellas que se aprestasen a rechazar una agresión en Europa, pero a permitir la agresión en África. La causa de este estado de cosas era que Simon (con Vansittart), Laval, Aloisi y Litvinof no creían en la Sociedad de Naciones como tal emanación y encarnación del Pacto, sino sólo como instrumento más o menos eficaz para reclutar naciones a su servicio, y que seguían adictas a las ideas ya obsolescentes de pólvora y acero heredadas del siglo XIX. No deja de ser siniestro y significativo que no pocos de los estudios históricos publicados sobre aquella época en los años 60-70 ni siquiera mencionan el poder moral.

Para los Estados Unidos el conflicto era lo bastante complejo para hacer su política todavía más confusa que de costumbre. En cuanto era un ataque al orden legal internacional, suscitaba interés y aun emoción en ciertos sectores de la opinión pública, moviéndola a apoyar, si no el Pacto de Ginebra, por lo menos el Pacto Kellogg, que era su versión nacional; pero en cuanto se les presentaba como otra pendencia en busca de territorios y concesiones entre naciones afectadas por el imperialismo, tendía a enfriar el entusiasmo que la primera impresión producía. Cordell Hull, el nuevo secretario de Estado, era un hombre afable y considerado, pero no el estadista potente y original que la ocasión necesitaba, y trató de navegar por los peligrosos estrechos que la situación le deparaba, limitado por su escasa pericia tanto como por la pasión aislacionista de la mayoría de sus compatriotas. También entorpecía su actividad el mero hecho de seguir su país oficialmente ausente de la institución de Ginebra.

La Sociedad de Naciones era el foro en el que se debatían los asuntos del mundo, se orientaba e informaba la opinión pública universal, y, cuando era factible, se tomaban decisiones y se resolvían conflictos. Los Estados Unidos, parte importante de aquel mundo, prefirió quedarse ausente y alejado de aquel foro y, con la mejor voluntad del mundo, aun hombres de tan buena intención como Cordell Hull y de tan vasta capacidad como Roosevelt, se vieron obligados a discordancias notorias por el mero hecho de que ni veían ni oían a la distancia en que se habían quedado. Por esta causa, Roosevelt y Cordell Hull se revelaron tan incapaces de contener a Mussolini como Hoover y Stimson de contener al Japón.

*

Entretanto, Mussolini proseguía su camino hacia la gloria en caballo blanco aplicando su táctica dilatoria en Ginebra y sus preparativos militares en Roma. Se pintaban la conciliación y el arbitraje sobre un telón de fondo siempre en retroceso; Laval y Eden —que iba tomando parte cada vez más activa en las cosas de Ginebra— se ensombrecían ante el derrumbe inevitable del frente antihitleriano que creían haberse fraguado en Stresa. La actitud de Aloisi en Ginebra se endurecía, aunque evitaba una ruptura que quizá esperase no ser necesaria si lo que se rompía era el Pacto; hasta que, al fin, con vistas a la reunión del Consejo en mayo, Eden y Laval presentaron un proyecto de resolución conjunta al Consejo. El objeto de este trámite era impedir que se realizara la amenaza de intervención militar que Mussolini había hecho pública.

Mussolini conocía el texto porque sus dos autores se lo habían consultado, y claro es que opuso reparos precisamente a lo que importaba que era la intervención militar, contra la cual había protestado Haile Selassie. La protesta verbal del proyecto Eden-Laval no era gran cosa, y al fin Mussolini se avino a tragársela. En efecto, su redacción no podía ser más modosita, habida cuenta de que era el Consejo el que hablaba; porque recordaba a «ambas partes» (léase a Italia) las obligaciones que habían suscrito..., ¿en el Pacto?, pues no, a tanto no se habían atrevido; pero en el tratado de 1928 entre las dos. Bien es verdad que el texto lograba mayor vigor en cuanto a la conciliación y el arbitraje, declarando que tal procedimiento tendría que terminar antes del 25 de agosto, y si así no fuere, se reuniría otra vez el Consejo. Como, en efecto, tuvo que hacerlo.

*

Estuve en Londres en mayo y, según leo en las Memorias de Tom Jones, tomé el té en su casa el viernes anterior al 12-V-35. Le dejaré la palabra traduciendo un trozo de la carta que escribió a Lady Grigg.

> Madariaga vino a mi piso el viernes y estuvo más alarmista sobre la situación europea que casi nadie de los que he visto últimamente. Muy severo sobre Simon, muy elogioso de Eden y le gustaría verlo de ministro de Negocios Extranjeros. Le dije que eso era imposible y sugerí Lloyd George, pero Madariaga dice que Lloyd George es demasiado insular y no es amigo de veras de la Sociedad de Naciones. Madariaga teme mucho que Alemania ponga en juego su fuerza aérea contra Inglaterra y Francia en algún momento vesánico, y quiere impulsar la abolición de las fuerzas aéreas y la internacionalización de la aviación civil como la única esperanza. Voy a intentar que vea a Stanley Baldwin y a Lloyd George *.

Pero la conversación con Tom fue más vivaz de lo que él la cuenta, al menos por parte mía. Me habló de Lloyd George para el Foreign Office antes de que yo mencionase a Eden. A lo que repliqué: «Jamás en la vida.» Se quedó suspenso, y ahora doy

---

* Vi, en efecto, a Stanley Baldwin y le hablé de mis planes aéreos. Creo que le convencí el cerebro pero no la voluntad, que era indolente. (Véase Apéndice, docs. 31 y 32, págs. 653-55.)

en sospechar que la idea de darle el puesto al gran galés era suya, lo que parece confirmar el viaje que luego hicieron juntos a la Alemania de Hitler. Claro que entonces me preguntó: «Entonces, ¿quién?», y yo, con firmeza, contesté: «Eden», lo cual aumentó su desconcierto, y fue entonces cuando él dijo: «Eso es imposible.» Le di mis razones, y pareció impresionado.

Claro que yo entonces ignoraba lo que Eden, a su vez, revela en sus Memorias: su insistencia cerca de Stanley Baldwin sobre la necesidad de que Inglaterra hablase en Ginebra con una voz sola. Si no podía ser ministro de Estado (a los treinta y ocho años), pedía que le dieran otra cartera, pero no seguir sirviendo bajo otro ministro de Estado. Tenía razón Eden y el momento era oportuno, porque Baldwin estaba preparando un nuevo Ministerio que iba a presidir él.

Aunque Eden era siempre discreto, correcto y leal para con su jefe Simon, todo el mundo se daba cuenta en Ginebra de la diferencia entre el hombre que no entendía la Sociedad de Naciones y el que la entendía. Este hecho trascendía y terminó por convencer a Baldwin, cuyo confidente íntimo era Tom Jones; de modo que es muy probable que ya entonces el nuevo primer ministro hubiera dado el Foreign Office al joven ministro. Pero intervino Neville Chamberlain, decidido adversario de Ginebra, que con su indudable peso político, casi obligó a Baldwin a poner a la cabeza de la política extranjera a Samuel Hoare, dejando a Eden exactamente donde él no quería: como encargado de los asuntos de Ginebra, *bajo Hoare* —todo como si la Providencia hubiera querido demostrar dramáticamente cuánta razón asistía a los abogados de Eden—. El joven ministro aceptó de muy mala gana. Hoare le aseguraba que sería para poco tiempo. Menos fue de lo que él pensaba.

Eden, claro está, era demasiado capaz para no darse cuenta de que eso de «asuntos de la Sociedad de Naciones» era cosa que no existía, ya que todos los asuntos eran, o debían ser, de la Sociedad de Naciones, idea central, además, de todo lo que había estado arguyendo ante Baldwin. La decisión era, pues, doblemente mala: porque colocaba a Eden bajo un tercero que no entendía de qué se trataba; y porque tendía a elevar al rango de institución la falsa idea de que los asuntos de Ginebra eran una especie de departamento especial de la política exterior; por otra parte, salíamos ganando porque el nuevo cargo de Eden era más alto y le daba un puesto en el Consejo de Ministros.

Claro que el conflicto ítalo-etíope iba entretanto de mal en peor. Formidables cargamentos de tropas y pertrechos de guerra atravesaban el canal de Suez; y los soldados ingleses de guarnición en Egipto a veces se sentaban en las orillas a verlos pasar, sin que faltara algún que otro soldado italiano que manifestase su desdén para con el Imperio británico vaciando la vejiga desde el puente, a lo que no faltaban los que desde la orilla les advertían: «Sí hombre, enséñalo bien mientras lo tienes todavía» —aludiendo a la amable afición que los etíopes revelaban a desmembrar a sus prisioneros.

El Consejo de la Sociedad de Naciones se encontraba en una situación análoga a la del matador con dos toros en el ruedo, y aun cuando sea ocioso especular sobre si Inglaterra y Francia (o España o Suecia en su caso) habían obrado con mayor firmeza para con Mussolini si no hubiera salido Hitler al ruedo, el hecho es que estábamos todos dominados por la mera presencia de aquellos dos toros. Eden se fue a Roma (12-VI-35).

Se fue a ofrecerle a Mussolini importantes concesiones territoriales en Ogaden, así como una línea ferroviaria entre las dos colonias italianas; y a Etiopía, daría Inglaterra en compensación un puerto en el Somalí británico. El plan disgustó a los franceses y no mereció la aprobación del Duce. Cuando se reunió el Consejo (31-VII-35) bajo la presidencia de Litvinof, el Comité de Conciliación y Arbitraje se hallaba en un punto muerto, y el temor a cosas peores paralizaba a la Sociedad de Naciones, lo que se traducía en abandono del Pacto y esfuerzo para satisfacer a Mussolini. Al fin se decidió... aplazar toda decisión a setiembre.

Puesto que salía ganando Mussolini, salía perdiendo la Sociedad de Naciones cuya autoridad palidecía; y como si no bastara, nos anunciaron Inglaterra, Francia e Italia que iniciarían negociaciones para resolver el conflicto ítalo-etíope. Decisión, en verdad, desastrosa, porque daba por sentado que ése era el conflicto y no el que enfrentaba a la Sociedad de Naciones con Italia como Estado agresor; porque retrotraía el incidente a la era anterior al Pacto, la de las negociaciones entre potencias irresponsables; y porque prescindía de Etiopía.

Aun así, pudo haber sido todavía peor; porque Mussolini aspiraba a llevarse el asunto lejos de Ginebra y su Pacto, mientras que Eden y Laval insistieron en que las negociaciones se harían bajo la égida de la Sociedad de Naciones. Cuenta Eden que Hoare se declaró de acuerdo, pero habría aceptado las condiciones del Duce; de modo que Eden se salvó de una situación poco airosa por la inesperada decisión de Mussolini, que aceptó las de Eden-Laval. Como esta decisión del Duce se debía a serias advertencias de Eden sobre la gravedad de las consecuencias que su terquedad podría acarrear para Europa, Eden supuso que sus colegas del Gabinete inglés lo apoyarían enviando a Roma confirmación escrita de estas admoniciones, pero el Gabinete no hizo nada. Eden, entonces, hizo valer más de una vez ante sus colegas un aspecto a todas luces grave de la situación: si las cosas se tuercen y una de las partes va a la guerra en contra de sus obligaciones bajo el Pacto, ¿qué actitud va a tomar el Gobierno (inglés)? Para él, como lo explica en sus Memorias, era indispensable poder contestar con autoridad a cualquier pregunta que le hiciesen sobre este punto concreto, quizá en público, más probablemente en conversación particular o en el curso de negociaciones: «El Gabinete se dará cuenta de que me encontraré en una situación imposible en Ginebra. Es seguro que harán esta pregunta M. Laval y otros, por ejemplo, M. Litvinof, presidente del Consejo, y quizá el delegado español como representante del grupo neutral, o representantes de países menores.»

Razón tenía en mencionarme, porque todos mis amigos del grupo neutral y mi propio Gobierno me hacían la misma pregunta, a la que creo hubiera sido adecuada respuesta la que Eden formulaba así: «Si se produjera tal situación, y si el caso fuere claro sin discusión, el Gobierno de Su Majestad estaría dispuesto a cumplir sus obligaciones bajo el Pacto, de hacer lo mismo los demás.» Si Eden hubiera sido el ministro de Estado de su país, esta claridad de pensamiento y voluntad habría bastado para obligar a Laval a frenar a Mussolini, aunque sólo fuese por temor a la opinión pública. Pero el ministro de Estado era Hoare.

*

Una de las empresas yanquis de radio había invadido el jardín de mi casa del Viso para hacerme una entrevista sobre Hitler y sus planes bélicos. Cables y cámaras por doquier. No tardaron mucho en afinar sus preparativos técnicos, pero en cuanto al silencio general, con aquel día soleado y tanta gente en la calle, y ventanas abiertas..., en fin, que tuvimos que ser pacientes. Apenas habíamos logrado un nivel de ruido algo discreto, se cerraba con estrépito una ventana, aceleraba un coche de rechinante dentadura, vociferaba un verdulero ambulante las excelencias de su coliflor, tomando al cielo por testigo. Al fin, vencimos. Silencio. Comencé a hablar y sólo se oía el susurro del rodillo que arrollaba mis palabras, cuando un asno alzó la voz y su poderoso rebuzno hizo vibrar el aire sereno y troncharse de risa a los mirones. ¡Vuelta a empezar! «No —protestó Constanza desde nuestra ventana—. Bastará decir: ¡lamentamos esta interrupción de Hitler!»

Desde mi dimisión de la Embajada y, poco después, del Ministerio, venía gozando de cierto asueto, aunque con frecuencia cortado por viajes oficiales a Ginebra. No ocupaba puesto alguno en el servicio público, pero desde mayo del 34 hasta primeros de julio del 36, tuve que ir a Ginebra siempre que se reunía el Consejo, la Asamblea o algún que otro Comité, fuera cual fuese el Gobierno y el ministro del ramo. Esta situación me hacía difícil ganarme la vida como hombre de letras, ya que me privaba de tiempo y también de libertad para expresar mis opiniones sobre los asuntos internacionales; y como no me daba el Ministerio ni local ni personal, tampoco podía seguir lo de Ginebra con la debida atención. Después de mucho insistir, logré que el Gobierno (de Lerroux) presentase un proyecto de ley creando el cargo de delegado permanente con un modesto sueldo y adecuado personal. Fracasó el proyecto porque al pasar a la Comisión de Estado de la Cámara, uno de sus vocales, cónsul general de profesión, explicó que todo el mundo sabía que aquel proyecto era para mí y que si yo aspiraba a un puesto diplomático, tenía que pasar el examen de entrada.

Claro que no era este argumento en sí el que había provocado el fracaso, sino algo más grave. Al subir al poder el Ministerio Lerroux-Gil Robles, se inició una campaña virulenta contra Azaña. A mí me pareció que aquella campaña era estúpida, no sólo por injusta para con un hombre que, con todos sus defectos, era el mejor político de la república, sino porque toda desvalorización de un valor reconocido, de cualquier sector que fuere, era contrario a los intereses de la república. Así lo dije y publiqué en un artículo contundente, de *Ahora*. La mayoría que sostenía al Gobierno me indicó que, en vista de aquel artículo, el proyecto se perdería. Y se perdió.

Capítulo XXXVII

Collares para presidentes

Aquel verano (1935), Saavedra Lamas me invitó a visitar la Argentina en gira de conferencias. El Gobierno aprovechó la ocasión para investirme de la dignidad de embajador ambulante y así entregar collares de Carlos III a cuatro presidentes: Terra, del Uruguay; Justo, de la Argentina; Alessandri, de Chile, y Benavides, del Perú. Salí en un barco alemán que izó bandera española mientras me tuvo a bordo.

Recuerdo aquella travesía por dos razones. La primera fue mi poca habilidad para defenderme de las bromas, no siempre discretas, por las que tiene que pasar el novato que cruza el ecuador. Pronto me di cuenta de que las frecuentes preguntas que me hacía una señora a bordo iban encaminadas a averiguar si era yo todavía elegible para la tal carnavalada; y como mis respuestas se hicieron cada vez más opacas, mi inexperiencia quedó al descubierto; pero yo estaba resuelto a no exponer mi posición oficial a cualquier falta de tacto; y así logré pasar intacto pero sospechoso, cuando una conversación con el capitán pudo haberlo resuelto de modo más lucido.

El otro episodio saca a escena dos personajes de los más activos y bulliciosos de la familia que los pasajeros de un navío pronto llegan a constituir. Parecían ambos poseer el monopolio de las ideas felices y fecundas para hacer pasar el tiempo del modo más grato posible a todo el pasaje; y la facultad de realizarlas con el mayor empuje, gusto e imaginación. Fueron las dos máscaras más vistosas y celebradas el día del baile de máscaras; y los dos dispensadores más generosos del champaña. Uno era francés, inglés el otro. La víspera de nuestro desembarco en Buenos Aires me enteré de que eran rivales que se iban espiando mutuamente como representantes que eran de las industrias de armamentos de sus respectivos países, que iban a venderles armas a los países hispanoamericanos.

*

Mis visitas oficiales comenzaron en Montevideo el 12 de julio, el 16 en Buenos Aires, el 24 en Santiago y el 31 en Lima *. Mi primer huésped fue, pues, Terra, que gobernaba el Uruguay en estilo bastante anómalo para un hombre elegido como liberal y demócrata, cosa en aquellos tiempos indispensable para escalar el poder. Era entonces el Uruguay la Suiza del Nuevo Mundo, república culta, liberal, pacífica, «avanzada», donde ni la riqueza excesiva ni la indigencia vergonzante venían a herir la conciencia de nadie; de modo que no parecía justificarse aquel régimen dictatorial impuesto por un hombre más bien mediocre a un país que valía más que él.

Terra, sin embargo, no dejaba de presentar ciertos aspectos de su país. No era militar, sino doctor en derecho, y procuraba legislar con arreglo a cierto sentido común en cuanto al fondo, aunque impaciente en demasía para tolerar los procedimientos parlamentarios. En conversación, era pausado, razonable, poco o nada estimulante, más bien ramplón. Ya fuera gusto personal o tradición local, su ceremonial para recibir el collar fue el más sencillo de los cuatro.

Diré de pasada cómo tuve que rehacer mis credenciales porque en el Protocolo de Montevideo se me hizo observar que el nombre del país venía incompleto: «República del Uruguay» en vez de República Oriental del Uruguay. Se hicieron los cambios necesarios; pero en ocasión menos oficial, días después, apunté al jefe de Protocolo lo insólito de la situación, porque el Uruguay era tan celoso de su independencia, sobre todo para con la República Argentina, y al añadir «Oriental» a su propio nombre, se supeditaba a ella, puesto que el Uruguay sólo puede considerarse oriental en relación a la Argentina. Pero, como casi todo lo que surge de la pasión nacionalista es irracional, oriental queda el Uruguay.

*

Vino después el general Justo, presidente de la Argentina. Quizá fuera su mayor elogio decir de él, y con verdad, que llevaba bien su nombre. General era, pero no sólo inteligente, sino también intelectual; y presidente era, pero elevado al poder por medios constitucionales irreprochables, o sea por el voto libre de la mayoría de sus conciudadanos. General de veras, había sido ministro de la Guerra y comandante en jefe del Ejército. Él mismo me refirió cómo había tenido que tirarse de aviones

---

* Más exactamente, llegué primero a Buenos Aires por vía aérea; el 12 de julio fui a Montevideo, el 16 a Buenos Aires, el 24 a Santiago y el 31 a Lima.

militares nada menos que tres veces, una de ellas sin querer, pues lo «vertió» el aparato durante unas maniobras. Dio la casualidad que el piloto se llamaba Alegría, y en el cuartel general de las maniobras se recibió un radiograma suyo que decía: «Se ha caído el ministro.—Alegría.» El ahora presidente me lo contaba de muy buen humor, añadiendo que se echó a andar bosque adelante y, brújula en mano, llegó a la base al cabo de una hora y poco después estaba otra vez en el aire.

Frecuenté bastante al general-presidente y a su familia y cada vez me era más simpático. Ignoro casi todo lo que hay que saber sobre cómo se forman los militares en la Argentina, pero no debe ser malo el sistema si he de juzgar por lo que me ha tocado en suerte conocer. Algunos he conocido del modelo disciplinario y aun pretoriano; pero más del tipo liberal y de formación cívica como Justo y su sucesor Aramburu, tan vilmente asesinado.

Justo estaba rodeado de una muy simpática familia de hijos, hijas y nietos, de vida sencilla y fina educación, que se me han grabado en la memoria por la calidad del castellano que hablaban. El mismo presidente, formado como militar y también como ingeniero civil, hablaba nuestra lengua con toda corrección; pero pronto me di cuenta de que se daban tres etapas en la lengua que en aquella casa se hablaba. La señora del presidente y aun él mismo si se dejaba ir, hablaban el peor; los hijos, mucho mejor; los nietos, excelente.

Para los no argentinos, bueno será esbozar o recordar una explicación. La primera generación se había formado en un período en el cual, a merced de un robusto nacionalismo, se propagaba en Buenos Aires como lengua «nacional» un lenguaje fermentado de populismo, italianismo y analfabetismo, no muy distinto del que se hablaba en el puerto. Prevaleció el buen sentido, que rechazó aquella mezcolanza como indigna de un país tan culto y dotado de buenas letras y de escritores insignes, y a medida que las nuevas ideas iban ganando la enseñanza y nutriendo a los jóvenes de buena doctrina, se fueron observando sus efectos benéficos en la segunda y tercera generación de la familia que entonces habitaba la Casa Rosada.

Para un español tan baqueteado por los viajes, este retorno al ambiente hispano en lugares tan alejados de su país no podía ser más estimulante. El Uruguay y la Argentina son los dos países más blancos del continente americano. En ambos, el contingente más numeroso, después del español es el italiano. En aquellos tiempos, la impresión más fuerte recibida no sólo en estos dos países, sino en todos los que visité, fue el notable nivel alcanzado por el desarrollo intelectual de hombres y mujeres, quizá más el de las mujeres. No me refiero sólo a Victoria y Angélica Ocampo, que ya eran entonces las musas de Buenos Aires, o a Juana Ibarbourou, la musa de Montevideo, sino también a las menos distinguidas y conocidas que uno se encontraba hasta en ciudades menores.

Cuando intentaba comparar niveles con niveles, personas con personas, se me figuraba que había en Buenos Aires o en Montevideo mejor nivel de información que en Madrid, relación más natural, directa y continua con París, Londres o Roma (con Alemania, no estaba tan seguro) de la que me encontraría en España, como si, al mismo nivel de cultura, se hubiera contentado España con nutrirse de su propia sustancia. También me pareció percibir mayor modestia en España, frente a un dejo de altanería en el mismo nivel argentino; algo como si las grandes familias de la Argentina hubieran absorbido no poco de la arrogancia que va casi siempre con la sangre inglesa y que se percibía en los nombres ingleses de tantos lugares y en el ambiente no menos inglés del Jockey Club.

Nada más entrar en aquella casa, se respiraba una bocanada de prosperidad. El pie la hollaba, espesa, bajo las alfombras; la vista le observaba resplandecer en la caoba de los muebles; irradiaba belleza de los cuadros auténticos de los grandes maestros europeos; comodidad del damasco y cuero de los butacones, acogedores para los efectos soporíficos del champaña, whisky, o coñac; y se explayaba en las nítidas mesas, de plata y cristal cubiertas, y en las suculentas losas del mejor *bife* del mundo que sobre ellas se extendían. Pero en aquellos tiempos, la riqueza de Buenos Aires no había logrado crear todavía una belleza que la expresara. Aquella vasta conurbación que fermentaba como un cáncer la pampa de tierra al borde de la pampa de agua del Plata no pasaba de ser un museo de imitaciones de arquitecturas europeas —sobre todo, de la francesa—, de modo que cuando de pronto se encontraba uno ante el ya chiquito cabildo de los días virreinales, el ánimo, suspenso, se preguntaba cómo de tan diminuto grano de inimitable realidad había brotado tan inmenso laberinto de imitaciones irreales.

La arquitectura es la más comunal de las artes. La índole imitativa de la arquitectura bonaerense expresaba el período imitativo que había vivido la Argentina desde que las guerras de emancipación la habían separado de España. No estoy diciendo que la emancipación esterilizó a la Argentina; sino que la desintegración esterilizó a todas las Españas, de ambos lados del mar. El talante secesionista no toleraba españolismo alguno, ni siquiera como expresión espontánea y natural de la sangre y del espíritu de la nación. No quedaba otra salida a los argentinos que la imitación. El único país que no podían imitar era España, puesto que equivaldría a imitarse a sí mismo (algo por el estilo les fue ocurriendo cada vez más con Italia). Como uno de ellos dijo un día, no sin cierto gracejo: *Somos españoles que se han mandado mudar a la otra acera.*

Si no se avienen a vivir como tales, tendrán que inhibir su ser real y entonces serán plata sobredorada, que es lo que fueron desde mediados del diecinueve hasta mediados del veinte, como verá quienquiera que se pierda en el laberinto de los barrios de la clase media bonaerense. Todavía conocí a Córdoba cuando vivía en su propia solera española, antes de que pasase a ser un cachorro de Chicago. La Casa Rosada, como su nombre indica, es una imitación de la Casa Blanca.

Todos somos españoles divergentes, como ramas de un árbol, para las cuales crecer y divergir es todo uno. Pero la savia, el color, la forma de la hoja y el sabor del fruto, conservan la unidad de fondo. A no ser que vayamos todos a converger sobre la cadena de montaje y terminemos en chicagueses.

*

Aquel Jockey Club... El que me llevó a almorzar allí fue Octavio Amadeo. Hombre de pro. Había sido o iba a ser ministro de Relaciones Exteriores, era académico y me hizo el honor de hacerme elegir a la Academia Argentina. Tenía derecho a llamarse mi conocido argentino más antiguo, porque era yo todavía estudiante en París cuando me escribió algún pariente que me ocupase de un amigo suyo argentino que iba a pasar por allí, y cuando llegó y nos conocimos, resultó que lo que más le interesaba era ver una corrida de caballos.

Pero el caso es que, en estas cosas, mi actitud era ya, y sigue siendo, de lo más primario y elemental: que, ya antes de salir de casa, sabe uno que de todos los caballos que van a correr uno llegará antes que los demás, de modo que no alcanzo a desentrañar el interés hípico (aunque sí el crematístico) de la operación; de modo que jamás había asistido a una carrera de caballos. Me enteré de cómo se iba y llevé a Octavio Amadeo a Longchamps, donde él se divirtió y yo me aburrí de lo lindo, y no veía la hora de volverme a París. El sino me tenía reservada una compensación, recompensa, quizá, a mi paciencia; nos pusimos en la cola para tomar billete y entrar en el *bateau-mouche* que por el Sena nos llevaría al centro, y pronto estábamos escuchando el monólogo de una «vieja» (que yo tendría dieciocho años y ella, lo menos, cuarenta y cinco) que contaba al mundo en general, porque no le cabía dentro, su lamentable historia.

Era la mujer de un cochero de punto, de aquellos que, bien rellenos de judías blancas estofadas, procuraban desde el pescante de un *fiacre* hacer correr algún jamelgo asmático. Este auriga, por no desertar de su honroso puesto, había delegado en ella el poner dos luises de oro al favorito del día, lo cual no pudo hacer la pobre «vieja» porque la convenció de cuajo un consejero tan generoso como honrado que se dio cuenta de la situación y la incitó a colocar los luises a otro que luego llegó el último mientras el favorito llegaba el primero; y «¿Cómo me presento ahora yo en casa con las manos vacías?» Toda la historia reverberaba en la sala del Jockey Club aquel día a miles de millas y un cuarto de siglo de distancia, llenándonos a los dos de melancolía.

Capítulo XXXVIII

Chile

«Ese cerro ahí, a la derecha, es el Aconcagua», dijo el piloto, que me hacía los honores de su *sancta sanctorum*. Inundaban los ojos el blanco y el azul ,la nieve virgen y el cielo inmaculado; y los siete y pico de quilómetros de altitud de aquel gigante del planeta parecían un mero cerro visto sobre un paisaje ya casi tan alto.

Allí abajo, el Pacífico, el mal llamado como el mismo Magallanes llegó a saberlo un día, y a su borde, Santiago. Nacido a poca distancia del otro Santiago, el de Compostela, me puse a pensar en los caprichos de la suerte, que puso al de Compostela tan cerca del *Finisterre* y al de Chile en esta costa, otro Finisterre con más títulos para nombre tan altivo; porque Chile impresiona el ánimo como la última Thule de nuestra civilización, y la imaginación se tiende en el esfuerzo que ha menester para «ver» a Nueva Zelanda y Australia, Indonesia y China, a través del inmenso mar cuyo vasto misterio atrajo a Balboa a la cumbre del Darién.

La bajada de las alturas azules a la orilla del mar en que bulle Santiago es vertiginosa. No caben las pendientes. El formidable muro de los Andes separa del mundo aquel país-cinta que, si se atase a una mezquita en Tánger, terminaría al norte de Noruega; y como si no bastara aquel muro que sólo el Himalaya humilla, separa al Chile vivo de su «vecino» el Perú, un vasto desierto estéril por exceso de nitrato. ¿Cómo no ver en esta determinación de su tierra esa fuerza de carácter, esa cuasi insularidad que en el continente distingue a los chilenos?

En su mayoría, son descendientes de aquellos conquistadores que osaron invadir una «ínsula» tan inexpugnablemente protegida por la naturaleza y tan heroicamente defendida por uno de los pueblos indios más arrojados y tenaces del Nuevo Mundo. Cuando preparaba Almagro el paso de su ejército a Chile por vericuetos que jamás nadie había osado violar en invierno, no faltó entre sus amigos incas quien le advirtiera que tal cosa era imposible; a lo que contestó Almagro que los conquistadores y descubridores eran hombres que la naturaleza y otros elementos tenían que acatar y el cielo favorecer.

Estos hombres que ganaron sus guerras contra la naturaleza y contra los fieros naturales, sucumbieron por haber perdido sus guerras civiles. Pero la nación que crearon y que hoy es Chile salió ganando en lo que hoy más importa, la disciplina social y la solidaridad, precisamente porque tuvo que crecer y formarse bajo la amenaza constante de los valientes araucanos que cantó el poeta-conquistador Ercilla con la honradez y aun generosidad de un adversario limpio —vasco él como tantos otros de los que luego fueron a aportar las cualidades de este pueblo viril al pueblo viril de Chile.

Otras circunstancias se dieron que vinieron a abundar en igual sentido; en particular el haber sido pronto Chile algo así como el purgatorio de los peruanos de cáscara amarga, mal carácter o ideas ardidas que se topaban (a lo carnero) con el virrey de Lima. La brillante corte virreinal era el paraíso de la aristocracia y de los ricos mercaderes y terratenientes del Perú y aun del Continente, de modo que los malos sujetos, los atrevidos y mal avenidos, se exponían al destierro, casi siempre a Chile, que era una especie de fin del mundo. Aburrimiento total para los seres ligeros y despreocupados, era Chile también tierra virgen para hombres vigorosos y originales. Un par de siglos bajo este sistema de involuntaria selección natural ha debido de dar al país chileno la posibilidad de constituir el pueblo notable que hoy se observa. Tal fue al menos mi impresión. Hallé quizá más imaginación, ensueño, horizonte, en los argentinos; pero más acción concreta y más disciplina intelectual en los chilenos.

España no permitió que los de fuera viniesen a contaminar a los de casa con sus herejías. De sangre no se trataba ni en tal cosa se pensaba entonces. Pero algún que otro irlandés logró infiltrarse en las Indias haciéndose español, como lo hicieron no pocos cuyos nombres constelan la historia militar y civil de España. Uno de ellos, Ambrosio O'Higgins, enviado de su Irlanda natal a España en su infancia, preparado para la Iglesia por un tío suyo jesuita en Cádiz, sintiéndose llamado a más vastos horizontes, emigró y fue a dar a Chile, donde escaló las alturas de la jerarquía española llegando a capitán general y presidente de Chile y luego a virrey del Perú. Este iro-español engendró en una chilena, dizque de buena familia, un hijo ilegítimo que llamó Bernardo y que educó con el mayor esmero en Inglaterra, Francia y España. Volvió masón, «patriota» y antiespañol, y fue uno de los héroes de la emancipación de Chile.

Con la cual, saltaron las compuertas que habían contenido la inmigración, y en la era que así se abre, Chile volvió a sacar provecho de su situación remota que, por selección natural, le llevaba a las gentes más emprendedoras, persistentes y valientes. En todas las naciones hispánicas se topa uno con nombres extranjeros, pero más que en las demás en Chile, donde los Mackennas, los Subercaseaux, los Waddingtons, los Edwards y tantos otros espolvorean con pimienta exótica la lista de teléfonos y la conversación, y abundan en las capas superiores de la política, el negocio y la cultura.

No me era posible, en mi corta estancia, explorar otros niveles del acantilado social; pero no era fácil eliminar el omnipresente «roto», el indio pobre y su triste destino, y eso que su problema no me parecía insoluble en un país tan inteligente y activo, y de tamaña riqueza, al menos potencial. De entonces acá, Chile había hecho grandes progresos aun antes de que el régimen actual cambiara enigmáticamente su rumbo histórico.

Como hombre entonces tan ocupado por la política como por las letras, fui muy bien recibido en ambos mundos. Entregué el collar al presidente Alessandri en su palacio oficial en una ceremonia realzada de más honores civiles y militares que en Buenos Aires o Montevideo; y cuando los diarios anunciaron que daría una conferencia en el Teatro Municipal, se agotaron muy pronto las localidades. Era Santiago ya entonces una ciudad muy moderna, en torno a su pieza arquitectónica monumental, la todavía llamada «Casa de la Moneda». Parece ser que los planos y dibujos para el edificio llegaron por error a Santiago, pues iban destinados a otra ciudad de otro país; de ser así habrá que convenir en que a veces la Administración comete errores brillantes.

Estaba alojado en la Embajada de España, entonces regida por Rodrigo Soriano, a quien encontré muy de vuelta de sus bríos ultrajuveniles de escritor-espadachín, muy simpático y adaptado a la vida burguesa por su cargo, por su edad, por la influencia de su joven, bella e inteligente esposa. El que le llevaba la Embajada era Lojendio (el joven), listísimo y eficaz como lo suelen ser los vascos.

La hora culminante para mí, sin embargo, no iba a ser la consabida entrega del collar, sino una conferencia en el Teatro Municipal de Santiago. Cuando iba a salir a escena y dar la señal de alzar el telón, se me presentó Lojendio con una joven muy guapa. «Señor embajador —me dice muy apurado—, no sé qué hacer. Había prometido a esta joven que vendría a oírle a Vd. No hay ni una localidad, y el pasillo entre las butacas está atestado de gentes de pie.» Me miró triste y cariacontecido. Ella sonreía, con la serenidad de las mujeres guapas superpuesta a la de las mejicanas. Tuve una idea. «Traiga una de esas sillas. Aquí. La pone aquí. Esta señorita se sienta. Nadie la ve detrás de ese bastidor, pero ella me ve y me oye.» Sosegado, se fue Lojendio; la bella se sentó y yo di la señal.

Era mi tema: *Los valores universales en la literatura española.* Tracé un rápido cuadro histórico de nuestra literatura, poniendo de relieve los tres imanes que la rigen —Dios, el amor y la muerte—, y por este camino, claro es que llegué a la *Celestina* o, como yo creo que se debiera decir, a *Melibea.* Conocida es mi tesis: que la heroína de este libro maravilloso no es la vieja alcahueta, sino la joven amante que utiliza a Celestina como mero instrumento de su propia pasión; de modo que insistí en que uno de los grandes méritos de la obra era el haber revelado en Melibea a la mujer real libertándola de los dos mitos medievales que empañaban su imagen: la mujer-ángel de los trovadores y la mujer-demonio de los frailes.

Parece que, al llegar aquí, mi propio diablo se dio por aludido y se dispuso a usurpar la situación. Me dio por desarrollar el tema de la importancia de la mujer en la vida humana, y apuntando con un índice acusador a la silla donde la bella mejicana palidecía, peroré sobre «esa mujer que donde quiera que va, el hombre sabe oculta entre bastidores, observándole, viendo, escuchando…». Cuando, al fin, pasé a otro tema se oyó una carcajada en el palco de España.

También di una conferencia en la Universidad. La capital capaz de henchir hasta no poder más el Teatro Municipal para oír una conferencia sobre los valores universales de la literatura española, no iba a carecer de vivacidad y vigor en su juventud universitaria. Como lo esperaba, hallé en la Universidad de Santiago un ambiente de viva inquietud intelectual menos ambicioso y general que en Buenos Aires, pero más concreto y agudo. Los auditorios universitarios me parecieron más activos y positivos, más sedientos de ideas nuevas, no sólo entre los estudiantes, sino entre los profesores también, tanto en lo concerniente a la perspectiva abstracta de las cosas públicas como en el modo de enfocar los problemas tanto nacionales como internacionales. Solía dedicar mis pláticas al tema guerra-paz; y en este terreno hallé a los intelectuales chilenos imparciales y abiertos, como si su misma distancia de los centros neurálgicos del planeta les otorgara cierta serenidad y elevación. Otro tanto iba a observar en Valparaíso.

En ambos casos mi impresión altamente grata de la minoría intelectual chilena vino a realzarse y como pulirse al roce de las discusiones que solían surgir por generación espontánea después de las conferencias públicas. Faltaría a la veracidad que me impone mi profesión literaria si no añadiera que este aspecto tan halagüeño de la intelectualidad chilena fue empañándose rápidamente en ulteriores viajes que hice al país a medida que las organizaciones estudiantiles y aun ciertas facultades y cátedras iban cayendo en esa peste ideológica a que ha ido a parar el marxismo. Esta evolución, todavía entonces en el porvenir, iba a ser muy de lamentar por inútil. Las fallas de los gobiernos chilenos, argentinos, peruanos, uruguayos y otros de aquel continente se deben mucho menos a «injusticias» y «desigualdades» que el visitante se complace en anotar a la ligera y aun en diagnosticar a la liviana, que a causas más profundas y tenaces como los factores geohistóricos combinados con ese manantial universal y perenne de males que es el corazón irracional-animal del hombre; de modo que cuando la nueva izquierda, la vieja derecha o el presente centro se tiran tinteros a la cabeza, todo lo que hacen es entregarse a una orgía de esas pasiones irracionales-animales contra la que creen luchar.

Pero no hay que anticipar el relato a los hechos. Durante mi primer viaje a Chile, los chinos no habían invitado todavía a Pequín al rector de la Universidad de Santiago, ni se exponía uno todavía a que le dijesen que la Unión Soviética conspiraba en secreto con el ultracapitalismo de Wall Street. Santiago era una gran ciudad, amena, culta y feliz. No faltaban críticas sobre incompetencia en las alturas. Se estaba destruyendo la riqueza forestal del país; la pesca estaba abandonada al azar de los pescadores; nadie sabía, quería o podía poner coto a los abusos de las grandes compañías yanquis que explotaban el país. Con todo, no parecían estos males insolubles para hombres de la capacidad y tesón de los chilenos, que habían demostrado, por ejemplo, creando el mejor vino de mesa del Nuevo Mundo.

*

El mar y la cordillera andina poseen tan inagotables tesoros de belleza, que Chile corriendo entre ambos puede compararse a una larga serpiente de esplendor. Lo que a veces falla es la tierra sobre la que yace la serpiente mágica. Mientras persiste, la belleza es inolvidable, pero al irse alejando de su espléndido centro hacia el Norte, llega un momento cuando la tierra rocosa y arenosa que vivifica una vegetación de variedad, color y gracia increíbles, se va agotando y al fin muere; y en su lugar queda entre la sierra y el mar un espacio abstracto, gris. En aquellos días, los aviones no cargaban bastante combustible para volar de Santiago a Lima y había que bajar en Antofagasta, puerto importante, pero como ciudad, lugar artificial donde había que importar hasta la tierra para los jardines donde plantar rosas y claveles, de modo que si soplaba fuerte vendaval se quedaba uno no sólo sin claveles y rosas, sino también sin la tierra donde habían arraigado.

Allí había que pasar la noche, y a la mañana siguiente alzaba el vuelo el visitante hacia los jardines más estables de la maravillosa Lima. El día era soleado, pero se fue cubriendo de una fina neblina cuando nos acercábamos a la capital. Cuando Pizarro escogió el sitio en donde elevar la capital del nuevo imperio, ignoraba que durante cerca de medio año se halla protegido de los rayos del sol por la neblina. Los aviones tienen que salir al mar y meterse desde el mar bajo el inmenso velo que cubre el esplendor de la bella Lima.

CAPÍTULO XXXIX

Perú

Lima todavía posee el poder de sugerir lo que fue: la esplendorosa capital del imperio español de Suramérica, tan sólo comparable a Méjico, la capital del imperio de Norte América. «Sugerir» no más. Ni siquiera evocar ni traerlo a la imaginación, porque su magnificencia urbana quedó destrozada por dos tremendos terremotos, y hasta su población ha cambiado a merced de una fuerte inmigración, en parte no pequeña, asiática. Claro que, además, la población del Perú ha comprendido siempre una proporción india muy superior a la de los tres países que venía visitando. El motivo y las circunstancias de mi gira definían la capa social en que me vendría a mover; capa en la que predominaba el elemento blanco; pero en el Perú, aun en la misma minoría social, era mucho más frecuente la presencia de las otras dos sangres; y bastaba un paseo por sus calles y plazas para dar por cierto que Lima es sobre todo india (con cierto elemento negro) y, cuando no, china o japonesa.

Afinando más, se percibía como una minoría en la minoría blanca. Los círculos políticos y literarios en los que me movía me parecieron tan cultos y amenos como los que había conocido en Santiago, Buenos Aires y Montevideo. Si se daba algún matiz, me imaginé verlo en cierta polarización ante las actitudes e ideologías antiespañola y española, que no me había llamado la atención en los otros tres países. En el Perú, además, se daba cierta coincidencia entre el prohispanismo y el catolicismo conservador, mientras que los antihispanistas tendían a ser librepensadores, marxistas y en general tan de «izquierda» como sus adversarios lo eran de «derecha». Por la izquierda, además, sobre todo si se daba mesticismo, se pasaba fácilmente del antihispanismo a un indigenismo militante. Ahora que, ya fuesen pro o contra-hispanos, todos me daban la impresión de ser gentes claras y limpias. A veces surgía un rico negociante, apuesto, elegante, tipo de general, embajador o inquisidor, que parecía evadido de un cuadro clásico español, y resultaba ser librepensador y ardiente pro-hispano. Este ejemplar social solía ser sefardí.

Nada me habría sorprendido si el mismo presidente a quien venía a condecorar con el collar de Carlos III hubiera sido también sefardí. A lo mejor, le habría horrorizado pensar que pudieran tomarlo por vástago del Pueblo Escogido; y sin embargo, un hombre que en país tan dotado de hombres capaces, escala la altura como civil y como militar, y además se llama *Benavides,* no deja de hacer pensar en tal posibilidad. De paso diré que la ceremonia de Lima fue la más imponente de las cuatro, como era de esperar de una capital con tres siglos de tradición virreinal. Tanto más es de lamentar que la cinta que tomó uno de mis aláteres se haya perdido en la tormenta de 1936-39.

En aquellos tiempos, Uruguay era muy suya y consciente de serlo; Argentina se modelaba sobre Londres-Windsor; Chile era muy suya tambíén; pero Perú, o por lo menos Lima, vivía bajo el influjo de la cultura francesa, quizá como efecto de la excelente labor que allí hacía la organización de cultura oficial llamada *Alliance Française.* La asociación peruana que me invitó a dar una conferencia se llamaba *Chez nous.* Esta nuestra Europa es tan compleja que por aquel entonces el «partido» pro-hispano de Lima no solía ver con buenos ojos toda esta francofilia, pero no por rivalidad de «influencia» cultural o zarandaja alguna por el estilo, sino porque los franceses suelen ser volterianos cuando no ateos si no algo peor (como francmasones), mientras que los peruanos hispanófilos eran devotos católicos, al menos los domingos y fiestas de guardar.

*

Como excepción a todo lo que vengo diciendo, apuntaré que la conquista del mundo por Inglaterra es total e irreversible —y no cierto por Shakespeare o Newton, sino por el *football,* que yo llamo bolapié—. Mientras el *cricket* sigue siendo un juego esotérico, incomprensible para todo el que por lo menos no pertenece a la Commonwealth, el bolapié se ha apoderado del mundo entero y en particular del hispánico. Quizá se deba este triunfo a que los españoles hayan vislumbrado en el bolapié una encarnación y un respiro para su pasión favorita, que es la guerra civil; sobre todo nuestro mundo de hoy que ha visto cómo el bolapié iba envolviendo allende el mero deporte aun en la misma Inglaterra, y encendiendo a las multitudes de espectadores en feroz oposición a éstos y apoyo a los otros.

En Montevideo tuve que asistir a una partida de bolapié entre Argentina y Uruguay —porque ya la prensa y la televisión han nacionalizado los equipos y el que pierde ya no es el Vitigudino o el Arsenal, sino España o Inglaterra—. Ya no es el deporte enfrentamiento de equipos, sino de naciones, aunque si a mano viene los nacionales de verdad estén en minoría en los equipos más célebres. Ello no deja de tener su aspecto beneficioso. La agresividad del nacionalismo se «quema» y elimina bajando del nivel heroico de sus motivos (independencia, libertad, religión, historia) al de las triviales aventuras y desventuras de una pelota cuyo destino es precisamente que la traten a patadas. Algo es algo.

Aquella mañana de sol en Montevideo me dio ocasión para observar y aun participar de las pasiones que engendra el bolapié. Las dos naciones que se enfrentaban son quizá las que más honda y sinceramente sienten una hermandad natural. El mismo pueblo. La misma tradición. Lo artificial allá más bien parece la frontera. Pero se lanza entre ellos la pelota de la discordia, y se separan como por un choque eléctrico; y la carga de pasión nacional se manifiesta con furor incoercible. No recuerdo de qué nación era el árbitro, pero sí que era hombre de temple indómito, y para mí, aquella mañana, el ser humano más de admirar en aquella exaltada multitud.

*

Para todo español la llegada por primera vez a la Universidad de San Marcos tiene que ser cosa de pura emoción. En ningún aspecto de su obra en América ha manifestado España con más claridad su filosofía política y su sentido de la humanidad sin bordes ni barreras que en el de la instrucción pública. Las órdenes religiosas fundaron en numerosas ciudades colegios tanto para los «españoles» (o sea los criollos blancos) como para los hijos de las familias indias pudientes, y las universidades comenzaron a florecer desde los primeros años de la Conquista. La de San Marcos es de 1551, apenas trece años después de terminada la conquista de tan inmenso país, y sin embargo, ya era la tercera del Nuevo Mundo, por serle anteriores Méjico y Santo Domingo. La de San Marcos ocupaba entonces su local tradicional, a lo frailuno, con frescos y luminosos patios y corredores que celan aulas todavía admiradas por el turismo. Difícil parecía imaginarla sin Luis Alberto Sánchez como rector, pero en aquellos días seguía en la emigración como aprista, y en Santiago, donde lo había conocido.

Tampoco estaba el jefe del aprismo, y aun su inventor, Víctor Raúl Haya de la Torre. Ya he contado cómo lo conocí aún muy joven, en Suiza, de donde lo querían echar por regresar de una visita a Lenin, cuando ahora basta a veces una visita al mandamás de turno en Móscova para ganar unas elecciones. Haya tuvo siempre el empuje para aspirar a cambiarlo todo y la discreción para darse cuenta de qué y cómo cambiar, lo que ya desde su juventud le hizo ver que el marxismo no se aplicaba al Nuevo Mundo.

De haber estado en Lima habría querido verle; mi situación oficial lo habría hecho difícil. Pero no faltaron amigos suyos que supieron su ausencia, uno entre ellos, llamado más tarde a altas (si no las más altas) funciones de Estado, que, pese a su barba en regla, había encarnado la personalidad de aquella Georgina Hübner que había cruzado poemas con Juan Ramón Jiménez hasta que sus inventores limeños juzgaron prudente eliminarla mediante un ataque de tisis galopante.

La barba gris de Georgina Hübner me recuerda que por entonces vi en Lima a Pedro Ugarteche, que había conocido en Bruselas. Este vástago de una de las familias próceres de Lima me hacía recordar a León Felipe, que había conocido en Madrid aún muy joven como amigo de mi hermano Emilio. No creo que Ugarteche se diera cuenta de esta relación que yo había establecido entre un diplomático peruano y un poeta español; porque era cosa de barbas, y asaz misteriosa. ¿Por qué la barba negra, vertical, de Ugarteche me recordaba al conquistador, y sobre todo a Francisco Pizarro, mientras que la de León Felipe, casi horizontal en prolongación de la mandíbula inferior horizontal, era una barba de fraile? ¿Será que la barba, como el cabello, tiene por función sugerir por su forma y aire el espíritu del que lo lleva? No tendría nada de extraño. Ugarteche, siempre dueño de sí, posado, recto, casi rígido, no sugería el tipo de aventurero temerario que parece pedir la vocación de conquistador, y sin embargo, había en su equilibrio algo como una reserva de voluntad muy propia de la vocación; mientras que las volutas capilares de León Felipe parecían emanar del mismo espíritu de armonía espiritual que mueve sus versos.

*

En Lima me topé con ese tipo de español inoxidable que suele darse en los dos extremos, tanto en la derecha como en la izquierda. Éste venía de la derecha y se llamaba Wais. Oriunda de Alemania, esta familia había dado ya un competente economista que había sido ministro de Hacienda bajo la monarquía, cuyo hermano menor conocí como compañero durante mi breve carrera de ingeniero en la Compañía del Norte. El de Lima era uno de los prohombres monárquicos de la colonia española.

Este señor, para mí desconocido, me escribió para lamentarse de que «un hombre que había servido al dictador (Primo de Rivera) sirviese ahora a la república», y después de algunas lamentaciones, terminaba «con estas palabras de onda filosofía: lo que va de ayer a hoy». A lo que le contesté escribiendo en una tarjeta de visita: «Salvador de Madariaga informa al señor Wais: 1) que jamás he servido a ningún dictador; 2) que la palabra onda, cuando es adjetivo, se escribe con H.»

El alcalde de Lima me ofreció un banquete. No era ciertamente un alcalde cualquiera, pues era a la vez coronel de uno de los regimientos de la guarnición. Creo que se merecía cumular ambas autoridades, pues me pareció también cumular no pocas dotes naturales, buen mozo, eficaz, cordial y muy inteligente; y eso que disentí con el mayor vigor posible de su decisión de amenizar nuestro almuerzo con la banda de su regimiento. (Cuando vi llegar a los músicos y observé que instalaban y se ponían a desnudar sus instrumentos dejando a la intemperie sus fríos cuerpos de plata, se me cayeron las alas del corazón. ¿Quién iba a contar con el hálito necesario para conversar contra aquellos vendavales metálicos?) Pero me atuve a mi deber de invitado y aguardé. Seríamos como un centenar de personas, y el lugar era el restaurante Chino, cuya cocina era excelente. También los vinos, chileno el blanco, francés el tinto; salvo que nos dieron el blanco templado y el tinto muy frío.

Esta variación china a una melodía francesa nos divirtió no poco y nos puso de buen humor, de modo que mi conversación con el alcalde-coronel iba de lo lindo cuando la banda del regimiento desencadenó en la sala una violenta tempestad que pronto ahogó en su estruendo todas nuestras conversaciones, todas, digo, porque aunque oía no poco, casi todo, lo que me decía el alcalde-coronel, se lo hacía repetir dos o tres veces, y a gritos, a fin de conseguir mi propósito que era desterrar la banda a un salón vecino. Así lo hizo, y al fin pudimos conversar hasta que llegó el champaña, ni frío ni caliente porque ya el personal no sabía a qué atenerse, y al cabo de unos minutos, la tempestad de los espíritus achampañados casi igualaba la de los trombones militares.

*

Lima, como casi todas las ciudades de Hispanoamérica, fija su atractivo y encanto en lo que queda de su época virreinal. (Conste que no digo «colonial» porque aquellos «reinos» no fueron nunca colonias en el sentido inglés o francés del término, sino reinos como Castilla, Aragón, Navarra o Nápoles, distinción no tan sólo verbal, sino también constitucional y jurídica.) El tablero de calles entre la (hoy) plaza de San Martín y el Palacio Presidencial es un barrio encantador, sólo comparable con los similares de otras ciudades virreinales como Caracas, aunque en Lima se eleve a niveles de belleza tan sólo igualados y aun superados por la sin par Bucaramanga.

¿Cuánto durará Bucaramanga? Cuando la descubrí, en la década cuarenta, apenas si comenzaba a tolerar que se construyesen en alguna de sus calles o plazas esas obscenidades de metal y vidrio indignas de la ciudad más hermosa del Nuevo Mundo. Lima también cede al asalto mecánico, pero todavía entonces, y espero que ahora, se podía uno solazar por sus calles gozando sus cautivantes miradores de madera oscura, sus patios andaluces captados al pasar, su ambiente de ciudad que antaño fue mora.

Lima ha debido ser una de las primeras ciudades del mundo atlántico dotada de canalización de agua, que debió a la iniciativa del virrey conde de Nieva; el cual, no sólo «ordenó se metiese agua en la ciudad», sino también que «se labrasen fuentes comenzando por la de la plaza». Así escribe el padre Cobo, a lo que el padre Lizárraga comenta: «El agua del río no es tan buena como la de los demás valles destos llanos. Pero proveyóla Dios de una fuente a tres cuartos de legua de la ciudad, de una agua tan buena, que los médicos no sé si quisieran fuera tal. Oí decir a uno dellos, y el más antiguo que hoy vive, que la fuente desta agua le había quitado más de tres mil pesos de renta cada año.» Qué más habría deseado Madrid entonces (hacia 1565), o París o Londres. Con tanta agua, los limeños pudieron dedicarse a cultivar patios y jardines, como aún hoy se echa de ver. La ciudad lleva muy bien todavía su aire de grandeza, elegancia y prosperidad que le dieron la primacía del buen vivir en los tres siglos de la era española. Los viajeros que la vieron en el siglo XVIII hablan de cinco o seis mil calesas, carruajes para cuatro personas cuyo cochero montaba una de las mulas del tiro, calesas doradas y decoradas en el estilo retorcido y salomónico de la época anterior; aparte de otros tantos coches no menos lujosos. En cuanto a las limeñas, su belleza, estilo y opulencia eran proverbiales en toda Europa por su originalidad; todo lo cual puede todavía percibirse, al menos como un aroma de recuerdos, con sólo pasear por sus nobles calles y plazas venidas a menos pero de buen ver.

CAPÍTULO XL

Más sobre Lima y Perú

El pasado en el Perú es español. ¿Es lo español en el Perú el pasado? Sí en un sentido, no en otro. Dos aspectos hay bajo los cuales no sólo ha cesado el Perú de ser español por mera evolución de la vida, sino que ha adoptado una postura antagonista a España en religión y en relaciones humanas. La identificación del sector hispanófilo del Perú con el modo de ser tradicional de la clase media española, la misa del domingo y la comunión en Pascua, tiende a echar hacia el sector antihispano a los indiferentes, radicales, librepensadores y ateos, que abundan tanto en todo el Nuevo Mundo como en el Antiguo.

Los más de este sector se sienten además adversos a lo español al considerar lo que era el estado de los indígenas en la era virreinal. Esta actitud suele darse también entre los que descienden de ambas sangres. «Que hablen los hechos», cabría alegar; pero el caso es que no hablan claro; porque, bajo su aparente objetividad, los hechos suelen acarrear fuerte ganga de elementos subjetivos, de modo que nuestro «que hablen los hechos» se resuelve en que los hechos definen quiénes son los que los ven así y quiénes los que los ven asá.

El peruano hispanófilo admirará a don Francisco de Toledo (1568-81) como uno de los virreyes de los de mayor altura que el Imperio español haya conocido, el gobernante que en los años 1570 dictó para el trabajo en las minas reglas muy superiores a todo lo que la misma Europa conoció en su minería hasta casi fines del siglo XIX; pero un erudito y sincero historiador del sector hispanófilo condena al gran virrey con el nombre de tirano de las Indias. Durante mi estancia en Lima oí no pocos debates sobre estos temas, aunque en relativa pasividad por no haberlos estudiado todavía; y aún hoy, después de haber consagrado a ello no poco tiempo, no me atrevería a dogmatizar. Tan sólo apuntaré que un día en el Cuzco un especialista de la historia de su país me reprochó la severidad de mis juicios sobre los dueños de *obrajes*, asignándome que, en contra de lo que yo daba por cierto, el trato de los obreros indios en las fábricas de textiles peruanas era irreprochable. Este universitario cuzqueño era por lo menos medio si no tres cuartos indígena.

Pero aún queda un aspecto que apuntar. El *indigenista* peruano suele ser marxista. Esta combinación de ideologías era inevitable, puesto que en el Perú la clase obrera es indígena, y los patronos, muchas veces, blancos. Sin embargo, el color y la sociología se van volviendo cada vez más complejos, de modo que los delicados problemas que ambos y su combinación sugieren, piden no poca disciplina y objetividad si se ha de ir a resolverlos.

*

Ya en sí harto difíciles en Europa, todos estos temas se tornan diabólicamente complejos en un continente como el americano en el cual la sangre y la clase se interpenetran y matizan de modo inextricable. En el Perú confirmé lo que ya había observado en Méjico: el mestizo reacciona como español si se da por sentado que es indio; como indio si se da por sentado que es español. Pero se dan también casos (más en el Perú que en Méjico) en los que el mestizo se abraza a su estirpe española de todos modos, ya sea él hispanófilo o indigenista. Más de una vez me encontré con hispanófobos furibundos, de rostro lo menos medio indio, que no olvidaban de hacer valer su descendencia de tal o cual conquistador.

Sobre este fondo, viví en Lima algún que otro episodio significativo. El cónsul general de España en Lima era un funcionario excelente y cumplidor con quien tuve desde luego no poca y siempre buena relación. Era su mujer una limeña distinguida y bella, de aspecto al menos, muy blanca. El mismo día en que nos conocimos, esta mujer, inteligente y acogedora, se dejó llevar de sus prejuicios hasta decirme: «Vds. los españoles se dieron demasiada prisa en destruir aquí todo lo inca.» Me revestí de inocencia ofendida y contesté: «¿Nosotros?, ¿los españoles? Yo le juro a Vd., señora, que yo no he destruido aquí nunca nada, ni inca ni no inca. Es la primera vez que vengo. Cuando vino Pizarro, Dios sabe dónde estaba yo. Mis abuelos tampoco vinieron. Los que vinieron fueron sus abuelos de Vd. Ellos fueron los que destruyeron lo inca y también los que conquistaron el Perú. Lo bueno y lo malo.»

Por increíble que parezca, esta perogrullada no se le ocurre nunca por lo visto a ningún hispanoamericano. Según sean *filos* o *fobos,* nos elogian como héroes o nos condenan como tiranos; siendo así que los tiranos y los héroes son «ellos». Los *conquistadores* pasaron pronto a *pobladores,* de modo que tanto laureles como ortigas a ellos se deben que no a nosotros en cuanto al descubrimiento y la conquista; en cuanto a los tres siglos de régimen virreinal, júzguense como sea, se resuelve en una era de colaboración pragmática entre «europeos» (o sea españoles) y «españoles» (o sea criollos blancos) durante la cual el poder real y efectivo residía casi siempre en el criollo, aunque el formal lo administrasen los españoles europeos. En lo que tuvo de «bueno» como en lo que tuvo de «malo» aquel régimen fue creación, tanto o más que de los españoles, de los peruanos, de los mejicanos, de los colombianos de entonces.

*

Aquel pasado español de América fue mucho más rico de sustancia humana de lo que el mundo presente sabe o puede imaginar. Hasta la revolución industrial y la invasión creciente de nuestra vida por el progreso tecnológico no comenzó el prejuicio económico a desecar el pensamiento y la sensibilidad hasta el punto de reducir toda la vida a un mero duelo de explotadores y explotados. No es que unos y otros faltasen en el Nuevo Mundo (aunque quizá hubiera menos de ambos que en el Viejo); pero se daban en su torno amplios sectores de vida humana, libres de toda economía, en los que las gentes vivían con demasiada plenitud para las pobres estadísticas.

Entra un indio en el despacho del virrey de Lima (siglo XVI). Trae una queja contra un «español» (o sea peruano blanco), rico terrateniente y aun título de Castilla. Mientras el indio expone el caso, que el secretario va escribiendo, se anuncia el señorón acusado, y el virrey manda que entre. No más entrar, el señorón se va recto al indio y lo abofetea. Llama el virrey a dos o tres oidores, los instala al momento en audiencia, que desde luego preside él, hace que la audiencia condene al arrogante a que se le corte la mano criminal, llama al verdugo, y hace cortar la mano minutos después de cometido el crimen.

No digo que la anécdota sea ni ejemplar, ni típica, ni normal. Digo que tuvo lugar, y eso ya en sí es mucho. Cuántas cosas así venían pasando, buenas, malas, y diferentes, que realzaban el valor de la vida en aquellos países, unidos todos por una fe común que como la sangre circulaba por las venas de todos aquellos reinos cuya unidad consistía en vivir bajo un mismo rey de gran autoridad moral, mucha más de la que en verdad merecía por lo menos en el siglo XVII.

Todavía alcancé a entrever un como reflejo de aquella augusta autoridad durante mi estancia en Lima en 1935; y aunque ingenua y deformada y hasta amojamada por el tiempo, no dejaba la escena de ser emocionante por su autenticidad. Las autoridades españolas de Lima habían organizado una fiesta en agasajo al embajador ambulante de los collares, y uno de los números, el más hondo de todos, era un espectáculo de bailes por una diminuta pareja, niño y niña, de peruanitos, cuyo padre, también amojamado, tocaba un arpa que me dijeron ser «inca» y resultaba ser un instrumento español del XVII o XVIII; pero en el Perú, cualquier cosa un poco avejentada se decreta inca. Aquellas danzas fueron de lo más delicado y bello que vi entonces en Lima. Alguien explicó al músico indio que yo era el «señor embajador», lo que, sin duda, oyó o comprendió como «emperador» porque se le agrandaron los ojos con el asombro y no le volví a ver la espalda. Cuando, terminado su número, se retiró con sus dos niños, recorrió todo el camino hasta la puerta andando hacia atrás.

Por fin hubo que despedirse de Lima. El Gobierno peruano puso a mi disposición un avión para llevarme al Cuzco, en compañía del cónsul general. Por las mujeres, que eran hermanas, estaba el cónsul emparentado con un periodista limeño, el cual me rogó lo llevase también al Cuzco. Pedí, pues, al ministro de Asuntos Exteriores autorización para complacerle, pero el ministro no creyó oportuno concederla. Ello dio lugar a una de esas revelaciones que a veces iluminan la conversación cuando menos se espera. La noticia de la negativa ministerial llegó cuando nos hallábamos charlando de pie el cónsul general, el periodista, las dos hermanas y yo. Al oírla, la consulesa, la misma que me reprochaba habernos precipitado a dar por tierra con todo lo inca, exclamó con apasionado desdén para con el terco ministro: «¡Ese cholo!»

*

Todas estas complejidades plegadas y sobreplegadas en las entretelas de aquella sociedad tan rica de sentimientos, se multiplicaban aún más en el seno de la antigua capital inca, la ciudad hoy mestiza por excelencia. Aunque muy venida a menos, perdidos para siempre sus más hermosos edificios y tesoros por la mano aventurera de sus conquistadores, el Cuzco sigue haciendo presente la majestad y altivez de sus antiguos dueños, cuya austera faz parece todavía expresarse en las hermosas piedras que en sus muros quedan. Los españoles, gracias a su decisión, meramente empírica y utilitaria, de construir sus ciudades castellanas sobre los muros broncíneos de los incas, crearon un símbolo vivo del Perú; injerto del tallo, ramas, flores y frutos de lo español en el tallo y raíces de lo inca, la ciudad más directa y concretamente mestiza que cabía imaginar.

El molde de la ciudad inca persiste y se percibe deambulando por el Cuzco actual. Vaciado de su contenido indio, el tiempo lo ha ido hispanizando; de modo que entonces vivía el Cuzco vida de ciudad provincial española, quizá más precisamente, andaluza. La Catedral, la Universidad, el Ayuntamiento, rasgos constantes ya encontrados en el Uruguay, en la Argentina, en Chile, se matizaban aquí de un color más noble y perenne que el rosa pálido de los blancos sin mezcla, y más a tono con las ilustres piedras de antaño.

El profesor de historia que guiaba mis pasos parecía indio puro, aunque era probablemente mestizo a la par. Me resultó una de las personas más simpáticas de las que conocí en todo aquel viaje. La limpieza me pareció ser su virtud primera, una limpieza de cuerpo y alma, libre de ese humor huraño y cabizbajo de que parecen adolecer tantos mestizos peruanos (y no los de Méjico), hombre, a ojos vistas, en paz consigo mismo. Prodigiosa su erudición, tanto sobre la vertiente española como sobre la india de la historia de su país. «Éste sí que es un hombre libre», me decía viéndolo y escuchándolo. A él debo un episodio instructivo.

Nos habíamos parado en el terreno quebrado que linda con la fortaleza de Sacsahuaman, en las cercanías de la ciudad, cuando pasó un indio ya hombre maduro pero no viejo. Iba andando-corriendo, con ese caminar a saltos que tanto practican los indios del Perú, y al instante me llamó la atención el atuendo que vestía: calzón corto y medias, larga levita, sombrero como una aureola, todo ello negro, ajado pero limpio. Mi guía le echó al vuelo unas palabras en quechua. «¿Quién eres?» —«Soy Bernardino González, y pertenezco a don Fulano.» El profesor le dejó seguir su camino y se volvió a mí con una sonrisa.

«Ya ve Vd. lo que es el Perú. El indio lleva un nombre español y todavía "pertenece" a un "español" que es propietario de indios, aunque en derecho no existe ya eso desde hace más de un siglo. Y vea Vd. lo que lleva puesto: un traje "típico inca", es decir, un traje español del tiempo de Carlos III.» Entonces me di cuenta de lo que me había fascinado el atuendo aquel. Español. Carlos III. Sí, pero además, no popular español, sino cortesano.

Así iba recogiendo pequeñas revelaciones que el país me ofrecía como flores del campo en mi camino. Desde la cumbre

de una de las colinas que rodean al Cuzco, pudimos contemplar
y admirar la ciudad, su cuadriculación perfecta, la regularidad
de las antiguas moradas españolas y la belleza de sus tejados
—todos menos uno—. Y aquel uno insultaba y malhería los ojos
con una discordancia que casi se oía como un ruido vil, como si
alguien se entretuviese en apalear una plancha de hojalata en
la tarde tranquila. Aquel tejado, único (entonces) en el Cuzco,
era de hojalata ondulada.

El problema de tantas ciudades nobles. Tienen que crecer.
No se pueden encerrar en una especie de museo. Con todo,
levantar un edificio moderno en el Cuzco, Siena, Oxford o
Salamanca...; dos había ya en el Cuzco. Buenos en sí, resulta-
ban monstruosos. ¿Por qué no dejar crecer lo nuevo al lado de
lo antiguo y no revuelto con él? En el Cuzco, como en Arequipa, la autoridad competente había confiado la construcción de
hoteles de turismo a un arquitecto de gusto y talento, con espléndidos resultados. Modernos, sí, pero en un estilo clásico-
popular español que armonizaba a maravilla con lo antiguo y
con lo nuevo.

*

Una noche de luna nos fuimos en coche a San Sebastián, hoy
casi un arrabal del Cuzco, pero antaño aldea india construida
por los españoles a distancia suficiente para poder gozar de vida
autónoma. Llevaba el marchamo de sus fundadores: tableros de
casas modestas, pero limpias y bien pensadas, cada una con su
corral y terruño para un jardincillo, y en el centro una plaza
Mayor muy grande para tan chico lugar, también cuadrada, con
una fuente en el centro sin duda, claro está, para dar agua,
pero también para ennoblecer al pueblo, pues la taza era de
bronce labrado. Un lado del cuadro lo ennoblecía también una
iglesia, que también daba la impresión de grande en demasía.

Dejemos descansar a la economía, que no toca pito ninguno
en este asunto. A aquellos frailes que idearon, trazaron y erigie-
ron la aldea de San Sebastián, su iglesia imponente y su fuente
de bronce, no se les daba un bledo el balance de pagos ni la
productividad, ni tenían las minas del Potosí nada que ver con
lo que ellos hacían. Aquellos frailes pensaban en términos humanos. Deseaban crear una colectividad coherente, bien dotada de
vivienda, de agua, y de fe. De donde, el tamaño descomunal de
la fuente y de la iglesia a fin de imprimir en la mente india la
importancia de lo importante.

El azar no tardó en brindarnos un cuadro vivo para ilustrar
nuestra observación. Habíamos entrado a ver por dentro una

de aquellas casas, por estar vacía. Con la curiosidad natural, pasamos al corral y de allí al corral vecino; y sin querer nos encontramos mirando desde fuera la escena dentro de la casa vecina. Modestísimamente amueblada, me preguntaba si tenía mueble alguno además de la silla baja en la que una india, joven todavía, estaba dándole a un niño cucharadas de papilla. La «cama» consistía en unas mantas superpuestas sobre el suelo, con alguna que otra piel de alpaca o llama. Modestia al borde de la pobreza. En la pared, dominando la cabecera, una estampa de la *Inmaculada* de Murillo.

Capítulo XLI

Arequipa. Córdoba

Durante las largas horas que pasé en el tren que del Cuzco me llevó a Arequipa y Puno, ¡cuántas veces se me pintó en la imaginación aquella escena de la humilde morada de San Sebastián! Viviendo aquel viaje por tierras del Alto Perú, el sentido de aquella escena reverdecía a cada instante en mi largo camino. Los viajeros que subían o bajaban en las numerosas estaciones del trayecto eran casi todos indios puros, muchos bilingües, los que no, de habla quechua; pero el atuendo y los modos y modales, muy de España, si bien limitada su hispanización a la fe cristiana, los modales y el estilo del vivir.

No poco, se dirá. Pero no más hondo. Faltaba sobre todo la jovialidad y la gracia y ritmo femeniles. Hombres y mujeres se me antojaban graves y hasta sombríos. Dignos siempre, parecían a veces remotos, foráneos, indiferentes. De sus tiempos prehispánicos habían perdido la sumisión natural en el ser desposeído de todo, hasta de su misma persona; don que creo debían al verbo cristiano predicado por los frailes que los había hecho humanos. Por otra parte, me quedaba pensando que aquellos indios, ahora «iguales» como ni imaginarlo habían podido bajo el comunismo inca, se sentían también libres de ese respeto por el poder como tal que es quizá el mayor defecto de los europeos. No eran ni retadores ni groseros para con los poderosos, como lo son a veces ciertos europeos en ciertas crisis; sino meramente indiferentes, insensibles al magnetismo del poder.

Esta nobleza natural del indio peruano es cosa muy de admirar. No creo que se dé en el indio de Méjico; aunque quizá entre, o algo parecido, en la atrayente personalidad del maya. Pero el maya es abierto y franco, mientras que el peruano es hermético; rostros veía tan secretos y tan hermosos que me recordaban aquella linda copla de Castilla:

Tus ojos son dos tinteros;
tu nariz, pluma delgada;
tus dientes, letra menuda;
tu pecho, carta cerrada.

Y cerrada y sellada sigue.

*

Maravilloso Perú que da el miércoles Atahualpa y el jueves Pizarro. Arequipa es tan español como Mérida o Badajoz. De cuando en cuando se alza un terremoto y un pedazo de Catedral o de Ayuntamiento cae en cascada de cascote y piedra; pero mucho queda y la noble ciudad asimila su cicatriz y sigue tan hermosa, consciente de serlo y de su abolengo. Claro que hay una Universidad, muy vivaz y abundosa de ingenio y saber; pero al lado del foco académico, se topa uno con personas despiertas de aguda curiosidad intelectual. Un médico solicitó verme y me reveló que sabía que yo llevaba años de cliente del doctor ginebrino Pierre Schmidt, homeópata, desde luego de quien era mi visitante gran admirador. De su bolsillo extrajo un pequeño paquete que reveló contener algo que parecía astilla de madera dura. «Esto —me dijo— es un trozo del pene de un mono abundante en las cercanías de la ciudad, famoso por estar en estado de erección continua. Desearía rogarle se lo llevara de mi parte por si una dinamización de este trozo pudiera curar la impotencia.» En su día entregué al sabio de Ginebra el regalo de su admirador en Arequipa, pero no se me ocurrió preguntar si el episodio había logrado consecuencias facultativas.

Arequipa es la capital de una de esas bandas fértiles que corren de los Andes al mar en anchura de unos cincuenta quilómetros a uno y otro lado de los ríos. Allende la anchura limitada por el poder de la humedad vuelve al desierto, seco y gris, a dominarlo todo, economía y paisaje, hasta que el río siguiente hace reverdecer el país en otra cinta vital. Entre sus dos desiertos, el valle es encantador, la temperatura templada, el sol permanente, la ciudad muy bien cuidada, la Universidad animosa y capaz, poca o ninguna pobreza. Si no fuera por esos tremendos terremotos, un paraíso.

Un amigo me llevó a dar una vuelta en coche por los alrededores, y en nuestro deambular llegamos al río. Había que cruzarlo, no sólo el río, sino su cauce. Era uno de estos ríos que se tallan un cauce muy superior al caudal que llevan, mediante el socorrido recurso de darse de cuando en cuando una crecida espectacular. De modo que para diez metros de agua hay que hacer un puente de mil metros. En medio estábamos cuando, observando que sólo tenía anchura para un coche, pregunté:

«Y si se dan de narices dos coches, ¿quién pasa?, ¿quién retrocede?» Sin vacilar, mi arequipeño contestó: «Pasa el más macho.»

De regreso en Lima, noté un día en el hotel que un joven parecía querer hablarme y no se atrevía. Resultó ser un homónimo que se decía mi sobrino. Le respondí que yo no tenía sobrinos ni pariente alguno en el Perú; sólo recordaba que el hermano mayor de mi padre, Alejandro, había emigrado a Chile y se había casado en Santiago con una chilena. Todavía recuerdo haber visto en mi casa paterna una fotografía del tío Alejandro, alto, fornido, barbudo, de pie junto a una señora sentada que llevaba un sombrero como un cesto boca abajo. Mientras evocaba aquel recuerdo, el joven sacó del bolsillo otra fotografía que reconocí al instante, pues era una de las mejores que nos quedaban de mi madre. De su puño y letra, estaba dedicada «A mis sobrinos».

Este del Perú era hijo del hijo chileno de Alejandro. Era dibujante en la dirección de la *Lima Light and Power Co.*, empresa suizo-italiana que no se limitaba a suministrar luz y fuerza a la capital, sino que también estudiaba y desarrollaba las reservas de agua que la sierra le deparaba. El director general de aquella potente empresa me había invitado a almorzar al día siguiente para que conociera a unas cuantas personas de pro.

En el curso de la conversación referí mi encuentro del día anterior, y la fotografía de mi madre circuló en torno a la mesa, muy admirada por los comensales; y mientras así andaba, me preguntó el director si se la prestaría un par de días. Accedí sin adivinar la causa de tan extraño ruego, y a los dos días recibí una espléndida ampliación en un marco de plata repujada a la peruana.

*

Córdoba. ¿Qué nombre de ciudad evocaría ecos más españoles y más variados? Romana, visigoda, mora sobre todo —que Córdoba fue el Bagdad del Oeste—, sin contar con todo lo que el nombre significa en el arte del toreo. Así que, cuando el español pone el pie sobre el pavimento de la Córdoba andina, ¿qué no esperará su imaginación? La Córdoba que yo alcancé a ver entonces no defraudaba al visitante, antes bien lograba satisfacer sus esperanzas. Afortunadamente, no estaba todavía «desarrollada». Era todavía muy española, impregnada de un encanto de profundo arraigo, de solaz y quieta belleza; desde luego, de Universidad, muy alerta y vigorosa.

Todas estas ciudades, grandes y chicas, que venía descubriendo me causaban impresiones similares: capacidad intelectual; cierto desinterés y generosidad en el pensamiento y en la actitud de las personas que uno se encontraba; y sin embargo, diferencias individuales que, pese a la unidad del lenguaje y costumbres, daban al paisaje humano tanta diversidad como la que uno se encuentra en Europa. Y flotando por encima de todo ello, la pregunta, expresada a veces, tácita otras, pero siempre presente: ¿Por qué no somos capaces de hacer funcionar nuestros países?

En aquellos días, el mundo exterior a ellos se sentía más superior y menos comprensivo que en éstos. Hoy, nuestro pobre mundo europeo ha dado tantas señales de incapacidad que ya todos somos unos, o poco menos. Además, no vale (aunque se hace a veces, y por los menos dignos) achacar el mal a insuficiencia del intelecto. Un cuarto de hora de conversación con cualquier hispanoamericano culto bastará para hacer ver a cualquier europeo (que no sea tonto) que se trata de pueblos tan capaces como los europeos. A lo mejor resulta que si Hispanoamérica «es diferente» es porque ha heredado de nosotros la bendición-maldición que todos los hispanos gozamos y padecemos: la teología.

Tres siglos de teología han empapado a los españoles en un escepticismo esencial sobre la posibilidad de hacer de este mundo nada que se acerque a un sistema de razón. A Albert Camus, que se solía lamentar de que el mundo era absurdo, le solía preguntar yo: «¿Qué iba a ser, razonable? *Eso* sí que sería *absurdo*.» Ésta —que lo sepa o no el que la toma— es la actitud normal española. Y esto pudiera muy bien explicar por qué el mundo hispano no parece capaz de encajar en un cauce normal de vida. Para nosotros, lo normal es la anormalidad de lo absurdo.

Es, pues, normal y absurdo que haya ido a plantear este tema mientras iba desgranando mis primeras reminiscencias de Córdoba; pues allá estaban unos centenares de miles de cordobeses felices en su *aurea mediocritas,* en ocio sano, en una ciudad de singular encanto, haciendo lo menos posible para aumentar su dosis de absurdo metiéndose en política, mientras que a miles de millas de ellos, otros hombres, capaces pero no más que ellos, decidían que había que *desarrollar* a Córdoba transfigurándola en un enorme centro de automóviles que maldito si necesitaba nadie, con otro centro para convencer a millones de argentinos de que no podían seguir viviendo sin automóvil; de modo que aquel primor de ciudad reposada, solazada y feliz, a los pocos años degenera en un infierno de vidrio, acero, aluminio, óxido de carbono, cemento y gas acetileno, y el solaz de antaño, asfixiado, huye despavorido a ocultarse cerca de los nidos de águilas y cóndores que vuelan sobre las nieves eternas.

Capítulo XLII

El Brasil

El 13 de agosto (1935), el botones de mi hotel bonaerense me entregó un cablegrama de Macedo Soares, ministro de Relaciones Exteriores del Brasil, invitándome a venir como huésped del Gobierno a dar sendas conferencias en São Paulo y Río, quince días en total. Le di las gracias y decliné la invitación por estar obligado a ocupar mi asiento en el Consejo de la Sociedad de Naciones el 4 de setiembre, nada menos que sobre el conflicto ítalo-etíope. Replicó Macedo Soares garantizando que estaría en mi puesto ginebrino el 4 de setiembre. No existían líneas de aviones entonces; pero conocía a Macedo Soares, y sabía que algo tendría en cartera, de modo que acepté. Me embarqué para São Paulo y, de pasada, hice una visita-relámpago a Santos. Estas ciudades del Brasil meridional son generosas de su espacio y tiempo. La vida debe circular en ellas de modo pausado. Pero no en São Paulo, ya afligida de su prosperidad y actividad febril. Centro y corazón económico del país, ya entonces palpitaba como Nueva York, Londres o Zurich, São Paulo en el ambiente brasileño que le da su ritmo y gracia, parece que se adorna con un dejo especial de dignidad en la actividad.

Todavía no abundaban los rascacielos tanto como hoy. De São Paulo recuerdo un excelente concierto de cuartetos de Beethoven y el Instituto de las Serpientes, donde, contra lo que suponía, no hallé ningún político ni crítico literario, sino sólo honrados ofidios. De aquella casa recuerdo una pareja de enormes cobras entrenzadas tan estrechamente que no era posible separarlas con los ojos o la imaginación mientras respiraban juntas al unísono; un gran frasco de vidrio lleno de ámbar cristalizado que era en realidad el veneno (si mal no recuerdo) de la cobra; y un cajón lleno de serpientes pequeñas donde metió la mano el guía, sacándola llena de un puñado de ellas como pelambrera de alguna medusa.

Una noche de enero me llevó a Río de Janeiro. Entonces todavía más por el estilo de Santos que por el de São Paulo, era Río una bellísima ciudad donde se podía gozar del placer de pasear a tiempo y solaz bajo la sombra de sus hermosas arboledas. Si por ventura va a Río algún alcalde de Madrid, le acosarán pesadillas de sierras mecánicas chirriando en la noche clara. ¡Qué de árboles que destruir! Río ha conservado su mayor hermosura. Que una calle se solace bajo dos hileras de árboles no es la excepción en Río, sino la regla. ¡Envidia que uno siente!

Dicen las guías que Río cuenta con veintitrés playas, algunas de varios quilómetros de largas y todas muy hermosas. Era entonces la capital del Brasil y, sin embargo, me dio la impresión de ser menos cosmopolita que São Paulo; y creo que la impresión se debe a que Río es todavía muy portuguesa, como corte monárquica que fue. Este fuerte aspecto portugués del Brasil sugiere una curiosa simetría.

André Siegfried, tan excelente observador de la vida política humana, escribe que si se dobla un mapa de América tomando por gozne el canal de Panamá, se produce una coincidencia en las variedades humanas del Continente. Los blancos del Río de la Plata se doblan sobre los de la Nueva Inglaterra; la orilla negra del Norte de Suramérica se dobla sobre la del Sur de Norteamérica, y los indios de las dos costas del Pacífico también coincidirían. No está mal visto, aunque sólo como aproximación. A mi vez, hallo una simetría menos exigente pero más exacta entre la península ibérica y América del Sur. Los españoles *stricto sensu* fueron a ocupar en América, como en España, los terrenos quebrados y montañosos, mientras que los portugueses prefirieron los valles verdes en Europa, y el del Amazonas allá. Esta selección llevó a los países portugueses de ambas orillas del Atlántico a un modo más fácil y *saudoso* de vivir. Los brasileños que uno se encuentra en São Paulo como en Río son de viva inteligencia y muy leídos y cultos; cuando los conocí me parecieron estar saliendo de una etapa positivista que, por lo visto, han vivido más a fondo que los demás hispanoamericanos. Auguste Comte ha debido ser en el siglo XIX algo así como el santo patrón de la cultura brasileña.

Todo eso está rebasado. De acuerdo. Y así opinaría hoy la minoría dirigente del Brasil. Pero, aunque pasado, no fue tan inútil como se piensa a veces, sino beneficioso en alto grado, dentro de sus límites, pues aquella era positivista ha dejado huella en los modos de ser brasileños.

Descartados Cuba y Santo Domingo, no conozco país alguno donde el color de la piel tenga menos importancia en el quehacer diario. En cuanto se dio entre nosotros en la era virreinal, no apuntaba a la piel en sí sino como indicio de ilegitimidad. Con el tiempo, a medida que la ilegitimidad misma se iba tornando cada vez menos ilegítima, el Brasil llegó a perder de vista el asunto, ya que hoy, con uno de los contingentes más altos de gente negra fuera de África, en aquel país el problema del color no existe. He de poner de relieve un aspecto de esta cuestión que suele pasar desapercibida, y que irrumpió en mi distraída atención al azar de un recodo regresando a Río de una estancia en las alturas que la rodean. Ya he aludido a aquella escena asombrosa en estas páginas. De súbito, surgió ante nuestros ojos, ávidos de gozarlo, el cuadro más poderoso y armonioso que cabía soñar, un mercado de legumbres y fruta recién arrancadas de sus huertas y jardines. Calabazas, melones, berenjenas, remolachas, naranjas, limones, coles y zanahorias y tantas otras creaciones de la madre tierra jamás antes vistas, nos inundaban los ojos y el alma con todos los colores que éramos capaces de soñar, todo ello ofrecido, barajado, manejado por hombres y mujeres de color carbón (de tierra y de leña), ébano, bronce, detalle que, a mi ver, era la clave de su belleza. Se me antojaba que los mismos productos del suelo, manejados por blancos, palidecerían y perderían hermosura. Lo que la realzaba y parecía iluminar, era el fondo humano de colores nobles que transfiguraba aquella escena banal en un cuadro de belleza inolvidable.

Con ser los rasgos y facciones del blanco más bellos y regulares que los de ninguna otra variedad humana, el color de nuestra estirpe no es tan estable y seguro en su belleza como el de los negros, los indios o los amarillos. Basta pasar por una playa europea en verano para observar que los blancos, desnudos y en multitud, lejos de hacer un cuadro agradable, hasta repulsivos resultan a veces; mientras que un conjunto de negros o de indios americanos crean color que complace al que lo observa. Quizá se explique así el éxito de ciertas mulatas, de facciones blancas y color oscuro.

Gracias al estrecho parentesco de nuestras dos lenguas, di en castellano mis conferencias de São Paulo y Río, y la conversación bilingüe me resultó fácil. La rapidez intelectual, que captaba la más sutil intención, el matiz más delicado, la libertad de espíritu y actitud de los auditorios brasileños hacen de una gira de conferencias en aquella tierra un verdadero placer. Los cariocas me dejaban con la impresión de que me acompañarían hasta el fin del mundo en el pensamiento, pero en cuanto a la acción..., aquel día tenían un almuerzo... Los brasileños parecen todavía más bañados que otros en el escepticismo sobre la posibilidad de mejorar el mundo de los hombres, que tres siglos de teología han fomentado entre la gente hispana.

Itamaraty (nombre que allí daban entonces a su Ministerio de Relaciones Exteriores) me trató a cuerpo de rey. Los banquetes en el Brasil son mucho más placenteros que en cualquier otro país menos favorecido por el clima, pues tienen lugar al aire libre, lo que en una noche serena es muy de admirar. Una cena oficial en un patio de Itamaraty reúne todo lo que se puede esperar de una capital europea más el aire suave, el aroma de las flores en su raíz, y la cúpula maravillosa de terciopelo azul de aquel cielo incomparable. Hasta los discursos fueron buenos.

En círculos más íntimos y particulares, no era menor el goce, sobre todo cuando, como ocurría a veces, se hacía música, siempre buena. Sin pedantería ni ostentación, se da en las buenas casas de Río y São Paulo un nivel notable de distinción intelectual, limpia de pretensiones, natural y hasta sencilla. En una de aquellas fiestas particulares conocí a la cantatriz Olga Praeger que, acompañándose a la guitarra con tanta gracia, interpretaba canciones españolas, brasileñas e hispanoamericanas.

*

El secreto de Macedo Soares para llevarme a tiempo a Ginebra era un zepelín. Salimos de Río por la mañana del 31 de agosto y, después de todo un día a la vista de la costa, desembarcamos en Pernambuco, donde pasamos la noche en un hotel. Apenas si me atrevo a hablar de Pernambuco, que sólo vi menos de un día, salvo que me dejó una impresión de ciudad de largas avenidas, anchas, bien pavimentadas, muy limpias y bien alumbradas, y cuya población contaba una proporción negra mayor que en Río. Aquella noche, 1.º de setiembre, salimos para Europa.

La parte viajera del zepelín era una pequeñísima proporción del aparato total, cuya dimensión mayor se consagraba al gas que le daba su fuerza ascensional; esta servidumbre más su lentitud relativa han sido sin duda dos de las causas que terminaron por eliminarlo del sistema moderno de comunicaciones. Aun siendo tan diferente en su aspecto y construcción de un tren de ferrocarril, ya que la cabina más bien semejaba una cesta pequeña colgada del inmenso cigarro puro del globo, esta cabina equivalía a un vagón de coches camas de segunda clase, con su pasillo y sus dos camas por departamento. Al final, una sala muy pobremente amueblada y construida, que servía de comedor y de lugar para pasar el tiempo. Navegábamos unos cuatrocientos metros sobre el mar.

Muy aburrido. No pasaba nada y para el que ni bebe ni fuma, no había nada que hacer, pues, además, faltaba la soledad. La única distracción que el azar concedió a mi obligado *farniente* fue un radiograma que, desde un barco que vimos pasar allá abajo sobre el agua, me mandó Margarita Mayo, bogando de Buenos Aires hacia España. Esto pasaría el 2 de setiembre. Al caer la noche del 2 atravesamos la costa atlántica de Marruecos, y al alba del 3 entrábamos en el Mediterráneo. Siguiendo a vista del Levante español, penetramos por Provenza en Suiza y en la mañana del 4 aterrizamos en Friedrichshafen. Baño, desayuno, y al avión que nos llevó a Stuttgart. Cambio de avión, y un vuelo oscuro, negro a ciegas, el más peligroso, o uno de los más, que recuerdo en mi vida de volador. De todos modos, falté a la sesión de la mañana; pero en la de la tarde del 4 estaba en mi puesto. Hallé no pocas nubes negras.

Capítulo XLIII

Se agudiza la crisis ítalo-etíope

Al entrar en el Hotel des Bergues, hallé el zaguán muy animado, mucho más animado que de costumbre. Entre los que allí parecían aguardar noté a uno, de poca estatura pero corpulento, que me miraba con dificencia a través de espesas lentes de miope, con sonrisa que quería y no se atrevía. Me adelanté hacia él, le eché el brazo al cuello y le casi grité: «¡Cassuto!»; creí ver que le temblaban los párpados y que se le empañaban los ojos de lágrimas. «Venga a verme, que charlemos», y nos separamos mientras flotaban en mi memoria recuerdos de Fleet Street, la calle de los periódicos donde solíamos vernos a veces antaño. Una vez nos había invitado a almorzar un colega japonés a un restaurante de su país, y cuando salimos y nos encontramos en la acera, nos miramos un rato, le agarré el brazo y decidí: «Vámonos a almorzar.» Soltó la carcajada y nos fuimos a gozar de una comida de veras.

Con todo, iba pensando mientras subía a mi cuarto, no es para tanta emoción; pero, aunque nos vimos más de una vez durante aquella reunión del Consejo, no llegué a oírle la explicación hasta años más tarde, al azar de un encuentro en Londres donde ambos volvimos a residir. Era Cassuto un periodista italiano agudo y buen lingüista, y dotado del escepticismo alegre y confiado que hace falta para circular en Italia. Pero era judío; y cuando Mussolini, bajo presión de Hitler, quebró también la tradición italiana de acogida y respeto para la gente hebrea, Cassuto se sintió inseguro: por lo cual se puso a propagar que me conocía muy bien y que podría ser útil en Ginebra por su relación conmigo. Alguien se percató de la cosa en el Palazzo Venezia, y colocó a Cassuto en el zaguán de mi hotel.

Aquel encuentro iba, pues, a ser dramático para él. Si hubiera pasado sin ni mirarle, se terminaba su carrera profesional. Si lo reconocía, podría defenderse como un elemento útil a la situación. Y años después, en Londres, explicándomelo, todavía había emoción en su voz: «Cuando me echó Vd. el brazo al cuello, sabía que estaba salvado.»

La revelación iluminaba (tardíamente) no pocas cosas. Ponía de manifiesto la importancia que Mussolini concedía a mi actitud en la crisis etíope. A él no le era difícil tirar de tales o cuales hilos que movían a las grandes potencias, pero carecía de palanca sobre mi país y su delegado en Ginebra, y se daba cuenta de la fuerza de la opinión pública que me seguía, única que yo podía blandir y que sabía manejar. Dos de las grandes potencias que más le importaban —Inglaterra y los Estados Unidos— eran precisamente los países sobre cuya opinión pública había yo logrado la mayor autoridad.

Italia tenía entonces en Ginebra un delegado fijo diligente, razonable y buena persona: Boba Scoppa; y no dejé de observar que este excelente sujeto procuraba siempre hacerse con mi opinión y consejo; que yo, a mi vez, le daba con una mezcla de comprensión por la parte adversa y de claridad y franqueza sobre lo que creía justo o injusto. Una vez, recuerdo que le puse en un aprieto. Íbamos andando a la orilla del lago, ya terminada la labor del día, a la hora del atardecer, propicia a la reflexión; y Boba Scoppa me cantaba las grandezas de Mussolini. Le cogí el codo, lo puse mirando al lago iluminado por el sol poniente, y le pregunté: «¿De veras cree Vd. que es tan grande?», y cuando se sumió en superlativos, le pregunté: «Pero entonces, ¿cómo es que no aspira a gobernar Europa en vez de limitar su ambición a la pequeña Italia?»

Sus respectivas evoluciones internas no permitían entonces gran armonía entre los dos países mediterráneos y hoy ya sabemos que Mussolini se preparaba ya a cooperar con los adversarios de la república. Ello no obstante, y precisamente por ello, el Gobierno de Madrid solía andar con pies de plomo en todo lo que pudiera afectar nuestras relaciones en Italia, de modo que me ocurría tener que justificar mis acciones cerca de Madrid. no precisamente para dar pruebas de un antifascismo firme, sino para asegurar al Gobierno que los italianos no se incomodaban conmigo, o sea con ellos, los de Madrid. Tarea que hacía más fácil por un lado y más ardua por otro la incompetencia del ministro del ramo en aquel momento. Citaré aquí otro extracto del despacho de 10-IX-35 del que yo entresaqué mis ideas sobre Inglaterra-Albión.

> Hasta ahora, por paradójico que parezca, hemos conseguido que la Delegación española en el Consejo esté considerada a la vez como la guardiana más estricta del Pacto y, sin embargo, como la confidente especial de la del Go-

bierno italiano, que nos está especialmente agradecido. De lo que sigue pueda quizá desprenderse la explicación de esta paradoja.

No ignora el Gobierno hasta qué punto me identifico, no solamente en lo concerniente a este conflicto, sino en la política general, con su criterio de conservar muy estrecho el vínculo internacional con la Gran Bretaña. Viene a añadirse a esto el hecho de que por razones de formación personal y amistad, tengo con el delegado británico Mr. Eden una intimidad no inferior a la que poseo con Laval, Herriot, Paul-Boncour y sobre todo Léger. De mi posición en el Comité de los Cinco da idea esta manifestación que espontáneamente me hizo Eden hace unos días, después de larga conversación: «Es gran descanso tener, si me lo permite decirlo, un espíritu afín como Vd. en este conflicto y en general en Ginebra.» Venía esto después de repetidas aseveraciones de que sólo él y yo nos ocupábamos del Pacto en el Comité.

Aquí desarrollaba la idea de la doble alma de Inglaterra-Albión y seguía diciendo:

En 1914 Albión iba decidida a destruir la naciente prepotencia alemana, que hubiera sido una formidable amenaza a su poderío, pero le hubiera sido totalmente imposible llegar a sus fines si la propia Alemania, con desastrosa inhabilidad, no hubiera facilitado su tarea movilizando a la humanitaria Inglaterra con su invasión de Bélgica.

La situación actual es muy parecida. Albión piensa en el lago Cham y en el Nilo. Piensa quizá también en la naciente prepotencia general de Italia en el Mediterráneo, en sus intrigas en Egipto, en la India y en todo el mundo musulmán, en sus sueños de pan-asiatismo y de pan-islamismo y, en general, en este surgir napoleónico que Mussolini ha dado a Roma; mientras que Inglaterra piensa en el Pacto. Si Mussolini no hubiera tenido la inhabilidad de atacarlo tan descaradamente, hubiera obtenido lo que hubiese querido en Abisinia con la indiferencia total de Inglaterra.

Desde que llegué aquí tuve la intuición, que los hechos no hacen más que confirmar cada día que pasa, que Albión quiere la guerra con Italia utilizando el Pacto como una bandera de enganche para Inglaterra, y mi política, seguro de que con ello interpretaba la intención del Gobierno, ha sido la de mantener el Pacto a todo trance en este conflicto, pero sin permitir que se utilizase para resolver un problema imperial entre Inglaterra e Italia por medio de las armas y a costa nuestra. La tarea no es difícil ni puede llevarnos en ningún momento a un disgusto con la Delegación británica, puesto que está en lo intrínseco de la situa-

ción que la Delegación británica se vea obligada a ir al
paso de su opinión pública y, por consiguiente, a mantener
en todo momento que su primera preocupación es la paz y
que hay que defender simultáneamente la paz y el Pacto.
La tendencia a la guerra, sólo asoma en los momentos de
distracción o en los momentos pasionales y en las actitudes que se toman subconscientemente y cuando no vigila
la reflexión.

A tanta distancia de los acontecimientos, no es fácil desentrañar hasta qué punto está este cuadro exagerado a causa del
efecto de los temores de Madrid. Se me ocurren varias reminiscencias que parecen indicar cierta dosis de optimismo en mi
manera de juzgar mi relación con Roma. Una es la índole nada
amena de la corriente de cartas (más o menos espontáneas) que
recibía de Italia, todas inspiradas en una xenofobia típica; aunque también recuerdo que las más procedían de gentes de poca
cultura y de nada refinados gustos; mientras que no recibí jamás ni una palabra hostil de la gente educada. Antes bien, en
un artículo de *Il Messaggero* del 7-XI-35, todo, claro está, vi-
brante de italianismo y adverso a Ginebra, el autor logró insertar estas palabras: «La declaración hecha por el presidente de
los cinco, De Madariaga, espíritu elevado y escritor de gran
relieve, ha de valer algo, a pesar de todo.» Claro que, entretanto, la prensa de otro color más férvido, me pintaba con estas
pintorescas palabras: «Un Madariaga, uscito de lo Segretariato
per incapacità...»

La peor y más baja correspondencia que entonces recibí
venía de Italia, pero no de italiano alguno, sino de Ezra Pound.
¡Cuánto había bajado mi amigo de nuestra común juventud en
Hampstead! Mis facultades para hollar como crítico las alturas
vírgenes de la poesía no me han bastado para descubrir en Ezra
Pound el genio poético que cantaran sus admiradores de Nueva
York y de Londres. Era, y sigue siendo para mí, un excelente
poeta menor. Para lo alto le faltaban alas. Para lo bajo, le
sobraban uñas e imaginación. El nivel de sus cartas era el de
un chico de la escuela, nada limpio.

Capítulo XLIV

Sir Samuel Hoare en funciones de Quijote

Cuando se reunió el Consejo el 4 de setiembre (del 35), las potencias venían negociando en París, al parecer sin éxito. Según. Éxito, ¿para quién? Para Francia e Inglaterra, fracaso. Para Mussolini (aunque lo callara), éxito. Desde el comienzo, Mussolini venía cabalgando una de las más bellas yeguas verbales de sus abundosas cuadras: *il tempo è gallantuomo*. Cuanto más tiempo perdía la Sociedad de Naciones, más tiempo ganaba Mussolini; y una de las maneras más seguras que tenía Ginebra de perder tiempo consistía en pasarle el asunto a las potencias.

Se reunió, pues, el Consejo. Informó Eden y Laval lo apoyó con un contingente de esperanzas. Aloisi se puso a demostrar que Abisinia era un monstruo tal que Italia haría gran servicio a la humanidad devorándola. Entretanto, él, como delegado italiano, no podía seguir sentándose a la misma mesa que el representante de un país-monstruo. Oficialmente, el Consejo no podía ocuparse del conflicto sin la presencia de las dos partes. Esta y otras consideraciones nos indujo a crear el Comité de los Cinco, que componían los delegados de Francia, Gran Bretaña, Polonia y Turquía, más el de España, que fue elegido presidente, a quien se le encargó que tomara contacto con ambas partes.

Decirlo no era difícil. Hacerlo, ya era otra cosa. Etiopía estaba dispuesta, pero Italia no; y nuestras propuestas, por fuerza conciliatorias, tendrían que navegar entre el peligro de no complacer a Mussolini y el de herir al Pacto en pleno rostro, sobre cuya defensa insistían los escandinavos y la Pequeña Entente.

Mientras en el Comité de los Cinco nos aplicábamos a explorar el camino de la conciliación, resonó en la Asamblea un discurso fiero, rígido, casi belicoso en pro del Pacto, todo el Pacto y nada más que el Pacto. ¿Quién era aquel nuevo Caballero de la Triste Figura? Nada menos que Sir Samuel Hoare. «Ah mi alma profética», exclamé para mis adentros. ¿No había sospechado que un día Albión partiría en guerra contra Mussolini con el Pacto como adarga? Al sentar sobre el papel las reacciones de los delegados ante el discurso de Sir Samuel, escribe Walters: «Entre las pocas voces europeas que guardaron silencio en el debate, estaban Suiza y España, ambas renuentes a enfrentarse con la Italia que admiraban» (pág. II, 649). ¿El presidente del Comité de los Cinco, encargado de la conciliación, aplaudiendo un discurso belicoso? Esto pasaba el 11 de setiembre. El 16 escribí al ministro que sospechaba que algo así se preparaba para poner a todo el sector liberal, idealista de Inglaterra, al servicio de Albión.

¿Fantasías? Veamos. Una ojeada a las memorias de Eden basta para dar por sentado que en cuanto a rigidez antimussoliniana, el discurso de Hoare excedió a todo lo que a Eden se le pudo haber ocurrido, aun en lo concerniente a los deberes de Inglaterra para con el Pacto. Aquel discurso dejó asomar un Hoare «más realista que él y más papista que el papa». A tal punto que Eden trató de moderar el tono de su antaño incrédulo y ahora neófito colega y jefe; encontrándose como con una pared, con este sorprendente argumento: que varios ministros de los más autorizados (se entiende, del Gabinete británico) lo habían leído, incluso Neville Chamberlain, «que lo había leído con él (o sea con Hoare) párrafo a párrafo». Éste era el mismo Chamberlain que iba poco después a hacer parar en seco las sanciones contra Italia, que llamaba: «locura de la San Juan».

¿Quién iba a creer que Chamberlain y Hoare salieran al alimón a la palestra para defender el Pacto contra una agresión? «En conformidad con sus obligaciones precisas y explícitas, la Sociedad de Naciones sostiene, y mi país con ella, la vigencia íntegra del Pacto, y sobre todo la resistencia firme y colectiva contra todo acto de agresión no provocada.» Eden interpretó estas palabras como una decisión de cerrarle el paso a Mussolini aun por la fuerza (pág. 262). La flota inglesa se presentó en Gibraltar el 12 de setiembre.

Raro. Muy raro. A Eden no le dejan decir lo que Inglaterra haría si..., y pocas semanas después, Hoare viene a Ginebra a poner a Inglaterra a los pies del Pacto. La escuadra inglesa, a la vista. Y por último: Vansittart. En cuanto regresa a Londres, Hoare escribe a Eden que «a su firme discurso se le va a dar un apoyo de acción. Él y Vansittart están de acuerdo que ahora hay que ostentar la fuerza y no permitir que ni el Comité de los Cinco ni el Consejo den más largas con proposiciones fútiles». Pura cepa Vansittart. De modo que la idea de buscar una conciliación con Italia era fútil y lo que había que hacer era enseñarle a Italia una estaca de las buenas de Inglaterra. ¿Quién iba a creer que Vansittart pensaba de veras en guerrear en pro del Pacto, cuando consta que sabía que el Consejo no era capaz de hacer nada que no le gustase a Inglaterra? ¿Quién otro que Vansittart, que ni soñar podía que su país luchara para defender a los chinos contra los japoneses, iba a luchar para defender a etíopes contra italianos?

¿Entonces qué? ¿Ardid? Eden lo niega (pág. 261). ¿Astucia electoral? Quizá. Los jefes de Estado Mayor advertían que Inglaterra no estaba en condiciones de guerrear contra Italia. Faltaba, en particular, el «paraguas» aéreo para los navíos, como se comprobó hasta seis años después, al perder Inglaterra dos acorazados por el ataque de unos aviones japoneses. Prueba, quizá de lo contrario, o sea que Londres no había llegado todavía a una estimación realista de lo que significaba la carencia de protección aérea. De todos modos, fuese por razones imperiales o electorales, el discurso de Hoare tendía a manejar el Pacto como medio, no a servirlo como fin. Añádanse las maniobras de Laval para proteger a Mussolini en secreto y el prestigio de Francia en público y se verá que nuestra labor en Ginebra (incluso la de Eden) no era nada fácil. En un informe oficial que mandé al ministro el 2-XI-35, encuentro esta frase: «Según Eden, la concentración naval inglesa se debe a la campaña de prensa italiana que apuntaba directamente a la ocupación de Malta.» Quizá entonces también el discurso de Hoare.

En su esencia, al fin y al cabo, podía resumirse todo diciendo que en cuanto a defender el Pacto, los que querían no podían y los que podían no querían. Inglaterra estaba por el Pacto si y cuando le convenía poner un dique a la expansión italiana; Francia, en cuanto impidiese el rearme de Hitler y su avance en todas las direcciones de la brújula. Los ingleses firmaron con Hitler un tratado de armamentos navales, que, con asombrosa ingenuidad, imaginaron como un escudo contra un avance naval de Hitler sobre el Occidente, y de cuando en vez dejaban caer premoniciones de «irse de Europa» si Laval no desempeñaba con más brío su papel de brillante segundo en su duelo contra Mussolini en el Mediterráneo. ¿Cómo iba a salir adelante la Sociedad de Naciones?

*

De modo que, cuando mi Gobierno se asustaba de que me diera por quijotizar en lo de Etiopía como, por lo visto, había quijotizado en lo de Manchuria, Vansittart temía que me dejase ir a una peligrosa benevolencia para con Mussolini y me olvidase de defender el Pacto con tanta pasión como él, Hoare, Simon y Chamberlain. Y no sólo Vansittart, como luego se verá. Mientras Hoare quebraba una lanza en honor de la Sociedad de Naciones, nosotros los del Comité de los Cinco hacíamos lo que podíamos para dar con una solución conciliatoria. Este orden de labores internacionales ha menester a veces de niveles irracionales, convencionales o semitácitos. Propusimos que la Sociedad de Naciones prestase asistencia económica a Haile Selassie para la reforma de Etiopía y que, a tal fin, la Sociedad de Naciones nombrase técnicos que habrían de recibir la aprobación del emperador. No ocultamos a Su Majestad que «algunos» de estos técnicos «podrían» ser italianos. Se vislumbraban también ciertos ajustes territoriales en pro de Italia.

Pero ¿y si Italia se negaba? ¿La guerra? ¿Las sanciones? Francia decía que se ajustaría a lo que hiciera Inglaterra; pero Inglaterra declaraba que no movería un dedo que Francia no moviese; y entonces, mientras cada uno de los protagonistas hablaba con todos los demás, el Comité de los Cinco declaró su fracaso en la labor de complacer a ambas partes (25-IX-35). El espíritu bélico del Gabinete de Londres se había evaporado, y Laval escurría el bulto cuando no podía retroceder. El Consejo tomó nota del fracaso de los Cinco y por iniciativa de Inglaterra y Francia rechazó una propuesta de Haile Selassie consistente en enviar observadores imparciales que certificasen la agresión, rechazo que consistió en nombrar un subcomité que estudiase la idea.

Lo cual no impidió que Titulesco se pusiera a despotricar contra las proposiciones del Comité de los Cinco alegando que eran contrarias a los derechos soberanos de Abisinia, maniobra elegante, puesto que invocaba los derechos de la víctima para desechar una proposición que apuntaba al agresor. Todo se explica leyendo el despacho que el ministro de España en Bucarest mandaba a Madrid el 6-XI-35, revelando hasta qué punto deseaba Titulesco conservar buenas relaciones con Italia y no dejar de venderle petróleo *.

A principios de octubre se había iniciado la agresión militar mediante un ataque aéreo a Adogua. Reunido el 5-X-35, el Consejo, inspirado por Eden, se condujo con buen sentido, y hasta con ánimo y decisión, y nombró un comité para que le presentara un informe en veinticuatro horas. Su presidente era Armindo Monteiro, el joven ministro de Negocios Extranjeros de Portugal, hombre íntegro y capaz. El comité informó que «la adopción de medidas de seguridad por un Estado en su propio

---

* Véase Apéndice, doc. 33, págs. 656-58.

territorio y dentro de los límites de sus acuerdos internacionales no autoriza a otro Estado a considerarse libre de sus obligaciones bajo el Pacto».

Cuando los franceses se pusieron a leer esta proposición con lupa alemana, descubrieron que Abisinia se parecía mucho al Rin. Hubo, pues, que dejar lo general y aferrarse a lo particular: «El comité ha llegado a la conclusión de que el Gobierno italiano ha recurrido a la guerra en infracción de sus obligaciones definidas en el artículo 12 del Pacto.» *Ergo*, sanciones.

*

Ahora bien, las sanciones son irrefutables en teoría; pero cuando se pasa a la práctica, varía la cosa. Por lo pronto, el Consejo tendría que trabajar sin las partes. Ya lo había hecho antes mediante tal o cual subterfugio; pero, esta vez, inventó uno nuevo, que consistió en rebautizarse Comité de los Trece, y aprovechó el cambio de nombre para cambiar de presidente, nombrándome a mí. El Comité de los Trece hizo su informe, condenando a Italia como transgresor no sólo del Pacto de Ginebra, sino del Pacto Kellogg, del tratado ítalo-etíope de amistad eterna de 1928, y de la cláusula facultativa del estatuto del Tribunal permanente de La Haya. El 7 de octubre lo votó el Consejo en pleno, con el voto de Etiopía, pero sin el de Italia.

La Asamblea había agotado su orden del día y normalmente se pudo haber dispersado; pero no lo hizo porque era seguro que el conflicto etíope recaería en su jurisdicción, y con urgencia. El informe del Consejo estaba ya sobre su mesa y había que decidir sobre las sanciones —cosa grave y delicada para todos y cada uno de los Estados-socios—. Benes fue entonces el que «llevó» el procedimiento. No era tarea fácil. Estábamos ahora bajo el artículo 16, demasiado claro para la diplomacia, demasiado exigente para la cautela.

> Si un Estado-socio recurriere a la guerra en infracción de sus obligaciones bajo los artículos 12, 13 ó 15, se le considerará *ipso facto* haber cometido un acto de guerra contra todos los demás socios de la Sociedad, los cuales se obligan a someterlo a la suspensión de toda relación comercial o financiera, la prohibición de todo contacto de sus nacionales con los del Estado en ruptura de Pacto y la ruptura de toda relación personal o comercial entre los nacionales del Estado en ruptura de Pacto y los de cualquier otro Estado, ya fuere o no socio de la Sociedad de Naciones.

Un solo voto en contra habría paralizado la Asamblea; pero el artículo no habla de la Asamblea, sino de sus miembros; de modo que, a pesar de opiniones contrarias presentadas por Alemania, Austria y Hungría, pudo organizarse un Comité de Coordinación compuesto de representantes de todos los Estados que delegó sus poderes a un Ejecutivo de dieciocho vocales presididos por el doctor Vasconcelos, ex ministro de Negocios Exteriores de Portugal. Por iniciativa de Eden, se suspendieron todos los envíos de armas a Italia; mientras que todos los países menos Luxemburgo y Suiza convinieron en seguir mandando armas a Etiopía.

Capítulo XLV

Sanciones

Sería perder el tiempo hacer ahora un relato del juego de las sanciones que entonces ocupó y aun distrajo a Ginebra. Cada una de las naciones de la Sociedad —y aun de las de fuera— tuvo entonces que pararse a considerar dos órdenes de interés que en el fondo eran antagonistas; ambos, desde luego, egoístas, que las naciones son seres humanos colectivos que no han logrado todavía la abnegación. Por un lado, su comercio en el sentido más amplio del vocablo, que abarca todos los intercambios que cabe imaginar entre dos países, por muy culpable que uno sea; en el otro, la perspectiva que abrió ante la Asamblea en un discurso notable el delegado haitiano Alfred Nemours: «Grandes o pequeños, fuertes o débiles, cercanos o remotos, blancos o de color, no olvidemos nunca que el mejor día vamos a ser la Etiopía de alguien.»

Aquella campaña de sanciones abrió los ojos a muchos de nosotros. Caso modelo: el de Suiza. No cabía dudar de la calidad de intensidad de su «espíritu de Ginebra»; pero aun así ¿le era de verdad posible aplicar el artículo 16? Estrechamente entretejida en comercio, finanzas, cultura y relaciones humanas con aquella Italia cuyo pueblo sólo en sus pasaportes difiere del de su cantón del Tichino, Suiza era para todas una nación-ejemplo, porque ¿cuál de ellas podía afirmar no temer riesgo alguno en las sanciones y poder aplicarlas a fondo? Esta situación me dio mucho que pensar sobre el principio mismo de las sanciones, llevándome a poner en pie una teoría de las sanciones cuya conclusión viene a ser que, como medio práctico de imponer la voluntad colectiva a una nación recalcitrante, las sanciones no funcionarán jamás.

He aquí un breve esbozo de este modo de ver. La idea de las sanciones descansa sobre la solidaridad entre las naciones. Pero entre naciones, como entre personas, se dan dos modos distintos de solidaridad; una es física, aguantada, pasiva; la otra es moral, creadora, activa. Los enfermos de una epidemia encarnan el primer modo; los músicos de una orquesta, el segundo. Mil coches en una carretera estrecha, con sus cuatro mil ocupantes, aguantan una solidaridad física tan rígida como intolerable, que les destroza la solidaridad moral.

El progreso tecnológico ha imbricado las naciones en una especie de tejido físico-moral (si por moral se entiende lo no físico), como, por ejemplo, la radio y la televisión; pero todavía hoy (y no digamos entonces) las naciones no *sienten* la solidaridad moral aun la que soportan. El español o chileno que se deja yanquizar por su televisión no se da cuenta de lo que está pasando en su ser; y si bebe y aun vive a lo yanqui, no se siente por eso en comunidad de destino con los Estados Unidos.

El Pacto trató de levantar una onda de solidaridad moral entre las naciones; pero las veleidades inglesas de utilizar el Pacto contra Italia, o las de Francia para hacer del Pacto un sargento que le reclutase naciones para defender el Rin contra Hitler, ponen de manifiesto las tensiones sicológicas que la solidaridad suele provocar antes de lograr su función natural de cohesión del conjunto; y el caso de Suiza y, en menor grado, el de todas las naciones mediterráneas ilustra cómo la solidaridad puede estimular pero también impedir el ejercicio de las sanciones.

De todo lo cual se desprende que las sanciones tienen que fracasar porque constituyen una idea a la vez demasiado adelantada y demasiado atrasada para nuestro estado de evolución físico-moral. Todavía no hemos logrado el estado de solidaridad moral que presuponen y hemos rebasado el estado de solidaridad física que las haría posibles.

Éste es, a mi ver, el punto esencial. Aun si las naciones sintieran la solidaridad moral hasta el punto de aceptar los riesgos de las sanciones que estipula el artículo 16, la aplicación de este artículo iría contra el tejido común vital establecido ya por la solidaridad física, de modo que no sería extraño que una de las naciones castigadoras resultase más castigada que la nación culpable. La imagen del organismo se ofrece a la imaginación. Es como si para castigarme la mano derecha por algún crimen cometido, me atase un alambre a la muñeca: la mano sufriría, pero el resto del cuerpo, también. Los ingleses lo dicen gráficamente: *Cortarse la nariz para que la cara se fastidie.*

*

El 12 de febrero de 1936 se publicó en Ginebra un informe redactado por los técnicos del petróleo. Según este informe, el embargo del petróleo bastaría para que Italia se rindiese a la

Sociedad de Naciones *a condición de que los Estados Unidos limitasen sus exportaciones al nivel anterior al de 1935*. En 1938, Mussolini le dijo a Hitler que un embargo efectivo del petróleo le obligaría a volver a casa en ocho días. Estos hechos han debido de ser cosa sabida para los gobiernos de las grandes potencias desde mucho antes. Sin embargo, el embargo del petróleo fracasó. Fracasó porque no se aplicó.

El Comité de Sanciones de la Sociedad de Naciones adoptó bravas palabras: embargo de armas; de préstamos y créditos; de importaciones de Italia. Cada una de estas decisiones hacía brotar del suelo cosechas de arduos problemas, lo que nos daba la impresión de hacer algo al obligarnos a estudiar por qué no hacíamos nada. Nada, en efecto, hacíamos; porque las naciones objetivamente impedidas no podían, por definición, emprender la marcha, y por otra parte, nadie lanzaba la labor práctica de administrar y cumplir tan miríficas decisiones. Aparte de que la única sanción que pudo haber tenido efecto —el petróleo— no se aplicaba.

El 8-X-35 escribí a Lerroux, entonces presidente del Consejo, una carta en la que le comunicaba una conversación con Eden, el cual me había leído en parte y en parte comentado, un documento sobre las sanciones. Para Inglaterra, la sanción más fácil y eficaz era la prohibición de importar mercancías italianas. Según las cifras inglesas, los Estados-socios absorbían el 70 por 100 del total de las exportaciones italianas. Eden pensaba también en prohibir créditos, préstamos y ventas de carbón y petróleo a Italia. En su opinión, Inglaterra venía obligada a proponer la prohibición de ventas de carbón precisamente por serle perjudicial; pero también insistía en la supresión del suministro de petróleo, cuyas «víctimas» serían Rumania, la Unión Soviética y Persia. El caso era que «Persia», en realidad, significaba la Anglo Persian Oil Company, otra vez, pues, Inglaterra. A Eden no parecía preocuparle que los Estados Unidos suplieran el petróleo que le quitasen a Italia.

Decía a Lerroux que Eden, aunque firme, me parecía hacerlo todo de mala gana; y que en su opinión no se resolvería el conflicto si antes no caía Mussolini, ni de todos modos con las ideas de Laval sobre mandatos y otras fórmulas poco conciliables con el Pacto, mientras que un cambalache de territorios podría ser menos difícil.

Dejé estar la carta hasta el día siguiente para hablarle también de una conversación que iba a tener aquella noche con Laval. Al cual le dije que era necesario aplicar las sanciones de modo que se adaptasen el estado de nuestras opiniones públicas, poco hechas todavía a la solidaridad entre naciones; y me encontré con que él iba todavía más lejos. Se quejó de la prioridad que quería dar Inglaterra a la prohibición de las importaciones italianas, que a él le parecía una medida demasiado dura por tender a crear corrientes y costumbres comerciales nuevas. Él veía dos fases: parar créditos y préstamos; negar materias primas minerales (como el carbón y el petróleo), así como cosas útiles para las fuerzas armadas; y sólo después, el boicot de las mercancías italianas como amenaza si Mussolini se negaba a toda transacción razonable.

Esta eventualidad le parecía muy poco probable a Laval; y por mi parte, escribía a Lerroux que, en mi opinión, Laval se equivocaría porque Mussolini exigiría un arreglo contrario a Etiopía y al Pacto; por lo cual opinaba, como Eden, que si no caía Mussolini no habría solución.

Pero Laval, aun confesando que Beck le había dicho lo mismo, me pidió que le ayudara a moderar la prensa que pensaba como nosotros; y yo terminaba mi carta a Lerroux aconsejando que evitásemos ambos extremos, teniendo en cuenta nuestra opinión pública *.

*

Había un acuerdo secreto entre Hoare y Laval en virtud del cual no se pasaría de la raya que arriesgase una guerra contra Italia. El secretario de Estado yanqui escribió al Comité de la Sociedad de Naciones enviando sus buenos deseos, pero nada más. Durante una sesión de la Comisión de las Sanciones, mi buen amigo Massigli plantó su alta estatura detrás de mi asiento y se dobló para susurrarme al oído que a Laval le agradaría que yo propusiera la sanción del petróleo. Me negué a ello, puesto que sabía que Laval jugaba con dos barajas; pero el canadiense Dr. Riddell, medio Hoare medio Laval, se echó al ruedo en tal sentido poco después y mucho mejor, pues propuso petróleo, carbón y acero. Pero eso del petróleo era algo muy gordo, de modo que la Comisión decidió consultar a los gobiernos, o sea no hacer nada.

Esto pasaba en la sesión de noviembre de la Comisión de Sanciones, todavía realizada por la presencia de Hoare y de Laval. A buen seguro que ambos otorgaron su voto y peso a la resolución que fijaba la fecha en que iban a empezar a regir las sanciones y dando instrucciones a las naciones para que las hicieran entrar en vigor en sus respectivos territorios. Pero

---

* Véase la carta y comentario sobre Gibraltar en el Apéndice, docs. 34 y 35, págs. 659-63.

Hoare y Laval anunciaron ya que estaban discutiendo con Italia la posibilidad de llegar a un acuerdo.

Entonces se levantó Van Zeeland, el primer ministro belga, cuya presencia entre nosotros era insólita, para proponer que se confiara oficialmente a Hoare y a Laval la misión de hallar solución al conflicto. ¿Quién delegaba? La Comisión no era la Sociedad de Naciones. ¿Qué conflicto? ¿El ítalo-etíope, cuando Italia estaba ya batallando en territorio abisinio, o el que enfrentaba a Italia con la Sociedad de Naciones, que ya había declarado a Italia como país agresor? El conde Van Zeeland no era el hombre de Estado belga preferido de la Sociedad de Naciones. En la constelación de primeras figuras de su país que habían pasado por Ginebra —Hymans, De Brouckere, Theunis, Carton de Wiart, Rollin—, todos bien integrados en la labor, parecía algo remoto, por encima de la Asamblea, poco adentrado en el Consejo, más confabulador que negociador. Nos dio la impresión de que estaba más al cabo de la calle que nosotros (que nada sabíamos) sobre aquella maniobra Hoare-Laval; y aunque hablaba recitando un texto de sus compañeros de maniobra, la sensación, ya bastante general, de que lo que entorpecían las sanciones no era tanto el grupo de grandes potencias como el Gran Negocio, se afianzó al oír al conde Van Zeeland abogar por la jugada. Así se presentaron juntos y al alimón Hoare y Laval, primer anuncio de lo que iba a ser más tarde una desastrosa propuesta.

CAPÍTULO XLVI

Más palabreos

El 2-XI-35 tuve una larga entrevista con Sir Samuel Hoare *. Muy cortésmente, me había ofrecido venir a verme a mi hotel, lo que no acepté por ser yo bastante más joven. Fui, pues, al Beau Rivage y al instante me pidió mi opinión sobre el conflicto. Expuso él, primero, la suya: Había que ir a una solución que no forzase al Negus y que mereciese la aprobación de la Sociedad de Naciones. Quizá alguna cesión de territorio como lo sugería el Comité de los Cinco. (Siempre cortés, el Comité había cedido a la indicación de Eden.) Repitió su deseo de conocer mi opinión, y le dije que uno de nuestros mayores obstáculos era que ni Laval ni Mussolini (ni Vd., quería decir) se dan cuenta del vigor de la opinión colectiva, lo cual les inducía a pensar que bastaría con un acuerdo entre Inglaterra y Francia. No lo repetí, pero recordé mientras hablaba, que Laval había dicho a Eden: «La Sociedad de Naciones es Vd. y yo», error garrafal que iba a costarle a Hoare la cartera y a Laval la vida. La Soceidad de Naciones era la opinión **. Insistí, pues, en que era indispensable respetar la opinión general y la de las naciones, de quienes se esperaban acciones delicadas y aun peligrosas y que, por lo tanto, no cabe reducir al papel de coristas de ópera. Hoare me aseguró que su Gobierno estaba netamente en contra de tal proceder y resuelto a obrar por medio y en el seno de la Sociedad de Naciones.

Le rogué entonces con insistencia que volviera a traer las «conversaciones» al Comité de los Cinco, como en último término tendrían que hacerlo él y Laval de todos modos en cuanto hubieran logrado darles bastante sustancia para que contasen como negociación en regla; y aconsejé que se tuviera al Negus

---

*   Véase Apéndice, doc. 36, págs. 664-69.
**   Véase Apéndice, doc. 37, págs. 670-71.

Sociedad de Naciones. El Consejo declara agresora
a Italia en el conflicto italo-etíope

Un aspecto de la sala de conferencias de la S. de N.

Saar. Votación
para su anexión
a Alemania

Franz von Papen

Neville Chamberlain

Titulescu con Laval

Tekle Hawariate,
delegado de Abisinia
en la S. d. N.

Haile Selasie

Arturo Alessandri

Agustín P. Justo

Santiago de Chile. Palacio de la Moneda

El Consejo en sesión durante el conflicto de Etiopía

Varsovia. El ministro polaco de Negocios
Extranjeros Beck, con Pierre Laval

Sir Samuel Hoare

Haile Selasie en la tribuna de la S. d. N.

Henri Bonnet

El Conde van Zeeland

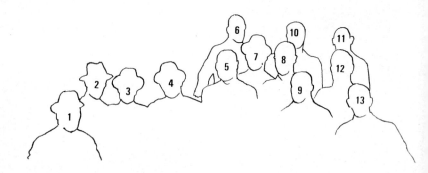

Delegación española en la Asamblea de Ginebra, 1935.
1, Leopoldo Palacios (Morini). 2, Julio López Oliván.
3, Teodomiro Aguilar. 4, Salvador de Madariaga. 5, Juan Estelrich.
6, Julio Casares. 8, Ramón Cantos. 9, Juan Teixidor. 10, José Pla.
12, Felipe Ximénez de Sandoval. 13, José Manuel Aniel-Quiroga

bien enterado de todo lo que se hacía para evitar alejarse en demasía de lo que él pudiera aceptar, así como que, en algún momento oportuno, se incitara a los dos adversarios a hablar entre ellos, ya que Mussolini, aunque más amenazador en el campo, estaba moralmente debilitado por habérsele declarado como agresor. También apunté que se debía indicar a Mussolini que su campaña de prensa contra la Sociedad de Naciones iba en realidad en contra de sus intereses.

Entonces cambié el tema. Le reproché que a España no se le informaba como era debido, aun en los casos como éste en el que a pocas naciones les iba tanto en el asunto. De esta situación me daba cuenta por los informes que Ayala mandaba a Madrid, que era puro Vansittart, con quien Ayala tenía buena amistad. Hoare me prometió que daría órdenes de que se informase de todo a Ayala. También le indiqué la semejanza geopolítica de las situaciones de España e Inglaterra que hacía natural nuestra cooperación, y le di como ejemplo el caso de Tánger en el que Inglaterra nos sacrificaba a Francia, lo que Hoare prometió estudiar.

Jamás se vio tal velocidad en el florecer de las promesas. A Ayala se le informó por orden cablegráfica; a Laval se le habló de Tánger. Todo en aquel mismo día. ¿Que cómo lo supe? Antes de la reunión nocturna del Comité de los Dieciocho, me encontré en la calle con Eden y Hoare y me rogaron ambos que tomase la palabra en el debate del Comité de Coordinación que celebraría sesión pública a petición de ellos para hacer que «Laval afirmase en público su fidelidad a la Sociedad de Naciones en sus negociaciones con Italia». Insistieron en que después de Laval y de Hoare y de Van Zeeland, que también quería hablar, hablase yo. En vista de las circunstancias, accedí a ello *.

Fue un día sin descanso. Por la mañana, me entrevisté con Hoare. Por la tarde, conferencia al aire libre con Eden y Hoare; luego, sesión del Comité de los Dieciocho; luego, Comité de Coordinación con discurso; después, conversación con Aloisi; y luego, otra sesión del Comité de los Dieciocho. A Aloisi le había agradado mi discurso y me contó su conferencia con Hoare en la que le habló de la mía. ¡Tanto zurcir de palabras! Lo mejor que cabe decir en su defensa es lo que años antes contesté una vez en los Estados Unidos a uno del público que me hacía una pregunta después de una conferencia mía sobre la Sociedad de Naciones. Él estaba en contra, y con desdén en la voz, me recordó que la Sociedad de Naciones había sido incapaz de resolver el conflicto polono-lituano y tenía que aguantar año tras

---

* Véase Apéndice, docs. 38 y 39, págs. 672-73.

año que las delegaciones respectivas vinieran a Ginebra a insolentarse con el Consejo. «¿Y qué más quiere Vd.? —le respondí—: Supóngase Vd. que el Kaiser y Lloyd George hubiesen
venido año tras año a insolentarse con el Consejo de Ginebra.
¡Nos habríamos evitado cuatro años de guerra!»

Con todo, allá en el fondo (valdría la pena explorar por
qué), tanto hablar y contrahablar fatiga el espíritu. Mi charla
con Aloisi se redujo a explicaciones que deseaba darme sobre
lo que «Inglaterra ofrecía a Italia», que así veía él la proposición de Eden; y un sermón que le endilgué sobre: «No se
vaya Vd. a creer que la Sociedad de Naciones es Francia e Inglaterra y no sigan Vds. insultándonos en su prensa, y no piense
tanto en las malas intenciones de Inglaterra (que exageraba de
lo lindo) y un poco más en las fuerzas morales y en la opinión.»

*

Titulesco andaba muy preocupado. Le unía a Italia cierta
simpatía «cultural» de hombre de nación latina, y temía por su
país las consecuencias de un embargo del petróleo, por ser Rumania uno de los abastecedores más fuertes de Italia. En el
Comité de los Dieciocho había capitaneado una hábil maniobra
para asegurar compensación colectiva a los países más directamente afectados por las tensiones —propuesta erizada de
dificultades prácticas—. En el Bergues, donde ambos vivíamos,
dio una cena a Eden y a todos sus consejeros financieros. A mí,
también me invitó. Eden llegó algo retrasado. Titulesco se excusó para volver minutos después con tres impresionantes botellas de coñac Napoleón, una para aquella mesa, otra que regaló
a Eden y otra que me regaló a mí.

No existe alcohol en el mundo que haga desviar a un técnico
inglés de una decisión tomada *an sich*, de modo que soy testigo
de que ni Eden ni sus consejeros manifestaron el menor temor
a tentación tan insidiosa, que no rehuyeron pero dominaron con
maestría. En cuanto a mí, cuyas dotes de consejero financiero
son puramente imaginarias, nunca bebo nada más fuerte que
jerez, de modo que guardé mi botella como objeto de museo.
Parece que hasta las botellas de coñac tienen su destino. Esto
pasaba el 13 de noviembre del 35. El 18 de julio del 36 se abrió
una era distinta para España. La botella de coñac Napoleón
estaba todavía en la cueva de mi casa del Viso, intacta. Cuando
empeoró el sitio de Madrid, mis hermanas la regalaron a un
hospital para los heridos de la guerra. La abrió y consumió el
«responsable» del hospital, como acto de protesta contra el capitalismo.

Añadiré que, aun disintiendo como disiento de la teoría y aún más de la práctica del comunismo, no he querido sugerir con lo que cuento que el beberse el coñac de los heridos sea característica de los comunistas. Dios sabe cuántos heridos víctimas de aquel robo serían comunistas que dieron su sangre por lo que ellos creían ser el bien de España. Me he limitado a contar la historia de una botella, cuyo destino, por descabellado, semeja el de una persona.

*

Voy a salirme ahora del camino real para hacer una digresión sobre los rumanos que conocí en Ginebra, pocos pero buenos. Todos buenos mozos. Titulesco, quizá el más alto de todos, era el más feo. Ya procuré presentarlo antes. El más apuesto, mejor orador, y quizá espíritu más claro y generoso, fue Duca, que conocí cuando yo estaba aún en la Secretaría General y recuerdo como presidente de una comisión de que era yo secretario. Duca vino a representar en su país algo así como Canalejas en el nuestro, un hombre de veras liberal, que quiso hacer progresar a Rumania según los cánones del liberalismo hispanofranco-inglés.

Su curiosidad irradiaba en todas direcciones. Pronto nos hallamos comparando nuestras dos lenguas y buscando relaciones semánticas y gramaticales entre ellas. Por este camino, él, que era excelente lingüista, me propuso un juego. Yo le daría un texto castellano y él uno rumano a mí, a ver quién lo traducía mejor; y hallé que casi siempre comprendía él el castellano mucho mejor que yo el rumano. Yo lo achaqué a que él era mejor lingüista que yo; pero él alegaba que el mérito correspondía a nuestra lengua, que era más pura (latina) y más clara.

Este hombre, inteligente, capaz y recto fue asesinado por la derecha reaccionaria de su país. Cuando le conocí, venía todavía mucho por Ginebra otro famoso y eminente delegado llamado Iorga, especialista en derecho y en historia medieval. Le iba más la segunda que la primera vocación, porque el «derecho» (a pesar del vocablo) parece que sugiere algo si no de «torcido», por lo menos de flexible y ágil y pronto a la contorsión; mientras que, físicamente, Iorga era el hombre que (a mi conocimiento) más se haya parecido jamás a un icono *. Aquella faz de marfil, alta y estrecha, prolongada por una barba recta y estrecha, aquel cuerpo estrecho, de hombros cortos y angulares, toda su manera hierática de estar sentado o de pie, le daban

---

* Aún más que Valle-Inclán.

el aire de una imagen bizantina que ha dejado caer el marco en que habitaba.

Iorga era de una erudición asombrosa, de una vivacidad inaudita y de una volubilidad verbal increíble. Sus vastos conocimientos, multiplicados por su erudición, fertilizaban los debates tentándolos a desviar a derecha e izquierda en toda suerte de senderos florecidos de ideas y abiertos a perspectivas. De él se contaba que, siendo presidente de la Cámara en Bucarest, interrumpía con largas intervenciones presidenciales los discursos de los diputados, uno de los cuales, un día, comenzó el suyo diciendo «Todos hemos disfrutado de la larga e interesante intervención del Sr. presidente, interrumpida varias veces con su discurso por el Sr. diputado que me ha precedido.»

CAPÍTULO XLVII

La bomba Hoare-Laval

Estaba yo en mi casa del Viso en Madrid cuando llamó Guariglia, el embajador de Mussolini, para preguntar si podía traerme un recado oral del Duce. Lo recibí en la habitación del piso bajo, que, mediante un juego de cortinas, servía de sala y de comedor. A un lado, el piano de cola y un sofá no nada chico; al otro, la mesa del comedor. Llegó cuando la doncella ponía la mesa, de modo que había corrido la cortina que pasaba justo detrás del sofá, en el cual nos sentamos Guariglia y yo. De cuando en cuando, el embajador echaba una ojeada furtiva e inquieta a la cortina y se le notaba el deseo de atravesarla con la mirada, mientras yo medio temía medio deseaba que a la chica se le cayera al suelo una bandeja de cuchillos o una pila de platos. Pero todo pasó sin novedad —al menos del lado del comedor.

El Duce deseaba que fuese yo a Roma para que, entre los dos, él y yo resolviéramos la cuadratura del círculo. De haberse tratado de un hombre menos absurdo y hueco, menos mera fachada, la idea me habría atraído. Ya entonces había asimilado bastantes elementos vitales de ambas partes para haber por lo menos intentado construir un puente verbal sobre el cual, con el tiempo, elevar algo equidistante y más perdurable. Pero Mussolini era mera figura de cera, de modo que la cosecha de un viaje a Roma sería nula. Pedí a Guariglia algunas explicaciones por pura forma y le contesté que sometería el asunto al Consejo y que me atendría a su decisión.

Como ya dije antes, «el Consejo», ahora sin Etiopía y sin Italia, era el Comité de los Trece que yo presidía. Así que pasó lo que Sancho me pudo haber advertido: *Pon lo tuyo en consejo y unos dirán que es blanco y otros que es negro*. Los motivos, cada cual el suyo, para lo cual vale un proverbio gallego: *Cad'un pra si vale por des*. Uno de los más positivos era Titu-

lesco, que con encantadora franqueza expuso las ventajas de mi
viaje a Roma arguyendo que si salía bien cosecharía el éxito
la Sociedad de Naciones y si salía mal el fracasado sería yo.
Me limité a citarle a Racine:

> je n'ai merité
> ni cet excès d'honneur ni cette indignité.

Pero se esbozaba en el Consejo cierta preocupación ante la idea
de que fuese a Roma solo. Con el sexto sentido que le nace a
uno en estos pasos, percibí que aquel vientecillo venía de Francia; y aun me parecía posible que la cínica intervención de Titulesco hubiese apuntado a facilitar la maniobra; la cual consistió en proponer que me acompañase el secretario general, quien
como francés que era, y nada ginebrino, representaría allí no
a Ginebra, sino a Laval. A pesar de lo cual, o por eso, se decidió
que iríamos Avenol y yo. Pero no fuimos. El tiempo, como
gallantuomo que es, nos obsequió con otras tragicomedias.

Estaba otra vez en mi casa cuando llamó el teléfono y reconocí la voz de Laval. «¿Tiene Vd. poderes para convocar el
Consejo?» Le contesté que de seguro se reuniría si yo lo convocaba, pero que era mejor convocar el Comité de los Trece para
lo cual mis poderes eran indiscutibles. «Pero es lo mismo, ¿no?»
Le contesté que sí. Mandé los telegramas necesarios y aquella
misma noche salí para París.

La noche siguiente, al llegar a la estación de Lyón para
tomar el tren de Ginebra, vi en el andén a Laval charlando
con Norman Davis, el embajador ambulante de los Estados Unidos. Me acerqué a ellos y oí que estaban conversando en español.
Laval no sabía inglés y Davis no sabía francés; pero ambos
manejaban nuestra lengua. Laval me pidió que dejase mi coche
cama y me mudase a una cama de su coche oficial.

En cuanto el tren hubo dejado atrás el terreno estrepitoso
de la estación exterior, Laval sacó del bolsillo un papel: «*Voilà.
C'est notre accord avec les anglais.*» Y así conocí el famoso plan
Hoare-Laval que dejó atónita a la opinión al día siguiente. Lo
estudiamos juntos un rato y luego lo comentamos cosa de una
hora. Le di mi opinión franca y clara: «*No va.*» —«¿Por qué?»,
preguntó retador. «Porque la opinión inglesa lo rechazará.» Me
miró con ojos escépticos. Para él, la opinión era la prensa, y
un gobierno que no era capaz de manipular la prensa no era
gobierno. Esto era lo que sus ojos me estaban diciendo.

Eché un vistazo al reloj y me dirigí a la puerta. «¿Adónde
va Vd?», me preguntó. «A mi coche cama», le contesté. Me miró
en silencio, y salí.

Cuando por la mañana llegamos a Ginebra, me esperaban en la estación dos amigos: José Plá, de la Sección de Prensa de la Sociedad de Naciones, y Pedro Rosselló, secretario general de la Oficina Internacional de Educación, vibrando de indignación ante la noticia del plan Hoare-Laval. «¿Qué va a pasar?», me preguntaron. «Que Inglaterra no querrá» —«Pero... ¿Hoare?» Y les contesté: «Tendrá que dimitir.»

*

¿Qué había sucedido? Un revés que pudo haber sido un desastre para Italia, una operación de salvamento intentada por Laval y un momento de aberración padecido por Hoare. A fines de octubre, Italia estaba financieramente tan agotada que tuvo que desvalorizar la lira en casi un 25 por 100. Las victorias militares de Di Bono no se divisaban y Badoglio, que le sucedió, no parecía más feliz. Se propagaba el descontento. Si se hubiese aplicado entonces el embargo del petróleo, Mussolini se habría rendido. Al ver que no le cerraban la espita, se puso a amenazar a Francia, con la ostentación necesaria para el efectismo, y Laval, así *reforzado*, se dispuso a socorrerlo. Se preparó todo para sorprender a Hoare con un plan completo a su paso por Francia para ir a patinar a Suiza. Donde patinó fue en París (7-XII-35).

Las versiones no coinciden. Eden da en sus Memorias todos los detalles que hacen falta para demostrar que Hoare no llevaba ni instrucciones ni intención de abrir otro diálogo con Laval; pero de lo que cuenta Vansittart se desprende que Hoare, para que Laval no fuese a Londres, le había prometido verle en París a su paso hacia Suiza. Además, Patterson, el técnico inglés sobre Abisinia, seguía sosteniendo, a su nivel, una negociación permanente con sus colegas franceses del Quai d'Orsay, dirigidos por un discreto diplomático, Saint-Quentin; y para coronarlo todo, el mismo Vansittart se hallaba a la sazón en París. Eden cuenta cómo al despedir a Hoare en Londres, le previno —y fue lo último que le dijo desde lo alto de la escalera— contra la tendencia de Vansittart de ser más francés que los franceses.

La actitud de Laval para con el embargo del petróleo era que los yanquis no tenían poderes para decretarlo y que los alemanes lo violarían. A lo primero comenta Vansittart: «Nos lo dijeron ellos»; y a lo segundo: «Esto es también verdad.» Puro y típico Vansittart; porque, aun suponiendo que Hitler quisiera, no estaba en situación de jugar con petróleo, cuando él mismo se preparaba a la guerra; y en cuanto a los Estados Unidos, es

pura fantasía alegar que si de veras lo quería, el Gobierno
de Washington no podía hacer cumplir un embargo de petróleo.
Pero claro es que lo que hace Vansittart es apoyar una maniobra de la que, después de Laval, era el autor más activo. Tan
irracional es todo ello que este mismo embargo del petróleo,
según él ineficaz e inaplicable, se transfigura en una causa posible de guerra en su discusión con Eden.

Hoare y Laval presentaron el plan como el menos malo posible. Pero no era así. Era mucho peor de lo que la situación
imponía. Un cambio de territorios en virtud del cual Etiopía
sacrificaba ciento cuarenta mil quilómetros cuadrados frente a
una compensación ridícula de Italia, y si aun así se negaba, de
Inglaterra y Francia; mientras que poco más o menos la mitad
de Etiopía se reservaba como zona de expansión económica para
Italia; todo ello en un estilo que apenas disimulaba lo que se
estaba haciendo. Laval pretendía que el plan estaba de acuerdo
con las proposiciones del Comité de los Cinco, lo que era falso.

Hoare había cometido una pifia increíble. Antes de salir de
París para Suiza, había autorizado la publicación de un comunicado común en el que se anunciaba la existencia de un plan
convenido, aunque se reservaban sus términos hasta que lo
aprobasen el Gabinete de Londres y la Sociedad de Naciones;
y enseguida comenzó la prensa francesa a revelarlo a trozos
sueltos. El Gobierno inglés se encontró en el dilema de desauto-
rizar a su ministro (que seguía patinando en Suiza) o cubrir lo
que había suscrito. Optó por el partido menos franco, y envió
a Eden a Ginebra para que aguantara la chillería. Hoare se
cayó, físicamente sobre el hielo, y se desmayó y rompió la nariz
(¡para lo que le había servido...!). Eden retiró el plan en vista
de que la Sociedad de Naciones no lo aceptaba. Hoare dimitió
el 18-XII-35. El 19, en la Cámara de los Comunes, el primer
ministro reconoció que se había cometido un error. El mismo
día, el Comité de los Trece enterró el plan sin lágrimas. Los
Gobiernos de Francia y de Inglaterra salieron disminuidos de
su autoridad. Eden se dio cuenta. Pocos días después, era ministro de Negocios Extranjeros (22-XII-35) con varios meses
de retraso *.

*

Su actitud iba a ser más clara y sincera que la de sus predecesores, pero su labor, incomparablemente más ardua, precisamente porque Eden, *rara avis*, se daba cuenta del peso de las
fuerzas morales en la vida internacional; mientras que el trato

* Véase Apéndice, doc. 40, págs. 674-76.

como se estaba llevando el conflicto ítalo-etíope, culminando en el desastrado episodio Hoare-Laval, había poco menos que dado al traste con la autoridad moral de la Sociedad de Naciones y de los Gobiernos francés e inglés. Laval había caído. Y, en su lugar, venía Flandin, hombre mucho más alto pero apenas más elevado.

Eden definió su línea de acción: aplicación de todas las sanciones y vuelta al dictamen del Comité de los Cinco como base para las negociaciones. Pero era evidente que los Estados Unidos no estaban dispuestos a sacrificar los pingües beneficios que sus hombres de negocios sacaban del petróleo; mientras Flandin hacía bueno a Laval en su afán de cubrir a Mussolini contra los riesgos de un embargo, alegando que tal embargo no funcionaría, pero enfurecería a Mussolini y, por lo tanto, pondría en peligro la paz. En cuanto al Comité de los Cinco, a Flandin le importaba aún menos que a Laval, y, aún más que Laval, se orientaba hacia negociaciones directas. Al terminar el año, la tensión ítalo-etíope tocaba a su cenit, el prestigio de Francia, de Inglaterra y de la Sociedad de Naciones a su nadir, y Hitler secaba la pólvora y afilaba las bayonetas.

Los medios no nos faltaban. Pero la Sociedad de Naciones había perdido el ánimo. Las sanciones que se aplicaban funcionaban, pero las últimamente decididas «en principio» (carbón, acero) se abandonaron por falta de apoyo estadístico o, como en el caso del petróleo, se mandaron a consulta a los gobiernos, lo que equivalía a no hacer nada.

La guerra se iba volviendo cada vez más activa y bárbara por ambas partes, aunque *Italia*, por ser la más avanzada, incurría en mayor responsabilidad. El Consejo incitó a ambas partes (3-III-36) a que se avinieran a la paz «dentro del cuadro de la Sociedad de Naciones y en el espíritu del Pacto», llamamiento que propuso Francia, pero sólo como introducción a otro partido de ajedrez entre las grandes potencias y Mussolini. Votamos todos, y Etiopía aceptó al día siguiente y Mussolini unos días después. Cuatro días después de nuestro voto, Hitler invadió el Rin en violación del Tratado de Locarno.

Capítulo XLVIII

Actividad personal. Encuentro con Franco. La Fundación Mundial

Al salir del Gobierno Lerroux en la primavera del 34, traté de volver a mi profesión-vocación de escritor. Me lo estorbaba, sin embargo, mi propio éxito como político internacional. Mi vuelta a la pluma era lo normal y espontáneo. Mi permanencia en la diplomacia colectiva era vínculo del destino que no podía soltar aunque lo hubiera querido. Me atraía la política europea y universal; me repelía la política nacional; contraste debido a un manojo de motivos. El más fuerte era quizá el saberme competente de Pirineos arriba e incompetente de Pirineos abajo. Mi breve paso por un ministerio y aun dos, había hecho volar cualesquiera ilusiones que abrigara sobre cómo llegar a la esfera exterior pasando por la interior. Si tales ilusiones tuve, tan sólo se deberían al sentido común, a no ser que me fuera a dedicar otra vez al funcionarismo internacional, cosa que me horrorizaba.

A esta distancia temporal de los hechos, pienso a veces que se dieron entonces fuerzas antagonistas, unas que me empujaban a entrar de lleno en la política española, otras a cerrarme el paso o alejarme. Creo que en el ala liberal-socialista no faltaban gentes que más temían que deseaban mi incorporación, quizá por ver en mí un competidor mejor armado. Dar nombres sería más fácil que discreto, pero hoy tiendo a sospechar que cuando la ley de incompatibilidades me puso en el dilema de escoger París o Madrid, la Embajada o el Congreso, y yo escogí el Congreso, las instancias vehementes que se me hicieron para que siguiese en París se debían más que al de verme en París al deseo de no verme en Madrid.

En cambio, por el lado si no derecha, centro-derecha, sí se me hicieron indicaciones. Los radicales necesitaban gente, sobre todo en la plana mayor. Entonces fue cuando uno de los aláteres de Lerroux me declaró sin ambages que si me hacía francmasón y radical Lerroux me entregaría el partido. Le contesté que ésa era una razón más para no hacerme francmasón.

Algo después, un ministro portador de ambas etiquetas, hizo todo lo que pudo para convencerme de que me dejase nombrar ministro de Marina; ¡qué gloria me esperaba! ¿La de pasar a la Historia como el restaurador de la gloriosa Marina española? Tanto empeño tomaba en su labor de proselitismo, que di en sospechar que andaría en ello aquel dicho que *cuando el taber-nero vende la bota, o es que sabe a pez o es que está rota*. Menos de un año bastó para destapar no se qué escándalo sobre un submarino.

Por estos andurriales de experiencia iba yo excursionando entonces cuando me aconsejó un amigo que me encontrase con el jefe de Estado Mayor, Francisco Franco. Quien me lo reco-mendaba era una de las personas que me merecían mayor con-fianza, mi ex subsecretario Ramón Prieto Bances. Como astu-riano, conocía a Franco bien, pues maguer gallego el más tarde famoso general había re-arraigado en Asturias al casarse con una ovetense. Y aquí, como gallego que yo soy también, con dos hermanos re-arraigados en Asturias, tendré que digredir otra vez.

Claro que los asturianos son los españoles más inteligentes que hay; pero creo que los gallegos son más astutos, y aun atri-buyo algún que otro tropiezo que he tenido en mi vida a que, los del montón, sabiéndome gallego, me toman por astuto, lo que no soy. Y va de cuento. En Méjico una vez se presentó ante el cónsul de España un asturiano no ya muy joven, que soli-citaba repatriarse con auxilio del Estado; y a las preguntas del cónsul explicó que había fracasado. «Llevo cinco años de depen-diente de un abarrotero y no salgo adelante.» El cónsul pro-testó: «¿Y me va a decir a mí que un asturiano va a llevar cinco años de dependiente sin quedarse con el negocio?» —«Ah señor —explicó el asturiano—: ¡El dueño es gallego!»

Ya bien definidas las fronteras entre ambos reinos, vuelvo a la entrevista con el galaico-asturiano Franco a la que me incitaba el asturiano Prieto Bances. No creo que éste obrase como dicen, con segundas, sino por pensar que el encuentro sería objetivamente útil, y estoy seguro de que no lo haría tam-poco por instigación de Franco. Los invité a los dos a almorzar.

Comimos en el Hotel Nacional en octubre y estuvimos juntos los tres cosa de dos o tres horas.

Franco habló algo menos de lo que el español medio habría hablado en tales circunstancias, aunque sin manifestar reserva, desconfianza o suficiencia alguna. Me llamó la atención por su inteligencia concreta y exacta más que original o deslumbrante, así como por su tendencia natural a pensar en términos de espíritu público, sin ostentación alguna de hacerlo. Otros rasgos de su carácter que luego se manifestaron, no asomaron en la conversación.

Pasaba yo entonces por una fase de fermentación de mis ideas sobre la democracia liberal, que describí y formulé en un libro publicado en Madrid en 1935, en París y en Londres en 1936 y en Nueva York en 1937, con el título de *Anarquía o jerarquía*. Este título sugería el tema: La necesidad de aprender del peligro que corría la democracia liberal a la izquierda como a la derecha, examinando la base jerárquica objetiva que constituye la verdadera estructura de toda nación. Mis ideas fundamentales eran dos: la primera, que mientras la libertad es el mismo aire que respira el espíritu, la democracia no pasa de ser un sistema de reglas prácticas que cabe adaptar y revisar; y la segunda, que para todas las naciones, pero aún más para las hijas de Roma, el sufragio universal directo es peligroso y debe sustituirse por otro en el que el voto individual se agote en el municipio, y las demás instituciones políticas del país se elijan por las instituciones del «piso» inmediatamente inferior. Hablamos algo sobre esto y luego le mandé a Franco un ejemplar del libro.

Pintaba en aquel libro el contraste entre la democracia de un-hombre-un-voto, en la que no creo, y mi modo de organizar los cuerpos representativos; y designaba la primera forma como «estadística» y la segunda como «orgánica». Algo de esto ha pasado a la ideología del régimen, pero, aparte de otras causas de desavenencia, subsiste que a mi ver no se puede hacer nada perdurable sin libertad de la prensa y de la radio-televisión.

De aquel día se me ha quedado en la memoria un detalle: Tomamos un taxi en el que Franco y yo, ambos de poca estatura, nos sentamos cómodamente atrás mientras Prieto, de estatura gigantesca, se retorcía para meter las largas piernas donde se lo permitía el exiguo espacio a su disposición; y nos fuimos al Ministerio de la Guerra a dejar a mi invitado. En el camino, Franco criticaba mis planes de reforma militar alegando falta de fondos. Le argüí que los agregados militares, navales y aéreos costaban un dineral y no servían para nada; lo que le sorprendió. Y le conté que mi agregado aéreo en París, Legórburu, que lo era también de la Embajada en Londres, se enteró por mí (y yo por el *Times*) de que había en Inglaterra unas maniobras aéreas. Con todo, hoy pienso de otro modo, y si de hallar dinero para una reforma militar se tratare, hoy iría a buscarlo a otros sitios.

*

El sentimiento más denso de los que ha ido depositando en mí la experiencia de aquellos años y mi meditación sobre ella consiste en que el obstáculo más formidable contra la paz reside en la mera existencia de los Estados, definidos como los mecanismos para hacer funcionar la vida nacional. No estaría dispuesto a considerar el «nacionalismo» como el malhechor de estas lides. Antes bien, me parece que el nacionalismo como el mero darse cuenta de la existencia de una vida colectiva forma parte de la naturaleza y, como tal, debe respetarse. Es además un hecho neutral, porque si bien puede desviarse hacia la agresión, la intransigencia, el apetito de poder y la guerra, también en otras circunstancias podría impulsar el sentido común y la paz. Todo depende de quién lo maneja.

Me parecía, pues, que lo que hacía falta era una entidad que guiara y dirigiera la opinión pública mundial. Mi experiencia de las nubes de periodistas que solían acompañar a los grandes delegados era lamentable. Aunque los había no peor que malos, otros eran aún peores, y todos tendían a encarnar la forma más detestable del nacionalismo; mientras que los gobiernos que servían o creían servir, hostigados y atosigados por la prisa y las cavilaciones del día y aun de la hora, apenas si podían alzar ánimo y cabeza para mirar la labor del día siguiente sin ni hablar del mes o del año que les esperaba, por carecer o de tiempo o de perspectiva o de libertad para pensar por encima de sus electores.

Era menester otra cosa. Primero, un grupo de hombres de veras libres; luego, una suma considerable de dinero que les permitiera actuar sobre la opinión pública sin influencia de Estado, partido o clase. Una fundación yanqui no serviría porque, aunque las hay admirables, son y siguen siendo yanquis, como tienen perfecto derecho a serlo. Me propuse, pues, intentar crear una Fundación Mundial cuya divisa sería *Patria Patriarum*.

Dos mujeres, ambas de los Estados Unidos, me aportaron entonces una colaboración inestimable. Una era una anciana viuda de Chicago cuyo mero nombre era ya un pasaporte en el mundo pudiente de aquel país: Mrs. Emmons Blaine. En su casa de Chicago, organicé varias reuniones que me fueron utilísimas para lanzar la idea. Mrs. Blaine parecía haber heredado el afán internacional de su pariente del mismo nombre que había sido secretario de Estado con el presidente Harrison, aunque él sólo era continental, mientras que ella era universalista. Gracias a ella, pudimos sostener una secretaría mientras bregábamos en el período de propaganda y organización *.

La otra mujer que vino en mi auxilio entonces fue Ruth Cranston, periodista que solía colaborar en el *Chistian Science Monitor* y que había recorrido Europa y Asia. Era ardiente convencida de la idea y tomó con entusiasmo el peso y responsabilidad de la secretaría. Yo entretanto había procurado reunir para apoyar el plan un comité de bastante nombradía, en el que figurábamos diecinueve hombres, entre ellos Norman Angell, Guglielmo Ferrero, Lord Lytton, Thomas Mann, Jules Romains, Arthur Salter y Arnold Toynbee; y no se crea que era cosa fácil, sino ardua y peligrosa y de mucho escribir y viajar —todo en los huecos que me dejaba mi actividad en Ginebra—. Para esta labor, estuve en los Estados Unidos en febrero de 1936.

De todo ello se oye todavía el eco en la carta que escribí el 26-II-36 a Augusto Barcia **, entonces ministro de Estado del Gobierno Azaña, resultado de la victoria del frente popular. Mi viaje no tenía ni un ápice de oficial; pero seguía pendiente la cuestión ítalo-etíope, y la idea de ser yo el delegado permanente de España estaba arraigada en todas partes. Nadie fuera de mi país se imaginaba que en cuanto terminaba la Asamblea, el Consejo, el Comité o lo que fuera, yo, en el Estado español, no era nada. Me llamaba al teléfono Laval para pedirme que convocase el Consejo porque transformaba en continuidad de cargo (que no existía) la continuidad de mi persona (a quien y no al «delegado de España» se había dado la presidencia del Consejo cuando no le correspondía, transformándolo para ello en Comité de los Trece). Qué hubiera pasado si se hubiera presentado Barcia a presidir los Trece, no puedo ni figurármelo. Pero el hecho es que mi posición era a la vez firme y precaria; firme porque la unanimidad de fuera era total y hasta consabida, y precaria porque cualquier día podría cesar, puesto que en casa nadie se daba cuenta de ello.

Teniendo en cuenta todo este nudo de circunstancias, antes de irme a los Estados Unidos, fui a ver a Bowers, el embajador yanqui en Madrid, y le expliqué que, mientras estuviera allá, no quería pecar ni de descortés ni de indiscreto, de modo que en lo de ver a los personajes oficiales, no tomaría iniciativa

---

* En agradecimiento a todo lo que debo a esta mujer admirable, di su nombre a una fundación que doté el año 71 en el Colegio de Europa para becas a estudiantes españoles y portugueses.
** Véase Apéndice, doc. 41, págs. 677-80.

ninguna. Parece que Bowers escribió a Roosevelt sugiriendo una
entrevista, porque nuestra Embajada en Washington me avisó
de que, como se estaba debatiendo entonces en el Senado la prolongación de la vigencia de la ley de neutralidad, era mejor que
no viniera a Washington hasta pasado el debate.

Poco después, Cordell Hull, secretario de Estado, avisó que
quería verme. Fui, pero no me vio. Cayó enfermo. ¿Diplomacia
o virus? ¿Quién sabe? (Más tarde, en otro viaje, hablé con él en
su despacho oficial.) En todo caso, mi entrevista con el subsecretario, Phillips, fue pura pérdida de tiempo; y aunque vi a
Henry Wallace, entonces ministro de Agricultura, y hablé con
él de cosas que valían la pena, no se tocó lo de Ginebra. En
cuanto a Roosevelt, parece que me estimó o en poco o en mucho;
porque sus amigos me aseguraban que temía el *lobby* de furibundos adversarios de la Sociedad de Naciones.

Este *lobby* era muy fuerte. La impresión que saqué de mis
conversaciones con prohombres públicos como el famoso coronel House o Harrison, gobernador del Banco Central, era que
había impresionado al país el vigor de la Sociedad de Naciones
hasta que se conoció el plan Hoare-Laval, tanto que hasta habría
apoyado un embargo del petróleo, pero que aquel funesto plan
había impulsado un retorno de las fuerzas contrarias a Ginebra.
Situación curiosa, pensaba yo, porque la opinión de los Estados
Unidos, en vez de ser suya propia original, dependía de lo que
se hacía y decía en Ginebra. La caída de Hoare y poco después
la de Laval no quitó fuerza a la ola antiginebrina levantada por
su malhadado plan; lo que me hizo sospechar que la evolución
favorable anterior no pudo haber sido tan fuerte como me la
pintaban mis amigos. Por otra parte, llamaba la atención la
incoherencia de aquella oposición a Ginebra, que componían el
ultranacionalismo de la prensa amarilla de Hearst, el aislacio-
nismo-imperialismo que dirigía el senador Hiram Johnson, y el
pacifismo evangelista que mandaba el senador Nye.

Mucho me llamó la atención el poco crédito que la gente de
Washington concedía a la sinceridad de la política británica, de
modo que al ministro le escribía: «No existe más que una posibilidad (no una certidumbre) de que se restablezca la confianza
en la política de la Gran Bretaña, y es que en la próxima
reunión de Ginebra se ponga Eden a la cabeza de la sanción
del petróleo, pase lo que pase allí.» De otro modo sólo veía un
abandono creciente del problema en los Estados Unidos; de
modo que concluía: «Se confirma con este ejemplo la ley constante que parece regir las relaciones entre la Sociedad de Naciones y los Estados Unidos: en todo momento la acción óptima

para Ginebra consiste en seguir su camino recto como si los Estados Unidos no existieran.»

Dedicaba también un párrafo de la carta a la conferencia interamericana que los Estados Unidos estaban esperando. ¿Qué se proponían?, me preguntaba. Consolidar lo ya logrado, edificar una Sociedad de Naciones americana o más probablemente «un escaparate electoral que tuviera por tienda la primera solución arriba apuntada y por trastienda la segunda». Hablé del asunto con el embajador mejicano Castillo Nájera, que había conocido bien en Ginebra, el cual me aseguró que «la gente del Sur» estaba dispuesta a cantar un coro a la nueva versión de la Doctrina de Monroe, pero el presidente mejicano (que habló por teléfono con Castillo en mi presencia) le reiteró su deseo de que insistiera en que Méjico supeditaba todo a su fidelidad a la Sociedad de Naciones, lo que no agradó a Summer Welles, el subsecretario.

*

En aquellos días estaba en su apogeo la reputación de Henry Wallace, muy admirado por los «liberales» yanquis. Esta etiqueta es en los Estados Unidos mucho más avanzada que en Inglaterra y no digamos que en Francia, donde los liberales pasan por reaccionarios. Así se explica que Wallace, que comenzó del color político de un liberal inglés, terminó poco menos que comunista. Era un hombre simpático y amable, buena figura, rostro aureolado de blanco pelo, que realzaba su tez soleada; de mucho dinero, hecho comercializando ideas fecundas sobre la hibridación de variedades de maíz, de honradez diáfana y de predisposición idealista, lo que me hizo esperar, quizá ingenuamente, que estaría dispuesto a escuchar mi canción. La cual era más bien (como donosamente dicen en Alemania) música del porvenir que ruido del presente, y tenía por fin la organización racional y previsora del porvenir de Hispanoamérica.

Le dije, pues, que la política de los Estados Unidos para con la América española y el Brasil era lamentable y se resumía en buenas palabras y malos hechos; y en seguida pasé a exponerle mi programa. La América ibérica estaba despoblada. Cuando tuviera 250 millones de habitantes habría resuelto sus propios problemas y además dotado a los Estados Unidos de un mercado colosal. Pero era menester que estos 250 millones fuesen en su gran mayoría europeos; y si se buscan europeos que no vayan allá a hacer dinero aprisa y volverse a Europa a gastarlo, es menester que sean españoles, portugueses o italianos.

El fracaso de los Estados Unidos en Iberoamérica se debe a que confunde los intereses reales y duraderos del país con los de los individuos o las empresas que sólo van allí a explotarla y sacarle los dineros a alta presión, lo que destruye toda confianza en los yanquis *.

Otro error de los Estados Unidos es el de aferrarse en todo el Continente a una política tercamente antiespañola. Por ejemplo, todas las reuniones hispanoamericanas organizadas por o con España admiten a los Estados Unidos, especialmente invitados para ello; pero jamás se invita a España a una asamblea panamericana (en estos días se ha eclipsado ese *pan*).

Todo esto, expuse a Wallace, era absurdo, porque en el fondo hay un interés común a los tres lados del triángulo: el iberoamericano, el yanqui y el español. España no pide más que respeto para el libre y espontáneo desarrollo de la cultura de raíz española que ha plantado en el Continente, que le puede absorber un exceso de población de un cuarto de millón anual; y ni uno ni otro de estos dos fines es contrario a los verdaderos y honrados intereses de los Estados Unidos. Hay que ir, pues, a una serie de acuerdos triangulares entre los Estados Unidos y cada uno de los países de allá, en los que España daría la gente, los Estados Unidos el capital y cierta tecnología, y el país iberoamericano la tierra y la legislación, con el fin de elevar el nivel de la emigración española del de un transporte de ganado humano al de un fenómeno sociológico consciente y civilizado.

Pareció interesarle el asunto y trató de conseguirme una entrevista con Morgentmau, ministro del Tesoro, que acababa de regresar de una excursión a España; pero entonces se le ocurrió morirse a su colega de la Marina (primo del presidente) y, razón o pretexto, la entrevista se enterró con el difunto. Wallace me prometió exponer mi plan a Morgenthau y a Roosevelt. Total, que los Estados Unidos preferían irse merendando a Hispanoamérica en bocadillos de panamericanismo.

No le hablé a Wallace de Puerto Rico, pero sí en varios otros lugares influyentes. Los yanquis tienden a deplorar la carga de pobreza, con su sobrecarga de epidemia y crimen, que les traen a Nueva York los portorriqueños, y claro está que acusan a los infelices de ser los autores de tantos males. Pero si leyeran lo

---

* No que esta conducta miope sea monopolio de los yanquis. Por ejemplo, si los tres grandes propietarios de las minas de estaño de Bolivia (dos bolivianos y un judío alemán) hubieran gastado un buen 25 por 100 de sus enormes beneficios en mejorar sus minas, sus métodos, el trato de su personal y la instrucción pública, otro gallo le cantara a aquel maravilloso e infortunado país.

que de Puerto Rico escribe Poinsett *, pronto descubrirían que la miseria que hoy padece Puerto Rico está *made in USA*. En su época española, la isla era un paraíso. La solución entonces (o sea en 1936) era la independencia; y creo que si *entonces* se hubiesen federado Cuba, Puerto Rico y Santo Domingo, no habría hoy un dictador comunista en La Habana. Que cierto es que Puerto Rico en sí es hoy próspero, pero a costa de la miseria de su inmensa colonia que se pudre en Harlem.

___

* *Notes on Mexico made in the autumn of 1822* by J. R. Poinsett. London, 1825.

Capítulo XLIX

Dos toros en plaza

A fines de marzo, muchos observadores revelaban cada vez más impaciencia ante la pasividad (o lo que así juzgaban ser) de la Sociedad de Naciones en el conflicto ítalo-etíope. No consideraban los actos osados y agresivos de Hitler sobre el Rin como razón suficiente para nuestra circunspección frente a los actos similares de Mussolini en Etiopía. Pronto se propagó en todo el mundo la noticia del uso y abuso del gas deletéreo que hacían los italianos contra la población civil etíope, y las críticas contra la Sociedad de Naciones se hacían cada vez más amplias y punzantes *.

El 31 de marzo, *Le Journal des Nations*, periódico de asuntos internacionales que se publicaba en Ginebra, me hizo a mí blanco de sus reproches. Que el Comité de los Trece, después de tomar nota de las respuestas de las dos partes con un retraso de trece días, al llamamiento que se les había hecho el 3 de marzo, me había confiado, como su presidente, la tarea de informarme cerca de ambas partes y de tomar todas las medidas necesarias para llegar a la paz. Nada más sencillo. Como jugar al billar, que sólo necesita darle a una bola primero y luego a la otra. Pero el periódico me criticaba porque todo lo que había hecho había sido hablar con Grandi (Italia) y Martin (Etiopía) en Londres, y regresar a Madrid, lo que demostraba que mi misión había fracasado. Pero Oliván, que me mandaba el recorte desde Berna, estaba bastante alarmado por el estado de opinión pública en Londres y en Ginebra, a causa de los métodos que ponía en práctica en Etiopía la aviación militar de Mussolini. Lo que le preocupaba era que fuéramos nosotros, los españoles, los que cargásemos con el mochuelo de la inactividad.

Convoqué entonces al Comité de los Trece para informarle del estado de las cosas, y la prensa italiana no tardó en sugerir

---

* Véase Apéndice, docs. 42 y 43, págs. 681-84.

que obraba bajo presión oficial inglesa, mera insidia sin base *. Inglaterra tenía entonces —según la pintoresca frase francesa— otros gatos que azotar. Hitler en el Rin y no Mussolini en Etiopía era entonces el plato del día. El Consejo se reunió en Londres a fines de marzo para tratar de Hitler, y el 29-III-36, Eden, Grandi, Van Zeeland y Flandin aseguraron al mundo que «el respeto escrupuloso para con las obligaciones de los tratados es un principio fundamental de la vida internacional y una condición esencial de la paz».

El que con más autoridad lo decía era Grandi, cuyo jefe, Mussolini, al hacerle la guerra a Etiopía, había batido de un solo golpe todas las marcas en cuanto a violar tratados; así que aquella proposición era no sólo exacta en teoría, sino fundada en la experiencia de por lo menos uno de los firmantes. Ni hace falta añadir que la sentencia, colgada al sol de una cuerda tendida de la hipocresía al cinismo, sólo podía obrar sobre Hitler como una muleta sobre un toro. Si Mussolini, ¿por qué no él? Sabía, además, que el Consejo se componía de dos partes distintas: la del poder bélico-económico, que componían los vocales permanentes, y la del poder moral, que formaban las naciones menores. También sabía Hitler que los del poder bélico-económico se hallaban divididos y preocupados, mientras que los del poder moral no estaban dispuestos a apoyar a un Flandin que, en punto a poder moral, apenas si rebasaba la altura de Laval.

Por ser Londres más atractivo que Ginebra para un masón radical, republicano (puesto que en Londres residía un monarca), vino al Consejo Augusto Barcia, entonces ministro de Estado y siempre alto grado en la masonería. Quedé, pues, reducido a segunda fila y al modesto papel de apuntador. Conocí entonces a Ribbentrop, que me pareció llevar con distinción su mediocridad, y seguí la labor del Consejo con toda la asiduidad necesaria, lo que no me impidió ocuparme también de la Fundación Mundial.

Francia deseaba una declaración oficial de que Alemania había violado el Tratado de Locarno. Curiosa situación, puesto que el Tratado de Locarno había sido inventado por Austen Chamberlain precisamente para eliminar a la Sociedad de Naciones del conflicto endémico franco-alemán, o sea como un aparato de equilibrio de poder bélico en lugar del aparato de poder moral; y ahora, ante su fracaso, los mismos que lo habían inventado (y que seguían aplicando su principio en lo de Italia-Etiopía) se precipitaban a pedir socorro al poder moral.

---

* Véase Apéndice, doc. 44, pág. 685.

Declaramos, pues, que Alemania había violado el Tratado de Locarno, pero el Ecuador prefirió ausentarse por temor a ofender a Alemania, y Chile se abstuvo tras una barrera legalista. Este episodio no aprovechó a la autoridad de los hispanoamericanos en Ginebra. El Consejo frente a Hitler tenía que fracasar, cosa a la que ya se iba acostumbrando.

*

Éste era el fondo sobre el cual el presidente del Comité de los Trece se veía obligado a laborar por un acuerdo entre las partes, Italia y Etiopía —algo así como si se diera orden a un inspector de pesas y medidas para que hiciese llegar a un acuerdo al carnicero y el cordero que va a descuartizar—. La situación personal se había deteriorado porque Flandin era mucho peor que Laval en todo menos los modales, y a veces descomponía al siempre correcto Eden. Así se empeñó en retorcer la resolución del Comité hasta hacerle decir que Italia y Etiopía tendrían que negociar directamente, y que mi presencia y la del secretario general sólo serían «morales» (en su acepción de moral que era lo menos que podía ser, algo así como dos retratos en la pared). Parece que lo que se proponía era eliminar a la Sociedad de Naciones con su fastidiosa carga de principios, pero encerrarnos a Avenol y a mí bajo el techo de la responsabilidad, por si se hundía la negociación. Eden vibraba muy cerca de la indignación. El australiano, Bruce, buena persona, capaz pero algo romo y no nada dotado de penetración, amén de su total incapacidad lingüística, se dejó engatusar hasta pasarse a Flandin, como también Titulesco, en parte por la francofilia implícita en la Pequeña Entente, en parte por otras causas.

Creí entonces necesario poner en claro que, en el seno del Comité, no había recaído acuerdo sobre negociaciones directas, sino sólo sobre conversaciones en presencia de Avenol y mía, presencia que, desde luego, no sería pasiva. Añadí que ya nadie pensaba que fuera posible mantener el Pacto en su integridad, y que, por lo tanto, los principios tendrían que aguantarse. Pero, añadí, todavía no hemos recibido encargo del Comité de negociar sobre esta base, o sea de salvar lo que podamos de los intereses de Etiopía, aunque conscientes de que el resultado no cuadrará con el Pacto. Si se reconoce plena y explícitamente esta situación, yo estoy dispuesto a negociar; si el Comité prefiere no reconocerla abiertamente, aun entonces negociaría, pero sólo si el Comité se aviene a constituirse en sesión permanente para registrar y endosar cualquier sacrificio que haya que hacer. Si no, me niego a poner en escena una comedia titulada «Todo el Pacto» sólo para salvar la responsabilidad de doce de los trece delegados que componen el Comité.

Al día siguiente, vino Aloisi a verme. Estaba disgustado con el cariz de las cosas y «temía» que Italia no estuviese representada en la próxima reunión del Comité que —se me quejó— había convocado yo para el jueves siguiente «como una forma de presión». Rechacé el cargo y le aconsejé que viniera a la sesión, porque sería muy posible que el Negus rechazara su propuesta, en cuyo caso yo declararía por terminada la fase de conciliación. «¿Y entonces?», preguntó. Entonces le aconsejé me trajera algo concreto y de sustancia y no otro de sus escarceos de procedimiento. Esto le impresionó. Lo sé porque poco después recibí a Pilotti, el secretario general adjunto italiano, que me lo dijo. Repetí el consejo a Pilotti, el cual, por su actitud más que por sus palabras, me confirmó en mi creencia de que la Sociedad de Naciones disfrutaba todavía en Roma de bastante fuerza para que nos cupiera esperar algún resultado *.

*

Eden estaba decidido a impulsar la aplicación de las sanciones, lo que no convenía ni a Italia ni a Francia. Aloisi me trajo un plan inaceptable e incompatible con el Pacto. Propuse aplazarlo todo un día. En este lapso, Avenol preparó un resumen de nuestra entrevista con Aloisi, que nos leyó a Oliván y a mí justo antes de la llegada de Aloisi. A los dos nos pareció muy ladeada hacia Italia y tendenciosa para escrita por el secretario general; pero la aceptamos, con algunas enmiendas, a fin de adelantar y no poner en peligro el puente entre Francia e Inglaterra. Cuando llegó Aloisi, le hablamos del resumen preparado por Avenol. Aloisi declaró que se atenía a nosotros y no pediría verlo. Cuando se marchó Aloisi, Avenol, con solo mirarnos, vio que nos habíamos percatado de la jugada: había hecho el resumen de acuerdo con Aloisi y ocultándonoslo.

Sobre la marcha improvisé un almuerzo con Eden, Paul-Boncour, Avenol y Oliván, en el curso del cual, dando por no existente el astuto papel, di la versión verídica de la entrevista, informé yo sobre ella. Ya entonces sabíamos que Etiopía había rechazado el plan Aloisi. Obtuve algo de Aloisi sobre la «negociación directa», pero nada de Etiopía. Decidí, pues, dar por terminada la fase de conciliación. Esta actitud me parecía más sana para la autoridad del Consejo. Pero necesitaba la aquiescencia de Paul-Boncour, la que obtuve gracias a otra concesión

---

* Véase Apéndice, doc. 45, págs. 686-89.

que le pedí a Eden: que se aplazara la reunión del Comité de Sanciones y se convocara el Consejo. Eden se avino a mi ruego, no sin exigir de Paul-Boncour promesa de que Francia adoptaría una actitud más firme pasadas las elecciones francesas *.

Anotaré aquí que el 8 de mayo de 1936 me escribió Paul-Boncour que venía recibiendo cartas de amenazas para él y para mí que había enviado a la policía. Las cartas venían de París. Me mandaba una nota de la policía francesa declarando que las *minutieuses recherches* no habían dado fruto alguno y que los que escribían firmaban seguramente con nombres falsos —agudísima observación para hecha por la policía francesa—. (Todavía imperaba en ella la tradición fascista de Chiappe.) Paul-Boncour añadía: «Lo que me consuela es que el ministro francés no sale mejor librado que nuestro amigo de España en esta nota verdaderamente un poco vaga y que pone punto final a algo que debió haberse emprendido con más actividad» **.

*

La conquista de Etiopía proseguía. Badoglio, que había sustituido a Di Bono, derrotó a los etíopes en la batalla del lago Axangui (marzo-abril del 36). El Negus salió para el destierro. El Consejo se reunió el 20 de abril. Aloisi habló con aplomo imperturbable de la lealtad de Italia al espíritu del Pacto y manifestó cierta generosidad al no excluir del todo al Consejo de unas negociaciones que ahora sí que iban a ser directas, sin interpretaciones; pero insistió en que no tendrían lugar en Ginebra. Por si subsistía alguna duda sobre las consecuencias para Europa de tener que habérselas con dos toros en plaza, Aloisi terminó diciendo que la actitud de Italia en Europa dependería de cómo se daba fin al conflicto etíope.

Fue aquel un Consejo sombrío que, aun aceptando lo inevitable, mantuvo en pie las sanciones, al menos en el papel, y, con gran indignación de Aloisi, hizo constar su protesta contra el uso del gas deletéreo. Pero la sesión del 11 de mayo fue, si cabe, aún más sombría. Mussolini había enviado a la Sociedad de Naciones el decreto italiano de anexión de Etiopía, y Aloisi argüía que, como ya no existía tal Estado, no podía estar representado en Consejo ni ya existía lo que hasta entonces se había conocido como el conflicto ítalo-etíope. El Consejo se negó a aceptar ninguno de estos dos argumentos, y Aloisi se retiró. Decidió entonces el Consejo (12-V-36) aplazar el asunto hasta

---

*   Véase Apéndice, doc. 46, págs. 690-92.
**   Carta y documento en Apéndice, docs. 47 y 48, págs. 693-94.

un mes más tarde, durante el cual seguirían en vigor las sanciones. Entretanto, a petición de la Argentina, se convocó la Asamblea para el 30 de junio.

Aquel mes de intervalo iba a traer todo un bagaje de cambios. El 4-VI-36 ganó las elecciones francesas el frente popular y elevó a Léon Blum a la presidencia del Consejo y a Yvon Delbos al Quai d'Orsay. Iba a ser, pues, con mucho, el Gobierno más antifascista que tendría Francia. No nos incumbe a nosotros, meros actores o espectadores, criticar al Autor de la Obra; pero a veces se queda uno perplejo. Un par de años antes, la salida a escena de Léon Blum pudo haber evitado al mundo, a Italia y a Etiopía, muchos y graves males. Intelecto penetrante, honradez diáfana, y ese toque de sensibilidad artística sin el cual no hay político que llegue a hombre de Estado, predestinaban a Léon Blum para la alta política. Yvon Delbos era competente, recto, sincero, quizá algo corto de imaginación.

El 10-VI-36, Neville Chamberlain, considerado como el número 2 del Gabinete Baldwin, pronunció un discurso ruidoso en el que condenaba las sanciones como «locura de la San Juan», ataque directo y patente a su colega Eden. Ya entonces Eden había perdido su fe en las sanciones, pero estimaba indispensable terminarlas como habían empezado —colectivamente—. Con todo, aquella intemperancia y el retorno al Gobierno de Hoare como ministro de Marina empañaron la imagen pública del mejor ministro que jamás tuvo Inglaterra en Ginebra.

La Asamblea se reunió en un ambiente de derrota y fracaso. Se eliminaron las sanciones por voto unánime, con las notables excepciones de Nueva Zelanda y el África del Sur, quizá menos paradójicas de lo que parecen, si se tiene en cuenta el trasfondo sicológico del famoso discurso bélico-ginebrino de Sir Samuel Hoare. El reconocimiento de la anexión de Etiopía fue lo más duro de tragar. El propio Negus se dirigió a la Asamblea en términos dignos y hasta nobles, en contraste con la rociada de insultos que le disparaban desde la tribuna de la prensa los periodistas fascistas, entre los cuales me dolió reconocer a Cassuto. Estábamos en pleno en la tensión Quijote-Sancho que llevábamos ya meses y años viviendo. El mismo Eden y el mismo Léon Blum se veían obligados a escuchar lo que sus Sanchos nacionales decían y a vigilar los movimientos de Hitler. Se puso a votación un texto que no decía nada, pero que *quería decir* que nosotros miraríamos a otra parte mientras Italia hacía lo que le daba la gana; y para levantar los alicaídos ánimos, se hablaba de la reforma de la Sociedad de Naciones. Pocos se daban cuenta de que vendría antes la muerte que la reforma.

¿Quién pedía la palabra? Eden vino a mi escaño a pedirme que hablase. Me negué. Poco después puse sobre su mesa un papel. Meses más tarde, ya en la emigración, cenaba con Lloyd George y Tom Jones en un gran hotel de Whitehall (el barrio político de Londres), donde hablamos mucho de España; y Lloyd George, con más imaginación que información, ponía sus esperanzas en el coronel Mangada. Metí la mano izquierda en el bolsillo de mi *smoking* que creía vacío, y noté que tenía un papel que saqué y descubrí ser una copia del que había dado a Eden durante aquella siniestra sesión. Se lo leí a mis dos compañeros de mesa, y Lloyd George me lo pidió y se quedó con él. Creo que el texto, parodia del famoso monólogo de Hamlet, decía así:

> Hablar o no hablar. De eso se trata.
> Si es más noble sufrir en el silencio
> la vergüenza de un infortunio ignominioso,
> o hablar y que parezca que condono
> crimen que clama al cielo.

CAPÍTULO L

Segunda vuelta a la Europa Central

Qué alivio irse a Budapest (6 al 10-VI-36) para una reunión del Comité de Artes y Letras. Ni me acuerdo de lo que hablamos bajo la vaga etiqueta de «Hacia un humanismo nuevo», con sus tres vocablos bastante elásticos para permitirnos echar al vuelo la imaginación. Budapest, como Venecia y Francoforte, en donde ya nos habíamos reunido, es una ciudad empapada en historia europea, llena de carácter y de belleza, tanto que se ponía uno a sentir tener que trabajar en ella en vez de gozarla. Entre los agasajos que nos ofrecieron figuraba una ópera en el excelente teatro de la ciudad. Daban *Un ballo in maschera*. En el taxi, Duhamel se lamentaba de no conocer el argumento. Para consolarle, le conté que, en Buenos Aires, la ciudad quizá del mundo mejor servida de óperas, gracias al Teatro Colón, me habían dicho que todas las óperas tienen el mismo argumento: «el tenor quiere acostarse con la tiple y el bajo se opone». Mediado el segundo acto, me susurró Duhamel: *«Les affaires de votre basse vont bien mal.»*

Ya no era entonces Budapest la brillante segunda capital de la Monarquía Dual, pero todavía le quedaba mucho de su pasado esplendor, realzado por la fachenda de sus hombres y la belleza de sus mujeres. El vigor de los rostros masculinos de Hungría es notable y merece designarse en términos paradójicos como una hermosa fealdad, debida sobre todo al carácter, quizá también a cierta reminiscencia del Asia de que proceden.

Una noche, sentado a una mesa maravillosamente puesta y servida en una casa señorial de Budapest, mi vecina me dijo: «¿Se acuerda Vd. de lo que le conté sobre aquel conde E. que a la entrada del parque de su finca había hecho alzar un cartelón que decía: NI PERROS NI JUDÍOS?» —«¡Que si me acuerdo!, y también que un día entraba en el parque un rabino muy conocido cuando él salía a caballo y que al instante le cruzó la cara con el látigo.» Me miró y agradeció con los ojos mi buena memoria: «Bueno. Mire enfrente. Tercero a la derecha de la señora de la casa: el hijo del conde del látigo. Quinto: el hijo del rabino.» Volvió hacia mí dos ojos azules encantadores y preguntó: «¿Diría Vd. que es un progreso?»

Había entonces en Budapest un encargado de Negocios que se llamaba Carlos Arcos. Creo que era conde de algo, desde luego sin látigo. Le solía llamar *chargé de rien à faire*, lo que le divertía porque sabía que yo sabía que no era así. Arcos era, en efecto, hasta cierto punto, el diplomático modelo, porque era activo *ma non troppo*, y hacía las cosas bien porque nunca olvidaba el consejo de Talleyrand: *Surtout pas de zèle*. A su modo, sin gestos ni alharacas, y como si le divirtiera, hizo todo lo que había que hacer para que mi paso por Budapest fuera a la vez útil y ameno. Dio una cena en la Legación a la que invitó gente de calidad, ya por naturaleza o por situación, y la hizo presidir por el archiduque. La casa imperial de Habsburgo, en efecto, tenía en Budapest un archiduque con su archiduquesa, que era como una especie de virrey para la vida social. Eran desde luego burgueses, como todo el mundo lo era ya entonces en Europa, aunque aceptaban todas las firmas y preferencias regias, como aquella de presidir una mesa en casa ajena. Él parecía un coronel retirado, y ella, con su peluca color zanahoria, me recordaba aquella descripción que hace Balzac de una cocinera: «El rostro magnífico pero mal adaptado a su oficio, porque era el de un granadero de la guardia.»

Como había poco menos que monopolizado la conversación de la archiduquesa durante la cena, me disolví discretamente en la multitud en cuanto nos levantamos, y ella se sentó en un sofá de dos asientos, artefacto e instrumento de la industria del ingenioso Arcos, que había organizado la velada con precisión napoleónica. Sus invitados masculinos tuvieron que ir a servir cada uno de sembrador y de pasto para la conversación archiducal; lo que hacían todos de buena gana, pues la dama, bajo la peluca rojiza, no tenía pelo de tonta y soltaba lo suyo entre chupa y chupa a su habano que manejaba con maestría.

Con lógica que todavía le aplaudo, Arcos pensó que, puesto que ya había servido a la archiduquesa durante la cena, me tenía que dedicar después al archiduque. Él era mucho más reposado y reticente que su regia consorte, hablaba poco pero con sensatez; salvo en su norte-noroeste de locura de que disfrutaba como todos nosotros, los incoronados mortales, y cuyos accesos provocaba la menor alusión a Benes, Masaryk y *tutti quanti*. En su aversión por los dirigentes de la Checoslovaquia independiente, creí percibir un sentimiento menos político y dinástico que personal. A la vuelta de nuestra conversación, me pareció que lo que se le atragantaba al archiduque no era tanto que hubiera triunfado Praga de Viena, sino que se hubiera atrevido a dormir en su cama y sábanas archiducales en tal o cual castillo. «¡Hasta en mis mismas sábanas!»

Creí, pues, prudente no iniciar el tema de Horthy, el almirante que sin escuadra ni aun costa, era regente de una monarquía sin rey, y me había invitado a almorzar en el Palacio Real de Buda, donde vivía en plan de monarca. Me pareció de más fachada, pero quizá de menos fuerza interior que Franco. Alto, apuesto, digno, «regente» de cuerpo entero, admirablemente apoyado por una «regenta» que habría sido una reina cabal si la Historia hubiera corrido por otro cauce. El almuerzo pasó como una seda, sin otra persona a la mesa que los tres, y en comentarios anodinos sobre el estado de Europa. Pregunté al regente qué pensaba del *Anschluss,* y me dio una respuesta aguda: «Si nosotros, los húngaros, tuviéramos un vecino tan grande como Alemania en proporción a Austria, que hablase nuestra lengua, creo que todos votaríamos por el *Anschluss.*»

En tiempos de Carlos V se divertían cazando unos nobles españoles en ese paraíso que es la Andalucía, cuando les llegaron nuevas de que el Turco sitiaba a Budapest. Así como estaban, en su atuendo de caza, se echaron a galopar hasta la ciudad húngara amenazada por el infiel; y así como estaban lucharon contra el Turco por ella. Todo esto lo hizo grabar en bronce Carlos Arcos sobre el muro de Budapest en honor a los cazadores; y lo grabo yo aquí en el bronce más ligero del papel en honor a Carlos Arcos.

*

Muy diferentes habían sido mis breves días en Praga *. Por lo pronto, allí conocía bien a la gente de arriba, y sobre todo a Benes, con quien me unía buena amistad. Demasiado conocía y lamentaba sus errores de juicio, pero sobre ellos pensaba lo que sobre los polacos: que era punto menos que imposible no errar cuando se vive en lugares tan peligrosos y con vecinos tan intratables. Otro tanto le pasó a Dubcek. Benes se movía dentro de un área estrecha, muy dependiente de Francia. Recuerdo un día en el Consejo cómo viró de nordeste a sudeste en lo que estaba diciendo al cambiar una mirada con Avenol; caso que se me grabó como típico de la actitud nacional de nuestro segundo secretario general.

---

* Véase Apéndice, doc. 49, pág. 695.

Pero la labor de Benes era difícil hasta un grado cruel y él la llevaba con integridad y valor cívico. Si una o dos veces no logró el valor que requería la situación, ello se debió a que lo que de él esperaban sus críticos era sobrehumano. El caso de Munich ha debido de ser uno de estos tremendos momentos. Pudo haber decidido luchar contra Hitler aun después de abandonado por Daladier y por Chamberlain, pero ¿no equivalía a hacer de su país un satélite soviético?

Benes era un socialista-liberal sincero. Mi alianza con él en Ginebra fue fecunda en algunos casos, como el de la reforma de las instituciones de la Sociedad de Naciones. En Praga, vivía en un ambiente de dignidad conforme a un jefe de Estado, pero en estilo de la mayor sencillez. Las reminiscencias españolas son en Praga aún más fuertes que en Viena, y el castillo, rehecho y modernizado por la república con elegancia y buen gusto, ofrecía también cierto aire español.

Terminé mi gira en Viena, donde había empezado. Era, desde luego, un viaje particular, aunque mi situación ginebrina me abría muchas puertas. En Viena no me esperaba obra alguna oficial, pero contaba ya con buenos amigos y además deseaba ir a la Ópera. Encontré la hermosa capital muy movida y preocupada, a veces hasta con aire de tormenta. Los nazis de Austria se movían mucho. Fui a la Ópera a ver-oír el *Rheingold*, todo de una sentada, sin entreactos, y cuando digo «sentada» me refiero hasta el director de orquesta que dirigía desde el fondo de un soberbio butacón. Pronto me di cuenta de que la tiple cantaba contra un catarro fuerte, logrando vencerlo con tesón; y admirándola estaba por su voz como por su entereza, cuando me pareció que manifestaba de pronto una emoción mucho más fuerte que la que comportaba la obra. Entonces, invadió el patio de butacas un abominable hedor, y tres o cuatro espectadores se levantaron y abandonaron el patio de butacas. Recordé que me habían dicho que los nazis manejaban las bombas pestilentes como arma de guerra política; pero salvo aquellos fugitivos, probablemente nazis, nadie se movió. La tiple recobró su aplomo, la ópera volvió a fluir en su amplio cauce, el aire volvió a ser respirable. Habíamos ganado.

Al día siguiente fui a ver al canciller. Schuschnigg me recibió con la misma cortesía serena de antaño. Me aseguró que poseía la prueba concreta de la connivencia de los nazis del Reich en aquellas miserables maniobras, y, aunque evité ponerle en la alternativa de expresar opinión sobre lo que veía venir, no dejé de observar que estaba de humor más pesimista que el año anterior. Pero no diré que me sentí profeta. Al contrario. Tan arraigado estaba en la tradición liberal de Europa, que ni aun entonces vi que Hitler se metería en el bolsillo la independencia y soberanía de Austria. Me es difícil hoy volver a colocarme en el estado de ánimo en el que he debido de vivir entonces, porque tan ahítos estamos de infamias que se nos han estragado la sensibilidad y el juicio moral; pero el caso es que aunque vi a Hitler como un serio peligro para Francia, Rusia y aun Inglaterra, no imaginé que robaría naciones menores. Pensé que andaba tras un imperio, colonias, mercados…, también quizá Austria por ser país alemán, aunque no en la forma infame en que lo hizo *.

No es nada fácil desentrañar lo que en una imagen vista en la memoria se debe a la primera impresión virgen y lo que va luego fermentando y creciendo en el lapso de vida que transcurre desde que el hecho original nace hasta que se rememora; pero, en este caso, soy capaz de atenerme al hecho virgen porque recuerdo otro que lo condiciona y determina: Estaba en el despacho de mi amigo Scott Mowrer, director del *Chicago Daily News*, cuando la cinta telegráfica comenzó a contar la invasión de Austria por Hitler; y todavía recuerdo las ondas de emoción que sentimos ambos; incluso algunas que hoy me parecen de una ingenuidad increíble. «¡Pero eso no se puede hacer!», le gritaba a Scott Mowrer. Claro que no sabía nada de Belsen, y otras antesalas del infierno.

*

Me iba ya entonces ganando cierto escepticismo sobre la labor intelectual de la Sociedad de Naciones, aunque no sobre la cooperación intelectual en sí. Me parecía que si íbamos a lograr establecer la paz entre las naciones, el modo meramente político de abordar el problema tenía que fracasar mientras se limitase a una postura antibélica, puesto que lo que era menester era una *conversión*, sobre todo entre los dirigentes de los países más desarrollados, conversión que no tendría lugar si no se preparaba intelectualmente con el debido esmero.

Para estos fines, nuestro trabajo no me parecía bien pensado. Desde luego, se había progresado mucho desde que se había encargado Henri Bonnet de la Cooperación Intelectual, y nuestros encuentros habían sido fecundos y estimulantes; pero todavía algo arbitrarios, al estilo de la abeja que va de flor en flor libando polen. Creía necesario algo más sistemático.

También estimaba que necesitábamos una fe común que aunase y retuviese en unidad las hoy dispersas naciones. En el Consejo Mundial de Religiones se dieron entonces algunos dirigentes que solicitaron mi cooperación, adivinando alguna suerte

---

* Véase Apéndice, doc. 50, págs. 696-99.

de afinidad; pero a mi ver las varias confesiones (o como agudamente las llamaron los ingleses, las *denominaciones*) son meras
naciones en el campo de la creencia, de modo que crean sus propias fronteras, definiciones, nacionalismos, hasta intereses, aun
cuando no prediquen estas cosas en la vida laica.

Así que el sendero religioso me parecía fuera de lugar en
una búsqueda de la organización de la paz. Lo que se necesitaba
era un estado permanente de consenso o por lo menos de debate
sobre lo que pasa en la mente humana, con clara orientación
hacia la síntesis. Síntesis doble. Una hacia la unidad en las
ideas básicas de la ciencia, del conocimiento y de la iluminación
mutua, que procuraríamos alcanzar mediante la confrontación
de las diversas disciplinas y especializaciones en nuestro camino
hacia la verdad; y la otra que apuntara a la unidad, o al menos
a la armonía entre las actitudes esenciales de los diferentes pueblos del planeta para con el pasado, el presente y el futuro, de
modo que en una o dos generaciones pudiéramos escribir en
nuestros libros de historia lo que Víctor Hugo en un cuaderno
de sus versos juveniles: *tonterías que hacía antes de nacer.*

Opinaba entonces que el Instituto de Cooperación Intelectual
de la Sociedad de Naciones podría ser la simiente de tal organismo; y mi plan consistía en cambiar los procedimientos, dándole por base una Asamblea de hombres conocidos por su apor-
tación a la vida del espíritu —religión, filosofía, ciencias y
artes— que se reunirían cada cinco años; y un Consejo de Cincuenta que obraría como administrador de las conclusiones y
aspiraciones de la Asamblea pasada y como Comité preparatorio
de la siguiente. Eran para mí aquellas asambleas como los con-
cilios medievales de la Iglesia.

Existía, pues, un vínculo evidente, casi una identidad, entre
estas ideas y las que me habían inspirado la creación de la
Fundación Mundial. Hice entonces imprimir por la Prensa de
la Universidad de Oxford una cartilla definiendo los fines de
la Fundación:

> Incólumes ante la virulencia creciente de las tendencias
> bélicas, y estimulados por el anhelo de paz igualmente in-
> tenso en el mundo entero, un grupo de hombres ha estado
> laborando hace tiempo sobre las proposiciones siguientes.
> Ahora las presentan como uno de los medios mediante los
> cuales, en su opinión, se podrían elevar los esfuerzos cons-
> tructivos de paz por encima del nivel del mero pacifismo y
> dotados de un fin concreto: la organización inteligente de
> la vida en el planeta.

Capítulo LI

Hacia la guerra civil

Entretanto, la república iba de mal en peor. No valía intentar consolarse con la comodísima explicación de que todo se debía a esos malditos reaccionarios, porque en mi opinión y experiencia nó eran menos responsables los de la izquierda. Disentía de la derecha por su apego, a mi ver, desatinado, a su situación predominante en el Estado y su negativa a avenirse a lo que las clases análogas de otros países europeos habían aceptado ya hacía tiempo como reformas razonables; pero la izquierda me parecía caótica, mesiánica, lenta para la reforma y rápida para la revuelta. Era imperdonable que al cabo de cinco años no hubiese logrado la república llevar a cabo ni una reforma agraria ni una reforma del impuesto —las dos injusticias más escandalosas que era su deber corregir.

Bajo el segundo Parlamento, el Gobierno fue deslizándose cada vez más hacia la derecha porque el presidente, que no quería confiar el poder a Gil Robles, aunque a él tenía derecho en virtud de la Constitución, se veía precisado a apoyarse en hombres que habían servido a la monarquía. Así nos vimos ya en setiembre del 35 en manos de un Gabinete presidido por Chapaprieta, que era francamente monárquico. Sobre aquel hombre, algo contrahecho, se había difundido por Madrid un epigrama cruel que decía:

> El chapa que tiene chepa,
> hay que mirarlo con lupa,
> pues dondequiera que trepa
> el chapa de chepa chupa.

El epigrama no era sólo cruel. Era injusto, pues Chapaprieta era hombre de limpia hoja de servicios, ideas claras y firmeza de carácter; pero una de las formas que toman entre nosotros el personalismo y la subjetividad, que nos vedan el sentido político, consiste en denigrar al adversario sin respeto alguno para la verdad, como yo lo había sufrido en mi persona y lo iba a volver a sufrir aún más. Chapaprieta procuró restaurar el equilibrio del presupuesto con medidas que primero iban en contra de los intereses de la clase media modesta y que merecieron el aplauso de los pudientes; pero su segundo tren de reformas que, con altura de miras, dirigió a los pudientes, precipitaron su caída del poder —caso trágico de la incapacidad de la clase pudiente española para juzgar dónde está no ya la justicia, sino su verdadero interés de fondo—. El presidente «don Alfonso en rústica», como ya lo llamaban, hizo honor a su apodo entregando el decreto de disolución a Portela, que no era precisamente modelo de republicanismo (7-I-36).

Las elecciones tuvieron lugar el 16 de febrero. Daré aquí el análisis objetivo y escrupuloso que de ellas publiqué en un libro mío:

	Miles de votos
Izquierda:	
Socialistas y comunistas............	1.793
Centro izquierda (Azaña)...........	2.413
Total izquierda..................	4.206
Centro derecha (Lerroux).............	681
Derecha............................	3.784

Puesto que la izquierda consideraba a Lerroux como de la derecha, fue, pues, la derecha la que ganó aquellas elecciones por 4.465 contra 4.206 miles de sufragios. Pero estas cifras se refieren a meras etiquetas. Si referimos la elección a lo que debe ser, la manera real y efectiva del pensar político de cada cual, los resultados son mucho más claros:

Ideologías	*Miles de votos*
Anticlericales antimilitaristas:	
A. Marxistas.....................	1.793
B. No marxistas..................	3.193
Antimarxistas:	
A. Clericales, no militantes..........	3.783
B. No clericales, antiparlamentarios.	unos pocos

Por consiguiente, con la interpretación más benévola que cabe para la izquierda, en febrero del 36 España votó:

— por dos contra uno contra el marxismo.
— por dos contra uno contra el clericalismo y el militarismo.
— por ocho contra uno contra una revolución socialista.
— casi unánime contra un alzamiento militar.

Tales fueron los resultados en profundidad. Sobre la base usual de la estadística de escaños, el 16 de febrero fue una victoria de la izquierda, sobre todo para Azaña. Lo que la mayoría del país quería era verse gobernada por Azaña. Esta solución habría sido la menos mala, quizá la mejor para asegurar la existencia de la república.

*

Al regresar de los Estados Unidos visité a Azaña y a Barcia y les hice constar que yo había estado viajando en misión individual y personal; pero que ya de vuelta, si ellos lo deseaban, continuaría yendo a Ginebra cuando fuese necesario. Me instaron a que continuase, y hablé con ambos de la reforma de la Sociedad de Naciones en vista de mi experiencia y de la opinión de las naciones asociadas con nosotros. Durante el conflicto ítalo-etíope, mi actitud había sido favorable a las sanciones, aunque atento a los peligros y consecuencias que pudiera acarrear para España. Siendo presidente del Gobierno Chapaprieta, le llamé al teléfono desde Ginebra y le dije que, puesto que las cañas podrían tornarse lanzas, era necesario que yo supiese cuál era la actitud del Gobierno. Chapaprieta contestó: «Bueno. Hemos firmado el Pacto, ¿no? Pues, ¡adelante!» Éste era el reaccionario, a quien muchos izquierdistas no vacilaban en llamar «fascista».

Pero y Azaña, jefe de la izquierda, ¿qué pensaba? En cuanto me acerqué al asunto, replicó con viveza: «Lo primero que tiene Vd. que hacer es echarme fuera ese artículo 16. No quiero nada con él.» Y aún añadió: «¿A mí qué me importa el Negus?» Dios sabe la confusión en que se sumirían los generosos «liberales» de los Estados Unidos y de Inglaterra ante estas manifestaciones tan paradójicas del monárquico «reaccionario» y del republicano aliado de los socialistas. Nada menos conciliable con las imágenes consagradas de lo español.

Pero, cuidado. Aun dando de lado al aspecto frívolo que a veces adoptan en España los políticos de café, todavía es muy posible que la actitud de Azaña fuera la más seria de las dos. Su especialidad en la república siempre fue el ejército. Para él, pues, el artículo 16, las sanciones, levantaban interrogantes tremendos. ¿Estaba España en situación militar-naval-aérea de meterse en tales aventuras? Y no cabía negar que, en aquella situación, esta pregunta era predominante. Razón de más, pensé yo, para proseguir mi labor de circunscribir y delimitar las obligaciones de los Estados de la Sociedad de Naciones, dentro del Pacto, pero puntualizándolas.

Así, pues, expuse mis ideas a Azaña y a Barcia. Azaña se percató de lo que yo perseguía y le agradó mi plan, aunque no creo que se adentrase en los detalles, lo que me pareció razonable y sensato. No creo que Barcia se enterase de lo que yo buscaba; no sólo porque era hombre mucho menos inteligente, sino porque él vivía en la superficie de las cosas, periodista a flor de agua, que no solía entrar a fondo en nada; pero, en vista de la actitud acogedora de Azaña, Barcia también dio a mi proyecto una especie de bendición general.

A principios de mayo, me fui a Ginebra, a una reunión de «neutrales», como llamaban a nuestro grupo, y el 9 y 10 del mes mandé telegramas a Madrid sobre varios temas, desde el conflicto ítalo-etíope hasta la reforma del Pacto de la que habíamos hablado en Madrid, y que, en sus grandes líneas, expuse ante mis colegas «neutrales» *. El ministro holandés de Asuntos Exteriores me rogó que redactara aquellas ideas, y acepté, dando cuenta al Gobierno **. Redacté, pues, una nota que hice multigrafiar con un parrafillo explicando que se trataba de un documento personal sin compromiso alguno de mi Gobierno, para dejarle a Madrid la libertad de negociar después, cosa elemental en estos lances. A petición de mis colegas se mandaron sendos ejemplares a la Argentina, Francia e Inglaterra.

La sustancia de mis proposiciones era como sigue:

1.   Hay que revisar el Pacto para hacerlo más práctico.

2.   No es necesaria ni deseable enmienda alguna textual.

3.   Las naciones se reservarán el derecho de limitar sus obligaciones generales bajo el artículo 16 mientras

a)   la Sociedad de Naciones no sea universal;

b)   el artículo 8 (Desarme) no se haya aplicado.

4.   Los Estados a quienes concierne podrán aceptar explícitamente las obligaciones del artículo 16 en zonas políticas y geográficamente definidas.

5.   Se redactará un Pacto simplificado, reducido al artículo 11, para aquellos Estados que prefieran seguir fuera de la Sociedad de Naciones.

---

*   Véase Apéndice, doc. 51, págs. 700-701.
**   Véase Apéndice, docs. 52 y 53, pág. 702.

6. Se abolirá la regla de la unanimidad en la aplicación del artículo 11.

7. Se pondrá el acento sobre las medidas preventivas de preferencia a las punitivas.

8. No hay seguridad colectiva sin política colectiva.

El 20-V-36 me escribió Eden: «Creo que se trata de una nota muy interesante, que vamos a estudiar aquí con sumo cuidado» *. Massigli me mandó un estudio largo, muy bien construido y contrario a mi tesis. El Gobierno danés me mandó una nota **, en parte nueva, como base adjunta a la mía para nuestras deliberaciones. La idea parecía bien canalizada. Pero en Madrid había gentes que tenían la vista puesta en la política interior y que necesitaban eliminarme de Europa para sus propios fines. El director de la maniobra era Araquistáin; el instrumento, Fernando de los Ríos.

Mi nota a los neutros, que era confidencial, llegó a la prensa no sé cómo, pero sospecho (sin pruebas) que por dos izquierdistas ultras de la Secretaría General ***. Claridad lanzó la campaña contra mí y toda la prensa socialista siguió con entusiasmo. La acusación concreta era que había actuado sin autoridad de mi Gobierno, el cual no sabía nada, y que había hecho publicar la nota: dos falsedades a cual más embustera ****.

De la noche a la mañana, se me pintaba como un corruptor del Pacto para complacer a los fascistas y como un irresponsable que negociaba sin autoridad ni permiso de mi Gobierno. Asediado por excitados periodistas, aterrados ante la idea de que pereciera el Pacto (que no habían leído), Barcia perdió los estribos y la memoria, y declaró que si yo había presentado algo (y él no lo sabía) sería por mi cuenta y riesgo, y que él había avisado al subsecretario para que «se ponga en conocimiento de nuestras cancillerías en el extranjero».

La Vanguardia del 20-VI-36 publicaba una nota de esas que el destino a veces prepara como delicadas ironías. Yo, que me había pasado cinco años pidiendo más sistema y organización para la delegación española, tuve que leer esto:

> El Debate, recogiendo las palabras del ministro de Estado sobre la propuesta que el Sr. De Madariaga hizo de reforma de la Sociedad de Naciones, dice que preocupa la

---

* Véase Apéndice, doc. 54, pág. 703.
** Véase Apéndice, doc. 55, págs. 704-705.
*** Véase Apéndice, doc. 56, págs. 706-708.
**** Véase Apéndice, docs. 57 a 66, págs. 709-16.

ausencia de control que se percibe en algunas recientes actitudes de representantes españoles en el extranjero. El Sr. De Madariaga hizo esa propuesta por su propia cuenta (...) Espera *(El Debate)* que el ministro adoptará medidas para controlar de modo más eficiente la actividad de esos representantes en el extranjero.

Un periódico reforzó todo esto haciendo constar que en su última sesión el Gobierno había decidido declarar «la ratificación de su fidelidad al Pacto y al Convenant».

La memoria de Barcia era de lo más precario. El partido socialista publicó una nota condenando mi actitud en términos fulminantes, teniendo a bordo a Fernando de los Ríos, que conocía mi pensamiento a fondo; y concluía que era hora que reconociéramos a la Unión Soviética. Barcia me aseguró que no lo habíamos hecho todavía. Le repliqué que lo había hecho yo con Litvinof dos años antes; y hasta que le encontré yo el papel en su legajo, no lo quiso creer.

Se le habían olvidado también mis conversaciones con él y con Azaña (el cual, frente a los ataques sin escrúpulos de *su* prensa contra mí por hacer *su* política en Ginebra, no dijo esta boca es mía). Yo tenía pruebas escritas *. Al verlas Barcia se portó como lo que era: un hombre honrado. Había una reunión convocada para Ginebra, a la que decidió asistir, pero me llevó con él, y como yo *no era oficialmente nadie,* tuvo que nombrarme, y me nombró, lo que por su parte requería no pocas agallas **.

En la reunión de los neutros a que asistimos, Barcia tomó la palabra y me dedicó elogios abundosos y generosos, a mi ver, en parte para deshacer el daño causado por la campaña de Madrid, en parte para descargar su propia conciencia. El Comité decidió reunirse otra vez en Ginebra (pero lo hizo en Londres). La campaña contra mí, algo desconcertada por mi nuevo nombramiento, redobló de energía bajo la jefatura de Fernando. Le mandé toda la documentación necesaria, pero de nada sirvió. Le escribí una carta explicándole todo, y dirigida a él, rogándole la comunicara a Indalecio Prieto y a Julián Besteiro. No la contestó y los otros dos dirigentes socialistas y amigos míos no la recibieron ***.

Creo que la clave de todo estaba en que la izquierda se veía ya ante cosas fuertes y quería eliminarme de Ginebra. Me in-

---

*   Véase Apéndice, doc. 67, pág. 717.
**   Véase Apéndice, doc. 68, pág. 718.
***   Véase Apéndice, docs. 69 a 71, págs. 719-25.

clino a pensar que Fernando fue instrumento, algo ingenuo, del trío Largo-Araquistáin-Vayo que ya preparaban su leninización de la república y veían en Azaña un Kerensky. Para lo cual, era menester echarme de Ginebra. De modo que los perfiles personales y jurídicos de la famosa nota de Ginebra carecían de importancia para ellos. Lo esencial era echarme. Cómo era lo de menos. A Fernando lo engañaron y él se olvidó de su amistad conmigo y de su obligación para con la verdad.

La reunión de Londres dio poco o nada útil para el Pacto, pero algo nuevo para esta historia, como luego se verá... o leerá. Al volver a Madrid, me fui a ver a Casares Quiroga y a Barcia a las Cortes. Azaña era ya presidente de la República y Casares lo era del Gobierno. Les expliqué que cesaba de considerarme al servicio de la república y publiqué la nota que el lector hallará en el Apéndice *. Sólo daré aquí sus párrafos finales:

> La reacción de la prensa y del partido socialista reposan, pues, en cuanto a procedimiento, sobre una base inexistente, y por lo tanto no me afectan. En cuanto al fondo de la política que implica la Nota, no es a mí a quien toca discutirlo, sino al Gobierno. Estoy, no obstante, desde luego, a disposición de los jefes de partido que estimen útil mi opinión.
>
> Tampoco deseo juzgar los ataques de que, con esta ocasión, he sido objeto por la prensa de todos los matices. Me limito a declarar que, en estas condiciones, no estoy dispuesto a seguir al servicio del Estado.
>
> Jamás he servido al Estado hasta que vino la República. Ceso, pues, al cabo de cinco años de servicios que yo no solicité. En abril de 1931 era profesor de Literatura Española en la Universidad de Oxford, y me hallaba a la sazón con licencia de la Universidad, dando un curso de conferencias en la de México. Ni directa ni indirectamente solicité del Gobierno provisional cargo alguno. El Gobierno, sin consultarme, me nombró embajador en Washington. El 13 de mayo, desde Nueva York, cuando le faltaba un día a la República para cumplir un mes, acepté la Embajada y dimití mi cátedra.
>
> Desde el mes de abril de 1934, vengo continuamente sirviendo como delegado permanente de hecho en Ginebra. No tengo nombramiento, ni cargo, ni sueldo, ni despacho, ni secretario, ni archivo. No tengo más que mi buena voluntad. No puedo dimitir, puesto que no tengo qué dimitir. Renuncio, pues, a lo único que tengo, el honor de servir al Estado de una nación que fue grande y que volverá a serlo si así lo quieren a una los españoles.

---

* Véanse docs. 72 y 75, págs. 726-32.

Sólo deseo añadir mi fe, más firme que nunca, en la Sociedad de Naciones, única forma de convivencia internacional que puede salvar al mundo de una catástrofe sin igual, y mi agradecimiento a mis colaboradores de estos cinco años, entre los cuales quiero distinguir al admirable López Oliván.

La prensa socialista la publicó a trozos escogidos. *El Socialista* no la publicó.

*

Por consejo de Marañón como médico, me fui a descansar a mi cigarral. Lo había comprado con la cosecha de dólares que me había valido una gira de conferencias en los Estados Unidos. La casa, de un solo piso, se alzaba a «torre» de dos en un rincón donde me había instalado mi cuarto de trabajo, chiquito pero con una ventana que daba sobre la ciudad. Habitaciones justo para los cuatro que éramos. Un par de cientos de olivos. Por disfrutar de aquella casa y olivar me tildó de latifundista en las Cortes Ortega y Gasset, el mayor en edad y menor en juicio. Cuando traté de desviar hacia mis olivos y jardín un chorro de agua que bañaba la esquina a monte de mi terreno y llevaba vertiéndose en el Tajo desde los tiempos del rey Wamba, el Ayuntamiento (mayoría socialista) me negó el permiso por haber sido ministro de un Gobierno Lerroux, de modo que hubo que gastar capital en una bomba y fluido todo el año para un servicio que no hubiera costado nada.

¡Qué pena! Aunque había colaborado con Lerroux por su insistencia en traerme a Madrid, mis esperanzas objetivas como español estaban con Azaña y Prieto, precisamente los dos hombres que iban a cometer lo que consideré siempre como la agresión más grave contra la república: la expulsión de Alcalá Zamora de la Presidencia por aplicación del artículo 81 de la Constitución. Prescribía este artículo que si su presidente, durante su mandato, disolvía las Cortes dos veces, el tercer Parlamento comenzaría su legislatura examinando si la segunda disolución había sido necesaria. «El voto desfavorable de la mayoría absoluta de las Cortes llevará aneja la destitución del presidente.»

No cabía imaginar regla más insensata. Pero su aplicación a Alcalá Zamora lo fue aún más. Que la gestión de Alcalá Zamora había sido desdichada, no cabe duda. Que conviniera eliminarlo, podía sostenerse. Pero que para hacerlo se aplicase el artículo 81 en contra de toda evidencia, y mintiendo descaradamente, no podía convenir a nadie, y menos que a nadie a la misma república.

Las Cortes disueltas habían gobernado con una fuerte mayoría de derechas; las nuevas Cortes traían una fuerte mayoría de izquierdas. La disolución, pues, había recibido del país una ratificación contundente. Sin embargo, aquella mayoría insensata comienza declarándose hija de madre desconocida al pronunciar innecesaria la disolución a la que debe la vida. ¿Cabe mayor insensatez? ¿Cuándo es necesaria una disolución sino cuando un Parlamento ya no está a tono con el país? Así, pues, Azaña y Prieto, los coautores de aquel disparate, no obedecían a la Constitución, sino que la doblegaban a sus intereses políticos. Otra vez la causa tremenda de todos los males políticos de España: el poder preferido a la justicia; el sujeto al objeto; los individuos a las instituciones. La Constitución, ganzúa para abrirle a Azaña la puerta de la Presidencia.

Éstos eran los negros pensamientos que me rodaban por la cabeza mientras paseaba entre los olivos de mi cigarral en un ocio que hacía muchos años no había conocido; de cuando en cuando, entraba en la casa y ponía en el tocadiscos el *Concierto en re menor* de Mozart para piano y orquesta, cuyo humor sombrío parecía tan a tono con mi estado de ánimo. A veces me ponía a escribir mi discurso de recepción a la Academia de la Lengua, que me había elegido hacía semanas, y que treinta y seis años más tarde publiqué como ensayo sobre *Melibea* en *Mujeres españolas*. Cada día me convencía más de mi inadaptabilidad a nuestra política, y por lo tanto, de la imposibilidad de servir a la república y por ella a Europa en lo único que sabía hacer bien.

A los pocos días comenzó nuestra tragedia. Ya en mi entrevista con Casares y Barcia tuve la intuición de que vivían oprimidos por una ansiedad que procuraban ocultar, como si mi despedida no fuese para ellos más que una gota más en la copa llena. Una de las marañonitas me llamó al teléfono, con la voz húmeda de lágrimas, para decirme que allí enfrente, en Toledo, habían asesinado al Dr. Polo Benito, canónigo de la Catedral. Había comenzado la guerra civil. No había noticias de Madrid. Ni comunicaciones. Abajo, sonaban tiros y aun tiroteos, a ambas orillas del Tajo.

Una mañana, cruzó el cielo azul un avión militar, dejó caer una bomba sobre Toledo, describió una amplia órbita circular, pasando por encima de mi casa, y se fue a arrojar otra bomba. Esta visión de una nación que se suicida vino a afligirme casi a diario.

Hacía mucho calor, de modo que no salía de diez a seis, y a esta hora, solía salir a pasear. Me sentía más aislado e inútil que jamás en mi vida. En Toledo no conocía a nadie, y no veía qué podría hacer. En Madrid, suponiendo que lograra llegar, tampoco serviría para nadie ni para nada. No hacía más que darle vueltas a cómo incorporarme otra vez al río de las cosas cuando una tarde, ya de anochecer, oí un coche que subía la cuesta de mi terreno y se paraba al pie del parapeto. Los cuatro ocupantes se bajaron. Tres traían fusiles. El otro, seguramente algún revólver.

Resultaron ser una especie de delegación representativa de la izquierda: uno, el que venía al volante, era de Azaña; los otros tres, uno anarquista, otro socialista y otro también, pero de distinto color. Me explicaron que venían en mi coche, que mis hermanas «habían puesto a disposición de la revolución»; que ellos lo solían guardar en mi garaje; que habían tenido que hacer en Toledo (según luego me contaron, consistente en almorzar con el cuñado de uno de ellos), y que, al saber mis hermanas que venían a Toledo, les habían encargado que viniesen a buscarme.

Metí mis bártulos en un maletín y me uní a ellos. «¿Dónde va Vd. a sentarse?», me preguntaron. «Al lado del que guía», contesté. Se negaron. Era demasiado peligroso y se sentían responsables de mi persona. Me sentaron en el medio atrás con un socialista a cada lado y su fusil entre las rodillas. Todo el camino estaba sembrado de cadáveres de automóviles, tumbados en las cunetas, en fosos, en prados, cosecha del asalto a los coches de los ricos que los pobres se habían precipitado a llevar a cabo en la primera emoción de rebeldía. Los huesos de la revolución que asomaban a través de la carne de la retórica.

Pronto íbamos a ver la reacción de la decencia humana contra aquel apetito de botín. En cada aldea o pueblo que pasábamos, nos paraban mozos armados. No llevaban uniforme, pero los rostros graves sabían lo que hacían. Lo que hacían era registrar el coche por si llevaban botín, pues, como uno de ellos nos dijo: «Nosotros no somos ladrones.» Pronto nos acostumbramos al alto armado, al registro, y al «salud» de despedida.

Así llegamos a Villaverde. El mozo armado, esta vez, parecía menos confiado, y en sus modos y lenguaje se me antojó comunista bien adoctrinado. Me acordé de que pocas semanas antes, había estado en Getafe y hablado con uno del pueblo, de cuyas palabras se desprendía que el alcalde era uno cuyo nombre y oriundez no conocía nadie y que llamaban «el Ruso»; y por vez primera me fijé en lo que podía significar que el santo y seña que el guía de nuestro coche venía dando desde Toledo era «Rusia 1».

El mozo armado gruñó: «¿Quién es ése?» En cuanto oyó mi nombre, reclamó sus derechos: «Fuera de ahí. Nosotros ha-

remos lo que haga falta.» El guía intervino: «¡Pero si no es
don Dimas!*. Es don Salvador el embajador.» —«Pues a ése
también. Hala. P'acá.» Esta vez mi vecino se incomodó. «No
seas idiota. ¿No ves que lo llevamos a la cárcel?» Parece que
el otro se calmó. Nos pusimos en marcha, y entonces cometí
yo el disparate más monumental de mi vida: como lo había
hecho siempre antes de que naciera el fascismo, saludé alzando
la mano. O no lo vio el mozo armado o no le dio importancia.
Seguimos rodando.

En Madrid me enteré de que el asalto a los coches particulares para quedarse con ellos había sido la primera señal del
derrumbe de la autoridad. Mis hermanas ofrecieron el mío al
partido de Azaña, y desde entonces lo venían a buscar por la
mañana y lo volvían a traer por la noche. El tiempo era bueno
y los alrededores de Madrid más frescos que el centro. Pero
estaban pasando cosas muy negras, en la Casa de Campo y en
otros lugares. Como suele suceder en estos casos, se mezclaban
los idealistas con los pillos en forma reacia a toda distinción
o diferenciación. ¿Y quién juzga los secretos de la intención?
De todos modos, comenzaba el país a desangrarse.

El Gobierno estaba punto menos que sitiado en el Ministerio
de Marina. Llamé al teléfono y hablé, no me acuerdo con cuál
de los ministros, creo que con Prieto. Expliqué que si ellos
creían que podía serles útil, me quedaría; pero que, de lo contrario, yo tenía en Ginebra obligaciones que cumplir, y la oficina
de la Fundación Mundial que me esperaba; propuse, pues, que
me dieran una especie de salvoconducto de salida y una pareja
de policía (porque, en mi ignorancia de estas cosas, yo creía que
los policías iban en parejas como la guardia civil).

El último día de julio salí para Valencia. El agente de policía que me acompañaba me dijo con sencillez serena que no
esperaba sobrevivir a los disturbios por estar fichado por los
cabecillas. Conmigo venía Espinosa, secretario diplomático del
Consulado de Ginebra. En Valencia conseguimos encontrar un
tren para Barcelona, pero en Barcelona reinaba el caos. Nadie
sabía nada sobre nada, y menos sobre quién mandaba. El poder
de todos deseado, por nadie ejercido, porque sin orden no hay
ni siquiera poder. Autoridades de la república, del Estado catalán, del Comité de Trabajadores, a la sazón dominado por los
anarquistas, se disputaban las decisiones pisándose los callos.
Otro tanto hacían físicamente los miles de hombres y mujeres

* Diputado derechista por Toledo, nada pariente mío: don Dimas
Madariaga.

que se apretujaban en las oficinas de tantas autoridades para obtener el sacrosanto papel que les permitiría ir a donde querían.

Mis propios papeles oficiales lograron sacar de su *sancta sanctorum* a un Tintero importante, nada menos que ministro del Gobierno catalán que se llamaba España. Gracias a él logré tomar el tren para Port Bou. Las barreras burocráticas de la estación de Port Bou estaban todas tomadas por los anarquistas; pero además había un telegrama oficial del ministro de Hacienda, Gabriel Franco, prohibiendo la salida de ningún español. Le enseñé mis papeles al que me pareció llevar la pistola más grande, y le dije: «Vd. verá quién gana, si Hacienda o Estado. Pero procure decidirlo antes de que salga el tren de Perpiñán.» Lo pensó bien. Me dejó salir. Y aquella noche dormí en el hotel más miserable que jamás he conocido en mi vida *.

*

Vuelvo ahora a aquella reunión de neutrales a que asistí en Londres semanas antes de iniciar mi emigración (con el cursi «exilio» no quiero nada). Nos reuníamos en mi habitación en un hotel en el West End. Cuando se dio término a la última sesión, observé que el Dr. Münch, ministro danés de Asuntos Exteriores, parecía querer quedarse y dejar que los demás se fueran. Yo acompañé a todos al ascensor, pero Münch no lo tomó, quedándose conmigo en el pasillo; y al instante me disparó: «He escrito a Oslo oficialmente pidiendo para Vd. el premio Nobel de la Paz.» Me quedé asombrado, porque el asunto no se había mencionado ni pensado jamás ni entre nosotros ni en mis adentros; y me sorprendía aún más porque Münch y yo diferíamos bastante en cosas de paz y guerra, pues él era pacifista y yo no. Le agradecí muy de veras su pensamiento y nos despedimos.

Durante el verano y el otoño tuve no pocos indicios de que podría granar la proposición del Dr. Münch, pero el premio de aquel año se dio a Saavedra Lamas. Al año siguiente, invitado por la Fundación Nobel, fui a Oslo a dar conferencias, y allí también, en conversaciones y saraos, se hicieron alusiones a que «tendría que volver» a Oslo. Mrs. Harriman, embajadora de los Estados Unidos (por derecho propio), me agasajó con una cena en mi honor que me dejó perplejo. ¿Por qué a mí los Estados Unidos una cena? Le dieron el premio a Lord Cecil. Le felicité y me contestó con un telegrama que doy en el Apéndice **.

---

* Véase apéndice, docs. 76 y 77, pág. 733.
** Véase doc. 78, pág. 734.

Meses pasaron —cuántos no me acuerdo—; y un buen día fui a ver a mi amigo Lebretón, embajador de la Argentina. Hablamos de todo un poco y fuimos a parar a Saavedra Lamas. El tema le excitaba el buen humor, y en los ojos le bailaba el placer que iba a tener contándome su historieta: «¿A que no sabe Vd. por qué le dieron el premio Nobel? Todo el año se lo había pasado Cordell Hull preparando su propio tratado —todo el mundo lo hace; y Vd., ¿por qué no redacta uno?— y ya se disponía a presentarlo a la Conferencia Interamericana que iba a reunirse en Buenos Aires, en diciembre. No pensaba en otra cosa. El tratado iba a ser un éxito. Para mayor seguridad, lo redactó de modo que no hubiese nada dentro de las palabras..., ya sabe Vd. cómo se hace eso... Pero todavía le quedaba a Hull una como inquietud. Entonces uno de sus aláteres tuvo una iluminación. La Conferencia iba a tener lugar en Buenos Aires. De modo que la presidiría Saavedra Lamas. Había que darle el premio Nobel; y todo iría bien. Cordell Hull tomó el consejo. Le dieron el premio a Saavedra Lamas y él le saboteó la Conferencia a Cordell Hull. El cual, después, decía: "¡No he visto jamás hombre más pérfido!"»

Se non è vero, è ben trovato. Pero todavía creo que de ser así, Cordell Hull se hacía una idea muy modesta de la perfidia.

EPÍLOGO

No hay quizá nada más providencial en la Providencia que el decreto que le niega al hombre todo conocimiento de su porvenir. Si cuando me fui de España el primero de agosto de 1936 me hubiera visto a mí mismo escribiendo estas páginas en agosto de 1972, todavía en la emigración, no me atrevería a decir qué hubiera sido de mi vida, pero sí a asegurar que me habría fallado el valor. Es, pues, natural que dé comienzo a mi relato de los sucesos de que se ocupa este libro (1921-36) desde el punto de vista de mi propia vida, puesto que será ésta la perspectiva en que habrán de pintarse todos los del período aquel tal y como van aquí descritos.

Todo en mi vida parecía preordenado precisamente para las cosas de aquel período. Se necesitaba un tipo nuevo de persona que viniera a servir las instituciones sobrenacionales que la era iba a dar de sí. El mundo iba absorbiendo las naciones en un ambiente nuevo. Nos íbamos orientando hacia una estructura universal cuyos ladrillos no eran ya las naciones, sino los continentes. Puesto que «nada es ni bueno ni malo si tal no lo hace el pensamiento», lo que hacía falta era una conversión, una ascensión por encima del nacionalismo y hasta del patriotismo.

Me atreveré a decir que nosotros, los españoles, constituimos una de las mejores canteras para tal material humano. No voy hasta pretender que seamos los mejores para esta obra nueva, pero sí que somos buena cantera donde encontrarlos. España, como «constructora de imperios retirada del negocio», sabe de lo viejo y, por lo tanto, presiente lo nuevo. Además, nuestro carácter nacional, nuestros defectos como nuestras cualidades, hacen de los españoles un pueblo apto para cultivar los extremos de la vida —el yo y el todo—, dejando en barbecho la hoja media donde florecen la buena administración y el patriotismo; por eso nos atrae lo universal más que lo nacional.

Sobre este fondo general, el destino parece haberme escogido desde muy pronto para una vida ultranacional de europeo y de ciudadano del mundo, quizá ya por intervención de esa diosa nueva que va poco a poco absorbiendo y tiranizando nuestro Olimpo —la técnica—. En 1898, un relámpago de intuición persuadió a mi padre que habíamos perdido la guerra por falta de técnica, y otro de decisión me mandó en 1900 a París a aprender de ingeniero. Así se inicia una expatriación que me hará vivir fuera de España la mayor parte de mi vida y dilatará mi formación hacia un sector que yo, que nací poeta, no hubiera ni siquiera descubierto ni imaginado.

Ocurrió entonces que mi vocación literaria no opuso, como suele hacerlo, obstáculo alguno a mis estudios científicos, lo que me abrió la senda técnica a la enseñanza superior. Además, al pasar del barrio de Batignolles al Latino, entré en contacto con un grupo de ingleses y yanquis de ambos sexos, donde encontré a una escocesa de nación, con quien contraje matrimonio en 1912. Todo esto iba elaborando mi europeización. En 1916 tiré por la ventana mi carrera técnica y me fui a Londres a escribir. En 1920 publiqué mi primer libro *, *Shelley and Calderon*, en la Oxford University Press. Cuando ingresé en la Secretaría General de la Sociedad de Naciones (1921), tenía ya nombre en las dos literaturas, la española y la inglesa; y pronto lo iba a tener en la francesa también, mientras mi dominio, escrito y hablado, de las tres lenguas era muy superior al común.

Lo demás puede leerse en este libro. Creo poder decir que había llegado a ser un ejemplar bueno aunque prematuro de parlamentario europeo. De haber ido evolviendo el mundo de modo más conforme con nuestras ideas y esperanzas, me habría absorbido la política europea marchitando quizá mi vocación literaria. Como posibilidad cabe anotarlo. Pero el mundo tomó una dirección distinta, y en 1936 era yo un parlamentario europeo liberal cuando a la gente no le interesaba ni Europa ni el sistema parlamentario ni el liberalismo. Ésta fue la causa verdadera de mi emigración.

*

Claro que el fracaso de nuestra república fue una de las causas de nuestro fracaso. Había nacido tan lindamente que de veras merecía el nombre que le dábamos en la era de la esperanza: la niña bonita. No entraré aquí en el cómo y cuándo y por qué la niña bonita dejó de serlo. Bastante va dicho en este libro para que cada lector se forme su opinión. Tengo para mí

---

* Salvo una colección de artículos, «La guerra desde Londres», publicada en 1917.

que no le vendría mal como epitafio aquello de que *Entre todos la mataron y ella sola se murió.*

Entre todos. Aquí le duele. ¿Voy yo a diluir en agua chirle la responsabilidad de los españoles en su lastimoso fin? Claro que no. Su carga es la más pesada de todas. Pueblo dotado de excepcionales dotes, no posee uno de los más estimables: el sentido político. Para que les salgan bien las cosas del común, les falta lo esencial: objetividad. Para la objetividad, les sobra natural volcánico y personalidad fuerte. De donde la invasión constante de su vida pública por fuerzas y valores subjetivos, que no tienen nada que ver con el progreso y la prosperidad, pero sí, y mucho, con el carácter y la tragedia.

Fuerza es reconocer todo este orden de cosas. Pero ¿se dan cuenta las naciones europeas de su propia responsabilidad en la tragedia de España? Los dos desastres de la historia española son el descubrimiento de América y la muerte de don Juan, el hijo de los Reyes Católicos, que encadena España a la dinastía de Borgoña. Desviada de su curso natural que debió haber sido la europeización del África mediterránea, de Marruecos a Egipto, asegurando así la frontera meridional de nuestro continente, España se desangró para crear a Hispanoamérica y para salvar del infierno el alma de los holandeses, remota bandera de dudosa urgencia para los españoles.

Y cuando cae el antiguo régimen y lo que se ventila es la adaptación de España a la era de la Revolución francesa, ¿qué auxilio halla España cerca de Francia y de Inglaterra? La perfidia, el egoísmo y la estupidez de Napoleón; la indiferencia, la arrogancia y la frialdad de Wellington. En cuanto a lo que sucedió durante la guerra hispano-americana, la república y la guerra civil, vale más el silencio.

El resultado neto fue que la república no pudo insertarse en el sistema europeo de la tercera década para contribuir a salvarlo de Hitler y Stalin, y hacer posible que sobreviviese la Sociedad de Naciones. La base nacional para una actividad mía en una Europa liberal-democrática se derrumbó.

*

La misma Europa liberal-democrática cuya vera existencia era mi razón de ser como hombre público, no tardó mucho en derrumbarse también en el caos general; y éste fue el peor de nuestros desastres; porque Europa venía guiando al mundo desde hacía siglos y, como lo habían intuido los más luminosos de sus hijos, De Tocqueville, por ejemplo, se acercaba ya la hora en la que o se transfiguraba en un Continente de Naciones plenamente consciente de su unidad, o perecería como el imperio colonial o de Rusia o de los Estados Unidos o de ambos; y el verdadero significado del fracaso de la Sociedad de Naciones fue que el vigor del nacionalismo impidió que granase Europa una, dejándola en pedazos sobre el plato del Oso soviético.

Quizá se debiera este desastre a un cambio en la velocidad histórica. España dispuso de lo menos un siglo para rehacerse de la pérdida de su imperio; Francia e Inglaterra, apenas unos cuantos años, porque la liquidación de sus imperios casi coincidió con la maduración de las dos sobrepotencias que las redujeron a la categoría de satélites, si bien de primera magnitud.

Pero veamos ahora Alemania, Italia y el Japón, las tres naciones que retaron al mundo atlántico en la primera guerra mundial y recibieron por ello no pocos improperios. Veámoslas en su perspectiva histórica. Mientras España, Francia e Inglaterra fueron las sobrepotencias de los siglos XVI, XVII y XVIII, Alemania, Italia y el Japón no llegan a su mayor edad como naciones hasta 1870; de modo que, hasta el siglo XX, no pudieron echarle al mundo una ojeada de ambición. Ni hablo de política ni de economía; hablo de sicología.

Así es que la tragedia de Europa que he tratado de esbozar en estas páginas fue que, precisamente cuando hacía falta encerrar con llave el nacionalismo (como lo está en el tan sabio pabellón del Cantón de Ginebra) a fin de crear un Continente de Naciones y salvar el espíritu de Europa, vino a excitar el nacionalismo de todos la entrada en escena de dos naciones de las más creadoras de Europa, Alemania e Italia, a caza de sendos imperios.

*

No es cosa fácil traer a cuento mi insignificancia en el contexto de tanta grandeza, pero lo hago por pensar que mi aniquilamiento en el terremoto político en el que todavía vivimos y morimos es en cierto modo simbólico. Yo era, por naturaleza y formación, ciudadano del Continente de Naciones que iba a ser, pero no fue. No todavía. Una de las actividades que me ocupaban y consumían al comenzar mi emigración era la Fundación Mundial cuyo lema iba a ser *Patria patriarum*. No sólo la pensaba. También la sentía. Las fuerzas que destruyeron a Europa, a la República española y a mí eran demasiado vastas, fuertes, arraigadas en el carácter, para que ni yo ni la República ni Europa intentáramos resistirlas. El porvenir está en los ojos de Dios. Pero seguro estoy de que si la paz y el espíritu de Europa han de sobrevivir necesitaremos más ciudadanos del mundo y más europeos como los quise ser yo.

Así como no es posible escribir sin trazar rasgos sobre el
papel, de arriba abajo, de izquierda a derecha, y en diagonal,
así no es posible relatar sucesos sin darles los colores de nuestra paleta, claros, oscuros o grises, agudos, romos o mediocres.
Pero no tendría sentido imaginarse magistrado que juzga los
hechos y sus autores en términos de elogio, repulsa o estimación
con juicios de valor duradero. Las fuerzas desencadenadas en
ese océano de energía que es la humanidad son abrumadoras
para el individuo suelto. Nosotros, pobres hombres, aun los mejores, hicimos lo que pudimos. No lo supimos hacer mejor.
Cuando lo intentamos revivir en nuestras almas baqueteadas,
el sentimiento que sobrenada es el que expresa Otelo: Oh Yago,
¡qué lástima!

APÉNDICE

APÉNDICE

DOCUMENTO 1
Véase pág. 267

El Presidente
del Consejo de Ministros
y Ministro de la Guerra

(texto manuscrito)

L. D. Solomon de Madriaga

Querido amigo: muy agradecido a su
felicitación. Está bien en su escultura; pero
en qué materia? Veleg! como dicen en
Valladolid.

(firma ilegible)

NOTAS SOBRE LA ACTITUD ESPAÑOLA EN EL CONFLICTO SINO-JAPONÉS

1.º Hay dos conflictos, el de China con el Japón, y el del Japón con la Sociedad de las Naciones. En cuanto al primero, España ha guardado siempre la más estricta neutralidad y en todas sus intervenciones ha puesto de manifiesto su amistad igual para ambos países y su convencimiento de que existen agravios por ambas partes, así como su deseo de que en la solución que intervenga se respeten escrupulosamente los intereses del Japón.

En cuanto al segundo, España ha actuado con arreglo a los hechos que le han obligado a poner de manifiesto que China se ha plegado en todo momento a los procedimientos a que el Pacto obliga, mientras que el Japón violaba uno tras otro los artículos del Pacto, y las promesas hechas ante el Consejo y Asamblea.

2.º En general, la actuación española ha estado guiada en las opiniones de extrema izquierda que inspiran la República, aplicadas a la política exterior. Por consiguiente, contra el militarismo y contra el imperialismo, pero también contra todo pacifismo puramente verbalista y en favor de las instancias de derecho creadas por el Pacto y en torno a la S. D. N. Naturalmente, que se halla en minoría en la Sociedad de las Naciones. La mayoría de las naciones se hallan todavía bajo regímenes dominados por el militarismo y por el imperialismo, aun aquellas que más disfrazadas parecen de democracia. Esto explica que, en el momento actual, la Delegación española figure, con las de Checoslovaquia y Suecia, a la cabeza de la defensa de los intereses del Pacto, puesto que estos dos países que acompañan a España están gobernados por gobiernos socialistas y representados en Ginebra por dos hombres de Estado socialistas, el señor Undén, ex ministro de Estado y hoy ministro sin cartera, y el señor Benes, ministro de Estado de su país desde hace 10 años. La compañía de estos dos hombres de Estado, de tanta experiencia internacional, prueba que si bien la política de la Delegación española es enérgica, no es imprudente.

3.º Se ha manejado por las naciones a tendencia imperialista la idea de que por estar la Asamblea reunida a título de conciliación, no convenía empezar por presentar una resolución condenatoria como en el proyecto de las cuatro Delegaciones se propone; pero las Delegaciones que presentaron este proyecto opinan, con la experiencia de más de un año, que la conciliación es imposible sin que se marque primero de una manera firme el terreno sobre que ha de tener lugar. En otoño del año pasado, la conciliación hubiera consistido en que los japoneses volvieran a la línea del ferrocarril. Varios meses después, la conciliación hubiera consistido en obtener la evacuación de Kin-Cheo; algunos meses más tarde, la conciliación partiría de que ya estaba ocupada toda la Manchuria; hoy ya está reconocido el Manchukúo; mañana los japoneses habrán conquistado las provincias de Yehol. Y así sucesivamente. Era, pues, indispensable marcar de una manera firme la base de la conciliación, para que los militares japoneses no fueran más de prisa que sus negociadores y, a medida que se estaba negociando en Ginebra, cambiase todos los días la base de la negociación, en perjuicio de una de las partes y en desprestigio de la Sociedad de las Naciones.

4.º La República viene obligada a hacer esta política, sin que valga alegar que se halla en minoría en Ginebra. Los hombres que la dirigen tuvieron que estar en minoría hasta que conquistaron la opinión pública española y llegaron a gobernar. Hoy, las opiniones de la República española están en minoría en el Mundo, lo que es un honor para ella. Mañana, estarán en mayoría y su nombre será más respetado en el Japón de mañana que los de las naciones que hoy acompañan al Japón actual en su imperialismo.

5.º Por otra parte, no hay peligro para España en esta actuación. Aun suponiendo, lo que no es probable, que se llegase a una ruptura con el Japón, es el Japón una nación con quien España no tiene especiales ni íntimos intereses. China puede ser para España un enorme mercado, en donde ya hoy cuenta España, gracias a su actuación en Ginebra, con gran popularidad.

6.º Por último, no se pierda de vista que el conflicto sino-japonés viene obligado a ejercer sobre el desarme una enorme influencia. Si no se detiene al Japón en su actuación imperialista, el desarme fracasará y los Estados Unidos construirán una gran flota. Por ley imprescindible, la República española tendrá que hacerse un ejército fuerte, pero sobre todo una flota muy superior a la que hoy posee. El estado naval de España es hoy aceptable si se prepara un desarme, pero si no hay desarme, será imprescindible que España gaste en hacerse una marina de guerra sumas formidables, que le hacen mucha falta para cultura y despensa. Al defender una posición ideal en Ginebra, la Delegación española defiende los intereses del obrero, del aldeano y del trabajador burgués español.

DOCUMENTO 3
Véase pág. 312

Ginebra, 22 de Noviembre de 1932.

Exmo. Sr. D. Luis de Zulueta:

Mi querido amigo: Quiero dar a Vd. cuenta de una conversación que acabo de tener con Benes, por el interés que se desprende de lo que me dijo, tanto en cuanto al fondo, como en cuanto a los calendarios que pueden hacerse sobre el trabajo en Ginebra. Versó nuestra conversación sobre dos series de cuestiones: el conflicto chino-japonés y el desarme.

En cuanto al conflicto chino-japonés, estima Benes que es obligación de las potencias de nuestra categoría, y sobre todo del grupo de los Ocho, tomar en manos este asunto que los Gobiernos de las grandes potencias, a pesar de sus opiniones públicas, no pueden defender suficientemente por compromisos de carácter análogo a los que llevaron al Japón a Mandchuria, y por la oposición, más o menos velada, de los servicios permanentes de los Ministerios de Negocios Extranjeros respectivos. Considera que será útil que, tanto en el Consejo, como en la Asamblea y en la Comisión de los 19, exista frecuente contacto entre las naciones de igual manera de ver y estima que el programa, sobre el cual ha meditado mucho después de consultadas personalidades distintas de las naciones del Consejo y de la Secretaría, debe ser el siguiente:

Primero, en el Consejo, un debate, que no debe reducirse sencillamente a traspasar el asunto a la Asamblea, sino que por haber sido el Consejo el creador de la Comisión Lytton, es indispensable que las naciones en él representadas expresen, con la solemnidad que el Consejo implica, sus puntos de vista. Este debate ha empezado ya hoy con las comunicaciones de los delegados japonés y chino y continuará, probablemente, a partir del miércoles por la tarde hasta el sábado próximo. Opina Benes que la conclusión de este debate no debe ser una resolución del Consejo, sino sencillamente el traslado a la Asamblea del informe Lytton y de las actas del Consejo, en que este informe sea debatido.

Después, y frente al método que propone Drummond, consistente en trasladar el informe Lytton directamente al Comité de los 19 para en él preparar el proyecto de informe que ha de constituir el de la Asamblea, previsto en el artículo 15 (método que, en el fondo, buscaba el trabajo secreto en el Comité de los 19), Benes propone que haya antes de esta etapa un debate en la Asamblea plenaria. Su argumentación es la siguiente:

Primero, que los miembros del Comité de los 19, que son mandatarios de la Asamblea, tienen obligación de ir a pulsar la opinión de la Asamblea sobre el informe Lytton, antes de permitirse redactar ellos un proyecto de informe y presentarlo a la Asamblea plenaria; y

Segundo, que es indispensable que a la luz pública y frente a todos se produzca el movimiento de opinión que permita al Comité de los 19 trabajar con más vigor. A este efecto, desea Benes que en la Asamblea se presenten cierto número de proyectos de resolución, que nos permitan buscar después una resolución media, con la cual se puede ir al Comité de los 19.

Según toda probabilidad, en la Asamblea, las distintas tendencias presentarían distintos proyectos de resolución, de mayor o menor energía, y se buscaría la coordinación en el seno de un comité de redacción, que sería, casi seguramente, la propia Comisión de los 19. Para Benes, la resolución armónica que resultase de esta redacción tendría que enunciar los siguientes principios.

1.º No ha habido defensiva;

2.º El Mandchukúo no ha sido creación espontánea de la Mandchuria;

3.º Es imposible reconocer el Mandchukúo.

Esta resolución iría a la Asamblea plenaria para su aprobación y entonces estaría la Comisión de los 19 en condiciones de presentar su informe sobre el *rapport* Lytton. En opinión de Benes, este informe debería presentarse en dos etapas:

Primero, los ocho primeros capítulos, que se refieren a lo pasado y cuyo texto podrá ser adoptado íntegramente por la Comisión de los 19, y luego por la Asamblea, añadiéndole la resolución cuyos tres principios van apuntados. Esto conseguido, se terminaría la primera etapa de la Asamblea, quedando para la segunda lo que habría que hacer con los dos últimos capítulos. Como Vd. sabe, estos dos últimos capítulos se refieren a las proposiciones para lo porvenir. Es opinión de Benes que habría que empezar por poner a los japoneses en la disyuntiva de decir sí o no quieren negociar sobre la base de los capítulos 9 y 10. Para evitar que los japoneses digan «sí, a condición de que se reconozca el Mandchukúo», es por lo que considera Benes necesario cerrar la primera etapa con una declaración neta de no reconocimiento del Mandchukúo.

La segunda etapa se abriría, pues, con dos bases completamente distintas, si el Japón acepta la negociación o si no la acepta. Es de advertir que, para esta etapa y en cualquiera de sus dos casos, considera necesario Benes asegurarse la colaboración de los Estados Unidos y de Rusia, colaboración que me dice desean ambos Estados precisamente para entonces y no antes (y ésta es otra de las razones por la que él aboga por el procedimiento de las dos etapas). Podrá, según él, asegurarse esta colaboración instituyendo una Comisión de conciliación, que bien pudiera ser la Comisión de los 19 más las dos naciones citadas.

Si el Japón acepta la conciliación, se trabaja con la primera, según Benes, a condición de que se fije de antemano un límite de tiempo que él calcula en unos 40 a 60 días.

Si el Japón no acepta, opina que con la colaboración de las dos naciones citadas debe irse a una serie de resoluciones de tipo bastante vigoroso y que incluyan la necesidad de evacuar la Mandchuria y de indemnizar a China, además de declarar todas las naciones oficialmente que negarían al Japón armas y municiones y que estarían dispuestas a ayudar a la China por todos los medios a su alcance.

En cuanto a calendarios, el programa Benes comprende el Consejo hasta el sábado; una sesión muy corta del Comité de los 19 el lunes 5; la Asamblea chino-japonesa y la Comisión de los 19 en reuniones cuyo detalle no se puede prever ahora, de esta fecha hasta el 15 de diciembre; luego, una segunda etapa de toda la labor que empezaría hacia mediados de enero.

En cuanto al desarme, me contó que había estado todo un domingo en Chequers, con MacDonald, a quien encontró muy cambiado desde su etapa Lausana-Ginebra, convencido de la necesidad de acercarse a Francia en su política de desarme, a causa de la actitud alemana, y escéptico en cuanto a ciertos puntos del plan francés tales como la situación de armar, de ejércitos permanentes a disposición de la S. D. N., pero dispuesto a colaborar en cuanto a la reafirmación de Locarno y el Pacto consultativo, si lo aceptan los yanquis.

Por lo visto, los franceses están haciendo bastante presión para que se reúna la Comisión general con objeto de que se estudie la coordinación de los planes en presencia, pero los ingleses, y Benes también, opinan que es inútil hacer nada sin la presencia de los alemanes, y Benes no ve utilidad de trabajar en esto en el poco tiempo que va a quedar útil durante el mes de Diciembre. Henderson se inclina a convocar la Comisión General para el 8, a lo que es más bien contrario Benes, a pesar de ser ésta una idea francesa.

Según Benes, MacDonald no ha dicho nada hasta ahora sobre la necesidad de prohibir a Alemania la posesión de armas no previstas en el Tratado de Versalles, pero le declaró a él que si los franceses y demás amigos de Francia se oponen fuertemente, ellos no defenderían a Alemania, pues hasta ahora su pasividad ha sido debida únicamente a su deseo de que vengan los alemanes a Ginebra.

En una conversación corta, pero substanciosa, que tuve con Von Neurath en la Mesa del Consejo, saqué la impresión de que éste no cree que Hitler llegue a formar Gobierno, aunque naturalmente no me lo dijo.

Sabe es suyo siempre affmo. amigo,

S. DE MADARIAGA.

*Discurso pronunciado en la Sesión extraordinaria de
la Asamblea de la Sociedad de las Naciones, convocada
en virtud del artículo 15 del Pacto, a petición del Gobierno chino.*

Ginebra, 7 de diciembre de 1932.

En la hora actual no es posible subir con alegría a esta tribuna, a
la que todos somos llamados para pronunciar palabras cargadas de
responsabilidad y movidos por el sentimiento de que la responsabilidad
del silencio sería todavía más pesada.

Aunque sólo se tratara de un conflicto entre dos viejas naciones
conocidas y respetadas por todos, este asunto bastaría para crearnos
las más graves preocupaciones. Pero, desgraciadamente, en el transcurso del año, el conflicto chino-japonés ha adquirido gradualmente, y
a pesar de los pacientes esfuerzos del Consejo, todos los caracteres de
una divergencia cada vez más marcada entre la opinión de los organismos autorizados de la Sociedad de las Naciones y la de una de las
naciones más influyentes y más escuchadas de nuestro hogar internacional, una nación que, desde la fundación de la Sociedad de las
Naciones, ha ocupado con una autoridad jamás desmentida un puesto
permanente en el Consejo.

Permítame la Asamblea señalar que en ciertos aspectos, este segundo aspecto del problema es el más importante. El conflicto chino-
japonés es complicado y delicado. Si no en su historia, al menos en su
prehistoria, presenta causas de conflictos en ambos lados de la frontera. Sería temerario pronunciarse *ex cáthedra* sobre el grado de
justificación que tal acción de uno de los dos países interesados puede
encontrar en cualquier otra acción u omisión del otro país.

Pero lo que hace este asunto particularmente grave para todos, es
que, en su desarrollo, a partir del momento en que se presentó ante
nosotros, tienden a manifestarse las causas más serias de disenti-
miento entre la Sociedad de las Naciones y el Gobierno japonés. Eso
es lo que hace tan penosa la participación de todos nosotros en este
debate al que nos fuerza el deber más estricto, pero también el más
claro. Pues todos nosotros tenemos amigos en el Japón, amigos queridos que han colaborado desde la primera hora en la organización de
la Sociedad de las Naciones y cuyo recuerdo ha moderado nuestros
juicios y sellado nuestros labios, y amigos y colegas, algunos de viejas
fechas, en las delegaciones japonesas sucesivas cuya exquisita cortesía
ha hecho posibles, en todo momento, las discusiones más espinosas;
y, detrás de ellos, una nación que nunca ha tenido más títulos para
nuestro respeto y nuestra amistad —una amistad que, en lo concerniente a España, es ya varias veces secular— que cuando está probada
por una crisis tan profunda en su historia.

Solamente elevándonos a las más altas regiones de la política internacional, considerando los acontecimientos con los ojos desapasionados y el espíritu sereno del historiador, podemos obtener la fuerza para decir lo que pensamos cuando lo que pensamos es tan difícil de decir. Pues, en el fondo, estamos en presencia de un conflicto entre dos razones: la razón nacional, que ve todo bajo el ángulo del interés nacional entendido de la manera más vasta y sentido de la manera más aguda, y la razón internacional, llegada esta última de la historia, nueva fuerza moral que, bajo nuestros ojos, crea laboriosamente un mundo mejor.

Si, en el curso de este año, quienes han participado de cerca en las negociaciones, tratando de detener el conflicto, han dudado a menudo, a veces casi desesperadamente, viendo cómo acontecimientos temidos, pero considerados como increíbles, se realizaban —las ciudades tomadas al día siguiente de compromisos de no agravar la situación, la invasión extendiéndose a toda Manchuria al día siguiente de las promesas de evacuación— preguntándose cómo esa gran nación, henchida de honor y de orgullo, les causaba tan crueles decepciones, podían responderse que actuaba movida también por un elevado sentimiento del deber, pero que, desgraciadamente, adquiría su fuerza en un ideal diferente del suyo.

Por otra parte, el conflicto entre la razón nacional y la razón internacional, no han dejado de producir las más graves repercusiones en el seno de la noble nación japonesa. Sus instituciones más antiguas y más disciplinadas no han dejado de sentir una sacudida. Séame permitido saludar aquí, con respeto, la memoria de estadistas, que, como el señor Inuyé y el señor Inukai, fueron las víctimas, testigos emocionantes de la profundidad de los sentimientos provocados en el Japón por este trágico conflicto.

Por ello, la Sociedad de las Naciones, sorprendida desde el primer momento por la gravedad del problema, ha procedido con una circunspección, una prudencia y una paciencia que, naturalmente, requerían tiempo. Sabíamos bien que el tiempo sería injusto, que se inclinaría del lado de la fuerza inmediata y que permitiría sembrar, madurar y recolectar el hecho consumado. Pero cuando yo busco en mis recuerdos las razones que, durante este largo año, me han incitado a aceptar tales lentitudes, a votar tales demoras, a resignarme a tales aplazamientos, las encuentro casi sin excepción, en mi deseo de ser conciliador y comprensivo con el Japón. También, no sin cierta amargura, escuché hace poco en el Consejo al eminente señor Matsuoka, declararnos que su Gobierno no había sometido el conflicto a nuestra jurisdicción «por razón de las demoras que lleva consigo invariablemente el procedimiento de la Sociedad». No hay procedimiento demasiado lento para la buena voluntad.

La nuestra es evidente. No tendríamos más que una misión que cumplir, si el Japón no nos hubiese impuesto una segunda. Nuestra misión, sería detener las hostilidades y encontrar una solución al conflicto chino-japonés. Pero también debemos restablecer la autoridad y proclamar los principios de nuestra Sociedad.

El hombre práctico, cuya miopía política es incurable, querría que limitásemos nuestros esfuerzos a la primera de esas dos misiones. Que pasáramos la esponja, con tal de encontrar una solución viable. Es decir: con tal de cobrar mi dividendo este año, importa poco el capital. A esta locura, la delegación española responde claramente: No. Desde luego, nuestro deber es intentar la conciliación, con el espíritu abierto a todas las soluciones —cualesquiera que sean— capaces de recoger los sufragios de los dos países en pugna, y sobre todo a asegurar de una vez para todas los considerables y legítimos intereses invocados a justo título por el Japón. Pero, antes de intentar la conciliación, la Sociedad de las Naciones debe decidir la ley sobre los sucesos pasados, y ello por varias razones positivas y concretas, de las que espero se me permita enumerar las más importantes.

En primer lugar, para la conciliación en sí, puesto que la conciliación debe hacerse sobre bases claras y sobre un terreno definido. Nuestro punto de partida debe ser nuestra opinión colectiva sobre el hecho.

Luego, por respeto a la Comisión, puesto que hemos creado una Comisión que ha acudido al lugar de los hechos y ha estudiado la cuestión con una competencia, una claridad y un espíritu internacional al que rindo homenaje con tanta más satisfacción cuanto que al principio suscité objeciones contra su composición, objeciones que debí sacrificar por respeto a los deseos del Gobierno japonés, al que, durante este año, las delegaciones españolas jamás dudaron en hacer todas las concesiones posibles.

Ahora bien, debemos a esa Comisión y nos debemos a nosotros mismos, el pronunciarnos en cuanto a las demostraciones y a las conclusiones del informe que nos ha presentado. Mi Gobierno, por lo demás, está de completo acuerdo con esas demostraciones y conclusiones.

En tercer lugar, por respeto a la Sociedad de las Naciones, puesto que la Sociedad de las Naciones vería su Pacto debilitarse y perecer de una enfermedad mortal, si dejásemos establecerse por defecto en el espíritu de las gentes la idea de que el artículo 10 permite que la Manchuria china se convierta en el «Manchukuo» japonés, que el artículo 12 permite una invasión militar, convertida en permanente, y que los principios del Pacto deben plegarse ante los casos excepcionales, cuando todos los casos, sin excepción, son y serán siempre casos excepcionales.

Finalmente, por respeto al propio Japón, puesto que el conflicto entre la razón nacional y la razón internacional ha llevado a la nación japonesa hasta pensar que su razón nacional coincide con la verdadera razón internacional, y que al hacer lo que ha hecho —todavía ayer lo proclamaba aquí el señor Matsuoka—, no solamente ha respetado, sino que ha mantenido los principios del Pacto. Sin embargo, nosotros creemos que los intereses permanentes del Japón coinciden con los intereses permanentes de la Sociedad de las Naciones, que todo lo que se opone a los verdaderos intereses de la Sociedad de las Naciones se opone a los verdaderos intereses del Japón y que, por consiguiente, el

Japón permanente e histórico tiene el derecho de saber por nosotros que estamos en desacuerdo, por lo menos en cuanto a los métodos, con el Japón actual.

Ésta es una política, la verdadera política práctica a la cual, espero, querrá sumarse toda la Asamblea; pues la Sociedad de las Naciones, es ante todo las naciones que la constituyen, países diversos cada cual con sus intereses, sus problemas concretos, sus redes y relaciones internacionales que les hacen prudentes, circunspectos, utilitarios; pero también son la Sociedad que constituyen, es decir, una ciudad universal naciente y creciente, esa cosa viva, esa *living thing* que bastaría para inmortalizar el nombre de Woodrow Wilson. Esa cosa viva que es, en fin, la entrada de la moral en la política internacional, la gran idea que animaba en el siglo XVI a los juristas españoles.

Esta idea, siempre bella, se ha hecho hoy indispensable. A nuestras puertas rugen las olas amenazadoras de las anarquías nacionales e internacionales. Ninguna idea constructiva les guía; son empujadas por la desesperación, ante la carencia de élites individuales y nacionales, ante la quiebra de lo que los ingleses llaman *statesmanship*, la rebelión de las fuerzas ciegas de la economía y de la política bajo los hombres de Estado impotentes para canalizarlas.

El mundo tiene necesidad de orden. Pero el orden, no es los uniformes y los soldados; el orden es la regla; el orden, es el derecho. Decimos el derecho. Creemos en el derecho. Afirmamos el derecho.

París, 27 de diciembre de 1932.

Exmo. Sr. D. Marcelino Domingo.

Mi querido amigo: Como según mis informes ha habido sus
más y sus menos sobre la actuación de España en Ginebra, principalmente en cuanto concierne al problema sino-japonés, adjunto
remito a V. un artículo de William Martin (*) que sólo se remitió
telegráficamente a España, en forma abreviadísima, por no convenir a veces los buenos testimonios. Celebraré que lo lea y lo
medite y, además, que ya que tiene Vd. bajo su responsabilidad el
comercio de España, que tenga Vd. la bondad de prestar su atención al enorme interés material que puede desarrollarse a base del
interés moral creado hacia España en la inmensa población china.
Entre las numerosas manifestaciones que he recibido, figura una
carta entusiasta hacia España emanada de todas las grandes concentraciones de fuerzas vivas de Shanghai. Esto ha hecho madurar
en mí un proyecto ya muy antiguo, muy anterior al conflicto sino-
japonés e independiente de las circunstancias hoy tan favorables
para su desarrollo, y es el de mandar a China una Misión de gente
bien documentada y conocedora de aquel terreno para crear una
corriente comercial, tomando como base, en mi opinión indispensable, el establecimiento de un Banco hispanochino, que bien pudiera ser una hijuela del Comercio Exterior. Si conseguimos
crear esta corriente comercial, ello nos permitiría apoyar sobre ella
una línea de vapores que reanudase nuestras relaciones con las
Filipinas de tan alto interés moral. Ya ve Vd. cómo en estos asuntos
siempre va entrelazada la razón moral con la material.

Alguna que otra vez, con la debida discreción para que nadie
pudiera pensar que España vende su justicia, he tocado este asunto
con los chinos y me ha parecido que les interesaba mucho. Si ello le
interesa, yo me prestaría gustoso a continuar con Vd. esta conversación.

Su afectísimo amigo,

S. DE MADARIAGA.

(*) V. C 100 en que consta telegrama de W. M. s/este artículo en
relación con campaña Ortega y Gasset.

584

UN DIVORCIO

El rasgo más chocante de la semana pasada, es el divorcio que se ha acusado entre la mentalidad de los países pequeños y grandes. Y todavía esos términos son inexactos. No se trata de países pequeños por las dimensiones o la población. España, por ejemplo, no es un país pequeño, y entre los Estados llamados grandes hay países que no lo son mucho más que ella.

Lo que distingue a una gran potencia, no son ni las dimensiones ni la fuerza, es la mentalidad. Entre una gran nación y otra, hay, a nuestro juicio, tres diferencias psicológicas fundamentales... que probablemente no son las únicas.

La primera es el hecho de que la mentalidad de los grandes países tiene algo de hermética. Un inglés, un francés, un americano, puede hacerse fácilmente la ilusión de que su país es capaz de bastarse a sí mismo, que no tiene necesidad de nadie. Tiene la costumbre secular de ver a los demás pueblos acudir a él, adaptarse a su espíritu, imitarle. Nunca ha necesitado hacer un esfuerzo para comprender a los demás, porque siempre han sido los demás los que han tratado de comprenderle.

Si nosotros, hombres de países pequeños, comprendemos mejor la mentalidad de los otros pueblos, si somos más aptos para adivinarlos y adaptarnos a ellos, no es porque seamos más sabios o más inteligentes. Pero desde hace siglos, la comprensión es para nosotros una necesidad, una condición de la vida. Los franceses y los alemanes no se comprenden. Pero ¿qué sería de los suizos si no comprendiesen a unos y a otros? Y esto, que es cierto para los suizos, no lo es menos para los holandeses o los belgas, y más aún para los escandinavos, que si no se tomaran el trabajo de hablar el idioma de otros pueblos, jamás podrían salir de sus países. Y ¡qué decir de los checoslovacos que viven entre los alemanes y no existirían sin la amistad de Francia!

Este análisis psicológico podría llevarse más lejos. En la mentalidad de los pueblos pequeños se encontraría una multitud de rasgos que les predisponen a la vida internacional y en la de los grandes, otros tantos que les alejan y les inclinan hacia una vida replegada sobre ellos mismos, hacia el cultivo interno del yo.

Aún hay más. Por definición, los países pequeños son débiles; los grandes han sido, son o serán fuertes. Es decir, están inclinados a las soluciones de fuerza; creen que la fuerza puede fundar y sostener. Tienen simpatías o por lo menos indulgencia por ella. Cuando los alemanes protestan contra el Tratado de Versalles, no es porque sea un tratado de fuerza, pues quizá ellos lo hubieran hecho peor. Es porque son las víctimas y no los beneficiarios. En nuestros días, el señor Mussolini es el representante más típico de la mentalidad de un gran país. Cuando nosotros protestamos aquí contra la fuerza, es porque, tradicionalmente, nos horroriza. ¿Cuántos, entre los que nos aplauden, piensan en el fondo de ellos mismos, como nosotros?

¿Cómo, por otra parte, podrían hacerlo, cuando la mayor parte de ellos tienen colonias, o no pueden sostenerse más que por la fuerza? Los que no las tienen, las han tenido o las desean. Todos encuentran natural tenerlas. Cuando los Estados Unidos protestan contra la presencia de los japoneses en Manchuria, es porque les molesta, no porque les indigne. Nosotros nos indignamos, ellos no. Pues de otro modo, ¿cómo podrían permanecer en Filipinas? ¿Cómo podrían estar dispuestos a enviar mañana, si su interés lo exige, tropas a Nicaragua? ¿E Inglaterra en la India, Italia en Libia, Francia en Marruecos y en Indochina? ¿Y Alemania, que no se consuela de la pérdida de sus colonias?

Las grandes naciones son todas naciones imperiales. Y quien dice «nación imperial» quiere decir «nación hegemónica». Éste es el tercer rasgo de su carácter. Todos esos países han poseído una vez en su historia, la hegemonía, como Francia e Inglaterra, o intentado conquistarla, como Alemania. Italia, la última llegada, sueña con ella, como con una satisfacción que se le debe; y rabia al ver que es demasiado tarde. Ésa es la causa profunda de ese verbalismo glorioso que, de cuando en cuando, inquieta al mundo.

Sólo un país ha conocido la hegemonía y ha renunciado a ella lo bastante completamente para poner hoy su buen juicio en no volver a ser una gran potencia: España. España da así al mundo un gran ejemplo, que hay que tener en cuenta, pues es casi único en la historia. En cuanto a los demás grandes países, están más o menos desembriagados; pero ninguno ha vuelto por completo de los vapores de la gloria.

Esto es lo que explica que frente al Japón ninguno se sienta con fuerzas para una condena rotunda, franca y sin segunda intención. Sus representantes han desfilado esta semana por la tribuna de la Asamblea sin que se haya oído un solo acento procedente del corazón. Después del discurso de sir John Simon, alguien preguntó al señor Matsuoka qué le había parecido. «Sir John —respondió el delegado del Japón— ha explicado en media hora y en un inglés magnífico, lo que yo me esforcé en vano en hacer comprender a mis colegas, durante horas, en mal inglés.»

¿Hará falta, para explicar la actitud de las grandes potencias, tener que recurrir a la suposición de los tratados secretos? Ciertamente hay muchos casos que aclararía tal hipótesis. ¿Cómo es posible, por ejemplo, que Francia haya llegado, recientemente, a concluir con el Japón, en un periquete, un tratado de comercio relativo a Indochina, sobre el cual los dos países no habían podido ponerse de acuerdo en veinte años?

Pero estas explicaciones, por verosímiles que sean, no van al fondo de las cosas. Si se ha visto, después del impresionante desfile de los delegados de los Estados pequeños que acudieron a afirmar su adhesión a la paz, al derecho y a la Sociedad de las Naciones, a todos los grandes países, flaquear uno tras otro, es porque entre la mentalidad de los países pequeños y la de las grandes potencias, hay un abismo.

Si esta oposición no se manifestara más que frente a la China y al Japón, podríamos darnos por contentos. Pero es mucho más profunda y más general. Revela toda una actitud de espíritu respecto a la paz y a la Sociedad de las Naciones.

Las grandes potencias se engañan cuando creen que podrían prescindir de la S. D. N., cuando creen que los años bastan para asegurar la independencia de los pueblos, cuando se imaginan que en nuestros días se puede mantener el dogma integral de la soberanía nacional. Se engañan, pero lo cierto es que lo piensan, lo cual no es sorprendente. Pues no se rehace, de la noche a la mañana, una mentalidad colectiva.

Esto basta para descalificarles para convertirse en los obreros de la paz. El mundo nuevo no será construido por las gentes que creen en la fuerza y confían en ella. El señor Bénès lo ha dicho admirablemente: «Los pueblos pequeños tienen necesidad de saber si la Sociedad de las Naciones existe o no existe.» La respuesta es que existirá si ellos lo quieren.

En la Europa de hoy, la verdadera gran potencia es la del derecho. No es la de las seudograndes potencias, mucho menos fuertes de lo que se creen. Es la fuerza colectiva que representan ocho países, imbuidos de espíritu internacional y de voluntad pacífica, que tienen a su cabeza a hombres de las cualidades de Bénès, de Madariaga, de Motta y de Unden. ¡Que su energía pueda estar a la altura de los obstáculos que encontrarán en su camino!

WILLIAM MARTIN.

Journal de Genève, 13-12-32.

Ginebra, 9 de diciembre de 1932.

Exmo. Sr. D. Luis de Zulueta.
Ministro de Estado.
Madrid.

Mi querido amigo: Comparto las preocupaciones de usted y las del Gobierno en cuanto al desarrollo del conflicto chino-japonés y no necesito asegurarle con cuánta parsimonia he estado midiendo cada uno de los pasos que he dado.

El primero no fue por mi iniciativa. La reunión del Grupo de los ocho se hizo por solicitación expresa del Doctor Lange, que representa a Noruega. Aunque nos reunimos dos veces, se notó en seguida que, en lo de China-Japón, el Grupo es todavía más elástico que en lo del desarme. Ya sabe Vd. que siempre fue bastante elástico y que nunca se pensó en hacer una especie de bloque de granito que comprometiese a los ocho a una sola acción. Pero en esto de China-Japón había todavía más motivos de elasticidad que en el desarme, porque, de un lado, Bélgica ocupa la presidencia y esto, unido a razones puramente fortuitas de carácter personal, impidió su representación en ambas sesiones. Y, por otro lado, Holanda es un país tan colonial y asiático que se encuentra a la extrema derecha.

Ello no obstante, estas reuniones sirvieron para poner de manifiesto, de la manera más clara, que en este asunto ocupa la extrema izquierda Benes, seguido muy de cerca por Undén.

He enviado a Vd. los discursos de estos señores, que podrá Vd. comparar con el mío para darse cuenta de que ellos han dicho cosas más fuertes, por ser más concretos. El punto de vista de elevación filosófica a que deliberadamente me elevé, me permitió defender con entera energía la Sociedad de las Naciones sin hacer ninguna declaración taxativa.

No a título de vanidad, sino como información le envío a Vd. adjunta copia de la carta que me dirige el «Bureau International de la Paix» (*) sobre este discurso, y para que tenga una opinión imparcial del efecto aquí producido, le copio a continuación una carta que me escribe confidencialmente una alta personalidad francesa del mundo internacional.

«Mon cher Ambassadeur, Permettez-moi de vous dire que votre discours de ce matin était remarquable —le plus beau que je vous ai jamais entendu prononcer—, un des plus beaux qui aient jamais été prononcés ici. Il était profond, émouvant, sage et audacieux.»

Cuando le hablé por teléfono, le indiqué que estaba actuando de freno. Voy a dar a Vd. ejemplos concretos para que no crea que se trata de una impresión meramente general.

Como consecuencia lógica de nuestros discursos y por las razones que más abajo apuntaré, presentamos Undén, Benes y yo

(*) ¿Dónde está? No llegó de Ginebra.

(agregándose después a petición propia Irlanda), la proposición cuyo texto adjunto (*). Esto produjo una insolente intervención del Delegado japonés, con la reacción natural en favor nuestro de la Asamblea. Inmediatamente me puse en marcha para ver de negociar un arreglo, pues los japoneses exigían, con amenazas de retirarse, el voto público inmediato de nuestro proyecto de resolución con objeto evidente de amedrentar a la Asamblea y a los proponentes. Nos reunimos el Secretario General y los cuatro firmantes, y, habiendo sido imposible aceptar la proposición que hacía Drummond, que equivalía a una retirada, propuse yo como transacción que nosotros explicásemos tratarse sólo de un proyecto de resolución que, con arreglo al Reglamento, no podía votarse ni siquiera discutirse sin pasar al Comité, naturalmente, como elemento de juicio; y que si aún después de estas explicaciones los japoneses insistían en retirarse, nosotros declarásemos que estimábamos fuera de razón la actitud japonesa, pero no estábamos dispuestos a aceptar la responsabilidad de una retirada del Japón aun sin razón por su parte y retiraríamos la proposición. Este esfuerzo produjo inmediatamente violentas protestas por parte de mis tres cofirmantes, y, naturalmente, yo me declaré dispuesto a seguirles en su actitud.

Esta mañana hubo una reunión de la Mesa de la Asamblea, a la cual fuimos invitados los cuatro firmantes precisamente, como le dije a Vd. por teléfono, por estimarse que mi presencia podría calmar a Benes y a Undén. Se presentó una proposición del presidente, que consistía en una declaración presidencial, explicando que pasarían al Comité de los 19 todas las proposiciones presentadas. En esta declaración se omitían las palabras «proyecto de resolución». Es decir, que tal y como se redactaba esta proposición presidencial podría permanecer el equívoco de que nuestro proyecto de resolución no pasaba al Comité y propuse una redacción que satisficiera a los japoneses en tanto en cuanto no mencionaba las palabras «proyecto de resolución» que parecían ofenderles, pero dejaba en claro que nuestro proyecto pasaría al Comité. Mis compañeros aceptaron mi enmienda y toda la Mesa la encontró razonable; mas Motta, por razones que no acierto a comprender, dijo que no tenía importancia la enmienda y que el Presidente podía, en negociaciones con los japoneses, aceptar una u otra forma. A pesar de estar yo persuadido de que mi enmienda era importante, inmediatamente declaré al señor Motta que estaba de acuerdo con él, puesto que se limitaba a hacer confianza al Presidente; pero apenas había hecho yo esta declaración, cuando Benes, con bastante vivacidad, insistió en que era indispensable mi enmienda, pues si bien todo el mundo estaba de acuerdo, incluso los japoneses, en que nuestro proyecto pasaría al Comité, en la opinión pública y en la prensa se daría el cambio verbal como prueba de que habíamos retrocedido en nuestra posición, y nuevamente tuve que renunciar a mis intentos de conciliación.

(*)   Texto cuyo autor es Undén.

Le he dado estos dos ejemplos concretos para que vea Vd. que tengo muy en cuenta la necesidad de la moderación. Dirá Vd.: ¿Entonces, por qué presentar esa proposición? Por la razón siguiente: estamos en artículo 15, párrafo tercero, es decir, conciliación; pero ¿qué vamos a conciliar? ¿Sobre qué base? Si hubiéramos conciliado en septiembre del año 31 era sobre la base de volver al ferrocarril; poco después ya se habían quedado con Kin-Cheo; si conciliamos más tarde, ya teníamos que resignarnos a que fuera sobre la base de que se habían quedado con toda la Manchuria; ahora, quieren la conciliación sobre la base de que ya han reconocido al Manchukuo; ha anunciado la prensa que preparan la entrada en Yehol. ¿Comprende Vd. que es un escarnio que se intente conciliar nada sin fijar primero una base de la que no se ha de pasar? Por eso creo necesario —lo dije en mi discurso y lo creo indispensable— afirmar primero lo que estimamos inadmisible y sobre lo cual no creemos posible la conciliación. Al fin y al cabo lo han hecho ellos también.

Porque si bien es decir que hay que tener moderación, también es indispensable la firmeza. No creo que el Gobierno español, tal y como hoy está compuesto, deba apurarse ni dar importancia excesiva a encontrarse en Ginebra en una minoría de vanguardia ni a enfrentarse con un Japón enloquecido. Examino sucesivamente estos dos puntos.

Somos el Gobierno más avanzado de Europa, después de Rusia, y es natural que apliquemos en Ginebra nuestras ideas interiores. Nos acompañan en este proyecto de resolución las naciones gobernadas por socialistas. Benes es socialista y Undén también lo es. La larga experiencia de estos dos hombres, que no sólo me acompañan, sino que me preceden en el movimiento, debe ser una garantía para mi Gobierno de que no me equivoco en mi actuación. Que vamos en vanguardia es evidente y que vamos en minoría también. Pero ¿es que la República española va a renunciar a ir en vanguardia y en minoría cuando se trata de establecer en Ginebra unos principios internacionales de carácter republicano que nos permitan desarmar?

En cuanto al Japón, ¿qué puede hacerle a España? Como máximo retirarle su representación diplomática, lo que no puede más que perjudicarle todavía más de lo que ya está. El Japón ha sido siempre nuestro enemigo en Ginebra. Es dudoso que haya votado nuestra reelección en el Consejo y casi seguro que ha votado contra. Comercialmente, no significa nada; militarmente, tampoco para nosotros. En cambio tenemos un inmenso porvenir el día que queramos utilizar la gran popularidad conseguida en China, mandando allí una misión comercial, y fundando un Banco y una línea de navegación que sería excelente apoyo para llegar hasta las Filipinas. Aun desde el punto de vista egoísta, por consiguiente, no tenemos absolutamente ningún interés ni ningún temor de por medio para enfrentarnos con el Japón, siempre y cuando lo hagamos con moderación y con razón por nuestra parte.

Añadiré dos argumentos de la mayor importancia:

El primero es que en este momento, a juzgar por el intenso interés que los corresponsales norteamericanos toman en mis movimientos, mis discursos y mis actos, la prensa norteamericana debe estar siguiendo este asunto con una gran asiduidad. Nuestra posición aquí tiene que haber aumentado enormemente la autoridad moral de la República ante la opinión pública norteamericana, lo que a su vez ha de ser freno a toda tendencia que pudiera existir en Washington a abusar del Gobierno español en un asunto tan sórdido como el de la Telefónica. Ruego al Gobierno tenga en cuenta que la complejidad de la política internacional tiene estas curiosas repercusiones y me atrevo a asegurar que nuestra labor en Ginebra en el conflicto chino-japonés ha debido influir favorablemente en el asunto que hoy preocupa en Madrid.

Finalmente, desearía también que reflexionara el Gobierno sobre la repercusión que pueda tener este asunto en materia de desarme. Si la Sociedad de las Naciones no marca bien su autoridad moral y triunfa el Japón, vamos a la ruina de la idea del desarme y en estas condiciones me parece inevitable, y así creo que sería oportuno que lo declarase incluso públicamente el presidente del Consejo, que España se prepare un buen ejército y sobre todo una formidable marina de guerra. Nosotros no podemos seguir con nuestra marina actual en un mundo que no quiere desarmar; o se desarma, o tenemos que tener marina. Y esto significaría el aplazamiento de los planes de desarrollo cultural y económico de España para todavía dos o tres generaciones.

En resumen, creo que con moderación y prudencia la actitud de España debe ser de vanguardia, de energía y de minoría. Creo que así seguimos los ideales que necesitamos para alimentar el patriotismo siempre débil, aunque fogoso, de los españoles, y que, al mismo tiempo, no malgastamos intereses materiales de España, sino que por el contrario le garantizamos un desarrollo pacífico a la república dentro del respeto universal.

Su affmo. amigo,

S. DE MADARIAGA.

P. D.

1) Según anticipé, ha triunfado nuestra tesis y el Japón, al ver que no nos amilanábamos, ha aceptado lo que ayer rechazaba —gracias a mi fórmula.

2) Por si ha salido Vd. de Madrid, le mando una copia a Azaña.

Ginebra, 8 de diciembre de 1932.

Exmo. Sr. D. Manuel Azaña.

Querido Azaña: Por si ha salido Zulueta de Madrid, le remito adjunta copia de una carta que hoy le escribo sobre el conflicto sino-japonés, pues me ha dado por teléfono una impresión que desearía rectificar.

Ya que escribo a Vd. quiero decirle que el otro día, al hablarme **Matilde Pomés** de que había estado traduciendo cosas de Vd., le recomendé una idea que me ronda en la cabeza desde que leí el discurso de Valladolid y es la de que hiciéramos en francés una antología de discursos de Vd., escogiendo los temas que más interés universal puedan tener, y que creo pudiera ser, hasta cierto punto, un éxito de librería y desde luego una cosa muy útil para la República. Le dije que le escribiera a Vd. y quiero que sepa Vd. que es sinceramente una idea mía y no una proposición que ella le hace por interés de hacer algo.

Su afectísimo,

S. DE MADARIAGA.

El Presidente
del Consejo de Ministros
y Ministro de la Guerra
—

15 de febrero

Querido Madariaga: contesto a su carta
día 10. La persona de que se trata vino a decirme que
ocasión de un viaje a París, procuraría adquirir algunas
informaciones de carácter político. Me pidió cartas para alg
señores franceses, y por diversas razones no pude dárse
pre indiqué también que le convendría que en la ca
jada supieran que el era y es un amigo del Gob
no, para que sus pasos no dieran motivo a torcid
interpretaciones. No me pidió carta ni presentación
guna. Yo dije en mi secretaría que avisaran a
Embajada. Después he sabido que desde aquí hubiese

teléfono con un secretario; ignoro los términos de la
relación, que no podía tener otro alcance que el de
actuar sobre la condición de amigos ser viajeros; pero realmente nadie ha pensado que lo que se avisaba al te-
lefonista fuese para que lo ignorase usted. Ese señor me
daba encargo mi ninguna algunos confiados por mí, ni
nadie, y habría sido muy inconveniente, por otra circunstancia, que se presentase ante usted con un carácter que
tenía.

... en todo, y no hay para qué dar al caso una importancia que no tiene. Ya sé que no es usted quisquilloso,
lo celebro; pero le agradeceré particularmente que no
estuvre de _quisquilloso_ en este pequeño asunto, en el
no puede haber cosa que se roce con la _confianza_.

Su afmo. amigo

EMBAJADA DE ESPAÑA
EN
PARIS

París, 27 de agosto de 1932

NOTA DE MI ENTREVISTA CON M. LEGER, DIRECTOR DE ASUNTOS
POLITICOS Y COMERCIALES, el 27 de agosto de 1932, a las 4 1/4
de la tarde.

———————

Pedí esta entrevista con objeto de precisar lo que pudiera
haber en las intenciones de Negocios Extranjeros sobre el viaje
del Presidente y Ministro a Madrid, pero antes de entrar en
materia hablé con M. Léger sobre los puntos siguientes :

1) Le comuniqué que, según informes de la Embajada, el
señor Fernández Arias (Duende de la Colegiata) intentaba obtener
una entrevista con el señor Herriot, y otra con el Canciller
alemán von Papen, y expliqué a M. Léger la personalidad de que
se trata.

2) Iba yo a hablar de las personalidades a internar cuando
el propio M. Léger me dijo que tenía entendido que ya habíamos
hablado, Chautemps y yo, y que había quedado convenido que no se
haría nada hasta que los Prefectos respectivos señalasen actividades políticas contrarias al régimen. Esto me sorprendió bastante, puesto que no sólo tenía yo la impresión contraria, sino
que esta impresión había llegado al Ministro de Estado, en Madrid
por conducto del Embajador de Francia, (conversación telefónica
del señor Zulueta conmigo, el día 27, a las 2.), y de una manera
que no llego a explicarme. Expliqué este punto a M. Léger, quien
no acierta a comprender cómo ha podido llegar a oídos de M.Herbe
que el Ministro me había concedido en firme la internación de la
personas en cuestión. No acierto yo a dar otra explicación que e

- 2 -

de un malentendido en Madrid, si por un lado el Ministro del
Estado habló de internación al Norte del Loira de estas personalidades, y por otro M. Herbette contestó que este asunto estaba
ya resuelto por la conversación entre M. Chautemps y yo, de donde
resultaría que el Ministro hubiera comprendido que estaba solucio-
nado en el sentido deseado por el Gobierno español, mientras que
el Embajador francés entendía que estaba resuelto en el sentido
comprendido por el Ministro del Interior.

Insistí cerca de M. Léger en que M. Chautemps me había
concedido, a petición muy especial mía, el trato especial de internación inmediata a las personas que habían intervenido en el
complot (por lo menos a los Jefes), ya que podía considerarse
como una aplicación retroactiva de la regla que acabo de enunciar,
según la cual serían internadas al Norte de Francia todas las
personas que hubiesen tomado parte en actividades políticas.
Encontré muy deseoso de servirnos a M. Léger, que me prometió
hacer nueva presión para que el Ministro del Interior adoptase
mi tesis.

3) Manifesté a M. Léger que, en opinión de nuestro
Gobierno, sería ahora un momento oportuno para que el Gobierno
francés espontáneamente tomase una decisión para con la familia
ex real, en vista de que el complot revelaba/inconvenientes
que había para que siguiera residiendo en una nación vecina a
la nuestra. Puse en claro que no hacía gestión ninguna en este
sentido y que me limitaba a apuntar que sería un momento oportuno
para un gesto espontáneo que tendría buena acogida en España.
M. Léger tomó nota, observando, no obstante, que creía que el
Gobierno francés estaría en posición débil, si no se le proveyese
de pruebas concretas de connivencia del ex rey con los conspiradores, por lo menos una relación bastante intensa entre ambos.

596

- 3 -

4) Por útlimo, hablamos del viaje del Presidente, tratando
de los puntos siguientes :

a) Sugerí la fecha del 5 al 10, en vista de la imposibilidad
de la del 10 al '18, pero a M. Léger le pareció totalmente imposibl
pues consideran en Francia como inminente el planteamiento por
Alemania del problema de la igualdad de armamentos, y estima que,
en el período indicado, estará el Presidente del Consejo francés
sumido en las preocupaciones más graves que se desprenden de este
tema. Llegamos, pues, a la conclusión de que no queda más remedio
que aplazar el viaje hasta el mes de Octubre, a pesar de los incor
venientes evidentes de este aplazamiento, que lleva incluso el
riesgo de impedir totalmente un viaje tan beneficioso para la
República.

b) Significación del viaje. Fué muy claro M. Léger en cuar
a la limitación estricta de esta significación, concretándola en
dos puntos, ambos de puro carácter psicológico : primero, la afirmación de la cordialidad especial entre los dos países con el misr
régimen ; segundo, la afirmación de que este régimen implica, en lc
internacional, un modo análogo de comprender los problemas, que
consiste en la aplicación al mundo internacional de los principios
republicanos de publicidad, orden y paz.

c) Con objeto de concretar tras lo que de esta fórmula
general pudiera haber, pregunté a M. Léger si podía darme algún
ejemplo de cómo funcionaría en la práctica este acoplamiento de
ideas , y, entonces, se explayó en una larguísima explicación de
lo que pudiera ocurrir en Europa, si Alemania insistiese en una
actitud de abolición del Tratado de Versalles en materia de armamento. Dijo el Director de Asuntos Políticos que la táctica de Ale-

BAJADA DE ESPAÑA
EN
PARIS

manía consiste en poner a prueba la solidaridad de las naciones
interesadas en mantener los principios del desarme a base de una
~~xiwiaswix~~ evolución gradual de los países interesados hasta el
nivel de Alemania. Estos países de la Conferencia de París y
Francia en particular estaban dispuestos a reconocer inmediatamente
la igualdad de derechos de Alemania en el seno de un convenio de
desarme, pero consideraban, al menos Francia, imposible admitir
un rearme de Alemania, puesto que ello constituía una evolución
regresiva, ya que lo lógico era, al contrario, un desarme gradual
de Francia hasta el nivel de Alemania. Por otra parte, la rapidez
de este desarme de Francia tenía que depender de la evolución de
la política interior de Alemania y ninguna persona sensata puede
sostener un momento que el Estado de la política interior alemana
hace posible el desarme de Francia con gran rapidez en estos
momentos.

Pregunté a M. Léger en qué situación se encontraban, con
relación a este problema, Inglaterra y los Estados Unidos, y me
contestó que, en cuanto a Inglaterra, las imperiosas vacaciones
del estío tienen a los Ministros distraídos aún de los temas
más esenciales, y, de todos modos, con la calma/británica esperan
a que el problema se les plantee para reaccionar; pero que sabe
de buena tinta que hay una fortísima reacción contra Alemania en
este terreno por parte de los Estados Unidos, los cuales habían
concebido grandes esperanzas de ver terminar su espantosa crisis
económica después de la Conferencia de Lausana y vieron, con gran
disgusto y sorpresa, que,a causa de la actitud agresiva de Alemania,
los frutos y la confianza que se esperaban de Lausana no llegaban
a madurar y la crisis empeoraba.

Es evidente, por consiguiente, que en el pensamiento político de Francia se busca una especie de coalición de naciones

598

democráticas, a base de las tres naciones del extremo occidente
europeo, Inglaterra, Francia, España y Estados Unidos para hacer
frente a la coalición italo-alemana en favor de un ~~régimen~~ <ins>rearme</ins> y
quizá de una guerra, o, por lo menos, de la prolongación de un
estado de inseguridad política capaz de destruír la paz. Para M.
Léger, España está destinada a hacer de hoy en adelante una
política de gran potencia, participando de las responsabilidades
del poder internacional, lo que, en su opinión, es la verdadera
base del crédito moral y político y aún financiero de un país.
Estima que, en este terreno, es en donde más ha fracasado la política del señor Mussolini, quien obligado a permanecer en su país
por causa de su seguridad personal, no puede percibir la vida
internacional que, con frase pintoresca, dijo M. Léger sólo ve
con periscopio, de donde se deduce que Italia, en contra de las
acusaciones que hace a Francia de dejarla de lado, se ha negado
siempre a acudir a las llamadas que Francia le ha hecho para
participar de las responsabilidades de la vida internacional.
Arguyó M. Léger que la amistad franco-británica no se funda en
los problemas directamente franco-británicos, que son, al contrario, los obstáculos a esta amistad, sino que se funda en la comú
participación a las responsabilidades del poder internacional.

Si entendí bien a M. Léger, en su idea se trataría de
que España, una vez constituída y terminada su fase actual de
consolidación, se orientase francamente por este camino del gobierno internacional, haciendo figura de ~~gran~~ gran potencia,
y, al señalarle yo, que recientemente, de un modo natural y
espontáneo, se había encontrado España en solidaridad con las
potencias del grupo escandinavo-holando-suizo, me indicó que no
creía él que España perteneciese a este grupo, sino que por ley

IBAJADA DE ESPAÑA
EN
PARIS

natural debía aspirar a una política de gran potencia.

Me pareció necesario, después de oírle en este terreno, insistir puntualizando sobre el alcance del viaje. Saqué la impresión muy clara :

1.º De que en cuanto a responsabilidades concretas,en caso de conflicto, en Francia no se piensa absolutamente en nada más que en la aplicación del Pacto, lo que, en mi opinión, con un Pacto interpretado estrictamente, no puede ofrecer más inconvenientes o peligros para España que los que se desprenden naturalmente de vivir en un continente agitado. Nadie puede decir que España podrá el día de mañana garantizar su neutralidad o quedarse fuera de una guerra eventual. El Pacto es más bien la garantía de que España no entrará, si entra, en una guerra más que en condiciones que puedan satisfacer a su opinión pública en cuanto a la justicia de dicha guerra, y, además, con procedimientos que puedan facilitar el que esta guerra no llegue a producirse.

2.º No se piensa en ninguna petición concreta de auxilio directo o indirecto, de paso de tropas, protección naval, etc., aunque no me atrevería yo a afirmar que no esté esto en las perspectivas posibles, en caso de aplicación del Pacto. Pero en este caso, justo es añadir que nuestras obligaciones,directas o indirectamente nos arrastrarían en este sentido.

3.º Se piensa en una manifestación de índole moral y psicológica, que permita a Francia sentirse más "abrigada" frente a una posible amenaza política y diplomática por parte de Alemania. Es algo así como si temiendo esta ofensiva internacional diplomática de Berlín con el apoyo de Roma, Francia quisiera hacer

el cuadro de autoridades morales, agrupando en su torno a
España, al lado de Inglaterra y de los Estados Unidos, para evitax
tener que oponerse a las pretensiones alemanas por procedimientos
violentos, que, al llevar quizá a la guerra, obligarían a
España directa o indirectamente a responsabilidades más graves.

4.º Por último, resulta bien claro de la conversación
que no se espera ni un acuerdo concreto, ni siquiera una declaración conjunta, ni un comunicado a la Prensa en conjunto, sino
todo lo más un cambio de discursos o comentarios de prensa que
afirmen esta cordialidad de las dos Repúblicas en este modo
análogo de concebir la vida internacional.

EL EMBAJADOR DE ESPAÑA :

Salvador de Madariaga

París, 9 de mayo de 1932.

Asunto: Propuesta de reorganización de los consejeros y
agregados especiales de las Misiones en el extranjero.

DIREC. I.
Núm. 731.

Excmo. Señor:

Con la debida anticipación sobre los próximos presupuestos me
permito someter a V. E. las siguientes consideraciones encaminadas
a mejorar en lo posible los servicios de las misiones diplomáticas en
el extranjero.

I. *Organización de los agregados especiales.*—Mi corta experiencia en las dos Embajadas que me ha confiado hasta ahora el Gobierno
de la República me induce a pensar que no están debidamente estructuradas las agregadurías diversas, militares, navales, comerciales,
agronómicas, etc., dentro del servicio general del Estado.

Adolece la organización actual de una excesiva falta de coordinación entre los distintos departamentos ministeriales que parecen no
darse cuenta de la unidad intrínseca del Estado. Con lo cual se producen tres serios inconvenientes: incoherencia política, insuficiente
informe del Jefe de Misión, excesivo gasto.

Incoherencia política porque puede producirse y en efecto se produce el caso de que los agregados especiales informan a sus respectivos
Ministerios con criterio y en sentido diferente del que inspira al Jefe
de Misión, produciéndose de una manera natural diferencias entre
los Ministerios que se reflejan en el Consejo dificultando su trabajo
y haciendo vacilante y difícil la política general.

Insuficiencia de información en el Jefe de Misión porque al producirse por tendencia natural un particularismo entre los distintos
especialistas entre sí y con relación al Jefe de Misión, faltan a éste
con frecuencia documentaciones que pueden serle indispensables para
formar su criterio de conjunto, aparte de que por faltar la debida
coordinación en las relaciones con el Estado, se producen fatalmente
análogos efectos en las relaciones entre el Jefe de Misión y los diferentes agregados, con lo cual (aunque apunto este hecho sólo hipoté-
ticamente, pues en mi experiencia afortunadamente no se ha producido) puede incluso llegarse a la indisciplina.

Excesivo gasto, porque se da con frecuencia el caso de que varios
departamentos ministeriales pongan a disposición de sus especialistas

en el extranjero mayor personal auxiliar del que necesitan, cuando otros Ministerios no dan lo bastante, siendo así que con una debida coordinación se podría centralizar en la Cancillería de la Misión todo el trabajo auxiliar. No parecen invencibles estos defectos que podrían subsanarse, en mi opinión, si el Ministerio de Estado consiguiera hacer adoptar por el Consejo de Ministros ciertos principios generales de organización. A título de indicación me permito someter a V. E. lo siguiente:

1.º El Ministerio de Estado debe constituir el único órgano de comunicación oficial entre el Estado y el extranjero.

2.º Los agregados especiales deben considerarse como consejeros técnicos de la Misión en el extranjero y especialmente de su Jefe, a quien se hallan subordinados administrativamente y en todos los demás órdenes.

3.º Los informes oficiales *originales,* así como todas las comunicaciones originales escritas o telegráficas, deben dirigirse por estos agregados al Jefe de la Misión, el cual les dará curso con sus observaciones al Ministerio de Estado.

4.º En caso en que así lo recomiende el servicio, los agregados especialistas podrán remitir directamente *copias* de sus comunicaciones al Departamento ministerial de su especialidad.

5.º El Ministerio de Estado trasladará inmediatamente en todo caso copia de las comunicaciones recibidas de las Misiones conteniendo el informe del especialista en cuestión, con observaciones del Jefe de la Misión.

6.º Todo Departamento ministerial que designe un agregado o consejero especialista para una Misión en el extranjero a título permanente debería consignar en su presupuesto una suma a convenir entre ambos Ministerios para contribución a Cancillería. La Misión a cambio de esta suma se encargará de asegurar los servicios de secretaría del agregado en cuestión.

II. *Organización del personal auxiliar.*—El personal auxiliar de las Cancillerías de las Misiones en el extranjero (incluyendo los Consulados) no puede ser objeto de un reclutamiento tan normal y sistemático como el del Estado dentro de las fronteras. Hay que depender con exceso pero inevitablemente de las circunstancias locales, sobre todo de los conocimientos lingüísticos y de experiencia. Hay que renunciar a limitarse a la nacionalidad española. Hay que tomar personas a veces sin tener en cuenta todo lo que sería teóricamente ventajoso de la edad. De esta manera se va formando un personal de aluvión bastante heterogéneo y, si se considera en su conjunto, es decir, considerando el que sirve a España en todas sus Misiones y Consulados del mundo, totalmente incoherente en cuanto a condiciones económicas, sueldos, modo de vida, etc.

Con frecuencia se presentan dificultades de orden concreto y que es difícil y aun penoso de resolver o el dejar sin resolver a los Embajadores, Ministros y Cónsules, tales como enfermedades, accidentes, vejez, y otras ventajas consideradas sociales, que las costumbres modernas no permiten dejar al azar.

Estimo que el Ministerio de Estado podría con tiempo en lo que media hasta el presupuesto próximo estudiar un sistema de seguros combinados para este personal haciendo un reglamento lo suficientemente amplio para poder adaptar sus principios a las condiciones tan varias en que se recluta y vive este personal. Las bases podrían ser análogas a las que rigen, en la materia, en la Secretaría General de la Sociedad de las Naciones, la cual tiene que habérselas con un problema algo parecido.

Financieramente se ha resuelto en Ginebra este problema mediante un seguro combinado a base de abono de 5 % del sueldo por parte del personal, y 5 % por parte de la institución. Quizá considere V. E. útil hacer preparar un estudio sobre la materia que permita organizar, al menos en lo social, este personal auxiliar en el extranjero, en el que tanto abunda la lealtad y el buen deseo.

El Embajador de España:

Salvador de Madariaga

Excmo. Sr. Ministro de Estado.

Ginebra, 3 de junio de 1933.

Exmo. Sr. D. Luis de Zulueta.

Mi querido amigo: La desaparición prematura y muy sensible de Dupuy de Lome, me hace pensar que quizá pudiera Vd. utilizar la vacante para resolver el problema de Ginebra. Tengo la impresión de que Buylla se considera aquí sin raíces ni intereses, y, por lo tanto, cuanto antes lleguemos a lo definitivo mejor. Tiene Vd., además, según nuestras previas conversaciones, el problema del ascenso de Cruz Marín. ¿Qué le parecería a Vd. llevar a Buylla, que es especialista en cosas alemanas, al puesto de Dupuy y traer aquí ascendido a Cruz? Otro hombre que lo haría bien aquí, pero a quien sería prematuro ascender y habría que traerlo en comisión, sería Marrades.

Me permito apuntarle estas ideas por su utilidad objetiva.

Me entera hoy Navasqüés de que el Jurado selector de Agregados comerciales le ha propuesto telegráficamente dos o tres puestos comerciales. Forma parte de ese Jurado el Jefe del Personal del Ministerio de Estado. Me permito señalar a Vd. los graves inconvenientes que hay en exagerar con proposiciones oficiales la ya excesiva tendencia a la inquietud y movilidad de nuestros funcionarios diplomáticos. Por mi parte, no vacilo en decirle, en el seno de la confianza, que creo este procedimiento totalmente inadmisible y que me sorprende extraordinariamente emane de un Comité en el que figura el Jefe del Personal a sus órdenes de Vd.

Un abrazo de su afectísimo amigo,

S. DE MADARIAGA.

P. D.—Navasqüés no ha aceptado, de modo que mis observaciones se refieren únicamente al principio y no a la persona.

El Ministro de Estado

Particular

Madrid, 20 de Mayo de 1.932.

Excelentísimo Señor

Don SALVADOR DE MADARIAGA.

Mi querido amigo: Doy a usted las gracias más sinceras por las cartas que, con carácter confidencial, me ha escrito, acerca de diversos asuntos de este Ministerio. De lo que se refería a las manifestaciones de duelo oficial que aquí tuvieron lugar por la muerte de Monsieur Doumer, dí cuenta a nuestro amigo, el Presidente del Consejo de Ministros. Como usted habrá visto, procuramos no extremar las cosas en la parte que todavía quedaba por hacer. Respecto a las noticias concernientes al viaje del Ministro de Trabajo, he preferido reservarlas, pues no creo que ya, pasados bastantes días después del viaje, pudiera ser útil remover este asunto, teniendo en cuenta, además, que usted ha hablado ya con Fabra Rivas.

Por aquí, sigo con mucho trabajo. Puede usted enviarme algo relativo a los principales problemas de nuestra política internacional, en el sentido de que por teléfono le hablé? Me gustaría conocer su opinión y estoy ocupándome ya de ello.

Deseo que siga usted bien de salud, lo mismo que todos los suyos y, en especial, esa niña, cuyo estado le preocupa. Muchos recuerdos de mi parte.

Muy cordialmente le abraza,

París, 27 de mayo de 1932.

NOTA SOBRE POLÍTICA EXTERIOR DE ESPAÑA

La política exterior de España tiene que ser, en el terreno de sus relaciones extranjeras, la manifestación de una filosofía política concreta de la República española. Es, pues, indispensable partir de una hipótesis sobre esta filosofía política. Supónese en esta Nota que la República se propone contribuir a una evolución universal que permita el libre desarrollo de la nación española en cultura y economía dentro de un ambiente internacional de orden y de paz.

I. *Fuerzas políticas*

En este período de transición en que la retaguardia de las naciones no ha salido todavía del «viva quien venza», mientras ya vislumbra su vanguardia el orden universal, España, constructora de imperios retirada de los negocios, sabe cerrado el ciclo de sus aventuras. Mientras la historia le veda la palestra de las luchas coloniales, la geografía la aparta del circo de las guerras políticas. Sus fronteras son claras y sin conflictos. Su población es homogénea y está libre de esos injertos extranjeros que afligen a casi todas las europeas y que el novísimo derecho de minorías intenta en vano hacer llevadero a otros países menos afortunados. Su imperio colonial, ya al término de su evolución, ha alcanzado la fase pura y desinteresada de lo espiritual. No existe, pues, en la realidad española ningún motivo urgente de decisión que lleve a España a la ofensiva diplomática.

En cambio, tiene nuestro país numerosas razones para vivir alerta, en estado de constante defensiva. Pueden ordenarse estos peligros que la rodean en círculos concéntricos, cada vez más alejados de su íntimo ser.

Por este orden, es el primero la constante amenaza contra su integridad nacional e histórica de que es objeto por parte de las grandes naciones capitalistas y técnicas. Leonardo de Vinci distinguía a los hombres en tres categorías: los que ven de suyo; los que ven cuando se les enseña; los que no ven. Nuestro pueblo, que en tantas direcciones del espíritu pertenece a la primera de estas categorías, pasa a la segunda en todo el ámbito inmenso de la vida moderna que domina la técnica, y, por tanto, en la ingeniería y en la finanza. Francia e Inglaterra industrializaron a España en el siglo XIX. Pese al gran esfuerzo de emancipación que hizo España a favor de la guerra europea, subsisten todavía en nuestro suelo gibraltares económicos de tanta envergadura como Río Tinto y Peñarroya. No hay política extranjera digna de este nombre que no considere parte de su cometido emancipar a España de esta mediatización económica. En su forma más general, el objetivo puede definirse como *la reducción de la colaboración técnica y financiera de los extranjeros a límites que permitan al Estado el pleno ejercicio de su soberanía.*

Viene después la convergencia de fuerzas y ambiciones que atrae a sí el Estrecho de Gibraltar. La circunstancia de no poseer España el Peñón, podría incluso justificar una política de «ofensiva diplomática» en el sentido arriba apuntado. Justificación puramente teórica en el estado actual de las fuerzas internacionales. Queda, no obstante, el hecho de que por hallarse España en situación privilegiada sobre el Estrecho —situación que hacen más privilegiadas todavía los progresos de la técnica aérea y artillera— es adversaria actual o presunta de todas las grandes potencias. Este hecho es quizá el más importante de los que determinan nuestra política.

De él se derivan la actitud de Francia y la de Inglaterra, así como, por vía de consecuencia, las formas que toman los problemas de Marruecos-Tánger y de Portugal.

Francia tiene tres razones para no desear el engrandecimiento de España. La primera queda apuntada. Una España grande representaría una atracción irresistible para Marruecos, sobre todo si España utilizaba como focos de atracción los centros hispano-marroquíes, revalorados y transformados, de juguetes para turistas, en hogares espirituales de cultura islámica. España en Marruecos significaría el Estrecho español.

La segunda razón es que no conviene a una Francia siempre vuelta al Rin —y hoy también a los Alpes— tener a retaguardia a un país fuerte. Aparte de que para asegurar el paso de sus reservas africanas es más tranquilizador un país débil que una nación fuerte cuya colaboración habría que compensar.

Finalmente, Francia quiere ser la metrópoli de la «raza latina» y no ceja en sus esfuerzos por asegurar su hegemonía cultural sobre Hispano-América, la «Amérique Latine» de sus publicaciones y discursos. Aquí también una España fuerte la privaría de su posición de prestigio en todo un continente.

Inglaterra es la adversaria tradicional de España. Gibraltar y el Estrecho bastan para explicarlo. La política inglesa en Portugal, política esencialmente antibérica, se explica por la preocupación evidente de evitar que pueda formarse en la Península dominadora del Estrecho una nación fuerte. Nadie que tenga experiencia de la vida inglesa, ignora hasta qué punto conserva todavía su asombrosa vitalidad el instinto antihispánico que anima la política inglesa desde los tiempos de Enrique VIII y de la gran Reina Isabel.

Frente a estas naciones, España no puede hallar apoyo en las otras dos grandes potencias europeas.

Italia tiene dos de las tres razones francesas para mirar con frialdad el resurgimiento español: no le conviene una nación fuerte en el Estrecho, que es una de las dos puertas que tiene para salir del Mediterráneo a los océanos; aspira también a capitanear la raza latina y a hacer del italiano una lengua más universal que la española. Alemania ha demostrado siempre —antes y después de la guerra— su incapacidad para conciliar sus intereses nacionales con los de España, aun en casos en que eran perfectamente conciliables (ejemplos: de antes de la guerra, las negociaciones franco-alemanas sobre Marruecos; de después de la guerra, la actitud alemana en el conflicto surgido al entrar en la Sociedad de las Naciones, con motivo de las pretensiones españolas a la permanencia en el Consejo).

Quedan los Estados Unidos, para quien España es la fuerza antagónica por excelencia. La orientación panamericana, en el sentido literal de esta palabra, de la política de los Estados Unidos es no sólo evidente, sino primordial. Aunque mucho ha ganado el prestigio de España en los Estados Unidos desde que la experiencia adquirida en Filipinas, Puerto Rico, Cuba, Panamá y Nicaragua les ha hecho comprender mejor el espíritu positivo salido de la colonización española, siempre queda el hecho de que España constituye el refugio natural del hispanoamericano oprimido, vejado y lo que es más grave, humillado por el norteamericano. La experiencia enseña que, precisamente por ser el prestigio el valor que se debate, donde más intenta atacarnos siempre Norteamérica es en el prestigio. Especial es su empeño en negarnos todo lo que, directamente o indirectamente, pueda darnos rango de gran potencia.

La creación de una Sociedad internacional basada en el Pacto, establece un círculo más amplio de obligaciones, que incumbe a España observar atentamente. Desligada desde el punto de vista estrechamente político de los conflictos que separan a las naciones europeas, tiene, sin embargo, España un interés directo en ellos, desde el momento en que en virtud del Pacto es cogarante de la paz universal y se halla comprometida moral y jurídicamente a defender a los Estados agredidos. De este hecho tienen que derivarse por fuerza preocupaciones que habrán de hacer la política extranjera de España cada vez más activa y vigilante, puesto que si, en caso de guerra, habría de verse obligada a intervenir por el Pacto, obligada está, aunque no sea más que por egoísmo nacional, a evitar en lo posible toda tendencia hacia la guerra.

Para resumir, los problemas políticos españoles parecen colocados por este orden de intimidad: mediatización económica; el Estrecho; Portugal; Tánger-Marruecos; relaciones con Francia; relaciones con Inglaterra; relaciones hispanoamericanas y con los Estados Unidos; obligaciones de Estado garante de la paz en la Sociedad de las Naciones.

II. *Fuerzas morales*

Aunque no plenamente reconocida en todo su valor, la cultura española da a España en el Mundo un rango de potencia de primer orden, si no de gran potencia. Todo lo que contribuya a afirmar esta cultura, tanto en sus valores históricos como en sus realidades y esperanzas contemporáneas, tiene, pues, que ser objeto de primordial atención desde el punto de vista de nuestra política extranjera.

Conviene, pues, tener en cuenta esta cultura como una de las fuerzas morales con que cuenta España. Esta fuerza va estrechamente unida al prestigio que España posee como país de gran historia, imperio sólo comparable al romano y al británico. Importa, pues, que el Estado español no caiga en el error de solidarizar la política laica y racionalista que le compete hacer, con la crítica parcial y estrecha que de nuestras grandes instituciones monárquicas y coloniales de los siglos XVI y XVII suele hacerse por parte de no pocos espíritus liberales. A este respecto, son del más alto interés, por estar concebidas en las líneas exactas que convienen a la República, las declaraciones hechas por el Presidente del Consejo en alguno de sus discursos, ligando el renacimiento republicano de la España contemporánea con la verdadera tradición histórica de la España del XVI.

Es necesario insistir sobre este punto, tanto más cuanto que la línea de menor resistencia para la República pudiera llevar a rendirse ante la escuela antagonista representada por la tradición de protestantes y librepensadores militantes. Tres siglos de propaganda antiespañola, instrumento en el fondo de lucha entre imperios, arma de guerra en manos de Inglaterra y de Francia, han falseado por completo la historia de España, aun a los ojos de los españoles liberales. Puede medirse la importancia de esta fuerza moral antiespañola, observando que cuando, en 1926, se dividió en dos la Sociedad de las Naciones sobre el problema de la permanencia de España en el Consejo, la línea divisoria europea coincidía casi exactamente con la que separa católicos de protestantes. No faltan españoles —si mis informes son ciertos, no faltan embajadores españoles— que creen el problema resuelto sencillamente pasándose al enemigo, condenando la España del XVII y cortando las amarras de la solidaridad. Contra esta solución hay tres argumentos: primero, que al condenar a la España de entonces, condenamos a la de hoy, puesto que no hay más que una España; segundo, que históricamente es falso y nos llevaría a la situación paradójica de atacar a una España que defienden eruditos e historiadores franceses, ingleses, americanos del norte y del sur; y tercero, que al cortar las amarras con los siglos XVI y XVII, perdemos el título histórico y tradicional para aspirar a un papel de gran potencia en los destinos del Mundo —título que el extranjero está más dispuesto a concedernos de lo que algunos españoles mal informados imaginan.

Relaciónase, además, con este grupo, otra importantísima fuerza moral a la disposición de España: la que se vislumbra bajo lo que suele llamarse hispanoamericanismo. Aunque difícil de definir, cabe decir que ni es el hispanoamericanismo para España el arma internacional que algunos optimistas sueñan, ni es tampoco tan escaso de rendimiento político como piensan los pesimistas. España puede siempre contar con el apoyo hispanoamericano, si plantea los problemas con claridad y sin exceso. Es decir, que si España no tiene razón, es poco probable que toda Hispanoamérica la ayude; pero si la tiene, es casi seguro que Hispanoamérica la ayudará. Y no es poco. Por otra parte, no es siempre el hispanoamericanismo un motivo de fuerza para España. Puede llevarla a solidarizarse en condiciones poco favorables a su prestigio.

Los factores en presencia son complejos: en lo material, Hispanoamérica depende casi de los Estados Unidos, financiera y comercialmente. En lo intelectual, sobre todo de Francia, con crecimiento reciente de la influencia española. En lo racial, de España y de Italia. Sentimentalmente, hay hacia España un «par» inseparable de actitudes, que pueden esquematizarse en amor-odio, simultáneamente sentidos. Para España, la presencia de un vasto grupo de cultura lingüística española es, desde luego, un fin político que vale la pena de sostener y servir en sí, y, además, un elemento potente de prestigio.

Hay que añadir a este cuadro de fuerzas morales, tres nuevas.

La primera es negativa: trátase del temor que inspira a las clases burguesas extranjeras la posibilidad de una revolución social en España. Hoy, esta fuerza es, desde luego, considerable y convendría que la República evitase todo lo que tienda inútilmente a darle vigor.

La segunda es positiva, pero está casi por explotar y es la posibilidad de un gran prestigio en el mundo musulmán y hebreo, si España se decide a hacer de su Andalucía un gran centro de cultura semítica.

La tercera es quizá la más importante y consiste en la posibilidad de asumir en Ginebra un papel de primera línea, debido a ocupar España una situación lo bastante fuerte para permitirle una política de justicia internacional y lo bastante libre de intereses políticos para permitirle hacer esta política sin grandes pérdidas. España puede conquistar un puesto de gran potencia moral, si sabe aprovechar con generosidad y con valor la situación privilegiada que tiene en Ginebra.

III. *Fuerzas económicas*

Condicionan la actividad política de España las circunstancias económicas en que vive. Así, por ejemplo, el hecho de que sean Francia e Inglaterra sus mejores clientes influye poderosamente sobre sus decisiones. Mas la interferencia económica sobre nuestra política, no se limita a las consideraciones de balanza comercial. Trátase en realidad de una simbiosis cada vez más íntima que si bien, desde luego, acrecienta nuestra solidaridad haciéndonos simpatizar cada vez más con los intereses nacionales de nuestros asociados —sobre todo con Francia e Inglaterra—, no necesita coartar excesivamente nuestra libertad de acción, ya que toda ruptura de esta simbiosis perjudicaría a ambos socios, y no sólo a España. Así, por ejemplo, toda tirantez de relaciones entre España y Francia que trascendiera a ruptura económica, sería sin duda desastrosa en España, pero produciría resultados bastante serios en Francia para que no se adoptase en este país con ligereza.

Más importante quizá para la libertad de nuestra política es nuestra dependencia financiera, debido no tanto a la insuficiencia de nuestra capitalización como a la de nuestra técnica financiera y facultativa.

IV. *Programa y orientaciones*

1. El primer principio que conviene afirmar es *la necesidad de constituir un Estado fuerte, culto, consciente de sí mismo y capaz de continuidad.*

Fin en sí, este principio es también medida indispensable para alcanzar los demás fines de nuestra política exterior. Desde este punto de vista especial, son de desear los objetivos siguientes:

a) La creación de un Ministerio de Estado capaz de una política de conjunto, concebida órganicamente, ejecutada con método, continuidad e inteligencia y expuesta periódica y continuamente a la opinión pública en el Parlamento y en la Prensa. Incidentalmente, este objetivo implica la formación de un plantel de periodistas y publicistas especializados en política extranjera y dotados del sentido de su responsabilidad.

b) La elevación del nivel de cultura técnica de los financieros españoles, para lo cual el Ministerio de Estado habría de colaborar con el de Hacienda, y con la Banca privada, con el fin de enviar a servir en instituciones de crédito extranjeras a jóvenes preparados a tal fin.

c) La creación de Facultades de Humanidades modernas en las principales Universidades, a fin de constituir una cultura europea a base de las lenguas, literaturas, historias, filosofías y artes de las principales naciones europeas; asimismo, al menos en Madrid, la creación de un buen centro de lenguas orientales, incluyendo las lenguas eslavas y las de la familia del chino.

d) Una honda reforma de la burocracia española, con el fin de elevar el nivel cultural de los cargos de gestión, y de racionalizar, simplificándolos, sus trámites y sus funciones auxiliares.

e) Convendría organizar un centro de expansión de la cultura española, que trabaje desde Madrid en colaboración estrecha con el Ministerio de Estado. Modelo: «L'Alliance Française.» La Junta de Relaciones Culturales habría a tal fin de hacerse menos oficial, más libre y más compleja. Recibiría mayor apoyo del presupuesto, trabajaría en contacto más directo con las diferentes colonias en el extranjero, bajo la dirección de un servicio en el Ministerio, análogo a lo que en el «Quai d'Orsay» se llama «Service des Oeuvres françaises à l'étranger». Organizada esta entidad, hallaría eficaces auxiliares en los sefarditas que se encuentran en todas las partes del mundo y que sólo aguardan un poco de atención para convertirse en nuestros colaboradores espontáneos. Este centro serviría, además, para reclutar estudiantes que vendrían a nuestras Universidades, en particular de los países de habla española y del Oriente.

f) Convendría dar especial vigor, seriedad, competencia y eficacia al Banco de Comercio Exterior. Tres son las direcciones en que importa desarrollarlo: Europa, sobre todo los países del Norte, necesitados de productos meridionales; América hispánica; Oriente, sin olvidar la India y China, donde nos aguardan grandes mercados. Mediante esta expansión, ampliaríamos la base de nuestras relaciones económicas, lo que nos permitiría mayor libertad de movimiento político.

g) Importa mantener una política prudente, pero continua, de nacionalización de las grandes empresas mineras que operan en nuestro suelo, interviniendo si es necesario la venta de acciones a extranjeros y haciendo comprar por la Banca española, gradualmente, sus acciones, a fin de adquirir dominio por mayoría de votos. España necesita para hacer una política extranjera con suficiente independencia, nacionalizar (lo que no implica estatificar) su comercio del plomo, del cobre y de la plata, y libertar su mercurio de la esclavitud a Italia que le impuso la Dictadura.

h) Contando con las considerables fuentes de materias primas industriales que posee (en particular su incomparable riqueza en piritas, su sol, sus saltos de agua y sus potasas), España debe montarse una industria química que sea por lo menos suficiente a libertarla del extranjero en cuanto a abonos químicos.

i) Por último, con el fin de reforzar su comercio exterior, España debe reorganizar su marina mercante, teniendo en cuenta en cada caso la idiosincrasia especial de su clientela. Huyendo de la tendencia al lujo excesivo que caracteriza los grandes trasatlánticos modernos, debe concentrar su atención en buscar un tipo relativamente modesto (hacia las 20.000 toneladas), pero que se distinga por un estudio especial de su limpieza, higiene y seguridad.

2. Si bien el programa apuntado en la sección precedente, a medida que vaya ejecutándose, ha de facilitar grandemente el desarrollo de la política extranjera española, es evidente que no puede esperar esta política a que tal programa sea una realidad. Causa y efecto han de irse entrelazando. Importa, no obstante, afirmar aquí, como principio general, que, aun antes de realizar tal programa, puede y debe España afirmar en política extranjera una personalidad mucho más acusada, atrevida y fuerte de lo que hasta aquí ha sabido hacer la Monarquía. La Monarquía hacía una política internacional débil, no por ser España débil, sino por ser ella débil dentro de España. Así como el enfermo no se atreve a salir a la calle, así la Monarquía no se atrevía a hacer política extranjera. Por otra parte, le faltaban los principios sobre qué hacerla. La fortaleza del régimen republicano, para su política extranjera, es doble: primero, en saberse firmemente asentado sobre la inmensa mayoría del pueblo español, y segundo, en estar íntimamente asociado a una política internacional generosa, liberal y obligada a ganarse las simpatías de la opinión inteligente del mundo entero. Quede, pues, sentado en esta sección el principio de que *España debe hacer una política original, suya y fuerte.*

3. Aunque no se llegase a esta conclusión intrínsecamente y en plena libertad de juicio, habría que resignarse a una política independiente y original por el mero hecho ya apuntado más arriba de ser España la adversaria actual o presunta de todas las grandes potencias. No puede España, por tanto, inclinarse ni a una ni a otra, y al no poderlo hacer, dicho se está que, sin caer en lo arbitrario, no puede adoptar otra línea de conducta que la de su propia convicción.

4. Puede definirse esta convicción como el *sostenimiento y fomento en el mundo internacional de los principios republicanos y liberales adoptados en su gobierno interno, por lo cual está dicho que el principio que ha de regir con predominio la política extranjera de España, será, en lo político, el del Pacto de la Sociedad de las Naciones; en lo obrero, lo que informa la Oficina Internacional del Trabajo; en cuanto a los conflictos internacionales, la jurisprudencia y práctica del Tribunal de La Haya.*

5.   Desde el punto de vista de sus intereses más directos, España
no puede temer nada de la aplicación de la justicia internacional y
de los métodos de arbitraje y de conciliación; no puede conquistar
nada por las armas; puede en cambio temer mucho de las armas; e
importa a su política hispanoamericana el defender un sistema que
gradualmente vaya quitando fuerza a los potentes para garantizar
la libertad de las naciones débiles.

Como conclusión, *dentro de la Sociedad de las Naciones, la política
de España deberá consistir en la afirmación de los métodos para prevenir la guerra, y en el desarme tan completo como sea posible.*

6.   El desarme es, no obstante, insuficiente, ya que el imperialismo moderno se manifiesta, quizá con resultados más graves todavía,
en la penetración financiera y económica, de que no está exenta la
propia España. *España tendrá, pues, interés en cooperar a toda aquella labor internacional tendente a eliminar la influencia de la finanza
sobre la política,* en materia nacional como en materia internacional,
y en particular a todas aquellas instituciones internacionales que
tengan por objeto servir la integridad nacional de los países que se
ven obligados a acudir al crédito.

7.   En sus relaciones con Portugal, sin abandonar el ideal de una
posible Federación Ibérica, común hoy a las mejores inteligencias
portuguesas, España habría de manifestarse con la mayor escrupulo-
sidad y respetar ante todo el sentido de independencia que domina
en Portugal, dejando más bien la iniciativa de todo movimiento de
aproximación a los propios portugueses. Ello no obstante, convendría
guardar ciertas distinciones que marquen que Portugal no es totalmente extranjero a España. Por ejemplo, convendría adoptar como regla
política que los conflictos entre Portugal y España no deben ventilarse
en La Haya, sino por medio de tribunales hispano-portugueses a crear.
También convendría proponer una colaboración financiera tan estrecha como sea posible en empresas análogas de ambos lados de la
frontera tales como ferrocarriles, saltos de agua, comunicaciones
aéreas, etc. Quizá podría llegarse hasta la formación de comisiones
más o menos permanentes de cooperación económica, que por tener
su equivalente en la Comisión francoalemana, no necesita provocar la
suspicacia portuguesa, y que podrían ser de alta utilidad, por ejemplo, en materia de obras públicas de interés común, o en materias de
cooperaciones económicas, como, por ejemplo, el caso del corcho.

8.   En cuanto al Estrecho, es urgente estudiar el asunto del ferrocarril submarino para eliminarlo si, como algunos dicen, es imprac-
ticable, o para construirlo rápidamente y a ser posible con capital
exclusivamente español, ya que la posesión de este ferrocarril sería
para España un arma muy potente en el campo de la diplomacia.

9.   Las relaciones políticas con las naciones europeas han de tener
muy en cuenta el estado de honda inquietud nacionalista en que vive
Europa. Los derechos y deberes que España ha asumido con motivo
del Pacto, podrían, quizá en breve plazo, colocarla en situación de
tener que tomar decisiones graves. La actitud que, llegado el caso,
habría de adoptarse en casos de tanta gravedad como la aplicación
del artículo 16, en caso de un conflicto europeo, siempre posible, ten-

dría que ser objeto de estudio, no sólo por el Ministerio de Estado, sino por el Gobierno en su conjunto.

El principio dominante parece debiera ser el de la previsión, que es la verdadera interpretación que debe darse al Pacto. Según el artículo 11, todo país tiene derecho a llamar la atención del Consejo sobre un estado de amenaza de guerra o circunstancia internacional que amenace turbar la paz. El Estado español, el más importante de los neutros por su historia reciente y por su manera de pensar, debe mantenerse muy alerta ante los peligros quizá inminentes y si es necesario provocar una declaración de estos peligros con el fin de conjurarlos. En ningún modo creo convenga al Estado español comprometerse a ninguna acción concreta más allá ni más acá de aquellas a que le obliga el Pacto.

10. Ello no obstante, si como parece posible llegase a plantearse en Ginebra, con motivo de la Conferencia del Desarme, la idea de un pacto que suele llamarse ya el Locarno Mediterráneo, sería inevitable que participase España, y a este fin, conviene estudiar los principios y hasta los detalles que España consideraría como indispensables. El principio del respeto al *statu quo* y de su garantía me parece inevitable, pero es posible que existan cuestiones técnicas que el Ministerio de Marina pudiera ya estudiar.

11. En cuanto a Hispanoamérica, dos parecen ser los principios a que puede ajustarse nuestra política: primero, considerar favorablemente toda aquella cuestión con Norteamérica que pueda interpretarse como beneficiosa para el desarrollo material de los países hispanoamericanos, con el fin de obtener a cambio de esta colaboración, que en el fondo desean los americanos del Norte, la eliminación de la tendencia antiespañola que con demasiada frecuencia inspira su política.

Por otra parte, no buscar las simpatías de estos pueblos, lo que suele provocar reacciones contrarias, sino antes bien considerar que la esencia de la política hispanoamericana de España consiste en hacer una España grande, fuerte y culta, con lo cual la aproximación por atracción será fatal y espontánea.

No obstante, cabe considerar que a medida que vaya robusteciéndose la estructura económica y financiera de España, sería ventajoso ir organizando instituciones financieras y económicas a base hispanoamericana, por ejemplo, en el dominio bancario, en el de los transportes marítimos y en el de las comunicaciones cablegráficas, y en el de radiodifusión, así como en el de cinematografía y en el de la producción librera.

Conclusión

En líneas generales, la política más arriba definida, armoniza el concepto internacional con el concepto nacional de la República española, que se supone ser una organización ampliamente abierta a la evolución creadora condicionada por la libertad. Por consiguiente, no entra dentro de este cauce la componenda con las tesis fascistas o comunistas, que niegan esta libertad. De aquí que los polos de la política española, en el interior como en el exterior, tengan que ser el capitalismo y el socialismo, en una colaboración evolutiva de mutua fecundación.

Con las reservas arriba apuntadas en cuanto a la interpretación histórica, España tiene interés en aproximarse a las pequeñas potencis de abolengo protestante como Suiza, Holanda y los países escandinavos, así como a otras potencias de tipo progresivo como Checoslovaquia e Irlanda. La fuerza de las cosas ha llevado ya a esta política desde septiembre a esta parte. Convendría sistematizarla y dotarla de los órganos necesarios para su expansión. En particular, sería útil entablar relaciones financieras y económicas con los países de este tipo, más capacitados, y sobre todo con Suiza y con Suecia, invitándoles a colaborar con los técnicos y con los financieros españoles en el desarrollo industrial de la República. A este efecto sería útil la creación de sucursales del Banco de Comercio Exterior en Suiza y en Suecia.

En consecuencia del principio arriba apuntado, de la conveniencia y necesidad de hacer política extranjera original y fuerte, conviene estimular todas las colaboraciones posibles en la vida internacional y en particular solicitar y obtener la participación en el Banco Internacional de Pagos.

En cuanto a las relaciones con los soviets, se trata desde luego de una cuestión a resolver con un criterio puramente empírico, sobre el que habrán de influir las posibles consecuencias de la instalación de una Legación soviética en Madrid sobre las masas ya agitadas de nuestros proletarios.

S. DE MADARIAGA.

El Ministro de Estado

PERSONAL Y MUY RESERVADO

Madrid, 25 octubre 1933.

Excmo. Señor
        Don Salvador de Madariaga

Mi querido amigo:

Con sentimiento y sorpresa me entero por el señor
Aguirre de Cárcer del estado de ánimo de Vd. en relación
con el asunto de los nombramientos de Oliván y Teixidor.
Ni el Presidente -a quien he expuesto el caso- ni yo
acertamos a explicarnos que en razones de importancia
tan limitada pueda Vd. fundar el anuncio -que el Subsecretario me transmite- de su dimisión tanto del cargo
de Embajador en París como del de Delegado de España
cerca de la Sociedad de las Naciones.

Lejos de reconocer que las indicaciones de Vd. relativas a los medios auxiliares que le son indispensables
para su doble labor -y singularmente para la de Ginebra-
han sido miradas por mí con menos atención y consideración
de la debida, me veo obligado a decirle que soy yo el que
tiene derecho a considerarse dolido.

Me ha transmitido Vd., en efecto, dos indicaciones
relacionadas con los elementos de personal que considera
indispensables para secundarle en su labor de Ginebra. En
una de ellas -el nombramiento de Oliván para Berna- ha
sido usted virtualmente atendido -según le dijo ayer el

Subsecretario por teléfono- ya que se trata solo de hallar la manera de llevar a cabo dicha designación, venciendo las dificultades que existen, y que Vd. conoce, para formalizarla inmediatamente.

La otra indicación -la referente al nombramiento de Teixidor para una Sección de Sociedad de Naciones en el Ministerio- hubiera podido ser estudiada un poco más adelante -y yo habría tenido en ello mucho gusto- con ocasión del nuevo Presupuesto. Pero, por el momento, resultaba difícil de recoger, ya que toda creación o habilitación de un puesto nuevo en Madrid resulta ahora punto menos que imposible. Su disgusto parece, pues, basarse en que este segundo propósito de Vd. no ha sido atendido por mí _inmediatamente_, y como si se tratara -nó de una indicación dirigida al Gobierno que éste, procediendo de un Embajador y de una personalidad como la de Vd. hubiese siempre estudiado y considerado afectuosamente- sino de una _orden_ de servicio emanada de alguna autoridad superior a la mía y que yo tuviese -nó el deber de afecto al amigo y de la consideración al Embajador de examinar y de atender en todo lo posible-,sino la rigurosa obligación de obedecer.

La fina penetración de Vd. y el sentido que tiene de su propia autoridad le harán comprender la necesidad que yo tengo de velar también por el prestigio de mi cargo, que yo interpreto en el sentido de que es a mí, en todos los aspectos -y dentro siempre de mi Ministerio y mientras esté en él- a quien corresponde no solo marcar las directrices generales de la política exterior, sino asimismo dar las órdenes e instrucciones indispensables para el desenvolvimiento de la misma. Presentar la dimisión -o anunciarla- por cuestiones

de personal de esta índole -en alguna de las cuales,
la más importante relativa a su principal colaborador
en Ginebra, ha sido Vd. atendido con el mayor gusto y
sin más trabajo que enunciar su deseo- podría ser interpretado por el Gobierno como una especie de coacción
moral, difícil de ser aceptada sin quebranto de su propio prestigio. Usted mismo, colocado en mi puesto, no
aceptaría indicaciones de ningún Embajador ni Ministro
que tuvieran el tono o el perfil o el aspecto de una imposición. Y crea Vd., mi querido amigo, que el día en
que usted hiciera público -concretando y exponiendo la
verdad pura y simple- que había presentado su dimisión
porque no le habían complacido inmediatamente destinando
al Sr. Teixidor al Ministerio, la opinión no lo comprendería y sentiría la tentación de sospechar que lo que se
presentaba como una razón no era más que un pretexto.

Ni el Gobierno ni yo querríamos ver a Vd. en ese
trance. Y no solo por Vd., sino también -y muy princi-
palmente- por el alto valor que para España y para la
República tienen su inteligente colaboración y todo el
conjunto de sus brillantes cualidades.

Por ello y más aún como amigo que como Ministro de
Estado, le expongo estas consideraciones, esperando que
desistirá de una actitud que no considero justificada,
pero que, de ser mantenida y formalizada por Vd., obliga-

ría al Gobierno a aceptar su doble dimisión, contra lo que
espera y vívamente desea.

Suyo amigo

620

París, 28 de octubre de 1933.

Exmo. Sr. D. Claudio Sánchez Albornoz.
Ministro de Estado.
Madrid.

Mi querido amigo:
Es evidente, a la lectura de su carta, que la dificultad que Vd. halla en comprender mi actitud procede de una diferencia importante en cuanto a los hechos. Espero que, leída esta mía, quedará perfectamente aclarado todo y como tiene la bondad de indicarme que consultó el caso con el Presidente, quizá la extienda hasta ayudarme a que me entienda el Presidente, rogándole me lea también.
Permítame que sitúe los hechos en su perspectiva:
Llevo dos años trabajando con insistencia para que la Delegación de España en Ginebra no sea cosa de un hombre aislado, sin suficiente contacto con el Ministerio de Estado y con la opinión pública, sino al contrario, organismo serio, continuo y metódico, emanación del Ministerio y en frecuente y racional contacto con él. Siempre que las circunstancias me lo permitieron, me esforcé en que la Delegación fuese a Ginebra con instrucciones concretas y organización lo más acabada posible. Así fue, por ejemplo, cuando siendo Ministro Don Alejandro Lerroux, organizamos bajo su presidencia, en Madrid, la Delegación a la primera Asamblea a que asistió la República, preparándose instrucciones escritas y hasta índices de ideas para los discursos. Así también cuando se preparó en igual forma la Delegación a la Conferencia del Desarme a principios de 1932. Pero pronto se inició y agravó el inconveniente principal consistente en que, por no existir en el Ministerio personal especializado en las cosas de Ginebra, los representantes del Ministerio en la Delegación pasaron por ella con excesiva rapidez para que, a pesar de su buena voluntad e inteligencia, pudiesen serle tan útiles como esos Secretarios Generales de las Delegaciones de las grandes Potencias, que son los mismos desde el año 1922, en que yo por primera vez fui a Ginebra. En estas condiciones, mi labor, ya de suyo difícil, se hace imposible y además me expongo a los constantes ataques de la Prensa, que, de un modo notoriamente injusto, sostiene que la política de Ginebra se hace con arreglo a mi fantasía, siendo así que todo mi esfuerzo en estos últimos años ha tendido a insertar la Delegación en el Ministerio.
La mayor dificultad para resolver este problema estaba en la designación de un Secretario General que tuviese suficiente experiencia del complejísimo organismo ginebrino, y suficiente estabilidad y especialización en el cargo. Ya en tiempos de Zulueta, teníamos la vista puesta sobre el Sr. Teixidor, en mi opinión indispensable, primero, por su profundo conocimiento de cosas, gentes y métodos de Ginebra, y, segundo, porque acostumbrado a la burocracia de la Secretaría

General, mucho mejor organizada que la nuestra, podría introducir en el Ministerio los métodos por él aprendidos y llegar de esta manera a trabajar con más eficacia en bien del Estado. Igual opinión tenía Don Fernando de los Ríos y estaba todo arreglado para que, a la salida del Sr. Teixidor de la Secretaría a fines de septiembre, se le ofreciese un cargo en el Ministerio de Estado con el fin de dedicarle en especial a esta labor.

Así las cosas y siendo Vd. ya Ministro, el Sr. Teixidor con el Cónsul General saliente marcharon a Madrid y a poco tiempo comenzaron a circular rumores de que estaban nombrados Ministro en Berna el Sr. Fiscovich, y Cónsul General en Ginebra el Sr. Teixidor. No di importancia a estos rumores, pues estaba seguro de que el Ministro no nombraría a nadie para estos dos cargos de tanta importancia para la Delegación en Ginebra y su buen trabajo sin oír primero la opinión del Delegado. Pero se hicieron los rumores cada vez más densos y finalmente me enteré por la fuente irrecusable de la Sra. de Teixidor de que el nombramiento era cosa hecha.

Hasta entonces, no había querido hacer indicación alguna por la razón arriba apuntada. Ya entonces me pareció la cosa suficientemente adelantada para hacer llegar a Vd. mi opinión, aun a trueque de parecerle indiscreto y vista la gravedad que, por las razones arriba apuntadas, veía yo en este asunto. Así lo hice aprovechando los viajes de Don Leopoldo Palacios y del Subsecretario. Al día siguiente de hablar con el Subsecretario, recibí de uno de mis subordinados de París, desde Madrid, el telegrama siguiente: «Reproducida iniciativa pasado año aumentar personal Ginebra, he reiterado mis pretensiones ser adjuntado Consulado General en ésa. Le ruego respetuosamente que si lo juzga acertado, apoye mis pretensiones. En Estado fórmula encuentra aprobación general y me dicen requiere sólo su consentimiento y no oposición nuevo Subsecretario. Le escribo con detalles.» Esta era también la primera noticia que yo tenía de que se reproducía la idea de constituir en Ginebra un amplio Consulado General para seguir los trabajos de la Sociedad de las Naciones.

El 13 o el 14, no recuerdo bien, me permití telefonear a Vd., diciéndole que le mandaba un mensajero para que le hablara de estos nombramientos. Usted tuvo la amabilidad de contestarme: «Procuraré complacerle, si es compatible con mis compromisos.» El 24, sin saber otra noticia por mi parte en el intervalo, me decidí a telefonear a Madrid por seguir muy inquieto en cuanto a este particular, al que repito tanta importancia concedo, y fue cuando el Sr. Aguirre de Cárcer tuvo a bien decirme que, al llegar a Madrid, había encontrado hechos los nombramientos.

Regresé a Ginebra después de aquella conversación a que su carta de Vd. contestó y Don Leopoldo Palacios me dio cuenta de la conversación que tuvo con Vd. y en la que Vd. muy gentilmente le dijo: «Dígale que nombraré al Secretario General que quiera, pero que no me pida que nombre al que no quiere venir.» A su vez, el propio interesado, al hablarme del asunto, me había significado siempre muy claramente que había pedido el cargo de Cónsul General en Ginebra porque de ningún modo quería ir a Madrid.

Éstos son, mi querido Ministro y amigo, los hechos tal y como se aparecen a mi perspectiva y como verá Vd. difiere notablemente de la de Vd. Permítame que le exponga los comentarios siguientes, resumiendo así las razones que me llevaron a la decisión que tanto lamenta Vd. y no menos lamento yo.

Estos dos nombramientos de tanta importancia para quien quiera que lleve la Delegación de Ginebra (omita Vd., se lo ruego, mi mera persona, fijándose tan sólo en el cargo) se hicieron sin consultar al delegado de España. Desde luego, con perfecto derecho por parte del Ministro, pero Vd. comprenderá que con consecuencias inevitables en cuanto al buen servicio y a la satisfacción interior del delegado.

No por motivo personal alguno, sino exclusivamente en bien del Estado y de su servicio, me permitía rogarle por conducto de dos amigos se estudiase el asunto desde el punto de vista del funcionamiento de la Delegación y creí, además, conveniente hablarle sobre el particular, por teléfono.

Antes de que llegase a Madrid el Sr. Aguirre de Cárcer se hicieron no obstante estos nombramientos.

En ningún momento se me hizo indicación alguna ni por Vd. ni por el Subsecretario sobre el particular, ni siquiera se me dio noticia hasta que yo lo solicité de que se habían firmado.

Estoy seguro de que si da Vd. su peso debido a estos hechos, tal y como se me aparecen desde mi perspectiva, se dará Vd. cuenta de que no puede explicarse mi disgusto como basado en que no se me atendiese *inmediatamente* a uno de mis dos ruegos sobre personal. En efecto, yo no he tenido en ningún momento el menor conocimiento de que Vd. estuviera dispuesto más tarde a nombrar al Sr. Teixidor en Madrid.

Ya que ésta era su intención, es lástima grande que ni Vd. ni ninguno de los que con Vd. tuvieron contacto, me lo dijeran, pues la primera noticia que tengo de que ésta era su intención es la carta que Vd. tuvo la bondad de escribirme. Usted comprenderá que, desde el punto y hora en que lo único y exclusivo que me preocupa es el buen servicio, en cuanto Vd. me hubiera dicho que no podía organizarlo ahora a causa del presupuesto, pero que intentaría hacerlo más tarde, yo le hubiera agradecido la deferencia en escuchar mi opinión y hubiera esperado tres meses con paciencia, puesto que llevo esperando dos años. Pero lejos de decírseme nada, lejos de dárseme esta opinión, mis informaciones eran:

Por parte de Vd., sólo la frase arriba apuntada: «Procuraré complacerle, si es compatible con mis compromisos»;

por el Sr. Aguirre de Cárcer, que los decretos estaban firmados;

por el Sr. Palacios, que nombraría Vd. cualquier Secretario general menos al que no quería ir.

Por otra parte, no sólo me faltaban indicaciones sobre su intención de estudiar el asunto para más adelante, sino que las pocas que tenía tendían más bien a alejarme de esta hipótesis. En efecto, yo imaginaba que con sólo trasladar al Sr. Teixidor a uno de los puestos que para Ministros hay en la Sección de Política, mediante una ligerísima reforma interior del Ministerio y sin tocar al presupuesto, se podía resolver el problema. Por otra parte, las declaraciones del Sr. Palacios de que estaría Vd. dispuesto a nombrar a cualquier Secretario General menos al que no quería ir, parecían indicar, primero, la posibilidad de hacer lo que yo deseaba inmediatamente y sin reforma del presupuesto, y, segundo, la intención de no nombrar en ningún modo, ni tarde ni temprano, al Sr. Teixidor.

Ruego a Vd., mi querido Ministro y amigo, que elimine por completo de su punto de vista toda intención por mi parte de coacción moral. Le ruego observe que aguardé en silencio, quizá con exceso prolongado, hasta que ya los hechos fueron irremediables, para hacerle la menor indicación de mis opiniones sobre la materia, y, luego, para presentarle mi dimisión. Por consiguiente, no puede existir aquí ni intención de coaccionar al Gobierno para que no hiciera lo que ya había hecho y menos, lo que sería absurdo de mi parte, para pretender obligarle a deshacer lo hecho, sino sencillamente porque llevo dos años trabajando, sé lo que necesito para trabajar bien, no veo por desgracia otro funcionario que llene las condiciones necesarias y al verme sin elementos de trabajo, creí de mi deber dimitir. Mi dimisión no tiene nada de personal y es meramente objetiva.

Expliqué, además, al Sr. Aguirre de Cárcer que me daba perfecta cuenta de que en estos momentos no podía hablarse de mi dimisión y que por mi parte la consideraría como un secreto entre Vd. y yo hasta pasadas las elecciones, con lo cual desvanezco toda impresión que pudiera existir en quienes no conocen mi carácter sobre la absoluta limpieza y rectitud de mis intenciones. Nada más alejado de mí que el querer poner en situación desagradable ni a Vd. ni al Gobierno del Sr. Martínez Barrio, para quien tengo una gran simpatía. Se trata pura y sencillamente de que en mi opinión no se me ha escuchado ni se me ha dado la menor explicación en un punto que yo consideraba esencial para poder seguir sirviendo con eficacia los intereses de la República.

Puesto que tiene Vd. a bien decirme que estaría dispuesto en su día, cuando se lo permitan las condiciones administrativas, a nombrar al Sr. Teixidor en Madrid, es evidente que en estas condiciones todas mis dificultades desaparecen y yo no tengo el menor inconveniente en esperar. Pero, y aquí apelo no sólo al Ministro, sino al amigo y al caballero, estoy seguro de que se dará Vd. cuenta de que para que yo ahora pueda volverme a poner a disposición de Vd. y del Gobierno es obstáculo insuperable el último párrafo de su carta.

Esto es lo que tengo que decirle, insistiendo una vez más en que no vea Vd. en mi actitud absolutamente nada de personal. No tengo para Vd. más que amistad y deferencia y para el Ministerio del Sr. Martínez Barrio, más que deseos de que cumpla su cometido como es de esperar del talento, experiencia y sabiduría del que lo preside.

Sabe es su afectísimo amigo,

S. DE MADARIAGA.

El Ministro de Estado

Particular

Madrid, 1º de noviembre de 1933.

Excmo. Señor
Don Salvador de Madariaga

Mi querido amigo:

De regreso a Madrid, después de una brevísima excursión electoral, recibo su carta del 28, cuyos afectuosos términos agradezco.

Con la clara y amistosa franqueza que debe haber entre nosotros y que es necesaria para que no subsista alrededor de esta cuestión el menor equívoco, le diré, sin embargo, que mi perspectiva del caso continúa siendo la misma y que difiere, en efecto, de la de usted, sin que los razonamientos que tan considerada y atentamente se sirve desarrollar en su carta puedan convencerme de que he visto el asunto desde un punto de vista erróneo.

Sigo sin comprender -y lo siento- la importancia -a mi juicio exagerada- que da V. a una cuestión de personas y sin participar tampoco de la opinión de V. sobre el margen que a mi juicio es forzoso dejar al Ministro, no solo en estas cuestiones de personal, sino en todas las que, dentro de la órbita de su Departamento se hallan encomendadas a su responsabilidad. Y continúo creyendo -y perdóneme V. si yerro- que la opinión jamás comprendería que un acto tan grave y serio como la continuidad de V. en su doble función de París y de Ginebra pudiera estar hasta tal extremo pendiente de la designación de un funcionario determinado, que, en la imposibilidad de lograr su concurso y de lograrlo en Madrid (porque en Ginebra lo tendrá V.) fundara

V. su doble dimisión. Por muchos que sean los méritos y especialización del señor Teixidor -y ya ve V. si yo le estimo- ¿cómo
concebir que la labor de V. dependa en tal forma de la colaboración
de este funcionario? ¿No será esto juzgar com excesiva modestia
su propia capacidad?

Si yo hubiera hecho Subsecretario a Teixidor -y permítame V.
este ejemplo- V. seguramente se hubiera inclinado. Y se hubiera
inclinado por una evidente razón de deferencia, no digo ya al
Ministro, sino al amigo.

Pues ¿por qué no había V. de respetar también la concepción
que yo hubiera podido tener sobre la conveniencia de poner por
de pronto en Ginebra más bien que en Madrid una persona capacitada y especializada en las cosas de Sociedad de Naciones? Y ello
tanto más cuanto que el nuevo Subsecretario, conocedor también
de los métodos de trabajo de la Sociedad de Naciones y de cuanto
con Ginebra se relaciona, podría hacer menos sensible por el momento -a pesar de la mucha labor que pesa sobre él- la ausencia
de otro funcionario especializado en la materia.

De Oliván no le hablo ya más, porque, según el Subsecretario
me dice, persuadido Vd. de la dificultad -por no decir imposibi-
lidad- de nombrarle desde este instante en Berna, no se juzgará
V. desprovisto de su valiosa asistencia si le mantenemos unos meses en Stockholmo -yendo y viniendo a Ginebra siempre que haga
falta- y con el propósito de nombrarle en Suiza al fin y a la
postre.

En cuanto a Teixidor, le repito que yo, movido porel deseo de
complacer a V., tenía el propósito, si no ahora, más adelante, de
tratar de traerle al Ministerio. Relacionaba este propósito con
las facilidades que para este género de modificaciones se derivan
de la implantación de un nuevo Presupuesto.

Pero esto no quiere decir que yo pueda obligarme a ello desde
ahora de un modo absoluto -ya V. lo comprenderá-; y ello, no solo

2.

El Ministro de Estado

Particular

porque no sé si podré realizar tal proyecto (que puede exigir el
transcurso de unos cuantos meses) sino porque tampoco parece del
caso -un poco por cuestión de principio- que yo comprometa mi
libertad de acción en tal forma que resulte entre V. y yo una
especie de pacto -por muy amistoso que fuese- a cuyo cumplimiento
subordine V. su continuación al frente de la Embajada en París y
de la Delegación de Ginebra. Y como no puedo, en efecto, adquirir
en firme ese compromiso, me cuesta trabajo -mi querido amigo-
admitir que sobre la base de que yo me obligue a hacer lo que no
sé cómo ni cuándo habría de serme posible, haga V. girar en su
carta su actitud y la situación toda del asunto. Esto no quita
para que, tanto el Presidente como yo hayamos agradecido a V.
vívamente la salvedad que, alrededor de su dimisión, tenía V. la
bondad de hacer, en el santido de que no la formalizaría ni la
haría pública en todo caso más que pasadas las elecciones. La
delicadeza que inspira esa actitud de Vd. es digna de agradecimiento por nuestra parte, aunque -conociendo la perfecta caballe-
rosidad de V.- no nos haya sorprendido.

Este importante detalle de forma y de tiempo no cambia, sin
embargo, el fondo de la cuestión, ya que la doble dimisión de V.
sobre las bases en que la funda y aún con las aclaraciones de su
última carta, sigue pareciéndome insuficientemente fundada y des
proporcionada a sus causas.

Tanto el Presidente como yo -y no creo extralimitarme si dig
el Gobierno- esperamos pues, y deseamos muy de veras que retire
V. incondicionalmente su dimisión, seguro de que ahora y después
el Ministerio de Estado ha de hacer cuanto esté en su mano para

facilitarle su labor.

Decía en mi carta anterior que, si a pesar de estas aclaraciones -que gustosísimo le doy voluntariamente- persistiese V. en su actitud, al Gobierno no le quedaría otro remedio que inclinarse. Pero esto, después de haberle expresado tan repetidamente como V. merece el alto valor que damos a su colaboración, no puede ni debe ser interpretado por V. en otro sentido sino en el que se deduce de las palabras mismas, que reflejan el aprecio que el Gobierno siente hacia las elevadas dotes y hacia la valiosísima cooperación de V. , pero que, al propio tiempo, tratan de formular la única, final, actitud en que cualquier Gobierno tiene que colocarse (y usted haría lo mismo) cada vez que, por una divergencia que podrá no ser mínima -y ya sé que V. no la considera mínima- pero que el Gobierno vé de ese modo, se encuentra creada una seria dificultad.

Por eso -y dispénseme de nuevo si le hablo con toda franqueza- no comprendo bien cómo dice V. que en el párrafo final -muy sentido y meditado por cierto- de mi carta anterior, estriba la dificultad mayor para que V. pueda volver a ponerse a disposición mía y del Gobierno, porque precisamente ese párrafo da a V. a mi juicio la posibilidad de hacerlo así, como es el deseo sincero de su muy afcmo. amigo

q. e. s. m.

Véase pág. 402

LEGACIÓN
DE LA
REPÚBLICA ARGENTINA

Nº 53 V.

Berna, Julio 12 de 1933.

Mi estimado Embajador y amigo:

No sé que tiempo pasará sin poder conversar con Vd.,
pues el aplazamiento de la Conf. del Desarme me parece que ale
ja la posibilidad de encontrarnos ahora en Ginebra.

Así pues,le escribo estas lineas para recordarle el ju
cio critico sobre el proyecto de Pacto antibélico sudamerican
del Dr. Saavedra Lamas,Ministro Argentino de Relaciones Exter
res.

Ya expresé a Vd.el placer con que el autor recibirá su
opinión autorizada. En caso de que por sus atenciones nada hu
biese podido hacer hasta hoy,me permito rogarle no deje de ma
mi pedido.-

Lo saluda muy afectuosamente su admirador y amigo

A S.E.
el Señor D.Salvador de Madariaga
Embajador de España en Paris.

La Embajáda de España saluda
atentamente al Excmo. Señor Ministro de la
República Argentina en Berna y tiene la honra
de poner en su conocimiento que el Señor Embajador ausente actualmente y convaleciente después de un accidente de automovil, no podrá
contestar a su atenta de 12 del corriente
hasta su regreso.

Paris, 19 de Julio de 1933.

Excmo. Señor Ministro de la República
                Argentina
        en Berna.

Hôtel Lord Byron
14 & 16. Rue Lord Byron
Champs-Élysées
ADR. TÉLÉGR.
LORBYROTEL, PARIS 42
TÉLÉPHONE
ELYSÉES 54-37
" 11-20
" 37-73
" 38-35

14 Octubre

Estimado Colega -

me acaba de
enterar Echagüe de la Conferencia que Usted tuvo anoche con el Embajador Ma-
dariaga, de así que él está
bien dispuesto, y que Usted
saha este Lunes 16, la
fecha de su regreso.

Tengo el agrado de
remitirle para él un
ejemplar del tratado
tal cual ha sido firmado
el 10 de este mes por Ar-
gentina - Brazil, Paraguay
Méjico, Chile y Uruguay.

Celebraría infinito, como
argentino que ama a España,
fuese ella la primer potencia
europea que dije su ascenden-
cia diplomática, _moral_,

Hôtel Lord Byron
14 & 16. Rue Lord Byron
Champs-Elysées
ADR. TÉLÉGR.
LORBYROTEL. PARIS 42
TÉLÉPHONE
ELYSÉES·54-37
·   11-20
·   37-73
·   38-35

a los principios

de pacifismo y

al modo de combatir

preventivamente la guerra

que ideara un argentino

y que suscribieran seis

paises del Continente que

ella conquistara y civi-

lizara. Tal sería el valor

de la presencia en la tenida

de un tan eximio repre-

sentante de las Embajadas
de España como lo es el
Señor Madariaga.

Le incluyo algunos
folletos que le ruego enviar
igualmente al Embajador,
a cuenta de libros, pues
ésto es poca cosa —

Muy agradecido a su
amable mediación; le
saludan muy cordialmente
su colega y atto y s.s. *[firma]*

Hôtel Lord Byron
14 & 16 Rue Lord Byron
Champs-Élysées
ADR. TÉLÉGR
LORBYROTEL. PARIS 42
TÉLÉPHONE
ELYSÉES 54-37
„ 11-20
„ 37-73
„ 38-35

Distinguido Embajador y Amigo—

Tengo el agrado de
acompañarle el informe
del Señor Pusta y el del
Señor Efremoff rogándole me
la devuelva cuando haya
terminado con ella. Acabo
de recibir un telegrama de
Roma, anunciandome que el

"Ministerio ha telegrafiado al Embajador Pignatti para asistir sesión Academia expresando simpatía gobierno italiano." Es casi seguro que él dirá algunas palabras, y yo deseo amistosamente que V.ᵃ L. sepa.

Aprovecho esta oportunidad para reiterarle mi agradecimiento por su prestigiosa intervención

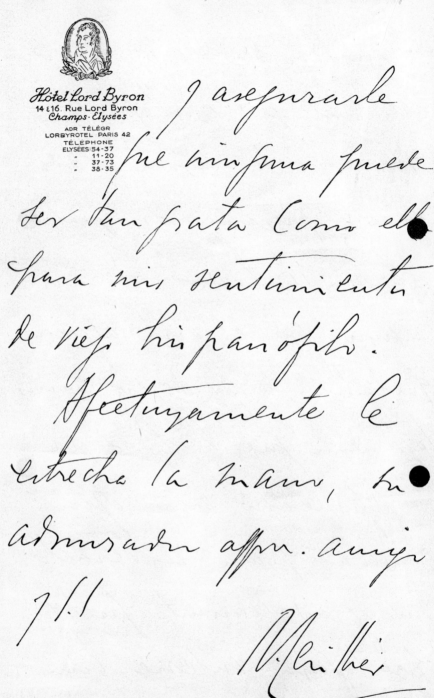

Hôtel Lord Byron
14 & 16. Rue Lord Byron
Champs-Élysées
ADR. TÉLÉGR
LORBYROTEL PARIS 42
TÉLÉPHONE
ELYSÉES: 54-37
" 11-20
" 37-73
" 38-35

y asegurarle

que ninguna puede

ser tan grata como ella

para mis sentimientos

de viejo hispanófilo.

Afectuosamente le

estrecha la mano, su

admirador affm. amigo

q. s. l.

Véase pág. 404

cations de Service

OV LQC

M A S E' SALVADOR DE MADARIAGA
EMBAJADA DE ESPANA PARIS

14467

Timbre à date

LE PORT EST GRATUIT. Le facteur doit délivrer un récépissé à souche
lorsqu'il est chargé de recouvrer une taxe.

TÉLÉGRAMME VIA RADIO-FRANCE

FRANCE

AFG218 BUENOSAIRES ARGOVT 52 20 1126 =
= ME PERMITO EXPRESARLE ANTICIPADAMENTE MI AGRADECIMIENTO POR
LA CONTRIBUCION TAN VÁLIOSA EN FAVOR DEL PACTO ANTIBELICO
SUSCRITO POR SEIS PAISÊS AMERICANOS EN RÎO DE JANEIRO Y QUE
SE ANUNCIA EN LA REUNION DE LA ACADEMIA DIPLOMATICA SALUDOLO
CON ALTA CONSIDERACION = SAAVEDRA LAMAS +

EMBAJADA DE ESPAÑA
EN PARIS

Paris, el 20 de octubre de 1933

Expedido a las 20 30 de la

Al Su Excelencia Saavedra Lamas
Secretaria Relaciones Exteriores
en Buenos-Aires.

Muy agradecido su telegrama tuve a honra y satisfacción
contribuir esta tarde a dar a conocer su noble iniciativa
en pro de organización de la Paz y le felicito por la
sesión consagrada a su obra digna de la tradición incomparable
de la Argentina.

Madariaga.

EL DIRECTOR DE EL SOCIALISTA

Madrid 19 de Abril de 1934

Sr. Don Salvador de Madariaga
Ministro de Justicia
Presente.-

Muy señor mío:

Hace bastante tiempo, con ocasión de una carta que Vd. escribió a Indalecio Prieto, y de la que éste me dió noticia, hice intención de escribirle. Las ocupaciones del periódico, siempre abundantes y mucho más cuando se ha faltado de él algún tiempo, me hicieron olvidar el propósito. Ya es tarde para que yo le explique cómo sancioné aquella injusta y rencorosa acusación contra Vd. a cuenta de la llegada de March a París. Hoy le escribo con otra finalidad.

Un redactor nuestro, Cruz Salido, está encarcelado en Almadén. Se le pide que responda de un artículo del que se ha declarado autor y responsable un diputado. Esto lo examinará el Tribunal, pero ¿cuándo? Esta es toda la cuestión. Si nuestro compañero está encarcelado por entender que le alcanza la jurisdicción del estado de alarma, lo obligado es que actúe el Tribunal de urgencia y la vista se celebre con la necesaria rapidez. No pido otra cosa sino que se le aplique la ley en lo que le perjudica y en lo que pueda beneficiarle, sin que, por una táctica rencorosa, le tengan indefinidamente en la cárcel. Y para eso apelo personalmente ante Vd. Tratárase de otro ministro y ni aun siendo tan lícita mi demanda accedería yo a escribirle una carta. Con Vd. es otro el caso. Le creo justo y limpio de intenciones

vengativas. Y le pido lo que no debería necesitar pedir: justicia.

A su cuenta queda decidir lo que cumpla al caso para que nos sea acordada en la persona de nuestro compañero Francisco Cruz Salido y en esa confianza me es grato saludarle atto. s. s.

q. e. s. m.

Julián Zugazagoitia

Firmado: Julián Zugazagoitia.

DOS DESTINATARIOS

Carta abierta al señor Madariaga y copia para la Asociación Profesional de Periodistas.

Cuando escribo, no sé lo que le sucederá mañana, sigue siendo usted, aunque dimitido, ministro de Justicia. Le confirmo, pues, mi carta del 19, sin respuesta por su parte, y se la amplío con la presente. Nuestro camarada Cruz Salido ha sido puesto en libertad y se encuentra trabajando. Es una buena noticia para nosotros y peor que mala para quienes, rencorosamente, le encerraron en la cárcel de Almadén, le quisieron embargar y le trasladaron a la prisión inmunda de Ciudad Real. Todo por hacer un poco de humorismo a expensas de Salazar Alonso. Ni él se queja de su prisión ni yo protesto de ella. Algunos periodistas, tomando el rábano por las hojas, creen que nuestra profesión tiene fueros especiales; si en efecto los tuviera, los de este periódico los habríamos renunciado, como hemos renunciado toda suerte de invitaciones que nos han sido hechas por los ministros del Gobierno dimitido, para ir a comer con ellos o para viajar en su compañía. Mescolanzas, no. Fueros, tampoco. Por eso no protestamos de la prisión de nuestro camarada, aun cuando se hubiese confesado autor del artículo un diputado. Ni protestamos tampoco de que se le condujese de Almadén a Ciudad Real esposado y con la guardia civil. De lo que sí tenemos derecho a protestar es de que se le exhibiera, durante una hora, esposado y con guardias, en la plaza del pueblo de Almadén. Y protestamos, no por tratarse de un periodista, sino de un ciudadano que tiene derecho a que no se le convierta en un número de feria, que por tal lo tomaron, con el regocijo consiguiente, los amigos del señor Salazar, todo lo numerosos que la ignorancia permite. Aquello último nos interesa que se conozca. Se lo atribuimos a la euforia, a la que usted no ha dejado de contribuir con sus méritos propios. Ahora bien; yo no quedaría tranquilo del todo si no le asegurase, poniendo en mi afirmación la fuerza necesaria, que Cruz Salido no conoce a Staviski. Se lo puedo jurar si es menester. No le conoce. A quien cree conocer es a usted. Y confieso, aun cuando ello me cueste trabajo, que yo también he llegado a conocerle. Sus *Romances de ciego,* su *Jirafa sagrada,* su *España,* en fin, todos sus libros, me dieron de usted un conocimiento deformado que he necesitado rectificar. Tenga la seguridad de que si el azar, como le ha sucedido a usted, me conduce a la cartera de Justicia, no se le aplicarán las esposas y le contestaré a sus cartas.

Julián ZUGAZAGOITIA.

El Socialista, 28 de abril de 1934.

J. P.   28 abril 934.

Sr. D. Félix Álvarez Valdés.

Muy Sr. mío:

Hubiera deseado que estas líneas que en principio hubieran ido encaminadas a dar a V. las gracias por sus servicios como Secretario particular en el Ministerio de Justicia, durante mi corta gerencia, no tuvieran que ir afeadas por la expresión de mi profundo sentimiento por verme expuesto a un ataque de «El Socialista», por el hecho de no haberme presentado hasta el 28 de abril una carta del Director de dicho periódico, fecha 19. Usted conoce todos los hechos, desde el descuido de esa Secretaría hasta el ataque del periódico. A usted dejo la elección de los medios para reparar el mal que la Secretaría ha hecho en la medida en que sea reparable.

Apartado así el obstáculo, en principio, reitero a V. y le ruego lo traslade a sus compañeros de Secretaría particular mi agradecimiento por los servicios que me han prestado.

Suyo afmo. s. s.

S. DE MADARIAGA.

J. P. 28 abril 934.

Excmo. Sr. D. Julián Besteiro.

Mi querido amigo:

Esta mañana, a la 1'45, uno de mis secretarios, Mariano Muñoz Rivero, a quien había enviado al Ministerio de Justicia, me entregó una carta del Sr. Zugazagoitia, echada el 19 de abril, interesándose por Cruz Salido, el correligionario de Vds., encarcelado en Almadén. Esta carta, supongo yo ahora, que con otras muchas había dormido en la Secretaría particular del Ministerio de Justicia, sin que por lo visto nadie se hubiera dignado concederle la importancia que tiene, y presentármela. La responsabilidad que por esto incumba a la Secretaría particular del Ministro corre de mi cuenta y ahora mismo escribo con tal fin a D. Félix Álvarez Valdés. Acudo a V. porque en cuanto la recibí telefoneé a casa de Zugazagoitia, para explicarle mi sentimiento por que asunto de tanto interés hubiese llegado a mi conocimiento, no sólo con tanto retraso, sino cuando ya los acontecimientos me habían apartado de la Cartera interesada. Se me contestó que el Sr. Zugazagoitia estaba descansando, y juzgando que tenía tiempo de comunicar con él por la tarde, no insistí. A las cinco de la tarde, mi secretario del Ministerio de Instrucción pública, a quien había confiado la tarea de escribir al Director de «El Socialista» diciéndole lo ocurrido, me trajo el suelto publicado en dicho periódico el 28 de abril, que yo no conocía. Los términos en que el Sr. Zugazagoitia escribe este suelto son de tal naturaleza que me privan de toda comunicación con él, y por esto acudo a V. aun sospechando que no tiene parte muy directa en la redacción del periódico, y sí sólo impulsado por la amistad y deferencia que le profeso para que, por lo menos, una persona de su alta imparcialidad conozca los hechos exactos y sepa a qué atenerse sobre lo ocurrido.

Quizá valga la pena de apuntar de pasada que todo el primer párrafo de la carta del Sr. Zugazagoitia va encaminado a disculpar que no me hubiese escrito desde una fecha muy lejana en que escribí a Prieto desde París, quejándome de lo que él mismo en este párrafo llama «aquella injusta y rencorosa acusación contra V. a cuenta de la llegada de March a París».

Creo inútil añadir que no pido ninguna rectificación pública en «El Socialista», ni rectificación privada por parte de su Director. Mi único objeto es que el Partido socialista o por lo menos un hombre a quien yo quiero y respeto, sepa lo que se ha hecho conmigo y la desproporción entre el injusto ataque del periódico y el hecho infortunado y desagradable ocurrido, mientras sobrecargado con dos Carteras, había mantenido en una de ellas una Secretaría particular heredada de mi predecesor.

Se reitera su afmo. amigo q. e. s. m.

S. DE MADARIAGA.

DOCUMENTO 28
Véase pág. 423

París, 23 de enero de 1934.

Asunto: S/. organización de la asistencia de España a las reuniones de la S. D. N.

CONFIDENCIAL
Y RESERVADO

Núm. 208.

Excmo. Señor:

Al remitir a V. E. el informe sobre la reunión núm. 78 del Consejo de la Sociedad de Naciones, creo de mi deber atraer su atención sobre la cuestión, tan reiteradamente expuesta por mí ante sus predecesores y en mi última conversación ante V. E., de la profunda anarquía que reina, bien contra mi voluntad, en todo lo referente a la colaboración española en la Sociedad de las Naciones.

Siempre ha sido, en mi opinión, nuestra labor en Ginebra punto esencial y clave de nuestra política extranjera por las razones que paso a apuntar:

Primero, porque tenemos un interés primordial, me atrevería a decir que consustancial con la existencia, no ya del régimen, sino de la nación misma, en que reine en Europa una paz absoluta, por lo cual venimos obligados a prestar nuestro apoyo de la manera más enérgica posible al único instrumento cuyo desarrollo (no diré su estado actual) es la única garantía que tenemos de que pueda reinar tal paz.

Segundo, porque los principios en que se funda Ginebra son precisamente aquellos que sostuvo antaño la cultura española jurídica y que hoy son profundamente sentidos más o menos conscientemente por todo el pueblo español, que es pacifista y que no quiere que le saquen de su casa para la guerra.

En tercer lugar, porque Ginebra es un teatro político en donde España puede representar un papel de primera fila por ser independiente de toda ambición política material e imperialista y por poder, vistas las razones arriba apuntadas, representar y hacerse protagonista de los principios de Ginebra, sirviendo al mismo tiempo sus propios intereses nacionales, afortunadamente consustanciales con ellos, y por consiguiente Ginebra es para España un maravilloso resonador de autoridad moral, de prestigio y de propaganda de la República.

En cuarto lugar, porque precisamente su propio desinterés nacional y su forzada debilidad para con dos o tres grandes Potencias, si no para con todas, hacen que la baraja internacional de España sea pobre en triunfos, por lo cual una gestión prudente pero enérgica en Ginebra puede siempre colocar en manos de España cartas que en su día sea posible negociar.

En quinto lugar, porque en la lucha de influencia que España tiene planteada, quiéralo o no, en todo el territorio lingüístico hispánico del Continente americano, lucha que disputan, en lo económico y aun en lo cultural, los Estados Unidos, y, en el terreno de la cultura, Italia y Francia, es Ginebra terreno mucho más firme y seguro que Madrid para que España pueda maniobrar, arrimando a su política la política de los países que hablan su lengua.

Finalmente, porque España tiene todavía por recoger potencialidades políticas que hasta ahora se hallan abandonadas, como son, por ejemplo, su influencia en los Lugares Santos, su influencia en los focos sefardíes de todo el mar Mediterráneo y de las regiones del Norte, su influencia en el mundo islámico desde Marruecos hasta Persia y su influencia en el Extremo Oriente, donde quedan todavía focos utilizables de nuestro grandioso pasado y que para esta labor de revalidación de lo antiguo es con seguridad Ginebra un terreno adecuado y útil que conviene cultivar.

Resulta, después de lo que antecede, que la política de Ginebra, es para España esencial y, por lo tanto, exige especial atención todo aquello que se refiere a la ejecución y administración de esta política.

*

Por otra parte, la Sociedad de las Naciones, que ha tenido siempre para España esta importancia, entra actualmente en una fase que merece especial atención por su gravedad y delicadeza. Se alejan de Ginebra dos grandes potencias, Japón y Alemania, especialmente orientadas a una actitud belicosa; parecen gravitar hacia ella dos grandes potencias, los Estados Unidos y Rusia, que por distintas razones tienen profundo interés en la paz. Se encamina rápidamente hacia su desenlace, ya sea afortunado o desastroso, el largo esfuerzo en favor del desarme que se viene haciendo desde 1920; entra en un período definitivo y muy peligroso la resolución de la ecuación de fuerzas entre Francia y Alemania, que cubre igual período con dramáticas alternativas, y todos estos problemas convergen y se interinfluyen precisamente en el ambiente ginebrino y todos ellos interesan directa o indirectamente, y algunos muy directamente, a nuestra nación.

Para no dar más que dos ejemplos, el problema del desarme significa para España, según se resuelva en bien o en mal, un presupuesto relativamente liberado de cargas materiales, que pueda dedicarse a la expansión de la riqueza y de la cultura del pueblo y, por lo tanto, al contento popular y a la seguridad interior del régimen, o, por otra parte, un presupuesto terriblemente sobrecargado de gastos militares, que hará morir de inanición los presupuestos civiles y producirá por consiguiente disgusto popular y el riesgo de graves complicaciones internas. Mientras que el problema de las relaciones francoalemanas, de resolverse bien, nos encamina a una paz europea que hará resurgir las energías latentes en el pueblo español, elevando en diez o quince años a España a un nivel de gran potencia; y, al contrario, una evolución del problema francoalemán hacia la ruptura llevaría a España a una de las aventuras más peligrosas de su historia, en que podría peligrar, no sólo el régimen, sino hasta su unidad nacional.

Tres observaciones pueden hacerse en cuanto al porvenir inmediato que revela la necesidad de prestar atención cuidadosa a los problemas ginebrinos: por un lado, según anuncio a V. E. en un despacho de hoy, el problema de Austria se agudiza súbitamente y es muy probable que nos lleve a sesiones de difícil tramitación en el Consejo, en donde España tendría que tomar responsabilidades concretas sobre el tablero de la política europea; en segundo lugar, el problema del plebiscito del Sarre viene obligado a producir en este tablero político de Europa repercusiones profundas y quizá graves, y en este problema, como lo demuestra lo ocurrido en las sesiones recientemente terminadas del Consejo, ambas partes han solicitado con insistencia la colaboración de España y en especial, si me permite V. E. violar la modestia para obedecer a la verdad, de su Delegado en Ginebra. (Aprovecho esta ocasión para poner en claro lo que no hice en el despacho adjunto y en que puse especial atención, en todo lo concerniente al Sarre, en permanecer absolutamente pasivo en cuanto a los deseos de España en participar activamente en dicha cuestión, no interviniendo nunca en público y no manifestando ni aun en la más ligera conversación el menor deseo de que España estuviera representada en el Comité del Consejo.) Finalmente, el retorno de la Argentina, según tuve ocasión de manifestar a V. E. en algunos de mis telegramas, inicia por parte de Italia una maniobra evidente de utilizar la presencia de la nación española más importante del Continente americano para quebrantar la autoridad moral de España en Ginebra, oponiéndolas una a otra.

Esta segunda serie de observaciones me lleva a igual conclusión que la primera, es a saber, que Ginebra constituye hoy la clave de la política exterior española y, por consiguiente, que exige por parte de los gobernantes españoles la máxima atención.

*

En estas circunstancias, desearía que V. E. me permitiese expresar de la manera más clara y terminante, que considero absolutamente imposible que la relación entre el Ministerio de Estado y Ginebra continúe en el estado caótico de improvisación y de falta de continuidad que, bien a pesar mío y en contra de mis constantes advertencias anteriores, viene presentando desde diciembre de 1931. Bastará con apuntar a V. E. los gravísimos inconvenientes que presenta el hecho de que las tres personas más constantemente empleadas en las cuestiones de Ginebra y que mejor conocen aquel terreno se encuentren actualmente situadas una en París, otra en Berna y otra en Ginebra, mientras que no existe en el Ministerio de Estado una persona encargada de las cuestiones de Ginebra que lleve dedicada a este problema más arriba de unas semanas de atención. Las delegaciones de las grandes potencias y las de las potencias menores europeas tales como Holanda, Suecia, Suiza, Checoslovaquia, Bélgica, etc., se hallan fuertemente estructuradas a base de organización y continuidad. Las personas que llevan en estas delegaciones el peso de la organización interna, generalmente con los títulos de secretario general y de consejero jurídico, vienen perteneciendo a estas delegaciones desde hace diez años sin variación alguna. El secretario general y el jurista de las delegaciones españolas cambian a capricho en cada nueva reunión de Ginebra. No existe organización de secretaría técnica de dactilografía, de distribución de documentos, de envío de despachos y telegramas. No existe verdadera continuidad en el estudio de los asuntos que permita referirse al estado de los mismos en reuniones anteriores, ni a una política marcada y continua. No existen medios de impedir que en un momento dado se cambien decisiones y se tuerza el rumbo de una política por mera inspiración personal, ya del delegado en Ginebra, ya de algún funcionario del Ministerio, sin que el Ministro, por muy buena intención que posea, tenga la posibilidad de apreciar la importancia del cambio de rumbo o de la razón tomada, por no existir los órganos de continuidad y método que, en su atareada vida, le permita adquirir rápidamente el conocimiento justo de la situación y escuchar el consejo de las personas autorizadas y conocedoras del asunto. No existe adecuada comunicación con la opinión pública, ya por medio de las Comisiones parlamentarias, ya por medio de la Prensa, de modo que las noticias que se reciben de Ginebra vienen las más de las veces por conducto de agencias extranjeras con un acento y una tendencia totalmente refractados por el medio ambiente nacional extraño que han cruzado, y que los comentarios de prensa que se hacen en Madrid suelen adolecer con harta frecuencia de la más grotesca deformación. No existen, en una palabra, ninguno de los organismos, ni ninguna de las funciones que son indispensables para que un país de la importancia, no ya de España, sino mucho menor, pueda ejercer en Ginebra las funciones naturales de un Estado civilizado.

*

Espero que V. E. no considerará impertinente que una vez expuesta con sincera, aunque severa crítica, la situación que padecemos, pase a indicar a V. E., a título de respetuoso consejo, las reformas que me parecen indispensables. Son reformas concretas y, por tanto, con harto sentimiento mío tienen que llevar fuertes indicaciones personales, ya que España, por desgracia, no posee la suficiente variedad en el personal de que dispone para poder permitirse el lujo de escoger soluciones.

Considero indispensable mi nombramiento oficial como delegado permanente de España en la S. D. N. para que los derechos y deberes que lleva implícitos la responsabilidad que de hecho me ha tocado llevar estos últimos años, puedan quedar bien definidos en una organización concreta. Este nombramiento puede considerarse ya sobre la base de mi permanencia en la Embajada de España en París, ya sobre la base de mi separación de esta Embajada. En mi opinión personal, es preferible la segunda solución, es decir, mi separación de la Embajada para encargarme exclusivamente con residencia en

Madrid de los asuntos de Ginebra. Si continúo en este puesto es sólo porque así lo deseará el Gobierno de la República. Pongo especial empeño en significar que estoy dispuesto a aceptar ambas soluciones, pero que también considero como muy preferible abandonar la Embajada para especializarme en la colaboración de España en Ginebra. En el caso en que abandone la Embajada, mi nombramiento en Madrid implicaría naturalmente un pequeño aumento del presupuesto para sufragar los gastos de sueldo, gastos de representación y de secretaría que el Gobierno estime oportunos concederme en vista de las funciones de que me encargo. Si continúo en la Embajada de París, este nombramiento en sí no implicaría ningún aumento de gastos, a reserva de lo que más abajo figura sobre el personal auxiliar. Considero también necesario el nombramiento del Sr. López Oliván como delegado permanente adjunto, por razones idénticas a las arriba apuntadas para mi caso.

Considero indispensable la creación en Madrid de una Comisión interministerial compuesta de las personas que forman parte de las diversas Comisiones en Ginebra y que presumo, así debiera ser al menos, constituirían el núcleo de la Delegación a la Asamblea. Es en efecto error constante de la práctica española en Ginebra en no pensar en Ginebra más que cuando se reúne alguna Asamblea, Consejo o Comisión, siendo así que el trabajo de la S. D. N. es constante y exige continua atención por parte del Ministerio de Estado y de un organismo tal como la Comisión cuya creación propugno. Esta Comisión serviría para dar unidad y continuidad a nuestra política en Ginebra y para que las tendencias que España, a través de los comisarios libres y sueltos, tuviese que revelar en tal Comisión no fuesen contradichas y deformadas por las tendencias de tal o cual otro comisario igualmente libre y suelto, al revelarlas en otra. Incidentalmente, la creación de esta Comisión permitiría recoger para el Ministerio de Estado el control, desgraciadamente abandonado, de las actividades que en Ginebra desarrollan otros Ministerios y en particular el del Trabajo, cuyas delegaciones han ido siempre a Ginebra sin ligazón alguna con el Ministerio de Estado y haciendo una política completamente independiente y no siempre en armonía con los intereses bien comprendidos de la República.

Considero indispensable la creación en el Ministerio de Estado de una Secretaría General de dicha Comisión, cuyo jefe sería el Secretario General de todas las delegaciones al Consejo y a la Asamblea.

Estimo que hoy no tiene España otra persona más preparada para este cargo que el actual Cónsul General de España en Ginebra, Sr. Teixidor, y que otro nombramiento implicaría un largo aprendizaje que necesitaría lo menos cinco años antes de que el titular pudiese compararse, aun en el caso más favorable, con el Sr. Teixidor en conocimiento de los asuntos y, lo que todavía es más importante, de las personas. A esta Secretaría sería indispensable agregar por lo menos dos buenos juristas del tipo del Sr. Pedroso (dado aquí como indicación de tipo y no de persona, aunque en mi opinión sería ventajoso asociar al propio Sr. Pedroso por su experiencia de hombres y cosas de Ginebra).

Considero necesario que se me dote, de quedarme en París, del
personal indispensable para que pueda llenar mis funciones con un
mínimo de facilidad que hasta hoy no he tenido. En esta última sesión
del Consejo, por ejemplo, y el caso ya ha ocurrido otras veces, he
tenido que ir a Ginebra sin haber visto el orden del día ni los documentos, ni siquiera conocer la opinión del Ministerio de Estado sobre
ninguno de los asuntos pendientes. El personal necesario sería un
Secretario de Embajada que habría que añadir a la plantilla, pues
en esta Embajada no sobra ninguno de los existentes, y un taquime-
canógrafo con conocimientos del francés, y si fuera posible del inglés,
mejor todavía.

Por último, de permanecer en la Embajada de París, estimo indispensable, dada la importancia que arriba apunto de los problemas
de Ginebra, que el Delegado permanente reciba puesto fijo en la Junta
de Estado recientemente creada y que haga como mínimo un viaje
anual a Madrid para presidir por delegación del Ministro, o simplemente para asistir, las sesiones de la Comisión interministerial de
Ginebra, y para tomar parte en las reuniones de la Junta de Estado.

Descargada con lo que antecede mi responsabilidad sobre esta grave
cuestión que las circunstancias hacen hoy más grave que nunca, sólo
me queda rogar a V. E. se sirva perdonar la quizá excesiva franqueza
y rotundidad de las afirmaciones que hago, debidas tan sólo a una
larga experiencia, llevada con disgusto por no haberme permitido
las circunstancias políticas hasta ahora plantear firmemente y por
escrito lo que con frecuencia propuse de palabra, y a mi ferviente deseo
de que la política extranjera de España entre pronto por los cauces
del método, de la organización y de la continuidad.

El Embajador de España:
Salvador de Madariaga

Excmo. Sr. MINISTRO DE ESTADO.

Le Temps , le 10 Juin 1934

Mon cher ami,

Afin de protéger contre les polémiques inutiles le texte exact de mon discours de mardi, qui répondait au projet de résolution déposé par votre président, j'ai assuré par les soins de la délégation française la publicité immédiate de la sténographie. Malheureusement le court dialogue qui s'est échangé entre nous n'a été reproduit en entier que le lendemain dans le sténographie officielle. Il y a eu ainsi une lacune que je regrette. Vous savez les sentiments de haute estime que j'ai pour la droiture de votre caractère et aussi le vieille admiration que j'éprouve pour tous les aspects de votre si grand talent. Ai-je besoin d'ajouter que nul n'apprécie mieux que moi le rôle si important et digne de votre noble pays que vous jouez à Genève ?

..../....

Croyez á la fidélité de mon cordial dévouement.

Louis Barthou

Le Temps, 10 de junio de 1934.

Mi querido amigo:

A fin de proteger de las polémicas inútiles el texto exacto de mi discurso del martes, que respondía al proyecto de resolución presentado por nuestro presidente, he conseguido por medio de la delegación francesa la inmediata publicidad de la taquigrafía. Desgraciadamente el breve diálogo que se desarrolló entre nosotros no se reprodujo entero hasta el día siguiente en la taquigrafía oficial. Hubo, por tanto, una laguna que deploro. Usted sabe los sentimientos de alta estimación que tengo por la rectitud de su carácter, así como la vieja admiración que siento por todos los aspectos de su gran talento. ¿Necesita añadir que nadie aprecia mejor que yo el papel tan importante y digno de su noble país que usted representa (?) en Ginebra.

Crea usted en la fidelidad de mi cordial devoción.

Louis Barthou.

DOCUMENTO 30
Véase pág. 452

Ginebra, 16 septiembre 1935.

Excmo. Señor
Don J. José Rocha.

Mi querido amigo:

Como no ignoro el interés muy especial con el que el Gobierno sigue en el asunto ítalo-etíope todo lo que concierna a la colaboración con Inglaterra, estimo necesario señalar los puntos siguientes:

Hasta ahora, por paradójico que parezca, hemos conseguido que la Delegación española en el Consejo esté considerada a la vez como la guardiana más estricta del Pacto y, sin embargo, como la confidente especial de la del Gobierno italiano, que nos está especialmente agradecida. De lo que sigue pueda quizá desprenderse la explicación de esta paradoja.

No ignora el Gobierno hasta qué punto me identifico, no solamente en lo concerniente a este conflicto, sino en la política general, con su criterio de conservar muy estrecho el vínculo internacional con la Gran Bretaña. Viene a añadirse a esto el hecho de que por razones de formación personal y amistad, tengo con el Delegado británico Míster Eden una intimidad no inferior a la que poseo con Laval, Herriot, Paul-Boncour y sobre todo Léger. De mi posición en el Comité de los cinco da idea esta manifestación que espontáneamente me hizo Eden hace unos días, después de larga conversación: «Es gran descanso tener, si me lo permite decirlo, un espíritu afín como usted en este conflicto y en general en Ginebra.» Venía esto después de repetidas aseveraciones de que sólo él y yo nos ocupábamos del Pacto en el Comité. Todo ello, no obstante, para comprender en sus entresijos la política británica en este momento, es menester no perder de vista que la política inglesa gira sobre dos polos completamente distintos y que conviene no confundir: hay una Albión consciente de su poderío y animada de deseo de poder, que con un maravilloso espíritu tradicional arraigado desde Enrique VIII y la gran Isabel, a través de Cromwell, se mantiene intacto y sostiene y aun intenta desarrollar en estos tiempos, poco propicios, el Imperio británico que se construyó en su mayoría al principio a expensas del Imperio español a partir de 1588. Para esta Albión, encarnada en el personal permanente del Foreign Office, España es una enemiga y sigue siéndolo. Para esta Albión, la Sociedad de Naciones es un elemento poderoso de expansión de su poder, que utiliza con su inteligencia y perseverancia habituales. Y hay una Inglaterra, gobernada por esta Albión, generosa, humanitaria, puritana, sinceramente deseosa de un mundo mejor, caritativa y siempre dispuesta a apoyar al débil contra el fuerte por un instinto del corazón. A esta Inglaterra se debe el Pacto, y de esta Inglaterra puede esperarse que fructifique un régimen internacional de justicia.

No hay oposición entre estas dos formas británicas, que llamo para la comodidad de la expresión, Albión e Inglaterra. No hay oposición porque Inglaterra no tiene sino una oscura consciencia de la existencia de Albión y Albión tiene un profundo respeto por la Inglaterra que sabe admirablemente utilizar para sus fines. Más que dos tendencias de opinión, que pudieran llegar a oponerse, son dos actitudes del ánimo que pueden incluso hallarse simultáneamente en un mismo inglés, y que se manifiestan tan pronto la una, tan pronto la otra, a merced de las circunstancias.

En 1914 Albión iba decidida a destruir la naciente prepotencia alemana, que hubiera sido una formidable amenaza a su poderío, pero le hubiera sido totalmente imposible llegar a sus fines si la propia Alemania, con desastrosa inhabilidad, no hubiera facilitado su tarea movilizando a la humanitaria Inglaterra con su invasión de Bélgica.

La situación actual es muy parecida. Albión piensa en el lago Cham y en el Nilo. Piensa quizá también en la naciente prepotencia general de Italia en el Mediterráneo, en sus juegos-intrigas en Egipto, en la India y en todo el mundo musulmán, en sus sueños de panasiatismo y de pan-islamismo y, en general, en este surgir napoleónico que Mussolini ha dado a Roma; mientras que Inglaterra piensa en el Pacto, si Mussolini no hubiera tenido la inhabilidad de atacarlo tan descaradamente, hubiera obtenido lo que hubiese querido en Abisinia con la indiferencia total de Inglaterra.

Desde que llegué aquí tuve la intuición, que los hechos no hacen más que confirmar cada día que pasa, que Albión quiere la guerra con Italia utilizando el Pacto como una bandera de enganche para Inglaterra, y mi política, seguro de que con ello interpretaba la intención del Gobierno, ha sido la de mantener el Pacto a todo trance en este conflicto, pero sin permitir que se utilizase para resolver un problema imperial entre Inglaterra e Italia por medio de las armas y a costa nuestra. La tarea no es difícil ni puede llevarnos en ningún momento a un disgusto con la Delegación británica, puesto que está en lo intrínseco de la situación que la Delegación británica se vea obligada a ir al paso de su opinión pública y, por consiguiente, a mantener en todo momento que su primera preocupación es la paz y que hay que defender simultáneamente la paz y el Pacto. La tendencia a la guerra sólo asoma en los momentos de distracción o en los momentos pasionales y en las actitudes que se toman subconscientemente y cuando no vigila la reflexión.

Desde anteayer estoy en fase de optimismo. No creo ya imposible que podamos llegar a un acuerdo razonable evitando que Albión maniobre de manera que tenga que romperse para poner el Pacto a su servicio.

Estoy seguro que comprenderá V. y comprenderá el Gobierno, por poco que conozca mi reputación internacional, que me juego esta reputación si pongo mi firma, aunque sea como Delegado español y en virtud de instrucciones de ese Gobierno, a un arreglo en el que con más o menos ingeniosidad se sacrifique más o menos a Etiopía para evitar una guerra con Italia y la Gran Bretaña, pero no necesito decirle que no ya una sino diez reputaciones me jugaría para que, aplicando el Pacto con sinceridad, pero sin rigidez, teniendo en cuenta con cierta elasticidad las circunstancias, evitemos ante todo el espantoso desastre que sería el ver ir a la guerra a dos naciones como Inglaterra e Italia, tan esenciales para el conjunto europeo y que por añadidura tendrían que tomar como campo de batalla las aguas que bañan nuestras costas.

Así comprenderá V., y comprenderá el Gobierno, que defensores del Pacto sinceros y leales, no dispuestos a tolerar ninguna infracción escandalosa de él, seamos no obstante lo suficientemente dúctiles para con las proposiciones italianas, con el fin de evitar la ruptura y que de este modo la Delegación británica tenga que reconocer que tiene en nosotros su principal apoyo en cuanto a la defensa del Pacto, mientras que Italia nos agradece el que procuremos con el mejor deseo encontrar una solución que no le sea humillante.

Celebraré haber aclarado de este modo una situación compleja y que a distancia pueda quizá parecerle mayor, y seguiré teniendo a V. al corriente de su desarrollo.

Le saluda afectuosamente su amigo

S. DE MADARIAGA.

15. V. 35

My dear Salvador

I've just come from a lunch with
L. G. alone. He was delighted & im-
pressed with your visit. I've not
yet seen S. B.

He 'phoned (i. e. Miss King did) to
Gregory & she has arranged to have
a copy of your book sent today to
24 Belgrave Sq. by letter post to you.

Also an advance copy of the Star
of Seville wh. Henry Thomas has
translated as we (I) should like
you to review it for, say, the

Observer. Will you do this & I'll ring
up Miss Garvin & tell her I've asked you
to do it? I think it is Lope de Vega's
tercentenary this year.

Phone me to say good-bye
tomorrow a.m. between 10 & 11 at
Victoria 2840 (Unempt. Assistance
Board).

Ever
Tom

Mi querido Salvador:

Acabo de llegar de almorzar a solas con Lloyd George. Estaba encantado e impresionado con tu visita. Todavía no he visto a Stanley Baldwin.

Telefoneamos (es decir, llamó Miss King[1]) a Gregynog[2], y arregló que se te mandara por correo a 24 Belgrave Square[3] un ejemplar de tu libro.

Y también un ejemplar anticipado de LA ESTRELLA DE SEVILLA que Henry Thomas ha traducido y que quisiéramos que reseñases tú en el OBSERVER. Si lo quieres hacer, llamaré a Miss Garvin y le diré que te he pedido que lo hagas. Creo que estamos en el tercer centenario de Lope de Vega.

Llámame para despedirnos mañana entre las 10 y las 11 a Victoria 2840 (Junta de Apoyo a los Parados).

Como siempre,

Tom.

1. Secretaria de Tom Jones.
2. Lugar del País de Gales donde Tom había creado una imprenta artística, sostenida por dos hermanas solteras muy ricas.
3. Señas de la Embajada española en Londres.

THE PILGRIM TRUST
FOUNDER: EDWARD S. HARKNESS
IO YORK BUILDINGS
ADELPHI, LONDON
W. C. 2
PHONE: TEMPLE BAR 5385 & 5386

29th May 1935

My dear Salvador,

I have safely received the various
documents which you sent me, and I shall
see that they are placed with the persons
you indicate immediately.

I think you will agree that S.B. has
done very well in his last two speeches.
At the moment he is preoccupied re-making
a Cabinet, but I shall try to get him to
read the documents at the first possible
moment.

Con has arrived, and I am in touch with
her.

Ever Tom

Don't forget 'Star of Seville'.

29 de mayo de 1935.

Mi querido Salvador:

He recibido sin novedad los diversos documentos que me en-
vías y veré que se entreguen inmediatamente a las personas que
indicas.

Convendrás, creo, en que Stanley Baldwin ha estado muy bïen
en sus dos últimos discursos. En este momento se preocupa por
rehacer un Gabinete, pero intentaré darle para que lea los documentos en el primer momento posible.

Con ha llegado y estoy en contacto con ella.

Como siempre,

Tom.

No olvides *Estrella de Sevilla*.

LEGACIÓN DE ESPAÑA
BUCAREST

Bucarest, 6 de noviembre de 1935.

EUROPA
No. 585/299.

Asunto: Regreso del Sr. Titulesco; declaraciones amistosas para Italia; y aplicación «sanciones» por
Rumania.

Excmo. Señor:

En la sesión de Ginebra del día 1.º de los crtes., el Sr. Titulesco,
hablando después de nuestro primer delegado Sr. Madariaga, hizo,
como V. E. sabe, las siguientes declaraciones en nombre de la Pequeña
Entente y de la Entente Balcánica:

«La Pequeña Entente y la Entente Balcánica, observa-
doras fieles del Pacto, han asumido con valor sus responsabilidades políticas y han hecho sacrificios importantes,
cuyo alcance esperan sabrá apreciar la Comunidad internacional.
»El objeto de la Sociedad de las Naciones es, antes que
nada, evitar la guerra y, estallada ésta, restablecer la paz.
Nosotros no podemos, pues, sino unirnos a los países que,
animados por un noble ideal, se esfuerzan para restablecer
una paz justa entre Italia y Abisinia.
»Pero la paz que nosotros concebimos, es la establecida
dentro del marco de la Sociedad de Naciones y de acuerdo
con los principios fundamentales del Pacto. La Pequeña
Entente y la Entente Balcánica sostendrán fielmente a todos los que trabajen por la paz a través, con y por la Sociedad de Naciones, conscientes que de esta manera podrán
conciliar sus deberes internacionales con *la amistad sincera
que les une con Italia.*»

Estas declaraciones fueron publicadas por la prensa rumana del
día 2 y subrayadas en los periódicos italófilos, causando general satisfacción en los círculos que no obedecen a la voz de mando de los
Centros comunistoides antifascistas.

Mayor satisfacción causaron todavía a mi amigo el Ministro de
Italia Sr. Sola, quien almorzando ayer en casa del Secretario de la
Legación de los Países Bajos, me dijo que iría a la estación para reci-
bir al Sr. Titulesco y agradecerle tan amistosas palabras para su país.

Aunque personalmente no acostumbro acudir a la estación para recibir a este Ministro de Negocios Extranjeros, decidí hacerlo ayer, por curiosidad profesional.

Al apearse de su coche personal, el Sr. Titulesco me agradeció infinitamente mi presencia en la estación, y al decirle el Sr. Sola, que se hallaba a mi lado: «permettez-moi au nom de mon pays de vous remercier pour les paroles affectueuses prononcées avant hier», el Ministro mostró cierta emoción, y le contestó: Acabo de conceder una interview que seguramente le satisfará aún más. Terminadas las primeras efusiones, y cuando Titulesco estaba ya en su automóvil, se apeó el Subsecretario Sr. Savel Radulesco, y acercándose al Sr. Sola le dijo que el Ministro de Negocios Extranjeros le esperaba en su casa dentro de un cuarto de hora.

El Ministro de Italia me prometió comunicarme detalles sobre esta visita, y efectivamente, lo hizo así esta mañana. La conversación fue cordialísima; Titulesco empezó por leerle las declaraciones hechas a los periodistas en el tren y que la prensa publica hoy, insistiendo en que la acción de Ginebra debe considerarse, no bajo el ángulo ítalo-abisinio, sino como un precedente a sentar de la acción de la Sociedad de Naciones en caso de ruptura del Pacto o de peligro de guerra. Adjunto remito a V. E. el texto de dichas declaraciones, cuyo punto principal es efectivamente el expuesto, y en las que, como verá V. E., se hace alusión a las palabras de Don Salvador de Madariaga, sobre lo doloroso que ha sido para los pueblos latinos la adopción de sanciones contra Italia.

El Sr. Titulesco aseguró además al Ministro de Italia, que había combatido con tal energía las sanciones, que en los pasillos de la Sociedad de Naciones se rumoreó con insistencia que Rumania estaba decidida a boicotearlas.

Le dijo además que de su última conversación con Sir Samuel Hoare, deducía que el Foreign Office estaba favorablemente dispuesto para con Italia y deseoso de llegar a un arreglo satisfactorio para todos. Titulesco discutió con él los posibles términos de los proyectados compromisos comerciales de compensación, y la posibilidad de seguir comprando mercancías italianas hasta saldar la balanza de pagos. Hoare le pidió no insistiera por ahora en la cuestión, hasta que se llegue a una liquidación de carácter general.

Por otra parte, es casi seguro que Rumania podrá seguir exportando petróleo y cereales a Italia, pues parece ser que la Shell ha obtenido permiso del Gobierno británico para continuar suministrándolo, y evitar así un aumento extraordinario en la exportación a Italia de petróleos de la Standard.

Para Rumania tiene una importancia excepcional la continuación de sus exportaciones petrolíferas a Italia, puesto que gracias a la intensificación de las compras italianas y alemanas, los precios han subido aquí hasta una prima de 12 shillings por tonelada aproximadamente sobre los precios mundiales, es decir, 40 shillings por tonelada en vez de 28; y siendo las compras italianas alrededor de 1.500.000 toneladas, la baja en la balanza de pagos alcanzaría casi un millón de libras esterlinas, lo que influiría además sobre el nivel general de los precios aquí, ya que otros países —España por ejemplo— no querrían pagar prima alguna sobre el precio mundial, dando lugar a un porcentaje de pérdida considerable en el total de la exportación rumana, siete millones de toneladas aproximadamente. Alemania e Italia consienten a pagar el sobreprecio señalado, porque en virtud de sus convenios comerciales, verifican el pago del petróleo mediante importación de mercancías a Rumania, cuyo precio está a su vez sobrecargado en proporción parecida, con lo que la prima del petróleo viene a pesar en definitiva sobre el consumidor rumano que compra tales mercancías.

Pero hay también dificultades de otra índole en las compras italianas de petróleo rumano, que han sido ya objeto de un despacho anterior, y pudieran incluso provocar una crisis en las relaciones comerciales de los dos países: el mal funcionamiento del «clearing», que ha obligado a la Asociación de Petroleros a solicitar ayer del Ministro de Industria las siguientes medidas concretas:

1.)—Liquidación inmediata de las exportaciones de petróleo efectuadas hasta hoy, en Italia.

2.)—Reglamentación y puesta en práctica de medidas que permitan la liquidación de las exportaciones de petróleo en curso.

3.)—Prohibición de toda nueva exportación de petróleo a Italia, mientras las divisas correspondientes no sean depositadas previamente en Bucarest.

El Ministro de Industria ha prometido someter estas peticiones a la Delegación Económica del Gobierno, en su primera reunión.

Espero ser recibido uno de estos días por el Señor Titulesco, y oportunamente daré cuenta a V. E. del criterio detallado de este Ministro de Negocios Extranjeros acerca del método en la aplicación, y eficacia, de las sanciones contra Italia.

El Ministro de España:

Pedro de Prat y Soutzo

EXCMO. SEÑOR MINISTRO DE ESTADO.

MUY CONFIDENCIAL

Ginebra, 8 octubre 1935.

Excmo. Señor Don Alejandro Lerroux.

Mi querido Presidente y amigo:

He tenido esta mañana una entrevista con Eden, a solicitud mía y con objeto de sondear el desarrollo posible de los sucesos.

El Gobierno británico tiene preparado un documento, recibido esta misma mañana, sobre el posible desarrollo de las sanciones y era evidente que mi interlocutor me hablaba sobre la base de este papel, que hizo pedir en el curso de la conversación para leerlo en parte y comentarlo.

Confirmo mis impresiones anteriores de que por ahora la medida que Inglaterra propondrá en primer término por parecerle la más fácil de aplicar y la menos ineficaz es la prohibición de importar mercancías italianas. Aunque en su aplicación no se respetase rigurosamente, opinan los técnicos ingleses que su mero efecto moral contribuiría en gran parte a paralizar el comercio exterior italiano, y aunque los Estados neutros no la adoptasen, siempre sería difícil el exportar por vía indirecta a causa de los enormes incrementos de gastos que produciría, aparte las dificultades que se producen automáticamente por el hecho de estar actualmente casi todo el comercio regularizado a base de toma y daca. En el documento a que antes aludo figura una estadística, que pude leer, y en la que los técnicos ingleses han preparado la documentación sobre el comercio exterior italiano; recuerdo que entre los países más importantes figuran: Alemania, que absorbe el 15 % de las exportaciones italianas; Inglaterra, el 10 %; Francia, el 6 %; la Argentina, más del 4 %; Holanda, más del 2 %, viniendo después Portugal y España entre el 1 y el 2 % (creo recordar que la cifra española es 1,6). La cifra total del comercio italiano absorbido por los Estados miembros de la Sociedad es el 70 %.

Se ha pensado también en Inglaterra en la prohibición de créditos y empréstitos, que creo se propondrá, así como en la prohibición de venta de carbón y petróleo. Eden considera que precisamente por ser la prohibición de carbón una de las medidas que más perjudicarían económicamente a Inglaterra, viene obligada a adoptarla para dar el ejemplo y, por otra parte, estima muy importante el cese de suministro de petróleo, que recaería en particular sobre Rumania, la U. R. S. S. y Persia, o sea la Compañía Anglo-Persa, que es británica. Cree probable Eden que la dificultad de un suministro rival por parte de los Estados Unidos se resolvería gracias a la actitud archineutralista de Roosevelt.

Tuve la satisfacción de observar que el representante británico y al parecer también su Gobierno, están penetrados de lo profundamente desagradable que es este período de sanciones para ellos como para los demás y que tienen el sincero y profundo deseo de evitar proponer nada que pueda ser muy difícil para ningún país por repugnar mucho a su opinión pública. Habrá, pues, bastante consideración, aunque no exenta de firmeza.

En cuanto al mecanismo en la Asamblea, se creará un Comité de Coordinación que, siguiendo los precedentes del Chaco y de Manchuria, estará constituido por todos los miembros del Consejo más cierto número de otros Estados. Uno de los primeros puntos que se estudiará será la colaboración con este Comité de los Estados no miembros importantes en este caso como son los Estados Unidos y Alemania. Quizá en esto pueda constituir puente jurídico el Pacto Kellogg, también violado por Italia.

Intenté llevar a mi interlocutor al terreno de la conversación sobre posible desarrollo del conflicto en sí, hallando que en su opinión será difícil que pueda resolverse sin la caída de Mussolini. En cuanto a la solución en sí, opina que en lugar de buscarse, como parece intentarlo Laval, en fórmulas poco compatibles con el Pacto, como por ejemplo, un mandato a la Sociedad de Naciones sobre Etiopía propiamente dicha y un mandato a Italia sobre los extensos territorios que ella llama coloniales de Abisinia, debe buscarse, según la ya añeja opinión británica, en un franco intercambio de territorios haciendo que el Negus amplíe sus ofertas anteriores (que ya expliqué en mis cartas a su predecesor de V.) a cambio de la salida al mar que hasta ahora no han querido aceptar para Abisinia los italianos.

9 de Octubre.

Termino esta carta informándole que ayer noche tuve una conversación con Laval, en la que le expuse la conveniencia de ritmar las sanciones a fin de mantener suficiente contacto con las opiniones públicas a las que hay que ir educando a la práctica novísima de la solidaridad internacional. Me encontré con que Laval tenía aun en grado superior al nuestro las mismas preocupaciones y consideraba que la sanción consistente en boicotear las mercancías italianas, que para los ingleses parece ser una de las primeras y más fáciles, es, por el contrario, una sanción durísima porque implica desorganización total del comercio y creación de costumbres comerciales rivales de las ya establecidas por Italia. Para Laval existen tres fases: primera, la prohibición de créditos y empréstitos, así como la de suministro de armamentos y municiones; segunda etapa, la negativa a vender substancias minerales (combustibles y minerales metálicos) y, en general, todo lo que pueda ser utilizable más o menos directamente por los Ejércitos; y finalmente, el boicot de mercancías italianas, que para él no sería sólo una tercera etapa, sino un arma de amenaza para el caso en que, llegado aquel momento, Mussolini se negase a tratar sobre la base de una proposición concreta. Comentó, por otra parte, en la

661

conversación que le constaba que Mussolini aceptaría y que por consiguiente no sería necesario llegar a la aplicación de esta tercera forma de sanciones.

Sobre este punto concreto de las negociaciones con Mussolini, ya le digo a V. más arriba lo que pienso. Insisto en que creo poco probable el éxito de Laval en este terreno porque Mussolini exigirá soluciones incompatibles con el Pacto y con la voluntad etíope y la opinión pública inglesa no lo consentirá.

Me refuerzo en mi anterior opinión de que es poco probable que podamos llegar a resolver el conflicto por vía de negociación sin que antes desaparezca Mussolini.

Pero volviendo al tema concreto de las sanciones, Laval, que me informó de que minutos antes de verle yo le había hablado Beck en igual sentido, parece desear que le ayudemos en esta tendencia moderadora de la prisa británica, para que no aparezca siempre él como el amigo de los italianos. En esto como en todo me parece que tenemos que huir de ambos extremos y guardar una actitud que tenga en cuenta a la vez nuestros intereses internacionales y el estado de nuestra opinión pública, por desgracia poco penetrada del verdadero sentido de estos intereses.

Le saluda afectuosamente

S. DE MADARIAGA.

En dos ocasiones sucesivas he tenido ocasión de "airear" el problema de Gibraltar con Mr. Eden: la misma noche del día en que llegué a Ginebra, de regreso do Suramérica (5 de septiembre), cenando a solas con él, y on el curso de una conversación muy general sobre el problema de las sanciones y do las respectivas opiniones públicas; al tocar en la opinión pública española recalqué cómo la política de España en Ginebra se distingue de las demás en su carácter desiqteresado y hasta de sacrificio, haciendo observar que mientras numerosas naciones europeas y americanas ponían en el platillo de la mesa de Ginebra, puestas más o menos valiosas, quién Dantzig o la Alta Silesia, quién las islas Asland, quién el Chaco, quién, hasta hace poco, el Sarre o la defensa del Rhin, nosotros, que estábamos lejos de tener satisfecha nuestra situación territorial, no habíamos todavía planteado problema alguno a la Sociedad de las Naciones.

Por otra parte, hice observar a mi interlocutor que todo lo que nuestra actitud actual pudiera tener de anglófilo, -ya quéen lo jurídico y político, al menos en lo psicológico, el problema se planteaba fatalmente, con cierta polarización anglo-italiana- se hacía con notorio sacrificio de un problema que afectaba tan hondamente a España como el de Gibraltar.

Reveló Mr. Eden cierta curiosidad y sorpresa al sonar por primera vez este nombre, pues es notorio que para el inglés corriente la anexión psicológica de Gibraltar es tan completa que apenas si se dan cuenta de que ténga España baza que jugar en el asunto.

En otra conversación, en el curso de las negociaciones al haberse referido Mr. Eden a la actitud de la opinión pública española y en particular a la mejora del punto de vista del "A.B.C.", recogí el punto de vista a que antes aludía envolviéndolo en una perspectiva general de las relaciones entre Inglaterra y España en época reciente. Recordé a Mr. Eden que Inglaterra había hecho política anti-española en la guerra hispano-americana, apuntando en particular cómo bajo

presión británica, el Gobierno egipcio interpretó de una manera
notoriamente injusta para España el Convenio que rige el ~~Tratado~~ *canal*
de Suez, impidiendo a la flota de Cámara el paso por el canal:
recordé el abandono de los intereses españoles en Tánger por Lord
Curzon y finalmente toqué otra vez el punto de la ocupación de un
territorio tan evidentemente nacional como Gibraltar, recordándole
que no se trataba de una isla de nacionalidad más o menos disputa-
ble como Malta, sino de un trozo de territorio nacional indiscuti-
blemente español, caso único en la geografía europea.

En ambos casos tuve por parte de Mr. Eden una acogida llena de
la amistad y cordialidad con que me distingue y que ha marcado
siempre nuestras relaciones, sin que de ningún modo pueda naturalmente
interpretarse esta actitud como representativa de tendencia
política alguna. No puede considerarse más que como un testimonio
de la usual receptividad del inglés bien educado y, por consiguiente,
estimo que no puede quedar de estas conversaciones más que la constancia de que para un representante autorizado del Imperio británico
en Ginebra se ha hecho viva una cuestión que la costumbre y el silencio mútuos han contribuído a adormecer, quizá con exceso.

Madrid, 29 octubre 1935.

SALVADOR DE MADARIAGA.

Ginebra, 2 de noviembre de 1935.

Excmo. Sr. D. José Martínez de Velasco,

Ministro de Estado.

Mi querido Ministro y amigo:

Acabo de tener una entrevista con Sir Samuel Hoare en su Hotel. Comenzó con su habitual cortesía agradeciéndome que fuera yo a visitarle cuando él se había declarado dispuesto a venir a verme a mí y solicitó mi opinión sobre el problema ítalo-etíope, dándome inmediatamente su punto de vista. Inglaterra mantiene el principio de que todas las negociaciones que se están haciendo han de reverter cuanto antes a la Sociedad de las Naciones, en cuyo seno ha de llegarse a su resultado final. No cree inmediata una solución posible. Estima que esta solución ha de encajar dentro del Pacto, no contrariar la voluntad del Negus, y si acaso, como ya se había previsto por el Comité de los Cinco, añadir a la asistencia internacional de aquel plan alguna cesión de territorio. Me indicó que así lo hizo valer en los términos más claros a Aloisi esta mañana a quien por cierto encontró menos intransigente en ciertos puntos y en particular en cuanto a la salida al mar para Etiopía, que, por lo visto, al sentir de Sir Samuel Hoare, no parece implicaría ya un obstáculo insuperable el que se hiciese, como hasta ahora se había previsto contra el deseo de Italia, por la frontera franco-británica de la Somalia.

Correspondiendo a su insistente deseo de que le comunicase mi propia impresión, le dije que, en mi opinión, era una circunstancia desfavorable para un pronto acuerdo el que ni Mussolini ni tampoco, a mi entender, Laval le diesen suficiente importancia a la opinión colectiva de Ginebra, dando por apuntado que basta con un acuerdo franco-inglés para que todo se haga. Me consta por una conversación que tuve ayer noche con Mr. Eden que Laval ha dicho a los ingleses sobre poco más o menos: «La Société des Nations c'est vous et nous.» Considerando este dato y sin utilizarlo explícitamente, insistí cerca de Sir Samuel Hoare sobre el peligro que encierra el menospreciar las opiniones de naciones a quienes se llama a ocupar lugares difíciles hoy en política y quizá mañana en terreno peligroso, convirtiendo a la Sociedad de las Naciones en un mero coro de ópera. El Ministro inglés me afirmó de la manera más positiva que era opuesto a este modo de ver y que tanto el Gobierno como la opinión pública británicos están convencidos de la necesidad de someter de una manera sincera a lo que se pudiera llamar opinión pública de la Sociedad de las Naciones un problema sobre el cual se apela precisamente al sacrificio de las naciones que componen la Sociedad.

Apunté a Sir Samuel Hoare que quizá conviniera en vista del precedente que las negociaciones no se hiciesen excesivamente dentro del triángulo anglo-franco-italiano, sino que cuanto antes y en cuanto desapareciera el peligro de darles demasiada solemnidad se hiciesen llegar de un modo u otro al Comité de los Cinco, al que en su día habrá de entregarse el problema, para que éste no se encontrase ya con soluciones cuajadas y en forma que a lo mejor no pudiese aceptar. Encontré la mejor y más calurosa acogida para esta idea que el Ministro se reservó de discutir con Eden y con el Consejo de Ministros británico para darle la aplicación en cuanto sea oportuno. A mi vez manifesté que no era tampoco una idea para aplicarla a la ligera y con excesiva urgencia, pues no convenía dar dignidad de negociación internacional a meras conversaciones preliminares como las que hasta ahora se han venido haciendo.

También aconsejé que se tomase y mantuviese el debido contacto con el Negus, pues es evidente que cuanto más seguros estemos de lo que el Negus puede aceptar, menos nos exponemos a dificultades para la solución definitiva, y aun me permití añadir, obteniendo la anuencia completa de mi interlocutor, que quizá pudiese llegar un momento en que para salir del paso conviniese unas conversaciones directas entre las partes beligerantes, pues si llegaban a un acuerdo entre ellas, nosotros no podíamos más que felicitarnos, ya que nos evitaría el tener que examinar si la solución así conseguida estaba o no de acuerdo con los principios del Pacto.

Me indicó Sir Samuel Hoare que ha pedido a su Ministerio en Addis Abeba manifieste al Negus convendría informarse sobre los puntos siguientes: primero, impresión abisinia sobre el avance italiano; segundo, impresión sobre la acogida favorable dispensada a los italianos por los abisinios del Tigré, si es que el hecho es cierto; tercero, opinión del Negus sobre la posibilidad de una victoria italiana final; cuarto, inclinación del Negus a una negociación de paz aun en estos momentos en que sus armas están todavía intactas; el Ministro británico en Addis Abeba ha recibido además instrucciones de hacer comprender al Negus que si bien toda la Sociedad de las Naciones está dispuesta a apoyar moralmente y con las sanciones económicas, parece fuera de duda que no será posible una acción colectiva de carácter militar.

Recomendé también a Sir Samuel Hoare que por los medios de que él dispone se haga comprender en Roma que si, como es evidente, se desea un arreglo, que no puede tener lugar más que en el seno de Ginebra y es contraproducente el que por el jefe del Gobierno italiano se continúe atacando de una manera tan violenta al organismo ginebrino y además que se le haga comprender que Ginebra no es una mera caja de resonancia para lo que decidan Francia e Inglaterra, sino un conjunto de naciones grandes y pequeñas con quienes hay que contar y a quienes hay que respetar. Sir Samuel Hoare me indicó que daría instrucciones a su Embajador en Roma para que visitase a Mussolini al único objeto de hacerle presente estas indicaciones de parte del Gobierno británico.

*

Pasé después a indicar a Sir Samuel Hoare que no sólo en este problema, sino en general, no tiene España la impresión de que se la informa y consulta con la continuidad y confianza que merece una nación situada geográfica y políticamente de la importancia de la nuestra. Le hice ver que en cuanto a este problema, por ejemplo, no había ningún país en el Mundo que tuviese mayor interés en saber a tiempo el desarrollo probable de los sucesos. Hice, pues, pesar sobre su ánimo la necesidad de que hubiese la mayor confianza y continuidad en las informaciones y en las tendencias del Gobierno británico y que estaba seguro de que el Gobierno británico a su vez se felicitaría de haber dado esta confianza al español. Impresionado por estas manifestaciones, me dijo Sir Samuel Hoare que mantendría el contacto más estrecho con Ayala y daría instrucciones a Chiltun para que mantuviese él también contacto muy estrecho con ese Ministerio.

Generalizando, le hice ver que por razones que no detallo por serle a Vd. evidentes, ocupan España e Inglaterra posición muy parecida en la política europea, un poco marginal, un poco trasatlántica, un poco neutral con cierto matiz de inclinación hacia Francia y que por consiguiente estaba predestinada a colaborar en el mantenimiento de una paz sentada en Ginebra. No pensaba España en nada concreto que pudiera ponerse sobre un papel y articularse, pero sí le podía asegurar que nuestro país se encuentra hoy en una situación de ánimo receptiva para colaborar sinceramente con Inglaterra en la política continental europea que a Inglaterra puede interesar, es decir, en el mantenimiento de la paz dentro del cuadro del Pacto. Tengo la impresión de que hizo mella en mi interlocutor esta manifestación y de que le pareció puesta en razón y útil para el porvenir.

*

Pasé después a hablar del problema de Tánger. Le expliqué que teníamos ciertas quejas de Inglaterra en este problema que databan de la época de Lord Curzon; apunté cómo la zona española de Marruecos, ya tan exigua, quedó decapitada al perder a Tánger como su centro natural; hice ver que la solución normal del problema conforme a la historia y por la geografía sería Tánger español; que España no creía oportuna en estos momentos la afirmación de esta tesis, pero que de ella a la posición de inferioridad para con Francia que se había hecho a España en Tánger, había una distancia excesiva y que por consiguiente lo razonable y aun lo justo por ahora para España sería la predominancia dentro de la sociedad internacional. Aun esto no era hoy lo que España pedía; no tenía instrucciones para entrar en el detalle de la discusión de estas peticiones, pero me limitaba a señalar a Sir Samuel Hoare que España creía tener derecho al apoyo de Inglaterra para que la situación por lo menos mejorase en la modestísima proporción a que España aspiraba en estas negociaciones. Sin declararse especialmente enterado de la cuestión, Sir Samuel Hoare me prometió que a su regreso a Londres la estudiaría con todo interés.

Su afectísimo amigo,

S. DE MADARIAGA.

P. S.

Posteriormente a la comunicación telefónica recibida del Subsecretario a mediodía, obtuve de Eden el envío inmediato de un telegrama al Secretario Permanente del «Foreign Office» para que se pusiese en contacto con Ayala sin esperar al restablecimiento del técnico inglés, al parecer enfermo actualmente, telegrama que, como indiqué a mi vez por telegrama, se envió a las dos horas de mi conversación con Aguinaga; y además me aseguró Eden que Sir Samuel Hoare hablaría con Laval sobre el asunto de Tánger antes de despedirse en direcciones distintas esta noche.

Estas rápidas decisiones de la Delegación británica las obtuve en breves conversaciones antes de la sesión vespertina del Comité de los Dieciocho, aprovechando la ocasión de que Sir Samuel Hoare y Míster Eden, con quienes me encontré en la calle, me rogaron que tomase parte en el debate público que en la sesión del Comité de Coordinación iba a tener lugar a petición de ellos con objeto de hacer que Laval afirmase en público su fidelidad al procedimiento de la Sociedad de las Naciones en su negociación con Italia. Puso especial empeño en que después de los discursos de Laval y de Sir Samuel Hoare y de uno que deseaba pronunciar en idéntico sentido el Sr. Wan Zeeland, Presidente del Consejo y Ministro de Relaciones Exteriores de Bélgica, tomase yo la palabra. Dadas las circunstancias me pareció oportuno acceder sin consultar a Madrid y pronunciar el discurso cuya copia remito a Vd. adjunto.

Adjunto remito a Vd. carta con la conversación que acabo de celebrar con Aloisi y que no he querido mezclar con ésta corta especialmente destinada a Inglaterra.

Ginebra, 2 de noviembre de 1935.

Excmo. Sr. D. José Martínez de Velasco,

Ministro de Estado.

Mi querido Ministro y amigo:

Visité a Aloisi esta tarde, poco antes de terminar la segunda del Comité de los Dieciocho, pues, en efecto, hemos tenido esta tarde dos reuniones de dicho Comité, separadas por una del Comité plenario de Coordinación. En este Comité plenario, que es público, se hicieron los discursos a que aludo en mi carta también de fecha de hoy y en particular el que va como anejo a dicha carta y que hube de pronunciar yo a petición de la Delegación británica.

Antes de entrar en materia con Aloisi, me significó éste que estaba al corriente de lo ocurrido, su gran complacencia por mi intervención en el debate y me anunció que se estaba redactando un telegrama a Roma comunicándolo así al Gobierno italiano. Me refirió la conversación que sostuvo esta mañana con Sir Samuel Hoare y a la que éste había aludido en su conversación conmigo. Italia se queja de que habiéndose tomado por Mussolini una decisión unilateral y generosa, la de retirar una división de Libia, el Gobierno británico, lejos de corresponder a este gesto, hubiese enviado su Embajador a Mussolini a explicarle que no bastaba. Según los italianos, la acumulación de tropas en Libia fue debida a temores de ataque inglés desde Egipto, mientras la acumulación de la flota británica en el Mediterráneo es debida a una contestación al gesto italiano. (Según Eden, sin embargo, la concentración naval inglesa se debe a la campaña de prensa italiana que apuntaba directamente a la ocupación de Malta.) Los italianos parecen dar una gran importancia a la necesidad de aflojar la tensión ítalo-inglesa mediante el retiro mutuo de tropas militares y navales, alegando que es injusto y poco generoso por parte británica el comparar un navío a una división, por ser el navío insuperablemente más movilizable que la división. Estiman que es indispensable negociar cuanto antes y parecen tener cierto resentimiento ante el «non possumus» de las elecciones inglesas, en las que ven una interferencia injustificada de la política nacional sobre la internacional.

En cuanto al conflicto en sí, consideran razonable que no se quiera hacer nada fuera de lo que el Pacto permite; parecen dispuestos (en confirmación a lo que Sir Samuel Hoare me dijo esta mañana) a dejar una salida al mar por Zeila, aparte de la salida (comercial) por Assab que ofrecen, y que en su imaginación se representan más bien como una especie de puerta de entrada y salida guardada por ellos que como un favor al Negus; no consideran admisible que se exija el retiro de los italianos del territorio que ocupan y alegan que Inglaterra no cedería jamás en abandonar al Negus territorios ocupados por ella y cuyos habitantes y autoridades se hubiesen puesto bajo su disposición y protección.

Hice observar a Aloisi que, en su análisis, la situación me parecía recaer en el error que hasta ahora han venido cometiendo Italia y su jefe de Gobierno de no considerar bastante la opinión pública mundial y de imaginarse que lo que resuelvan Francia e Inglaterra está ya resuelto para los demás; que en esta actitud había cierto menosprecio para las demás naciones, un desconocimiento total de las fuerzas morales y una tendencia que se manifestaba en los discursos de Mussolini, tan despectiva para la Sociedad de las Naciones, que hacía muy difícil la labor de los que sólo deseamos llegar a una solución pronta del conflicto.

Puso especial empeño en responder a esto, que en Italia había la mayor deferencia y simpatía y aun agradecimiento para España, aunque tenía parte de razón en considerar que ciertas actitudes habían ofendido grandemente a los italianos, mencionándome en particular a los Soviets y la Petite Entente.

Hube de notar que existe mayor recelo, ante la posibilidad de un conflicto armado anglo-italiano, en el sector italiano, que en el sector británico. Si subsiste la tendencia inglesa, que en mi opinión ha existido, a ir hasta donde sea necesario, incluso por las armas, frente a Italia, Sir Samuel Hoare ha sabido ocultarla de un modo impecable en su conversación de esta mañana. Pero es evidente que el representante italiano parece preocupado por esta situación y me mencionó en particular que la opinión pública italiana llega hasta atribuir a los ingleses sucesos como la desaparición del avión de Franquetti y hasta el incendio del «Ausonia», en que tanto colaboraron los marinos ingleses.

La entrevista terminó con una cordial reiteración de su agradecimiento a España y a su Representante por la intervención de hoy.

Su afectísimo amigo,

S. DE MADARIAGA.

Warwick Castle.

11th November, 1935.

My dear de Madariaga,

Thank-you so much for your letter of the 5th November and for sending me a copy of the one you have written to John Walter of "The Times".

I am personally glad that you should have written as you hav done, becuase it is all to the good that our Press should be reminded of these things. I have been doing my best lately to create the understanding at home that the League of Nations consists of a large number of different entities, and that it is both unwise and inaccurate to imagine that the great powers are responsible for more than a certain very definitely limited proportion of the League's contribution to international thought and action.

When I get back to London I hope to have a chance of emphasizing this all the more in the light of your letter.

Yours ever

Anthony Eden

His Excellency Sr. S. de Madariaga.

Warwick Castle

Teléfono n.º
Warwick 17.

11 de noviembre de 1935.

Mi querido de Madariaga:
Muchas gracias por su carta del 5 de noviembre y por el envío de una copia de la que escribió usted a John Walter de *The Times*.
Personalmente celebro mucho que escribiera usted como lo hizo, pues es muy conveniente que se recuerden esas cosas a nuestra Prensa. Yo he tratado de hacer últimamente todo lo posible para hacer comprender al país que la Liga de las Naciones consiste en un gran número de entidades diferentes, y que es a la vez imprudente y erróneo imaginar que las grandes potencias son responsables de más de cierta proporción, muy concretamente limitada de la contribución de la Liga al pensamiento y a la acción internacionales.
Cuando regrese a Londres espero tener una oportunidad de subrayar más todo esto a la luz de su carta.
Su afectísimo,

ANTHONY EDEN.

Su Excelencia Sr. S. de Madariaga.

A.M.

MINISTERIO DE ESTADO

Madrid, 16 de Noviembre de 1935.

SECCION CENTRAL

S.N.

NÚM. 346

Excmo.Señor:

De Orden del Sr.Ministro de Estado y para su conocimiento e información,cúmpleme remitir a V.E. adjunta copia del Despacho nº.575,del Sr.Representante de
España en Viena, relativo a la intervención de V.E.en
el Comité de Coordinación de las sanciones ocasionadas
por el conflicto italo-abisinio.

El Subsecretario

Señor Don Salvador de Madariaga.
Delegado de España en la Sociedad de las Naciones.

LEGACIÓN DE ESPAÑA

Sociedad de las Naciones

Sección Central

No 575

Viena,2 de Noviembre de 1935

Asunto : s/ intervención Sr.Don Salvador de
Madariaga,en Comité Coordinación
sanciones en conflicto italo-abisinio

Excmo.Señor.

En la última recepción semanal de este Ministro de
Negocios extranjeros,el Barón Berger Waldenegg me manifestó que había dado instrucciones a la Legación de Austria
en Paris,para que por conducto del Embajador de España en
aquella capital se hiciera llegar al Gobierno de la República y a su representante en Ginebra Don Salvador de
Madariaga la expresión del vivo y sincero agradecimiento
del Gobierno austriaco por la intervención de dicho señor
Representante de España en el Comité de Coordinación de las
sanciones ocasionadas por el conflicto italo-abisinio.

La personalidad de Don Salvador de Madariaga,muy conocida y apreciada aquí,fué muy elogiada y con acento de muy
sincera gratitud y afecto por el Barón de Berger. No dejé
de hacer notar al Ministro que la intervención del señor
de Madariaga en Ginebra había sido piblicada y comentada
en termino; de simpatía hacia Austria por la prensa española.

Aunque la aludida gestión de este Gobierno habrá llegado ya a conocimiento de V.E. y del señor de Madariaga,
según queda indicado,tengo la honra de comunicar tambien
por mi parte las referidas manifestaciones que sobre tan
interesante particular he oido de este señor Ministro de
Negocios Extranjeros.

El Ministro de España :

Al Excmo.Señor Ministro de Estado.

EMBAJADA DE ESPAÑA
EN
PARÍS

París, 21 de diciembre de 1935.

Sobre conflicto ítalo-abisinio

N.º 2577.

SOCIEDAD DE LAS NACIONES

EXCMO. SEÑOR:

Con referencia al despacho n.º 2528, de 12 del corriente, tengo la honra de continuar informando a V. E. sobre las repercusiones que se observan en los medios franceses sobre el conflicto ítalo-abisinio.

Así como en el citado despacho se pudo registrar la gran actividad diplomática desplegada en París para la preparación del Acuerdo Laval-Hoare, estos últimos días se ha caracterizado por un desplazamiento de la actividad diplomática de París a Londres y a Ginebra, y naturalmente, a Roma.

Los optimismos sobre la rápida solución del conflicto que nacieron a la sombra del Acuerdo Laval-Hoare se han visto desvirtuados por los recientes acontecimientos políticos, que han venido a demostrar que la fórmula de concordia tan cuidadosamente buscada bajo los auspicios del Quai d'Orsay no había de ser de una gran utilidad para poner fin a la intranquilidad internacional.

El disgusto manifestado por la opinión inglesa que provocara la dimisión del Ministro de Negocios Extranjeros británico Sir Samuel Hoare ha tenido ciertas repercusiones políticas en Francia con lo que respecta al Gabinete presidido por el señor Laval. Estas repercusiones han sido comentadas en un despacho sobre política interior de Francia, que vino a complicarse más todavía con las disensiones producidas en el partido radical-socialista y que provocaron la dimisión de su presidente Señor Herriot.

Todas estas circunstancias hacen pensar que la solvencia de la fórmula Laval-Hoare se encuentra seriamente disminuida, ya que por informaciones de origen inglés, aquí se dice que el Gobierno de la Gran Bretaña piensa desinteresarse por completo de ella, y que la prueba de esta actitud ha sido lo que aquí se considera como «sacrificio» de Sir Samuel Hoare.

Los optimismos que circularan en París sobre un próximo arreglo del conflicto abisinio estaban basados en la creencia de que el Señor Mussolini se apresuraría a aceptar la solución honrosa que se le presentara en la fórmula franco-británica.

El silencio oficial con que el Gobierno de Roma ha respuesto hasta ahora a la fórmula conciliadora parece inexplicable a la opinión francesa, llegando a temerse de que el Señor Mussolini está muy mal informado respecto a la esencia misma del pleito ítalo-etíope, y a sus posibles consecuencias internacionales.

Conocida es la oposición de los elementos de izquierda a la propuesta Laval-Hoare, por contener lo que en frase gráfica se llama una «prima a la agresión». Aquí se dice que si Sir Samuel Hoare se avino a las sugestiones de Laval fue por temor de que la intransigencia de Mussolini desencadenase un conflicto europeo. Si esta creencia produjo en la opinión inglesa una reacción tan decisiva como la que determinara la dimisión del Señor Hoare, aquí también ha de ser vista por los elementos antifascistas con verdadero disgusto.

El reciente discurso del Señor Mussolini en Pontinia, era esperado con una natural expectación, creyéndose que el Duce italiano aceptaría jubiloso la mano conciliadora que le ofrecía la fórmula franco-inglesa. El contenido de su discurso, lejos de encauzarse por el camino de la cordialidad que se esperaba, resultó de una tendencia intransigente para toda merma de las reivindicaciones italianas en África.

Es interesante hacer notar que en Francia, hasta la prensa de derecha, sin excluir a los periódicos de tendencia simplemente informativa, no ha escatimado la crítica de la actitud del Señor Mussolini. Como ejemplo de ello pudiera ser citado el contenido de los comentarios de varios periódicos. y entre ellos, los de «Le Journal», «Echos de Paris», y hasta «Le Jour» y «Le Journal des Débats».

Desplazada la actualidad desde París a Ginebra, se vuelve a hablar del Comité de los Trece y de los Dieciocho, reapareciendo en el oscuro horizonte internacional el fantasma de las sanciones.

De las repercusiones ginebrinas del pleito ítalo-abisinio supongo a V. E. acertadamente informado por nuestra Delegación en la Sociedad de las Naciones y por lo que he de renunciar por mi parte a hacer comentarios de origen indirecto.

No obstante debo reflejar ante V. E. la desconfianza y hasta el temor con el que son aquí consideradas las sanciones —especialmente en lo que al petróleo se refiere— por crer que éstas contienen el germen peligrosísimo de un posible conflicto europeo, que podría facilitar las pretensiones alemanas sobre Memel.

La prensa de hoy publica y comenta un telegrama de Londres según el cual el Gobierno británico habría hecho gestiones cerca de las potencias mediterráneas para una colaboración militar de las potencias sancionistas ante una agresión italiana. En este comentario se indica que el Gobierno de Londres se ha dirigido especialmente a los países del Mediterráneo oriental, es decir, a Turquía y Grecia, pero que también ha solicitado una respuesta del Gobierno español sobre el particular.

Un comentario de carácter general afirma que las respuestas de los países consultados han sido más bien evasivas, diciendo que hasta ahora no habían tomado ninguna medida de carácter militar contra un posible agresor.

La expectación de hoy está concentrada en conocer los acuerdos del Gran Consejo Fascista sobre el texto de la respuesta italiana a la proposición Laval-Hoare, y que parece va a ser publicado en seguida.

Mientras el horizonte europeo se encuentra cada día más oscuro, debido a lo que aquí la opinión califica de intransigencia de Mussolini, los periódicos hacen eco de algunos éxitos militares de las tropas abisinias, en el frente del Tigré, así como de la mala situación económica de Italia.

Ante la mala postura internacional del Gobierno de Roma, sólo los elementos incondicionales del Señor Mussolini conservan su confianza en un gesto genial del Duce, que proporcione a Italia una solución ventajosa de la aventura abisinia.

El Encargado de Negocios a. i.:

Cristóbal del Castillo.

EXCMO. SEÑOR Ministro de Estado.

Nueva York, febrero 26 de 1936.

Excmo. Señor D. Augusto Barcia,
Ministro de Estado,
Madrid.

Querido Barcia:
Ya se imagina Vd. mis sentimientos cuando me trajo la prensa confirmación de las excelentes dotes proféticas de que me dio Vd. prueba en nuestra última conversación en su casa.

Espero poder regresar por el «BREMEN», que sale de aquí el cuatro a medianoche llegando a Cherburgo el diez. Aunque pierda algunos días en París espero estar en Madrid a mediados de marzo.

Entretanto paso a referirle lo que por hoy me parece más importante en cuanto a mis impresiones políticas.

Dado el carácter rigurosamente particular de mi visita a ésta, así como el hecho de que no ostento cargo alguno oficial, hubiera podido permanecer en completa distancia del ambiente oficial norteamericano. Sin embargo, el hecho de embarcar a los pocos días de una importante reunión del Consejo de Ginebra y el de estar profundamente arraigada en la opinión de este país, como en la de todos, incluso el nuestro, la idea de que ejerzo el cargo de Delegado permanente en Ginebra, me hizo indicar al Embajador Norteamericano en Madrid que durante mi visita no deseaba ser ni inoportuno ni descortés y que, por lo tanto, dejaría la iniciativa de mis relaciones con el elemento oficial al propio Washington. Sé que Bowers, íntimo de Roosevelt, le escribió expresando la conveniencia de que me vieran y he hallado aquí confirmación de que así lo había hecho. Desde mi llegada se me indicó por conducto de Yrujo que por estar pendiente de discusión la prórroga de la Ley de neutralidad convenía aplazase mi viaje a Washington hasta que desapareciera esta circunstancia.

Ulteriormente se me rogó pasase a Washington, donde el Secretario de Estado me recibiría ayer a las once y media de la mañana, subsistiendo por parte del Presidente una actitud evasiva debido a las delicadísimas circunstancias de la política interior con relación a América. En Washington, además, me encontré con que el Secretario de Estado había caído enfermo. Mi primera impresión, confirmada por Yrujo, fue que se trataba de una enfermedad diplomática, a cuya opinión contribuyó la perfecta inanidad de la conversación que tuve con el Secretario General del Ministerio, Míster Phillips; pero otras conversaciones que también tuve en Nueva York con Secretarios y Ministros (por ejemplo: el Secretario de Agricultura y el Attorney General), me inclinan a rectificar esta opinión, pues parece, en efecto, que el Secretario de Estado ha tenido verdadero sentimiento en no poder verme.

De este viaje puedo informarle con verdadero interés sobre tres puntos: Ginebra; Conferencia Americana y conversación con el Secretario de Agricultura sobre política general americana.

GINEBRA: Mis impresiones proceden de toda suerte de ambientes, pues con motivo del asunto que me ha traído aquí he tenido ocasión de ver en poco tiempo a muchas personas influyentes como, por ejemplo, el Coronel House, el Gobernador del Banco Federal de Reserva, Harrison, dos o tres socios de la casa Morgan, los Ministros de que antes hablo y numerosas personas de importancia en la política y los negocios. Se desprende de todo esto, como impresión dominante, que en los días que precedieron a la proposición Hoare-Laval, por haber hecho mucho efecto en este país la vitalidad de la Sociedad de las Naciones, se marcaba fuertemente una tendencia a la cooperación que el Secretario de Estado encarnó aconsejando, sin ningunos poderes legales para hacerlo, la abstención de envíos de petróleo a los beligerantes; pero con la proposición Hoare-Laval ganaron inmediata ventaja las fuerzas anti-ginebrinas y nacionalistas, sin que la caída de Hoare y de Laval, que tanto ha reforzado en Europa a la Sociedad de las Naciones, bastase para restablecer la situación primitiva, de modo que hoy la tendencia al aislamiento predomina hasta el punto de haber arrinconado por completo los arrestos del Presidente y de su Secretario de Estado.

Hay que tener en cuenta que la opinión parlamentaria y nacional puede dividirse en cuatro sectores: aislamentista-imperialista; intervencionista-imperialista; intervencionista-pacifista; y aislamentista-pacifista; y de los cuatro sólo el tercero es favorable a Ginebra. La conclusión del debate sobre la neutralidad ha constituido un triunfo para el primero y el último de estos grupos, el aislamentista por imperialismo, que dirigen el Senador Hiram-Johnson y la prensa de Hearst, y el grupo pacifista a ultranza por evangelismo, que dirige el Senador Nye.

El fondo de desconfianza para con la sinceridad británica que late en este país ha salido a la superficie en cuanto la proposición Hoare-Laval desconcertó la política ginebrina que seguía el Gobierno británico. No existe más que una posibilidad (no una certidumbre) de que se restablezca la confianza en la política de la Gran Bretaña y es que en la próxima reunión de Ginebra se ponga a Eden a la cabeza de la sanción del petróleo, pase lo que pase aquí. En este caso creo muy posible que las fuerzas pro-ginebrinas de este país hagan un nuevo avance y consigan un mínimo de colaboración en las sanciones del petróleo, que, aunque no fuese legal (para lo cual ya no hay tiempo eficaz), sería, efectiva, por presión moral sobre las compañías. Si así no se hiciere la opinión de este país se alejará cada vez más de la colaboración en el conflicto ítalo-Etiópico, y, el apuntar a la responsabilidad que les pueda caber en el abandono de las sanciones del petróleo, no haría más que empeorar la situación. En resumen: se confirma, con este ejemplo, la ley constante que parece regir las relaciones en la Sociedad de Naciones y los Estados Unidos: en todo momento la acción óptima para Ginebra consiste en seguir su camino recto como si los Estados Unidos no existiesen.

CONFERENCIA AMERICANA: Es difícil de precisar la tendencia exacta que persigue Roosevelt al invitar a esta conferencia: ¿se va a una consolidación de los Tratados existentes inter-americanos y quizá a una coordinación entre ellos? ¿Se quiere ir incluso a una Sociedad de Naciones Americanas? Lo más probable es que se intenta un escaparate electoral que tuviera por tienda la primera solución arriba apuntada y por trastienda la segunda si es que cuaja.

De mis conversaciones con Castillo-Nájera saco en consecuencia que la gente del Sur está dispuesta a formar coro cantando, con más o menos afinamiento, una nueva versión de la Doctrina de Monroe, con la convicción que Vd. puede adivinar. El Presidente Mejicano, que habló por teléfono con Castillo-Nájera, estando yo en la Embajada Mejicana ayer, le dio instrucciones verbales y escritas, que el interesado me enseñó, también ayer, insistiendo fuertemente en que la aceptación de Méjico iba supeditada a su fidelidad a la Sociedad de las Naciones. Castillo vio Summer Welles ayer tarde y me pudo decir por la noche que esta reserva mejicana no ha agradado en Washington.

También me indicó Castillo que a la conferencia en cuestión se piensa invitar a España como observador. No creí discreto preguntar quién lo pensaba.

CONVERSACIÓN CON EL SECRETARIO DE AGRICULTURA MÍSTER WALLACE: Amigos comunes me habían indicado hace ya mucho tiempo que Míster Wallace era el Ministro más interesante por su capacidad personal y que sería quizá futuro candidato a la Presidencia de la República por el partido demócrata. Le he visitado aprovechando su cordial acogida para exponerle mis opiniones sobre el problema sud-americano, insistiendo con especial atención en que se trataba de puntos personales míos sin relación ninguna con el Gobierno y sin ningún carácter oficial. Después de declarar paladinamente que creía radicalmente equivocada la política norteamericana en Sud-América y completamente ineficaz el esfuerzo de buena voluntad aparente y verbalista que se hace para mejorarla, pasé a dar a mi interlocutor algunas ideas sustanciales:

Primero: No hay más que un problema esencial en Sud-América: que está despoblada. Por falta de gente no tiene cultura política, burocracia, vigor económico ni capacidad de consumo. ¿Ha pensado alguien, le pregunté, en lo que sería para los Estados Unidos una Hispano-América de 250 millones de habitantes? Ante esta perspectiva no sólo caen todos los problemas internos en Sud-América (el problema indio, por ejemplo), sino todos los problemas económicos Norteamericanos, al doblarse su mercado en el continente.

Segundo: ¿Con qué se va a poblar el Continente? Evidentemente, con españoles sobre todo y en menor proporción con italianos y portugueses.

Tercero: Grave error de los Estados Unidos el confundir el interés de este país con el de algunos de sus nacionales que explotan y esquilman a las Naciones Sud-Americanas, siendo así que la prosperidad y grandeza de las Naciones Sud-Americanas es una condición indispensable al progreso de los Estados Unidos.

Cuarto: Grave error de los Estados Unidos el aplicar en Sud-América una política anti-española y de eliminación de España, como se prueba por el hecho de que mientras en las reuniones hispano-americanas se invita siempre a los Estados Unidos, las Pan-Americanas y todas aquellas (como la del Chaco) que del pan-americanismo se inspiran, excluyen a nuestro País. Lejos de haber antagonismo entre la política española y la de los Estados Unidos, hay concordancia fundamental de intereses a condición de que los Estados Unidos comprendan los suyos como debe ser. España busca la perpetuación de su cultura en América y el resto de la independencia de las Naciones Hispano-Americanas. En nada contrarían estos fines los verdaderos intereses de los Estados Unidos en Sud-América.

Quinto: Es en cambio indispensable la colaboración de España para los Estados Unidos. Produce nuestro país un exceso de 250 mil españoles al año, que absorbe perfectamente gracias a su progreso económico, pero por espíritu de sacrificio se prestaría a continuar dando su sangre al continente americano a condición de que se le diesen garantías. Mediante un acuerdo tripartito, entre Washington (capital y técnica), el país interesado (tierra y legislación) y España (emigrantes y técnica) se podría llegar a desarrollar rápidamente la economía y la población de los países de Sud-América para el bien de todos; en resumen, la política sud-americana del Gobierno de Washington debe pasar por Madrid.

Interesó enormemente a mi interlocutor este plan e *ipso facto* intentó obtenerme una entrevista con el Secretario del Tesoro Míster Morgenthau, que ha pasado unas vacaciones en San Sebastián y al parecer ha vuelto muy hispanófilo; pero los funerales del Subsecretario de Marina, primo del Presidente, han impedido que esta entrevista tuviera lugar. Míster Wallace me afirmó que llevaría mis ideas a conocimiento del Presidente y del Secretario del Tesoro.

No creí discreto en esta primera conversación aludir a Puerto Rico, pero lo hice en un almuerzo con un amigo personal mío, íntimo a la vez del Presidente y del Secretario de Estado y colaborador directo en las cuestiones agrarias con Míster Wallace. Le expliqué que así como durante el siglo XIX Cuba había sido para nosotros una llaga que envenenaba toda nuestra política Hispano-Americana, así lo era para ellos hoy Puerto Rico y que a ningún país americano podían ir con la cara levantada mientras lo mantuviesen en injustificada dependencia. Por otra parte, Puerto Rico no les sirve para nada más que para gastar el dinero. Les aconsejé fuertemente como el acto que más eficaz sería para mejorar su situación en Hispano-América, la libertad completa y la independencia completa de Puerto Rico.

S. DE MADARIAGA.

EL MINISTRO DE ESPAÑA
EN BERNA

Berna, 1° de Abril de 1936.

Excmo. Señor
Don Salvador de Madariaga.

Mi querido amigo:

Conforme estaba previsto, el domingo 29, día de mi salida de París, se presentó en el Hotel el Ministro de Etiopía en París, acompañado del Profesor Jèze. Según me dijo este el objeto de la visita era pedir informaciones sobre lo ocurrido en la última reunión del Comité de los trece celebrada en París. Atendiendo el requerimiento le hice un bosquejo de la reunión, que supongo no añadiría muchas novedades a las noticias que el previamente tenía. Tanto el Ministro como el profesor Jèze, me hablaron de la situación militar en Etiopía, en los mismos parecidos términos en que lo habían hecho a Vd. Se mostraron muy alarmados de la acción de la aviación italiana y prometieron enviarme un documento donde se exponen, con algún detalle, los efectos de los bombardeos, documentos que, hasta la fecha, no han llegado a mi poder. Como verá Vd. la entrevista no encerraba gran interés e incluso he llegado a pensar si por el hecho de cambiar la persona visitada, no fué cambiado tambien el objeto de la visita.

Anoche, en una conversación telefónica que tuve con Aguilar le señalé el estado de efervescencia e inquietud que reina en Londres y en Ginebra con motivo de la acción de la aviación italiana estos últimos días. Anoche mismo

me llamó Vasconcellos desde Ginebra mostrándose bastante
inquieto y asimismo Walters me dijo por teléfono que en
Londres se hallaban muy impresionados. El adjunto recorte
que le envío del Journal des Nations del día 31 del pasado, le permitirá a Vd. tambien darse cuenta del estado
de espíritu que reina en algunos medios de Ginebra. Todas
esta impresiones y noticias me determinaron a exponer a
Aguilar la conveniencia de que cuanto antes se haga público en
alguna forma la situación en que Vd. se encuentra como
Presidente del Comité de los trece y encargado de llevar
a cabo las negociaciones de paz. Si el compás de espera
se prolonga demasiado acabarán por echarnos la culpa a
nosotros. Por eso entiendo que se hace urgente volver al
Comité de los trece ya sea para intentar llevar las cosas
adelante, ya sea para asumir colectivamente la responsabilidad que pueda entrañar la inacción o la impotencia.

Espero sus noticias sobre otros extremos no menos interesantes que el conflicto italo-etiope y con nuestros
saludos más cariñosos a su familia, reciba un estrecho
abrazo de su siempre amigo y subordinado.

LOS HORRORES DE LA GUERRA QUE PROSIGUE
EN TERRITORIO ETÍOPE

Esperando la respuesta del agresor...

El 23 de marzo de 1936, el Comité de los Trece —habiendo levantado acta, con trece días de retraso, de las respuestas al llamamiento que el 3 de marzo se había dirigido a las dos partes en conflicto— confió al Sr. Madariaga, presidente del Comité, «la tarea de informarse cerca de las dos partes y de tomar todas las medidas necesarias con el fin de que el Comité pueda, *cuanto antes,* reconciliar a las partes y obtener, en el marco de la Sociedad de las Naciones y en el espíritu del Pacto, el inmediato cese de las hostilidades y el restablecimiento definitivo de la paz».

El Sr. Madariaga vio al Sr. Grandi así como al Sr. Martin, en Londres. Pasó veinticuatro horas en París y se encuentra actualmente en Madrid.

Esto indica claramente que la misión del presidente del Comité de los Trece ha, desde ahora, fracasado. No es en Madrid, en efecto, donde el Sr. Madariaga puede informarse y tomar todas las medidas necesarias para reconciliar *cuanto antes* al agresor y a la víctima de la agresión.

Entretanto la guerra más terrible prosigue. Entretanto, la violación del Pacto continúa y, más aún, el agresor viola alegremente un protocolo libremente firmado por él, en 1925, en la sede de la Sociedad de las Naciones.

El verdadero sentido de la tempestad que acaba de barrer la zona renana es que violando unilateralmente el tratado de Versalles y repudiando el pacto de Locarno, el gobierno nazi ha socavado las bases de toda colaboración internacional. Así pues, si la tempestad apenas parece amainar es porque, en otra parte del mundo, la fuerza prosigue la violación de los tratados.

Día tras día se crean precedentes para la violación de los tratados. Hace un año aproximadamente, el 21 de marzo de 1935, el Subsecretario de Guerra del Ministerio Mussolini declaraba en la Cámara que «en lo que concierne a la guerra química, estudios, experiencias y preparativos prosiguen con una doble finalidad defensiva y ofensiva». Esta afirmación del general Baistrocchi, de hace un año, permitía constatar la violación de un tratado libremente convenido.

En efecto, el 17 de junio de 1925, en Ginebra, se firmó un protocolo «relativo a la prohibición para el empleo en caso de guerra de gases asfixiantes, tóxicos o similares y de medios bacteriológicos». En este protocolo los plenipotenciarios «considerando que el empleo en tiempo de guerra de gases asfixiantes, etc., ha sido condenado, con justo motivo, por la opinión general del mundo civilizado... con el propósito de que universalmente se reconozca como incorporada al derecho internacional esta prohibición, que se impone igualmente a

684

la conciencia y a la práctica de las naciones, declaran que las Altas Partes contratantes reconocen esta prohibición, etc...».

Este protocolo concerniente a la guerra química, incendiaria y bacteriológica ha sido firmado por Italia, y ratificado por ella, el 3 de abril de 1928. El protocolo está en vigor. El empleo de bombas incendiarias y químicas es, pues, una violación flagrante de la firma estampada. Violación tanto más lamentable al ser el respeto a los tratados sobre lo que gira la política europea y es sobre el respeto a los tratados sobre lo que el Consejo de la Sociedad de las Naciones deberá, antes o después, pronunciarse sobre las medidas que ha de tomar para restablecer la legalidad.

Si se interpreta rectamente lo que Mr. Eden acaba de declarar en los Comunes, el gobierno italiano debe, a los Trece, una respuesta sobre el empleo del arma química, violando el protocolo de 1925. Esperando la respuesta prosigue la guerra.

¿Se puede detener la obra de paz en espera de una respuesta que llegará muy tarde, si llega? ¿Se puede retrasar el cumplimiento del deber primordial, el de restablecer la paz? Se comprueba que diariamente continúa la matanza cuando se lee, con estremecimiento, la espantosa documentación que llega de Roma o de Addis-Abeba.

Cuando, por la insistencia del Sr. Flandin —a cuatro días de distancia del golpe de fuerza nazi en el Rhin— los Trece se decidieron a lanzar «el último llamamiento» a los beligerantes, se sobrentendía que la guerra debía cesar inmediatamente.

Los ingleses pidieron inicialmente cuarenta y ocho horas, aceptaron después la fecha del 10 de marzo.

Y, casi tres semanas han pasado desde el 10 de marzo, ocho días desde la fecha en que se encargó al Sr. Madariaga obtener aclaración.

Las únicas noticias que llegan son noticias de matanzas, de incendios, de bombardeos de ciudades abiertas.

¿Hasta cuándo ha de esperarse la respuesta de Roma cuyo tenor se conoce de antemano y que se sabe será una negativa?

El Sr. Madariaga ha regresado a Madrid.

Es de suponer que para preparar su informe que, a lo más tardar, la semana próxima, será, en Ginebra, la reunión de los Trece, e inmediatamente después la reunión de los Dieciocho.

Pues el principio de la sanción petrolera fue admitido en noviembre de 1935. Reconocida aplicable ¿? ¿? ¿?

Journal des Nations, 31-3-36.

EMBAJADA DE ESPAÑA
EN ITALIA

Roma, 4 de abril de 1936.

ASUNTO: La próxima reunión del Comité de los Trece.

POLÍTICA Y COMERCIO.
Núm. 208.

Excmo. Señor:

Toda la prensa italiana ha publicado hace dos días, una información, de carácter oficioso, dando cuenta de que el día 1.º del corriente mes se recibió en este Ministerio de Negocios Extranjeros una carta del Sr. Madariaga, en su calidad de Presidente del Comité de los Trece, invitando al Gobierno italiano a ponerse en relación directa con él para el cometido que le fue confiado por dicho Comité.

Con fecha de ayer apareció otra información en toda esta prensa, comunicando que el Ministerio de Negocios Extranjeros había dado una respuesta afirmativa a la petición de nuestro compatriota.

Con fecha de hoy publica «Il Giornale d'Italia» una correspondencia de Ugo Sacerdote, desde Ginebra, en la que se dice que el Sr. Madariaga ha pedido la reunión del Comité de los Trece para el miércoles o jueves de la semana próxima, a fin de presentar un informe con el resultado de las gestiones por él realizadas. Por dicha correspondencia, que adjunto remito a V. E. para su completa información, se quiere hacer creer que ha habido alguna gestión del Gobierno inglés para que el Comité de los Trece se reúna antes de Pascua, y no después de las fiestas, como parece ser desea el Gobierno italiano.

El señor Sacerdote es de la opinión que el Comité de los Trece no podrá hacer nada en concreto hasta que el Sr. Madariaga se ponga en contacto con los representantes de Italia y Abisinia; no encontrando otra justificación de la inmediata convocatoria del citado Comité (aparte de lo que pueda haber de cierto de una gestión de la Gran Bretaña), que el deseo del Presidente del Comité de los Trece de dar cuenta de los motivos que le han impedido hasta ahora llegar a un resultado completo.

EL EMBAJADOR DE ESPAÑA:

JUSTO GÓMEZ OCERIN.

Excmo. Sr. Ministro de Estado.

Ginebra, 11 de abril de 1936.

Excmo. Señor Don Augusto Barcia.

Mi querido amigo:

LOCARNO: Las circunstancias especiales de urgencia en que se ha debatido aquí el problema de Locarno y la desbandada casi inmediata de los protagonistas me han impedido tomar contacto con ellos para informarle de una manera absolutamente autorizada. Mi telegrama de ayer, por otra parte, es seguro y sus informes proceden de buena fuente. La impresión general es que ha retrocedido Francia de su posición intransigente que consistía en afirmar haber cesado la fase de conciliación con Alemania, puesto que ahora se admite que esta fase continúe abierta hasta el consejo de Mayo. También hay retroceso en cuanto a la famosa nota secreta entregada aquí por Flandin a Eden pidiendo preparación de sanciones para el caso en que se violase el artículo 42 fortificando la zona. Vale notar que, según informes de un testigo visual que me parece de alta confianza por su nacionalidad y competencia, existen ya barricadas formidables en la región renana alemana que constituyen más de un principio de fortificaciones. Se vuelve a dar por consiguiente el caso del curioso avance de dos hechos incriminados, pero en realidad ya acontecidos, y de los preparativos que se hacen para castigarlos en la hipótesis de que se produzcan. Aunque anoche, en el curso de una larga conversación sobre Etiopía que tuve con Flandin en un encuentro fortuito en la calle cuando él se retiraba a descansar, se declaró sonriente y satisfecho sobre Locarno, reina profundo disgusto en su Delegación sobre el fracaso casi total de la tesis francesa en esta materia. Contribuye a la preocupación de los franceses el nudo inextricable de problemas que se están cerniendo sobre Europa.

ABISINIA: No merece mayores plácemes el Ministro francés en cuanto al modo como ha llevado el asunto ítalo-etíope, y las críticas, incluso de su gente, llegan a hacer bueno a Laval. En resumidas cuentas, la posición francesa consiste en el abandono de Etiopía a unas negociaciones directas con Italia, protegidas, desde el punto de vista de la opinión pública universal y de los principios, por la mera presencia del Presidente del Comité de los Trece y del Secretario General. Para defender este punto de vista, Flandin no vaciló en presentar la resolución primitiva del Comité (3 marzo) de un modo completamente contrario a la intención primitiva del Comité, es decir, como si lo que se hubiese votado implicase negociaciones directas con presencia, pero sin la mediación de los representantes de la S. d. N. Con gran irritación del inglés, apenas contenida, insistió repetidas veces sobre esta interpretación absurda con el caritativo propósito de descargar sobre mí y sobre el Secretario General la responsabilidad entera de la solución que se adoptase. Por incomprensión el australiano y por francofilia y habilidad maniobrera el rumano, pronunciaron sendos discursos en favor de la posición Flandin, lo que me obligó en más de una intervención y a marcar del modo más terminante nuestra posición: Primero, no hay acuerdo sobre negociaciones directas; hay equívoco sobre unas negociaciones que habrían de hacerse entre ambas partes con la presencia del Presidente de los Trece y del Secretario General. Para nosotros el problema esta muy claro: Partimos de la base de que nadie piensa ya poder sostener el Pacto en su integridad y que, por lo tanto, han de padecer los principios. Necesitamos un mandato concreto del Comité de los Trece para negociar una base de este tipo salvando lo que se pueda de los intereses del Negus, pero en la inteligencia de que no se podrá conciliar el resultado con el Pacto. Si franca y explícitamente se reconocerá esta realidad, estamos dispuestos a participar en la negociación representando al Comité de los Trece. Si no se quiere tomar esta responsabilidad abierta, estamos todavía dispuestos a dirigir la negociación a condición de que el Comité de los Trece en sesión permanente comparta con nosotros la responsabilidad de los sacrificios a medida que se vayan haciendo. Pero no estamos dispuestos a representar una comedia de Pacto integral para salvar la responsabilidad de doce de los trece miembros del Comité.

Ayer entregué al Barón Aloisi la carta adjunta. Esta mañana vino a visitarme para anunciarme los malos efectos que le había producido la sesión de ayer y mi carta escrita como contestación a las preguntas que me hizo en su visita anterior, es decir, visita a Roma y comienzo de las conversaciones en Ginebra. Intentó hacerme comprender que, como consecuencia de esta actitud ginebrina, no podía garantizar ya que se mandase alguien aquí la semana que viene y le pareció muy mal que hubiera convocado el Comité para el jueves como medio de presión. Le rebatí que en mi ánimo no había estado nunca el utilizar el Comité como presión, explicándole con toda franqueza el punto de vista arriba expuesto para hacerle comprender que dada la importancia de su próxima visita era indispensable que yo pudiese dar cuenta al Comité inmediatamente después de la conversación, puesto que existía la posibilidad evidente de que sus proposiciones no satisficiesen al Negus, ni siquiera como principio de conversación, en cuyo caso quedaría terminada esta fase de conciliación. Pareció impresionarle mi actitud y me preguntó lo que se podía hacer, contestándole yo que era indispensable trajese una oferta lo más sustancial posible, es decir, sin limitarla a cuestiones de mero procedimiento.

Poco después recibí visita del Sr. Pilotti, Secretario General adjunto, que vino a manifestarme que mis declaraciones habían asustado al Barón Aloisi. Esta revelación me agradó sobremanera, pues implica que Italia tiene interés en no romper con Ginebra y llegar a un acuerdo. Habiéndome percatado de esta posición por la insistencia de mi interlocutor sobre la misma cuerda, hice lo posible por poner de relieve la posibilidad de una ruptura definitiva de las negociaciones si la próxima visita del Sr. Aloisi no trae resultados mínimos satisfactorios. Desde luego me enteré por esta visita de que, mientras antes no se pensaba más que en traerme proposiciones de procedimiento, ahora se intentará sacar de Roma proposiciones de fondo. Mi segundo interlocutor considera posible una solución que satisfaga a Italia y que sea compatible con el Pacto, siquiera elásticamente interpretado. Al observarle que estábamos lejos de la declaración Stimmson que no reconoce territorios adquiridos por la fuerza, hizo valer que lo hasta ahora ocupado por Italia es de muy poca importancia y hasta insinuó que Gondar y Dessie (si como es probable cae) podrían ser objeto de toma y daca, lo que implicaría por parte del Gobierno italiano la intención de limitar sus adquisiciones definitivas a los territorios no amháricos. Incité fuertemente a mi amigo a que me trajese el martes una proposición en forma de marco vacío sobre la cual no cupiera tomar posiciones rígidas e intransigentes, ni por parte de Roma, ni por parte de Ginebra, ni por parte de Addis Abeba, y se fue rápidamente a comunicar esta idea a los suyos. Repito que lo que más me impresionó de esta segunda visita fue la evidente importancia que revela el sentimiento que todavía une a Italia a la S. d. N. Este cambio en las intenciones, haciendo más sustancial la comunicación esperada, sirve por otra parte para justificar cierto retraso, pues Aloisi me indicó que no llegaría hasta el jueves por la mañana, rogándome convocase el Comité en la misma mañana. Por medio de mi segunda visita reforcé el ruego que ya había hecho a Aloisi de que llegara por lo menos el martes. No es posible desprenderse de la posibilidad de que por no dar esta entrevista los resultados deseados tengamos que declarar fracasada desde el principio la negociación, en cuyo caso el Comité de sanciones tendría que bregar con una proposición británica para imponer la del petróleo y entonces caben ciertas dudas sobre la actitud de unos y otros, Flandin en su conversación conmigo consideraba esta hipótesis como peligrosísima, pues aunque dejó caer que si Inglaterra presentaba esta proposición habría que votarla, me pintó muy negras las consecuencias para el Gobierno francés. Eden, por otra parte, considera la próxima semana como decisiva, no sólo para la S. d. N., sino para su propio Gobierno. Hay que prever que se desvíen las opiniones. Creo que los nórdicos y la Petite Entente apoyarán a Inglaterra, así como Portugal. Chile y Ecuador estarán contra y la Argentina o se abstendrá o se irá con Inglaterra. Éstas son mis previsiones.

AUSTRIA-HUNGRíA: Van adquiriendo creciente importancia las cuestiones estrictamente europeas. Le recuerdo a este respecto nuestro telegrama sobre la declaración italiana a los locarnistas. La decisión unilateral de armarse tomada por Austria ha causado profunda impresión en la Petite Entente, sobre todo en Checoslovaquia, donde la reciente visita de Schuschnigg, a quien se habían concedido excepcionales ventajas comerciales en el tratado a cambio de cierta amistad política sin que despegase los labios sobre lo que se avecinaba, había hecho conceder esperanzas de mejor trato. Ha habido detalles de cierta impertinencia. Cuando los Ministros de la Petite Entente presentaron conjuntamente su nota de protesta, el Ministro de Estado, Barón Berger-Waldenegg, preguntó: ¿han terminado Vds.?, y ante la respuesta afirmativa se levantó extendiéndoles la mano, deseándoles felices Pascuas. Consideran los checos que todo se debe a Mussolini, deseoso de romper las buenas corrientes de armonía que se iniciaban entre Austria y la Petite Entente con la iniciativa de Benes. Pero el verdadero peligro, quizá para toda Europa, está en la posibilidad de que Hungría imite el ejemplo de Austria. Ante la Petite Entente está convencida de que Hungría practica ya el servicio militar obligatorio, aseguran algunos observadores, entre otros Titulescu, que si se produce un rearme oficial, la movilización de la Petite Entente sería inevitable y sería difícil prever cómo se movería la situación en estas circunstancias. Eden ha intentado dar seguridades, apoyadas en la promesa formal de Hungría de no hacer nada, promesa personal del Ministro de Estado, Kanya, durante los funerales del Rey Jorge; pero la Petite Entente observa que idéntica promesa en idéntico momento fue hecha por el Canciller federal austriaco. Aunque se trate de una mera lotería, en mi opinión éste es quizá el peligro más inmediato que corre Europa.

S. DE MADARIAGA.

Ginebra, el 19 de abril de 1936.

Excmo. Señor Don Augusto Barcia.

Mi querido amigo:

Enterado como lo está Vd. cumplidamente con mis telegramas, sólo le cuento en esta carta lo que en ellos hubiera sido detalle excesivo o indiscreto. El antagonismo entre Francia e Inglaterra a la llegada era bastante fuerte. Eden venía dispuesto a declarar rota la tentativa de conciliación en cuanto antes y a reunir el Comité de los Dieciocho para pedir reafirmación de las sanciones. El Secretario General trabajaba fuertemente del lado francés. Reunidos en la tarde del miércoles con Aloisi, nos presentó éste un plan, que Vd. conoce ya, tan irreconciliable con los principios de Ginebra en su más elástica interpretación, que ya desde aquel momento era imposible esperar una solución favorable por mucho que se cediera por una u otra parte. Aplazamos hasta la mañana siguiente una segunda consideración de la proposición italiana, intervalo que aprovechó el Secretario General de una manera que expongo, pero no juzgo, para preparar una versión de la entrevista italiana, obra maestra de ocultación de lo desagradable, en consulta con Aloisi pero sin consulta conmigo. Nos leyó este papel a Oliván y a mí antes de la llegada de Aloisi a la segunda entrevista, y aunque me pareció excesivamente hábil, lo acepté con leves cambios por animarme, según anuncié a Vd. telegráficamente, la intención de hacer todo lo posible que de mi parte estuviera para hacer el puente entre Francia e Inglaterra. Cuando llegó Aloisi y le indicamos que existía un resumen hecho por el Secretario General, renunció generosamente a oírlo, haciéndonos completa confianza. Nos dimos cuenta inmediatamente Oliván y yo de la situación, y a la salida del Embajador italiano el Secretario General tuvo a bien confesar la realidad de los hechos. Habilidad algo ingenua, pues yo no estaba dispuesto a que se llegase con ella hasta el punto de substraer la verdad a quien debía conocerla. Mientras estábamos en el despacho del Secretario General improvisé al teléfono un almuerzo con Eden, Paul-Boncour, Avenol y Oliván, en el curso del cual, desentendiéndome del habilísimo papel, conté la entrevista con fotográfica exactitud. Estaba convencido de que la verdad completa era el mejor punto de partida para lo que todos deseábamos. Ya entonces conocíamos la negativa etíope a estas extrañas proposiciones, a pesar de su hábil formulación, y como consecuencia del almuerzo, hicimos un nuevo esfuerzo cerca de Aloisi para que nos interpretase lo que entendía por negociaciones directas, en la forma que por telegrama conoce Vd. La interpretación obtenida, ligeramente más favorable, fue objeto por mi parte de un caluroso apoyo cerca de los etíopes, sin que por un momento dejase poner en duda que mi argumentación no iba en ningún modo encaminada a hacer presión sobre ellos.

Ante su segunda negativa, me pareció indispensable dar por terminada esta fase de conciliación. No porque de haber quedado más tiempo hubiera sido imposible continuar la conversación, antes al contrario, estábamos de acuerdo Oliván y yo, y también creo que lo mismo piensa el Secretario General, que con tiempo y paciencia quizá hubiera soltado otra prenda de poca importancia la Delegación italiana, pero me pareció más prudente, dadas las circunstancias, y sobre todo la intransigencia italiana, obtener la aquiescencia de Paul-Boncour a un corte, que daría más autoridad a nuestra labor futura. Simultáneamente y a fin de facilitar esta aceptación hice cerca de Eden la gestión que conté a Vd. en mi telegrama de ayer para disuadirle de reunir el Comité de sanciones substituyéndolo por una sesión pública del Consejo. Añado en esta carta que, según me enteré después, Vasconcellos mismo había hablado a Eden aquella mañana en el mismo sentido, con lo cual me encontré en terreno bien preparado.

Hasta el último momento intenté lo que pude. Así por ejemplo, mi proposición para ir al Consejo, pero antes de consignar oficialmente esta aprobación, suspendí la sesión, para que los franceses hicieran una gestión cerca de Aloisi, iniciativa mía que me reveló que Boncour tenía pedido a Aloisi se aceptara un armisticio. Este intento fracasó.

Según le digo en mi telegrama de hoy, tanto Paul-Boncour como Eden han reconocido generosamente los beneficios de mi intervención, y Boncour me ha dicho que telefoneó a Sarraut y a Flandin para decirles que no sólo era menester que lo supieran sino que lo dijeran. Ambos se disputaron la palabra para presentar el voto de gracias al Presidente al cerrar la sesión de esta tarde. Esto dicho, es evidente que por muy bien que se trabaje, no se hubiera podido hacer nada si no se hubieran presentado circunstancias favorables. La primera, la ausencia de Flandin, pues Paul-Boncour ha llevado las cosas de un modo mucho más cordial y comprensivo de la posición británica; después, el hecho de que Eden, según él mismo me ha confesado, se da cuenta de que en su propio país, aun en la izquierda, cunde la creencia de que queda poco que hacer para reivindicar de un modo absoluto los principios de Ginebra y la defensa de la integridad etíope. El tercero, la creciente convicción entre unos y otros de que es menester resolver el problema franco-británico en vista de la situación europea, sobre la que más abajo algo le contaré.

De una conversación que he tenido esta tarde con Eden y con Boncour resulta que la concesión importante hecha por Eden al abandonar la idea del Comité de sanciones mientras llegan las elecciones francesas, implica una promesa de Paul-Boncour de obtener una acción enérgica francesa en cuanto pasen las elecciones. Paul-Boncour ha aconsejado a Sarraut y a Flandin que, en cuanto pasen las elecciones, convoquen a los jefes de los grupos para exponerles el dilema ítalo-inglés, clarificar la situación y llegar a una política neta en Ginebra. También aconsejó que en mayo se hable claro y fuerte en Roma a fin de hacer comprender al Gobierno italiano que los asuntos de Europa, que preocupan gravemente a Francia e Inglaterra, exigen una pronta solución de la situación etíope, sin excesivo menoscabo de la S. d. N.

En la sesión del lunes Eden hará una exposición de conjunto de la situación etíope y todo terminará con una resolución del Consejo afirmando principios, recomendando actitudes y quizá, cuestión que habrá de debatirse, recordando que subsisten las sanciones.

El punto negro en el horizonte parece ser los planes de Hitler contra Viena. Este plan consiste en lanzar sobre Salzburgo la legión de nazis austriacos organizada y ejercitada en Baviera. Hitler argüiría que no se trata de un golpe de mano alemán, sino de un asunto interior y pediría a los demás gobiernos se abstuvieran de intervenir. El Gobierno de Salzburgo organizado por esta invasión exigiría del de Viena un plebiscito, que de ser concedido daría sin sombra de duda el gobierno de Austria al partido nazi, con lo cual, sin anexión política en el sentido jurídico de la palabra, quedaría consumada la anexión de hecho.

En una conversación con el encargado de negocios de Francia en Viena, transmitida telegráficamente ayer a su Gobierno por dicho señor, el Ministro de Negocios Extranjeros austriaco le anunció que Hitler daría este golpe en las seis semanas venideras, profecía sobre la cual, en cuanto al tiempo, reina cierto escepticismo en el Gobierno francés, por haber servido al Ministro de Estado austriaco de fundamento para solicitar indirectamente dinero para armarse, estando Francia ya muy adiestrada en esta costumbre austriaca de encontrar argumentos para pedir ayuda financiera; pero es opinión general que parecen sostener también los Gobiernos británicos y franceses, que este golpe, si no en las seis semanas venideras, se dará en los seis meses, lo más probable en otoño. Los golpes de efecto de la política hitleriana vienen constituyendo derivaciones de la inquietud que reina en el Reich, por el mal estado económico que padece su población, y por eso suelen espaciarse lo bastante para su explotación por el Ministro de Propaganda durante un tiempo suficiente. El éxito del Saar sirvió a tales fines desde febrero del 35. El golpe del Rhin vino a hacer renacer el entusiasmo en marzo. No parece de buen procedimiento el que se dé otro golpe a tan poca distancia. Los observadores que he consultado parecen opinar que en caso de producirse el golpe austriaco, Mussolini, con o sin la complicación etíope, mandaría fuerte contingente de tropas italianas a Viena.

No faltan, sin embargo, observadores bien situados para opinar que el golpe, para evitar a Mussolini, sería contra Praga. Pero como esto implicaría una guerra general en Europa, me pregunto si Hitler se atrevería. Hay franceses que temen que los cuatro meses de negociación que concede Hitler, sean para permitir llegar al 15 de julio y entonces, su fortificación renana terminada, atacar a Checoslovaquia. De aquí la prisa en traer a Mussolini a Europa cuanto antes.

S. DE MADARIAGA.

LE MINISTRE D'ÉTAT

57. RUE DE VARENNE (VII?)

8 MAI 1936

Mon cher Ami,

J'adresse cette lettre à l'Ambassade
d'Espagne où, je pense, vous la trouverez à
votre passage, et avant que je vous retrou-
ve à Genève .

Je suis un peu confus de vous transmet-
tre son contenu ! Ce qui me console c'est
que le Ministre d'Etat français n'est pas
mieux traité que notre ami d'Espagne dans
cette note vraiment un peu vague ,et qui met
un point final à quelque chose que j'eusse
voulu voir poursuivre avec plus d'activité.

Cela prouve, mon cher Ami, qu'entre
"l'anarchie" et la "hiérarchie" il y a la
bureaucratie !

Ce rappel d'une phrase de votre livre
vous indique que je l'ai reçu, que je l'ai
lu, que je vous remercie et que je vous fé-
licite .

Bien amicalement,

8 de mayo de 1936.

Mi querido amigo:

Dirijo esta carta a la Embajada de España donde, pienso, la
encontrará al pasar, y antes de que volvamos a encontrarnos en
Ginebra.

¡Estoy un poco confuso al transmitirle su contenido! Lo que
me consuela es que el Ministro de Estado francés no es mejor
librado que nuestro amigo de España en esta nota verdaderamente un poco vaga, y que pone punto final a algo que yo hubiese
querido ver perseguir con más actividad.

¡Esto prueba, mi querido amigo, que entre la «anarquía» y
la «jerarquía» está la burocracia!

Esta evocación de una frase de su libro, le indicará que lo he
recibido, que lo he leído, que se lo agradezco y que le felicito.

Muy amistosamente,

J. PAUL-BONCOUR.

Paris, le 7 mai 1936

A.S. de lettres de menaces
adressées à M. PAUL-BONCOUR.

La Direction des Renseignements Généraux de la Préfecture de Police, consultée à l'effet de connaître le résultat de l'enquête qui lui avait été demandée le 20 avril dernie au sujet de lettres de menaces expédiées de Paris, à l'adresse de M.M. PAUL-BONCOUR et de MADARIAGA, communique par téléphone

Les recherches minutieuses qui ont été effectuées, les comparaisons d'écriture avec d'autres lettres anonymes, n'ont pas donné de résultats . Les expéditeurs ont certainement usé de faux noms.

L'enquête est terminée . Un rapport, à ce sujet, nous sera très prochainement adressé.

París, 7 de mayo de 1936.

Relativo a cartas de amenaza
dirigida a M. Paul-Boncour.

Consultada la Dirección de Informes Generales de la Prefectura de Policía, con el fin de conocer el resultado de la investigación que se le había pedido el 20 de abril último, respecto a cartas de amenaza expedidas desde París a la dirección de los señores PAUL-BONCOUR y de MADARIAGA, comunica por teléfono:

Las indagaciones minuciosas que se han efectuado, las comparaciones de escritura con otras cartas anónimas, no han dado resultados. Los expeditores han usado, con certeza, nombres falsos.

La investigación ha terminado. Un informe sobre el particular nos será enviado próximamente.

DOCUMENTO 49

Praga, 5 de Junio de 1936.

N.º: 196.
Política.

Asunto: Da cuenta de la estancia en Praga de Don Salvador de Madariaga.

Excmo. Señor:

El día dos a las seis y cuarenta de la tarde llegó en avión procedente de Barcelona Don Salvador de Madariaga, que invitado por este Gobierno se alojó en el Hotel Esplanade.

El miércoles tres, conferenció por la mañana con el Ministro de Negocios Extranjeros Sr. Krofta y más tarde con el Señor Presidente de la República Dr. Beneš, quien le invitó para almorzar en la intimidad.

Por la noche el Ministro de Negocios Extranjeros dio en honor del Sr. Madariaga una comida oficial a la que asistieron relevantes personalidades políticas del país.

En la mañana del día siguiente cuatro, salió en automóvil con dirección a Viena, desde donde pensaba trasladarse a Budapest.

De lo tratado en las conversaciones celebradas en esta capital es el propio Señor Madariaga quien se encargará de informar a V. E. Por mi parte, he de poner de manifiesto la simpatía conque en las altas esferas del país se ha recibido a dicha persona cuya amistad con el Sr. Presidente Beneš es bien conocida.

Saluda a V. E. respetuosamente

El Encargado de Negocios a. i.

Excmo. Señor Ministro de Estado.

Viena, 15 de Junio de 1936.

Excmo. Señor Don Augusto Barcia.
Ministro de Estado.

Mi querido amigo:

Con la visita al Canciller Schuschnigg, de la que salgo en este momento, cierro el ciclo de estas entrevistas que me habían de servir para informar a Vd. y al Gobierno sobre el estado actual de las cuestiones danubianas. Aparte el sinnúmero de conversaciones con hombres públicos y particulares que en mayor o menor grado contribuyen a formar la opinión, he tenido conversaciones en Praga con el Presidente Benes, con quien almorcé, así como con el Ministro de Estado Señor Krofta, que dio una cena en mi honor en los espléndidos locales que para alojamiento del Ministro de Estado ha preparado Checoslovaquia en el hermoso Palacio Czernin; en Budapest con el Almirante Horthy, Regente del Reino, y con el Ministro de Estado Señor Kanya, a quien después de haber visitado en el Ministerio encontré otra vez en el almuerzo ofrecido con motivo de mi visita por nuestro activo Encargado de Negocios Carlos Arcos; y aquí sobre todo con el propio Canciller. Creo más ordenada la expresión de mis impresiones si en lugar de referir a Vd. sucesivamente todas estas entrevistas distribuyo mis informaciones e impresiones con arreglo a las tres principales avenidas que por unos y otros se consideran como soluciones para unos inevitables para otros inadmisibles del problema danubiano: Me refiero a la restauración, al Anschluss y a una Federación danubiana más o menos acentuado y extensa.

1.º En la restauración. Para muchas personas en Viena sigue siendo la restauración la única solución posible al plan austriaco. Se considera por estas personas que la corona aportaría a este país el elemento de estabilidad de que hoy carece. Hay por el contrario quien piensa que la restauración sería mero prólogo de la absorción por Alemania. Por último, no falta quien opina que esta restauración sería el primer paso hacia una política absorbente de las naciones que componían antaño el Imperio austro-húngaro y, por consiguiente, un elemento nuevo de inestabilidad y de inquietud en el Danubio. De una larga conversación que he tenido con el Jefe de los legitimistas Señor Wiesner, saco la conclusión de que no es suficiente su habilidad de antiguo político para ocultar la secreta esperanza de que una restauración actuaría como centro de reacción no sólo sobre Hungría, sino sobre Croacia y quizás también sobre los elementos alemanes de Checoslovaquia.

La situación insegura de Croacia dentro del Estado yugoslavo explica pues que la oposición a la restauración sea máxima en este país. También es vigorosa esta oposición en Checoslovaquia, donde el Presidente Benes se expresó en términos tales que hacen suponer que a la menor veleidad de este género habría movilización. En Hungría, país monárquico, no se espera otra cosa, aunque ni aun los elementos que hoy están en el poder, que son los más reaccionarios, se atrevan a plantearla como posibilidad práctica inmediata. En cuanto a Viena, el Canciller me decía esta mañana sonriente que de la restauración se habla en París, en Praga y en Ginebra, pero no se habla en Viena. El propio Canciller es persona de antecedentes monárquicos que considera sin duda en su fuero interno la restauración como inevitable y natural, pero no cabe la menor duda de que no constituye hoy ni constituirá en mucho tiempo elemento inmediato en su política. Hasta los mismos legitimistas se dan cuenta de ello y el Señor Wiesner me refirió que con motivo de la visita de Sir Austen Chamberlain, al plantear el problema del apoyo británico a la restauración recibió dos consejos: el de buscar la desaparición de los obstáculos donde estos obstáculos realmente se encuentran, es decir, en la Petite Entente, y el de no aumentar en estos momentos tan difíciles el número de cuestiones peligrosas para la paz de Europa.

2.º Anschluss. Apenas es necesario confirmar que en Praga reina sobre esta cuestión la oposición terminante que es en Checoslovaquia tradicional. Sin embargo, es curioso observar que mientras en París reina sobre este asunto constante nerviosismo que en alguna de mis cartas anteriores a Vd. hube de señalar hasta con caracteres de urgencia, en Praga se consideran las cosas con mayor serenidad, no se cree en la inminencia del Anschluss ni como golpe de mano ni como maniobra de política interior y se estima que hoy por hoy el Gobierno alemán cree que no ha menester hacer nada porque el tiempo trabaja en su favor.

En Budapest, aun en círculos oficiales afectos a la política germanófila del Presidente actual, no se considera el Anschluss con ojos favorables por estimar que la absorción germánica de Hungría sería la consecuencia inevitable de una dominación de Alemania en Viena. Kanya me refirió que en su última conversación con Hitler, éste le repitió tres veces que lo que más le dolía era fracasar en su propio país; ello no obstante, opina el Ministro húngaro que no existe ni asomo de intención de golpe de mano hitleriano sobre Viena.

Es indudable que en Viena el papel alemán ha subido. Del propio Von Papen cabe decir que, mientras el año pasado cuando pasé por aquí vivía en un penoso vacío, hoy es persona influyente. Entre los bien informados se sabe que ha tenido frecuentes entrevistas secretas con el Canciller Schuschnigg. En su conversación de esta mañana, me ha dicho el Canciller que no ve la posibilidad de un acuerdo con Berlín, pero que aspira a un modus vivendi. Aunque me abstuve de pedirle más confidencias sobre el particular, sé por Kanya que el programa de la conversación consiste en:

1.º una declaración pública de respeto a la independencia de Austria,

2.º una promesa pública y garantías eficaces de no intervención en los asuntos interiores de Austria,

3.º un programa de ventajas económicas.

A cambio de lo cual el Canciller austriaco estaría dispuesto a hacer ciertas concesiones que, según Kanya, serían el hacer entrar en el Gobierno a algunos representantes de la forma más moderada y puramente austriaca del nacional socialismo tal y como se manifiesta en los llamados «nacionales» que florecen sobre todo en la Universidad de Viena.

En cuanto a la inminencia del Anschluss en forma de golpe de mano alemán, el Canciller no la cree inmediata ni posible en mucho tiempo, pero me pareció expresar cierta inquietud sobre la posibilidad de que se produjera si las circunstancias fueran favorables en los años venideros. A mi pregunta de lo que pudieran ser estas circunstancias favorables, me dio como ejemplo una guerra anglo-italiana o una revolución francesa.

No me parece pues la cuestión del Anschluss tan clara como la de la restauración.

3.º Federación danubiana. Sobre el principio de que una Federación danubiana es la mejor salida del atolladero de toda esta región, existe completo acuerdo entre Praga, Budapest y Viena. Sobre sus posibilidades y modalidades hay matices de cierta importancia.

En Praga subsiste para con Viena el complejo de inferioridad de los checos provincianos, «patosos» y a su parecer explotados durante siglos para con la antigua y esplendorosa corte imperial. Ante la inminencia de que todo estrechamiento de lazos económicos y políticos tendería fatalmente a establecer el predominio y prestigio de Viena, se produce una reacción psicológica y racional pero vigorosa entre los checos. Están pues dispuestos a examinar el problema con simpatía pero con recelo. Por otra parte, para con Budapest, los checos se dan cuenta de que el problema de las fronteras es un obstáculo casi insuperable y reina una gran desconfianza sobre las intenciones postreras de los húngaros aun cuando se presenten al principio inclinados a la moderación.

En Budapest no existe ninguna dificultad para entenderse con Viena, pero el estado de ánimo para con los que consideran expoliadores checos es hoy muy fuerte por el lado conservador húngaro hasta el punto de que al hablar de la Federación danubiana, Kanya, admitiendo el principio, la declaró imposible por dicha razón. Sin embargo, entre personas de importancia política y que no se consideran muy alejados del poder, por ejemplo, Tibor Eckhart, Jefe del partido agrario, y el Conde Esterházy de los cristianos sociales, reinan orientaciones menos intransigentes sobre el particular.

En las tres capitales se reconoce la importancia de la intervención de las grandes potencias y sobre todo de Italia y Alemania sobre esta cuestión, y hay en Praga cierta inclinación a considerar que esta intervención es uno de los factores desfavorables que se oponen al acuerdo.

4.º Política interior. En Checoslovaquia domina la situación del prestigio del Presidente Benes, que presta una atención excepcional al armamento, habiendo conseguido hacer de este pequeño país un factor considerable en el ajedrez europeo por su ejército y por su aviación. El Ministro de Estado, Ministro con carácter técnico y no político, es hechura e instrumento del Presidente. Constituye el punto de más preocupaciones en el horizonte la reciente influencia alemana sobre el país a través del partido que dirige Heinlein, pero si bien desde el punto de vista de la integridad nacional en caso de peligro puede constituir este partido una amenaza, por ahora gobierna con mano firme y estable la coalición que viene dirigiendo el país desde su renacimiento en el Tratado de Versalles.

En Hungría, la enfermedad larga y grave que ha padecido el Presidente Gömbös da pie a una insistente opinión de que, debilitado también en lo político, tendrá que abandonar el poder. De continuar esta ley electoral, el poder pasaría probablemente o al Ministro de Agricultura Daranyi, que ha hecho las veces del Presidente hasta ahora, o al del Interior Kosma, de origen militar y del mismo color político que Gömbös. De aprobarse la ley electoral antes, es opinión general que el hombre del día sería Tibor Eckhart con el apoyo de Esterházy, lo que implicaría ciertos movimientos de la izquierda, con beneficiosas influencias en cuanto a política exterior.

En Viena, es tradicional hablar de inestabilidad y de crisis. Mi impresión es que se refuerza la posición de Schuschnigg, que continúa trabajando para ampliar la base de su Ministerio. Creo que se debilita Starhemberg y que de todos modos aunque Schuschnigg fracasara, lo que no me parece probable, no veo otra solución que la continuación del sistema Dollfuss que él representa mientras no varíen dramáticamente las circunstancias internacionales.

5.º Política general internacional. En mi conversación con el Canciller Federal hemos tocado algunos puntos de política general europea. Se habla tanto de la aproximación ítalo-alemana que me pareció oportuno preguntarle sobre las posibilidades de esta nueva modalidad de política internacional. Su opinión es francamente negativa y aunque estima que hay ligera mejoría en las malas relaciones, opina que falta la confianza mutua. Cree también que no existe base de acuerdo. Como al hablarme del conflicto ítalo-etíope me indicó que el propio Mussolini le ha dicho que hay alguna mejoría en las relaciones ítalo-inglesas, se desprende fácilmente de este conjunto la evidente conclusión que como Vd. sabe ha sido siempre mi opinión sobre el particular, que el Duce se siente atado al occidente pero quiere jugar la carta de Berlín como amenaza, mientras que el Führer, sin desperdiciar las posibilidades que le ofrece esta maniobra para elevar los precios políticos en el mercado de Londres, sabe que en sí no ha de darle mucha ganancia una aproximación con Roma. Maquiavelismo un poco elemental.

Salgo el 17, pasado mañana, en avión para Londres, donde me llevan asuntos particulares. Ello no obstante, si hay ocasión y Vd. está de acuerdo veré a Eden. Voy a un hotel, todavía no sé cuál, pero desde luego sabrán en la Embajada de mi paradero.

Calculo que la reunión de neutros que debía tener lugar el 15 se aplazará para el día anterior al Consejo y para esa fecha estaré en Ginebra a su disposición.

S. DE MADARIAGA.

DOCUMENTO 51
Véase pág. 555

9 de mayo de 1936.

DELEGACIÓN ESPAÑOLA
N.º 40.

Reunión Neutros celebrada esta tarde con la Asistencia Finlandia por primera vez. Presidente dio cuenta haberse planteado en reunión mañana sin asistencia Suiza ni España problema representación Neutros en Consejo, declarando que aquélla renunciaba tal representación siguiendo línea política mantenida hasta ahora. Delegado Suecia designada posible representante grupo someterá caso su Gobierno. Abierto cambio impresiones sobre situación conflicto ítalo-etíope, solicitado por Presidente expresé confianza de que Italia a pesar situación trataría encontrar solución lo más cerca posible Pacto y que no siente precedente. Representante Suecia manifestó menos optimismo debido sus informes de que Italia en vista desaparición Emperador y Rases, no piensa en tratado paz sino simple anexión, respetando únicamente derechos ferroviarios franceses e hidrográficos (no territoriales) de Inglaterra. Representante Suiza manifestó enérgicamente anti-sancionista según opinión unánime su país, declarando necesidad rendirse ante realidad anexión, conforme palabras Duce que serán reiteradas discurso esta noche; que sanciones económicas sin militares son inoperantes, debiendo S. de N. buscar formas acción más útil para futuro. Representante Suecia insinuó dificultad procedimiento problema asiento Representante Abisinia en mesa Consejo y probable retirada Italia caso afirmativo; manifestó conveniencia a fines prestigio moral de hacer declaración colectiva constatando que éxito militar no altera condenación agresor, punto vista a que me adherí propugnando conveniencia sincera confesión fracaso. Representante Holanda insistió necesidad exclusión Italia, si se quiere conservar prestigio Liga, lo que motivó oposición Representante Suiza que de acuerdo con opinión Flandin dijo considerar inconcebible S. de N. sin presencia Italia, pues perdería fuerza ya debilitada por ausencia otras grandes potencias. Representante Noruega adhirió nuestro criterio estimando que sinceridad declaración fracaso podría tener cierto efecto moral. Planteado después por Presidente problema reforma Pacto y solicitada opinión Gobierno español, expresé criterio contrario tal reforma por creer males provienen más bien ausencia grandes potencias e incumplimiento precepto desarme y no de letra Pacto. Recomendé reserva general inaplicabilidad absoluta Pacto mientras falte universalidad S. de N., admitiendo dentro Pacto grupos de naciones que acepten obligaciones completas para casos concretos. Definición exacta regla unanimidad para evitar anulación práctica art. 10 y 11 y desarrollo este último mediante adopción Convenio para impedir guerra. Grupo neutros resolvió reservar estudio estos asuntos a la reunión mañana. MADARIAGA.

Ginebra, 10 mayo 1936.

Reunión neutros discutió líneas generales revisión Pacto que apunté mi telegrama. Decidió manifestar fidelidad países representados a S. de N. A petición Holanda, reiterada restantes, preparo memorándum que remitiré V. E. resumiendo dichas ideas según nuestras conversaciones Madrid con V. E. y Presidente Consejo hoy República. Convínose reunión Junio continuar discusión. Sobre conflicto etíope insistió Suiza tesis abandonista oponiéndose idea expulsión Italia propuesta por Holanda. Predominó tendencia firme aunque cauta en espera actitud grandes potencias. Durante mi visita Eden examinamos problema, conviniendo necesidad aplazar decisiones hasta nuevo Gobierno francés, aunque necesario tomar resolución reafirmando existencia violación. Pareció admitir que en Asamblea próxima habrá que acatar hecho desaparición Etiopía si hechos nuevos no cambian situación. Considera posible que Italia anuncia retirada si no se levantan sanciones, en cuyo caso convino conmigo procedería expulsión para ganar al menos beneficio moral su salida. Considérase por todos que nuevo Gobierno francés aportará criterio riguroso habiendo ya observado Eden tendencia más firme en Gobierno actual y aun en prensa francesa. Me visitó Beck, en quien se acentúa tendencia ya antes observada a acercarse a España. Solicitó cambio impresiones futuro Sociedad, que prometí para ulteriormente. Criterio suyo sobre conflicto parece incluido deseo liquidar sanciones pero también grave preocupación porvenir S. de N. MADARIAGA.

DOCUMENTOS 52 y 53
Véase pág. 555

COPIA

Ginebra, 12 de mayo de 1936.

N.º 66
Sección Central
S. de N.

ASUNTO: Remite nota neutros sobre reforma Pacto S. de N.

Excmo. Señor:

Adjunto tengo la honra de pasar a manos de V. E. una memoria sobre la revisión de la aplicación del Pacto de la S. de N. redactada por el señor Delegado de España don Salvador de Madariaga a petición del Comité de Estados ex-neutrales que no implica compromiso alguno para el Gobierno de la República (según telegrama 40 y 42).

El Secretario permanente:

Juan Teixidor Sánchez.

Excmo. Señor Ministro de Estado.

etc., etc., etc.

MADRID.

———————

COPIA

Madrid, 27 de mayo 1936.

MINISTERIO DE ESTADO
N.º 81.

Iltmo. Señor:

El Ministro de Estado le saluda atentamente y pone en su conocimiento que se ha enterado con interés de su Despacho N.º 66 de 12 de mayo de 1936, con el que remite la memoria sobre la revisión de la aplicación del Pacto de la S. de N. redactada por el señor Delegado de España, Excmo. Señor Don Salvador de Madariaga.

Señor Secretario de la Delegación española en la S. de N.

CONSULADO DE ESPAÑA EN GINEBRA

FOREIGN OFFICE, S.W.1.

20th May, 1936.

My dear de Madariaga

I must ask you to forgive me for not
having written before to thank you for your
kindness in forwarding me a copy of your
note on the revision of the Covenant. If I
may say so, I think that it is a most interesting
paper which we are submitting here to very careful
study.

Yours

Anthony Eden

Foreign Office, S. W. 1
20 de mayo de 1936.

Mi querido de Madariaga:

Ruego a usted que me perdone por no haberle escrito antes
para agradecerle su amabilidad al enviarme una copia de su nota
sobre la revisión del Pacto. Si puedo decirlo así, creo que es un
documento del mayor interés que hemos sometido a un cuidadoso
estudio.

Sinceramente suyo,

ANTHONY EDEN.

Danish Legation.
London, 18th June, 1936.

Monsieur l'Ambassadeur,

I have been requested by the Danish Minister for Foreign Affairs to communicate to you the following information:

"For the consideration of the seven countries concerned we have here worked out a proposal which is to form the basis of a discussion concerning their attitude to the League of Nations and the possible reform of it. This proposal embodies in some respects a somewhat closer development of the ideas contained in your memorandum, in other respects it deviates to some extent from it, and finally, certain other considerations have been added to it. We are thinking of using it as a basis of discussion, together with your memorandum, at a meeting which has been fixed for Thursday 25th June at 6 p.m. at Hotel Richmond, Geneva."

I have the honour to be,
with high consideration,
Monsieur l'Ambassadeur,
Your obedient servant,

F. Ahlefeldt Laurvig

I am in bed with a bad attack of Flu so please excuse that I am not calling personally

F. A. L.

Son Excellence
Monsieur Madariaga,
Spanish Embassy,
24, Belgrave Square,
LONDON, S.W.1.

LEGACIÓN DE DINAMARCA.

Londres, 18 de junio de 1936.

Monsieur l'Ambassadeur:

El ministro danés de Asuntos Exteriores me ha pedido comunicar a usted la siguiente información:

«A fin de que sea considerado por los siete países afectados hemos llevado a cabo aquí una proposición destinada a servir de base de una discusión concerniente a su actitud respecto a la Liga de las Naciones y a su posible reforma. Esta proposición incluye en algunos aspectos un desarrollo más ajustado a las ideas contenidas en su memorándum, en otros se aparta bastante de él y, finalmente, se le han añadido ciertas consideraciones. Pensamos utilizarlo como base de discusión, junto con su memorándum en una reunión que ha sido fijada para el jueves 25 de junio a las 6 de la tarde en el Hotel Richmond de Ginebra.»

Tengo la honra de ser,
con alta consideración,
Señor Embajador,
su obediente servidor,

F. AHLEFELDT LAURVIG.

Posdata manuscrita: Me encuentro en cama con un fuerte ataque de gripe, por lo que le ruego perdone no haberle llamado personalmente.

F. A. L.

Su Excelencia
Monsieur Madariaga.
Embajada de España,
24, Belgrave Square,
LONDON, S. W. 1.

LA SOCIEDAD DE NACIONES

Un memorándum sobre la reforma de la Liga.

Ginebra, 17.—(Copyright By Wallace Carrol, corresponsal de la United Press en Ginebra.)

Hemos logrado hoy el texto de las sugestiones que el delegado español, don Salvador de Madariaga, formula para la reforma de la Liga, sin enmendar el Covenant. Estas sugestiones van contenidas en un memorándum, titulado «Nota sobre la revisión de la aplicación del Covenant», que ha sido sometido a la consideración de cierto número de potencias integrantes de la Sociedad de Naciones, y, desde luego, al grupo neutral, a Inglaterra y Francia y a los países de la Pequeña Entente.

Nota previa.

El memorándum va precedido de una nota, en la que se advierte lo siguiente: «El contenido del presente escrito, redactado por don Salvador de Madariaga con carácter confidencial, con el propósito de realizar estudios en común por cierto número de países de la Liga de Naciones, no lo entrega el Gobierno español, pero este Gobierno está dispuesto a un intercambio de puntos de vista, sobre la cuestión referida, con los Gobiernos del grupo a que se entrega, bajo las siguientes bases o cualesquiera otras similares»:

Texto del memorándum.

El memorándum está redactado como sigue:

1. Hay unanimidad en reconocer que ha llegado la necesidad de revisar la totalidad del Covenant, especialmente en cuanto concierne a la eficacia de sus estipulaciones, después de 16 años de su aprobación. Las observaciones siguientes no tienen el propósito de perfeccionar el Covenant como un instrumento jurídico, sino la finalidad empírica de dar una mayor eficacia, desde el punto de vista de las necesidades políticas positivas, en los términos que han hecho patentes sus dieciséis años de experiencia.

2. No aparece la necesidad de proceder a la revisión por medio de enmiendas. En principio, si los defectos observados en el funcionamiento del Covenant pueden ser corregidos sin enmiendas, las ventajas de ello son evidentes, puesto que, de una parte, se correría el riesgo de destruir el equilibrio de un documento admirablemente concebido, y de otra, el procedimiento de ratificación es tan complicado que sería mucho optimismo pensar que el nuevo Covenant así establecido podría entrar en efectividad en corto período de tiempo. Y, mucho más, habiendo motivo para conservar la integridad del Covenant como cosa perfectamente delimitada.

3. Deberá partirse del hecho de que el Covenant tendrá plena eficiencia solamente cuando la Liga sea universal y cuando las circunstancias políticas permitan que todos los artículos sean igualmente aplicados. No es necesario explicar que la bien conocida falta de universalidad sea una de las causas de relajamiento del Covenant. Y en cuanto al equilibrio de los diversos artículos, es evidente que la plena aplicación del artículo octavo (reducción de armamentos) es una necesidad política y jurídica que determina la vitalidad del artículo 16. Parece, por lo tanto, que los Estados miembros de la Liga deberían permanecer estrictamente dentro de sus derechos, reservando, por medio de un procedimiento a determinar, las obligaciones que les impone el artículo 16, tanto mayores cuanto menos sea lograda la universalidad de la Sociedad de Naciones, y también tanto mayores cuanto menos permitan las circunstancias políticas la aplicación estricta del artículo 8. Mientras el Covenant, por lo tanto, continúe en su texto actual debería ser objeto de una salvedad general, por la cual los Estados deberían reservarse sus derechos de no aplicar el artículo 16 en las condiciones anteriormente indicadas.

4. Sometido así el artículo 16 a una salvedad general, que dejaría libres a los Estados de la responsabilidad que levanta este artículo en cuanto a zonas geográficas y políticas fuera de la esfera en que se desenvuelven sus intereses, los Estados se encontrarían en situación de asumir de nuevo, plena y totalmente, las obligaciones del artículo 16 para las zonas geográficas y políticas claramente definidas por ellos.

Es necesario resaltar las ventajas de este sistema sobre el de pura y simple supresión del artículo 16, de una parte, o las alianzas o ententes regionales, de otra.

La desaparición del artículo 16 en el presente estado de las relaciones políticas podría solamente servir para estimular la creación de grupos político-militares, cuyo peligro es evidente. Por el contrario, el sistema de la aplicación del artículo 16 para claras y definidas sanciones sometería automáticamente la eventual acción militar de los grupos así formados al control del Consejo de la Asamblea, puesto que el artículo 16 podría ser utilizado solamente después de la aplicación del procedimiento marcado en los artículos 12 al 15, o el reconocimiento de la violación del artículo 10. El sistema podría ser completado por un acuerdo exento de la mayoría de estos artículos, y especialmente de los artículos 10 al 17; pero no del artículo 11, al que podrían adherirse los Estados que quisieran continuar a un lado del sistema de Ginebra.

5. Debería ser revisado el procedimiento aceptado hasta ahora en relación con la universalidad, y al que hacen referencia los artículos 10 y 11. El uso de la unanimidad para el artículo 10, y en la mayoría de los casos para el artículo 11, hacen absurdos esos artículos. La opinión de la Liga de las Naciones parece dispuesta a un favorable cambio de los principios hasta ahora mantenidos por la mayoría de los juristas a este respecto.

6. Sería necesario reformar la parte preventiva del Covenant, más que su parte punitiva o curativa. Si el Covenant lo consideramos principalmente desde el punto de vista de las sanciones, resulta mayor

su ineficacia, porque conduce más fatalmente a hechos de guerra, del que resulta más difícil considerar a la Sociedad de Naciones como un instrumento de paz, por cuanto sus fundamentos son precisamente prevenir la guerra. La política preventiva podría comprender dos importantes aspectos:

Aspectos de la política preventiva.

A).—Sólo puede haber seguridad colectiva hasta el alcance donde llegue la política colectiva. Es inadmisible que los Estados miembros de la Liga sean llamados a correr riesgos y peligros para remediar situaciones que han sido creadas sin su intervención. La evolución de la solidaridad establecida en el artículo 11, si no especialmente con la solidaridad de la acción política y diplomática, que no estando definida en ningún artículo del Covenant, constituye su espíritu y está expresada con más o menos éxito en su preámbulo.

B).—Sería necesario reforzar el artículo 11 del Covenant, pero no añadiéndole ningún nuevo sistema de sanciones, que equivaldría a crear un segundo artículo 16. El verdadero método consistiría en desarrollar bajo este artículo la idea de medidas conservadoras que constituyen la substancia de la convención y los medios para prevenir la guerra.

Procedimiento.

Es necesario hacer notar que las proposiciones especificadas anteriormente no requieren ningún complicado procedimiento jurídico. Con la salvedad hecha para un estudio jurídico a ser realizado por personas competentes, parece que quedarían dentro de la esfera reservada a la soberanía de los Estados. Cualquier Estado o un grupo de Estados podrían, mediante una declaración escrita, registrada en la Secretaría General de la Liga de Naciones, poner en vigor el estado de cosas esquematizado anteriormente, sin necesidad de ningún otro procedimiento. Una declaración conjunta hecha por un grupo de Estados, tendría, naturalmente, mayor autoridad.—United Press.

Vanguardia, 18 de junio de 1936.

MADARIAGA TOMA INICIATIVAS PARTICULARÍSIMAS QUE EL GOBIERNO NO COMPARTE

Esta tarde el ministro de Estado conversó en el Congreso con algunos periodistas. Se le preguntó al señor Barcia si la propuesta hecha por el Sr. Madariaga a las grandes potencias en el sentido de reformar el Pacto obedecía a un criterio del Gobierno español. Se trata —dijo el Sr. Barcia— de una iniciativa particularísima. De ella el Gobierno no tiene ningún conocimiento si no es a través de la prensa. En tal sentido pueden ustedes decir que me he manifestado yo y que he hablado con el subsecretario de mi departamento, a fin de que se ponga en conocimiento de nuestras cancillerías en el extranjero cuál es el punto de vista del Gobierno español sobre el particular.

Claridad, 18 de junio de 1936.

LA MODIFICACIÓN DEL PACTO DE LA SOCIEDAD DE NACIONES PROYECTADA POR EL Sr. MADARIAGA NO CUENTA CON EL BENEPLÁCITO DEL GOBIERNO

Esta tarde preguntaron los periodistas al ministro de Estado, señor Barcia, si el memorándum que había dirigido el Sr. Madariaga a las potencias extranjeras, sobre la reforma del Pacto de la Sociedad de Naciones, era contando con el criterio del Gobierno. El ministro contestó:

—Si el Sr. Madariaga ha dirigido ese memorándum, que yo no lo sé, lo ha hecho por su cuenta y riesgo, sin contar con el Gobierno, y yo me he dirigido al subsecretario de Estado para que lo haga saber cuanto antes a las cancillerías extranjeras.

Preguntando después al Sr. Barcia cuándo marchaba a Ginebra, contestó que saldría de Madrid el lunes por la noche.

(N. de la R.)—La posición del Gobierno es lógica, ya que en el último Consejo ordinario se acordó la ratificación de fidelidad al Pacto y al «Covenant».

El Sol, 18 de junio de 1936.

POLÍTICA INTERNACIONAL

En el Consejo de ministros celebrado por la mañana en el Palacio Nacional se trataron especialmente cuestiones internacionales. También se dio cuenta al jefe del Estado de la situación interior en todos sus aspectos.

Al margen de la situación internacional que ocupa España ha circulado un memorándum, cuya paternidad se atribuye al Sr. De Madariaga, en el que se formulan determinadas sugerencias para la reforma del Pacto de la Sociedad de Naciones.

El ministro de Estado, al ser interrogado sobre si el referido documento era expresión de una iniciativa del Gobierno, ha declarado que el Gobierno de España no avala ni las sugestiones ni el documento.

Por palabras de una autorizada personalidad en las esferas diplomáticas, ha llegado a oídos del Gobierno la excelente disposición que se apreciaba en determinados sectores de la política internacional para que España llevase la iniciativa en la próxima reunión de la Asamblea de la Sociedad de Naciones en Ginebra para el levantamiento de las sanciones que pesan sobre Italia. Parece ser que tal ofrecimiento no se considera como muy acorde con la línea de conducta que España tiene trazada en el texto constitucional en cuanto a su política exterior.

Se estimaba en los círculos políticos en el día de ayer que quizá la Delegación de España en la reunión de la Sociedad de Naciones sea reformada mediante la sustitución de algún elemento que la compone.

El Sol, 19 de junio de 1936.

POSICIÓN DE LA EJECUTIVA DEL PARTIDO SOCIALISTA

Contra la nota confidencial del delegado de España en la S. de N. y de acuerdo con la postura del Gobierno.

La Comisión ejecutiva del partido socialista obrero español ha acordado hacer pública la declaración siguiente:

«La gravedad de la situación internacional la van proclamando políticos de las más opuestas tendencias de distintos pueblos. Los hechos comprueban cómo los regímenes fascistas son factores de guerra, y en medio de la creciente tensión que de modo singular en Europa se va creando, el partido socialista obrero español ha visto con sorpresa el documento insólito que el delegado permanente de España en la Liga de las Naciones entregó a título personal, a representantes de diversos Estados, documento que hace un mes está siendo examinado en las Cancillerías porque afecta íntimamente al estatuto de la paz.

El partido socialista ve con satisfacción que el Gobierno español haya rechazado esa nota, no considerándola ni oficial ni oficiosa. La lealtad del Gobierno y la propia convicción nos fuerza a admitir sin reservas su repulsa, porque esa "nota confidencial" representa la negación de los ideales que han servido de fundamento a la política internacional de todos los partidos de izquierda en Europa, y entre ellos los de España. Pedir una revisión del Pacto para debilitar el sistema de seguridad colectiva por la asistencia mutua —que el sentido y alcance del artículo 16 del Covenant— supone comenzar a retrotraer la vida internacional al Estado, que se quiso superar con la fundación de la Liga, dejando desasistidos a los pueblos débiles, a quienes de esta suerte se les fuerza, o a emprender una política de armamentos, o a someterse a la protección de una gran potencia.

La Ejecutiva del partido socialista, segura de interpretar el sentir de sus Agrupaciones y de la masa obrera en general, excita al Gobierno español a que en esta hora, tan llena de riesgos para la paz de Europa y para los regímenes amparadores de las libertades individuales y colectivas, mantenga en Ginebra, en términos inequívocos, la actitud que corresponde a un Gobierno de Frente Popular y corrija rápidamente, por medio de declaraciones y actos, la desviación de conducta que en algunos medios internacionales se atribuye a España. Confía en que el Gobierno pondrá su esfuerzo al servicio de la causa que España ha simbolizado siempre en Ginebra, por haber sido autora de la idea de la comunidad jurídica internacional, con su complemento obligado de mantener y vigorizar las medidas necesarias para el sostenimiento de la paz.

El partido socialista confía asimismo en que las dilaciones para normalizar las relaciones diplomáticas y comerciales con Rusia, tendrán término inmediato, con lo cual España dejará de ser a este respecto un motivo de lamentable excepción.»

EL "MEMORANDISTA", por Loroi

—Y usted solito, ¿eh?; usted solito...

Política, 20 de junio de 1936.

712

LA PROPUESTA DEL SEÑOR DE MADARIAGA EN LA SOCIEDAD DE NACIONES

El Debate, recogiendo las palabras del ministro de Estado sobre la propuesta que el señor De Madariaga hizo de reforma de la Sociedad de Naciones, dice que preocupa la ausencia de control que se percibe en algunas recientes actitudes de representantes españoles en el extranjero. El señor De Madariaga hizo esa propuesta por su propia cuenta y el caso del señor De Madariaga no es único en este aspecto de independencia excesiva, que puede llegar a ser comprometedora. Espera que el ministro adoptará medidas para controlar de modo más eficiente la actividad de esos representantes en el extranjero.

Vanguardia, 20 de junio de 1936.

LA SITUACIÓN INTERNACIONAL

Tercer tema destacado de la deliberación ministerial de esta mañana fue el de la situación internacional ante la proximidad de las reuniones de Ginebra y a la vista de la importancia trascendental que tiene el cambio de rumbo político operado en Inglaterra, y que tuvo expresión pública y solemne en la sesión de ayer en la Cámara de los Comunes, a través del discurso de Mr. Eden.

El Gobierno volvió a cambiar impresiones sobre la actuación de España en la Sociedad de Naciones y puede decirse que quedaron definitivamente perfiladas las orientaciones que ha de llevar a Ginebra el señor Barcia, que, como se sabe, presidirá la Delegación española. No se habló para nada en el Consejo de la delicada situación personal del señor Madariaga que, según nuestras noticias, continuará por ahora perteneciendo a la Delegación de España en la Sociedad de Naciones.

Vanguardia, 20 de junio de 1936.

CONSEJO DE MINISTROS EN LA PRESIDENCIA

Una nota al ministro de Estado.

El consejo de ministros estuvo reunido ayer desde las diez de la mañana hasta las tres menos cuarto de la tarde. El primer consejero que abandonó la Presidencia fue el señor Barcia, quien dictó a los periodistas la siguiente nota:

«Se ha venido hablando estos días de un memorándum del señor Madariaga enviado a los llamados Estados neutrales y a algunos otros miembros de la Sociedad de Naciones. Sobre este hecho se hicieron en la Prensa comentarios, que han llevado la confusión a ciertas zonas de la opinión pública.

El señor ministro de Estado declaró desde el primer momento que el Gobierno español no tenía conocimiento oficial de la existencia de ese memorándum ni del hecho de su divulgación. Y es dable afirmar que el fundamento de aquellos comentarios está en la existencia de una nota que data de los primeros días del mes de mayo, personalmente hecha por el señor Madariaga con motivo de la reunión de los delegados neutrales en Ginebra, que le confiaron el honroso encargo de condensar las impresiones y puntos de vista producidos en torno de los problemas que determinaron tal reunión.

No es, ni ha sido nunca, ni oficial ni oficioso ese documento, ni por nadie se ha intentado darle ese carácter. Se limita a un trabajo que recoge las opiniones sustentadas por alguna Delegación para buscar la mayor efectividad del Pacto de la Sociedad de Naciones, afirmando la seguridad colectiva y proponiendo los medios que se estiman más convenientes para afianzar una política de paz.

A estos estrictos términos queda reducido el valor de aquel estudio, y todo cuanto se oponga a estas afirmaciones carece en absoluto de base.»

El señor Barcia, a París y Ginebra.

El señor Barcia fue el último ministro que informó. Comenzó ocupándose del asunto suscitado con el memorándum del señor Madariaga. Como resultado de los informes transmitidos por el ministro de Estado se acordó hacer pública la nota que acompaña a la referencia oficiosa.

Después se despidió de sus compañeros, por salir por la noche para París, donde conferenciará con el ministro de Negocios extranjeros de Francia y otros diplomáticos europeos, y Ginebra.

El Socialista, 23 de junio de 1936.

EL CONSEJO DE MINISTROS DE AYER

*El Sr. Barcia, en una nota, desmiente el memorándum
atribuido al Sr. Madariaga.*

Desde las diez de la mañana hasta las tres menos cuarto de la tarde estuvo reunido el Consejo de ministros.

Al salir, el ministro de Estado entregó a los periodistas la siguiente nota:

«Se ha venido hablando estos días de un memorándum del Sr. Madariaga enviado a los llamados Estados neutrales y a algunos otros miembros de la Sociedad de Naciones. Sobre este hecho se hicieron en la Prensa comentarios, que han llevado la confusión a ciertas zonas de la opinión pública.

El ministro de Estado declaró, desde el primer momento, que el Gobierno español no tenía conocimiento oficial de la existencia de ese memorándum, ni del hecho de su divulgación. Y es dable afirmar que el fundamento de aquellos comentarios está en la existencia de una nota, que data de los primeros días del mes de mayo, personalmente hecha por el Sr. Madariaga, con motivo de la reunión de los delegados neutrales en Ginebra, que le confiaron el honroso encargo de condensar las impresiones y puntos de vista producidos en torno de los problemas que determinan tal reunión.

No es ni ha sido nunca ni oficial ni oficioso ese documento, ni por nadie se ha intentado darle ese carácter. Se limita a un trabajo que recoge las opiniones sustentadas por alguna delegación para buscar la mayor efectividad del Pacto de la Sociedad de Naciones, afirmando le seguridad colectiva y proponiendo los medios que se estiman más convenientes para afianzar una política de paz.

A estos estrictos términos queda reducido el valor de aquel estudio, y todo cuanto se oponga a estas afirmaciones carece en absoluto de base.»

El Sr. Barcia dijo que facilitaba esta nota, porque el memorándum atribuido al Sr. Madariaga era falso.

ABC, 23 de junio de 1936.

EL MEMORÁNDUM DEL SEÑOR MADARIAGA

Una vez más se ocupó el Consejo de Ministros del ya famoso memorándum del señor Madariaga. Al terminar la reunión ministerial, el señor Barcia dictó una nota a los periodistas. Los informes oficiales recibidos por el ministro parecen permitirle asegurar que en el proceder del señor Madariaga no ha habido nada incorrecto, pues el documento que se le atribuye, si bien no es falso, tampoco tiene el carácter oficial u oficioso que se le ha dado. La historia parece ser ésta:

En una reunión celebrada en Ginebra, por los delegados neutrales, le fue encomendado al señor Madariaga el estudio de unas bases para dar mayor eficacia a la Sociedad de Naciones. El señor Madariaga hizo su estudio, que dio a conocer a los delegados interesados a primeros del mes de mayo. Es posible que el título del trabajo fuese: «Notas y bases que pueden servir de elementos de discusión...» Estas «notas y bases» son las que ahora se han hecho circular en forma de «memorándum». ¿Por el señor Madariaga? Afirma el delegado de España en Ginebra que él no ha entregado sus «notas y bases» a otras personas que a los delegados neutrales que le confirieron el encargo de realizar su estudio. No falta quien asegure que ha sido uno de esos delegados neutrales quien facilitó el trabajo del señor Madariaga a la Agencia informativa que lo ha hecho circular por todo el mundo con carácter sensacionalista.

Un poco raro es —confesémoslo— todo esto. Pero tal es la verdad oficial —no sólo para el público, sino también la ínfima del Consejo de Ministros—, y a ella hemos de atenernos. El señor Barcia, en su viaje a Ginebra, tendrá ocasión de comprobar personalmente esta verdad oficial y deducir las correspondientes consecuencias.

Hasta entonces, aceptémosla.

El Socialista, 23 de junio de 1936.

RETINTÍN

LAS CINCO LÁMPARAS DEL SEÑOR DE MADARIAGA

Recomendamos al señor Barcia que no sea demasiado severo con el señor De Madariaga cuando se lo encuentre ahora en Ginebra. El señor Barcia nos explicó ayer que la nota del señor De Madariaga no es del señor De Madariaga, y el hecho de que la haya escrito el señor De Madariaga demuestra precisamente que el señor De Madariaga no tiene con ella la menor relación. En la diplomacia este

716

fenómeno es muy frecuente y constituye, por decirlo así, la técnica habitual en toda actuación. La función más importante que se desempeña en la diplomacia es la de hacer cosas para negarlas luego. En Ginebra demostraron los diplomáticos italianos que los abisinios habían invadido Italia en el histórico momento en que las tropas italianas penetraban a cañonazo limpio en el territorio abisinio.

¿De quién es la nota del señor De Madariaga? Ésta podrá ser una encuesta muy interesante, en la que todos aventuraríamos nuestra respuesta en espera de que el azar nos favoreciera y pudiéramos descubrir el misterio. Los problemas internacionales son ahora demasiado sombríos, y quizá no viniera mal poner sobre ellos este otro de la nota del señor De Madariaga, que ofrece una encantadora frivolidad y podría consumir varias sesiones solemnes de la Sociedad de Naciones. Por lo pronto, el señor Barcia se ha marchado a Ginebra, muy preocupado con la falsa nota auténticamente salida de las manos del señor De Madariaga. Con tretas tan ingeniosas como ésta cimenta el señor De Madariaga su prestigio internacional, y nosotros le mimamos precisamente porque en nuestro nombre dice, por ejemplo, lo que Francia, Inglaterra o Letonia necesitan decir, pero que no se atreven a decir. En política internacional, nuestro admirable De Madariaga no es otra cosa que un aparato de cinco lámparas por el que en Ginebra se coge la onda de París, de Inglaterra, de Italia, de Alemania... Se coge con dificultad y con bastante ruido, porque las cinco lámparas del señor De Madariaga no dan mucho de sí, y cuando uno cree haber captado la onda de Nueva York, resulta que es una emisión de Güadalajara la que nos martiriza.

Nosotros alcanzamos la fortuna de tener de ministro al señor De Madariaga en España, en un Gabinete presidido por el señor Lerroux. Pero entonces —como ahora con la nota— pudimos preguntarnos si efectivamente el señor De Madariaga fue o no ministro. Todos recordamos que, ocupando la cartera de Justicia, le hicieron aprobar una ley de Amnistía por la que tuvo que dimitir, a pesar de que no era suya. Este triste fracaso alentó mucho al señor De Madariaga, que se persuadió de que lo mejor es ser galena de otras voces. Si el señor Barcia se convenciera de que el señor De Madariaga no había escrito esa nota, le hacía dimitir en el acto, como dimitió cuando la amnistía de 1934. Lo peor de todo es la duda. Sería cruel que en este tormento de las dudas del señor Barcia nos quedáramos sin las cinco lámparas —una por cada parte del mundo— del señor De Madariaga. El señor De Madariaga es muy útil a Francia, es imprescindible a Inglaterra, le hace mucha falta a Alemania, Italia no podría renunciar a él y los Estados Unidos lo necesitan. Realmente es a España a la que no le hace la menor falta. Pero si no representara a España, es lo más probable que se decidiera a defendernos, lo cual sería bastante peor.

El Socialista, 23 de junio de 1936.

NOTA DICTADA DESDE LONDRES AL Sr. SUBSECRETARIO

Con referencia a la Nota confidencial, los hechos cronológicos son los siguientes:

Antes del Consejo de mayo, después de conversaciones con el Ministro que ya databan de nuestro Consejo de Londres y de la presentación del Memorándum francés y de la Nota alemana sobre reorganización de las relaciones colectivas europeas, se decidió en Madrid convocar una reunión de neutros para el mes de mayo a fin de estudiar las posibles reformas de la Sociedad de Naciones. Con vistas a esta reunión, el Sr. Madariaga celebró conversaciones con el entonces Presidente del Consejo, hoy de la República, y el Ministro de Estado, y con estas conversaciones frescas en su memoria fue a la reunión de neutros de mayo. En esta reunión cada Estado hizo su exposición sobre el tema y, habiendo yo expuesto mis opiniones, que creía y sigo creyendo en armonía con las ideas de los señores expresados, se me rogó por el Ministro de Relaciones Exteriores de los Países Bajos, a quien se unieron los demás, que redactase una Nota. El procedimiento es usual en Ginebra, puesto que estos papeles de base, que no obligan a ningún gobierno, sirven para puntualizar la discusión.

Aquella misma noche, según su costumbre, el señor Madariaga comunicó a Madrid que se proponía acceder a lo solicitado por los neutros. Al día siguiente redactó la Nota confidencial, añadiendo la observación de que no obligaba al Gobierno y creyéndose autorizado a añadir que el Gobierno estaría dispuesto a discutir sobre este papel u otro análogo, puesto que precisamente esa discusión era el objeto de la reunión convocada por España de los neutros.

El mismo día en que el papel se distribuyó a los siete neutros se mandó a Madrid cinco ejemplares con un despacho explicándolo. Según es costumbre de cortesía en Ginebra, alguna que otra potencia solicitó y obtuvo ejemplares y en particular la República Argentina, que fue la primera, Francia e Inglaterra y alguna más.

En carta del 16 de mayo el Sr. Madariaga decía al Ministro que sería conveniente acelerar el estudio de este problema, puesto que se plantearía probablemente en junio, y de todos modos se convino en que habría otra reunión de neutros en junio para estudiar ante todo esta cuestión.

La publicación de la Nota no puede ser debida más que a un descuido de alguna de las Delegaciones que la posee.

DOCUMENTO 68
Véase pág. 557

MINISTERIO DE ESTADO

POLÍTICA Y COMERCIO EXTERIORES
SECCIÓN CENTRAL
SOCIEDAD DE LAS NACIONES

Madrid,20 de junio de 1936.

Núm. 258

Excmo. Señor:

S.N.-104/93

En atención a las circunstancias que en V.E.
concurren se ha dispuesto asista a la reunión del Consejo
de la Sociedad de las Naciones,que tendrá lugar en Ginebra
el día 26 de los corrientes,para auxiliar los trabajos del
Representante de España,percibiendo las dietas y viáticos
que reglamentariamente le corresponden.

Lo que digo a V.E. para su conocimiento y efectos.

P.D.

Señor Don Salvador de Madariaga y Rojo.

París, 24 de junio de 1936.

Sr. D. Fernando de los Ríos.

Querido Fernando:
La carta adjunta que por su carácter confidencial no quiero hacer en tres ejemplares va destinada, no sólo a Vd., sino también a los amigos Prieto y Besteiro. Le agradeceré tome a su cargo el comunicársela en las condiciones de discreción que ella exige.

No deseo hacer más comentarios que los que en ella van y mandándole un abrazo, sabe soy su inalterable amigo,

S. DE MADARIAGA.

CONFIDENCIAL

París, 24 de junio de 1936.

Srs. D. Fernando de los Ríos
D. Indalecio Prieto y
D. Julián Besteiro.

Mis queridos amigos:
He leído con asombro y disgusto la declaración de la Ejecutiva del Partido socialista en la que se me alude con motivo de la nota confidencial sobre la reforma del funcionamiento de la Sociedad de las Naciones, que lleva mi nombre y deseo exponer a Vds. en esta carta también confidencial el estado exacto de la cuestión.

I. *Origen y naturaleza del documento.*—Ya desde mi regreso del Consejo de Londres, comenté con D. Augusto Barcia la indudable tendencia hacia una reforma de S. D. N. (no digo del Pacto), que se manifestaba con motivo, por una parte, de las tres tractaciones nacidas de la violación del Pacto de Locarno, y, por otra parte, del creciente disgusto ante el fracaso de Ginebra en el conflicto ítalo-abisinio. Antes del Consejo de Mayo en París aconsejé al Ministro que se convocase por parte de España a una reunión de los Neutros para preparar las ideas principales sobre esta cuestión, en el ambiente de las naciones que nos están asociadas, antes de que el problema se plantease de un modo oficial. Concorde el Gobierno con esta opinión se circularon los telegramas necesarios coincidiendo por casualidad con una invitación en igual sentido hecha por iniciativa danesa a la misma hora del mismo día y con igual fin. Con vistas a esta reunión que había de celebrarse el 9 de Mayo, tuve entrevistas con el entonces Presidente del Consejo de Ministros, hoy de la República, y con el Ministro de Estado, y éstas entrevistas determinaron de una manera concreta la exposición que al llegar mi turno había de hacer del problema ante nuestros colegas de la familia neutral. Les interesó especialmente mi exposición a estos señores y a instancias del Ministro de Negocios Extranjeros de los Países Bajos, reiteradas por los demás asistentes, se me rogó la redactase por escrito, a lo que contesté que no tenía instrucciones para ello, pero que si tenía la aquiescencia de mi Gobierno haría una nota confidencial y personal. En fecha que no deseo puntualizar por tratarse de un telegrama cifrado y que aun en carta confidencial conviene respetar, comuniqué al Gobierno lo que acabo de referir a Vds. anunciándoles que preparaba una nota, que naturalmente remitiría a Madrid, en la que recogía las líneas generales del problema, según mis entrevistas en Madrid con el Ministro y con el Presidente del Consejo, todo esto taxativamente dicho en el tal telegrama. Al día siguiente trabajé en la nota y al subsiguiente la distribuí a las siete Potencias, remitiéndola inmediatamente a Madrid en un despacho firmado por el Secretario General permanente de la Delegación en Ginebra, que dice textualmente: «Adjunto tengo la honra de pasar a manos de V. E. una Memoria sobre la revisión de la aplicación del Pacto de la Sociedad de las Naciones, redactado por el Sr. Delegado de España D. Salvador de Madariaga a petición del Comité de Estados exneutrales que no implica compromiso alguno para el Gobierno de la República (según telegramas 40 5 42).» Observen Vds. de pasada que no mencionaba para nada la revisión del Pacto, sino de su aplicación. A este Despacho se contestó quince días después por el Ministerio de Estado en la forma siguiente: «El Ministro de Estado le saluda atentamente y pone en su conocimiento que se ha enterado con interés de su despacho núm. 66 (de tal fecha) con el que remite la Memoria sobre la revisión de la aplicación del Pacto, redactado por el Sr. Delegado de España, Excmo. Sr. D. Salvador de Madariaga.»

Vds. comprenderán mi discreción sobre las fechas, pero que conste que las fechas de mis documentos seguían inmediatamente a los acontecimientos que relato y que en cuanto al telegrama a que antes me refiero es de fecha *anterior* a la redacción de la nota confidencial.

Es costumbre y cortesía en Ginebra que si alguna Delegación de las íntimas solicita un papel confidencial cuya existencia conoce, no se le niegue, y así obtuvieron sendos ejemplares el Delegado de la República Argentina, el de Francia, el de Inglaterra, el de Irlanda y el de Checoslovaquia. Ignoro de cuál de estas fuentes se ha producido el descuido que ha dado lugar a la publicación del documento por la «United Express».

Conste, pues, que no he redactado, ni publicado, ni distribuido ningún documento personal: que he redactado una nota, en la que se vierten en términos técnicos de Ginebra opiniones y tendencias sobre las cuales habíamos caído de acuerdo el Presidente, el Ministro de Estado y yo: que esta nota no representa mi actuación personal por consiguiente, sobre la cual volveré más adelante; que si la he cubierto con mi nombre ha sido para dar mejor elasticidad en la discusión ulterior al Gobierno de la República; y que en ningún momento he actuado con independencia y con desconocimiento del Ministro de Estado.

II. *Fondo de la cuestión.*—Observo con asombro y disgusto las críticas que la Ejecutiva del Partido socialista dirige a este documento. En ellas se describe la nota como «la negación de los ideales que han servido de fundamento a la política internacional de todos los partidos de izquierda en Europa, y entre ellos los de España. Pedir una revisión del Pacto para debilitar el sistema de seguridad colectiva por la asistencia mutua —que es el sentido y alcance del artículo 16 del Covenant— supone comenzar a retrotraer la vida internacional al Estado, que se quiso superar con la fundación de la Liga, dejando desasistidos a los pueblos débiles, a quienes de esta suerte se les fuerza, o a emprender una política de armamentos, o a someterse a la protección de una gran potencia».

Si me hacen Vds. el favor de leer la nota confidencial, verán que toda esta crítica carece por completo de sentido común. En primer lugar, la nota se opone a la revisión del Pacto; en segundo lugar, busca una vía media entre la tendencia a la abolición del artículo 16, que en el grupo de neutrales deseaba precisamente una de las potencias, y la aplicación integral del artículo 16, que vacilo mucho en imaginar sería del agrado de la opinión pública española, ni siquiera de la izquierda. Si el Partido socialista opina que España debe comprometerse a ir a la guerra en caso de cualquier violación del Pacto sea donde sea, que lo diga y si no que se declare de acuerdo con los Neutros. No me parece que haya distinta solución y en todo caso las diferencias que quedasen serían de mero matiz. En cambio, no se consideran para nada en esta crítica las ideas constructivas que se emiten en la nota y que son ahora objeto del estudio más atento y de imitación por parte de buen número de otras cancillerías y en particular de la francesa y la británica. Estimo, pues, que al juzgar el fondo del documento, la Ejecutiva del Partido socialista ha cometido un acto de verdadera ligereza, que es muy de lamentar dada la importancia que este Partido tiene en la política española actual.

III. Me dirijo en este momento a tres personas con quienes me une deferencia y amistad y me veo obligado a someterles ciertas consideraciones de carácter personal. Desde hace ya más de un año, como lo saben algunos amigos nacionales y extranjeros y entre ellos el Ministro de Negocios Extranjeros de Dinamarca y el reciente dimitido de Suecia, vengo reprimiendo constantes deseos de dejar la representación de España en Ginebra por los grandes sacrificios que exige de mi posición doctrinal. Vds. saben perfectamente que mi situación internacional no la creó la República, sino que se la encontró hecha y la puse a su servicio. Vds. saben, y perdonen este detalle, que antes de la República, en plena Conferencia sobre la Constitución de la India en Londres, al encontrarse ante una dificultad insuperable sobre la rivalidad entre los indios y los musulmanes, la Delegación indú propuso una Comisión arbitral formada por el Lord Canciller de Inglaterra el Presidente del Consejo inglés, el profesor de Griego de la Universidad de Gilbert Murray, el Mahatma Gandhi y yo como único extranjero a una y a otra de las potencias interesadas. Perdonen la inmodestia de este recuerdo para que conste que mi situación internacional no la ha hecho la República, y en el Ministerio de Estado constan cartas confidenciales en donde he aludido más de una vez al hecho de estar plenamente consciente de que estoy sacrificando mi situación moral ante la obligación que tengo de servir al Estado español.

¿Qué hubiera dicho el Partido socialista si aprovechándome de la frecuente libertad con que me han dejado en Ginebra los gobiernos sucesivos hubiese forzado la política española hacia mi posición doctrinal a la política española? Cualesquiera que sean mis preferencias, por ejemplo, en el conflicto ítalo-etíope, ¿quién puede al volverse hacia nuestra situación interior, nuestra falta de armamentos y nuestra opinión pública hacer otra cosa que sacrificar sus preferencias íntimas y amoldar la política que aconseja al Gobierno y que con el Gobierno acuerda a los que las circunstancias permiten? ¿Y qué lealtad es esta que, al verme hacer la política que debo, me expone a la crítica pública como abandonista de los ideales de la S. D. N., cuando lo que hago es cumplir las instrucciones del Gobierno adoptando al lenguaje ginebrino las necesidades del Estado español?

E insisto muy especialmente en que a pesar de la libertad a que antes aludo, debido en parte a los frecuentes cambios de ministros, en parte a la falta de organización del Ministerio de Estado y en contra de lo que se haya dicho en los periódicos o se crea en la prensa, en ningún momento he actuado en Ginebra sin el más estrecho contacto con Madrid, y ya sea en conversaciones telefónicas diarias o en diarios telegramas, he mantenido siempre la relación más estrecha con el Ministro o con el Subsecretario.

Por último, permítanme que añada que aun dando de barato que todo lo que de mí se ha dicho hubiese sido cierto, que hubiese cometido el error de juicio de redactar alegremente una nota personal sin consultar con Madrid, hubiera esperado de un Partido en el que tantos amigos tengo, algún recuerdo para los cinco años que vengo trabajando por la República, en las condiciones de sacrificio material y moral que Vds. conocen, creo que con cierto éxito para la reputación de la República en el terreno internacional y sin que jamás se haya producido el menor incidente, ni grande ni pequeño, en todo el terreno sobre el que he ejercido directa o indirecta responsabilidad.

Son Vds. tres amigos míos, pero no por amigos, sino por hombres de recto juicio y de responsabilidad les he escrito esta carta, repito que confidencial, para su información. Lo demás lo dejo a su alto criterio.

Se reitera su affmo. amigo

S. DE MADARIAGA.

EL DIPUTADO A CORTES

POR

BILBAO

Madrid, 15 de julio de 1936.
Sr. Don Salvador de Madariaga.

       Mi querido amigo: He recibido su afectuosa carta del
11 del corriente mes, a la que unía copia de otras dos, una personal
para Fernando de los Ríos, y otra oficial y confidencial. Como tuve
ocasión de decir a usted personalmente en el despacho de Ministros del
Congreso, Fernando de los Ríos no me dió cuenta de la carta que a la
vez que a él dirigió usted a Julián Besteiro y a mí. Sin duda se le olvidó con las precipitaciones de su viaje. Por mi parte solo me toca
agradecer a usted la deferencia que para mí personalmente significa la
detallada información del caso al cual se refieren todas esas misivas.
   Suyo afectísimo amigo,

Swarthmore College.
Swarthmore.
Pa.

19 de febrero de 1937.

Querido Fernando,
Hasta hoy, desde el 27 de diciembre, me ha sido imposible consagrarme a mi correspondencia particular. Deseo comenzarla con usted. Subsiste entre nosotros la duda que en mi ánimo ha causado su actuación de Vd. en el asunto de mi famoso memorándum a los neutros y aún más en el de la carta que, dirigida a Vd., mandé a tres líderes socialistas, dos de los cuales no se enteraron de su existencia hasta que yo se la comuniqué. Perdida la carta que, según me dijo Azcárate, me escribió Vd. sobre el asunto, para mí su intervención de Vd. sigue inexplicada, sino inexplicable. Yo no soy hombre que tire por la borda una amistad de veinticinco años y sé aguardar. Si le escribo ahora, no es pues sobre este asunto, sino sobre otros dos.

Deseo primero llamar su atención de Vd. sobre la campaña que sigue haciendo en *CLARIDAD* el pobre mentecato de López y López. Ya sabe Vd. y ya sabe Araquistáin, a quien se lo hice decir con pruebas, que López y López ha estado, a ruegos de Barcia y Zulueta, cobrando dos mil francos mensuales de fondos secretos de la Embajada de París cuando yo era embajador. Tratado como amigo, invitado a mi mesa, en compañía, por cierto, un día de Víctor Basch, que me rogó hiciese indicar a la Liga de los Derechos del Hombre que se hiciese representar en París por un personaje menos ridículo, el tal López y López se portó del modo irregular que le contaría a Vd. con más detalle nuestro común amigo Cruz Marín, y tuve que insistir cerca del ministro para que cesase aquel escandaloso cobro que no servía para nada. Éste es el tipo que me está insultando continuamente en *CLARIDAD:*

Tengo a la vista un artículo del número del 26 de enero pasado. Empieza por anunciar que figuro en la lista de los ex ministros que se han adherido a Franco para seguir cobrando mi cesantía de ministro después del triunfo. El hecho de la adhesión es, claro está, falso, pero el motivo, para Vd. que me conoce, es sencillamente grotesco además de odioso. A pesar de la insistencia de mi familia de Madrid que me manda la documentación necesaria para mi firma, me he negado a cobrar un solo recibo de cesantía de ministro desde el verano pasado. Pero luego inserta una sarta disparatada de calumnias, incluso una entrevista secreta con Alfonso XIII en la carretera de Fontainebleau.

Yo no consentiría jamás que en mi presencia o en público por gentes unidas oficialmente a mí se insultase el claro nombre de Vd, cualquiera que fuese la distancia política que por el momento nos separase. Espero que las personas que saben quién soy, y en particular Vayo, que es hombre recto, se den cuenta de que esta conducta de *Claridad* recae sobre su honorabilidad de ellos y no sobre la mía.

Finalmente, deseo decirle que, pese a mi personal deseo, y a pesar de la cercanía, no iré a verle a la Embajada. Mis razones son las mismas que me impidieron ir a ver a Albornoz (y a Vd.) a París. Quiero poder moverme a mi voluntad sin comprometer la libertad de mis sucesores en las embajadas, Como Vd. sabe, he venido aquí para lanzar la World Foundation, en la que un día soñé figurase Vd. como uno de los espíritus directores. Todavía está el nombre de Vd. en la lista de los papeles primitivos. Por esta razón he evitado siempre que he podido hablar sobre España, y en las rarísimas ocasiones en que he tenido que ceder a la presión de los círculos deseosos de conocer mi opinión, he rehuido entrar en el debate lo mejor que he podido. Ya sé que esta actitud me concita la violenta oposición de ambas partes, a pesar de lo cual, paradójicamente la interpretan como ambicioso deseo de prosperar a toda costa en la política española. Mis amigos saben que no quiero ni creo que pueda en ninguna hipótesis aspirar a una carrera política española; que he puesto mi energía en una labor internacional; que la Fundación va bastante bien y necesitará mis servicios largo tiempo. Para esta labor, es indispensable que no recaiga en el ambiente nacional.

Pero pudiera suceder que, sin buscarlo yo, me encontrase con gente oficial. En ese caso, también rehuiré, si puedo, hablar de España, puesto que hay mucho que hacer fuera de ella también. Pero si se me pregunta, deseo que mi opinión no comprometa en nada al Embajador de la República.

Querido Fernando, «hablando se entiende la gente» y cuando el hablar es imposible, una carta sirve para aclarar muchas cosas. Por mi parte, todo está ya claro. Pase lo que pase, y suceda lo que suceda, siempre quedará entre Vd. y yo la amistad integral de hombre a hombre que perdura mientras subsista la buena voluntad.

Mis afectuosos recuerdos a Gloria y a Laurita. Y a Vd. un abrazo.

S. DE MADARIAGA.

Excmo. Sr. D. Fernando de los Ríos.
Embajador de la República.
Washington.

NOTA A LA PRENSA

Al cesar de considerarme al servicio del Estado, ruego a la prensa contribuya con la publicación de estas líneas a informar a la opinión sobre las circunstancias en que tomo esta determinación.

I.—*La Nota Confidencial.*—La opinión comprenderá que aunque cese en mi gestión oficial, guarde la consideración y reserva que son de rigor en asuntos exteriores. Me limitaré pues a hacer constar que tengo a la disposición de los jefes de partido la documentación necesaria para establecer los puntos siguientes.

1.—La reunión de los neutrales convocada el 9 de Mayo, simultáneamente por España y Dinamarca, tenía precisamente por objeto el estudio de la reforma, si no precisamente del Pacto, de la Sociedad de las Naciones, y a tal fin celebré las entrevistas de rigor con el presidente del Consejo y con el Ministro de Estado.

2.—La exposición oral que, al llegar mi turno, hice ante nuestros colegas neutrales, se ajustaba a esta preparación.

3.—Los neutrales expresaron su deseo de tener una versión escrita de mi exposición.

4.—Comuniqué este deseo y mi intención de complacerla al Ministro de Estado un día antes de poner mano a la obra.

5.—Redacté la nota en el sentido que se desprendía de mis conversaciones de Madrid y de mi telegrama al ministro.

6.—La remití inmediatamente a Madrid por vía aérea en cinco ejemplares acompañados de un despacho oficial, al que el Ministerio contestó que se había enterado con interés.

7.—Por precaución elemental, visto el estado todavía rudimentario de los trabajos, prohijé la nota para dejar al Gobierno la mayor libertad de movimientos.

8.—Se distribuyó a las siete potencias neutrales y a un corto número de delegaciones a quienes por cortesía no se podía negar, dadas las circunstancias de cada caso.

9.—Ignoro cómo y cuándo el texto fue a dar a manos de la agencia que lo publicó.

10.—La reacción de la prensa y del partido socialista reposan, pues, en cuanto a procedimiento, sobre una base inexistente, y por lo tanto no me afectan. En cuanto al fondo de la política que implica la Nota, no es a mí a quien toca discutirlo, sino al Gobierno. Estoy, no obstante, desde luego, a disposición de los jefes de partido que estiman útil mi opinión.

Tampoco deseo juzgar los ataques de que, con esta ocasión, he sido objeto por la prensa de todos los matices. Me limito a declarar que, en estas condiciones, no estoy dispuesto a seguir al servicio del Estado.

Jamás he servido al Estado hasta que vino la República. Ceso, pues, al cabo de cinco años de servicio que yo no solicité. En Abril

de 1931 era profesor de Literatura Española en la Universidad de
Oxford, y me hallaba a la sazón con licencia de la Universidad, dando
un curso de conferencias en la de México. Ni directa ni indirectamente
solicité del Gobierno provisional cargo alguno. El Gobierno, sin consultarme, me nombró Embajador en Washington. El 13 de Mayo,
desde Nueva York, cuando le faltaba un día a la República para
cumplir un mes, acepté la Embajada y dimití mi cátedra.

Desde el mes de Abril en 1934, vengo continuamente sirviendo
como delegado permanente de hecho en Ginebra. No tengo nombramiento, ni cargo, ni sueldo, ni despacho, ni secretario, ni archivo. No
tengo más que mi buena voluntad. No puedo dimitir, puesto que no
tengo qué dimitir. Renuncio, pues, a lo único que tengo, el honor de
servir al Estado de una nación que fue grande y que volverá a serlo
si así lo quieren a una los españoles.

Sólo deseo añadir mi fe, más firme que nunca, en la Sociedad de
Naciones, única forma de convivencia internacional que pueda salvar
al mundo de una catástrofe sin igual, y mi agradecimiento a mis
colaboradores de estos cinco años: en particular, al incomparable
López Oliván.

S. DE MADARIAGA.

Ginebra, 1.º de noviembre 1935.

Excmo. Sr. D. José Martínez de Velasco,
Ministro de Estado, Madrid.

Mi querido Jefe y amigo: Aunque he venido demorando todo lo posible el planteamiento de la cuestión material que a continuación le expongo, por razones que a un hombre de la delicadeza de Vd. le serán evidentes, me veo obligado a hacerlo hoy porque no se trata sólo de mis propios intereses, sino de los de mis colaboradores. En cuanto a mi interés, creo que le bastará a Vd. con que le recuerde lo que ya creo es conocido de todos los directores de la política española y es que a pesar de ser un hombre que vive de su trabajo sin absolutamente ninguna reserva de fortuna personal, desde el mes de marzo del año 34 en que salí del Gobierno que presidió Don Alejandro Lerroux, vengo sirviendo al Estado de manera continua sin que el Estado retribuya mis servicios y privándome, además, por el mero hecho de servir al Estado de substanciosas ganancias que por mi profesión literaria hubiera podido alcanzar en los mercados extranjeros donde mi nombre es perfectamente conocido. De esta situación que por tanto no puede durar mucho porque se están agotando las pocas reservas que tenía a mi disposición, creo poder alegar cierta autoridad moral para exponer a Vd. que el sistema de dietas que, en virtud de las últimas instrucciones recibidas por nuestro Cónsul en Ginebra, Sr. Teixidor, se va a aplicar de hoy en adelante, me parece notoriamente insuficiente y necesita nuevo estudio por parte de ese Gobierno. Bastará con explicar a Vd. que por aplicación de las diferentes disposiciones convergentes que rigen nuestras dietas, las tres personas que aquí las devengan en este momento, cobrarán respectivamente los emolumentos siguientes: el jefe de la Delegación que esta carta suscribe: 63,80 francos suizos diarios; el Sr. Cantos: 59,54, y el Sr. Graciá: 17,72.

Tiene Vd. que tener en cuenta que, digan lo que quieran los expertos que hayan hecho las estadísticas, el mínimo a que se puede calcular el costo de la vida en Ginebra es a franco por peseta; que un jefe de delegación, Embajador de España, tiene que hacer frente a numerosos gastos de carácter más o menos suntuario que no figuran para nada en las estadísticas de la vida obrera sobre que ha sido fundado, al parecer, el cálculo de estas dietas, y que me bastaría con remitir a Vd. las cuentas últimas de mi hotel para que se diera Vd. cuenta de que las cifras que arriba le apunto se hallan en una desproporción enorme con la realidad de la vida.

Mucho celebraré que considere Vd. oportuno someter esta argumentación al Presidente del Consejo, porque ya con el sistema antiguo la Delegación española venía ocupando en Ginebra un lugar excesivamente modesto para el prestigio que nuestra Nación debe tener en esta ciudad, verdadera capital del Mundo; pero de mantenerse las cifras actuales será notoriamente imposible continuar representando a España con la dignidad suficiente, aparte que, desde el punto de vista personal, el sacrificio pecuniario que ya venía siendo casi imposible aun con las dietas anteriores, lo será imposible del todo.

Su afectísimo amigo,

S. DE MADARIAGA.

COPIA

Ginebra, 13 de abril de 1936.

Excmo. Señor
Don Augusto Barcia.

Mi querido Barcia,

Para documentar a Vd. los fines del proyecto de ley de Delegación permanente que se propone presentar, pero también sobre la situación anterior al momento en que este proyecto se presenta, permítame que le informe sobre ciertos aspectos de mi situación personal.

Desde el mes de Abril de 1934 vengo sirviendo al Estado gratuitamente. Mis dietas en este período han variado desde 135 ptas. oro hasta 65 ptas. oro, con la única excepción del régimen efímero de Urzaiz, en que, por las razones que se desprenden de esta misma carta, se me concedieron 200 ptas. oro. En ningún momento he cesado de estar a disposición del Estado español. Toda la abrumadora responsabilidad de estos dos años la he tenido que llevar sin auxilio alguno de secretaría, ni de transporte, sin archivos, gastándome mis propios dineros en coches para acudir al Ministerio de ésa cuando se me llamaba, lo que me hacía naturalmente perder el tiempo necesario para mi labor personal.

En todo este tiempo he tenido que sostener por mi cuenta no sólo los gastos de mi hogar, sino los de mi representación, y la ímproba labor que esto significaba, venía aumentada porque he tenido que ser mi propio secretario. Añada Vd. la circunstancia de que siendo Embajador de España en activo, creo que lo puedo decir sin ofender a mis demás colegas, he sido más en activo que ninguno de ellos, y no he cobrado sueldo ni puedo beneficiar para mí y el de mis hijas de los derechos pasivos eventuales que correspondería a una labor tan continua.

No sé si está claro para todo el mundo que yo no le pido nada al Estado más que me deje trabajar. Como yo fuera libre, me ganaría la vida mucho más holgadamente de lo que el Estado pueda asegurarme, aun cuando se cumplan a su voluntad y la mía los fines que Vd. se propone. Pero el caso es que absorbiendo mi tiempo y mi energía, el Estado que no me paga, me impide trabajar.

Creo indispensable como solución permanente de este estado de cosas un nombramiento en presupuesto que para mi gusto debería ser más amplio que una mera Delegación permanente cerca de la S. de N. El modal nos lo dan los Estados Unidos con Norman Davies y Alemania con Ribbentrop, ambos Embajadores sin Embajada, así como existen Ministros sin cartera. No he acertado en formular en español la frase aplicada oficialmente a Norman Davies «Ambassador at large», algo así como Embajador ambulante, pero esto sería cosa fácil de resolver. Lo que sí estimo indispensable es que se me provea de un sueldo digno de mi cargo, de unos gastos de representación decentes, y de un secretario que se ocupe exclusivamente de mis cosas en cuanto a su aspecto oficial. También sería indispensable que se me diera en el Ministerio de Estado una instalación y un despacho, pues me parece poco digno que como me sucede desde hace dos años ande rodando por las antesalas del Ministerio como alma sin cuerpo.

Todo esto para el porvenir. Pero con toda la buena voluntad que a Vd. anima, tiene Vd. demasiada experiencia para aplicar mucho optimismo sobre la rapidez de esta solución. Me permito llamar su atención sobre la urgencia que para mí representa el aspecto financiero de esta cuestión. Le daré a Vd. un detalle. En Nueva York se me han pedido seis artículos a honorarios entre 150 a 200 dollares cada uno. No he podido escribir más que uno y he estado forzando la máquina, porque su asunto, la situación de España, lo creo de interés para el país. Así no sólo pierdo el dinero, sino pierdo la confianza que se puede tener en mis promesas como colaborador, y mis servicios al Estado perjudican mi profesión literaria, amén de limitarla y trabarla en cuanto a la libertad con que puedo expresar mis opiniones. Que se me den iguales dietas que a los demás Delegados de mi categoría; es una notoria injusticia, puesto que todos ellos cobran sueldo y yo no. Otro detalle digno de tenerse en cuenta: mientras casi todos mis colaboradores que vienen de Madrid tienen tarjetas que les permiten viajar gratis en España, yo pago a tocateja mi billete entero siempre. Creo, así lo probó Urzaiz, que es administrativamente posible darme dietas mayores para tener en cuenta mi situación personal. Si Vd. ve la posibilidad de llegar pronto a la creación del nuevo puesto, aguardar es lo mejor. Pero en caso contrario me sería muy difícil dar tanto tiempo a la representación oficial del Estado español sin una retribución, pues mis reservas se agotan y mis obligaciones personales y aun oficiales son muy onerosas.

Con más tiempo me permitiré hacer a Vd. un estudio de la organización que podrían dar en Madrid a los servicios de la S. d. N.

S. DE MADARIAGA.

732

11 de Julio 1936

Señor Dn Salvador Madariaga

Mi querido amigo: nuestro
antiguo conocimiento mutuo y nuestro
recíproco afecto nos excusan entre
otras las bellaquerías.

Su carta, aunque innecesaria, la
agradesco en lo que vale.

También yo lamento muchísimo
que sea tan fatal y poco grata
su resolución; estamos yo de Ministro
de Estado! No queda, ante estas adver-
sidades, mas que resignarse.

Suyo cordialmente
A Mader

Ginebra, 1 de agosto de 1936.

Mi querido Barcia:

Aquí llegué sin novedad gracias a su eficaz intervención y a la colaboración de Ureña. Ni que decir tiene que no pienso en otra cosa que en España y en Vds. Mucho hubiera sido mi deseo de colaborar con ese grupo de hombres, mis amigos de toda la vida, con quienes me une tanto recuerdo y tanto acuerdo. Pero me explico las dificultades que ha habido para insertarme en la labor oficial. Ya en época reciente, con motivo de su elección para la presidencia de la República, le decía a Azaña que yo era «ininsertable» en la política interior de España. Al salir de mi país, me daba perfecta cuenta de que para mí se trata de un destierro físico y también moral.

Pero no crea que les hago a Vds. la injusticia de ver mi caso sin ver el de Vds. De poco les servirá en su gigantesca labor de estos días las palabras de sincera amistad que desde fuera les dirija un «descentrado». Pero por lo que valga, sepa que en todo lo que están haciendo Vd. y los demás amigos del gobierno les sigue con intensidad su affmo y viejo amigo

S. DE MADARIAGA.

P.

Madrid, 8 de julio de 1936

El Ministro de Estado

Excmo.Sr.D. Salvador de Madariaga

Mi querido amigo:

Recibo su carta del día 1º del actual, y celebro muy de veras se encuentra sin novedad en esa Ciudad. Al propio tiempo le agradezco vivamente a las atentas frases que en la misma menciona y como siempre sabe es suyo buen amigo que atentamente le saluda

Chelwood Gate,

Haywards Heath,

Sussex.

22nd September, 1954

My dear Madariaga,

Thank you very much indeed for your very kind congratulations. I often think of our efforts to establish the League, which my Government so inefficiently supported.

Again thanking you most warmly,

Yours very sincerely,

Cecil.

22 de septiembre de 1954.

Mi querido Madariaga:
Muchas gracias por sus afectuosas felicitaciones. Muchas veces pienso en nuestros esfuerzos para establecer la Liga, que mi Gobierno apoya insuficientemente.
Otra vez mis calurosas gracias.
Muy sinceramente suyo,

CECIL.

ÍNDICES

ÍNDICE ALFABÉTICO

Eliot (T. S.): 51.
Enrique VIII de Inglaterra: 452, 607, 650.
Entwistle: 186.
Ercilla (Alonso de): 478.
Eritrea: 453, 454, 460.
Escocia: 190.
Escuela de Minas de París: 328, 329, 333, 407.
Escuela Politécnica: 333, 402, 407.
Escuela de Verano de la Sociedad Fabiana: 199.
España: 21, 22, 46, 52, 55-57, 88, 94, 97, 98, 106, 109, 118, 119, 125, 148-154, 157, 175, 179, 185, 210, 211, 214-216, 220, 221, 226-228, 258, 260, 264, 265, 268, 269, 273, 275, 278, 279, 282, 285-289, 293, 296, 300, 303, 309, 313, 318, 319, 322, 324, 325, 329, 330, 333, 337, 338, 347, 352, 364, 366-373, 381-383, 387, 390, 403, 404, 407, 409, 411, 412, 415, 419, 420, 423, 424, 429, 434, 438, 468, 474, 478, 479, 485, 506, 509, 512, 521, 522, 531, 534, 537, 543, 545, 565-568, 574, 575, 579, 583-585, 589, 590, 594-600, 606-615, 658, 659, 662, 663, 666, 667, 669, 700.
— buena-España mala: 97, 111.
— elecciones del 16 de febrero de 1936: 553, 554.
— la Escuadra española y Manchuria: 301, 302.
— Estados Unidos, política antiespañola en Hispanoamérica: 537, 680.
— Federación Ibérica: 397, 613.
— guerra civil: 46, 169, 365, 484, 522, 567.
— hacia la guerra civil: 552-564.
— Herriot en Madrid: 368-373.
— la Iglesia y el Estado: 265-267.
— Institución Libre de Enseñanza: 228, 317.
— instrucción pública: 411.
— en Méjico: 230-244.
— su organización en Ginebra: 394, 642-647.
— en Perú: 489-496.
— política exterior: 606-615.
— en Puerto Rico: 538.
— la República: 244-253, 262-268, 272, 274, 275, 277, 282, 287, 289, 318, 321, 322, 325, 326, 347, 363, 364, 368-373, 388, 391-395, 397,

411, 415, 419, 420, 445, 470, 487, 506, 552-563, 566-568, 574, 575, 589-591, 596, 600, 601, 606, 609, 610, 612, 614, 615, 618, 620, 623, 642, 646.
España sale de la S. D. N.: 116.
— y la Unión Soviética: 398-400.
— viajes de Madariaga: 148-154.
España, de Madariaga: 273.
España, revista: 222, 410.
Españoles, asirios y finlandeses: 423-429.
Esplá (Carlos): 267, 268.
Estados Unidos: 34, 35, 38, 56, 62, 63, 80, 85, 102, 103, 121, 124, 125, 128, 135, 140-147, 165, 166, 168-183, 187, 201, 221, 229, 232, 241, 243, 244, 248, 259, 260, 278, 279, 286, 290, 293, 296-298, 302-310, 312, 313, 316, 331, 337, 348, 350-352, 355-360, 363, 366, 378, 385, 395, 419, 464, 465, 506, 516, 517, 521, 526, 527, 529, 534-537, 554, 559, 563, 568, 575, 577, 585, 597, 598, 600, 608, 609, 614, 643, 659, 660, 678-680.
— las clases sociales: 179-183.
— y la entrada de Méjico en la S. D. N.: 279.
— fracaso de su política en Iberoamérica: 536, 537.
Estelrich (Juan), fotografía: lámina 8, entre págs. 520-521.
Esterházy (Conde): 698, 699.
Estocolmo: 167, 223, 281.
Estrada (Jenaro): 243, 244.
Estrella de Sevilla (La): 654, 655.
Etiopía, conflicto ítalo-etíope: 48, 113, 284, 304, 316, 451-463, 467, 468, 509-514, 525, 528, 534, 539-544, 554, 555, 650-652, 656-658, 660, 664, 672-676, 678, 681-684, 686-688, 690-692, 699-701.
— se agudiza la crisis ítalo-etíope: 505-508.
— llamamiento a la S. D. N. (1934): 455, 456.
— pasividad de la S. D. N. en el conflicto: 539.
Europa: 19, 20, 35, 37, 43, 54, 57, 59, 69, 86, 94, 106, 109, 118, 119, 145, 147, 155, 165, 177, 181, 197, 211, 221, 259, 274, 279, 284, 287, 298, 300, 302, 307, 319, 321, 325, 337, 351, 371, 378, 401, 424, 427, 432, 436, 439, 440, 444, 449, 457,

ÍNDICE GENERAL